U0114198

中國民間諸神（上冊）

呂宗力　欒保群　編

臺灣學生書局印行

重版敍言

《中國民間諸神》第一版於一九八六年九月在大陸出版。時隔三年,能夠由學生書局在臺灣再版,我深感榮幸,幷衷心感謝王秋桂先生的玉成。

我對中國民間信仰的興趣,最早可以追溯到二十年前。那時大陸正鬧「文化大革命」,十九歲的我被下放到安徽淮北蒙城縣的一個小村莊揷隊落戶。那是大陸有名的災荒地區,眞正的窮鄉僻壤,但老百姓非常善良、樸實、好客。到後不久,恰逢春節,飽覽了當地古風猶存的拙樸年俗。正月十五元宵節,當地人稱爲過小年。是夜,幾個年輕鄉民知我好奇,邀我出去看熱鬧。我不知就裏,隨他們摸黑走了一里夜路,忽見眼前一片曠野,竟如繁星爭輝,閃爍着無數顆火星。再走近看,原來全是點燃的蠟燭和香火,每堆火星下跪着唸唸有詞的男女老幼。那幅景象,在怪異中透着神聖,在滑稽中透着莊嚴,似乎具有懾人心魄的震撼力量。帶路的鄉民告訴我,這片曠野上原有一座送子娘娘廟,據說極其靈驗,方圓百里,無人不曉,每逢正月十五,遠近請願還願的香客,絡繹成行,形成廟會,香火極盛。「文化大革命」開始以後,從北到南,「橫掃一切牛鬼蛇神」,這座小廟亦未能倖免,被紅衞兵夷爲平地。未幾,驚魂甫定的鄉民們爲了延嗣大計,不顧「批判封建迷信」的宣傳,當局的禁令,和民兵的驅趕,復興香火。雖然小廟和神像已蕩然無存，他們堅信心誠則靈，能到娘娘故居的遺址燃幾炷香，磕幾個頭，自有神靈垂佑，多子多福。跪拜的人羣中，多是不識字的鄉民，但也有學校教師這樣的鄉村知識分子和下層的黨政官員。我長期生活在上海這樣的大城市，驟然面對如此原始、愚昧然而又神聖、莊嚴的場景，心中說不清是好笑、憐憫還是敬重、理解的成份更多一些。在中國民間信仰種種荒誕、鄙陋的外殼之下，積澱有深厚悠長的傳統信念，對普通民衆具有強大的感召力，其本身具有堅忍執著的生命力和應變力，故而經久不衰，生生不息。這些認識，我是在那冬夜的曠野中，第一次體驗到的。

一九七八年，我考入中國社會科學院研究生院歷史系，從張政烺、李學勤師專攻古典文獻，欒保羣兄同時入學，師從王毓銓先生。他和我一樣，先學中國文學，後治中國歷史，興趣、脾味與我極相投合。從此，我們在中國民間文化的研究方面開始了長期的合作。讀者現在看到的「中國民間諸神」，就是我們第一階段的合作成果。

有關「中國民間諸神」（以下簡稱「諸神」）的主旨、內容、體例和撰作緣起，第一版敍言中已有說明，不再贅述。本敍想補充一些「諸神」出版後的情形和我們的想法。說實話，當「諸神」即將出版之際，我們的心情是忐忑不安的。囿於當時的條件，許多資料見不到，時間也太少，難免挂一漏萬；加之這個課題很可能被正統學術界視爲「旁門左道」、「邪魔外道」，所以我們在第一版中署的是筆名宗力、劉羣。出乎意料的是書出版以後，學

術界（包括民俗、宗敎、神話、民間文學、社會學等方面）和普
通讀者的反應非常熱情。當時由於經濟困難及圖書發行渠道的嚴
重阻塞，大陸出版業已極不景氣，古籍、學術性著作尤其難銷。
「諸神」卻很走運，一再添印，許多地方（包括外省及海外）的
朋友仍抱怨買不到此書。前輩學者楊堃、袁珂均親自寫信向出版
社求購。最令我感動的是一次在王府井書店購書，遇到幾位佩戴
中央美術學院校徽的青年學生，圍在書架前想買「諸神」，可是
錢都不夠，最後大家把零錢湊在一齊，買了兩本。可是當時我口
袋裏的錢都已換成書了，無法幫助他們，至今仍引以爲憾。

許多師長、朋友在熱情鼓勵之餘，又提供了珍貴的批評意見，
包括體例編排的不妥之處，書目、資料的遺漏，某些案語的訛誤，
及建議增收少數民族和地方性神祇等。大家的支持和幫助，使我
們鼓足勇氣，策畫將「諸神」修訂、擴展成三倍以上篇幅的「中
國民間諸神譜」，並計畫在增訂版完成以後，對中國民間信仰的
其他方面，如鬼文化、巫術、禁忌、占卜、前兆、秘密宗敎等分
別進行系統化、科學化的整理。詎料恰在此時，數十位史學界的
少壯派朋友合議編撰《中國歷代官制大辭典》，儘可能詳備地介
紹中國古代政治制度的知識，並公推由我主持。一諾之下，整整
耗費了四年時光和心血，至一九八九年四月間，終於完工。但當
時偌大北平，竟已容不下一張平靜的書桌。兩個多月，風波頻起，
躬逢其盛，良知未泯，實難做到心如古井，獨善己身。到了六月
中旬，又匆匆遠渡重洋，多年收集的書籍資料均未能携帶，看來
近期內增訂「諸神」的計畫已難實現。

增訂版既暫時難以問世，則第一版在海外之重版，我認為是
極有意義的。近年來，越來越多的學者體會到多層面、多方位重
新審視中華文化之必要性。由官方和士大夫倡導的儒、道、釋諸
家固然代表了中華傳統文化的主流，但代表下層民眾心理走向價
值觀念、意識特徵的民間文化，其價值、作用、重要性均不容低
估。自然，民間的文化尤其是信仰，常常具有荒誕、愚昧的外在
形式。但學者們如能尊重而不是嘲弄民眾的天眞，就會透過那些
原始、幼稚的外殼，發現其中的豐富內涵，及其傳承數千百年而
不衰，並不隨人類原始狀態之結束而消亡的深刻的社會、文化原
因。這裏我再介紹一些有趣的現象。據我的觀察，中國各種傳統
的民間信仰，在海外華人中，主要是作為文化表徵、風俗習慣及
偶像崇拜的殘存意識存續下來的，但在中國大陸，仍然常常與社
會治亂、政局變幻連繫在一起，從而成為反映社會心理取向的指
示器。例如華北農村的各種秘密宗教結社，數十年未曾間斷，雖然
當局嚴加制裁，仍屢禁屢生。每逢社會出現較大動盪，必有道首以
「眞命天子出世」號召信徒，登基授爵，鄉民們趨之若鶩，有如
燈蛾撲火。又如近兩年湖南鄉村扶乩盛行，乩仙之名，竟以毛、
劉、周最著。一九八八年大陸天災人禍頻仍，社會秩序惡化，貪
贓枉法之輩橫行。民眾咸謂龍年多災，急思禳解，於是一則民間
故事在極短時間內流行各地。故事的主要內容如下：東北有一位
司機，駕貨車出行，途遇二蛇當道，該司機頓生惻隱之念，繞道
而行。二蛇感激，旋化身美貌女子，在前途求搭順風車，以圖相
報。二女上車以後，發現該司機兼具柳下惠之風，非禮勿視，非

禮勿動。二女又生敬重之情，遂洩露天機，謂龍年不吉，如欲禳解，可於四月十五再過一次新年，象徵龍年已完，蛇年早到。這則故事的開頭，頗像「白蛇傳」，結局却大不相同。妙處還在後頭，到了四月十五，許多地方的民衆乃至官員，竟眞的鳴鞭炮，喝年酒，謂之「過新年」。許多人明知其虛誕，仍認爲這不失爲一帖緩解、宣洩驚懼不安情緖的良方。隨後，各地民謠四起，讖言不絕。至一九八九年元旦，北京的中央電視臺擧辦新年晚會，著名演員姜昆在其新編的相聲中說，現在的人們都巴不得出點亂子，又說天安門廣場將擺開自由市場。結果該則相聲成爲那次晚會中引起民衆最多共鳴的節目，一時間北京的街頭巷尾，無不議論「巴不得出點亂子」，「天安門擺自由市場」。當時誰能料到，數月之後，這竟眞成了讖語呢？這些民間的故事、歌謠、讖語，都由民衆自己創造，自己傳播，在各種歷史條件下自然而然地應運而生，反映了中國下層社會獨特的心理氣氛和植根於民衆深層意識之中的傳統信仰之影響力。對於人類學者、民俗學者、社會學者、心理學者、宗教學者、歷史學者及有興趣觀察研究中國社會和文化的人們，這些現象應是極有價值的研究課題。希望本書的重版，有助於激發大家對中國民間文化的重視和興趣，從而推動這方面研究的深入開展。

有一點須要特別指出，本書的重版及署用本名，雖已徵得我的合作者欒保羣先生的同意，但因遠隔重洋，連絡不便，故而重版敍言的撰寫，完全由我獨力承擔，沒有機會徵詢他的任何意見。

呂 宗 力

一九八九・十，十，於加拿大沙城

敍　言

　　兩年前，我們曾打算和幾位朋友一起編一本名叫《說神道鬼》的小書，目的是通過對一些在民間衆所熟知的神、鬼的產生、形成過程的剖析，揭露一些民間信仰的迷信本質。當時準備寫一、二十位神。後來因爲某些原因，這個計劃未能實現。但在搜集和討論材料的過程中，這個專題引起了我們濃厚的興趣。首先是這個專題如果深入研究起來，內容非常豐富，原來所設想的一本通俗性小書，收錄一、二十位神的規模，顯然與這個題目太不相稱了。其次是這個專題非常重要，它是中國文化的一個側面，然而以往對它的研究是太不夠了。由於它屬於“俗文化”的範疇，儒家又向有“不語怪力亂神”的觀念，所以古代文獻中缺乏完整的記載。六朝以來，尤其是唐宋以後，出現了一些專記鬼神妖怪故事的筆記作品，但古代文人視之爲“小說家言”，多以“述異”爲目的，很少有意識地對當時民間的神鬼信仰作一番系統整理。有些是出於宣傳迷信的目的，如《三教源流搜神大全》、《歷代神仙通鑒》以及佛、道經典，其記載對於研究是有價值的，但科學性是根本談不上的。明清以來，進行這種整理工作的人漸漸多了起來，但多是偶有所聞所得，隨手錄之，或偶對某幾個神感興趣，下一番考證工夫，但并沒有對民間主要的神鬼信仰作全面整理的打算。清代考據風盛，成就也大，許多讀書札記涉及這一專

題。其中貢獻較大的，如翟灝的《通俗編》、趙翼的《陔餘叢考》、
俞樾的《茶香室叢鈔》等，然而這些著作都不是專以考鬼神為事，
所以內容雖較它書為豐，涉及的範圍仍很有限。但他們對所論及
的神鬼，確實下過不少工夫，作了系統整理，對這些神鬼信仰的
源流的分析，也常有精到見解，對我們今天的研究工作頗有啓發。
說到討論考證民間信仰諸神之源流的專書，清代也有幾種。較早
的是李調元附於《搜神記》中的《神考》。但該書篇幅不算大，
內容大半承襲翟灝《通俗編》。光緒年間，常熟人姚福均作《鑄
鼎餘聞》，搜集材料頗富，錄神名八百餘則，但材料排列次序甚
亂，不成系統，考證亦多未確處。清末至民國年間，就此專題出
過兩種專著，作者都是教會中人，迄至當時，可算集大成之作了。
一名《集說詮眞》（光緒三十二年重校版），作者黃斐默，是上
海聖方濟教堂的司鐸。該書所收神名雖不及《鑄鼎餘聞》多，但
排列頗有次序，材料編排也較系統，較注意綜合前人的研究成果，
對諸神的源流也有考訂，在這一專題的專著中，可算是比較好的
一種。一名《破除迷信全書》，編者為李干忱，一九二九年由美
以美會全國書報部出版，該書并不像《集說詮眞》那樣羅列材料，
而是採取通俗的寫法，介紹諸神信仰的源流和發展，其中有一些
看法有一定的參考價值。這兩種書的共同缺點，除了所收神名較
少，遺漏了不少在民間有影響的神，徵引材料仍不夠充份外，根
本的缺陷，是它們都以破除中國民間多神信仰的迷信，宣揚基督
一神敎的迷信為目的，所以考證往往顯得偏執、奇特，除了個別
具體論點以外，基本上是反科學的。

近三十年來，在對中國民間信仰的研究方面，袁珂先生對古

代神話、朱天順先生對西漢以前的古代宗教所作的研究，都是很
有啓發性的。還有許多研究思想史、宗教史的學者，雖不專門注
重民間信仰，但在他們的論著中，對此問題也時有涉及，其中不
乏精闢獨到的見解。此外還有一些單篇論文，對某幾個特定的神
的源流及演變過程進行科學的剖析，很有價值。但是，我國近代
民間所信仰的衆多神鬼仙佛，主要是從西漢以後尤其是唐宋以來
發展起來的，這些信仰在現代中國仍有一定影響，或留有不少遺
迹。現存的各種廟宇中所供奉的，主要是這些神靈。對這些神靈
的信仰，不僅是一種宗教現象，也構成了近現代中國民間文化、
風俗的一個重要組成部分，不僅在國內，而且在海外華人社會中，
也具有廣泛的影響。不僅在中國人中，而且在日本、韓國、東南
亞、南洋諸國人民中也具有一定的影響。而對這些民間信仰加以
分門別類的系統整理，追根溯源，探討這些信仰從原型到現狀的
歷史演變過程，并將之與各個時代的社會歷史條件相聯繫，作出
科學的闡述，則是一項重要而又工夫浩大的研究任務，至今尚未
見到這樣的成果。以我們目前的功底、學力和識見之淺陋，當然
是不可能勝任這樣重大的任務的。但既然這個課題如此重要，空
白點如此多，而我們對這方面的興趣又如此濃厚，“不妨試一試”
的念頭也就油然而生。雖然我們才疏學淺，見聞甚少，由于工作
條件和時間、精力的限制，又很難博覽群書，充分占有材料，由
于理論水平的限制，也難以對諸神的源流演變真正作出準確的、
科學的描述，但我們比起前人來，也有有利因素。我們可以站在
前人的肩膀上，利用他們的研究成果；我們目前能看到一些前輩
學者不易看到的書，又可以利用當代學者研究古代宗教的理論成

果。所以我們還是決定試一試了。

很顯然，這樣一來，就不能把着眼點僅僅局限在破除迷信上了。對于影響民衆思想達幾百年甚至數千年的信仰方式，簡單地說它是無稽之談或歸之于迷信是遠遠不夠的，還應該根據這種信仰方式所借以產生幷持續發生影響的社會歷史條件，去說明它的起源和發展；另一方面，歷史上的一種文化因素一旦形成以後，旣會不斷適應周圍社會環境的變化，又會對周圍環境在較長時期中發生反作用，形成一種獨特的文化傳統，例如在近現代的民間信仰中，就可以發現不少原始宗教觀念的影響和痕迹。對以上兩種情況作出具體的科學的解釋和闡述，是宗教學的重要任務，而我們對民間諸神信仰的源流發展狀況加以搜集和系統整理，將能爲宗教學的這種解釋和闡述提供豐富的例證和根據，不僅如此，民間從古至今的宗教意識的發展變化，諸神名稱、形象、意義的發展變化，也生動地反映了普通人們宇宙觀的變化過程，對于哲學史、思想史的研究，也可提供一些重要的素材。

對民間信仰的整理和研究，也是文化史、民俗學研究的重要內容之一。從古代到近、現代，在漫長的歲月中，曾有種種宗教在中國活動着。從各民族的原始宗教，到封建時代的國家宗教，以及民間流行的道教、佛教、伊斯蘭教等等（也有人把儒學稱爲儒教），它們對中國民衆的思想文化風俗都曾產生過重要的影響。但是說實在的，中國的民間思想風俗，從未被某一種宗教統治過。中國的民間文化是兼容幷蓄的，旣保持傳統的東西，也不拒絕外來的東西，只是無論傳統的還是外來的，都需因時、因地而加以適當的改造，使之適合各地民衆的口味。到了近代，常有熔佛、道及傳統鬼神於一爐的衆神體系出現。老百姓中，眞正虔誠的某教教徒數量不多，而一遇急難就臨時抱佛脚，病急亂投醫，見廟就燒香，見神就磕頭的大有人在。可以說，中國的民間信仰，是頗具民族特色和歷史傳統的，它已成爲中國文化、思想、風俗的重要組成部分，其影響持續到現在，達於海外。從事中國文化史、民俗學的研究，是不能不觸及它的。推而廣之，對民間信仰的研究如能比較深入地進行，對於考古學、歷史學、社會學、心理學、民間文學的研究都會提供一定的幫助。由於歷史的原因，在我國的名山大川、古蹟勝地，往往寺廟林立，供奉各種神靈，它們也都成爲中國文化遺產的一部分。

所謂民間信仰，範圍是非常廣泛的，它包括民間所流行的各種神、鬼、圖騰、靈物、前兆、占卜、禁忌、祭祀儀式等信仰形式。而我們在本書將要涉及的，是神。所以將本書取名爲《中國民間諸神》。關於本書所探討的範圍，還有幾點需要說明：一、本書的着眼點，主要是近代以來在民間仍有較大影響的神，所以除了像醫王（伏羲、神農、黃帝）、蒼頡等仍被後世奉祀爲神的以外，古代神話中的人物，一般不收。但我們在追溯某些自然神之來源，如海神、河神等時，或許會涉及某些古代神話人物，那只是爲了弄淸諸神的演變過程。二、我們之所以在“諸神”前面冠以“民間”的概念，是爲了表示某些區別。首先是區別於“國家宗教”。這裏所說的，并非指像西方那樣統治某國意識形態的所謂“國教”。一般來說，古代國家的毀滅總要引起古代宗教的毀滅，某神宗教形式產生於某種特定的社會、政治基礎，基礎一旦破壞，與之相適應的宗教自然要崩潰。但是一種文化因素一旦形成，又往往具有持續的影響力。在中國社會中，這種持續性、傳統性就表現得相當突出。正因爲沒有一種宗教能眞正統治中國的意識形態，成爲帝王權力的威脅，所以中國古代的歷代君主在宗教問題上總是寬容大量、兼收并蓄的，即使他們自己不信，也持“神道設敎”的態度，只要有人信仰，便允許該信仰存在（近代統治者對天主敎的態度是例外，因爲那時的歷史條件起了根本變化）。所以秦始皇統一中國後，就由國家把戰國時期各地主要的神靈都供奉起來（那些神靈信仰又有許多是自原始宗敎繼承下來的）。西漢統治者仍持這樣態度，并進行過幾次整理，使之與封建專制集權制度更相適應。當時這些信仰在民間是普遍流行的，所以統治者的這種做法有其實際的政治意義。但以後有些神靈繼續流行於民間，而其形象、意義已有所變化，有許多神靈則已在民間消失，歷代王朝却代代相承，使這些信仰僅僅存在於國家祀典（祭祀儀式）中，我們把這種信仰稱爲“國家宗敎”，不予收錄。“民間諸神”還有別於佛、道等宗敎諸神。應該看到，佛敎和道敎（尤其是道敎）爲了傳播的便利，也吸收了一部分民間神靈信仰的內容，佛、道敎的諸神中，有一部分在民間也很有影響。但兩敎的神靈體系，與民間的諸神體系，并不是重合的。佛敎中佛菩薩等神名極其複雜，中國民間所熟知的僅爲其中若干種，而且還對這些外來神不斷予以民族化、地方化的改造，如觀音、彌勒佛、地藏王、閻羅王、天王、伽藍等。道敎的神靈，名目更加繁複，還有許多“仙人”，如彭祖、王子喬、安期生、容成公之類，雖然也很著名，文人騷客常用爲素材，但在民衆中影響并不很大。而民間信仰的神靈除了有一部分來源于佛、道兩敎之外，還有其他來源（這一點以下還要談到）。所以"民間諸神"有別於佛、道諸神。三、中國民間所信奉的神靈，數量、名目也是極多的，難以在本書篇幅中囊括。我們收錄的標準，是自唐宋以迄近代，不僅見諸文獻記載，而且在中國民間具有較廣泛的影響，成爲較大範圍之地區（如一省或數省）乃至全國的普通民衆之崇拜對象的神，這些神不僅見諸文獻、流傳鄉里，而且大多被立廟奉祀，而且其廟不限於一縣一鄉。即或地方性很强，其廟限於一地，影響也當遠遠超出該地之範圍。也有個別神靈，其名望影響沒有那樣大，但與我們所收錄的某種有密切關係，我們將其附載於該神之下。

經過這樣的選擇，我們在本書中共收錄二百餘則神名（其中有個別重複）。我們不敢說民間信仰的主要神祇已全部錄入，毫無遺漏，但大概可以說，主要神祇大部分已錄入本書了。我們對諸神的敍述次序，是按其起源的性質分門別類，列爲十編。但由於諸神演變過程中的複雜性，也難免會有各個類別相互交叉的情形。按照古代宗教意識的發展規律，自然崇拜應是最早發生的。但我們考慮到近代對諸神的奉祀習慣，還是把民間信仰的最高神列爲甲編。從乙編到己編，收錄的是從自然崇拜發展而來的諸神，包括天體氣象、土地（包括五祀）、山川河海、靈物、動物等神。在古代人類中自然崇拜是最早發展起來的，自然崇拜在初期是將自然現象和自然力神化，不久又出現將自然神人格化和社會化的複雜現象。將自然神人格化，開始是賦予自然神人的形象、服飾、性格、意志、歷史、姓名，以後又按人間的習俗爲其找配偶，授職分工，而且隨着時代的不同，祂們的面貌也不斷發生變化，漸漸地，隨着鬼魂崇拜的發達和自然神人化的強化，又出現了以人鬼代替自然神，行使其職能的現象，泰山神、黃河神、海神、江神等，經歷過這樣的演變。唐宋以後，山川神的地盤有相當一部分被人鬼所侵占。這種現象在土地神（后土、城隍、土地）中尤其明顯，可說是幾乎全部爲人鬼侵占。但由於這些人鬼神行使的是自然神的職能，祂們代表了自然神演變過程的一個環節，所以不歸在人鬼之類。比較起來，動物神中（除了西王母被道教利用而徹底仙化），或多或少還保留了一些原始的遺迹，使人們約略能據此想像出祂們的起源和演變歷程。庚編收錄由鬼魂（中國傳統上習稱爲人鬼）崇拜發展而來的諸神。鬼魂崇拜雖發生得稍遲一些，但與自然崇拜同爲原始宗教的兩大支柱。由於中國長期存在宗法制度的影響，祖先崇拜遠較其他民族發展，與此相應，鬼魂崇拜也就尤其發達。所以民間所信仰的諸神中，人鬼實占了主要的比重。祂們當中有些被佛、道教吸收，但究其起源，並非由於兩教的推崇在先，而是民間的崇祀在先。所以不歸在仙、佛之類。辛編收錄的神數量雖少一些，却也代表了民間諸神的一種來源。祂們中有些源自道教，有些源自佛教，有些源自人鬼信仰，但一旦成爲神後，其職能主要是社會性的，反映了人類社會進入私有制以後以及社會分工深化以後，人們對異己的社會力量的恐懼和迷信。壬、癸兩編收錄的是道教、佛教諸神中，在民間影響較大的神祇。關於各類神祇的起源、發展狀況、社會背景及其特點，詳見各編小敍，在此不重複了。我們在此還想指出一點：民間諸神的來源，如果細分起來，還不止這幾類。例如有些神祇是由帝王想像出來，而後流向民間的；有些神祇出於某種誤會，但因符合民間的迷信心理，於是也流傳開來；尤其要說明的，是古代的神話故事以及經過文人加工的神怪小說，對於民間信仰能起相當大的作用。早的，如唐人小說中的柳毅；晚一點的，如《封神演義》、《西遊記》中的各種神祇，對於民間諸神體系的形成，都發生過重大影響。如《茶香室四鈔》卷二十引湯用中《翼駉稗編》云："聞太師、申公豹，係《封神傳》荒誕之言，乃恰克圖四部祀之甚虔。……此與西藏唐僧、孫行者等師徒四衆廟，閩省齊天大聖廟皆以寓言而爲後世信奉，並著靈異。可知人心所向，神即因之，不必實有其人也。"然而我們所採取的分類方法，是根據古代宗教意識的特點，以其原始起源的性質爲原則的。從這個意義上說，上述幾種情況，並不是"源"，仍然是"流"，其產生都基於一定的宗教意識，所以仍可歸入各類，不必另行劃分。

　　本書的編寫體例，是按類別分成十編，各編都有小敍，介紹各類神祇的起源和發展狀況及其特點。對諸神則先列素材及前人的考證、研究成果，後面附以案語，闡述我們對該神源流的看法。凡是材料比較豐富，脈絡比較分明的，我們盡可能在案語中提出自己的判斷；情況比較複雜，諸神歧異的，我們或主一說，或存諸說以示疑；情況不分明，難以下結論的，一概存疑，不敢擅斷。至於徵引材料的編排，主要依據材料所反映的史實之年代早晚，及材料出處之年代先後。不少材料我們是轉引的，編排次序時，以其原始出處的年代爲依據。但爲了說明問題，我們有時又將闡述同一問題的材料集中在一起，這樣就難免要打亂先後次序。這種情況並不很多，相信讀者在閱讀時能辨別出來，不至於造成混亂。在徵引材料時，我們根據需要作了適當刪節，但一般不加省略號。請讀者注意。

我們在編寫本書時，曾參考了不少前輩學者的研究成果。凡直接徵引的，均注明出處。未直接徵引的，我們也列入《徵引及參考書目》中，以表示對前輩的感謝。在編寫過程中，我們還得到張政烺、王利器先生的鼓勵和幫助。李調元的《新搜神記》，傳本甚少，不易得見，袁行雲先生慨然惠示珍藏鈔本，豐富了本書的內容。我們謹在此一併表示感謝！

限於水平、功力和時間，又由於所涉及的領域是一大片生荒地，本書是比較粗糙的，不成熟的。粗疏謬誤之處，在所難免。我們只希望能起到拋磚引玉的效果，引起更多的同仁研究這一專題的興趣。同時我們也決不自甘淺陋，迴避責任。我們懇請所有讀者不吝賜教，提出各種批評、建議，或提供深入研究的線索，以冀今後三、五年內，把這本書修訂得更像樣子。

一九八四年九月

中國民間諸神（上冊）

目 次

中國民間諸神（下冊）
目　　次

圖　　次

甲　編

小　叙

　　本編收錄在我國民間影響較大的最高神。其中，元始天尊、靈寶天尊、太上老君（一說爲：元始天尊、玉皇上帝、太上老君），合稱爲"三淸"，本是道教的最高神。但後來玉皇上帝超越出道教的界限，成爲民間廣泛信仰的至高無匹的最尊天神，其影響也超過了其他諸神。釋伽牟尼即如來佛，是佛教所信仰的最高神。

　　我們將最高神列爲甲編，是爲了顧及"神的世界"的體系。其實，比起以下諸編所收的山川神、動物神來，最高神的起源是比較晚的。一般說來，當人類社會進入階級社會以後，人間的階級分化反映在宗教世界中，引起了自然宗教諸神的分化，才會使神祇之間出現等級之分。人間社會出現了帝王，宗教世界中才會出現至尊無上的最高神。大一統的人間社會，造成了大一統的神的世界；至尊無上的天帝不過是人間專制帝王投射到天上的影子。

　　中國自殷、周以來，關於最高神天帝的信仰即已廣泛流行。在先秦文獻中，或稱天、皇天，或稱帝、上帝、皇天上帝、昊天上帝，都是指這個最高神。及至東漢以後，土生土長的道教與自西方傳入的佛教影響逐漸擴大，儘管較原始的"天帝"仍然被列入歷代皇帝的祭祀大典，但民間却越來越廣泛地接受着道、佛兩教的神祇體系，對傳統的"天帝"偶像表示了明顯的淡漠。唐、宋以降，早已成爲統治者御用思想武器的道教，便把傳統的"天帝"信仰納入道教的神祇體系，奉為道教的最高神，於是出現了玉皇上帝（俗稱玉皇大帝）。由於玉皇上帝這一神學形象不僅繼承了傳統信仰的內容，而且與人間現實的帝王形象相吻合，於是道教徒們便以它為核心，設計了一個與中國皇朝結構相仿的神的世界體系。從此以後，玉皇上帝凌駕於"三清"之上，成為中國民間影響最大的至尊無上的最高神。

三　清

《眞靈位業圖》：

玉清三元宮。

上第一中位：上合虛皇道君，應號元始天尊。

第二中位：上清高聖太上玉晨元皇大道君（為萬道之主）。。

第三中位：太極金闕帝君，姓李（壬辰下教太平主）。。

第四中位：太清太上老君（為太清道主，下臨萬民）。上皇太上無上太道君。

《枕中書》：

玄都玉京七寶山，在大羅之上，有上、中、下三宮。上宮是盤古眞人、元始天王、太元聖母所治。中宮太上眞人、金闕老君所治。下宮九天眞皇、三天眞王所治。金闕老子、太上弟子也。

《道藏・太平部・三洞珠囊》卷七引唐《老君聖紀》：

此即玉清境，元始天尊位，在三十五天之上也。此即上清境，太上大道君位，在三十四天之上也。太清境太極宮，即太上老君位，在三十三天之上也。

《古今圖書集成・神異典》卷二三五引唐《十二眞君傳》：

兗州曲阜縣高平鄉九原里，有至人蘭公，家族百餘口，精專孝行，感動乾坤。忽有斗中眞人下降蘭公之舍，自稱孝弟王，云：居日中爲仙王，月中爲明王，斗中爲孝弟王。夫孝至於天，日月爲之明；孝至於地，萬物爲之生；孝至於民，王道爲之成。且其三才肇分，始於三氣。三氣者，玉淸三天也。玉淸境是元始太聖眞王治化也。太淸者，元道流行虛無自然，玉皇所治也。吾於上淸已下，托化人間，示陳孝弟之敎。

《酉陽雜俎》：

三界外曰四人天，四人天外曰三淸，三淸之上曰大羅天，大羅之上又有九天。

《雲笈七籤》卷三《道敎本始部》：

此四天名種民天，即三界之上，災所不及。四種民天上有三淸境。三淸之上即是大羅天，元始天尊居其中，施化敷敎。天寶君治在玉淸境，即淸微天也。靈寶君治在上淸境，即禹余天也。神寶君治在太淸境，即大赤天也。

同上：

三代天尊者，過去元始天尊，見在太上玉皇天尊，未來金闕玉晨天尊。然太上即是元始天尊弟子。

《太平御覽》引《太眞科》：

《玉皇譜錄》有八百道君，群仙隨業，以補其職。三善道者，

聖、眞、仙也。上品曰聖，中品曰眞，下品曰仙。三清之間，各
有正位。聖登玉清，眞登上清，仙登太清。玉清有大帝宮殿，皇
帝、王公、卿大夫，吏民率以聖呼之，如聖皇、聖帝之類是也。
男女貴賤，各有次第。上清有玄都玉京，七寶紫微，率以眞呼之。
太清有太極宮殿，率以仙呼之。其上清、太清之品位，男女次第
之統數，與玉清同。

《集説詮眞》引《讀書紀數略》：

三清者，玉清聖境，元始居之；上清眞境，道君居之；太清
仙境，老君居之。

《古今圖書集成·神異典》卷二一六引《朱子語類》：

道家之學，出於老子。其所謂三清，蓋仿釋氏三身而爲之爾。
佛氏所謂三身，法身者，釋家之本姓也；報身者，釋家之德業也；
肉身者，釋伽之眞具而實有之人也。今之宗其教者，遂分爲三象
而聯列之，則旣失其指矣。而道家之徒欲仿其所爲，遂尊老子爲
三清：元始天尊、太上道君、太上老君，而昊天上帝反坐其下。
悖戾僭逆，莫此爲甚！且玉清元始天尊旣非老子之法身，上清太
上道君又非老子之報身。設有二象，又非與老子爲一，而老子又
自爲上清太上老君。蓋仿釋氏之失而又失之者也。況《莊子》明
言老聃之死，則聃亦人鬼爾，豈可僭居昊天上帝之上哉！釋、老
之學，盡當毀廢。假使不能盡去，則老氏之學但當自祀其老子、
關尹、列、莊之徒，以及安期生、魏伯陽輩。而天地百祠自當領
於天子之祠官，而不當使道家預之，庶乎其可也。

《雲麓漫鈔》卷八：

後魏嵩山道士寇謙之，修張道陵之術。以其敎太冷淡無所得，自言遇老子降，授以辟穀輕身之法及科戒二十卷。唐置崇元學，專奉老氏，配以莊、列。道家者流，以謂天地未判，有元始天尊爲祖氣，次有道君以闡其端，老子以明其道。老子乃李氏之祖，取郊祀配天之義以尊之，號曰三清，然未嘗殿而祀之。至本朝更定醮儀，設上九位，失於詳究，以昊天上帝列於周柱史之下。

《歷代神仙通鑒》卷六：

頂負圓光，身被七十二色，是高上虛皇玉清聖境大羅元始天尊。左首視之不見，聽之不聞，搏之不得，希夷而微者，是太清仙境混元道德天尊。右首應變無窮，體有葆光，注而不滿，酌而不竭者，爲上清眞境玉晨靈寶天尊。左席南面而坐，身生三十二色寶光，常有紅雲捧擁者，即金闕至尊昊天玉皇上帝也。

金蟬子下首，西坐面東，紫金像，白毫光，莊嚴具足，變化無常者，乃西天竺國梵王太子悉達釋伽牟尼佛。

《集說詮眞》：

道家稱老子曰：昔天地未分，陰陽未判，洪濛杳冥，寥廓無光，中有百千萬重正氣，而化身妙無聖君，號曰妙無上帝、自然元始天尊，一號天寶丈人。次結百千萬重正氣，而化生妙有聖君，自稱妙有大帝、虛皇玉晨大道君，一號靈寶丈人。次又結百千萬重道氣，化生混沌聖君，紀號至尊大帝、萬變混沌玄君，一號神寶丈人。

按：三清者，玉清、上清、太清三大帝。李老子爲太清之帝。又按《眞靈位業圖》，居玉清者，係玉帝。而《重增搜神記》稱，玉帝係妙樂國太子。則孰爲上清之帝，雖未見指明，當亦是妙樂太子與老子者流耳。

【案】三清卽玉清、上清、太清。始見於《眞靈位業圖》。然早期道教本以老子爲教主 （見"太上老君"條） ，後又有以元始天尊爲老子師，居最高位者（見《隋書・經籍志》）。至唐、宋始以三清幷列爲最高神，稱玉清元始天尊（或稱元始天王）、上清太上道君（卽後來所謂靈寶天尊，亦稱玉晨大道君）、太清太上老君（卽道教所奉始祖老子，後亦稱道德天尊）。《歷代神仙通鑒》卽依此說，而置玉皇上帝於三清之下。這種安排爲道教所信奉，却與中國的傳統神學觀念不合，所以朱熹痛呼如老子之流"豈可僭居昊天上帝之上哉！"因而又有把玉皇列爲三清之一的，如唐代的《十二眞君傳》和宋代的《雲笈七籤》。而一種最爲別級的說法，也出於《雲笈七籤》，它說太清境爲大赤天，神寶君居之；上清境爲禹余天，靈寶君居之；玉清境爲清微天，天寶君居之；三清之上爲大羅天，元始天尊居之。又說居大羅天的除元始外，又有見（卽"現"字）在太上玉皇天尊，未來金闕玉晨天尊，則此三天尊又居三清之上矣。三清的來歷，可實在是莫名其妙了。按朱熹的看法，這是道教仿效佛教而造出來的。佛教的最高神如來佛有過去、現在、未來三世，道教遂以三清爲始祖老子的化身，皆列位最高神。《雲笈七籤》有過去、現在、未來三代天尊之說，適可證明朱熹的推斷。但從三清的形成過程來看，未必就是老子的化身，只不過是道教將始祖老子、最高神元始天尊、再配上太上道君，湊成鼎足之數而已。這種玄妙玩意兒，既不符合傳統神學觀念，更不符合專制制度的社會現實，在民間很難推廣開來。到了明代，在《西遊記》等小說中，玉皇上帝成為最高天神，三清皆為其臣屬。《封神演義》則又杜撰出洪鈞老祖有三弟子，長為太上老君，次為元始天尊，再次為通天教主，三弟子分為兩派，太上與元始助周武王，通天助殷紂王，互相鬥法，打得一塌糊塗。以後民間除了道教宮觀之外，三清的形象已難得出現了。

元始天尊

《真靈位業圖》：

玉清三元宮。

上第一中位：

上合虛皇道君應號元始天尊

玉清境元始天尊為主。

第四中位左位第四：

元始天王（西王母之師）。

《隋書·經籍志》四：

道經者，云有元始天尊，生於太元之先，禀自然之氣。所以說天地淪壞，劫數終盡，略與佛經同。以爲天尊之體，常存不滅，每至天地初開，授以秘道，謂之開劫度人。然其開劫，非一度矣，故有延康、赤明、龍漢、開皇，是其年號，其間相去經四十一億萬載，所度皆諸天仙上品，有太上老君、太上丈人、天眞皇人、五方天帝及諸仙官。（隋）大業中，道士以術進者甚衆。其所以講經，由以老子爲本。自云天尊姓樂名靜信，例皆淺俗，故世甚疑之。

《初學記》卷二三：

《太玄眞一本際經》曰：無宗無上，而獨能爲萬物之始，故名元始。運道一切爲極尊，而常處二清，出諸天上，故稱天尊。《本行經》曰：道言元始天尊，以我因緣之助，錫我太上道君之號。

《枕中書》：

昔二儀未分，溟涬鴻濛，未有成形，天地日月未具，狀如鷄子，混沌玄黃，已有盤古眞人，天地之精，自號元始天王，游乎其中。復經四劫，二儀始分，相去三萬六千里，崖石出血成水，水生元蟲，元蟲生濱牵，濱牵生剛須，剛須生龍。元始天王在天中心之上，名曰玉京山，山中宮殿，并金玉飾之，常仰吸天氣，俯飲地泉。復經二劫，忽生太元玉女，在石澗積血之中，出而能言，人形具足，天姿絕妙。常游厚地之間，仰吸天氣，號曰太元聖母。元始君下游見之，乃與通氣結精，招還上宮。當此之時，二氣絪縕，覆載氣息，陰陽調和，無熱無寒。元始君經一劫乃一施太元母，生天皇十三頭，治三萬六千歲，書爲扶桑大帝東王公，號曰元陽父。又生九光元女，號曰太眞西王母，是西漢夫人。天皇受號十三頭後，生地皇，地皇十一頭。地皇生人皇，九頭，各治三萬六千歲。大庭氏、庖犧、神農、祝融、五龍氏等是其苗裔也，今治五岳。

《古今圖書集成·神異典》卷二二二：

《雲笈七籤》：元始天王稟天自然之氣，結形未沌之霞，托體虛生之胎，生乎崆峒之際。積七千餘劫，栖心霄霞之境，練容洞波之濱，獨秉靈符之節，抗御元降之章。進登金闕，受號玉清紫虛高上元皇太上大道君，受金簡玉札，使奏名東華方諸青宮。

《歷代神仙通鑒》卷一：

玄玄上人曰：盤古治世功成，蛻去軀殼，一靈不昧，游行空中。見一聖女曰太元，四十餘歲，抱守童眞，獨自在嵯峨山中。盤古喜其貞潔，乘其仰天呼吸之際，化青光投入其口。懷孕十二年，始化生於脊膂之間，即能言語行動，常有彩雲護體。以己前身是盤古，乃號曰元始。在十二重天之中創成一宮，名曰玉清。紫雲之閣，碧霞爲城，爲元始所居。元始又立幾處金闕玉樓，瓊居琳殿，以舍列聖群眞。元者，本也。始者，初也，先天之氣也。此氣化爲開闢世界之人，即爲盤古；化爲主持天界之祖，即爲元始。

《鑄鼎餘聞》卷一：

《太平廣記》卷三引《漢武內傳》云：此元始天王在丹房之中所說微言。又引云：敢告劉生，爾師主是眞青童小君、太上中黃道君之師，眞元始十天王入室弟子也。

梁任昉《述異記》云：吳楚間說盤古氏夫妻，陰陽之始也。

（均案：此說與《枕中書》合，是陰陽使者，亦即元始天王）。

【案】元始天尊居三清之首，是道教中地位最高的天神。《歷代神仙通鑒》稱之為"主持天界之祖"。但其來歷却甚暗昧，在中國古代神話和道教早期典籍中均無踪迹可尋。最早見於《眞靈位業圖》。然晉葛洪《抱朴子・金丹》，提到老子之師元君：

"復有太清神丹，其法出於元君。元君者，老子之師也，大神仙之人也，能調和陰陽，役使鬼神風雨，駢駕九龍十二白虎，天下眾仙皆隸焉，獨自言亦本學道服丹之所致也，非自然也。"

疑即元始天尊之前身。據此，則本來也是神仙者流，由凡人學道修煉而致。然因提到其為老子之師，故後來遂有以之代替老子成為道教教主的說法。但到了隋、唐之際，却以為他"生於太元之先，稟自然之氣"，因而便與古代神話中開天闢地的盤古混為一談，又將《眞靈業位圖》中位列第四階的元始天王與之合而為一。一班奸滑道士更為元始天尊取了姓名，叫樂靜信，又為之安排了配偶，叫太元聖母。所以清人姚福均才認為《述異記》所說盤古氏夫妻，即元始天王

（見《鑄鼎餘聞》）。《歷代神仙通鑒》則說元始天尊乃是盤古的後身，由太元聖母之脊臂間誕生。實際上，"元始"一詞本當是道家敘述宇宙起源之用語，後經道士們附會增益，才演變成道教的最高天神，且位居三清之首。但民間對這套玄妙說法實難了然，遂有將元始與老子混為一談者。

太上道君

《眞靈位業圖》：

第二中位：

上清高聖太上玉晨元皇大道君（為萬道之主）

《古今圖書集成·神異典》卷二二二引《雲笈七籤》：

《洞元本行經》云：太上道君者，於西那天郁察山浮羅之岳，坐七寶騫木之下。是時十方大聖至眞尊神詣座燒香，稽首道前，上白道君："不審靈寶出法從何劫而來？得今太上之任？願垂賜告本行因緣，解說要言，開悟後生。"道言："天元輪轉，隨劫改運，一成一敗，一死一生，滅而不絕，幽而復明。靈寶出法，隨世度人。自元始開光，至於赤明元年，經九千九百億萬劫，度人有如塵沙之衆，不可勝量。我隨劫死生，世世不絕，常與靈寶相值同出，經七百億劫中，會青帝劫終，九氣改運，於是托胎於洪氏之胞，凝神於瓊胎之府，積三千七百年，至赤明開運，歲在甲子，誕於扶刀，蓋天西那玉國浮羅之岳，復與靈寶同出度人。

元始天尊以我因緣之助，錫我太上之號，封郁悅那林昌玉台天帝君，位登高聖，治元都玉京。"

《洞眞大洞眞經》云：上清高聖太上大道君者，蓋二晨之精氣，九慶之紫烟，玉暉煥耀，金映流眞，結化含秀，苞凝元神，寄胎母氏，育形爲人。諱罡霞，字上開。元母妊三千七百年，乃誕於西那天郁察山浮羅岳丹元之阿。於是受籙紫皇，受書玉虛，眺景上清，位司高仙，爲高聖太上玉晨大道君。治蕊珠日闕，館七映紫房，金童玉女各三十萬人侍衛。萬神入拜，五德把符，上眞侍晨，天皇抱圖。

《歷代神仙通鑒》卷一：

上清太衛眞人，都稱爲玉晨大法師（一作玉宸）。中皇時，中條玄女首受玉笈靈文。後有峨眉鎮元子，習其丹書寶篆。凡遇有緣好學、請問疑難者，不吝訓誨。有三十六變、七十二化。人欲見之，隨感而應，千萬處可分身皆到。

【案】上清稱玉晨大道君，始見於《眞靈位業圖》（圖中又有上皇太上無上太道君，居太淸境，次太上老君下）；稱太上大道君，始見於唐《老君聖紀》（見三淸條引《道藏》）；稱靈寶君，始見於《雲笈七籤》（見三淸條引）。唐宋以來，以太上道君之稱最爲普遍，然近代道教宮觀之三淸殿中，多稱靈寶天尊。但據元始天尊條所引《雲笈七籤》，元始亦有太上大道君的封號。《雲笈七籤》引《洞真大洞真經》，謂上清高聖太上大道君，誕於西那天郁察山浮羅岳丹元之阿，受封為玉晨大道君；而《洞元本行經》於太上道君，也謂其坐於西那天郁察山浮羅之岳，却又與靈寶非一事，其內容與唐段成式《酉陽雜俎》所述太上老君之事迹相同（參見老君條），則老君亦可稱道君。三清之來歷，本就是一筆糊塗帳，其中又以太上道君為尤甚，頗疑卽由太上老君衍生出來，以為元始天尊、太上老君之陪襯，湊齊鼎足之數。

太上老君

《後漢書‧楚王英傳》：

英少時好游俠，交通賓客，晚節更喜黃老，學為浮屠齋戒祭祀。

同上〈桓帝紀〉：

（延熹八年）使中常侍管霸之苦縣，祠老子。

（延熹九年）祠黃、老于濯龍宮。

同上〈襄楷傳〉：

（楷于延熹中上書曰：）又聞宮中立黃老、浮屠之祠。或言老子入夷狄為浮屠。

同上〈西域傳〉：

老　子

後桓帝好神，數祀浮圖、老子，百姓稍有奉者；後遂轉盛。

同上〈皇甫嵩傳〉：

鉅鹿張角自稱"大賢良師"，奉事黃老道。

《三國志·張魯傳》注引《典略》：

〔靈帝〕光和中，東方有張角，漢中有張修。修法略與角同，祭酒主以《老子》五千文，使都習，號爲奸令。

《隸釋》卷三東漢延熹八年陳相邊韶〈老子銘〉：

老子姓李，字伯陽，楚相縣人也。老子爲周守藏室史，當幽王時三川實震，以夏殷之季陰陽之事譬喻時王。孔子以周靈王廿年生，到景王十年，年十有七，學禮於老聃。世之好道者觸類而長之，以老子離合於混沌之氣，與三光爲終始，觀天作讖，□降升〔斗〕星，隨日九變，與時消息，規矩三光，四靈在旁，存想丹田，太一紫房，道成化身，蟬蛻渡世。自犧、農以來，世爲聖者作師。延熹八年八月甲子，皇上意在凌雲，是以潛心黃軒，同符高宗，夢見老子，尊而祀之。

《重修緯書集成》卷三《詩含神霧》：

風後皇帝師，又化爲老子，以書授張良。

《抱朴子·雜應》：

老君眞形者，思之，姓李名聃，字伯陽，身長九尺，黃色，

鳥喙，隆鼻，秀眉長五寸，耳長七寸，額有三理上下徹，足有八
卦，以神龜爲床，金樓玉堂，白銀爲階，五色雲爲衣，重迭之冠，
鋒鋌之劍，從黃童百二十人。此事出於仙經中也。

《神仙傳》卷一：

老子者，名重耳，字伯陽，楚國苦縣曲仁里人也。其母感大
流星而有娠，雖受氣天然，見于李家，猶以李爲姓。或云老子先
天地生；或云天之精魄，蓋神靈之屬；或云母懷之七十二年乃生，
生時剖母左腋而出，生而白首，故謂之老子；或云其母無夫，老
子是母家之姓；或云老子之母適至李樹下而生老子，生而能言，
指李樹曰："以此爲我姓"；或云上三皇時爲玄中法師，下三皇
時爲金闕帝君，伏羲時爲郁華子，神農時爲九靈老子，祝融時爲
廣壽子，黃帝時爲廣成子，顓頊時爲赤精子，帝嚳時爲祿圖子，
堯時爲務成子，舜時爲尹壽子，夏禹時爲眞行子，殷湯時爲錫則
子，文王時爲文邑先生，一云守藏史；或云在越爲范蠡，在齊爲
鴟夷子，在吳爲陶朱公。皆見於群書，不出神仙正經，未可據也。

《古今圖書集成·神異典》卷二二三：

葛稚川云：洪以爲，老子若是天之精神，當無世不出，俯尊
就卑，委逸就勞，背清澄而入臭濁，棄天官而受人爵也。夫有天
地，則有道術，道術之士，何時暫乏？是以伏羲以來，至於三代，
顯名道術，世世有之，何必常是一老子也。皆由晚學之徒，好奇
尚昇，苟欲推崇老子，故有此說。其實論之老子，蓋得道之尤精
者，非異類也。按《史記》云，老子之子名宗，事魏爲將軍，有

功封於段。至宗之子注，注之子言，言之元孫瑕，仕於漢。瑕子解，爲膠西王太傅，家於齊。

《魏書·釋老志》：

道之原，出於老子。其自言也，先天地生，以資萬類。上處玉京，爲神王之宗；下在紫微，爲飛仙之主。授軒轅於峨嵋，教帝嚳於牧德，大禹聞長生之訣，尹喜受道德之旨。好異者往往而尊事之。世祖時，道士寇謙之，守志嵩岳，精專不懈，以神瑞二年十月乙卯，忽遇大神，乘雲駕龍，導從百靈，仙人玉女，左右侍衞，集止山頂，稱太上老君，謂謙之曰："授汝天師之經"。

泰常八年十月戊戌，有牧土上師李譜文來臨嵩岳，云："老君之玄孫，昔居代郡桑乾，以漢武之世得道，爲牧土宮主，領治三十六土人鬼之政"。又言二儀之間有三十六天，中有三十六宮，宮有一主。最高者無極至尊。

《眞靈位業圖》

第三中位：太極金闕帝君姓李（壬辰下教太平主）。

太極左位：老聃。

第四中位：太清太上老君（爲太清道主，下臨萬民）。

《古今圖書集成·神異典》卷二八一引隋薛道衡《老君堂頌》：

老君感星載誕，莫測受氣之由，指樹爲姓，未詳吹律之本。含靈在孕七十餘年，生而白首，因以老子爲號。爰自伏羲，至於周代，綿祀歷代，見質變名，在文王、武王之時，居藏史、柱史之職，國朝屢易，容貌不改。

《初學記》卷二三：

　　《高上老子內傳》曰：太上老君姓李氏，其母曾見日精下落，如流星飛入口中，因有娠，七十二歲而生。於陳國渦水李樹下，剖左腋而生。

《唐會要》卷五〇：

　　武德三年五月，晉州人吉善行於羊角山，見一老叟，乘白馬朱鬣，儀容甚偉，曰：“謂吾語唐天子，吾汝祖也。今年平賊後，子孫享國千歲。”高祖異之，乃立廟於其地。乾封元年三月二十日，追尊老君爲太上玄元皇帝。至永昌元年，却稱老君。至神龍元年二月四日，依舊號太上玄天皇帝。至天寶二年正月十五日，加號爲大聖祖玄元皇帝。八載六月十五日，加號爲大聖祖大道玄元皇帝。十三載二月七日，加號大聖高上大道金闕玄元皇帝。

《集説詮真》：

　　唐高祖信吉善行之言，借以誇揚宗系，認老子爲祖，立廟祀之。高宗、玄宗繼之，幷尊號玄元皇帝、先聖宗師。

　　宋儒范祖禹曰：唐祖老子，由妖人之言，而詔諛者附會之。高祖啓其原，高宗、玄宗扇其風，遂用方士之言，而躋之於上帝。卑天誣祖，悖道甚矣。〔見《通鑒綱目》。〕

《舊唐書·禮儀志四》：

　　開元二十九年正月己丑，詔兩京及諸州各置玄元皇帝廟一所，并置崇玄學。其生徒令習《道德經》及《莊子》、《列子》、《文子》等。至閏四月，玄宗夢京師城南山趾有天尊之像，求得之於盩厔樓觀之側。（天寶元年二月）詔：玄元皇帝升入上聖。莊子號南華真人，文子號通玄真人，列子號冲虛真人，庚桑子號洞虛真人。改《莊子》爲《南華真經》，《文子》爲《通玄真經》，《列子》爲《冲虛真經》，《庚桑子》爲《洞虛真經》。亳州真源縣先天太后及玄元廟各置令一人。二年正月丙辰，加玄元皇帝尊號"大聖祖"三字。

　　三載三月，兩京及天下諸郡於開元觀、開元寺，以金銅鑄玄元等身天尊及佛各一軀。太清宮成，命工人於太白山採白石，爲玄元聖容，又採白石爲玄宗聖容，侍立於玄元之右。皆依王者袞冕之服，繪采珠玉爲之。

《集說詮真》：

　　唐玄宗開元二十九年，夢老子告以像在盩厔，遣使求得之。天寶元年，因田同秀告以老子言靈符在尹喜故宅，亦遣使求得之。《綱目》眉批曰：玄宗托夢以誑人，求像得像，求符得符，明是使者附會。斯言信不誣也。（見《通鑒綱目》）。

　　宋儒范祖禹曰：人之有夢，蓋其心之動也。玄宗怠於庶政，志求神仙，惑方士之言，自以老子爲其祖，感而見於夢，亦其誠之形也。自是迂怪日聞，詔諛成俗，奸究得志，而天下之理亂矣。人君心術，可不慎哉！（見《通鑒綱目》）

　　《綱目發明》曰：玄宗誕謾荒忽，既夢老君之像，遣使求之，

正使無有，則使者亦必附會來上。此固無可疑者。（見《通鑑綱目》）

《通鑑綱目》曰：唐玄宗天寶元年正月，以田同秀之告，得靈符於尹喜故宅，二月以田同秀爲朝散大夫。時人皆疑寶符同秀所爲也。間一歲，清河（山東東昌府恩縣）人崔以清復言見老君云，藏符在武城（山東臨清州武城縣）紫薇山，敕使往掘，亦得之。東京留守（留守，官名，守京都之官也）王倕知其詐，按問，果首服。（王倕究訊，而崔以清乃吐實供認其詐）奏之，上亦不深罪也。《綱目》眉批曰：紫薇山之藏符既僞，尹喜宅之靈符，豈得獨眞？特未經按問耳。

宋儒范祖禹曰：玄宗崇老喜仙，故其大臣諛，小臣欺。蓋度其可爲而爲之也。不唯信而惑之，又賞以勸之（升田同秀爲朝散大夫）。則小人孰不欲爲奸罔哉！（見《通鑑綱目》）。

《酉陽雜俎·前集》卷二：

老君母曰玄妙玉女，天降玄黃，氣如彈丸，入口而孕，凝神瓊胎宮三千七百年，赤明開運，歲在甲子，誕於扶刀，蓋天西那王國，郁寥山丹玄之阿。又曰：老君在胎八十一年，剖左腋而生，生而白首。

又曰：靑帝劫末，元氣改運，托形於洪氏之胞。又曰：李母，本元君也。日精入口，吞而爲孕，三色氣繞身，五行獸衞形，如此七十二年而生陳國苦縣賴鄉渦水之陽九井西李下。具三十六號，七十二名，又有九名，又千二百，老君又曰九大（一作天）皇洞眞第一君、大千法王、九靈老子、太上眞人、天老玄中法師、上淸太極眞人、上景君等號。形長九尺，或曰二丈九尺。耳三門，又耳附連環，又耳無輪廓。眉如北斗，色綠，中有紫毛，長五寸。目方瞳，綠筋貫之，有紫光。鼻雙柱，口方，齒數六八。頤若方丘，頰如橫壟，龍顏金容，額三理，腹三志，頂三約把，十蹈五身，綠毛白血，頂有紫氣。

《酉陽雜俎‧前集》卷二：

老君西越流沙，歷八十一國。烏弋、身毒爲浮屠，化被三千國。

《古今圖書集成‧神異典》卷二二三：

《雲笈七籤》：太上老君者，混元皇帝也。乃生於無始，起於無因，爲萬道之先，元氣之祖也。蓋無光無象，無音無聲，無宗無緒，幽幽冥冥，其中有精，其精甚眞，彌綸無外，故稱大道焉。夫道者，自然之極尊也。三氣又化生元妙玉女，玉女生後八十一萬億八十一萬歲，三氣混沌，凝結變化，五色元黃，大如彈丸，入元妙口中。元妙因吞之，八十一年，乃從左腋而生。生而白首，故號爲老子。老子者，老君也，此即道之身也。元氣之祖宗，天地之根本也。夫大道元妙出於自然，生於無生，先於無先，挺於空洞，陶育乾坤。號曰無上正眞之道，神奇微遠不可得名。故曰："吾生於無形之先，起乎太初之前，長乎太始之端，行乎太素之元。浮游幽虛，出入杳冥，觀混沌之未判，視淸濁之未分。步宇宙之曠野，歷品物之族群。夫老君者，乃元氣道眞，造化自然者也。

《事物紀原》卷二：

《宋朝會要》曰：大中祥符六年八月十一日制：謹奉上眞元皇帝聖號，曰太上老君混元上德皇帝。

《眞宗實錄》云：六年七月庚午制也。《紀年通載》云：大中祥符七年正月戊申奉上太上老君尊號册寶也。

《集說詮眞》：

宋眞宗大中祥符七年正月，祀老子於太清宮，加封爲太上老君混元上德皇帝。初，祥符六年，帝將祀老子太清宮，龍圖閣待制孫奭上疏諫曰："陛下每事慕效唐明皇，豈以爲令德之主耶？明皇禍敗之迹，有足爲深戒者。非獨臣能知之，近臣皆知之。而不言者，此懷奸以事陛下也。臣願陛下早自覺悟，則天下幸甚！"乃眞宗以享老子非明皇始，作《解疑論》以示群臣，孫奭又上疏曰："明皇時，田同秀等爲靈符，而未加顯戮。明皇自謂德實動天，神必福我。一旦變起（史載唐玄宗天寶十五年，安祿山陷京都長安，殺戮無度），老君詎肯禦兵？寶符安能排難耶？"（見《弘簡錄》、《孫奭傳》）

《路史》曰：少昊金天氏（黃帝之子）之後裔，有李氏，名乾，字元杲，爲周上御史（注：元杲，老子之父。《玄妙內篇》云：'老子母無婿，故范祖禹曰：老子父，書傳無見。非也）取洪氏，曰嬰敷，感飛星而震（震猶娠也）。十有二年，副（音通，裂也）左而生儋，曰玄祿，（注：《集眞錄》：老子始生，母名之曰玄祿）是爲伯陽。甫生而能語，黃面皓首，故謂老子。耳有參漏，故名耳，而字儋

（注：即周太史儋，世以為二人，不知儋與聃同） 。干籍九尺，方童
（瞳通）長眉，鼻雙柱，齒六八（注，《仙傳》云：生而能語，九日
長九尺。大抵傳記老子事至多難稽云。六八，謂四十八。按《老子內傳》齒
有四十八） 邑於苦之賴，賴乃萊也，故又曰老萊子（注：世以老萊
子別一人，亦非。《列女傳》云 萊子逃世，耕蒙山之陽，楚王求之。按
《高士傳》，孔子至楚，見老萊子，時已二百餘歲，斑衣戲母側，所問答皆禮
事。知非二人。孔子學禮時，年十七，當周景王之十年，老子時二百五十餘
歲，蓋棄仕矣）。以三十六法治心理性，究忠盡孝。桓、莊世（周桓
王、莊王）柱下史，簡、靈世（周簡王、靈王）守藏史（注：一
云平王時為太史，著《道德經》），孔子嘗學禮焉。儋入秦，西歷流沙
八十餘土，化曁三千九萬品戒，化胡成佛。壽四百有四十。儋生
宗，邑段干，世濟其德云云（見《路史後紀》）。

又曰：或云老子生於李下，而以為姓，或云因亂食苦李而得
姓，或又以為飢餌木子而姓之，均為妄誕。曁葛孝先直謂老子之
母李氏女也，故老子因母以為姓。迨其孫洪，傳諸神仙，因謂老
子生於李家，猶為李姓，非也。（見《路史發揮》）

按：《史記・老子傳》本無不經之語。《路史》所記，雖間
涉不經，然其注即解之曰：大抵傳記老子事，頗多難稽云。至老
萊子、周太史儋是否即老子一人，《史記》疑而不決，《路史》
乃直謂一人。或曰《史記》係漢太史司馬遷所撰，而《路史》纂
由宋儒羅長源，史遷去周未遠，所記宜為近是。余則未遑核考，
蓋均無關此篇本意也。唯按《路史》，老子之父姓李名乾，字元
杲，為周御史，娶洪氏，生聃，則老子非生於商代，非無父而孕，
非妊於玉女，非從母姓，亦非指李樹為姓，實係周時李氏子，官

守藏史，人也，非神也。又按《史記》所載，老子無爲自化，清靜自正，亦不過一正直無私之人。其曰莫知所終，猶云死於何時何地無可稽考，并未稱其成仙化佛。是稱老子爲隱君子則可，稱爲道氣化形之帝師則不可，稱爲玄元皇帝等號更不可。奉爲主宰禍福，統理群生，尤萬萬不可。

《列仙全傳》卷一：

老子者，太上老君也。《混元圖》云：初三皇時，化身號爲萬法天師。中三皇時，爲盤古先生。伏羲時，爲郁華子，女媧氏時，爲郁密子。神農時，爲太成子。軒轅時，爲廣成子。少皞時，爲隨應子。顓帝時，爲赤精子。帝嚳時，爲錄圖子。堯時，爲務成子。舜時，爲尹壽子。禹時，爲眞行子。湯時，爲錫則子。老君雖累世化身，而未有誕生之迹。迨商陽甲時，分神化氣，始寄胎玄妙玉女，八十一年，暨武丁庚辰二月十五日卯時，降誕於楚之苦縣瀨鄉曲仁里。從母左腋而生於李樹下，指樹曰：“此吾姓也。”生時白首，面黃白色，額有三牛達理，日月角懸，長耳矩目，鼻純骨雙柱，耳有三漏門，美鬚廣額，疏齒方口，足蹈三五，手把十文。姓李名耳，字伯陽，號曰老子，又號曰老聃。周文王爲西伯，召爲守藏史，武王時遷爲柱下史，成王時仍爲柱下史。乃游西極大秦、竺乾等國，號古先生，化導其國。康王時，還歸於周，復爲柱下史。昭王時，去官歸亳隱焉。後復欲開化西域，乃以昭王二十三年，駕青牛車，過函谷關度關。令尹喜知之，求得其道。二十五年，降於蜀青羊肆，會尹喜同度流沙胡域。至穆王時，復還中夏。平王時，復出關開化蘇鄰諸國，復還中國。敬王十七年，孔子問道於老聃，退而有猶龍之嘆。烈王三年，過秦，秦獻公問以曆數，遂出散關。赧王九年，復出散關，飛升昆侖。秦時降峽河之濱，號河上公，授道安期生。漢文帝時，號廣成子。文帝好老子之旨，遣使詔問之，公曰："道尊德貴，非可遙問。"帝即命駕詣之。帝曰："普天之下，莫非王土；率土之濱，莫非王臣。域中有四大，王居一也。子雖有道，猶朕民也，不能屈，何乃高乎？朕足使貧賤富貴。"須臾，公乃拊掌坐躍，冉冉在虛空中，如雲之升，去地百餘丈，而止於玄虛。良久，俯而答曰："今上不至天，中不類人，下不居地，何民之有？陛下焉能令富貴貧賤乎？"帝乃悟，知是神人，方下輦稽首禮謝。授帝《道》《德》二經。成帝時，降曲陽泉，授于吉《太平真經》。章帝時，授于吉一百八十大戒。安帝時，降授劉圖《罪福新科》。順帝時，降授天師三洞經籙。桓帝時，降天台，授葛孝先《上清》、《靈寶》、《大洞》諸經。魏明帝時，降嵩山，授天師寇謙之新科符籙。唐高祖時，降羊角山，語吉善行唐公受命符。玄宗天寶初，降丹鳳門，帝親享之興慶宮，隨又降語田同秀以函谷所藏金匱靈符。又降語王元翼妙真符。宋政和二年，降華陽洞天，授梁先生加句《天童護命經》。蓋無世不出，先塵劫而行化，後無極而常存，隱顯莫測，變化無窮，普度天人，良不可以具述者矣。

《歷代神仙通鑒》卷一：

　　愚老生於天皇氏之初，頗知天然之理，乃呼我爲萬法天師。至地皇時，又謂曰玄中法師，始得此牛（按：青牛）偕修深山。人皇氏中，號爲堅固先生，自號曰洪崖。

同上卷四：

（洪崖）先生今號錫則子。

同上卷四：

　　錫則雖累世顯化，而未有誕生之迹，將欲和光同塵，以立世教，迨商南庚五祀庚申，自太清仙境，分神化氣，始寄胎於玄妙玉女腹中。玉女時年八十而無婿，執身如玉，貞靜自守，忽受氣於天，懷胎八十一年，不覺其久。至武丁三十四祀庚辰，二月十五日，玉女夢見天開數丈，有衆真捧日而出，對日凝想良久，日精漸小，從天墜下，化爲流星，如五色珠，飛至口邊，因捧而吞之，忽從左脅下誕生一子。初降即行九步，步生蓮花，左手指天，右手指地，曰：“天上天下，惟道獨尊。我當開揚無上道法，普度一切動植衆生，位登太極無上神仙。”復　坐李樹下，指樹曰：“以此爲吾姓。”所生之地，在苦縣之瀨鄉曲仁里。玉女視之，鶴髮龍顏，頂有日光，身滋白血，面凝金色。生甫九日，身有九變，皆天冠天衣，自然被體。至六齡，自謂耳大，取名重耳，字伯陽。人以其生而白首，號之曰老子。（以其耳曼無輪，化復諡爲聃，故又稱老聃。）。

同上卷五：

　　（老子行西域，至竺乾舍衛國，因摩耶夫人晝寢）從兜率天降神，乘日精投入摩耶口中，剖右脅出，夫人不少傷害。墜地便周行七步，目顧四方，分手指天地，作大獅子吼聲，曰：“兩大之間，獨我爲尊。"煩如獅子,皮不受水,手足皆鈎鎖,毛悉向上生,名曰悉達多。聞東土有金蟬子,號曰燃燈,得安定之道,乃不辭勞苦,三年始至中夏。時(周)穆王己卯二十一年也。訪至嵩山,云在泰岱東梁山,尋見燃燈,與講道十三日,語下徹悟,已得眞道,遂歸西方興教,自號釋迦牟尼。常住着闍崛靈鷲山雷音寺中,稱名號曰佛。

【案】太上老君,卽老子,歷史上實有其人。《史記·老子傳》:"老子者,楚苦縣厲鄉曲仁里人也,姓李氏,名耳。字聃,周守藏室之史也。"但司馬遷當時對老子的身份、事迹已不太清楚,所以又說:"或曰:老萊子亦楚人也,著書十五篇,言道家之用,與孔子同時云。"又以爲周太史儋或"卽老子,或曰非也,世莫知其然否。""蓋老子百有六十餘歲,或言二百餘歲,以其修道而養壽也。"則西漢初年老子已成爲"神龍見首不見尾"的傳奇人物了。相傳他爲春秋時期的思想家,是道家學說的創始人。東漢時,一些方士以道家的黃老學說爲基礎,吸收民間流行的傳統的鬼神觀念和迷信方術,創立了道教。他們奉老子爲祖師,以《老子》五千文爲經典。這種宗教不僅在民間流傳,而且至東漢末年,又得到皇帝的提倡,影響日漸擴大。他們發揮誇大了《史記》中的一些神奇傳說,認爲老子不是凡人,而是"離合於混沌之氣,與三光爲終始","道成化身,蟬蛻渡世,至犧、農以來,世爲聖者作師"(見《老子銘》)的神仙。晉人葛洪稱之爲老君(見《抱朴子》),據他說,當時人們"或云老子先天地生；或云天之精魄，蓋神靈之屬；或云母懷之七十二年乃生，生時剖母左腋而出，生而白首，故謂之老子”；或云其母無夫，指李樹為姓；并說老子自上古三皇經歷代至戰國，以各種名號出現於世上（見《神仙傳》）。不過葛洪自己也以為，這些離奇說法“未可據也”。但隨著道教的發展，對老子的神化日益加劇，《神仙傳》以為“未可據”的種種說法，被道教全盤吸收并加以豐富，認為老子與元始天尊一樣，乃是生成宇宙之本源。北魏時，始出現太上老君的稱呼（見《魏書·釋老志》），以後這便成為道教對老子正式的尊稱。但梁陶弘景所撰《真靈位業圖》，以元始天尊為眾神之首，稱太上老君為太清道主，位居第四階，第三階却有“太極金闕帝君姓李”及“老聃”，則老子在道教中的地位已頗含糊不清了。至唐初，高祖李淵以老子與己同姓，遂崇奉太上老君，於是歷代唐皇累加尊號，甚至於全國各地立廟祭祀，老君之尊崇，至此極盛。然自三清說出，老君降為三位天尊之末位，雖然宋真宗時尚尊為混元皇帝，但在道教中名位不敵元始天尊，在民間威望影響又不及玉皇上帝。明代小說如《西遊記》等，皆以老君為玉皇臣屬。另外，道教又有老子化胡一說，始見於《後漢書·襄楷傳》：“或言老子入夷狄為浮屠。”實因東漢時佛教尚未盛行，世人常以為亦道術之一流，故有此說。以後道教徒為對抗佛教，故意張大其說，杜撰《老子化胡經》，《歷代神仙通鑒》至謂老子分神化氣於西土，生為如來佛釋迦牟尼，則尤為可笑矣。

玉皇上帝

《眞靈位業圖》：

　　玉淸三元宮右位第十一：

　　玉皇道君

　　玉淸右位第十九：

　　高上玉帝

《集説詮眞》：

　　（梁）《殷芸小説》：周興死，天帝召興升殿。興私問左右曰：“是古張天帝耶？”答曰：“古天帝已仙去，此是曹明帝耳。”

《初學記》卷二三：

　　《龜山元錄經》曰：高上玉皇上聖帝君九天玉眞，皆德空洞以爲字，合二氣以爲名。

　　上帝玉帝君乃吟玉淸之隱書。

《韋江州集·學仙》：

　　昔有道士求神仙，靈眞下試心確然，千鈞巨石一髮懸，臥之石下十三年。存道亡身一試過，奏之玉皇乃升天。雲氣冉冉漸不

玉皇上帝

見，留與弟子但精堅。

《白氏長慶集·夢仙》：

人有夢仙者，夢身升上清。坐乘一白鶴，前引雙紅旌，羽衣忽飄飄，玉佩俄鏘鏘。半空直下視，人世塵冥冥。漸失鄉國處，才分山水形。東海一片白，列岳五點青。須臾群仙來，相引朝玉京。安期羨門輩，列侍如公卿。仰謁玉皇帝，稽首前致誠。帝言與仙才，努力勿自輕，却後十五年，期汝不死庭。再拜受斯言，既寤喜且驚。

《披沙集·升天行》：

盤金束紫身屬官，強仁小德終無端。不如服取長流丹，潛神劫入黃庭間。志定功成飛九關，逍遙長揖辭人寰。空中龍駕時回旋，左雲右鶴翔翩聯。雙童樹節當風翻，嫦娥倚桂開朱顏。河邊牛子星郎牽，三清宮殿浮清烟。玉皇據案方凝然，仙官立伏森幢幡。引余再拜歸仙班，清聲妙色視聽安。餐和飲順中腸寬，虛無之樂不可言。

《酉陽雜俎·前集》卷十四：

天翁姓張名堅，字刺渴，漁陽人。少不羈，無所拘忌。嘗張羅，得一白雀，愛而養之。夢天劉翁責怒，每欲殺之，白雀輒以報堅，堅設諸方待之，終莫能害。天翁遂下觀之，堅盛設賓主，乃竊騎天翁車，乘白龍，振策登天。天翁乘餘龍追之，不及。堅既到玄宮，易百官，杜塞北門，封白雀為上卿侯，改白雀之胤小產於下土。劉翁失治，徘徊五岳作災，堅患之，以劉翁爲泰山太守，主生死之籍。

《鑄鼎餘聞》卷一：

《太平廣記》卷一引《仙傳拾遺》：（東王公）亦號玉皇君。

《雲笈七籤》卷三〈道教本始部〉：

三代天尊者，過去元始天尊，見在太上玉皇天尊，未來金闕玉晨天尊。然太上即是無始天尊弟子。從上皇半劫以來，元始天尊禪位三代天尊，亦有十號。第一曰自然，二曰無極，三曰大道，四曰至眞，五曰太上，六曰道君，七曰高皇，八曰天尊，九曰玉帝，十曰陛下。

《雲笈七籤》卷六〈三洞經教部〉：

《道門大論》云：洞眞之教，以教主天寶君爲迹，以混洞太無元高上玉皇之氣爲本。洞玄之教，以教主靈寶君爲迹，以赤混太無元無上玉虛之氣爲本。

太上之道有三，行此眞道，得爲太上之眞，位爲上眞玉皇君也。

《古今圖書集成·神異典》卷二二二引《雲笈七籤》：

上清眞人總仙大司馬長生法師主三天君，姓栢成，諱欻生，字芝高，乃中皇時人。歲在東維之際，誕於北水中山栢林之下。夫名爲欻生者，以母感日華而懷孕。年九歲，求長生之道，至十四，與西歸公子、巨靈、伯尹俱師事黃谷先生。後遇玉清文始東王金暉仙公，號曰玉皇二道君，告以胎閉靜息、內保百神、開洞雲房、堅守三眞之事。後復詣二玉皇君，問雲房之道，三眞之訣。後二玉皇授欻生《大洞眞經》三十九章，得爲上淸眞人，位曰總仙大司馬長生法師主三天君，理太元都閬風玉台，總司學道之仙籍，主括三天之神人。萬仙受事於玉台，五帝北朝於靈軒矣。

《古今圖書集成‧神異典》卷九引《大洞眞經》：

　　上皇玉帝君，制命九天之階級，征召四海五岳之神王也。

《宋史‧禮志七》：

　　帝（宋眞宗）於大中祥符五年十月，語輔臣曰："朕夢先降神人傳玉皇之命云：'先令汝祖趙某授汝天書，令再見汝，如唐朝恭奉玄元皇帝。'翼日，復夢神人傳天尊言：'吾坐西，斜設六位以候。'是日，即於延恩殿設道場。五鼓一籌，先聞異香，頃之，黃光滿殿，蔽燈燭，睹靈仙儀衛天尊至。命朕前，曰："吾人皇九人中一人也，是趙之始祖，再降，乃軒轅皇帝，凡世所知少典之子，非也。母感電夢天人，生於壽丘。後唐時，奉玉帝命，七月一日下降，總治下方，主趙氏之族，今已百年。皇帝善爲撫育蒼生，無怠前志。'即離席，乘雲而去。"

　　七年九月，即滋福殿設玉皇像，奉聖號匣。八年正月朔，駕詣玉清昭應宮奉表奏告，上玉皇大帝聖號曰太上開天執符御歷含眞體道玉皇大天帝。徽宗政和六年九月朔，上玉帝尊號曰太上開天執符御歷含眞體道昊天玉皇上帝，蓋以論者析玉皇大天帝、昊天上帝言之，不能致一故也。

《事物紀原》卷二：

　　《宋朝會要》曰：大中祥符七年正月，眞宗詣玉淸昭應宮，率天下臣庶奏告上皇玉皇聖號。《眞宗實錄》曰：大中祥符七年九月，上對侍臣曰：“自元符之降，朕欲與天下臣庶同上玉皇聖號。”至天禧元年正月辛丑朔，帝詣太極殿恭上玉皇大天帝聖號曰太上開天執符御歷含眞體道玉皇大天帝。惟是疑《會要》所紀奏告是八年事云。章衡《紀年通載》曰：大中祥符八年正月壬子朔，上玉皇大天帝號。

《翊聖保德傳》：

　　太宗召近臣謂之曰：“玉皇輔臣，所輔翊者，上帝也。”眞君降言曰：“佛即西方得道之聖人也，在三淸之中，別有梵天居之，於上帝則如世之九卿奏天子也。”

《四庫全書總目·子部·道家類存目》：

　　《翊聖保德傳》三卷，宋王欽若撰。初，澶淵之役，欽若忌寇準功，以孤注之說進。眞宗以爲恥，乃謀以符命誇四裔，於是天書之事起。

《集說詮眞》：

　　史載宋眞宗好奉道教，信惑邪說，迨以夢見神人傳命，宣告群臣。（見《通鑒綱目》）時有宰輔王欽若，爲人奸邪，與丁謂、林特、陳彭年、劉承珪朋比行詐，時號五鬼。（見《弘簡錄》《王欽若傳》）。而欽若奸邪為最，（見《弘簡錄》《宋真宗紀》）能委屈遷就，以中帝意，加之傾巧，敢為妄誕。（見《弘簡錄》《王欽若傳》）真宗大中祥符元年，欽若奏稱：自古以來，希世絕倫之事，必得天瑞，然後可為。帝曰："天瑞安可必得？"欽若曰："前代蓋有以人力為之者，唯人主深信而崇奉之，以明示天下，則與自天者無異也。"（分見《弘簡錄》《王旦傳》、《通鑒綱目》）欽若乃矯造天書，以帛二丈許，繕就黃字，緘如書卷，密令曳於左承天門。皇城司見之，奏聞。帝遣二內侍奉之下，令陳堯叟啓封宣讀。其文曰："趙受命，興於宋，世七百，九九定"等詞。陳彭年、丁謂等咸以天降瑞書，再拜稱賀。（分見《弘簡錄》《宋真宗紀》、《通鑒綱目》）獨龍圖閣待制孫奭奏曰："臣愚所聞，天何言哉？豈有書也！（見《弘簡錄》《孫奭傳》）又奏曰："將以欺上天，則上天不可欺；將以愚下民，則下民不可愚；將以惑後世，則後世不可惑。夫國將興，聽於民，國將亡，聽於神。陛下何為而不思也？"帝嘉其忠，而不能從。（見《通鑒綱目》）

《古今圖書集成·神異典》卷九引《高上玉皇本行集經》：

爾時元始天尊在清微天中玉京金闕七寶元苑玉皇宮殿，升光明座，與天軼數衆宣說靈寶清淨真一不二法門。是時玉皇尊帝與諸天真、飛天大聖、無極神王、靈童玉女九萬人，清齋建節，侍在側焉。天尊普告四衆言：往昔有國，名號光嚴妙樂，其國王者，名曰淨德。時王有後，名寶月光。其王無嗣，嘗因一日作是思：惟我今將老而無太子，身或崩歿，社稷九廟委付何人？作是念已，即便敕下，詔諸道衆，於諸宮殿，依諸科教，懸諸幡蓋，清淨嚴潔，廣陳供養，六時行道，遍禱眞聖。已經半載，不退初心。忽從一夜，寶月光皇后夢太上道君與諸至眞，駕五色龍輿，擁耀星旌，蔭明霞蓋。是時太上道君安坐龍輿，抱一嬰兒，身諸毛孔放百億光，照諸宮殿，浮空而來。是時皇后心生歡喜，恭敬接禮，長跪道前，白道君言："今王無嗣，願乞此子爲社稷主。伏願慈悲哀憫聽許。"爾時道君答皇后言："願特賜汝。"是時皇后禮謝道君，而乃收之。皇后收已，便從夢歸，覺而有娠。懷胎一年，於丙午歲正月九日午時誕於王宮。當生之時，身寶光焰充滿王國，幼而敏慧，長而慈仁，於其國中所有庫藏一切財寶，盡將散施窮乏困苦、縲寡孤獨、無所依怙、飢饉癃殘一切衆生。之後王忽告崩，太子治政，俯含浮生，告敕大臣，嗣位有道，遂舍其國，於普明香岩山中修道。功成超度，過是劫已歷八百劫，常舍其國，爲群生故割愛，學道於此。後又經八百劫，行藥治病，拯救衆生，令其安樂。如是修行三千二百劫，始證金仙，號曰清淨自然覺王如來，教諸菩薩頓悟大乘正宗，又經億劫，始證玉帝。(《重增搜神記》、《三教源流搜神大全》與此略同，惟《重增搜神記》於太上道君作老君。)

《歷代神仙通鑒》卷一：

至昊天界，有國名光嚴妙樂，其國主曰淨德時王，與寶月光王后，惟以仁慈惻隱，加之國人，躬行五十歲，未嘗少懈，直使民安物阜，災害不興。但以年老無子爲不足。二眞一入其疆，即知其誠心向道，勇猛修持。黃老（中黃子，初開天地時五老之一）曰："因緣在是矣。"元始曰："若以清虛至眞之氣，投諸聖德仁厚之身，托孕成胎，必生神明之子，定爲三才之主。上眞以爲如何？"黃老點頭，復將碧玉瑤光如意吹口眞氣，原是天外靈寶，遂變一嬰孩身，諸毛孔中，放大毫光，照滿十方世界。爾時净德時王在寢室中，忽見祥光照耀宮殿，作百寶色，有許多儀仗，護一九龍輦，浮空而來。中坐二異人，皆施法象。上首高眞，抱一小兒，面圓耳大，目秀眉淸，遍體毫光罩定。國王王后心生歡喜，恭敬接禮，長跪道前。眞是：德修恒河沙，位證天人帝。上白二眞曰："下愚無嗣，願乞此孩爲子。伏惟哀愍聽許。"黃老曰："願送與汝爲嗣，但此子根器不凡，必證無極高上之品。汝善爲我育之。"國王上前拜領，二眞從寶椅中托出遞與，國王雙手來接，重如山岳，掙一身大汗，恍然而覺。乃急召王后言之，所見相同。是後國王精神倍長。三歲後與王后誕生一位聖明王子，後爲乾坤眞主。

同書卷二：

　　（八百餘年後）飛升天界，證位金仙，初號自然覺王，次曰昊天上帝，爲三才主宰，掌一切均軸。

《古今圖書集成·神異典》卷二一五引《明大政紀》：

　　成化十二年八月，大學士商輅等言："祖宗創爲郊祀，歲一舉行，極爲甚重。邇者皇上又於宮北建祠，奉祀玉皇，取郊祀所有服器樂舞之具，依式製造，欲於道家所言神降之日舉行祀禮。稽之古禮未協。伏望將內庭一應齋醮悉宜停止。"疏入，上命拆其祠。

《續文獻通考 · 群祀考》三：

（明嘉靖）二十一年四月，建大高元殿於西苑，奉祀上帝。

先是，二年四月，太監崔文等於欽安殿修設醮供，請帝拜奏青祠，大內建醮自此始。其後改欽安殿爲元極寶殿，奉祀上帝。祈谷大享，皆於此行禮，而親郊遂廢。時帝居西苑，罕入大內，即元極寶殿亦不時至，故又即西苑建大高元殿，以奉玉皇及三清像。

《癸巳存稿》卷十三：

《酉陽雜俎 · 諾皋》云：天翁姓張，名堅，竊騎劉天翁車，乘白龍登天。劉翁失治，爲泰山守，主生死之籍。此當是張陵造作道書時議論，檢《道藏》書，未見也。魯應龍《閑窗括異志》云：晉周興死而復生，言見天帝，面方一尺，問左右曰："此張天帝耶？"答曰："上古天帝，久已聖矣。此近曹明帝耳。"此當是晉中衰時議論。陳耀文《天中記》引《晉書》云：晉咸康中，士人周謂云云。今《晉書》不見。王世貞《宛委餘編》云出《殷芸小說》，亦未見其書。其語雖荒誕，然可徵人心向背。邇言必察，有明訓矣。

《民間新年神像圖畫展覽會 · 附錄三》：

玉皇上帝，名稱即顯出民間宗教混淆之意味：蓋玉皇爲道教之名稱，上帝與老天爺則借自儒教。玉皇上帝係道教三清之第二位，然民間所謂玉皇上帝并非道教之玉皇上帝，已由宇宙之教導者一變而爲宇宙之統治者，且承襲上帝之稱號與其職司。使玉皇之信仰普遍化者爲宋眞宗。守舊之儒生曾控責眞宗，謂其假飾夢遇此神，俾挽回其已趨衰弱之朝政之聲威（參閱《續資治通鑒綱目》）。

【案】玉皇上帝，是中國民間信仰中的最高神。恰如《聊齋志異》所說：“天上有玉帝，地下有皇帝”，祂乃是封建皇權在鬼神世界的象徵。但這一神學概念的出現，并不很早。

中國自殷周以來，已有最高神——上帝之觀念，本編小敘中已述及。惟初視天、上帝爲一物，故有昊天上帝、皇天上帝之稱。以後隨着社會分工愈來愈細，社會組織、社會意識日趨複雜，神鬼世界也逐漸等級森嚴，分工明細，上帝的形象、功用也趨向社會化、人格化。西漢有五方帝及太一，東漢有五感生帝，皆具上帝的職能。東漢末又以北極星爲天皇大帝，名耀魄寶，總領天地五帝群神。但自新莽以迄於唐，國家祭天大典，皆以祀皇天（或稱昊天）上帝爲主。

上帝的人格化社會化在民間信仰中發展尤爲顯著，祂逐漸脫離了官方祀典中的抽象概念，變爲具有人類情感的生動具體的“天公”。如果說東漢張衡的＜思玄賦＞叫帝閽使闢扉兮，覯天皇於瓊宮”之描寫尚是出於文學家的想象，那麼《殷芸小說》中的天帝和《酉陽雜俎》中的天翁當是流傳於民間的上帝形象了。可以看到，當時人們不但認爲上帝也具有人的性情和人的弱點，而且也可由人來取代。這兩段記載提到了“張天帝”和“張天翁”。顧頡剛先生在《浪口村隨筆·玉皇》（載《責善》第一卷創刊號，一九四〇·三·）中認為，民間流傳之"張玉皇"與東漢張天師有關。張政烺先生則指出，《酉陽雜俎》所記，似為漢人之說，此事當與漢末天師道五斗米道有關，其源可能出於張角。張角自號天公將軍，張翁漁陽人，張角巨鹿人，張翁或即以"蒼天已死，黃天當立"之說，由張角傳說附會而來。（《玉皇姓張考》，《責善》第一卷第八冊，一九四〇·六·）此論雖無確證，亦可備一說。總之，民間的上帝傳說與道教完全有可能相互滲透。

不過，正統的道教典籍中，對最高神另有一套說法，我們在三清諸條中已介紹過了。玉皇、玉帝之稱，最早見於《真靈位業圖》，但僅列為玉清境元始天尊屬下諸神，玉皇道君位居右位第十一，高上玉帝位居右位第十九。到了唐代，玉皇、玉帝之稱漸趨普及。《雲笈七籤》為宋初張君房採集前代典籍傳說編撰的道教叢書，其《道教本始部》稱太上老君為玉皇；又謂天尊有十號，第九號曰玉帝；《三洞經教部》又謂凡行太上之道者，皆得為大上之真（神仙之品位），位為上真玉皇君。則此僅為道行高深者之泛稱。蓋如張政烺先生所說，古人信服食玉，可以長生，又以為純潔清靜之徵，故道教凡稱神仙，其侍曰玉女玉郎，其域曰玉京玉清，其居曰玉闕玉樓，其書曰玉簡玉冊，其動植曰玉兔玉蟾玉樹玉芝，皆美稱也。也正因如此，唐代文人騷客又常稱天帝為玉皇、玉帝。除以上所引三首詩，李白、杜甫、韓愈、柳宗元等也常在詩中吟咏玉皇，描繪其壯麗天宮、隨侍群神。於是天長日久，約定俗成，民間信仰中的天帝和道教諸神中的玉皇合而為一。所以張政烺先生又說，唐人心目之中玉皇已與後代無殊，其宮殿儀仗權勢作用皆儼然人世皇帝，且諸家所述玉皇之服飾、侍御一若皆有定式，蓋當時已宮觀祠祀，造像寫圖者眾矣。

宋初仿效唐代，尊崇道教，宋真宗為掩飾澶淵之恥，在王欽若等人推波助瀾之下，裝神弄鬼，偽造符命，於是把民間信仰的玉皇正式列為國家的奉祀對象。宋徽宗則乾脆把玉皇與傳統奉祀的昊天上帝合為一體，上尊號曰昊天玉皇上帝。至此國家、民間、道教三方面的信仰正式合流。

然而這種合流的局面未能保持多久，就又一分為三了。自徽宗以後一直到清，除了個別皇帝在宮中自設三清、玉皇之像供奉外，在國家祭天大典中，并不承認玉皇，仍奉祀昊天上帝。

道教雖然順水推舟，承認了玉皇的新身份，并且為了增強其誘惑力，還編造了光嚴妙樂國太子修道功成，始證金仙，號清淨自然覺王如來，以後位證玉帝的故事（這個故事大約起源於元、明，完全是釋迦牟尼成佛故事的翻版），但仍然堅持三清為最高神，認為玉皇只是三清的輔佐或即三清之第二位。所以在《高上玉皇本行集經》等經典中，有太上道君（或作老君）送子的描寫。在《歷代神仙通鑒》中，則說是元始天尊和黃老（中黃子）以真氣吹入碧玉如意，化為嬰孩，送至光嚴妙樂國，誕為王子，後為金仙，初號自然覺王，次曰昊天上帝。

但在民間俗信中，玉皇却逐漸脫離了國家祀典和道教經典的束縛，成爲至高無上的天神，號稱昊天金闕至尊玉皇上帝，總管三界十方，是神鬼世界真正的皇帝。在《西遊記》中，三清、西方佛老皆居玉皇之下，尊之爲大天尊。這位玉皇大帝兼轄佛、道兩教以及中國民間信仰中所有的神鬼，又保持着早期民間信仰中天帝的姓氏（張氏）。從玉皇大帝的發展源流中，我們可以看到中國民間信仰獨特的兼收并蓄的吸收能力。

如　來　佛

《魏書·釋老志》：

　　所謂佛者，本號釋迦文者。譯言能仁，謂德充道備，堪濟萬物也。釋迦前有六佛，釋迦繼六佛而成道，處今賢劫。釋迦即天竺迦維衞國王之子。於四月八日夜，從母右脅而生。既生，姿相超異者三十二種。天降嘉瑞以應之，亦三十二。其《本起經》說之備矣。釋迦生時，當周莊王九年。年三十成佛，導化群生，四十九載，乃於拘尸那城娑羅雙樹間，以二月十五日而入涅槃。

　　（道教謂）佛者，昔於西胡得道，在三十二天（共三十六天），爲延眞宮主。勇猛苦敎，故其弟子皆髠形染衣，斷絕人道。

《初學記》卷二三：

　　《普曜經》曰：佛，兜率天降神於西域迦維衞國淨梵王宮，摩耶夫人剖右脅而生。

《集説詮眞》：

　　釋迦佛，釋敎之祖師也。佛者，天竺國語，漢言覺也，謂覺悟群生也（見《後漢紀》　。又譯華言淨覺，謂滅穢成明道，爲聖悟。佛又稱佛陀、浮圖、浮屠，俱因音聲相近，轉爲二音。釋迦佛之前已有六佛（見《魏書·釋老志》），一曰毗婆尸，二曰尸棄，三曰毗舍浮，四曰拘留孫，五曰拘那舍牟尼，六曰迦葉（見《地持經》。此迦葉，非釋迦之徒摩訶迦葉）。釋迦之後稱爲佛者，數以千計，釋教之奉爲祖師者，唯釋迦。釋迦，其號也，又號釋迦文（見《魏書·釋老志》）。牟尼，其名也，又名悉達多（見《金剛經慧會集解》）。瞿曇，其姓也，又姓利利（見《釋迦方志》）。曰如來，曰世尊，曰無上士（見《法華經》），俱釋家尊佛之稱。釋迦之父名淨飯（見《普曜經》），又名白淨梵（見《神仙通鑑》），又名白淨（見《牟子》），又名屠頭邪（見《浮屠經》）。母名淨妙（見《南史·齊書》），又名摩邪（見《普曜經》），又名莫耶（見《浮屠經》）。釋迦出身之國，稱迦維衞（見《魏書·釋老志》），又稱迦維羅越（見《太平御覽》），又稱臨兒（見《魏略》），又稱臨倪（見《路史》）。其國在天竺（見《魏書·釋老志》），即今之印度國也。釋迦佛係李老子化身。蓋老子於周昭王時，西往至天竺維衞國，國王夫人淨妙晝寢，老子乘日精入其口中（見《南史·齊書》），淨妙遂夢六牙白象而孕　見《神仙通鑑》）。懷孕滿月，四月八日，夫人游園，攀無憂樹（按《酉陽雜俎》，無憂樹，女人觸之花方開），樹下忽出蓮華，大如車輪，釋迦從夫人右脅而生，墮在華上（見《大藏經》）。時周昭王二十六年甲寅（見《金剛經旁解》。各書紀佛，頗多岐異。《普曜經》曰：佛從兜率宮降神西域迦維衞國淨飯王宮摩耶夫人，剖右脅而生。《老子開天經》曰：老子於周敬王元年入胡。《隋書·經籍志》曰：佛生於周莊王之九年四月八日。《續文獻通考》曰：佛生於周昭王二十四年四月八日。《法顯記》曰：佛生於殷末，道成於周初）。釋迦生時，有二龍神降，一吐冷水，一吐溫水，沐浴其身（見《神仙通鑑》。按《金剛經慧會集解》：九龍喋水）。甫生墜地，即作獅子吼

（見《金剛經慧會集解》），一手指天，一手指地，周行七步，目顧四方，曰：“天上天下，惟我獨尊”（見《宗門拈古滙集》）。其身色黃，爪赤如銅，髮青披地（見《浮屠經》），頰如獅子皮，不受塵水，手足皆鈎鎖，毛悉向上（見《牟子》）。淨妙生釋迦後二年，復舉一子，名那竭（見《神仙通鑒》。按《報耕錄》：釋迦生七日，母摩耶棄世）。淨妙卒，姨憍曇撫育二子（見《三才圖會》）。釋迦爲太子時，娶有三夫人，一名瞿夷，一名耶輸陀羅，一名摩奴舍（見《華嚴經》）。釋迦手指耶輸陀羅腹，便覺有娠，乃生一子，名羅睺羅（見《三才圖會》）。釋迦年十九，逾城出家學道（按《續博物志》：佛年二十九，於三月十五日夜出家）。先居檀特山，嗣居雪山（見《神仙通鑒》）。後至舍衞國，每日身披袈裟，手持鉢盂，跣足入城，沿家乞食。乞已，出城，歸孤獨園（佛說法處），與千二百弟子同居（見《呂祖注講金剛經》）。所收之弟子，男曰桑門（或沙門），譯言息心，而總曰僧，譯言行乞。女曰比邱尼。皆剃落鬚髮，辭家和居，乞食自資。俗人皈依者，男曰優婆塞，女曰優婆夷，均去殺、盜、淫、妄言、飲酒，是謂五戒（見《隋書·經籍志》）。初，釋迦患背疾，令侍者阿難陀向廣熾（俗人皈依佛者）求胡麻油。廣熾辦油親往，爲釋迦塗洗，背疾乃瘉（見《毗婆沙論》）。後背病復發，及篤，乃以手摩胸告衆曰：“汝等善觀吾紫磨金色之身（見《宗門拈古滙集》）。吾今背痛，將入涅槃矣”（按《隋書·經籍志》：涅槃，一云般涅槃，又云泥洹，譯言滅度，猶云謝世也）。時釋迦北首而臥（見《涅槃經》。按《太平御覽》：後世繪臥佛像由此始）於拘尸那城（一名拘尸那竭城）婆羅雙樹間（見《隋書·經籍志》），求生不得，求死不得（見《宗門拈古滙集》）。至二月十五日去世（見《隋書·經籍志》）。釋迦年三十成佛（按《續博物志》：佛年三十五得道），在世行道四十九載（見《魏書·釋老志》。《妙法蓮華經》曰：佛周流諸國。乞食五十餘年，後歸。《金剛經旁解》曰：佛生於周昭王二十六年甲寅，死於周穆王五十三年壬申，在世七十九年。《神仙通鑒》曰：佛死於周穆王四十三年。按：《竹書紀年》之辛丑二月十五日）。釋迦卒後，其弟那竭作金棺以殮，諸弟子積薪焚之。燼後，金棺如故（見《神仙通鑒》。大弟子摩訶迦葉至，釋迦以雙趺（足背也）露於棺外示之。迦葉作禮，請發火自焚，其棺忽舉，繞行拘尸那城七匝，却還本處，遂發火自燃（見《宗門拈古滙集》）。燃後，其骨分碎，大小如粒，弟子收置於瓶，建塔廟而供奉焉（見《魏書·釋老志》）。釋迦嘗投身喂虎，舍頭施人，挑眼濟人，變魚飼人，并剝皮爲紙，拆骨爲筆（見《洛陽伽藍記》）。釋迦之大弟子有十，一曰摩訶迦葉，二曰阿難，三曰須菩提，四曰舍利，五曰弗迦胁，六曰延目，七曰乾連，八曰阿難連，九曰優波離，十曰羅睺羅。後人以仲尼十哲比之（見《讀書紀數略》）。追述釋迦所說，綴以文字，集經十二部（見《隋書·經籍志》。其後纂爲四十二章（見《神仙通鑒》）。佛教由是興焉。

【案】如來佛，實有其人，即佛教創始人悉達多·喬達摩。相傳爲淨飯王太子，出生地迦毗羅衛，在今尼泊爾境內，大約與孔子同時。釋迦牟尼是其尊稱，如來爲其十種稱號之一謂從如實之道而來，開示真理之義。佛教徒尊爲祖師，傳入中國，被認爲是佛教的最高神，在中國民間也有很大影響。佛教初傳入中國時，被人們視爲道術的一種，所以東漢時有老子"入夷狄化浮屠"之說。以後道教徒爲對抗佛教的影響，遂誇大、發揮此說，謂其爲老子化身之一。

乙 編

文昌帝君（梓潼帝君）

　　附：天聾地啞

奎　星（魁星）

文曲星　武曲星

南斗　北斗

壽　星（南極老人）

太　歲

雷　神

　　雷　獸

　　雷　師

　　雷　公

　　雷州雷王

　　九天應元雷聲普化天

雷部諸神

小　叙

　　自本編至己編所收錄的諸神，雖然其職掌、形象等表現形式各不相同，但推究其本源，却都由原始宗教中的自然崇拜演變發展而來。

　　原始人類的宗教觀念，是當時的狹隘生產關係、低下的生產力的反映。而"最原始的宗教，應該是較靈魂崇拜更爲簡單的東西，引起人們發生宗教觀念的對象是那些與人類日常生活有經常利害關係的自然現象"。（朱天順《原始宗教》，上海人民出版社一九七八年十一月版）原始人一方面畏懼自然力和自然現象的神秘和威力，一方面又希望能利用和控制這種力量，於是他們賦予自然力和自然現象以人的感情意識，開始了把自然界神化的過程。他們用人格化的方法來同化自然力，創造了許多神。

　　這種神雖然是由人們以自身爲根據幻想出來的產物，但開始仍保持着自然物的形象。隨着社會的進步，人類意識的不斷豐富，自然神人格化的趨勢也就愈益加強。不但神的意識愈來愈富有人性，而且其形象也漸由自然物演變爲半人半物，再變爲基本人化而保留若干自然物之特徵，最後則從外形到服飾完全人化。

　　與此同時，神的功用、性質又開始了社會化的發展過程。也就是說，自然神不僅以其本身的自然屬性（如土地有生殖力，動物可傷人或養人，風雨雷電等自然現象能直接影響人們的生活），受到崇拜，又從人類那兒獲得排難解紛、賞善罰惡 、消災降福等社會職能，從而不僅在外表形象上，而且在內涵性質上也不斷發生變化。

當人類進入階級社會以後，宗教神學觀念更發生根本性的變化，人們按 "人世間的習俗給神靈取姓名，找配偶，幷像社會那樣按職分工，劃分神階等級，規定神界秩序，編造各個神靈的歷史"。（《原始宗教》）最後這些自然神面目全非，再也找不到人類初創造祂們時的一點痕迹了，祂們的名稱、姓氏、身份、歷史、面貌、穿戴、職能、地位，在不同的時代按照人們的需要以不同的形式和內容出現。考察這一系列的變化，對於認識我國古代人們的世界觀的形式、變化、發展，對於了解不同的社會歷史條件如何影響民間神學觀念，而民間神學觀念又如何旣通過發展變化來適應社會歷史條件的改變，同時又對歷史施加自己的影響，當然會是很有意義的。

本編所涉及的神，都起源於原始宗教中的天體（太陽、星辰）和有關氣象的自然現象之崇拜。中國古代主要是一個農耕社會，太陽和氣象條件，對人們的社會生活直接發生巨大的影響，所以這種崇拜起源很早。至於星辰崇拜，一開始幷不很重要，人們除了夜間觀察它來確定方位之外，主要是對星體的存在和運行產生了神秘感。但人們後來漸漸發現星體的運行規律在天文曆數方面有重要作用，而天文曆數對古代人類社會生活的影響是極其直接而重要的，於是星辰崇拜逐漸興盛，以至於把其它一些自然現象以及社會現象也與星體的運行聯繫起來，創造了人格化、社會化的星辰神。至於星占術迷信，則在我國流行過相當長的一個時期。

〔見朱天順《中國古代宗教初探》〕

東 王 公

《古今圖書集成·神異典》卷二二二：

《枕中書》：元始君經一劫乃一施太元母，生天皇十三頭，治三萬六千歲，書爲扶桑大帝東王公，號曰元陽父扶桑大帝，住在碧海之中。

同上引《仙傳拾遺》：

木公亦云東王父，亦云東王公，蓋青陽之元氣，百物之先也。冠三維之冠，服九色雲霞之服，亦號玉皇君。居於雲房之間，以紫雲爲蓋，青雲爲城，仙童侍立，玉女散香，眞僚仙宮，巨億萬計，各有所職，皆稟其命而朝奉翼衞。故男女得道者，名籍所隸焉。昔漢初小兒於道歌曰："著青裙，入天門，揖金母，拜木公。"時人皆不識，惟張子房知之，乃再拜之。曰："此乃東王公之玉童也。蓋言世人登仙，皆揖金母而拜木公焉。"或云居東極大蘆中，有山焉，以青玉爲室，深廣數里，僚屬眞仙，共校定男女眞仙階品功行，以升降之。總其行籍而上奏元始，中開玉晨，以稟命於老君也。天地劫歷，陰陽代謝，由運興廢，陽九百六，舉善黜惡，靡不由之。或與一玉女更投壺焉。所謂王者，乃尊爲貴上之稱，非其氏族也。世人以王父、王母爲姓，斯亦誤矣。

木 公

東王公

《眞靈位業圖》：

上清左位：太微東霞扶桑丹林大帝上道君。

《神異經·東荒經》：

東荒山中有大石室，東王公居焉。長一丈，頭髮皓白，人形鳥面而虎尾，載一黑熊。左右顧望，恆與一玉女投壺。每投千二百矯，設有入不出者，天爲之噫嘘；矯出而脫誤不接者，天爲之笑。

《酉陽雜俎·前集》卷十四：

東王公諱倪，字君明。天下未有人民時，秩二萬六千石，佩雜色綬，綬長六丈六尺，從女九千，以丁亥日死。

《列仙全傳》卷一：

木公諱倪，字君明。天下未有民物時，鍾化而生於碧海之上，蒼靈之墟。道性凝寂，湛體無爲，將贊廻玄功，育化萬物，主陽和之氣，理於東方，亦號東王公。凡上天下地，男子登仙得道者，悉所掌焉。嘗以丁卯日登台觀望轉劫學道得仙之品。品有九，一曰九天眞皇，二曰三天眞皇，三曰太上眞人，四曰飛天眞人，五曰靈仙，六曰眞人，七曰靈人，八曰飛仙，九曰仙人。凡品仙升天之日，先拜木公，後謁金母，受事既畢，方得升九天，入三淸，禮太上而觀元始。漢初有群兒戲謠於道曰："着靑裙，上天門，揖金母，拜木公"。時人皆莫之知，惟子房往拜焉。乃語人曰："此東王公之玉童也。"

《三教搜神大全》卷一：

東華帝君，道氣凝寂，湛體無為，將欲啓廸玄功，生化萬物，先以東華至眞之氣，化而生木公於碧海之上，蒼靈之墟，以主陽和之氣，理於東方，亦號王公焉。與金母皆挺質太玄，毓神玄奧，於東方溟溟之中，分大道醇精之氣而成形，與王母共理二氣而育養天地、陶鈞萬物。凡天上天下三界十方，男子之登仙得道者，悉所掌焉。居方諸之上。按《塵外記》，方諸山在東海之內，其諸司命三十五，所以錄天上人間罪福；帝君為大司命總統之。山有東華台，帝君常以丁卯日登台四望學道之品者。凡仙有九品，一曰九天眞皇，二曰三天眞皇，三曰太上眞人，四曰飛天眞人，五曰靈仙，六曰眞人，七曰靈人，八曰飛仙，九曰仙人。凡此品次，升天之時，先拜木公，後謁金母，受事既訖，方得升九天，入三清，拜太上而觀元始。故漢初有四五小兒戲於路中。一兒詩曰："着青裙，入天門，揖金母，拜木公"。時人皆莫知之，唯子房往拜焉，曰："此東王公之玉童也。"昔元始告十方天人曰："吾自造言混沌，化生二儀，役御陰陽，始封皇上元君。自東華扶桑大帝等校量水火，定平劫數，中皇元年，太上於玉清瓊房金闕上宮授帝寶經花圖玉訣，使傳後學玉名合眞之人。故《玄綱》云"東華不秘於眞訣"是也。紫府者，帝君校功行之所。夫海內有三島，而十洲列其中：上島三洲，謂蓬萊、方丈、瀛洲也；中島三洲，謂美蓉、閬苑、瑤池也；下島三洲，謂赤城、玄關、桃源也；三島九洲鼎峙洪濛之中。又有洲曰紫府，踞三島之間，乃帝君之別理統轉靈官職位，較量群仙功行，自地仙而至神仙，神

東華帝君

仙而至天仙，天仙而轉眞聖，入虛無洞天，凡三遷也，皆帝君主
之。釋之名也，東華者，以帝君東華至眞之氣化而生也，分治東
極，居東華之上也。紫府者，職居紫府，統三十五司命，遷轉洞
虛官較品眞仙也。陽者，主東方少陽九氣，生化萬滙也。帝君者，
位東方諸天之尊，君牧衆聖，爲生物之主，《易》曰“帝出乎震”
是也。故曰“東華紫府少陽帝君”。又《眞敎元符經》云：昔二
儀未分，溟滓濛洪如鷄子，玄黃之中生自然。有盤古眞人移古就
今，是曰盤古，乃是天地之精，自號元始天王，游行虛空之中。
又有太元聖母化生天脊膂中，經百劫，天王行施，聖母遂生天皇，
號上皇元年，始世三萬六千歲，受元始上帝符命，爲東宮大帝扶
桑大君東皇公，號曰元陽。又考之仙經，或號東王公，或號靑童
君，或號東方諸，或號靑提帝君，名號雖殊，即一東華也。君聖
朝至元六年正月日上尊號曰“東華紫府少陽帝君”。

《中國古代宗教與神話考》：

　　甲骨文所常見“東母”，當然是日神的別名。

　　大明生於東，代人謂之“東王父”，這與“地母”神後世訛
爲“社公”，同樣是由女性變爲男性。我認爲“東王公”宜是“東
王母”傳說的變相；甲骨文所謂“東母”，決是日神。《大荒南
經》：“羲和者，帝俊之妻，生十日”。生十日的羲和即東王母。

　　【案】東王公，又稱木公，東華帝君，與西王母共爲道敎
　　之尊神。究其源，則頗暗昧。戰國時楚地信仰“東皇太一”
　　神，又稱東君，或認爲卽人神化了的太陽神。(參見朱天順《中

國古代宗敎初探》，上海人民出版社一九八二年七月版）有可能卽是東王公之前身。但東王公一詞之出現，始見於《枕中書》。《枕中書》和《真靈位業圖》都稱它爲扶桑大帝，也顯示了它是由日神演變而來。另外，東王公在中國民間傳說中被認作是男仙之首，主陽和之氣，生於碧海之上，理於東方，也表現出日神的特徵。但除了《神異經》的描繪比較原始，典籍中所見到的東王公之形象都已是經道敎徒輾轉加工增飾而成的。給祂安排了姓氏、配偶（西王母）、職能（掌男仙名籍）、名號，編造了祂的歷史，甚至說祂爲元始天尊、太元聖母所生，所以距離原始的日神越來越遠，頗難追尋其演變的陳迹了。

三　　官

《三國志・張魯傳》注引《典略》：

（東漢靈帝時）東方有張角，漢中有張修。修爲五斗米道。鬼吏主爲病者請禱。請禱之法，書病人姓名，說服罪之意。作三通，其一上之天，著山上，其一埋之地，其一沉之水，謂之三官手書。使病者家出五斗米以爲常，故號曰五斗米師。實無益於治病，但爲淫妄，然小人昏愚，竟共事之。

《酉陽雜俎・前集》卷二：

夏啓爲東明公，文王爲西明公，邵公爲南明公，季札爲北明公，四時主四方鬼。至忠至孝之人，命終皆爲地下主者，有上聖之德，命終受三官書，爲地下主者，一千年，乃轉三官之五帝，復一千四百年，方得游行太清，爲九宮之中仙。又有爲善爽鬼者，三官清鬼者，或先世有功，在三官流。逮後嗣易世練化，改世更生。此七世陰德，根葉相及也，命終當道遺脚一骨以歸三官，餘骨隨身而遷。男左女右，皆受書爲地下主者，二百八十年，乃得進處地仙之道矣。

《鑄鼎餘聞》卷一：

宋《宣和畫譜》載，大曆中周昉有《三官像圖》。

宋鄭樵《通志》載有《三元醮儀》一卷。

《宋史·方技傳》：苗守信上言：三元日，上元天官，中元地官，下元水官，各主錄人善惡。（均按：此三官分三元見於史之始）。

《古今圖書集成·神異典》卷四六引《蠡海集》：

人曰老氏之徒有天、地、水府三元三官之說，何也？蓋天氣主生，地氣主成，水氣主化，用司於三界。而三時首月之望候之故曰三元。金為生，候天氣；土為成、候地氣；水為化，候水氣。三元正當三歸宮，故曰三官也。

《古今圖書集成·神異典》卷二一七引明蔣德璟《糾張眞人疏》：

乃有眞人張應京《乞渙發三官徽號》一疏，則臣等不能無駭者。據《道藏》幷無三官之說，近世始有之，其經以天官地官、水官為陳子椿之子。

《三教搜神大全》卷一：

三元大帝乃是元受眞仙之骨，受化更生，再蘇為人。父姓陳，名子椿，又曰陳郎，為人聰俊美貌，於是龍王三女自結為室。三女生於三子，俱是神通廣大，法力無邊。天尊見有神通廣法，顯現無窮，即封為上元一品九氣天官紫微大帝，即誕生之符始陽之氣結成至眞，處玄都元陽七寶紫府土宮，總主土宮諸天帝王、土聖高眞、三羅萬象星君；中元二品七氣地官清虛大帝，九土無極世界洞空清虛之宮，總主五岳帝君幷二十四治山、九地土皇、四

三　官

維八極神君；下元三品五氣水官洞陰大帝，洞元風澤之氣、晨浩之精、金靈長樂之宮，總主九江水帝、四瀆神君、十二溪眞、三河四海神君。每至三元日，三官考籍大千世界之內，十方國土之中，上至諸天神仙升臨之籍、星宿照臨國土分野之簿，中至人品考限之期，下至魚龍變化飛走萬類養動生化之期，并俟三官集聖之日，錄奏分別。隨業改形，隨福受極，隨劫轉輪，隨業生死，善惡隨緣，無復差別，宜悉知之。上元一品天官賜福紫微帝君（正月十五日誕生）；中元二品地官赦罪青靈帝君（七月十五日誕生）；下元三品水官解厄暘谷帝君（十月十五日誕生）。

《歷代神仙通鑒》卷一：

元始復飛身到太虛極處，取始陽九氣，在九土洞陰，取清虛七氣，更於洞陰風澤中，取晨浩五氣，總吸入口中，與三焦合於一處。九九之期，覺其中融會貫通，結成靈胎聖體。正當春一月月望之霄，原從口中吐出嬰孩，相好光明。又於秋一月望日，多一月望夜，復吐出二子，是爲上中下三元。皆長爲昂藏丈夫，元始語以玄微至道，悉能通徹。

《歷代神仙通鑒》卷三：

（元始曰：）爾三元地位雖則清高，功行猶宜建立。汝等下降人間，必須一德相傳，使後世知揖讓爲美。

《歷代神仙通鑒》卷四：

（元始曰：）三子（按：指堯、舜、禹）皆天地莫大之功，爲萬世君師之法。本自三元眞氣，今敕爲三官大帝。官者，司也，官

天下而無私也。上元爲九氣一品天官，處玄都元陽九氣七寶紫微
上宮，總主上宮諸天帝王，上聖高眞，森羅萬象星君，每至寅月
十五日，上元考籍。中元敕爲七氣二品地官，居九土無極世界，
洞空清虛之宮，總主五岳諸神，并二十四山川，九地土皇，四維
八極諸神，每至申月十五，地官考籍。敕下元爲五氣三品水官，
來往洞元風澤之氣，晨浩之精，金靈長樂之宮，總主九江四瀆，
三河五海十二溪眞聖神君，每至亥月十五，水官考籍。三元在三
界中，上至諸天大神升臨之籍，星宿照臨國土分野之簿，中至人
品考限之期，下至魚龍變化飛走潛動生化之目，并俟三官集聖之
時，分別錄奏，隨孽改形，隨福受報，隨劫輪轉，隨光生死，善
惡分明，無復差別也。

《歷代神仙通鑒》卷十五：

　　雲台山（贛榆），三官大帝行宮考校之所。

《通俗編》引《後漢書·劉焉傳》注引《典略》後按云：

　　此天、地、水三官造端之確據。謝氏《文海披沙》、郎氏《七
修類稿》，各以木金水臆說傅會；《道藏》謂三官俱周幽王諫臣，
一曰唐宏，一曰葛雍，一曰周寶；皆未有實證也。其神之尊奉於
世，由漢以來，蓋未嘗絕。

《陔餘叢考》卷三五：

　　道家有所謂天、地、水三官者，《歸震川集》有《三官廟記》，
云其說出於道家，以天、地、水爲三元，能爲人賜福、赦罪、解

厄，皆以帝君尊稱焉。或又以爲始皆生人，而兄弟同產，如漢茅
盈之類也。是震川初未嘗考其由來。郎瑛亦但謂天氣主生木，爲
生候；地氣主成金，爲成候；水氣主化水，爲化候。其用司於三
界，而以三時首月候之，故曰三元。三元正當三臨官，故又曰三
官。則瑛亦未究其出自何處。按《通志》有《三元醮儀》一卷，
但不題撰人姓氏。《宣和畫譜》有名畫周昉《三官像圖》，及唐
末范瓊、孫位、張素卿皆有之。又《東坡集》中有《水官詩》，
乃大覺璉師以唐閻立本所畫水官贈老泉，老泉作詩報之，兼命坡
公屬和者。然老泉詩徒摹寫閻畫，東坡亦第述立本之以畫名家，
而未著水官所自。惟宋景濂跋揭文安偓斯所撰《曲阿三官祠記》，
謂漢熹平間，漢中張修爲太平道，張魯爲五斗米道，其法略同，
而魯爲尤甚。自其祖陵、父衡造符書於蜀之鶴鳴山，制鬼卒、祭
酒等號，分領部衆，有疾者令其自首，書名氏及服罪之意，作三
通。其一上之天，著山上，其一埋之地，其一沉之水，謂之天地
水三官。三宮之名，實始於此云云。此最爲得實，但裴松之《三
國志》注引《典略》，謂爲太平道者，乃張角，爲五斗米道者乃
張修。《後漢書》及司馬《通鑒》亦同。景濂乃謂修爲太平道，
魯爲五斗米道，不免小誤。按松之所謂張修，應是張衡，即張魯
父也，《典略》誤耳。然張衡等但有三官之稱，而尙未謂之三元。
其以正月、七月、十月之望爲三元日，則自元魏始。《魏書》：
孝文帝以太皇太后喪，詔令長至三元絕告慶之禮，是三元之名，
魏已有之。蓋其時方尊信道士寇謙之，三元之說，蓋即謙之等襲
取張衡三官之說，而配以三首月爲之節候耳。《册府元龜》：唐
開元二十二年十月敕曰：道家三元，誠有科戒，今月十四日、十

五日是下元齋日，都內人應有屠殺，令河南尹李適之勾當總與贖取，并令百姓是日停宰殺漁獵等。自今以後，兩都及天下諸州，每年正月、七月、十月三元日，起十三至十五，兼宜禁斷。《舊唐書·武宗紀》：會昌四年正月，敕三元日各斷屠三日。《宋史·方伎傳》：苗守信精道術書，上言三元日，上元天官，中元地官，下元水官，各主錄人之善惡，皆不可以斷極刑事。下有司議行。此又三元之名之原委也。

《茶香室三鈔》卷十九：

國朝劉獻廷《廣陽雜記》云：辛未秋，予寓漢上。時臥處有四官像，乃天、地、水、火也。三官始於黃巾，而道士家因之。不知何時益之以火，漢口皆是。

《茶香室三鈔》卷十九：

《宣和畫譜》：陸晃有"天曹賜福眞君"像一。然則今俗所稱天官賜福者，亦有本矣。

《鑄鼎餘聞》卷一：

道書云：正月十五日上元九氣天官主錄百司上詣天闕，進呈世人罪福之籍。上元十天靈官、神仙兵馬與上聖高眞、妙行眞人下降人間，考定罪福。中元九地靈官，下元水府靈官亦然。上元、中元、下元皆大慶之月也。長齋誦《度人經》，則福及上世，身得與神仙幷。

又云：三官俱周幽王諫臣。（見天門三將軍條）

【案】三官神在道教中地位頗高，在民間也有較大影響。
牠們并非日月星辰之神，但顯然源自原始宗教中對天、地、
水的自然崇拜，所以列於本編中。據《典略》，東漢時早期
道教吸收了傳統的民間信仰，奉天、地、水三官為主宰人間
禍福的大神。（參見黃列《略論吐魯番出土的"道教符籙"》，載
《文物》一九八一年第一期）

以後元始、老子的地位日益尊崇，三官信仰仍歷久不衰。
一九八二年五月，河南省登封縣一位青年農民在嵩山峻極峰
頂石縫中，發現一通唐武則天時的金簡，即是乞求"三官九
府"為武則天免罪降福的。這種藏於峰頂的做法，也是從東
漢早期道教沿襲下來的。當時已認為三官不僅掌人間禍福，
也主鬼神之升轉。如《酉陽雜俎》謂三官掌冥王轉天仙、地
仙，《夷堅志補》卷六亦謂三官遣使傳上帝命，掌鬼神升轉
之事。宋代將三官與三元日（正月十五、七月十五、十月十五）
聯繫起來，所以後世又稱三官為三元。由於年代久遠，歷經
變遷，人們對三官的來歷逐漸模糊，出現了許多不同的說法。
如《蠡海集》等認為三官起源於金、水、土三氣（或說以木、
金、水附會）。或謂即天門唐、葛、周三將軍，甚至有以長江
三水府當之者。《歷代神仙通鑒》則說三官乃元始天尊從口
中吐出，後降人間，即堯、舜、禹三位傳說人物，後封為三
官大帝。在民間流傳較廣泛的是《重增搜神記》、《三教
源流搜神大全》中記載的故事。謂三官為陳子檮 （一作椿）
與龍王三女所生。顯然這種傳說更符合人們將神人格化的願
望。至於三官神的職掌，仍是掌握人間禍福，鬼神遷轉，但

　　各有專司，分工更加明確了。又由於天官被道教封爲賜福紫
微帝君，到了近代，民間遂有以天官爲福神，與祿、壽幷列，
或充財神之助手，以及畫爲門神等。

玄　　武（眞武）

《楚辭·遠游》：

召玄武而奔屬。（王逸注：玄武，北方神名。洪興祖補注：玄武謂龜蛇，位在北方，故曰玄，身有鱗甲，故曰武。）

《淮南子·天文》：

北方水也，其帝顓頊，其佐玄冥，其神爲辰星，其獸玄武。

《史記·天官書》：

北宮玄武，虛、危。（《正義》，南斗六星，牽牛六星，並北宮玄武之宿。）。

《文選》卷一五張衡〈思玄賦〉：

玄武宿於殼中兮，騰蛇蜿而自糾。（李善注：龜與蛇交曰玄武。殼，甲也。蔡邕《月令章句》曰：北方玄武，介蟲之長。）

《重修緯書集成》卷二《尚書考靈曜》：

二十八宿，天元氣萬物之精也。北方斗、牛、女、虛、危、室、壁七宿，其形如龜蛇，曰後玄武。

玄天上帝

《重修緯書集成》卷三《詩含神霧》：

　　其北黑帝座，神名曰協光紀，其精爲玄武之類。

《重修緯書集成》卷六《河圖帝覽嬉》：

　　北方玄武之所生，其帝顓頊，其神玄冥。北方七神之宿，實
始於斗，鎮北方，主風雨。

同上《河圖》：

　　北方黑帝，神名葉光紀，精爲玄武。
　　北方黑帝，體爲玄武，其人夾面總頭，深目厚耳。

《酉陽雜俎·續集》卷三：

　　朱道士者，太和八年，嘗游廬山，憩於澗石，忽見蟠蛇如堆
繒錦，俄變爲巨龜。訪之山叟，云是玄武。

《古今圖書集成·神異典》卷十七引五代于逖《靈應錄》：

　　沈仲霄之子於竹林中見蛇緾一龜，將鋤擊殺之，其家數十口，
旬日相次而卒。有識者曰：“玄武神也。”

《事物紀原》卷二：

　　楊億《談苑》曰：開寶中有神降於終南山。進士張守眞自言：
“我天之尊神，號黑煞將軍，與眞武、天蓬等列爲天之大將。”
太宗即位，築宮終南山陰。太平興國六年，封翊聖將軍。《翊聖
傳》曰：建隆之初，鳳翔府盩厔縣民張守眞游終南山，聞空中有

召之者，曰：「吾高天大聖玉帝輔臣，授命衞時，乘龍降世。」
太宗遣王守節、王龜從就終南山下築宮。興國初，詔封翊聖將軍。
眞宗受元符封泰山後，大中祥符七年詔加號曰翊聖保德眞君。

《事物紀原》卷七：

醴泉觀，《東京記》曰：本拱聖營。天禧元年，營卒有見龜
蛇者，軍士因建眞武堂。二年閏四月，泉涌堂側，汲不竭，民疾
疫者，飲之多瘉。乃詔就其地建觀，十月觀成，名祥源。

《事物紀原》卷二：

《宋朝會要》曰：天禧二年閏四月，詔醴泉所立觀曰祥源。
六年詔加眞武號曰眞武靈應眞君。

《雲麓漫鈔》卷九：

朱雀、玄武、青龍、白虎，爲四方之神。祥符間避聖祖諱，
始改玄武爲眞武，玄冥爲眞冥，玄枵爲眞枵，玄戈爲眞戈。後興
醴泉觀得龜蛇，道士以爲眞武現，繪其像爲北方之神，被髮黑衣
仗劍蹈龜蛇，從者執黑旗。自後奉祀益嚴，加號鎮天佑聖，或以
爲金虜之讖。

《文獻通考·郊社考》二三：

欽宗靖康元年，詔：佑聖眞武靈應眞君加號佑聖助順眞武靈
應眞君。

《夷堅支志》景卷三：

　　婺士葉方，登乾道己丑進士第。得故紙一幅，畫眞武仗劍坐石上，一神將甚雄猛，持斧拱立於旁，後書"道子"兩字，疑爲吳生筆也。

《夷堅三支》辛卷二：

　　趙粹中爲吏部侍郎，夢出至廳上，吏報客通謁，其長七尺，著道士羽服，形容端嚴，視其刺字曰"北方鎭天眞武靈眞君"。是時孝宗於潛邸王宮創建佑聖觀，以答在藩禱祈感驗之貺，明日降旨，差趙爲奉安聖像使。

《夷堅三支》壬卷九：

　　閩人楊翼之元禮，感寒熱之疾。母郭氏絕憂之，平生敬事眞武。元禮迷困中見一人，身軀長大，被髮仗劍，猛從高而下，以劍斫其腦，便覺頭痛漸減。母曰："是佑聖眞君救汝也！"

《古今圖書集成·神異典》卷二一六引《朱子語類》：

　　三淸今皆無理會，如那兩尊已是詭名俠戶了，但老子既是人鬼，如何却居昊天上帝之上？朝廷更不正其位次。又如眞武，本玄武，避聖祖諱，故曰眞武。玄，龜也；武，蛇也。此本虛、危星形似之，故因而名北方爲玄武七星。至東方，則角、亢、心、尾象龍，故曰蒼龍。西方奎、婁狀似虎，故曰白虎。南方張、翼狀似鳥，故曰朱鳥。今乃以玄武爲眞聖，而作眞龜蛇於下，已無義理，而又增天蓬、天猷及翊聖眞君作四聖，殊無義理。所謂翊聖，乃今所謂曉子者，眞宗時有此神降，故遂封爲眞君。

《續文獻通考·群祀考》三：

元大德七年十二月，加封眞武爲元聖仁威玄天上帝。

明永樂十二年三月，建眞武廟於北京。開國靖難，神多效靈。至是特建廟於皇城北海子橋之東。武宗正德二年，改靈明顯祐宮，祭日同南京。

十六年十二月，武當山宮觀成，賜名太岳太和，爲祀神祝釐之所，又即天柱峰頂冶銅爲殿，飾以黃金，范眞武像於中，選道士九人爲提點，秩正六品，分主宮觀祀事。嘉靖三十一年重修，賜坊曰治世元岳。

《集說詮眞》：

《續文獻通考》載；眞武，淨樂國王太子也。生而神靈，察微知遠，長而勇猛，唯務修行，志除邪魔。遇紫虛元君，授以道秘，遂越東海游覽，又遇天神授以寶劍。入武當山（即太和山）修煉。居四十二年功成，白日飛升。奉上帝命，往鎮北方，被髮跣足，躧離坎眞精，建皁纛玄旗，統攝玄武（北方星名）之位，神威赫然，歷代顯著。本號玄武，宋避廟諱，改曰眞武。（按《宋史》、《弘簡錄》，宋眞宗生於太祖開寶元年，初名德昌，太宗太平興國八年，改名玄休，端拱元年，改名玄侃，至道元年，又改名恒。三年三月二十九日，太宗崩，即日，眞宗即位。次年建元咸平。）

《明史·禮志四》：

（弘治元年）尙書周洪謨等言：“北極佑聖眞君者，乃玄武七宿，後人以爲眞君，作龜蛇於其下。宋眞宗避諱，改爲眞武。靖康初，加號佑聖助順靈應眞君。《圖志》云：〝眞武爲淨樂王太子，修煉武當山，功成飛升。奉上帝命鎮北方。被髮跣足，建皁纛玄旗。〞此道家附會之說。國朝御制碑謂，太祖平定天下，陰佑爲多，嘗建廟南京崇祀。及太宗靖難，以神有顯相功，又於京城艮隅幷武當山重建廟宇。兩京歲時朔望各遣官致祭，而武當山又專官督祀事。憲宗嘗范金爲象。今請止遵洪武間例，每年三月三日、九月九日用素羞，遣太常官致祭，餘皆停免。”

《月令廣義·三月令》：

（初三日）北極玄天眞武上帝誕。玄岳祀典最盛，天下名山勝地，鄉俗各有齋醮祀禱。《啓聖錄》：開皇元年三月三日，玄帝產母左脅。當生之時，瑞星天花異香寶光充滿王國，土地皆變金玉。

《集說詮眞》：

《琅邪代醉編》引《眞仙通鑒》載：宋道君（即宋徽宗）問林靈素，願見眞武聖像。靈素曰：“容臣同張淨虛天師（張淨虛係張道陵之後）奉請。”乃宿殿致齋。於正午時，黑雲蔽日，大雷霹靂，火光中見蒼龜巨蛇，塞於殿下。帝祝焚香再拜而祝曰：“願見眞君，幸垂降鑒。”霹靂一聲，龜蛇不見，但見一巨足，塞於殿下，帝又上香再拜云：“伏願玄元聖祖，應化慈悲，既沐降臨，得見一小身，不勝慶幸”。須臾，遂見身長丈餘，端嚴妙相，披髮皁

袍垂地，金甲大袖玉帶，腕劍跣足，頂有圓光，結帶飛繞。立一
時久，帝自能寫真。寫成，忽不見。

《三教源流搜神大全》卷一"玄天上帝"條：

　　按《混洞赤文》所載，玄帝乃元始化身，太極別體，上三皇
時下降爲太始真人，中三皇時下降爲太元真人，下三皇時下降爲
太乙真人，至黃帝時下降爲玄天上帝。開皇初劫下世，紫雲元年，
歲建甲午，三月初三甲寅庚午時，符太陽之精，托胎化生，淨樂
國王善勝夫人之腹孕秀一十四月，則太上八十二化也。淨樂國者，
乃奎婁之下海外國，上應龍變梵度天。玄帝產母左脅，當生之時，
瑞雲覆國，異香芬然，地土變金玉，瑞應之祥茲不備載。生而神
靈，擧措隱顯，年及十歲，經典一覽悉皆默會，仰觀俯察，靡所
不通。潛心念道，志氣太虛，願輔上帝，普福兆民，父王不能抑
志。年十五，辭父母，欲尋幽谷，內煉元真，遂感玉清聖祖紫虛
元君，傳授無極上道。元君告玄帝曰："子可越海東游，歷於翼
軫之下，有山自乾兌起迹，盤旋五萬里，水出震宮，自有太極，
便生是山。子可入是山，擇衆峰之中冲高紫霄者居之，當契太和。
升擧之後五百歲，當龍漢二劫中，披髮跣足，攝離坎真精，歸根
復位，上爲三境輔臣，下作十方大聖，方得顯名億劫，與天地日
月齊幷，是其果滿也。"告畢，元君升雲而去。玄帝乃如師語越
海東游，步至翼軫之下，果見師告之山，山水藏沒，皆應師言，
乃入觀覽，果有七十二峰，之中有一峰聳翠，上凌紫霄，下有一
岩，當陽虛寂。於是玄帝采師之誠，目山曰太和山，峰曰紫雲峰，
岩曰紫霄岩，遂即居焉。潛虛玄一，默會萬真，四十二年，大得

上道於黃帝紫雲。五十七年歲次甲子，九月初九日丙寅清晨，忽有祥雲天花自空而下，彌漫山谷，繞山四方各三百里，林巒振響，自作步虛仙樂之音。是時玄帝身長九尺，面如滿月，龍眉鳳目，紺髮美髯，顏如冰清，頂戴玉冠，身披松羅之服，跣足拱手，立於紫霄峰頂。須臾雲散，有五眞群仙降於玄帝之前，導從甚盛，非凡見聞。玄帝稽首祗奉迎拜，五眞曰：“予奉玉清玉帝詔，以子功滿道備升舉，今聞子之聖父聖母已在紫霄矣。”玄帝俯伏恭諾。五眞乃宣詔畢可，特拜太玄元帥，領元和遷校府公事，賜九德偃月金晨玉冠，瓊華玉簪、碧理寶圭，素銷飛雲金霞之披，紫銷龍袞，丹裳羽屬絳采之裙，七寶銖衣，九光朱履，飛紅雲舄。佩太玄元帥玉册，乾元寶印，南北二斗，三台龍劍，飛雲玉輅，丹輿綠輦，羽蓋瓊輪，九色之節，十絕靈幡，前嘯九風，後吹八鸞。天下玉女，億乘萬騎，上赴九清，詔至奉行。玄帝再拜受詔。易服訖，飛升金闕。按《元洞玉歷記》云：至五帝世來當上天龍漢二劫下世，洪水方息，人民始耕，殷紂王淫心失道，矯侮上天，生靈方足衣食，心叛正道，日造罪孽，惡毒自橫。遂感六天魔王，引諸神鬼，傷害衆生，毒氣盤結，上冲太空。是時元始天尊說法於玉清聖境，天門震開，下見惡氣彌塞天充。於是妙行眞人叩誠求請，願救群黎。元始乃命玉皇上帝降詔紫微，陽則以周武伐紂，平治社稷，陰則以玄帝收魔，間分人鬼。當斯時也，上賜玄帝披髮跣足，金甲玄袍，皁纛玄旗，統領丁甲，下降凡事，與六天魔王戰於洞陰之野。是時魔王以坎離二氣化蒼龜巨蛇，變現方成，玄帝神力攝於足下，鎖鬼衆於酆都大洞。人民治安，宇宙清肅，玄帝凱還清都，面朝金闕。元始敕命，以玄帝功齊五十萬

劫，德并三十三天，九霄上賴於眞威，十漚仰依於神化，有大利施
於下民，積聖德遍之於玉歷。按遵簡籙，當亞帝眞，不有徽崇，
何以昭德？特賜尊號，拜玉虛師相、玄天上帝，領九天採訪使。
聖父曰淨樂天君、明眞大帝，聖母曰善勝太后、瓊眞上仙。下蔭
天關曰太玄火精含陰將軍赤靈尊神，地軸曰太玄水精育陽將軍黑
靈尊神。

《歷代神仙通鑒》卷四：

太始化身，太極別體，在天皇時爲太始，地皇時在天曰太素，
人皇時下降爲太樸。托胎於玄天淨樂國王善勝夫人之腹。孕秀十
四月，從母左脅而產，生而神靈，舉措隱顯，號曰太玄。年十五，
辭親欲尋幽谷修煉，遂感玉清聖神紫虛元君傳授無極上道。越海
而東，步至南土翼軫分野。有七十二峰，中一峰聳翠，上凌紫霄，
下有一岩。居無何，是山苦寒乏食，不可久止，因生退志。下遇
一老嫗，在澗邊力磨鐵杵。太玄問：“何爲？”嫗曰：“將作針
耳。”太玄笑云：“何時始成？”嫗云：“功夫若深，何患不成？”
太玄感其語，復回。於路折梅一枝，寄於榔樹之上，祝曰：“我
道若成，開花結果。”竟如其言。自此復至峰頭所居，層虛玄一，
默會萬眞。四十九年乃得上道。上帝尊爲玉虛師相。

《四庫全書總目·子部·道家類存目》：

（王欽若）《翊聖保德傳》言：翊聖眞君降蟄屋民張守眞家，
太祖太宗皆崇信之。蓋自張魯之敎有三官，天、地之外獨有水官,
而木、金、水、土不與。故道家獨尊玄武。此所謂翊聖眞君，即

玄武也。

《古今圖書集成·神異典》卷四八引《賢奕》：

天下有眞武廟。按《曲禮》曰：“前朱雀而後玄武。”玄武乃北方七宿之像，而傳記所謂龜蛇也。宋有天下，尊崇聖祖，嫌名玄朗，改玄爲眞。道家者流，謂神有名字里居，《眞武經》又有“披髮跣足”，世遂塑黑衣翩翩，披髮按劍而坐，脚踏龜蛇，一何悖邪！宋祭酒訥、宋學士濂嘗辨之。

《古今圖書集成·神異典》卷五十引《汝州志》：

眞武廟。廟凡兩處。一在郟縣治西北。當劉六、劉七反，攻城甚急，耆老禱於廟。是日正午，有鶴集於殿上，戛然長鳴。至夜，賊衆見城頭赤面長鬚人按劍疾視，遂解圍遁去。廟內有碑記。一在南門外，神像俱毀。順治十七年，知縣王昕并塑神像。

《鑄鼎餘聞》卷一：

元吳自牧《夢粱錄》卷二云：三月三日北極佑聖眞君聖誕之辰。

《鄞縣志》云：宋元豐間，詔封佑聖爲眞武靈應眞君。靖康元年，加號佑聖助順眞武靈應眞君。元成宗大德七年，加封眞武爲元聖仁威玄天上帝。明永樂十三年，建祠祀北極佑聖眞君。弘治改祠爲廟，正德初改爲靈明顯佑宮，又專官督祀於武當山。成化時范金爲像。

附《佑聖咒》：

太陰化生，水位之精。虛危上應，龜蛇合形。周行六合，威攝萬靈。無幽不察，無願不成。劫終劫始。翦伐魔精。救護群品，家國咸寧。數終永甲，妖氣流行。上帝有敕，吾因降靈。闡揚正法，蕩邪闢精。化育黎兆，協贊中興。敢有小鬼，欲來見形。吾目一視，五岳摧傾。

同上：

宋王明清《揮塵後錄》云：上爲康王，再使虜中。欲就鞍時，二后泊宮人送至廳前。有小婢招兒者，見四金甲神狀貌雄偉，各執弓劍，擁衞上體。婢指示，衆雖不見，然莫不畏肅。后即悟曰："我事四聖，香火甚謹，必其陰助。"

明姚宗儀《常熟私志》云：四聖廟，祀北極天蓬蒼天上帝，北極天猷丹天上帝，北極翊聖皓天上帝，北極佑聖玄天上帝。

《鬼神信念的三個來源》：

眞武神經歷了六個重要階段：

第一，作爲生活資料的供給者，天地取得父母的資格。第二，天地是生殖之神。第三，用男女擁抱像，象徵天地的精靈。第四，男女擁抱像，化裝爲龜蛇擁抱像。第五，龜蛇擁抱像由戀愛之神變爲戰鬥之神。第六，龜蛇復合爲一個人像，龜蛇分開爲兩個將軍，稱爲眞武神。眞武神的原形，只不過是一條長蛇擁抱一只烏龜而已。眞武神實係天地神變化而來。

附錄：許道齡《玄武之起源及其蛻變考》：

㈠起源　我國從前所用的陰曆，用二十八宿的測候法。這個方法，是將黃赤道附近的一周天，按諸月步，以最顯著的星象爲目標，分爲二十八個不等的部分，觀測月在空中的位置，而得以推定太陽的位置。北方七宿：斗、牛、女、虛、危、室、壁，總稱曰玄武。(《淮南子・天文訓》、《史記・天官書》、《漢書・天文志》)二十八宿的被發現和利用，至晚是在戰國之世，而玄武和四靈之名，又并見於《楚辭》與《曲禮》。(《楚辭・遠遊》："召玄武而奔屬。"序曰："遠遊者，屈原之所作也。"注："玄武，北方神名。"洪興祖補注云："玄武謂龜蛇，位在北方故曰玄，身有鱗甲故曰武"。)上面所說的玄武的起源，是屬於天文方面的，但玄武自黃老之術盛行以後，被羽士們利用，就漸演進而爲道教的貴神。《道藏・洞神部・玉訣類・太上說玄天大聖眞武本傳神咒妙經》卷之一說："龍漢四劫元年，元始上帝於上元之日，聖命駕御太霄八景始靑天敷演至道，忽然天門震霹，乃見下世帝紂淫心失道，元始乃命金闕玉皇大天帝制詔，降於北極省施行陽助，於是太玄大將皀纛玄旗，被髮跣足，躬披鎧甲，親至人間，協助周武伐紂，平治社稷，功成而攝踏龜蛇回天。昊上玉尊親行典儀，册封玄武，加號太上紫皇天一眞人，玄天上帝，領九天探訪使職，天稱元帥，世號福神。"這可能是李唐以後才發生的，但這種傳說，也承認玄武爲北極天神，和上面所說的是一個來源。不過加以一種附會，將昊天星宿，仿照人間政府的組織，也稱爲某某省，使之衙門化，以動觀聽。

此外，另有一種關於玄武起源的新說。《方輿勝覽》卷三十三，京西路均州條說："武當山，《荆州記》云：在縣南二百里，一名仙室，一名太和。《圖經》引道書載："眞武開皇三年三月三日生，生而神靈，誓除妖孽，救護群品，舍俗入道，居武當山，四十三年功成飛升，遂鎮北方。""《道藏・洞神部・記傳類・玄天上帝啓聖錄》卷之一說："玄帝乃先天始氣，太極別體。黃帝時，下降托胎淨樂國善勝皇后。孕秀一十四月，歲建甲辰三月初三日午時，玄帝產母左脅，長而勇猛，不統王位，惟務修行，因念道專一，遂感玉清聖祖紫元君傳授無極上道，幷告之曰："東海翼軫之下，有山先名太和，一名仙室，一名大岳，子可往居之。"帝即遵命入是山修煉，因久未成，亟欲出山，至一澗，忽遇老嫗操鐵杵磨石上，問："磨此何爲？"曰："爲針耳。"曰："不亦難乎？"嫗曰："功至自成。"眞武大悟，卒得道，故名。"這種傳說，和前面所述的，性質上已經完全不同，當爲另一個系統，他產生的背景是和地理及佛教二者都有關係的。《北游記玄武出身傳》說："却說隋煬帝時，一日，玉帝在三十三天兜率宮，設宴會衆仙，將自己三魂之一，化身降生爲西霞國王，後來年長修行，命多坎坷，乃去見其師妙樂天尊，天尊告之曰："你之苦難尚未滿，更要投胎人間，才得入極樂之境"，因此又投胎於淨樂國善勝皇后。開皇三年三月三日，由后左脅降生。年一十四歲，於"上元節"出宮觀燈，見人類難免財、色、酒、氣之苦，即舍位遁入武當山修行，功成飛升，鎮守北方，號曰玄武云。"武當向爲求仙修行者薈萃之地。趙宋之世，道教愈盛，入山學仙者，必絡繹於途，他們於修煉之餘，"顧名思義"，謂"非玄武不足以當此山"，因即附會玄武曾修道於此。故玄武入武當修行的傳說，首見於宋人所著的圖籍，後來道士們，羨慕佛法的昌明，釋迦的尊貴，皈依者日多，而自覺玄武的家世不明，不足以資號召，因又附會玄武爲西方淨樂國皇太子，以提高身價。

㈡蛻變　玄武的起源或能早在西周之世，戰國時西方的秦國就崇祀二十八宿，南方的楚國，也以玄武爲天神。西漢初，淮南王劉安作《天文訓》說：「北方水也，其帝顓頊，………其獸玄武。」玄武和黑帝顓頊，由此發生關係。太史公作《天官書》謂：「北宮曰玄武」，玄武爲北宮七宿的總稱，由此確定。考北宮七宿，在西漢中葉以前，士大夫都以靈龜爲其象徵。《楚辭》卷十五《九懷・思忠》有「玄武步兮水母」之句，（注：天龜水神，侍送余也。）足資證明。但到了西漢末年，除了龜之外，再加上蛇一物，而且都是龜蛇相交。因民間信仰龜蛇爲雌雄二物，不可分離，故舊說漸廢，新說興起。北宋眞宗大中祥符五年，爲了避天尊聖祖玄朗（神名）諱，改稱眞武（見《宋朝事實》卷七）。南宋時「道家乃以玄武爲眞聖，作眞龜蛇於下，而又增天蓬、天猷及翊聖眞君作四聖」（《朱子語類》卷一百二十五《老氏》）。

南北朝時道教漸盛，李唐時因皇室認道教教祖老子爲同姓，極力提倡。《唐六典》云：「紫宸殿之北面曰玄武門，其內又有玄武觀。」玄武的專祠，也許濫觴於此時。至於他的烜赫，大約始於宋眞宗時候。眞宗《加封玄岳碑文》云：「眞武將軍，宜加號曰鎭天眞武靈應祐聖眞君。」（《圖書集成・山川典》卷一百五十六）《玉海》卷一百《郊祀條》說：「天禧二年祥源觀成，凡三殿，總六百十三區。慶曆五年二月辛亥，祈雨祥源觀。」北宋時關於眞武的信仰，盛行於河南東部，而漸傳播於四方。元揭傒斯《武當山大五龍靈應萬壽宮瑞應碑文》說：「世祖皇帝初營燕都，歲十有二月，龜蛇見於高梁河之上。詔即其地建大昭應宮，以祀玄武。"元亡明興，朱棣決意以北統南，但以一侯國與天子戰，勝利殊少把握，因此，不得不乞靈於天將神兵，玄武為北方元帥，當首受其虔誠祈禱。李卓吾云："成祖初起燕，問師期於姚廣孝，對曰："未也，俟吾師至。"及期，出祭纛，見披髮而旌旗蔽天。問："何神？"曰："吾師北方之將玄武也。"成祖則披髮仗劍以應之。"（《太岳太和山紀略》卷三）因此，當時大小七十戰的戰場中，稍有奇怪的現象發生，莫不歸功於此神。經過元明兩代，尤其是成祖的特別尊奉，於是在北平一帶香火日盛，廟宇愈多。

明代御用的監、局、司、廠、庫等衙門中，百分之百都建真武廟，設玄帝像，其旁多塑龜蛇二物，這究竟有什麼意義？據劉效祖萬曆八年所撰的《重修真武廟碑記》說："緣內府乃造作上用錢糧之所，密邇宮禁之地，真武則神威顯赫，袪邪衞正，善除水火之患，成祖"靖難"時，陰助之功居多，普天之下，率土之濱，莫不建廟而祀之，今寶鈔司內，舊有真武廟，然年歲既久，廟亦頹敗，且規制卑陋，聖像灰燼。今乾清宮管事御馬監太監陸公諱敬來掌司印，詣廟謁神，因見廟貌朽壞，乃置材選匠，擇吉興工，悉建新焉。正殿三間，塑真武之像，兩傍列"四帥"，向之規模卑陋者，今則氣宇軒豁，向之聖像塵垢者，今則神威凜烈，是豈邀福於神耶？不過祈皇圖於鞏固，祝聖壽於萬年耳。

起初我着手整理北平廟宇資料時，對於這個問題，也不甚了然。等到發現劉氏所撰的這幢碑文後，才恍然大悟，蓋御用衙門，既造作珍品，又密邇宮災，故對於水火二物，自應謹慎。但因昔時科學不發達，人們對於一切災禍，都無法預防，只好事前向有關的神祇，殷勤祈禱，冀以消災避禍於無形。玄武屬水，水能勝火，故廟祀玄武，實爲預防水火之災的最妥善辦法。

神的職能，是表現於人類社會，社會既日趨複雜，人事不斷的變化，則神的職能，當亦隨之而變化，人與神常是互相影響的。據最近調查的另一報告謂：北平一帶，明末清初所創建的眞武廟，其像的兩旁，則多改塑周公和桃花女，是北宮七宿的象徵，又與前截然不同，這種民間傳說究竟發生於什麼時候？如何混入道敎中去？

《搜神記》卷三說：

管輅至平原，見顏超貌主夭亡，顏父乃求輅延命，輅曰，子歸，覓清酒一樯，鹿脯一斤，卯日，刈麥地南大桑樹下，有二人圍棋次，但酌酒置脯，飲盡更酌，以盡爲度。北邊坐者忽見顏在，叱曰："何故在此？"顏惟拜之。南邊坐者語曰："適來飲他酒脯，寧無情乎！"北坐者曰："文書已定。"南坐者曰："借文書看之。"見超壽止可十九歲，乃取筆挑上，語曰："救汝至九十年活。"顏拜而回。管語顏曰："大助子，且喜得增壽，北邊坐人是北斗，南邊坐人是南斗，南斗注生，北斗注死，凡人受胎，皆從南斗過北斗，所有祈求者向北斗。"

《雲笈七籤》卷一百二十一《道敎靈驗記》杜鵬舉父母修南斗延生醮驗條說：

京兆杜鵬舉相國，鴻漸之兄也，其父年長無子，歷禱神祇，乃生鵬舉，終年多疾，父母常以爲憂。太白山道士過其家，因以鵬舉甲子問之，曰："此子年壽不過十八歲。"父母大驚，請其禳護之法，道士因授以醮南斗延生之訣，使五月五日依法祈醮，然後每日所食，別設一份，若待賓客，父母勤奉無闕。一年之外，忽有青年吏二人過息其門，問之曰："主人每日常饌，亦設位致饗，何所求也？" 具以事白之。吏曰："司命知君竭誠。明年復當有一子，此之二子皆保眉壽。" 明年果有此子，兄名鵬舉，終安州都督，弟名鴻漸爲國相西川節度使，并壽逾九十，終身無疾。

上面所謂南斗（按：有時也稱北斗，見《毛詩‧小雅‧大東》），即指玄武七宿的首宿而言，漢張衡〈周天大象賦〉有 "眺北宮於玄武，泊南斗而牽牛" 之句，和《雲笈七籤》二十四卷《日月星辰部》二十八宿條，又有 "辛從官陰神也，南斗星神主之" 之文，足資證明。這種南北斗司生死和解禳災難的迷信。自魏晉以來，想已爲道士們或占星家欺騙民衆的一套把戲。元朝某戲劇作家，搜集這種材料，加以附會，編成《桃花女破法嫁周公》一劇，大意謂：

周公，洛陽人，善箕卜，桃花女任姓（父曰任定），善解禳。一日，周公悶坐無事，爲其傭人彭祖算命，算畢，謂彭祖曰："汝後日午時，合該於土坑上板僵身死。" 彭祖聞之大驚，即至任二公家告別，女問其故，彭祖以實告，女乃教彭祖禱告於北宮七星君眞武神，爲之增壽三十年，得以不死。周公聞之，怒甚，即命彭祖備花紅酒禮，送於任家，名爲答謝，實則爲其子增福訂婚，桃花女早知其來意，因即允之。周公俟其迎親日，處處擇凶神惡煞時辰，以謀加害，而女則一一設法破之，周公佩其高明，即備慶喜筵席，以宴賓客，一家團聚，其樂融融，因周公與桃花女二人，皆天上種，故歸天後，眞武皆收爲侍將云。

起初這種迷信，社會上知者很少，等到編成戲文以後，就會不脛而走，普遍於全國，人人相信北宮七宿和善占卜的周公、善解襪的桃花女都掌管人類壽命的事，所以近代的眞武廟中，多附設這兩個神像，以崇祀之。這種傳說，不但關內人民相信，連滿族的帝王也相信了。順治八年，定致祭眞武之禮，每年遇萬壽聖節，遣官致祭北極佑聖君於地安門外日中坊之顯佑宮（按：此卽永樂十三年所敕建的帽兒胡同眞武廟）。其祝辭曰："維某年月日，皇帝遣某官某，致祭於眞武之神曰：茲朕誕辰，惟神永遠默佑，僅以茶果之儀致祭。尙饗。"清世祖八年，旣將眞武列入祀典，規定於萬壽聖節日，遣官致祭，而其祝辭中又有"祈神永遠默佑"之文，可知眞武已被認爲"司命"之神。我們試看看妙峰山的"開路會"和"五虎少林會"所表演的五鬼捉劉氏和趙匡胤鄭子明等故事，便可知道沒有一種不是根據小說或戲劇而來的，文學作品的影響人心實在太大了。

　　總而言之，所謂二十八宿者，乃黃赤道附近一部分最顯著的星象，從它們散布的情形看來，可分爲東、西、南、北四個小組，故又稱之爲四靈。按：二十八宿之名，《尙書·堯典》已見其二（卽昴和虛），四靈之名，〈堯典篇〉似乎也見其一（或謂星鳥卽朱鳥的簡稱），而"朔"字又幷見於《堯典》和《詩經》，可知它們被發現和利用是很早的，且它們旣爲嬴秦所創諸廟之一，則以現在道敎宮觀中所供諸神而論，當以北宮七宿——玄武的受人崇祀爲最古。

　　二十八宿起初是被天文家利用，以正四時，輿地家利用，以辨九州，軍事家利用，以定方向。也許是因爲它們用處很多，所以才博得一部分知識界的信仰，但到了春秋戰國的時候，它們的信仰也漸普遍於社會的各階層。西漢初淮南王劉安，繼呂不韋氏提倡陰陽家學說，作《天文訓》，以四靈配合四方，於是，玄武變成顓頊的侍從。後來陰陽五行漸衰，顓頊退處無權，而玄武的迷信日盛，大有"取而代之"之勢。世人也許是援了"丫頭扶正"的例子，權將玄武代替顓頊，同時，并把祂的爵稱，加諸玄武頭上，於是玄武就變成玄帝了。

北宮七宿既總稱曰玄武，而玄武又為靈龜的別名，故西漢中葉以前，世人都以靈龜為祂的象徵，後來因為民間相信龜蛇為雌雄二物，故以"龜蛇合體"代替之，而北方屬水，龜為水母，水能勝火，故廟祀玄武，則可防禦水火的災禍，這也許是祂受世人崇拜的主要原因，但是專管水火，職能還嫌太小，不能滿足社會的要求，所以魏晉南北朝的時候，又漸發生北斗注死，南斗注生的傳說，到了元朝受《桃花女破法嫁周公》一劇影響後，北宮司命之說，深入人心，於是玄武就由職掌水火，進而兼管壽命，祂的職能，不但較以前擴大，并且較以前重要，因為水火原為不測的災禍，不見得人人遭遇，所以當年的玄武，在可求與不可求之間，故信仰者不甚踴躍，至於壽命，則人人具有，且人人希望益壽延年，因此，玄武和人類的關係，愈益密切，無怪乎自明朝以來，祂的信仰在社會上越普遍化和深刻化了。

【案】玄武，即真武，民間俗稱真武大帝、蕩魔天尊，道教大神之一，明朝以後在全國有極大影響，近代以來南方民間信仰尤烈。關於它的起源，何定杰在《鬼神信念的三個來源》一書中曾認為是由天地神變化而來，這種說法並不準確。

實際上它是由星辰信仰發展而來，這一點前人討論已很清楚了。

中國古代把全天連續通過南中天的恒星分爲二十八群，稱爲二十八宿。根據它們的出沒和中天時刻以定四時。（參見鄭文光《中國天文學源流》，科學出版社一九七九年十二月） 戰國以後，又逐漸把二十八宿分爲四組，分別以四靈來命名，即東方青龍，南方朱雀，西方白虎，北方玄武。玄武即靈龜。《尚書·考靈曜》及《朱子語類》皆以爲命名的意義在於形肖，恐不準確。實際上，以獸形靈物來命名星辰，乃是改造原始的自然崇拜形式，把抽象的天體神動物化。漢代人們對於天神的觀念，本以顓頊爲北方黑帝（東漢緯書中又有"汁光紀"），以玄冥佐之，玄武則僅象徵北方星辰。（見《淮南子》）至東漢後期，其地位逐漸上升，緯書中常稱其爲黑帝之精，甚至說"北方黑帝，體爲玄武，其人夾面兌頭"，則已有北方天帝烏龜化的趨勢。道教興起之初，五方天帝、五方神體系並未受到重視，倒是玄武七宿第一宿的斗星（即南斗）地位尊崇，號稱"南斗注生，北斗注死"。但民間對玄武的信仰並未中斷，只不過其職掌、地位不很清楚，而且由於民間信仰以爲龜雌蛇雄，便以龜蛇作爲玄武神的象徵。（見《酉陽雜俎》、《靈應錄》）

玄武神信仰的興盛及其人格化與道教吸收利用民間的玄武信仰有密切關係。《酉陽雜俎》的記載，從一個側面反映了唐代道教徒對玄武的注意。北宋初年，崇奉道教，民間信仰也大量爲道教所吸收、利用。在北宋初，赫赫有名的翊聖真君（參見玉皇上帝條），《四庫提要》謂即玄武，倒不一定可靠，但《事物紀原》引《談苑》，謂翊聖號黑煞將軍，與真武、天蓬等列為天之大將。朱熹也說當時以真武、天蓬、天猷及翊聖為四聖，則玄武在道教眾神中地位的提高，當是從宋初開始的了。至於玄武更名真武的原因，一說避宋真宗的諱，一說避趙宋"聖祖"（即九天司命保生天尊）趙玄朗的諱，似以前說為是。此後玄武之名不顯。據文獻記載，真武神在北宋的形象仍是龜蛇。到南宋時，真武神人格化的傳說始日益滋繁。（見《夷堅志》、《雲麓漫鈔》）其形象多為道服羽流，仗劍披髮，頗為威猛。關於真武入武當修行的傳說，也漸漸流行起來，一位獸形星辰之神的形象，遂漸改變成一位修行得道的大仙了。真武雖興盛於宋代，至元代又被晉升為元聖仁威玄天上帝，但其地位之顯赫，却是明成祖時的事了。正如許道齡所指出的，朱棣以一藩王而伐天子，決意以北統南時，不得不借助天將神兵的威力，拉大旗作虎皮，真武為鎮守北天的大神，更是首當其衝。待靖難之役成功，定都北京後，由於統治者的大力推動，真武信仰迅速遍及全國，香火極盛，幾乎成為僅次於三清、玉皇的大神了。真武有此顯赫聲威，道教自然要徹底摒棄源自原始宗教的種種傳說，另行編造其身世。編造的結果，就反映在《續文獻通考》、《道藏》、《三教源流搜神大全》、《歷代神仙通鑒》等書中。這些書中都稱真武為淨樂國王太子，由善勝夫人剖左脅而生。由此可知這段故事如同玉皇身世一樣，也是模仿佛經而編造出來的。但在細節上略有差異。《三教源流搜神大全》

》謂其為元始化身，余象斗《北游記》謂其為玉皇化身，《歷代神仙通鑒》則說是太始化身。真武既然身世、地位如此顯赫，當然不可能是龜蛇之類，所以有關真武的傳說中，又皆稱龜蛇乃六天魔王以坎離二氣所化，然被真武神力驅於足下，成為其部將。後世稱之為龜蛇二將。近代民間流傳的真武大帝之形象，就是這樣經歷代累積而完成的。

附：龜蛇二將

《通俗編》：

《酉陽雜俎》：太和中，朱道士者游廬山，見澗石間蟠蛇如堆錦，俄變巨龜。訪之山叟，云是真武現。《靈應錄》：沈仲霄子於竹林見蛇縆一龜，將鋤擊殺之。其家數十口，旬日內相次而殞。有識者曰：元武神也。《雲麓漫鈔》：元武本北方之神，祥符間避諱改真武，後興醴泉觀，得龜蛇，道士以為真武現，自後奉事益嚴。其繪象披髮、黑衣、仗劍、踏龜蛇，從者執黑旗焉。按諸說，則龜蛇即真武所化現，不特為從將也。

《歷代神仙通鑒》卷四：

昔商紂感動水、火、旱、蝗、瘟、妖六大魔王，擾賊天下。爾時無上元始憫之，乃命玉皇上帝降詔紫微垣，陽以武湯降為周主，伐紂除殘，陰用太玄元帥收魔蕩穢。斯時玄帝被髮跣足，金甲玄袍，皂纛黑旗，仗降魔劍，統領丁甲神將，與六魔王戰於洞陰之野。四魔敗遁，二魔王自恃坎離二氣，化蒼龜巨蛇，變現方成，玄帝施大威力，攝二魔於足下，不能變動。回天繳旨，拜爲玉虛師相，玄天上帝，領九天探訪使。下迨龜蛇，獎勵其去邪歸正。巨蛇爲天關太玄火精、命陰將軍、赤靈尊神，蒼龜爲地軸太玄水精、育陽將軍、黑靈尊神。并居天一之鄉。四魔初畏懼避之後見龜蛇受封，亦來拜服，玄帝悉收爲部從。

《歷代神仙通鑒》卷四：

（玄帝收龜蛇二將）叱丁甲鎖鬼衆於酆都大洞。（姜尚父）以酆都有衆鬼拘繫，甲午春，乃遷都於鎬。

【案】龜蛇本爲玄武之形象。明代真武信仰極盛，自不能容忍此說，道教遂稱真武乃淨樂國王太子，且是元始或玉皇化身，龜蛇則是被真武收服的魔王所化。從此民間始有龜蛇二將之說法。參見玄武條。

六丁六甲神

《後漢書・梁節王傳》：

從官卜忌，自言能使六丁。（注：六丁，謂六甲中丁神也。若甲子旬中，則丁卯爲神，甲寅旬中，則丁巳爲神之類也，役使之法，衣齋戒，然後其神至，可使致遠方物，及知吉凶也）。

《華陽國志》卷二：

梓潼縣，郡治，有五婦山，故蜀五丁士所拽蛇崩山處也。

同上卷三：

　　蜀有五丁力士，能移山舉萬鈞，每王薨輒立大石，長三丈，重千鈞，爲墓志，今石笋是也。周顯王之世，〔秦惠王〕作石牛五頭，朝瀉金其後，曰牛便金，有養卒百人。蜀人悅之，使使請石牛，惠王許之。乃遣五丁迎牛，旣不便金，怒遣還之，乃嘲秦人曰東方牧犢兒。秦人笑之曰：“吾雖牧犢，當得蜀也。”周顯王二十二年，惠王知蜀王好色，許嫁五女於蜀。蜀遣五丁迎之，還到梓潼，見一大蛇入穴中，一人攬其尾挈之不禁，至五人相助，大呼拽蛇，山崩，時壓殺五人及秦五女幷將從，而山分爲五嶺。

《述異記》：

　　秦惠王獻五美女於蜀王，王遣五丁迎女，乃見大蛇入山穴中，五丁曳蛇山崩，五女上山，遂化爲石。

《獨異志》卷上“五丁力士”條：

　　秦惠王伐蜀，乃刻五石牛，置金於後，曰：“此天牛，能糞金，以遺王。”王以爲然，即發五丁力士拖成道。秦使張儀隨其後開蜀。

《酉陽雜俎·前集》卷十四：

　　甲子神名弓隆，欲入水內，呼之，河伯九千導引，入水不溺。

同上：

　　甲戌神名執明，呼之，入火不燒。

《老學庵筆記》：

撫州紫府觀真武殿像旁設有六丁六甲神，而六丁皆爲女子像，亦醴泉舊制也。

《三才圖會》：

丁未神將名叔通，丁酉神將名臧文公，丁卯神將名司馬，丁巳神將名崔巨卿，丁亥神將名張文通，丁丑神將名趙子玉，甲子神將名王文卿，甲戌神將名展子江，甲申神將名扈文長，甲午神將名韋玉卿，甲辰神將名孟非卿，甲寅神將名明文章。

《集説詮真》：

《重增搜神記》載，元始命玉皇上帝降詔，賜玄武披髮跣足，金甲玄袍，皂纛玄旗，統領丁甲。（按《老君六甲符圖》，丁甲者，六丁、六甲也。六丁神即係丁卯神司馬卿，丁丑神趙子任，丁亥神張文通，丁酉神臧文公，丁未神石叔通，丁巳神崔石卿。六甲神即係甲子神王文卿，甲戌神展子江，甲申神扈文長，甲午神衛上卿，甲辰神孟非卿，甲寅神明文章。按《讀文獻通考》：丁卯等六丁，陰神玉女也。甲子等六甲，陽神玉男也。）

《三教源流搜神大全》卷四：

昔隋文帝開皇十一年六月內，有六力士現於凌空三五丈，於身披五色袍。帝問太史居仁曰：“此何神？主何災福也？”張居仁奏曰：“此是五方力士，在天上爲五鬼，在地爲五瘟。”

《三教源流搜神大全》卷五：

維殷末世，魔王現世，負靈者胎生，版蕩於中華，恣毒者以幻化嶮蠍，於溪谷出沒，盤結妖帳。太虛玉帝聞太乙眞人奏，詔六丁入胎於石城顏氏之夢，有母無父，因以鐵爲姓而頭其名，生於商辛丙午年五月七日寅時。帥幼而武勇，氣排山岳，膽落天地，力倒九牛，殺鳥兔於潁水之陽，降火馬於陰山之北，殲魔鬼於野火廟中，擒妖孤於紫虛樓下，浮江亂河，截靈蛇玄龜於涿混之渚。玄帝方以坎離二業故而闕雲於九天之下，正值帥之勇推山海，乃踏龜蛇，邀帥步虛以同升，封爲猛烈元帥，分任玄冥之寄矣。

《歷代神仙通鑒》卷一：

有巨靈氏者，一號尸氣皇，出於汾陰脽上，能摶丸變化，隨物施爲。萬民見其握大象，持化權，皆從其治。巨靈居無恒處。爾時迹蹠蜀中，有兄弟五人，號五丁力士。巨靈召之，逸於深林不出。巨靈乃烈火焚林，五丁無置足之地，不得已，皆來拜服。巨靈無疑忌，揮之驅陰扶陽，開山返澤。五丁身長力大，焚開林木，搭起浮橋，更有鳥道懸崖，盤古所未到者，都闢爲路徑。五丁士功成復命，巨靈大喜，乃教以修眞養靜之道 ，相隱 蜀之深山。

同上卷三：

（巨靈率六丁神將助禹治河）禹於路問曰："聞古止有五丁，而何有六？" 答曰："童律爲西方至剛之神，故招之以配丁甲之數。"

《古今圖書集成·神異典》卷五一引《四川總志》：

　　五丁廟，在梓潼縣治北十二里。五丁開劍路通，秦女拔蛇山摧，丁與秦女俱死於此，立廟祀之。

　　【案】六丁六甲，道教之神，相傳能行風雷，制鬼神，道士驅鬼時常用符籙召請之。真武廟中，塑為侍從。至於其來源，則頗荒唐。據《後漢書·梁節王傳》，則漢代方士巳有役使六丁之法，其命名取自干支，即所謂日值神之類也。這種方術以後被道教吸收，列為真武之從神，且以六丁為陰神，六甲為陽神，故宋時真武像旁六丁皆為女子像。而在四川民間，自秦漢以來又有"五丁拽蛇"神話的流傳。二者本來風馬牛不相及，但至明代，卻又有合流的趨勢。《三教源流搜神大全》以五丁屬瘟部，謂六丁受玉帝命投胎人間，姓鐵名頭，助真武擒魔，巳失六丁原意。《歷代神仙通鑒》則乾脆將二者混一，謂古本止有五丁，以童律為西方至剛之神，故招之以配丁甲之數。道教諸神之來源，多有如此陰錯陽差者。

文　昌　神（梓潼帝君）

文　昌　神

《史記・天官書》：

斗魁戴匡六星，曰文昌宮：三曰貴相。四曰司命，五曰司中，六曰司祿。（《索隱》：《春秋元命包》曰苞："貴相理文緒，司祿賞功進士，司命主老幼，司奨＜即司奨＞主奨咎也。"）

《重修緯書集成》卷三《詩緯》：

司命執刑行罰。

《重修緯書集成》卷五《孝經援神契》：

文者精所聚，昌者揚天紀，輔拂并居以成天象，故曰文昌宮。

《風俗通義・祀典》"司命"條：

《詩》云："芃芃棫朴，薪之槱之。"《周禮》："以槱燎祀司中司命。"司命，文昌也。司中，文昌下六星也。槱者，積薪燔柴也。今民間獨祀司命耳。刻木長尺二寸爲人像，行者置篋中，居者別作小屋，齊地大尊重之，汝南餘郡亦多有，皆祠以豬，

文昌君

率以春秋之月。

（王利器校注：《續漢志》注"獨"作"猶"。《禮記·祭法》司命鄭注云："此非大神所祈報大事者也，小神居人之間，司察小過，作譴告者爾。"又曰："司命主督察三命。"器案：《管子·法法》篇："有故爲其殺生，急於司命也。"《史記·封禪書》："神君最貴者，曰太一，其佐曰太禁、司命之屬。"《後漢書·趙壹傳》："乃收之於斗極，還之於司命。"此即世俗所傳南斗注生、北斗注死之說，後世乃以人鬼實之，或以爲張仲、或以爲文翁，均之不足信也。

《搜神記》卷四：

風伯、雨師，星也。風伯者，箕星也；雨師者，畢星也。鄭玄謂司中、司命，文昌第四、第五星也。雨師一曰屛翳，一曰號屛，一曰玄冥。

汪紹楹注：按：《周禮》宗伯職云："以槱燎祀司中、司命、飄師、雨師。"鄭玄注云："鄭司農（衆）云："司中，三能，三階也。司命，文昌宮星。風師，箕也。雨師，畢也"。"玄謂"司中、司命，文昌第五、第四星也"。蓋鄭衆以司中是三台星，司命是文昌星，二者所屬星次不同。鄭玄以爲不然，以爲司中、司命，皆文昌宮星，故云："司中、司命，文昌第五、第四星"，以破鄭衆（參考孫詒讓《周禮正義》三四）。

《搜神記》卷十：

周擥嘖者，貪而好道。夫婦夜耕，困息臥，夢天公過而哀之，

敕外有以給與。司命按錄籍云："此人相貧，限不過此。唯有張
車子應賜錢千萬，車子未生，請以借之。"天公曰："善"。曙
覺，言之。於是夫婦戮力，晝夜治生，所爲輒得，資至千萬。

《搜神記》卷十五：

漢獻帝建安中，南陽賈偶，字文合，得病而亡。時有吏將詣
太山，司命閱簿，謂吏曰："當召某郡文合，何以召此人，可速
遣之。"

《雲笈七籤》：

文昌星神君，字先常，天子司命之符也。中央司命者，或曰
制命丈人，主生年之本命，攝壽夭之簡札，太一變魂而符列，司
命混合而對魂。帝君司命之神，主典年壽，魁柄長短之期，是以
混合太一，以符籍而由之，故稱丈人焉。名理明，初字元度卿，
一名神宗，一名靈華。

老君曰：左司命一人也，姓韓名思，字元信，長樂人也。司
錄、司伐等屬焉。左司命有三十六大員官。右司命姓張名獲邑，
字子良，廣陽人也。司錄、司非等屬焉。右司命亦有三十六大員
官。天師曰：韓，張二司命，皆漢高帝之臣也。

【案】文昌亦道教大神，在民間極有影響，被視爲主宰人
世功名利祿之神，故文人學士多虔信之。然其神亦源自星辰
信仰。

據《史記·天官書》，北斗之上有六星，合稱爲文昌宮。

文昌宮諸星神的功用當時顯然已社會化了，如以責相理文緒，司錄賞功進士，司命主老幼，司中（亦稱司災）主災咎。其職責範圍，相當廣泛。其實對司命、司中等神的信仰，至遲在戰國時代（見《周禮》、《楚辭》等）已廣為流行，不僅列入國家祀典，而且民間家家奉祀之。文昌諸星神，本以司命影響最大，自漢及晉，信仰不衰。《風俗通義》謂"今民間獨祀司命耳，刻木長尺二為人像，行者置篋中，居者別居小屋"，則已人格化、偶像化了。但魏晉以降，道教興起，"南斗注生、北斗注死"信仰開始流行，民間又以泰山主年壽，以灶君為各戶司命之神，文昌司命的功用漸被淹沒。然據《雲笈七籤》，隋唐至北宋初，道教仍以文昌星神為主司命之大神。但在民間影響已趨衰落，所以宋真宗時，有九天司命保生天尊出現。

附：九天司命保生天尊

《事物紀原》卷二：

《御制靈遇記》曰：景德初王中正遇司命真君傳藥金法，上之。四年十一月降劉承規之直舍，五年始奉上徽號曰九天司命天尊。《真宗實錄》曰：大中祥符五年十月十七日，上夢景德四年先降神人傳玉皇命云："汝祖趙有名，此月二十四日降，如唐真元事。"至日天尊降延息殿。十月己巳，詔上九天司命保生天尊聖號曰聖祖上靈高道九天司命保生天尊大帝。又六年七月甲午，詔加上九天司命上卿保生天尊曰東岳司命上卿佑聖真君，初封禪

九天司命保生天尊

畢，詔上司命天尊之號。至是以聖祖臨降，名稱相類，故改上焉。
天禧元年正月壬寅，帝詣景靈宮天興殿恭上也。然《實錄》之記
聖祖加號前後不同，故備述二年中事云。章衡《紀年通載》曰：
天禧元年辛丑朔上玉皇聖祖號寶冊。

《夢溪筆談》卷二十胡道靜《校證》引宋李攸《宋朝事實》卷七：

　　王捷者，汀州人。咸平初，買販至南康軍，於逆旅遇道人，
自言姓趙氏。是冬，再見於茅山，命捷市鉛汞煉之，少頃，皆成
金。戒曰：“非遇人主，慎勿輕言。”捷詣闕求見，不得，乃謀
以罪名自達。至信州，陽狂大呼，遂坐配隸嶺南。未久，逃至京
師，官司捕繫，閤門祇候謝德權知其有術，即為奏請。得釋，乃
解軍籍。劉承珪聞其異，改名為中正。得對龍圖閣。時出游廛市，
常有道人與之偶語，云即向來授法司命真君也。其語秘不傳。承
珪為創新堂駐之。乃以景德四年五月十三日，降於堂之紗幬中，
戴冠佩劍，服皆青色。自是屢降，中正傳達其言。凡有瑞異，必
先告之。東封畢，加號司命天尊。及司命降歸延恩殿，乃上聖祖
之號。每舉大禮，及有營繕，中正必達靈命，以藥金銀來獻。

　　【案】這位趙宋“聖祖”的來歷，可參見玉帝條引《宋史·
禮志》。他自稱為人皇九人之一，趙氏始祖，再降為黃帝，
奉玉皇命令主趙氏之族。這一套神話顯然是宋真宗自己所編
造，所以在民間終究沒能造成多大影響。

文昌帝君（梓潼帝君）

《華陽國志》卷二：

　　梓潼縣，郡治，有善板祠，一名惡子。民歲上雷杵十枚，歲盡不復見，云雷取去。

《太平廣記》四五八《北夢瑣言》"梓潼"條：

　　梓潼縣張惡子神，乃五丁拔蛇之所也。或云巂州張生所養之蛇，因而祠，時人謂之張惡子。其神甚靈，僞蜀王建世子名元膺，聰明博達，騎射絕倫，牙齒常露，多以袖掩口，左右不敢仰視。蛇眼而黑色。凶惡鄙褻，通夜不寢。竟以作逆伏誅。就誅之夕，梓潼廟祝巫爲惡子所責，言"我久在川，今始方歸，何以致廟宇荒穢如是耶？"由是蜀人乃知元膺爲廟蛇之精矣。

《事物紀原》卷七：

　　英顯王，廟在梓州梓潼縣，本梓潼神也。舊記曰：神本張惡子，仕晉戰死而廟存。唐明皇狩蜀，神迎於萬里橋，追命左丞相。僖宗播遷，亦有助，封濟順王。咸平中，盡卒爲亂，王師討之，忽有人呼曰："梓潼神遣我來！"九月二十日城陷，果克。四年，州以狀聞，故命追封英顯王。

《古今圖書集成・神異典》卷五四引《崖下放言》：

　　祥符中，西蜀有二舉人同硯席。既得舉，貪，干索旁郡，乃能辦行。已迫歲，始發鄉里。懼引保後時，窮日夜以行。至劍門張惡子廟，號英顯王，其靈響震山川，過者必禱焉。二子過廟，已昏晚，大風雪，苦寒不可夜行，遂禱於神。各占其得，且祈夢爲信，草草就廟廡下，席地而寢。入夜，風雷轉甚，忽見廟中燈燭如晝，然後有俎甚盛，人物紛然往來。俄傳道自遠而至，聲振西山，皆岳瀆貴神也。即席賓主勸酬如世人。二子大懼，已無可奈何，潛起，伏暗處觀焉。酒行，一人曰：“帝命吾儕作來歲狀元賦，當議題。”一神曰：“以鑄鼎象物爲題。”既而諸神皆一韻，且各刪韻刪改，商榷又久之，遂畢。朗然誦之曰：“當召作狀元者魂魄受之。”二子默喜，私相語曰：“此正爲吾二人發。”迨將曉，見神各起致別，傳呼出廟而去。視廟中寂然如故。二子素聰警，盡記其賦，亟寫於書帙後，無一字忘。相與拜賜，鼓舞而去，倍道以行，笑語欣然，惟恐富貴之逼身。至御試，二子坐東西廊，御題果出鑄鼎象物賦，韻腳盡合。東廊者下筆，思廟所書，懵然一字不能上口，間關過西廊問之。西廊者望見東來者，曰：“御題驗矣，我乃不能記，欲起問子，幸無隱也。”東廊者曰：“我正欲問子也。”於是二子疑曰：“臨利害之際，乃見平生。但此神賜，而獨私以自用，天其福爾邪？”各憤怒不得意，草草信筆而出。唱名，二子皆被黜，狀元乃徐奭，既見印賣賦，二子比廟中所記者，無一字異也。二子嘆息，始悟凡得失皆有假手者，遂皆罷筆入山，不復視筆硯。恨不能記其姓名云。

《夷堅甲志》卷十八：

　　王龍光，字天寵，資州人。入京赴上舍試，過劍州梓潼縣七

曲山，調英顯武烈王廟。（原注：俗呼為張相公廟）夢一人持榜，
正面無姓名，紙背乃有之，又有持席帽蒙其首者。覺而喜，謂士
人登第則戴席帽。是歲免省不逮，但補升內舍。次舉當政和八年
方登科，已悟紙背之說。時方禁以龍、天、君、玉、王、主等為
名字，唱第之日，面賜名寵光，頭上加帽，蓋謂是云。

《夷堅乙志》卷五：

　　成都人羅彥國，累試不第，既四舉，齋戒乞夢（梓潼神）。夢
蔡魯公謂曰：“已奏除公樞密直學士矣。”次年省試又下，乃以
累舉恩得密州文學。犀浦人邵允蹈，紹興七年被鄉薦，亦乞夢於
神，夢神告曰：“已與卿安排甲門高第矣。”及類試，果為第一，
乃刻石紀於廟西廡。後罷眉州幕官，赴調臨安，舟行至閘口鎮，
病死。始驗甲門之語，蓋閘字也。

《夷堅丁志》卷八：

　　何文縝丞相初自仙井來京師，過梓潼，欲詣張王廟而忘之，
行十里始覺，亟下馬還望，默禱再拜。是夕，夢入廟延，神坐簾
中，投文書一軸於外，發現之，全類世間告命，亦有詞語。覺而
記其三句云：“朕臨軒策士得十人者，今汝袖然為學首，後結銜
具所授官。”何公思之：“廷試所取無慮五百，而言十人，殆以
是戲我也。”及唱第，果魁多士。第一甲元放九人，既而傅崧卿
以省元升甲，遂足十數。蓋夢中指言第一甲也，所得官正同。
（葉石林書此。）

《鐵圍山叢談》卷四：

　　長安西去蜀道有梓潼神祠者，素號異甚。士大夫過之，得風雨送，必至宰相；進士過之，得風雨則必殿魁。自古傳無一失者。有王提刑者過焉，適大風雨，王心因自負，然獨不驗。時介甫丞相年八九歲矣，侍其父行，後乃知風雨送介甫也。魯公帥成都，一日召還，遇大風雨，平地水幾二十寸，遂位極人臣。何文縝丞相㮚，政和初與計偕，亦得風雨送，仍見夢曰：「汝實殿魁，聖策所問道也。」文縝抵闕下，適得太上注《道德經》，因日夜窮治。及試策目，果問道，而何爲殿魁。

《桯史》卷三：

　　逆曦將叛前事之數月，神思昏擾，夜數躍起，寢中叱咤四顧，或終夕不得寢，意頗悔。欲但已，其弟睍力慫恿之，曰：「是謂騎虎，顧可中道下耶？」曦家素事梓潼，自玠、璘以來，事必禱，有驗。乃齋而請。是夕，夢神坐堂上，已被赭玉謁焉。因告以逆，且祈卜年之修永。神不答，第曰：「蜀土已悉付安丙矣。」既寤，大喜，謂事必遂。時安以隨軍漕，在魚關驛，召以歸，命以爰立。安顧逆謀堅決，觸之且俱靡，惟徐圖可以得志，不得已諾之，猶辭相印，遂以丞相長史權知都省事授之。居逾月而成獲嘉之績。梓潼在蜀著應特異，紹熙壬子，瀘人殺帥張孝芳，蓋嘗正晝見於閱武堂。逆黨怔潰，以迄天誅，相安之夢，得之蜀士。瀘之變，在京魏公鏜帥蜀時，慶元己未，余在中都親聞之。其他蓋不可縷數云。

《文獻通考‧郊社考》二三：

英顯王廟在劍州，即梓潼神張亞子。仕晉戰沒。人爲立廟。唐玄宗西狩，追命左丞。僖宗入蜀，封濟順王。咸平中王均爲亂，官軍進討，忽有人登梯衝指賊大呼曰：“梓潼神遣我來。九月二十日城陷，爾輩悉當夷滅。”賊射之，倐不見。及期果克城。招安使雷有終以聞，詔改王號，修飾祠宇，仍令少府造衣冠法物祭器。

《古今圖書集成‧神異典》卷十七引《梓潼化書‧清河內傳》：

余本吳會間人，生於周初。後七十三代爲士大夫，未嘗酷民虐吏，性烈而行察，同秋霜白日之不可犯。後西晉末降生於越之西嶲之南兩郡之間，是時丁未年，二月三日誕生，祥光塞戶，黃雲迷野。居處地俯近海，里人謂清河叟，曰：“君今六十而獲貴嗣。”童稚時不喜嬉戲，每慕山澤，往往語言若有隱顯。晝誦群書，夜避衆。予自笑且樂，身體光射。居民祈禱，則余嗤而訕，長嘯曰：“土木而能衣人之衣，食人之食，享之而有應，謗之而有禍，我爲人而焉無靈乎！”自後夜夢或爲龍，或爲王者天符，或爲水府漕，自怪而不甚信爲吉兆。後三農愆旱，嘉禾無望，舞雩祝神，恬然無驗。余思曰：寢中夢治水府，今夕當驗。夜往水際，以夢中官銜牒河伯，而驚魂猶恐忸怩不能。忽爾之間，陰雲四合，風飛雷震，一吏稽首余前，曰：“運判徙居。”余曰：“非我也。我乃張尸老之子，名亞。”（緣水府得達，故字霈夫）吏曰：“奉命促予。”余曰：“家人如何？”吏曰：“先到治所。”余惶懼未決，吏揖上一白驢而去。俯首里閭，風雨聲中，頓失鄉地。

到一山，連劍嶺而撐參宮，若鳳凰之偃，下有古湫。引余入一巨穴，門有數石笋。吏曰："民之禱雨，祝此石而有應，名曰雷柱。"吾方褰衣入穴，吏又曰："君記周室爲人，七十三代陰德傳家而迄今否？"余方大悟，若夢覺也。吏曰："君在天譜，得神仙之品，於人世鮮有知者。晉不日有中興之兆，君可尋方而顯化。"余曰："謝天使響報也。"入穴則若墮千仞之壑，近地而足不沾，若騰身虛空，有王者之宮，中有禁衞。余入，遂見家人悉都其間。改日作儒士，往咸陽講姚萇之故事。

第一元命化：予本吳會間人，生於周初，迄今七十三化。前降《內傳》，化字世人誤傳作代字，今正之。

第二流行化：予方游人間，忽至會稽山陰，見一隱者，年五十許，具香燈，仰天而祈。時仲春丙夜，天文煥爛。張翼二宿，昭然在上，俯而聽之。隱者姓張，適符列宿，予於是生焉。

第三生民化：張氏出黃帝之子，名揮。始造弦矢，張羅網，世掌其職。子孫因以張爲姓，顯於吳。

《明史·禮志四》：

（弘治元年）尙書周洪謨等言：梓潼帝君者，記云：神姓張名亞子，居蜀七曲山，仕晉戰沒，人爲立廟。唐、宋屢封至英顯王。道家謂帝命梓潼掌文昌府事及人間祿籍，故元加號爲帝君，而天下學校亦有祠祀者。景泰中，因京師舊廟闕而新之，歲以二月三日生辰，遣祭。夫梓潼顯靈於蜀，廟食其地爲宜。文昌六星與之無涉，宜敕罷免。其祠在天下學校者，俱令拆毀。

《歷代神仙通鑒》卷十一：

（漢劉淵元熙二年）二月三日，里老張家誕生一子，祥光罩戶，黃雲迷野，童稚時不好嬉戲，每慕山澤，語言若有隱顯。及長，群書靡不淹貫。見居民祈禱，則嗤之，長嘯曰："土木而能衣衣食食，享之有應，謗之有禍，我爲人而豈無靈乎？"自後夜夢或爲龍，或王者天符、水符漕。夜往水際，以夢中宮函牒河伯，而驚魂忸怩。忽而陰雲四合，風飛雷震，大雨滂沱，萬民乃蘇。一吏稽首曰："請運判徙居。"張曰："余張氏子，名亞，緣水府得達，故字需美，非運判也。"吏曰："奉帝命從子。"遂揖上一白騾而起，到一山，下有古湫，吏引入巨穴，門有一石笋。吏曰："民之禱雨者祝此石即可，名雷柱。"又曰："君記自周迄今，屢作士大夫身，未嘗酷民虐吏，陰德傳家，時行方便，故得證此。"張遂大悟夙昔。吏曰："君在天譜，得上仙之品，於人世當更顯應。晉有中興之兆，君可尋方顯化。"言訖便去。至穴中，則有王者宮室服用，玉階七曲，丹桂千株，見家人具在，遂居其間。時出救世。士民於閬中梓潼縣立廟祭祀，稱梓潼君焉。廟在九曲之北，有降筆亭，中以金索懸一五色飛鸞，鸞口啣筆，用金花箋數百番留筆下。亭門縣令封鎖甚嚴，以防欺僞。降筆訖，內有鐘自鳴，廟吏聞於縣，差官啓鑰取書，以觀報應。其降筆多勸人以忠孝。眞君道號六陽，每出駕白騾，隨二童曰天聾、地啞。眞君爲文章之司命，貴賤所繫，故用聾、啞於側，使其知者不能言，言者不能知，天機弗泄也。凡禳災祛沴，禱雨祈嗣，有感必通。世有虔奉之者，常降乩直書，或現夢隱示。又能鎭伏妖魔，疫癘神鬼聞騾鳴則遠遁，爲其慣唉邪物也。道德圓通，久證眞位，天使宣上帝命爲太玄無上上德眞君，同中書門下平章事，上主三十三天仙籍，中主人間壽夭禍福，下主十八地獄輪回。

《通俗編》：

明《一統志》：梓潼神姓張，名亞，字惡子。其先越嶲人，徙居梓潼縣之七曲山。自秦伐蜀，世著靈異。宋建炎以來，累封仁文聖武孝德忠文王。

〔按〕張惡子見崔鴻《後秦錄》，其言曰：姚萇至梓潼嶺，見一神人，謂之曰：“君早還秦，秦無主，其在君乎？”萇請其姓名，曰：“張惡子也。”及萇稱帝，即其地位張相公廟祀之。唐李商隱有張惡子廟詩，孫樵有祭梓潼神君文，莫或言其主文。《北夢瑣言》作張惡子，謂本嶲州張生所養蛇，因而祠之。僞蜀王建世子元膺蛇相凶惡，竟以作逆伏誅。誅之夕，梓潼廟祝巫爲堊子所責。云：“我久不在山，何以致廟宇荒穢如是？”由是蜀人乃知元膺爲廟蛇之精矣。依其說，則其神龍無足重。近人知其不合，乃援詩所云張仲傅之。傅之無因，則更造十七世語，以張仲、張亞爲一人而轉世。鄙誕至此，顧足爲文學士所信奉耶？愚謂文昌神與梓潼神別，非張亞亦非張仲，蓋漢蜀文翁也。《蜀志·秦宓傳》云：蜀本無學士，文翁遣相如東受七經，還教吏民，於是蜀學比於齊魯。漢家得士，盛於其世。夫能移風易俗，非禮所秩有益於世者乎？宜立祠堂。又云：蜀有汶阜之山，江水出焉，帝以會昌，神以建福。世俗流傳斯語，輾轉紏合，以帝以會昌之語，合文翁之姓，以神以建福之語，合祠堂之事，更以創禮殿圖之梓潼文君，牽與文翁爲一人，是以號之曰文昌梓潼帝君。學官自文翁修起成都，漢武因之，令天下郡國皆立學校，其制得不絕至今。文翁固不愧斯文主也。

《十駕齋養新錄》卷十九：

梓潼之神，相傳晉時張惡子。唐天寶十年，監察御史王岳靈撰張惡子廟碑，見《唐詩記事·李商隱題張惡子廟詩》："下馬捧椒漿，迎神白玉堂。如何鐵如意，獨自與姚萇。"

王鐸《謁梓潼張惡子廟詩》："盛唐聖主解秋萍，欲振新封濟順名。夜雨龍拋三尺匣，青雲鳳入九重城。劍門喜氣隨雷動，玉壘韶光待賊平。唯報關東諸將相，柱天功業賴陰兵。"判度支蕭遘和云："青骨祀吳誰讓德。紫華居越亦知名。未聞一劍傳唐主，長擁千山護蜀城。斬馬威稜應掃蕩，截蛟鋒刃俟升平。鄷侯爲國親蕭鼓，堂上神禱更布兵。"時僖宗解劍贈神，故二公賦詩。

吳自牧《夢粱錄》：梓潼帝君，在吳山承天觀，此蜀中神，專掌注祿籍，凡四方士子求名赴選者悉禱之，封王爵，曰忠文英武孝德仁聖王。是南宋行都已立此祠也。《新定續志》載葉夢鼎《梓潼眞君祠記》云：世言帝命司桂籍，主人間科級，是南宋之季，外府州亦立此祠矣。

虞集《廣州路右文成化廟記》：天官書以斗魁戴匡六星爲文昌之宮，徵文治者占焉。或曰降靈吾蜀之梓潼者，則其神也，是以縉紳大夫士多信禮之，而文昌之祠，遂遍郡邑。皇元延祐中，書詔加封，號其祠曰右文成化，贊詞具在。而朝廷設進士科以取士，文風大行，人謂神實主之。

《陔餘叢考》卷三五：

今世文昌祠所祀梓潼帝君，王弇州《宛委餘編》謂即陷河神張惡子，而引其所著化書，謂本黃帝子，名揮。始造弦張羅網，因以張爲氏。周時爲山陰張氏子，以醫術事周公。卒，托生於張無忌妻黃氏，爲遺腹子，詩所稱張仲孝友者也。以直諫爲幽王所酖，魂游雪山，治蜀有功。五丁拔山，蛇壓死，蛇即其所化也。尋爲漢帝子，曰趙王如意，爲呂后所殺。魂散無歸，孝宣世至邛池，其令曰呂牟，即呂后之後身也。母戚夫人亦生於戚，嫁張翁，老無子，相與瀝血石臼中，祝曰：“我無子，倘得一動物，亦遺體也。”自是感生爲蛇。呂令有馬，乃呂產後身，蛇輒食之。呂令怒，繫張夫婦，將殺之，蛇遂揚海水作雨，灌城邑皆陷，今所謂陷河也。以所殺多，譴爲邛池龍，受熱沙小蟲之苦。遇文殊，皈誠脫罪，復生於趙國張禹家，名勛，爲清河令卒。又生爲張孝仲，時順帝之永和間也。西晉末，復生於越嶲張氏，年七十三，入石穴悟道而化，改形入咸陽見姚萇。後萇入蜀，至梓潼嶺，神謂之曰：“君還秦，秦無主，其在君乎？”請其氏，曰：“張惡子也。”後萇即其地立張相公廟。唐僖宗幸蜀，神又出迎，帝解佩賜之。還日賜遺無算。王中令鐸有詩云：“夜雨龍拋三尺匣，春雲鳳入九重城”云云。按陷河事，亦見王氏《見聞》及《窮神秘苑》、《太平廣記》諸書，所載略同。《北夢瑣言》亦謂梓潼張亞子，乃五丁拔蛇之所也。或又云，嶲州張生所養蛇，托生爲僞蜀王建太子元膺，有蛇眼，竟以作逆誅。誅之夕，梓潼廟祝亟爲亞子所責，言“我在川，今始歸，何以致廟宇荒穢若此。”據此，則所謂張惡子者，乃流轉於人與蛇間一變幻不經之物耳。不知與文昌二字何與？然世以梓潼為文昌，則由來已久。按葉石林《崖下放言》，記蜀有二舉人，行至劍門張惡子廟夜宿，各夢諸神預作來歲狀元賦，甚靈異。高文虎《蓼花洲閑錄》亦載此事。然則張惡子之顯靈於科目，蓋自宋始，亦自宋之蜀地始。《朱子語類》所謂梓潼與灌口二郎兩個神，幾乎割據了兩川也。世人因其於科目事有靈異，元時遂以文昌帝君封之，前明又以文昌額其宮，而張惡子之為文昌帝君，遂至今矣。明都卬《三餘贅筆》則謂梓潼乃四川地，四川上直參宿，參有忠良考謹之象，其山水深厚，為神明所宅，或又謂斗魁為文昌六府，主賞功進爵，故科名之士多事之。此二說理雖較長，然皆從文昌二字立說，而於張惡子之所以稱文昌，則毫無干涉也。

《清朝續文獻通考·群祀考》二：

俞樾《文昌改稱梓潼文君議》：文昌，天星也。而今世所奉文昌，稱為梓潼帝君，相傳二月三日為其生日。夫天星則何生日之有？且亦豈可繫之梓潼一邑哉！然則今世所奉文昌，殆非天星也。愚謂東漢之初，自有梓潼文君，見於高映《禮殿記》。文君為梓潼人，官益州太守，王莽、公孫述并徵用之，皆拒不受，是其人固賢者也。其子名怖，為北海守。父子相繼，同典大郡。又有文恭，字仲實，必其子姓也，是梓潼文氏，亦大族矣。梓潼文君之祠，必始於益州，蓋文君即歿，而益州之民立祠祀之，如石相祠，于公祠之例耳。相沿既久，而梓潼文君之祠滿於蜀中，流俗訛傳，因文君之神附會為文昌之神，至今遂遍天下矣。文帝與關帝同列中祀，文帝生西漢之末，武帝生東漢之末，一以文德，一以武功，皆漢臣之賢者，生有明德，歿爲明神，俎豆千秋，亦固其所。關帝生日相傳爲五月十三日，旣爲人鬼，而非天神，宜有生日。則文帝之於二月三日降生，雖載籍無徵，而流傳有自，牲牢秩祀，所謂禮亦宜之者也。明嘉靖間，議禮諸臣欲廢文昌，由不知其爲梓潼文君耳。竊謂祠文昌者，宜改稱梓潼文君，庶天人不紊，而名實相符，或於聖清稽古右文之化，不無小補乎！臣謹案：文昌，星也，天神也。今列祀典，則以人鬼。國家神道設教，原不必求其人以實之。然其神出於蜀，又出於蜀之梓潼，自宋以來有此說，世以張惡子附會之。俞樾謂梓潼文昌帝君即梓潼文君，所謂文昌宮者，實即梓潼文君之家廟，其始唯文氏子姓奉之，後乃溥及川中，雖屬臆說，而文君振興文教，媲美文翁，又以忠義爲光武所褒，固聰明正直而壹者也，視張惡子天淵矣。奉張惡子爲文昌，何如奉梓潼文君爲文昌。其姓則文也，與文昌之號符，其家梓潼也，與梓潼帝君之號符，樾之說不較可信歟！

《茶香室四鈔》卷二十：

明曹安《讕言長語》云：天下學宮皆立文昌祠。世俗相傳有七十三化之說，近又有七十九化書。不知北斗之前，有星曰文昌，有是星則有是神，祠而奉之，在禮雖未之有，亦崇文之義焉。余謂文昌實即漢時梓潼文君，人也，非星也。

《清朝續文獻通考·群祀考》二：

嘉慶六年諭：京師地安門外，舊有明成化年間所建文昌帝君廟宇，久經傾圮，碑記尚存。特命敬謹重修，見已落成，規模聿

煥。朕本日虔申展謁，行九叩禮。敬思文昌帝君主持文運，福國
佑民，崇正教，闢邪說，靈迹最著，海內崇奉，與關聖大帝相同，
允宜列入祀典。

同上：

　　惲敬《文昌宮碑陰錄略》謂：文昌帝君之祀，不知其自始。
崔鴻《後秦錄》：姚萇隨楊安伐蜀至梓潼嶺，見一神人，謂之曰：
"君早還秦，秦無主，其在君乎？" 萇請其姓氏，曰張惡子也。
後據秦稱帝，即其地立張相公廟祠之，常璩《華陽國志》：梓潼
縣善版祠，一名惡子，民歲上雷杼十枚。璩志終於永和三年，在
萇稱帝前五十餘年，是萇之前已祀惡子矣。唐封順濟王，宋改封
英顯王，元以道士之說，封輔元開化文昌司錄宏仁帝君。於是山
經地志，稗乘外書，附會不經之辭，布滿天下。前明季年，議禮
者欲罷其祀，是不然。夫王者受命，進退群神之祀，凡以為民已
耳。其不合乎天神地祇人鬼之典法，而能見靈爽，為徵驗，捍禦
水旱兵革，為天下所奔走，王者亦秩而祀之，所以從民望也。

《新搜神記·神考》"梓潼帝君封號" 條：

　　帝君廟在梓州梓潼縣，本梓潼神也。舊記曰：神本張惡子，
仕晉戰死而廟存。唐明皇狩蜀，神迎於駟馬橋，追命左丞相。僖
宗播遷亦有助，封濟順王。咸平中益卒為亂，王師討之。忽有人
曰："梓潼神遣我來，九月二十日城陷。" 果克。四年，州以狀
聞，故命追封英顯王。俱見《事物紀原》。宋理宗景定五年三月
廿九日，封神義聖武孝德忠仁王。宋度宗咸淳五年月日，加封神

父顯慶慈佑仁裕會德王，神母昭德積慶慈淑恭慧妃（《清河內傳》）
元累封輔元開化文昌司祿宏仁帝君。（《萬曆總志》）左司獨孤氏，
七月十五生，因斬卭州屬功，累封八字王，今掌文昌左班，封廣
佑嘉應昌澤孚惠王。右司李斌，八月十五日生，以破苻堅功，累
加封八字王，今掌文昌右班，加封英惠忠烈翼濟正佑王。（《清
河內傳》）梓潼文昌君從者曰天聾、地啞，蓋不欲人之聰明用盡，
故假聾啞以寓意。夫天地豈可以聾啞哉！（王逵《蠡海錄》）。元
仁宗延祐三年七月日，加封輔元開化文昌司祿宏仁帝君，主者施
行。敕曰：《道經》云：二月初三，是日文昌帝君誕。《翰墨大
全》元無名氏《二月初三帝君生辰疏》云：北極建卯，方新三月
之杓；西蜀生辰，誕應五雲之瑞。瑤池啓宴。寶闕騰歡，恭惟帝
君，名震梓潼，職嚴桂籍。銀鉤鐵畫，盡入神出聖之能；玉句金
章，致泣鬼驚神之妙。輔佐元天之主，闡揚《周易》之靈。某仰
獻兕觥，俯陳燕賀。億千萬綿延之壽，劫劫長存；九十四變化之
身，如如丕顯。按：唐孫樵有《祭梓潼文》，李商隱有《張亞子
廟詩》，莫或言其主義。按：仁和翟灝《通俗編》云：《北夢瑣
言》：梓潼縣張堊子神，乃五丁拔蛇之所也。或云巂州張生所養
之蛇，因而立祠，時人謂爲亞子，其神甚靈。《十國春秋‧僞蜀
紀》：梓潼縣祠蛇神，曰張惡子。世子元膺被誅之夕，司祝者忽
夢爲惡子所責。言我久淹成都，今始方歸，何祠宇荒穢若是？由
是蜀人傳元膺爲廟蛇之精。依其說，則其神不足輕重可知。後人
不知，乃援《詩》“張仲孝友”爲張亞轉世，以爲十世爲大夫，
鄙誕至此。愚謂文昌非張亞，亦非張仲，蓋蜀文翁也。文翁遣相
如東授七經，於是蜀俗比於齊魯，宜立祠堂云云。調元按《圖志》，

神姓張諱亞子，其先越巂人，因報母仇，徙居劍州之七曲山，仕晉戰歿，人爲立廟。姚萇伐蜀至梓潼嶺，見一神人謂之曰：「君早還秦。秦無主，其在君乎？」萇請其姓名，曰張亞子也。後果據秦稱帝，因立張相公廟，嗣代顯聖，故由濟順王加封至英顯王。至元仁宗延祐三年七月，乃加封輔元開化文昌司祿宏仁帝君。文昌本天上六星，在北斗魁前，爲天之六府，其六曰司祿。道家謂上帝命梓潼神掌文昌府事及人間祿籍，故以文昌司祿封之，而天下學校亦皆立祠以奉之，此特誥册爵號，非謂即祠文昌星也。因元仁宗加封文昌司祿，人遂以文昌稱之，而京都及天下俱額曰文昌宮，其實即晉之張亞子也。十七世張仲轉世，自屬後人附會。觀歷代封號並無張仲名可知。而翟灝不詳考正書神自後秦建張相公廟及歷代封爵，但就因文昌字遂妄臆爲文翁，可謂鑿空杜撰，游談無根矣。至引蛇精事，特不知古惡蚩二字通用，因《爾雅》「螣蚩」爲蛇，江淮人爲蚩子，尤爲妄誕不經，不得不爲之辨。

《集說詮眞》：

　　文昌君，一名梓潼君，係張氏子。文昌，星名。（按《楚辭注》：文昌六星，在北斗魁前。按《高厚蒙求》：文昌六星，在北斗之左。一上將，主建威武；二次將，主正左右；三貴相，主理文緒；四司祿，主賞功進爵；五司命，主滅咎；六司寇，主佐理寶。）　　道家謂：文昌星明，文運將興，上帝命張氏子掌文昌府事及人間祿籍。元時封文昌帝君。因其在生居蜀之梓潼縣（屬四川綿州），死後士民立廟祀之，故又稱梓潼君。《文帝本傳》、《化書》載文昌君一十七世爲士大夫，屢次化生，原委冗雜，全祿轉致煩厭，茲揭其略如左：

　　周初時，文昌化生，名張善勛。時吳會間有張老者，年五十許，祈子。其夜天文煥爛，張宿（星名，主天廚飲食）昭然，適符其姓，感而降焉。張母即夢吞珠，遂娠，逾年善勛生，時在武王之乙巳年仲春（按《通鑑編年》、《竹書紀年》，武王無乙巳歲）。家素貧，務農。一日鋤得夏禹王所鑄元始天尊金像，約重鈞餘。適海水大至。善勛乃以金像投入海中。俄風至潮回，一境獲免淹沒。邑人以是爲德，各酬粟帛，家道由是豐裕。異時，將所投之像仍由沙中掘出，築宮敬奉。有鄰右仲氏女，初权父欲以許善勛，父難之，女以不得遂志，因疾而死。一日善勛步至女墓，女由冢呼郎而出。善勛迎歸成婚，生男曰淵石。金像授以大洞法籙，隨繕符法治疫。繼又講求脈理藥性，六年後，以良醫聞。成王時，驛召京周爲醫師，隸於天官，嗣遷司諫。十年後辭職歸里，未幾逝世。游至洞庭君山（今湖南岳州府境），上帝命爲君山主宰，兼管理洞庭湖。（分見《文帝本傳》、《文帝化書》）

　　周宣王世，文昌化生，名張忠嗣，字仲。仲居洞庭君山。時有孀婦張黃氏懷有遺腹胎，來山祀祭，求得娠胎爲男，哀禱甚切。文昌見之，不覺情感，遂身墮婦懷，懵然無覺。久之，聞人語曰：“是男是男！”文昌開目視之，知身在浴盆中，蓋已生矣。父名無忌，嘗事屬王爲保氏，因諫除監謗之令得罪，流於番禺而死。仲長，往京周，宣王令襲父職，仍爲保氏，累升大夫。仲兄允思早故。仲生二子，長然明，次懋陽。仲以孝友聞。《毛詩》所稱“張仲孝友”是也。幽王爲太子時，與仲有隙。及嗣位，賜之酒，仲飲之而死。魂無所歸，哭於宮闈者三日。幽王以爲妖，令取弓矢望聲射之。仲隨往西蜀，居於雪山。上帝命爲雪山大仙，

又命爲蜀北門山王，遂稱北部張仲子。（分見《文帝本傳》、《文帝化書》）

秦惠王時，文昌化生，名仲弓子長。惠王志欲吞蜀，阻於蜀道之險，行兵無路，乃從司馬錯計，鐫石牛五，尾下各藏金餅，置於秦蜀之境，使人伺之。月餘，金餅爲人取去。旋復置之。所取既頻，蜀王知之，使人臨蒞之，數月得金千餘斤，乃命五丁鑿山開道，牽石牛以歸。仲弓子長變形儒士，上疏於蜀王，陳明石牛糞金，乃強鄰之詐，請勿開通，以中敵計。王勿從，仲弓遂隱焉。蜀王既將石牛挽歸，秦惠王以宗女五人請嫁蜀王。蜀王乃遣五丁力士迎女於境上。仲弓上疏，以與秦聯姻不利於蜀諫蜀王。王怒曰："汝非北郭張仲子乎？"敕左右兵之。仲弓乃變念怒之像。衞士驚潰，因獲免。五丁迎秦女，路過劍嶺，仲弓於嶺之陽，化形大身像橫截於路，意欲使秦女見之畏駭返秦。五丁識之，曰："此必北郭張仲子！"遂拼力逐之。大身像乃收縮，徑山腹行，將入洞穴，爲五丁拿住。像情急，首穿山頂，山即震蕩摧崩，隨將五丁、秦女壓死。於是仲弓神游崆峒。（見《文帝化書》）

西漢初，文昌化生爲趙王如意。時文昌在蜀之雪山，見秦勢衰弱，干戈并起，民生倒懸，因懇上帝准以化身，拯援天下，隨墮身於漢高祖戚姬之懷。及生，名如意。高祖愛之，封爲趙王，後爲呂氏所殺，戚姬亦死於呂氏之手。（見《文帝化書》）

西漢宣帝時，文昌化身爲金色蛇。文昌自罹呂氏禍後，神游冥漠，又無職守，蓄憤呂氏，思欲報仇，乃往西海之濱邛池縣，見呂氏黨或投人，或投獸，轉世在彼。并見戚姬亦投生於彼，復爲戚氏，嫁於貧家張姓老農。一日，戚氏因年老無子，乃割臂瀝血於石凹中，以石覆之，願此石下倘有動物生，即以爲嗣。文昌見而感之，遂寓生於石下之血，化爲金色蛇。明日戚氏來，揭石見之，携歸撫養。逾年，頂上出角，腹下生足，見呂鸞投生之羊豕犬馬輒食之。邑人僉稱張老所畜妖蛇爲害，索之不獲，即將張老、戚氏拘於囹圄。金色蛇乃呼吸雲霧，揚海水爲雨，淹斃邛邑居民、張老、戚氏駝於蛇身而出，得脫。淹斃之戶計五百餘，以口計之約二千餘，其中八十餘人是金蛇前身之仇，餘皆枉死。上帝以文昌擅用海水陷城報怨，謫爲邛池龍，奪去神職，囚之積水之下。嗣因年旱池乾，涸於池底，無穴可容，烈日上蒸，內外熱惱，身上八萬四千甲中各生小蟲，唼嚙不已，受苦難堪。（見《文帝化書》）

東漢景帝元和間，文昌化生爲張勛。文昌既謫爲邛池龍，因禁涸池中，日蒸蟲嚙，苦不堪言。值釋迦文佛來中國行教，道經彼處。龍見之，向佛仰首哀號，自訴悔悛，再不報怨，乞垂赦度。釋迦佛念其悔悟，赦之，然未復神職。邛池龍復爲男子，化形於趙國爲張瑀之子，名勛。既長，爲清河令，後擢太守。（見《文帝化書》）

東漢順帝永和間，文昌化生於張孝仲，未登仕籍，浮沉里間。上帝准其漸復舊職，命之日應世務，夜治幽冥。（見《文帝化書》）

季漢時，文昌復生於河朔。嘗以功名自期，乃爲魏將鄧艾見知，請爲從事參謀。及伐蜀，爲行軍司馬。交鋒時身中流矢多千，創傷甚重。（見《文帝化書》）

西晉武帝太康八年丁未二月三日，文昌化生，受形於越裳之

西、越雋之南金馬山里老張家，取名亞，又名堊，字需美，又字
霧夫。乘白騾至一巨穴，遂居之。上帝命掌天曹桂籍（定文士之
優劣、爵祿之予奪），文章司命。（分見《文帝化書》、《文帝本傳》）

西晉愍帝建興中，文昌化生於謝氏，并携二子淵石、懸陽遞
生於諸謝，同仕西晉。（見《文帝化書》）

西晉愍帝末，東晉元帝南渡之間，文昌化生名謝艾，跨白騾
往河西應孝廉，謁前涼主張軌，以爲主簿。繼往關中與後秦主姚
萇爲友。久之，厭處凡世，遂歸蜀峰。士民於閬州梓潼縣立廟祭
祀，稱梓潼君。（分見《文帝化書》、《文帝本傳》）

隋末，文昌化生於銅川家，知隋運將終，退居汾河間，祖述
周孔，取則軻、雄。至唐太宗朝，未得出仕。唐玄宗時，文昌命
長子淵石復生張氏家，名九齡，仕玄宗朝。迨北宋時，文昌令次
子懸陽復生張氏家，名齊賢，仕於太宗。雍熙時，又令長子然明
復生司馬氏家，名光，著古今歷代史。（見《文帝化書》）

北宋哲宗紹聖丁丑年，文昌化生爲張浚。上帝命浚靖難宋朝。
歷仕哲宗、欽宗，南宋高宗，至孝宗隆興間逝世，葬於衡陽。
（見《文帝化書》）

上帝封文昌爲九天開化主宰，文昌上仙元皇，統領神仙人鬼
生死爵祿（見《文昌祿詞》）。居眞慶宮桂香殿，與諸內宮仙妃
玉女頤養靈和。嘗謂吾以歷劫化身，證位天帝，主宰儒宗。（見
《文昌坤寧經》）

唐玄宗封文昌爲左丞相。唐僖宗乾符中封爲濟順王。（見《文
帝化書》）

宋太祖封爲聖文仁武孝德聖烈王，并封其父爲裕王，母爲淑

妃，妻爲惠妃，子爲德王，媳爲懿夫人，孫爲靈侯，孫媳爲應夫人。

元仁宗延祐三年七月七日，封爲輔元開化文昌司祿宏仁帝君。（《重增搜神記》）

蜀清虛觀碑載：文昌生於唐時，張氏，名亞，越中浙人，後徙蜀，即梓潼居焉。其人俊雅灑落，其文明麗浩蕩，爲蜀中宗師，有功文教。已發解，隨第春官。帝君感時事，托爲外方游。蜀中人慕之，構祠清虛觀，題曰梓潼君祠，遠近禱之輒應。威曰：天有文昌君，信其人矣。（見《文帝全書陰隲文疏證》）

《北平風俗類徵·祠祀及禁忌》：

今法自京師至外州縣，皆有文昌帝君祠，曰是司科名之得失者。（《冀定庵全集》）

《北平風俗類徵·歲時》：

東岳廟，後閣有梓潼帝君，亦著靈異，科擧之年，祈禱相屬。神座右有銅騾一匹，頗能癒人疾病，病耳者則摩其耳，病目者則拭其目，疾足者則撫其足。（《燕京歲時記》）

【案】據《華陽國志》，四川梓潼縣一帶，東晉以前信仰惡子神，似與古老的雷神信仰有關係。這本是一種地方神，當地人後來爲其取名爲張惡子（亦作張堊子），謂其仕晉而戰死，故立廟祀之。唐玄宗、僖宗因內亂幸蜀，都曾利用過這種民間信仰，於是地位漸高。宋初封爲英顯王，影響日增。

　　宋代士人仕進，以科舉為主要途徑，所以各地祈禱神靈，詢問功名利祿之風頗甚。如建寧的東梨岳廟神，廣德的祠山神，皆被認為預知士人之窮達升遷。而梓潼神在這方面尤其為人們所信奉（見《崖下放言》、《夷堅志》等）。南宋時人們奉祀尤虔，除梓潼本地外，各地亦陸續立祠。

　　但其身世尚頗可疑，所以民間有謂其為蛇精者。（見《北夢瑣言》）其功能亦非如後代之專主桂籍，而是兼掌蜀地守土之任，（見《桯史》、《文獻通考》），仍具有地方守護神的性質。宋、元間的道士們見此種信仰可以利用，遂假托梓潼降筆，偽造《清河內傳》（後演化為《梓潼化書》），謂神本張宿（星名），於周初降生於黃帝後裔，以後歷代顯化，多為歷史上著名人物，如張仲、趙王如意、張浚之類。并說玉帝命其主神仙人鬼生死爵祿，實際上是繼承了文昌宮司祿星"賞功進士"的功能。所以元仁宗延祐三年卽封梓潼神為"輔元開化文昌司祿宏仁帝君"。從此文昌神與梓潼神合而為一。

　　由於這種說法實在荒誕無稽，儒家文士屢加詆斥，并企圖為文昌星神正名，或以興儒有功的西漢文翁及東漢文君來取代張惡子。但由於梓潼帝君迅速在民間信仰中取得穩定的地位，統治者秉"神道設教"之宗旨，雖認為不合古之祀典，仍"秩而祀之"（見《清朝續文獻通考》）。而且天下府縣，處處建立文昌宮。儒生士子雖知其來歷可疑，但功名利祿要緊，遂朝夕向祂頂禮膜拜，乞求神祐。此情此景，確實可笑至極！

附：天聾地啞

《歷代神仙通鑒》卷十一：

（（梓潼真君）道號六陽，每出駕白騾，隨二童，曰天聾、地啞。真君為文章之司命，貴賤所繫，故用聾、啞於側，使其知者不能言、言者不能知，天機弗泄也。

《通俗編》：

王逵《蠡海錄》：梓潼文昌君從者，曰天聾、地啞。蓋不欲人之聰明用盡，故假聾啞以寓意。夫天地豈可以聾啞哉？

《民間新年神像圖畫展覽會·附錄八》

文昌帝有隨從數人，即天聾、地啞，為文昌登記文人祿運之簿冊之看守者，而其聾啞乃使其不能向凡人洩漏其中秘密。在浙江人辨認之為和合二仙。據《地母經》，天聾地啞實名玄童子及地母，且為世界之父母。

奎　星（魁星）

《史記・天官書》：

（西宮）奎曰封豕，爲溝瀆。

《重修緯書集成》卷五《孝經授神契》：

奎主文章。

《日知錄》卷三二：

今人所奉魁星，不知始自何年。以奎爲文章之府，故立廟祀之，乃不能象奎，而改奎爲魁，又不能象魁，而取之字形，爲鬼舉足而起其斗，不知奎爲北方玄武七宿之一（錢大昕：奎西方七宿之一，非北方也）。魁爲北斗之第一星，所主不同，而二字之音亦異。今以文而祀，乃不於奎而於魁，宜乎今之應試而獲中者，皆不識字之人與！又今人以榜前五名爲五魁。

《通俗編》：

《癸辛雜識》：太學先達歸齋，各有光齋之禮。狀元則送鍍金魁星杯杆一副。《儼山外集》：天順癸未會試，京邸戲爲魁星圖，貼於座右，無何失去。時陸鼎儀寓友人溫氏，出以爲玩，惘然問其所以來。云昨日倚門，見一兒持此，以果易之。予默以爲吾二人得失之兆矣。［**按**］雜說中載魁星事，所見惟此二條。但以爲儀設圖玩，未嘗祀之也。魁特北斗之首，古人凡首，皆謂之魁。《夏書》“殘厥渠魁”，《曲禮》“不爲魁”，《史記·游俠傳》“閭里之俠，原涉爲魁”，均非美辭。而以字形肖像，直指爲鬼，且覺褻瀆之甚。顧寧人《日知錄》，言魁當奎之訛，奎爲文章之府，文士宜祀，亦屬調停說耳。今祠觀中多祀其像，漸及學宮，不知何時所起。

《十駕齋養新錄》卷十九：

學校祀魁星，於古未之聞也。按《新定續志·學校門》云：魁星樓爲一學偉觀。前知州吳槃，旣勤樸斫，今侯錢可則，始丹堊其上，以奉魁星，郡人方逢辰書其扁。是南宋已有之矣。顧氏《日知錄》謂奎爲文章之府，故立廟祀之，而改奎爲魁。又謂魁非佳語，皆非也。北斗以魁爲首，故有九魁之稱。而凡物之首，人之帥，皆以魁名之。斗魁戴筐六星，曰文昌，魁下六星，兩兩相比，曰三台。揚雄《甘泉賦》：“冠倫魁能”，能，古台字，魁能即魁台也。杜子美詩“君家最近魁三象，時論同歸尺五天”，謂其爲宰相之門也。魁士名人之語，見於《呂氏春秋》。而《史記》云狀貌魁梧奇偉，皆非不美之詞。宋人稱狀元爲廷魁（見《石刻鋪敍》），上舍第一人爲上舍魁（見《文獻通考》），由來已久，無可置議。《天官書》：“奎爲封豕，爲溝瀆”，不云文章之府。宋初五星聚奎，說者謂孔子魯人，奎婁爲魯分野，儒教當興之象，特史官傅會之詞。學校祀魁星，雖非古禮，證之《新定志》則爲斗魁非奎宿明矣。奎爲西方之宿，而顧以爲北方玄武之宿，亦誤。

《茶香室叢鈔》卷十五：

元劉壎《隱居通議》云：淳熙中殿試進士，有鄧太史者告周益公，魁星臨蜀。臚傳先一日，又告夕有震雷，魁星自蜀移照吳分。及期，上忽以第一卷與第二卷互易之，吳人果第一，蜀人第二。按：此不經之說，然亦可見宋時已甚重魁星矣。

《茶香室續鈔》卷十九：

國朝施鴻保《閩雜記》云：龍岩州士人皆戒食蛙。七月七日為魁星誕，必買大者，祀而放之池中。初甚不解，後讀《史記·律書》："北至於奎"，徐廣曰："奎一作畫"，即蛙字也。乃知因此而誤。按七月七日為魁星生日，他處未有聞，牛女外又增一故事矣。

《新搜神記·神考》

魁星，《日知錄》謂魁當奎之訛，奎為文章之府，文士宜祀，亦屬調停說耳。今□中多祀其像，漸及學宮，不知何時所起。樵書章魁星踢斗圖，以為宜科名。魁字乃鬼搶斗，鬼之脚右轉如踢北斗。然所謂魁星踢斗者，不過藏一魁字，以為得魁之兆耳。抑有見魁星之像而得高科者，夢魁星之降而奪錦標者，豈天上真有藍面赤髮之精而為文星哉？陳公士奇督學於蜀，蜀人臨科場必泥塑小魁星而賣之，士奇呼各茂才，而出一句曰："賣魁星，買魁星，虧心不買，虧心不賣。"諸生無對。次日又呼諸生而對前句曰："真胭脂，假胭脂，焉知是假，焉知是真。"據此，則魁星不足盡信矣。

《集說詮眞》：：

　　《事物原會》曰：《禮·檀弓》：“不爲魁。”注：魁，猶首也。《博雅》：魁，星名。《史記·天官書》：魁枕參首。注：魁，北斗第一星也。《呂氏春秋》：有魁士名人。 此用魁字之始。《日知錄》：今人所奉魁星，不知始自何年，以奎爲文章之府（奎，星名。按《孝經援神契》：奎主文昌），故立廟祀之。乃不能象奎，而改奎爲魁。又不能象魁而不取之字形，爲鬼舉足而起斗。不知奎爲北方玄武七宿之一，魁爲北斗第一星，所主不同，而二字之音亦異。今以文而祀，乃不於奎而於魁，誤矣。

　　按：今俗謂魁星主文，故取像於字之形，塑翹足踢斗之鬼像而祀之。

《民間新年神像圖畫展覽會·附錄八》：

　　文昌之另一隨從爲魁星，此神初爲魁宿之神，後似變爲北斗或北斗之星神。

《管錐編》第三冊：

　　俗傳人神形貌，固有孳生於文字者。如：魁星像作鬼形持斗；堯子丹生像作猪狀而塗丹色；舜弟象像作垂鼻輪囷之獸；西門豹像後翹豹尾；樊須作多鬚人，諧其名音“繁鬚”：冉耕爲牛王，廟壁畫牛白頭，以其字“伯牛”；伍員、杜甫合祀，伍爲男，面苗“五髭鬚”，乃字“子胥”之諧音，杜分身爲“十姨”，乃官“拾遺”之諧音，作頤妾以侍。莫非望文生義，因聲起意，由誤會而成附會；流風末沫，危言日出，據“禹”名而斷爲“爬蟲”，

緣 "墨翟" 名而定爲 "印度人"，大似豬塗丹、鬼執斗之心法相
傳。

【案】舊時於學宮多奉魁星，其形像鬼，藍面赤髮，世人
謂其主文運。故士人多奉祀之。按《史記・天官書》，魁星
卽北斗七星之第一星，或謂第一至第四星，幷無主宰文運之
説。而據緯書，東漢時有 "奎主文章" 的信仰。奎卽西宮七
宿中的第一宿。所以顧炎武認爲所祀本爲奎星，確爲的論。
施鴻保《閩雜記》載，民間有將魁星與蛙聯繫在一起的風俗，
而蛙之本字畫，又可通奎，此亦可作爲顧説之旁證。然因魁
字有首意，故科舉之高第亦稱魁。民間爲圖吉利 ，改奎爲
魁，遂流傳至今。魁星信仰盛於宋代，從此經久不衰，成爲
封建社會讀書人於文昌帝君之外崇信最甚的神。然宋代巳有
人神化之信仰，如道士以蘇軾爲奎宿。近代却只奉一青面赤
髮鬼矣。

文曲星　武曲星

《鑄鼎餘聞》卷一：

國朝蔣超伯《灑濩薈錄》云：斗第四星爲文曲，卯酉生人所屬。斗第六星爲武曲，丑未生人所屬。

【案】文曲、武曲，也是民間所信仰的掌握功名的星神，如《儒林外史》就稱中擧的士人“都是天上的文曲星”，文曲星，其實卽指文昌星，武曲星是從文曲星推衍出來的。但後來却獨立出來，與文昌判爲二神。如《封神演義》謂比干爲文曲星，竇榮爲武曲星，皆屬北斗星官。《道藏》則稱文曲是北斗第四星，武曲是北斗第六星。文昌爲大帝君，其身世又有明確傳說，無人敢混冒，文、武曲則不然，民間傳說、小說常以世上名士附會之。

南斗　北斗

《史記・封禪書》：

　　及秦幷天下，令祠官所常奉天地名山大川鬼神可得而序也。雍有日、月、參、辰、南北斗之屬，百有餘廟。

南　　斗

《搜神記》卷三：

　　管輅至平原，見顏超貌主夭亡。顏父乃求輅延命。輅曰："子歸，覓清酒一榼，鹿脯一斤，卯日，刈麥地南大桑樹下，有二人圍棋次，但酌酒置脯，飲盡更斟，以盡爲度。若問汝，汝但拜之，勿言。必合有人救汝。"顏依言而往，果見二人圍棋。顏置脯斟酒於前。其人貪戲，但飲酒食脯，不顧。數巡，北邊坐者忽見顏在，叱曰："何故在此？"顏唯拜之。南北坐者語曰："適來飲他酒脯，寧無情乎？"北坐者曰："文書已定。"南坐者曰："借文書看之。"見超壽止只十九歲，乃取筆挑上，語曰："救汝至九十年活。"顏拜而回。管語顏曰："大助子，且喜得增壽。北邊坐人是北斗，南邊坐人是南斗。南斗注生，北斗注死，凡人受胎，皆從南斗過北斗。所有祈求，皆向北斗。"

《鑄鼎餘聞》卷一：

　　《無錫金匱合志》云：南斗星君廟，俗稱延壽司，在東門外。康熙間建，御賜"光耀南天"額。

　　【案】南斗卽二十八宿中之斗宿，北方玄武之第一宿。因與北斗位置相對，故名。早在戰國時代，它巳與北斗一起在民間信仰中占重要地位。東漢以後，早期道教又宣揚南斗注生，北斗注死，所以後來民間便稱之為"延壽司"。但其影響遠不如北斗那樣大。

北　斗

《淮南子·天文》：

　　北斗之神有雌雄，雄左行，雌右行。

《史記·天官書》：

　　北斗七星，（索隱引《春秋運斗樞》：斗，第一天樞，第二旋，第三璣，第四權，第五衡，第六開陽，第七搖光）所謂"旋、璣、玉衡以齊七政"。分陰陽，建四時，均五行，移節度，定諸紀，皆繫於斗。

《重修緯書集成》卷二《尚書緯》：

　　北斗居天之中，當昆侖之上，運轉所指，隨二十四氣，正十二辰，建十二月。又州國分野年命，莫不政之。

《重修緯書集成》卷六《河圖帝覽嬉》：

斗七星，富貴之官也。其旁二星，主爵祿。其中一星，主壽夭。

斗主歲時豐歉。

《重修緯書集成》卷六《河圖始開圖》：

黃帝名軒轅，北斗神也，以雷精起。

黃帝名軒，北斗黃神之精。母地祇之女附寶，之郊野，大電繞斗，樞星耀，感附寶，生軒。胸文曰："黃帝子。"

《眞靈位業圖》：

第七左位：鬼官北斗君周武王。

《酉陽雜俎·前集》卷二：

洞天六宮，周一萬里，高二千六百里，是爲六天鬼神之宮。

六天：一曰紂絕陰天宮，二曰泰煞涼事宮，三曰明辰耐犯宮，四曰怙照罪氣宮，五曰宗靈七非宮，六曰敢司連苑（一作宛）宮。人死皆至其中，人欲常念六天宮名。空洞之小天，三陰所治也。又耐犯宮主生，紂絕天主死。禍福續命，由怙照第四天，鬼官北斗君所治，即七辰北斗之考官也。

《酉陽雜俎·前集》卷十一：

寶曆中，有王山人取人本命日，五更張燈相人影，知休咎。

《集説詮眞》引《酉陽雜俎》：

僧一行，幼時家貧。鄰有王姥，濟之。及一行開元中承上敬遇，言無不可，常思報之。尋王姥兒殺人繫獄，姥求救於一行。一行令徙大甕於渾天寺中，又密選常住奴二人，令將由廢園走出之七家，捕而置於甕，覆以木蓋，封以朱題梵字數十。詰朝，玄宗召一行，問曰：“太史奏昨夜北斗不見，是何祥也？師有以禳之乎？”一行曰：“天將大警於陛下也。如臣曲見，莫若大赦天下。”玄宗從之。又其夕，太史奏北斗一星見。凡七日而復。

《古今圖書集成·神異典》卷十四引《老子中經》：

璇璣者，北斗君也，天之侯王也，主制萬二千神，持人命籍。

同上引《聞奇錄》：

貞元中，吉州刺史魏耽罷任居洛。有女子年甫十六，顏色甚美麗。夏中俱納凉於庭，忽仰視天裂，有長人於裂處下，直至耽前，衣紫佩金，黑而髯，曰：“我姓朱，天遣與君為女婿。”耽不敢阻，請俟排比再三，乃許約期後月，乃騰空而去。耽與其妻雖甚憂迫，亦具酒食而俟之。有閽人突入拜。耽曰：“何不秣馬而突入，太無禮也！”閽人曰：“竊見使君有憂色，故請言其事。”耽曰：“爾何要知之？”閽人固請，耽因告之。閽人曰：“使君不足憂，小事耳！”言訖而去。佩金者及期而至，閽人復突入。佩金者見之，趨下再拜。閽人作色而叱之曰：“天怒爾，罰汝在人間，奈何又復擾人如是！”對曰：“死罪！”復拜。閽人輒升堂而坐，召佩金者坐命酒。閽人於大沙鑼取飲數器，器可

三斗餘。飲訖，又取一鐵杵，折而嚼之。乃以沙鑼飲佩金者。佩
金者甚有懼色，乃飲之，惟言"死罪"，更無他詞。圉人曰："送
天獄禁百日。"乃騰空而去。圉人曰："吾乃使君北斗本命星也。
魏使君晝夜焚修，今乃報之。適無禮者，即賊星也，今已禁之，
請無他慮。"言訖而去。

同上引《雲笈七籤》：

北斗君字君時，一字充。北斗神君本江夏人，姓伯名大萬，
挾萬二千石。

北斗君姓陳名奉常，字百萬，江夏人。

《夷堅支志》癸卷三"聞人氏事斗"條：

聞人堯民伯封，嘉興人也。淳熙六年赴楚州錄曹，母春秋高，
不肯去鄉里，乃囑其弟舜民侍養，而獨之官。經三月，積奉錢百
千，買楮劵，遣僕持歸遺母。未及行，爲盜竊去，極以憂窘。常
時敬事北斗，即炷香拜祝，言："母氏年老，以貧逐祿，僅得此
金，稍供甘旨之奉。不意落暴客手中，願靈君哀憐，指示其人，
使速敗獲。"於是發巡卒躡捕。出城門，見一男子持傘在著鞭
亭，狀若張皇失措，就擒之，果盜也。點閱元劵，才失其二。縛
送州，太守翟畋無逸詰之，對曰："方上路，便見一人隨後，長
身披髮。稍前進，漸添成七人。別有兩神將當道遮攔，更不容行
一步，以故坐而受執。"翟械諸獄，正厥罪，黥配合肥。

《夷堅支志》癸卷二"穆次裴鬥鷄"條：

　　穆度，字次裴，青州人。政和四年，爲穎州沈丘主簿，赴同
官宴集。及鷄臛至，不下筯。揖之再三，但供手而已。問其故，
曰：“度平生好鬥鷄，一鷄既勝矣，復使再與他鷄鬥而敗，度甚
怒，盡拔其腹背羽毛。鷄哀鳴宛轉，一夕死。未幾，夢爲二皂衣
追去。行無人之境，遇冠金冠七道人，皂衣黑帶，拱立於側，執
禮絕恭。度意其神也，趨揖致禱。其一人曰：“汝生於酉，鷄爲
相屬，何得殘暴如是？今訴於陰司，決不可免。”度懼甚，乞放
還人世，當設醮六十分位以謝過。仍資荐鷄托生，道人敕二吏釋
之，遂寤。因循憚費，經歲未償。復夢二童來攝，迫趨急行。到
官府，七金冠者列位，責亦如前所言。度俯伏請命，乞至本家，
增修百二十分。蒙見許，且戒以宣科之際，勿燒降眞香，蓋吾輩
私營救汝耳。俄頃得回。度不寐待旦，亟延道流，誠愨還賽。自
是之後，不復敢食鷄，舉家亦因斷此味，今十餘年矣。”諸客爲
之悚然。穆作《異夢記》具述所睹。七道人者，實北斗七星靈
化。穆氏素所嚴事，故委屈救護至此。

《古今圖書集成·神異典》卷十四引《北斗本命經》：

　　元始上帝在玉清黄極宮中演道之際，有一眞人名曰寶上，諸
天子中最爲第一，出班請問：“中天七星巍巍赫奕，統御群曜，
斡旋氣運，斟酌死生，威靈至重，以何因緣而殊深第一，起自何
劫，終始之化，願詳聞之。”上帝曰：“大哉！汝之問也。在昔
龍漢有一國王，其名周御，聖德無邊，將人稟壽八萬四千大劫。
王有玉妃，明哲慈慧，號曰紫光夫人，於塵劫中已發至願，願生
聖子，輔佐乾坤，以裨造化，却被三千劫於此王世。因上春之日，

百花榮茂之時，游戲後苑。至金蓮花溫玉池，脫服澡盥，忽有所
感，生蓮花九苞，應時開發，化生九子。其二長子，是爲天皇大
帝、紫微大帝。其七幼子，是爲七星，或善或惡，化道群情於玉
池中。經於七日七夜，結爲光明，飛居中極，去地九千萬里，化
爲九大寶宮。二長帝君居紫微垣太虛中勾陳之位，掌握浮圖紀綱
元化，爲衆星之主領也。聖母紫光夫人，尊號北斗九眞聖德天后
也。其有生身果薄，雖在人中貧窮下賤，縱知本命無力修崇，能
酌水獻花，冥心望北極稽首禮拜，念本命眞君名號者，亦不虛過
本命限期，皆得延生注福，系係人身，災厄蠲除，獲福無量矣。"

《鑄鼎餘聞》卷一：

《漢書·藝文志》雜占類有《禳祀天文》十八卷。《吳志·
周瑜傳》：命道士於星辰下爲之請命。按：即今禮斗之法。

【案】北斗崇拜在星辰崇拜中地位突出，是由於它與人們
的生活關係密切。古人很早就認識到北斗七星不但是夜間指
示方位的極好標誌，而且其運行規律對於制定曆法大有作用。
《史記·天官書》、《尚書緯》都提到這一點。所以漢代的
人們在將其人神化（謂即黃帝）的同時，也把許多社會功用強
加給祂。如《史記》所說"以齊七政"，《尚書大傳》說是
指四時、天文、地理、人道。緯書更謂其主州國分野、年命
壽夭、富貴爵祿、歲時豐歉。早期道教吸收了這種信仰，重
新調整了分工，讓祂專掌壽夭，"北斗注死"之說遂興。
（見南斗條引《搜神記》）《眞靈位業圖》、《酉陽雜俎》所稱

"鬼官北斗君"即由此衍化而來。但因中國民間素有東岳、酆都主陰之說,隋唐以來,佛教的地藏、閻羅信仰又廣為流傳,北斗已無法維持其總領人間命籍的神職。於是有本命神說之起,以為北斗七星分掌諸生辰,只要虔奉本命辰之星,即可獲神佑。(見《酉陽雜俎》、《聞奇錄》等)在將北斗星神人格化的過程中,也先後出現過幾種傳說。如東漢時以為即黃帝,(見緯書)《真靈位業圖》說是周武王,《雲笈七籤》則羅列了好幾種說法。至於近代影響較大的傳說,則出自元明間道士的編造,謂周御國王妃紫光夫人一胎生九子,二長子為天皇大帝、紫微大帝(皆星宿名),七幼子則為北斗七星。據《道藏》之《玉清無上靈寶自然北斗本生真經》,七星名貪狼、巨門、祿存、文曲、廉貞、武曲、破軍。而紫光夫人遂被稱為斗姆(姥),其像三目四首,左右各四臂。

壽　　星（南極老人）

《爾雅·釋天》：

壽星，角亢也。（郭璞注：數起角亢，列宿之長，故曰壽。）

《史記·天官書》：

（西宮）狼比地有大星，曰南極老人。老人見，治安；不見，兵起。（《正義》：老人一星，在弧南，一曰南極，為人主占壽命延長之應。見，國長命，故謂之壽昌，天下安寧，不見，人主憂也。）

《史記·封禪書》：

（秦時）於杜、亳有三社主之祠、壽星祠。（索隱：壽星，蓋南極老人星也，見則天下理安，故祠之以祈福壽。）

《漢書·天文志》：

南極老人，常以秋分時候之南郊。

《後漢書·禮儀志》：

仲秋之月，年始七十者，授之以王杖。哺之糜粥。八十、九十，禮有加賜。王杖長九尺，端以鳩鳥為飾。鳩者，不噎之鳥也，欲老人不噎。是月也，祀老人星於國都南郊老人廟。

《眞靈位業圖》：

　　太極左位：南極老人丹陵上眞。

《集説詮眞》：

　　《册府元龜》載：開元二十四年，詔曰：德莫大於生成，福莫先於壽考。苟有所主，得無祀之。壽星，角亢也。既爲列宿之長，復有壽星之名。秦時已有壽星祠，亦云舊矣。宜令所司特置壽星壇，宜祭老人星。

《通典·禮四》：

　　周制，秋分日享壽星於南郊（壽星，南極老人星）。

　　大唐開元二十四年七月，敕宜令所司特置壽星壇，宜祭老人星及角亢七宿。

《事物紀原》卷二：

　　《通典》曰：周立壽星祠，在下杜亳，時奉焉。《宋朝會要》曰：景德三年七月，王欽若言：《禮記·月令》，八月命有司秋分享壽星於南郊。唐開元二十四年七月，敕所司置壽星壇祭老人星及角亢七宿。今百神咸秩而獨略壽星，望俾崇祀。禮院言：壽星南極老人星也。《爾雅》云：壽星，角亢也。注云：數起角亢，列宿之長，故云。唐開元中上封事者言：《月令》，八月日月會於壽星，居列宿之長。請八月社日配壽星於太社壇享之。當時遂敕特置壽星壇也。

《古今圖書集成·神異典》卷十七引《見聞錄》：

嘉祐八年多十一月，京師有道人游卜於市，貌體古怪，飲酒無算，都人士異之，好事者潛圖其狀。後近侍達帝引見，賜酒一石，飲及七斗，次日司天台奏：壽星臨帝座。忽失道人所在。仁宗嘉嘆久之。

《桯史》卷四：

德壽在北內，頗屬意玩好，孝宗極先意承志之道，時網羅人間，以共怡顏。會將舉慶典，市有北賈携通犀帶一，因左璫以進於內。帶十三銙，銙皆正透，有一壽星扶杖立。上得之喜。旁有璫見之，從賈求金不得，則摘之曰："凡壽星之扶杖者，杖過於人之首，且詰曲有奇相。今杖直而短，僅至身之半，不祥物也。"亟宜視之，如旨，遂却之。余按《會要》，開寶九年二月十九日召皇弟晉王及吳越國王錢俶，其子惟濬射苑中，俶進御衣金器壽星通犀帶以謝。帶之著於前世者，僅此一見耳。

《通俗編》：

世俗畫壽星像，頭每甚長。據《南史·夷貊傳》，毗騫王身長丈二，頭長三尺，自古不死，號長頸王。畫家意或因乎此。然則所畫乃毗騫王，非壽星矣。

《集說詮眞》：

壽星之祠，始見於秦代。漢唐以降，仍沿其謬，至明洪武三年始罷其祀，誠以其祀爲妄耳。至星之或現或隱，乃諸星躔次之常律，非彼所能自主。見則壽昌，而兆千齡，此乃術士之妄談，以欺不諳天文者也。

今俗敬壽星者，莫不供一白髮老翁像，稱之曰老壽星，焚香燃燭，頂禮叩拜，求賜延壽。雖禱之無靈，終不自悟，良可慨也。

【案】壽星，古有二義，一指天空的某一區域，卽十二次之一，其範圍相當於二十八宿中東方角、亢二宿。（見《爾雅》）一指屬於西宮的南極老人星。（見《史記》）前一義僅用於天文學，不過因其位於列宿之首，故名壽。至於秦以後及秦漢時代立祠奉祀的壽星，實際上是指南極老人星。其初所掌爲國運之壽命長短，所以有“見則天下理安”之說。以後被視作主人間壽夭之神，所以東漢把祭祀老人星與敬老活動結合起來。以後歷代皇朝皆列入國家祀典，至明初始罷。但唐、宋時已莫曉其原義，所以認爲壽星兼指角、亢與南極老人星，遂將二者合在一起奉祀。近代所奉壽星之形象，皆爲白髮老翁，拄一彎彎曲曲的長拐杖，高腦門，頭特長。白髮老翁自是因其爲壽星而想像出來的。至於長拐杖，據《後漢書》，東漢於禮老人星時，舉行敬老活動，對七十以上老人賜以九尺長的鳩頭王杖，想來卽此俗之濫觴。據《桯史》，南宋以前塑壽星像已必配以“詰曲有奇”的長拐杖了。至於高額長頭，《通俗編》之假設亦可備一說。

太　歲

《周禮・春官・馮相氏》：

掌十有二歲，十有二月，十有二辰，十日，二十有八星之位。

鄭玄注：歲謂太歲，歲星與日同次之月，斗所建之辰。今歷太歲非此也。歲日月辰星宿之位，謂方面所在。

賈公彥疏：云有十二歲者，歲謂太歲，左行於地，行有十二辰，一歲移一辰者也。云十有二月者，謂斗柄月建一辰，十二月而周。（注）云"歲謂太歲，歲星與日同次之月，斗所建之辰"者，此太歲在地，與天上歲星相應而行，歲星爲陽，右行於天，一歲移一辰，一百四十四年跳一辰。（太）歲左行於地，一與歲星跳辰年歲同。歲星爲陽，人之所見；太歲爲陰，人所不睹。既歲星與太歲雖右行左行不同，要行度不異，故舉歲星以表太歲。言歲星與日同次之月，一年之中唯於一辰之上爲法，若歲星與日同次之月十一月，斗建子，子有太歲。今歷太歲無跳辰之義，非此經太歲者也。

孫詒讓正義：《論衡・詆時篇》云：審論歲月之神，歲，則太歲也。服虔《左傳注》云：歲，歲星之神也，左行於地，十二歲而一周。詒讓案：此命太歲所在之一法也。若太歲在寅，正月日纏與歲星同在亥，其月斗建寅。皆以日與歲星同次之月，斗建

太 歲

某辰，則太歲亦在某辰。《漢書·天文志》云：太歲在寅，歲星
太初曆在營室東壁。此太歲在寅，歲星在亥，即以歲星與日同次
之月會太歲也。

《漢書·匈奴傳》：

（哀帝）元壽二年，單于來朝，上以太歲厭勝所在，舍之上
林苑蒲陶宮。

《集説詮眞》：

漢儒王充著《論衡·譋時篇》略曰：世俗起土興功，歲月有
所食，所食之地，必有死者。假令太歲在子，歲食於酉，正月建
寅，月食於巳，子寅地興功，則酉巳之家見食矣。見食之家，作
起厭勝，以五行之物，懸金木水土。假令歲月食西家，西家懸
金，歲月食東家，東家懸炭。設祭祀以除其凶，或空亡徙，以闢
其殃。連相仿效，皆謂之然，如考實之，虛妄迷也。

堪輿家謂太歲所在之方，徙宅者必應避忌，如觸犯太歲，必
遭災殃。此說之妄，漢王充《論衡·難歲篇》亦已辨之詳矣。其
略曰：移徙法曰：徙抵太歲，凶；負太歲，亦凶。抵太歲，名曰
歲下；負太歲，名曰歲破。故皆凶也。假令太歲在甲子，天下之
人皆不得南北徙，起宅嫁娶，亦皆避之。

《重修緯書集成》卷三《樂動聲儀》：

角音知調，則歲星常應；太歲月建以見，則發明主爲兵備。

同上引《樂緯》：

　　歲星與日常應，太歲月建以見。

《重修緯書集成》卷六《河圖》：

　　塡星與太歲同行，在地必有地動山崩之事。

《酉陽雜俎·續集》卷二：

　　萊州即墨縣有百姓王豐兄弟三人，豐不信方位所忌，嘗於太歲上掘坑，見一肉塊，大如斗，蠕蠕而動，遂塡。其肉隨塡而出，豐懼棄之。經宿，長塞於庭，豐兄弟奴婢數日內悉暴卒，唯一女存焉。

《夷堅支志》戊卷三“張子智毀廟”條：

　　張子智（貴謨）知常州。慶元乙卯春夏間，疫氣大作，民病者十室而九。張多治善藥，分諸坊曲散給，而求者絕少，頗以爲疑。詢於郡士，皆云：“此邦東岳行宮後有一殿，士人奉祀瘟神，四巫執其柄。凡有疾者，必使來致禱，戒令不得服藥，故雖府中給施而不敢請。”張心殊不平。他日，至岳祠奠謁，戶庭悄悄，香火寥落。問瘟廟所在，從吏謂必加瞻敬，命炷香設褥。張悉撤去。時老弱婦女，祈賽闐咽，見使君來，爭叢繞環視。張指其中像袞冕者，問爲何神，巫對曰：“太歲靈君也。”又指左右數軀：或擎足，或怒目，或戟手，曰：“此何佛？”曰：“瘟司神也”。張曰：“人神一也，貴賤高卑，當有禮度。今既以太歲爲魁，冠冕正坐，而侍其側者，顧失禮如此，於義安在？”即拘四巫還府，而選二十健卒，飲以酒，使往去碎諸像，以供器分諸刹。時荐福寺被焚之後，未有佛殿，乃拆屋付僧，使營之。掃空其處，杖巫而出諸境。蚩蚩之民，意張且貽奇譴，然民病益瘳，習俗稍革。未終更，召入爲吏部郎中。

《桯史》卷八：

建隆三年五月，詔僧修大內。時太歲在戌，司天監以興作之禁，移有司毋繕西北隅。藝祖按視見之，怒問所由，司天以其書對。上曰："東家之西，即西家之東，太歲果何居焉？使二家皆作，歲且將誰凶？"司天不能答。於是即日莅撤一新之。今世士大夫號於達理者，每易一梴，覆一簣，蹇蹇拘泥，不得即決，稽之聖言，思過半矣。

《明史·禮志三》：

古無太歲、月將壇宇之制，明始重其祭。增雲師於風師之次，亦自明始。太祖命禮官議專祀壇壝。禮臣言："太歲者，十二辰之神。陰陽家說，又有十二月將，十月十二時所直之神，若天乙、天罡、太乙、功曹、太冲之類。雖不經見，歷代因之。元每有大興作，祭太歲、月將、日直、時直於太史院。若風師、雨師之祀，見於《周官》，後世皆有祭。唐天寶中，增雷師於月師之次。宋元因之。"

《續文獻通考·郊社八》：

（明洪武二年）禮官言：太歲者，十二辰之神。木星一歲行一次，歷十二辰而一周天，若步然也。自子至巳爲陽，自午至亥爲陰，所謂太歲十二神也。陰陽家說，又有十二月將、十二時所直之神，若天乙、天罡、太乙、功曹、太冲之類，雖不經見，歷代用之。唐宋不載祀典，元每有大興作，祭太歲、月將、日直、時直於太史院。若風師雨師之祀則見於《周官》，秦漢隋唐亦皆有祭，天寶中又增雷師於雨師之次。宋元因之。

（洪武九年）祭太歲風雲雷雨諸神於新壇。

《月令廣義·歲令二》：

太歲者，主宰一歲之尊神。凡吉事勿冲之，凶事勿犯之，凡修造方向等事尤宜愼避。又如生產，最忌向太歲方坐，又忌於太歲方傾穢水及埋衣胞之類。

《廣異記》：晁良正每年常掘太歲地，忽一肉物，良正打之三日，送於河。其夜使人視之，三更後車馬甚衆，至肉所，問太歲何故受此屈辱不仇之。太歲曰：“彼正榮盛，無奈之何。”暨明失去。

又董表儀撤屋，掘土於太歲方。掘深三尺，得一肉塊，漫漫然，董惡之，投諸河，亦無禍。

上元末，李氏不信太歲，掘得塊肉。相傳云鞭太歲者免禍，因鞭九十餘，忽騰上，失所在。李氏七十二日喪亡略盡。

寧州人掘太歲，得物狀方大類赤菌，有數千眼。其家不識，有胡僧曰：“此太歲也。”速埋之。經年，人喪略盡。

即墨王豐掘太歲，得肉塊大如斗，蠕蠕動，遂塡其坑，肉隨塡而出，懼棄之。經宿肉長塞於庭，兄弟奴婢數日內暴卒，惟一女子存。

《三教源流搜神大全》卷五"太歲殷元帥"條：

帥者，紂王之子也。母皇后姜氏。一日，后游宮園，見地巨人足迹。后以足踐之而孕，降生帥也，肉毬包裹，其時生下，被王寵愛妃名妲己冒奏王曰："正宮產怪。"王命棄之狹巷，牛馬見而不敢踐其體。王又命投之於郊，烏鴉蔽日，白鹿供乳。適金鼎化身申眞人經過，但見祥雲靄靄，紫氣騰騰，毫光四起，眞人近而視之，乃一肉球，曰："此仙胎也。"將劍剖球得一嬰兒，即抱歸水帘洞，求乳母賀仙姑哺而育之，法名金叮呶，正名唵哪吒，又緣其棄郊之故，而乳名殷郊。年將七歲，同乳母後園游玩。母曰："汝非吾子，乃紂王子，因聽信偏妃妲己之言，將汝爲妖，汝母墜樓而死。"帥感泣，竟見眞人，具道欲報殺母之仇。眞人曰："吾兒年幼，不可去也。"帥堅請去。眞人曰："汝果有此願力報母，亦孝思也。但即往天妃八寶洞中取何寶物爲使，方可前去。"帥往取黃鉞金鐘而見眞人，曰："取此何也？"答曰："此物好誅妖昏。"是時眞人口中不語，臉帶微笑，意許如此，只恐年幼不能奮力，令往取兵書，訓："汝先乘海馬下山收二強人爲副。"帥領命即收貧神、鴉將帶歸見眞人。又命再往掃帚山，收得十二強人，方可征商。帥不知強夥乃十二喪門哭鬼骷髏神，帥即往，盡戮之，懸首挂頸胸而回。眞人曰："此骨非他也，能助陣，一敲鬼哭神驚，人頭昏悶，手軟，不戰自退"。於是指帥助武王而伐紂，至牧野，率雷震等前鋒顯威，殺商士，前徒倒戈自戮，血流漂杵。當先趕至摘星樓上，正值妲己，元是妖雉亡國，日迷主精，夜吃人血，後見紂敗，欲顯聖化去，被帥威嚇斂形，擒見周王，命戮。妲己大挺妖容炫目，無忍殺者。帥抱忠憤孝義，不荒於色，劈斧誅之，妖散光化道黑烟而沒。玉帝聞有孝義之恩，又有斬妖之勇，遂召敕封地司九天游奕使、至德太歲、殺伐威權殷元帥。

《封神演義》九九回：

封殷郊爲執年歲君太歲之神，坐守周年，管當年之休咎。

楊任爲甲子太歲正神，率日直正神，循周天星宿度數，察人間過往惩由。

《通俗編》：

《論衡·難歲篇》：工技之說移徙，抵太歲凶，負太歲亦凶，太歲之有禁忌久矣，其祀典定於明。《餘多序錄》：國初肇祀太歲，禮官難議，因及陰陽家說，十二月將，十二時所值神名，謂非經見，唐宋不載祀典，惟元時每有大興作，祭太歲、月將、日值於太史院，太祖乃定祭於山川壇之正殿，而以春夏秋多四時月將，分祀兩廡。

《陔餘叢考》卷三四"太歲大將軍"條：

術家有太歲大將軍之說，動土者必避其方。按《漢書·天文志》：在寅爲攝提格，在卯曰單閼，在辰曰執徐，在巳曰大荒落。又〈匈奴傳〉：單于來朝，舍之太歲厭勝所在。又王充移徙法云：抵太歲凶，負太歲亦凶。抵太歲名曰歲下，負太歲名曰歲破。世俗起土興工，凡歲月所食之地，必有死者。如太歲在子，歲食於酉，正月建寅，則月食於巳。子寅之地興功，則酉巳之家見食，必須作厭勝之法，懸五行之物。如歲月食西家，西家懸金，食東家，東家懸炭。是太歲避忌之法，漢已有之。其大將軍之稱，歐陽公《集古錄》載李康碑云：歲在亥，大將軍在酉。公謂出於陰陽家，前史所未嘗見，周密以爲即張晏所謂歲後二辰爲太陰者也。（《漢書·翼奉傳》奉上封事曰：今年太陰建於甲戌。孟康謂是年元帝二年，太歲在子。又《楊雄傳》：招搖與太陰兮。張晏曰：太陰歲後二辰也。如丙子歲，則太陰在甲戌。）　《抱朴子》有諾臯太陰將軍之稱，術家蓋本此。按《漢書》，王莽號其將軍曰歲宿，則以太歲爲大將軍，并起於新莽矣。〔按《集古錄》所云，則大將軍係歲後二辰，今術家則即以太歲爲大將軍。〕

《集說詮眞》：

《五禮通考》謂：《圖書集成·博物編·神異典》載：宋王安石《景靈宮修蓋神御殿上梁祭告太歲祝文》曰：伏以欽奉仙游，肇營寶構，舉修梁而揆日，具觴肴以寧神。祓此後艱，仰繁天祐。案：太歲之祀，漢唐以來不載祀典，而王安石有祭太歲神文，豈宋時已有其祀耶？

《元史·成宗本紀》載：元世祖至元三十一年夏四月，成宗即位。五月壬子，祭太陽、太歲、火、土等星於司天台。

《續文獻通考》載：元每有大興作，祭太歲、月將、（司月之神）日值（司日之神）於太史院。

《餘多序錄》曰：國初（明朝）肇祀太歲。禮臣上言：太歲之神，自唐宋以來祀典不載，惟元有大興作，祭於太史院，亦無常祭。國朝始有定祀。案《說文》：太歲，木星也。一歲行一次，應十二辰而一周天。其爲天神明矣，亦宜設壇露祭。詔可。

《餘冬序錄》曰：太祖（明朝）定祭太歲於山川壇之正殿，而以春夏秋冬四月將分祀兩廡。太歲實統四時，而月將四時之候，寒暑行也。今祭太歲月將則四時與寒暑之神也。

《五禮通考》曰：案太歲之祭，始自元明。於禮固無可考，然就其所謂歲神，或以爲木星，或以爲十二辰。蓋既云木星，歲行一次，十二歲一周天，乃五緯之一，而非別有一神。若以所行之次，每歲一易者當之，是即十二辰也。天無星處，皆謂之辰，而此十二次之辰，則皆取附近之星以識別之，是已在二十八宿之中，而又非別有一神也。唯以爲與月將即四時寒暑之神，庶幾近之。歲星所次，凡十有二，以子丑寅卯等十二辰紀之。而斗柄所指，謂之月建者，亦十有二，於是有月將之說。逐日之神，亦十有二，於是又有日直之說。蓋皆出於釋道陰陽、卜筮擇日、堪輿星命之流，大抵皆是星辰之類，而遞推衍及之者。（按《讀書記數略》，歲星爲陽，右行於天；太歲爲陰，左行於地，十二歲而小周。）

按：太歲之名，始見於《漢書》，至趙宋乃有祭文。但其列入祀典，則自元代始，有明因之。其稱太歲，或以爲木星，或以爲十二辰之神，或以爲四時寒暑之神，或以爲即歲星，或以爲太歲與歲星不同。所指雖歧，然無不混稱太歲爲尊神，禱以輔國佑民。夫太歲尚不知爲誰何，而乃遽尊爲神，虔伸禱祀，不亦異哉！

《新搜神記·神考》：

按《癸辛雜志》：《淮南子》：靑龍爲天之貴神。靑龍即太歲異名也。據此，則太歲亦非盡凶星矣。今人家修造，遜之唯謹，亦不必矣。

《破除迷信全書》卷十：

社會中所最怕的，要以太歲爲最；一提到太歲二字，人就以爲比老虎還要厲害。平時對於難惹的人，也稱他是太歲；對於長得容貌凶惡的人，也說他是像太歲一般。都迷信太歲是輕易不敢觸犯的，因爲一不小心，慢待了太歲。他立刻就要給個眼色看看，不是叫個人長病，就是弄的家庭不安，所以怕太歲眞算是怕到十二分的。

若是追究太歲到底是個什麼東西，他原是居八大行星的第五位，就是所說的木星；並無關於吉凶，不過因爲道士一流的術數家，造作出嚇人的話，說是太歲所在的方向爲凶方，所以世俗也以太歲爲凶神，無論是誰都不敢與太歲所在的方向相對立。若在太歲所在的方向動土，或建築，就算是在太歲頭上動土，必要招來不可思議的災殃；所以世俗人家，每有動土建築等事，必要先請一個明白人，問明當年太歲是在何方，免得觸犯了他老人家的禁忌。此種迷信，來得甚遠，當漢朝時就有“抵太歲凶，負太歲亦凶”的話。可知當時不但以爲不可與太歲對立，並且還不可與太歲背立，眞是想入非非的了。

調查木星是十二年繞日一周，比地球慢十二倍，因爲地球是每年繞日一周，它的周圍有七十七萬多里，較地球周圍大十餘倍，乃是行星中最大的。它自身有四個衞星，而地球則只有一個，就是月亮。不知社會中爲甚麼獨獨怕木星，而對於其餘的水金火土天王海王等六星，反倒一無所怕；想必自古以來，迷信大家，就在空中提出一個凶星來，驚嚇世人，以便隨其私圖罷了。再察古時關於星的迷信，也極爲深切，即如將星落地，太白（金星又名啓明）經天，景星慶雲等等的成語，也是最爲流行；這樣就不必whom怪乎迷信太歲星了。

《中國古代宗教與神仙考》：

《山海經·大荒經》有記云：共工生后土，后土生噎鳴，噎鳴生歲十有二。

《爾雅·釋天》："太歲在寅曰攝提格，在卯曰單閼，在辰曰執徐"《天文》篇又謂，"積陰之寒氣爲水，水氣之精者爲月。月者，陰之宗也。"由是言之，太歲即太陰，太陰即月神，海內經所謂"噎鳴生歲十有二"，亦即大荒西經云"常羲生月十有二"了。

【案】俗話説："誰敢在太歲頭上動土？"太歲是中國民間信仰中有名的凶神。但對於祂的來源，却衆説紛紜，莫衷一是。有認為祂就是歲星（即木星）的，有説祂是四時寒暑之神的，有説祂是十二辰之神的，也有説祂就是月神的。這些説法其實都不正確。我們將太歲列入本編，是因為祂與天體崇拜有直接關係，但祂又幷不代表任何星體或象徵某種天象。這是一種頗為特殊的信仰，比較而言，祂與歲星的關係較為密切。中國古代（戰國以前）已有兩種觀測天體運動以制定曆法的方法。一種是把天空按歲星的視運動路徑自北向西、向南、向東（即所謂右旋）劃分為十二段，叫十二次。（古人以為歲星十二年運行一周天）歲星每運行一次，便代表一年。這種觀測方法後來也用於二十四節氣的劃分和十二月的劃分。另一種方法是把天空由北向東、向南、向西（即左旋）依次劃分為子、丑、寅、卯、辰、巳、午、未、申、酉、戌、亥十二個區域，叫十二辰。這種方法後來主要用來記錄一天之內的十二個時辰，和一年間恒星的方位變化，特別是北斗的回轉。這兩種觀測方法各有其用途，而它們對天空的劃分除了方向相反，名稱不同，其實是一樣的。自戰國以來，人們就設法加以協調，最簡便的一個方法就是假想有一個和歲星運行速度相同（也是十二年一周天）、方向相反的太歲（也叫歲陰、太陰），按十二辰的方向運行，每年進入一辰。由於歲星是天上的實體，太歲卻無可捉摸，實際上是人們為記時的需要而想像出來的，於是說它“左行於地”，即在地下與天上的歲星作相對運動。（詳見鄭文光《中國天文學源流》，科學出版社一九七九年十二出版）太歲的觀念就是這樣產生的，它的形成年代不算太早，也不是原始宗教的產物。但它受到了與其他星體類似的神化和崇拜。至遲從西漢開始，人們已經認為太歲每年所行經的方位，與動土興造、遷徙、嫁娶的禁忌有關。這種迷信在民間流行，至近代仍盛行不衰。也許因為太歲“行於地”之故，人們遂傳說如在太歲方位動土，就會挖到一種會動的肉塊，此即太歲的化身。這就是“不得在太歲頭上動土"迷信的由來。但據《夷堅志》，宋時常州東岳廟後所供太歲，已儼然冠冕，則當時已有人神化、偶像化的趨向了。太歲信仰本來流行於民間，不列國家祀典，宋太祖趙匡胤還曾痛斥司天監對太歲的迷信。但自元、明以來，太歲信仰又得到最高統治者的承認，設專壇祭祀。而太歲的職掌，亦稍稍有一些變化，除了土木工程的方位禁忌之外，又視祂為"主宰一歲之尊神"。（《月令廣義》）常與月將、日直之神并祭。民間傳說及小說中，則照例將祂變為人格化之神。如《封神演義》以殷紂王太子殷郊為執年歲君太歲之神，管當年之休咎，楊任為甲子太歲正神，察人間過往愆由。至於《三教源流搜神大全》則把殷郊與民間傳說中的肉塊統一起來，說殷郊誕生時，即裹於肉團之中。

雷　　神

〔案〕在諸多自然現象中，雷電受到原始人類的格外崇敬是可以理解的。那隆隆巨響和閃閃電光，不僅顯示着大自然的神秘和威力，而且往往帶來狂風疾雨，甚至引起火災，使人畜斃命。朱天順指出：“中國古代，人們所迷信的雷電神的神力、神性，以及其本體和面貌等，都可以從古人對雷電自然威力的迷惑不解以及怕受到危害的心理狀態中，找到根源。人們把對雷電的錯誤認識和屈服於其威力的心理狀態客觀化，創造了雷電神迷信的內容，並塑造了雷電神的形象。”（《中國古代宗教初探》）

對雷神的神性和形象的塑造，與其他神一樣，也經歷了一系列複雜的發展過程，其神性逐漸從單純的自然屬性的崇拜，發展到具備了重要的社會職能；其形象也經歷了獸形——半人半獸形——人形的發展過程。

雷　　獸

《山海經·海內東經》：

雷澤中有雷神，龍身而人頭，鼓其腹。在吳西。

同上《大荒東經》：

東海中有流波山，其上有獸，狀如牛，蒼身而無角，一足，出入水則必風雨，其光如日月，其聲如雷。其名曰夔。黃帝得之，以其皮爲鼓，橛以雷獸之骨，聲聞五百里，以威天下。

郭璞注：雷獸即雷神也。橛猶擊也。

《歷代神仙通鑒》卷二：

至一澤邊，雷公（按：黃帝大臣，隨帝出巡）下車，自往掬水解渴，忽翻入澤底。帝急令人撈救，崖上但聞澤中震聲如雷，其人奔起曰：「直沒至底，見雷公已化爲神，龍身而人頰，自鼓其腹而鳴。」

《中國古代宗教與神話考》：

載記所謂檮杌者，當是雷電之神。《大戴禮·帝系》與《史記·楚世家》俱言楚祖吳回，吳回決是吳雷傳寫之誤。吳雷者何？《山海經·海內東經》有云：「雷澤有雷神，龍身而人頭，鼓其腹，在吳西。」所謂雷澤在吳西，顯然是將吳雷一名，拆成兩地；所以我說楚祖吳雷即以雷神爲其種姓的大神。

雷神，既知是吳回，則雷婦自是女隤氏。帝系：「吳回氏產陸終。陸終氏娶於鬼方氏之妹，謂之女隤氏，產六子。」女隤，《楚世家》索隱引《系本》作「女嬇。」女嬇，蓋即民間所稱道的「電母」，或曰「閃光娘娘」。嬇，殆亦雷字語訛；這位閃光娘娘名女嬇，猶言女雷神也。

【案】《山海經》所記載的神話，應當是起源很早的。它所說的雷神，基本上是獸形，以為雷聲出自天鼓，出於原始人類的豐富想像力，這種傳說後來流行了很久。古代神話中的鼓與雷神是一體的，後來則雷鼓僅成為一種工具，另有雷神執掌之。這種崇拜基本上是以雷的自然屬性為依據的。《歷代神仙通鑒》採用了這一神話，但却改造成黃帝的大臣雷公化身為雷獸之形。由此可以看出後代對神的觀念與上古人類觀念的差異。至於丁山以為《山海經》之雷神即楚祖吳回，則似有牽強附會之嫌。雷神至後世自然經過人格化的改造，但我們不必一定以為後世的人神都須從原始的自然神中尋找其根源。

雷　　師

《楚辭·離騷》：

鸞皇為余先戒兮，雷師告余以未具。吾令豐隆乘雲兮，求宓妃之所在。（王逸注，豐隆，雲師，一曰雷師。）

《淮南子·天文》：

季春三月，豐隆乃出，以將其雨。（高誘注：豐隆，雷也。）

《文選》張衡《思玄賦》：

豐隆軒其震霆，雲師馺以交集。

《鑄鼎餘聞》卷一：

《開元占經》：《石氏中官占》引石氏云：五車東南星名曰司空，其神名曰雷公；西南星名曰卿，其神名曰豐隆。

《集說詮眞》：

《文獻通考》載天寶五年詔曰：發生振蟄，雷爲其始。今雨師、風伯，久列於常祀，惟此振雷，未登於群望。其已後每祀雨師，宜以雷師同壇。

《稽神錄》卷一：

庚申歲，番禺村女有老姥與之餉田。忽雲雨晦冥，及霽，反失其女。後月餘，復雲雨晝晦，及霽，其女盛服至，自言爲雷師所娶，將至一石室中，親族甚衆，婚姻之禮，一同人間。今使歸返，而他日不可再歸矣。

【案】戰國以後，雷與風、雨、雲等神常被稱爲“師”，這大概與諸神的人格化有一定關係。豐隆一名，《楚辭》注中認爲是雲神名。但看來至少在漢代，多已作爲雷師之名了，且豐隆二字頗像雷聲的擬聲詞。總之，人化的雷師取代了獸形的雷神。在《稽神錄》中，雷師不僅娶妻，而且“親族甚衆，婚姻之禮，一同人間”。但是在民間，對雷神最普遍的稱呼卻是雷公。有人以爲雷公即雷師，也有人認爲雷公自是雷公，雷師自是雷師。所以《石氏中官占》把雷公與豐隆視爲二神。《歷代神仙通鑒》謂雷師乃黃帝臣力牧，雷公亦黃帝屬下之大臣。（見九天普化天尊條）

雷 公

《楚辭·遠遊》：

左雨師使徑待兮，右雷公而爲衛。

《集說詮眞》：

漢王充著《論衡》曰：盛夏之時，雷電迅疾，擊折樹木，壞敗室屋，時犯殺人。世俗以爲擊折樹木，壞敗室屋者，天取龍；其犯殺人也，謂之陰過，飲食人以不潔淨，天怒擊而殺之；隆隆之聲，天怒之音，若人之嚮噓矣。世無愚智，莫謂不然。推人道以論之，虛妄之言也。

圖畫之工，圖雷之狀，累累如連鼓之形。又圖一人，若力士之容，謂之雷公。使之左手引連鼓，右手推椎，若擊之狀。其意以爲雷聲隆隆者，連鼓相扣擊之音也；其魄然若敝裂者，椎所擊之聲也；其殺人也，引連鼓相椎并擊之矣。世又信之，莫謂不然。如復原之，虛妄之象也。

雷公頭不懸於天，足不蹈於地，安能爲雷公？飛者皆有翼，物無翼而飛，謂仙人；畫仙人之形，爲之作翼。如雷公與仙人同，宜復著翼，使雷公不飛，圖雷家言其飛，非也。使實飛，不爲著翼，又非也。（王充時，圖雷公無翼，充駁之。今俗塑雷公插翼，蓋因王充駁之故耳。）夫如是，圖雷之家，畫雷之狀，皆虛妄也。

同上：

《搜神記》曰：扶風楊道和，夏於田中獲。天雷雨，止桑樹下，霹靂擊之，道和以鋤格其肱，遂落地不得去。色如丹，目如鏡，毛角長三尺餘，狀如六畜，頭如獼猴。

《鑄鼎餘聞》卷一引《開元占經》：

　　《石氏中官占》引石氏云：五車東南星名曰司空，其神名曰雷公。

《酉陽雜俎·前集》卷八：

　　寶曆中，邑客十餘人，逃暑會飲。忽暴風雨，有物墜如玃，兩目睞睞。邑人言向來雷震，牛戰鳥墮，邑客但覺股股而已。

　　貞元年中，宣州忽大雷雨，一物墜地，豬首，手足各兩指，執一赤蛇嚙之。

《古今圖書集成·神異典》卷二一：

　　《投荒雜錄》：嘗有雷民，因大雷電，空中有物，豕首鱗身，狀甚異，民揮刀以斬，其物踣地，血流道中，而震雷益厲。其夕凌空而去。自後揮刀民居屋，頻爲天火所災。雷民圖雷以祀者，皆豕首鱗身也。

　　《神仙感遇傳》：葉遷韶者，信州人也。幼年樵采，避雨於大樹下。忽見雷公爲樹枝所夾，奮飛不得，樹枝雷霹後却合。遷韶爲取石楔開枝間，然後得去。仍愧謝之，曰："約來日却至此可也。"如其言，明日復至樹下，雷公亦來，以墨篆一卷與之，曰："此行之，可以致雷雨，祛疾苦，立功救人也。我兄弟五人，要雷聲，喚雷大、雷二，必即相應。然雷五性剛暴，無危急之事，不可喚之。" 自是行符致雨，咸有殊效。嘗於吉州市中醉，太守擒而責之，欲加凌辱。遷韶於階下大呼雷五一聲，時方旱，日光猛熾，便震霹一聲，人皆顫沛。

《宣室志》卷七：

唐御史楊詢美，居廣陵郡。從子數人皆幼，始從師學。嘗一夕，大風雨，雷電震耀，諸子俱出戶望，且笑且詈曰："我聞雷有鬼，不知鬼安在？願得而殺之，可乎？" 既而雷聲愈震，林木傾靡，忽一聲轟然，若在於廡。諸子驚甚，即馳入戶，負壁而立，不敢輒動。復聞雷聲，若天呵地吼，廬舍搖動。諸子益懼，僅食頃，雷電方息，天月清霽。庭有大古槐，擊拔其根而劈之。諸子覺兩髀痛不可忍，具告詢美。命家僮執燭視之，諸髀咸有赤文，縱橫十數，狀類杖痕，疑雷鬼之所為也。

《宣室志·輯佚》：

唐長慶中，蘭陵蕭氏子，以膽勇稱。客游湘楚，至長沙郡，舍於仰山寺。是夕，獨處撤燭，忽暴雷震蕩檐宇，久而不止。俄聞西垣下窣窣有聲。蕭恃膂力，曾不之畏，榻前有巨棰，持至垣下，俯而撲焉。一舉而中，有聲甚厲，若呼吟者。而連撲數十，遂聲絕，風雨亦霽。蕭喜曰："怪且死矣。" 迨曉，西垣下睹一鬼極異：身盡青，傴而瘠，有金斧木楔，以麻縷結其體焉，瞬而喘，若甚困狀，於是具告寺僧觀之，或曰："此雷鬼也，蓋上帝之使耳。子何為侮於上帝，禍且及矣。" 里中人具牲酒祀之。俄而雲氣曛晦，自寺中發，出戶升天，鬼亦從去，旣而雷聲又興，僅數食頃方息。蕭氣益銳。里中人皆以壯士名焉。（《廣記》卷三九四《蕭氏子》）

《夷堅丙志》卷七：

上官彥衡侍郎，家居揚州。夫人楊氏，白晝在堂中與女兒聚坐，忽雷雨大作，奇鬼從空隕於地，長僅三尺許，面及肉色皆青。首上加幘，如世間幞頭，乃肉爲之，與額相連。顧見人掩面而笑。旣而觀者漸衆，笑亦不止。頃之，大霆激於屋表，雲霾晦冥，不辨人物，倏爾乘空而去。

《夷堅丁志》卷八：

南豐縣押錄黃伸家，因大雨墮雷媼於庭，擾擾東西，蒼黃失措，髮苴然，赤色甚短，兩足但三指，大略皆如人形。良久，雲氣斗暗，震電閃爍，遂去不見。

《鑄鼎餘聞》卷一：

《元史·輿服志》云：雷公旗畫神人，大首鬼形，白擁項，朱犢鼻，黃帶，右手持斧，左手持鑿，運連鼓於火中。

《集說詮眞》：

今俗所塑之雷神，狀若力士，裸胸袒腹，背插兩翅，額具三目，臉赤如猴，下頦長而銳，足如鷹鸇，而爪更厲，左手執楔，右手持鎚，作欲擊狀。自頂至傍，壞懸連鼓五個，左足盤躡一鼓，稱曰雷公江天君。又塑電神像，其容如女，貌端雅，兩手各執鏡，號曰電母秀天君。廟中置此二像，鄉民燃燭焚香，極其誠敬。噫！妄甚矣！雷豈鼓聲，電豈鏡光哉？好事者圖此二像，亦可謂想入非非也矣。

【案】雷公一稱，始見於《楚辭》。其所以稱公者，明都卬《三餘贅筆》說："易"：震為雷，為長男陽也。而雷出天之陽氣，故云公。"（後世又有"雷媼"的傳說，當是民間為雷公塑造的配偶吧。見《夷堅志》。） 據《論衡》，漢代所畫雷公本為一大力士，王充斥其無翼而飛為非是。此外又有以雷公為星神者。然自晉沿至近代，民間所流傳的雷公多為獸形或半獸形。由於王充曾斥其無翼而能飛，所以也有為之加上雙翼者。其形象或謂像豬，或謂像鬼，而較普遍的看法是像猴。所以《西遊記》中孫悟空常被人稱為"雷公臉"。從春秋戰國以來，人們已給雷公加上了許多社會職能，認為祂能代天執行刑罰，擊殺有罪過之人，并認為祂有辨別善惡之能力，希望祂能主持人間正義。所以在中國民間，雷公并不是一個可怕的形象。人們甚至常常以詼諧態度對待雷公。如民間常有這類傳說：雷公被人擊落於地，上不得天（《搜神記》、《宣室志》）；或被樹枝夾住，奮飛不得，需要人來解救（《神仙感遇傳》）等。甚至說"雷公秋冬則伏地中，其狀如彘，人取而食之。"（《唐國史補》）雷公本來是唯一的雷神，但隨着祂的人格化進程，人們逐漸認為雷公可以不止一個，而且另外塑造了人性特徵更顯著的大神主宰雷部，而把雷公的

地位降到雷部六神之列，成為雷部諸天將的泛稱，還常稱之
為雷鬼，如《西遊記》五十一回："傳旨教九天府下點鄧化、
張蕃二雷公，與天王合力縛妖救難。"

雷州雷王

《夢溪筆談》卷二十：

世人有得雷斧、雷楔者，云："雷神所墜，多於震雷之下得之。"而未嘗得見。元豐中，予居隨州，夏月大雷，震一木折，其下乃得一楔，信如所傳。凡雷斧多以銅鐵爲之，楔乃石耳，似斧而無孔。世傳雷州多雷，有雷祠在焉，其間多雷斧、雷楔。按《圖經》："雷州境內有雷、擎二水，雷水貫城下，遂以名州。"如此則雷自是水名，言"多雷"乃妄也。然高州有電白縣，乃是鄰境，又何謂也？

胡道靜校證：《舊唐書·高宗紀》：楚州刺史崔佽獻定國寶玉十三枚，其十二曰"雷公石斧"，長四寸，闊二寸，無孔，細致如青玉。雷斧諸物，古時得者亦非一處，惟雷州爲多，殆以其地多雷然歟。洺氏謂："雷州石斧，當爲黎族之遺物，宋時其族猶居雷州。"（《中國古玉考》七二）於今思之，雷州得者雖或出於黎，然雷斧、雷楔諸名，必非彼族之所留遺者，蓋古人得之而古人名之耳。古稱雷有神物，其說必有所自。《山海經·海內東經》云："雷澤，有雷神，龍身而人頭。"《大荒東經》云："東海中有流波山，其上有獸，聲如雷，其名曰夔，黃帝得之，以其皮爲鼓，橛以雷獸之骨，聲聞五百里，以威天下。"郭璞注曰：

雷神

"雷獸，即雷神也。"又《河圖》云："黃帝以雷精起。"則雷神之說，黃帝時當已有之，亦或即黃帝首倡之以爲宜矣。蠹時得者，或云如靑玉，亦云如鋼鐵，則其物當較他石爲重。夫雷雨之力所得洗刷以去者，亦惟土壤沙礫之微細者耳，若斧楔砧礶之屬，質重而難運，且有因雷雨而愈呈露者，昔人每稱"於雷下得之"，正由於此。或以爲"雷神所墜"，又或謂"給霹靂用"者，固皆基於尊雷之念而推測之者也。沈氏疑雷州多雷爲妄，殆不盡然。蓋雷州地接炎帶，四時如夏，氣候蒸鬱，故雷易發生，大抵黎人石器尙有遺棄於雷州境內者；而雷州多雷，故得之者遂以爲雷神所墜耳。《雷書》及《夢溪筆談》均稱"雷斧以銅鐵爲之"，《舊唐書》則曰"雷公石斧"，是雷斧有石與銅鐵之別，而亦不得謂爲石器時代之物也。

《夷堅支志》景卷九：

崇仁熊某，通判廣府，攝守雷州。至之日，吏白當致敬雷廟。予在西掖時，曾行雷神加封制，其廟曰顯震，其神曰威德昭顯王。名載祀典，渠可忽哉！

《夷堅支志》甲卷五：

淳熙丙申，桂林連月不雨。府守張欽夫栻遣馭卒持公牒詣雷州雷王廟，問何時當雨。

《古今圖書集成·神異典》卷五四引《嘉禾志》：

雷州西有雷公廟，百姓歲納雷鼓車。人有以黃魚與豘肉同食，立遭雷震。每大雷，人多於野中掘得磐石，號雷公墨，光瑩如漆。

《集説詮眞》：

《明一統志》載：雷公廟，在廣東雷州府之西南八里。舊記云，陳太建（宣宗）初，州民陳氏者，因獵獲一卵，圍及尺餘，携歸家。忽一日，霹靂而開，生一子，有文在手，曰"雷州"。後養成，名文玉，鄉俗呼爲雷種。後爲本州刺史，在任多善化，歿而有靈，鄉人立廟祀之。宋、元累封王爵。廟號顯震，德祐（宋恭宗）中，更名威化云。按《投荒雜錄》，昔陳氏因雷雨晝冥，庭中得大卵，覆之數月，卵破，有嬰兒出焉。自後日有雷扣擊户庭，入其室中，就於兒所，若乳哺者。歲餘，兒能食，乃不復至，遂以爲己子。牙門將陳義，即卵中兒也。）

《三教源流搜神大全》卷七：

雷神廟在廣東雷州府之西南八里。昔鄉人嘗將麻布造雷鼓雷車置廟中，有以魚兖肉同食者，立爲霆震。舊記云：陳天建初，州民陳氏者，因獵獲一卵，圍及尺餘，携歸家。忽一日，霹靂而開，生一子，有文在手，曰雷州。後養成，名文玉，鄉俗呼爲雷種。後爲本州刺史，歿而有靈，鄉人廟祀之，陰雨則有電光吼聲自廟而出。宋、元累封王爵，廟號"顯震"。德祐中，更名"威化"。《國史補》：雷州春夏多雷，秋日則伏地中，其狀如兖，人取而食之。又雅州瓦屋山有雷洞，投以瓦石，應手雷震也。

《鑄鼎餘聞》卷一：

國朝錢塘戴熙《習苦齋詩集》卷五《謁雷廟十二韵》序云：神姓陳氏，名文玉，海康人，唐時爲海康刺史。（均案：郡縣三志作陳時雷州人。見嘉慶元年兩廣總督摺。）有功德於民，民祠祀勿衰。今雷州陳氏皆陳裔子孫。相傳神震卵而生，歿後數著靈異，曾助梁兵平黎，廟中石人銅鼓爲神靈迹云。

【案】雷州，在今廣東省雷州半島，始置於唐代。有人以爲該地炎熱多雷，故得名。唐宋時，當地常發現石斧、石楔等原始人類的遺物，當時人以爲是雷神遺下的"雷斧"、"雷楔"，所以當地頗重雷神之祀，立有專祠。本來亦稱雷公，宋元時封爲王爵，遂稱雷王。地方官府頗重視。到了明代，始傳說雷王名陳文玉，生於南朝陳宣帝世，本爲雷神，歿而有靈。此亦雷神人格化之產物耳。

九天應元雷聲普化天尊

《明史·禮志四》：

（弘治元年）尚書周洪謨等言：雷聲普化天尊者，道家以爲總司五雷，又以六月二十四日爲天尊現示之日，故歲以是日遣官詣顯靈宮致祭。

【案】道教對民間的雷神信仰加以改造，給雷神增加了"主天之災福，持物之權衡，掌物掌人，司生司殺"的社會職

九天應元雷聲普化天尊

能。雷神社會職能既繁，組織也就複雜化、社會化了。如《歷
代神仙通鑒》即謂雷部有三十六面雷鼓，有三十六神司之，
而總領雷部之神，號九天應元雷聲普化天尊。但關於天尊的
來歷，却也有幾種不同的說法。

《重修緯書集成》卷六《河圖始開圖》：

黃帝名軒轅，北斗神也，以雷精起。

同上卷四《春秋·合誠圖》：

軒轅星，主雷雨之神。

《歷代神仙通鑒》卷四：

（黃帝）封號爲九天應元雷聲普化眞王。所居神霄玉府，在
碧霄梵氣之中，去雷城二千三百里。雷城高八十一丈，左有玉樞
五雷使院，右有玉府五雷使院。眞王之前有雷鼓三十六面，三十
六神司之。凡行雷之時，眞王親擊本部雷鼓一下，即時雷公雷師
興發雷聲也。雷公即入雷澤而爲神者也。力牧敕爲雷師皓翁。三
十六雷，皆當時輔相有功之臣。

【案】以黃帝爲雷神，至遲從漢代即開始了。道教隨手拈
來，可謂順理成章。

《鑄鼎餘聞》卷一：

國朝范纘《格致鏡原》引張七澤曰：白玉蟾謂陰陽之氣結而

成雷,有神主之,曰神霄真王。雷有五,曰天雷、水雷、地雷、神雷、社雷。或曰風雷、火雷、雲雷、蠻雷。或又曰天雷、地雷、水雷、神雷、妖雷。天雷箕星掌之,地雷房星掌之,水雷奎星掌之,神雷鬼星掌之,妖雷婁星掌之。

【案】此所謂神霄真王,即浮黎元始天尊第九子玉清真王。據道經《無上九霄玉清大梵紫微玄都雷霆玉經》,祂化生為雷聲普化天尊,掌雷霆之政。此為有關雷聲天尊來歷的第二種說法。

《集說詮真》:

《封神演義》載:雷部正神,乃聞仲也。額有三目,中目一睜,發出白光一道,計長二尺餘。商紂朝拜相,稱太師。嘗騎黑麒麟,周游天下,霎時可行千里。會姬周伐商,仲秉黃旄白鉞,得專征伐,領兵三十萬衆,西往拒周。連次失機見挫,逃奔熊山,遇赤精子,交戰數合,赤精子取出陰陽鏡,向聞仲之麒麟一磕,麒麟即跳去圈外逃奔,隨被周將雷震子將棍一揮,打為兩段,仲走至絕龍嶺,又被周將雲中子截止去路。雲中子遂用手發雷,平地陡出八根通天神火柱,高三丈餘,圓丈餘。仲困在柱中,每柱現出四十九條火龍,烈焰飛騰,四面霹靂,雷吼震地,仲遂死於柱中,迨周克商後,姜子牙登封神台,令仲來壇受封。仲至台下不跪,子牙執鞭,喚令跪聽受封,仲乃跪。子牙曰:今奉太上元始敕命:爾聞仲曾入名山,證修大道,雖聞朝元之果,未真至一之諦。登大羅而無緣,位人臣之極品,輔相兩朝,竭忠補袞,雖劫

運之使然，其貞烈之可憫。今特令爾督帥雷部，興雲布雨，萬物
托以長養；誅逆除奸，善惡由之禍福。特敕封爾爲九天應元雷聲
普化天尊之職，仍率領雷部二十四員催雲助雨護法天君，任爾施
行。爾其欽哉！

【案】這是第三種說法，雖然出自小說家言，在民間信仰
中也頗具影響。

雷部諸神

《集説詮眞》：

《法苑珠林》載：義興人姓周，永和中，出都行。日暮，道邊有一新小草屋，見女子出門望，年可十六七，姿容端正，衣服鮮潔，見周過，謂曰："已暮，前村尚遠，詎得至？"周便求寄宿。女爲燃火作食。向一更，聞外有小兒喚阿香聲。女應曰："諾。"尋云："官喚汝推雷車。"女乃辭行。夜遂大雷雨。向曉女還。周既上馬，看所宿處，止見一新冢。

《古今圖書集成·神異典》卷二一：

《竹坡詩話》：承議郎任隨成，字師心，劉景文甥也。嘗謂余言：景文昔爲忻州守，間數日率一謁晉文公祠。既至祠下，必與神偶語，久之乃出。文公亦時時來謁景文。景文閉閤，若與客語者，則神之至也。一日於廣坐中，謂一椽曰："天帝當來召君，吾亦當繼往。"坐客皆相視失色。已而椽果無疾而逝，劉亦相繼而亡。去後一日，死而復甦，起作三詩，乃復就瞑。其一云："中宮在天半，其上乃吾家。紛紛鸞鳳舞，往往芝木華。揮手謝世人，聳身入雲霞。公暇咏天海，我非世人嘩。"其二云："仙都非世間，天神繞樓殿。高低霞霧勻，左右龍蛇遍。雲車山岳聳，風響天地顫。從兹得舊渥，萬物毫端變。"其三云："從來英傑自消

磨，好笑人間事更多。艮上巽宮爲進發，千車安穩渡銀河。”詩
成，謂其家人曰：“吾今掌事雷部中，不復爲世間人矣。”

《夷堅三支》辛卷八：

詹媼見一神，著朱衣，騎鯉魚，往訪有雷部神像處，或尋之
至永寧寺戒壇院，正睹厥像，有朱衣跨鯉魚者。

《夷堅三志》壬卷一：

慶元四年，邱十六者爲黃衣長人擒去，就加打擊。黃六見之，
不知爲雷神，向前救護，別一黃衣人縛其兩手，置之地，又有以
椎椿其左股者。

《封神演義》九九回：

特敕封爾（聞仲）爲九天應元雷神普化天尊之職，仍率領雷
部二十四員催雲助雨護法天君。

雷部二十四位天君正神名諱：

鄧天君（忠）	辛天君（環）
張天君（節）	陶天君（榮）
龐天君（洪）	劉天君（甫）
苟天君（章）	畢天君（環）
秦天君（完）	趙天君（江）
董天君（全）	袁天君（角）
李天君（德）	孫天君（良）
柏天君（禮）	王天君（變）

姚天君（賓）　　　張天君（紹）

黃天君（庚）　　　金天君（素）

吉天君（立）　　　余天君（慶）

閃電神（即金光聖母）　　助風神（即菡芝仙）

《歷代神仙通鑒》卷四：

（雷城）左有玉樞五雷使院，右有玉府五雷使院。有雷鼓三十六面，三十六神司之，皆當時（黃帝時）輔相有功之臣。

《西遊記》八七回：

（孫悟空曰）“告借雷部官將相助相助。”（九天應元雷聲）天尊道：“既如此，差鄧、辛、張、陶，帥領閃電娘子，即隨大聖下降鳳仙郡聲雷。”

《西遊記》第四回：

（孫悟空）被增長天王領着龐、劉、苟、畢、鄧、辛、張、陶，擋住天門，不肯放進。

《鑄鼎餘聞》卷一：

明姚宗儀《常熟私志》云：致道觀雷部前殿，列律令大神鄧元帥、銀牙耀目辛天君、飛捷報應張使者、左伐魔使苟元帥、右伐魔使畢元帥、火犀雷府朱天君、糾伐靈官王天君、黑虎大神劉元帥、魁神靈官馬元帥、朗靈上將關元帥、雷公江使者（名赫冲）、電母秀使者（名文英）。又雷尊殿在招眞治道房內奉九天應元雷聲普化天尊、九天雷祖大帝。

　　【案】從單一的雷神——雷公、雷師發展為由眾神組成雷部，形成類似封建官府的複雜組織，很難說準是從什麼時候開始的。但據《法苑珠林》所載，至遲在唐以前雷神已有徵用助手的行為。宋代民間傳說中的雷神，常常有數名同時出現，而且已有雷部的稱謂。明代始形成較固定的雷部眾神體係，如鄧、辛、張、陶、龐、劉、苟、畢之流。這一體係至近代仍有相當影響，而且不僅執役於雷部，亦為玉帝守衛天門。

附：鄧　元　帥

《夷堅志補》卷二三：

　　宗室趙善蹈，少時遇九華周先生傳靈寶大法，行持多顯效。築壇行法，見神人火焰繞身，曰："吾天元考召鄧將軍也。"

　　【案】雷部眾神，常以鄧為首。《封神演義》稱鄧忠，《西遊記》稱鄧化，《常熟志》稱律令大神鄧元帥，當即宋代流傳之天元鄧將軍也。

辛　元　帥

《三教源流搜神大全》卷五：

古雍州界地有神雷山，至驚蟄時雷氣發揚，於二月爲卯，於令爲震，雷門布鼓之神威氣閃赫，無物不折。至夏、秋，雷藏地中作鷄狀，入於溪谷內。時八月，雍民辛姓名興者，字震宇，母張氏，家貧，賣薪以養母，至殷苦。一日往雷山採薪計，值幽谷中成鷄形者五。帥喜，心曰：“可爲進膳資耳。”竟獲以歸。進之母，母適哺，掇內衣授之。納於鷄柵者四，隨以內衣覆其上，而欲烹其一。神鷄作人言曰：“予雷耳，不可啖也，乞宥一刷之恩。”嫗弗允，則雷霹靂而起。母破膽昏晚焉。帥賣薪携醴以入，抱母屍而哭曰：“予何極也，抑至此邪！”乃拭淚目其背，有金痕，曰：“混一之氣，青帝之英，威令所加，莫予敢攖，劈惡誅邪，唯吾司命。”乃知雷也。遂并柵之雷鷄而槌之。乃雷爲內衣所掩，竟不能震，第莫爲碎耳。英氣沖虛，而電雨風霾交至，欲下擊狀，哀其爲母，故而憐之，遂變爲道士進而捏曰：“孝子獨不畏雷而反制雷。吾雷神，誤以傷而母，而毋以怨也，余等願唯而所命以謝厥罪。”因奉十二火丹啖之，帥遂易形，妖其頭，喙其嘴，翼其兩肩，左尖右槌；脚踏五鼓，而升化母屍而去。天帝感其至孝也，迎而封之爲雷門苟元帥，與畢帥共五方事，往來行天，剪幽明中邪魔鬼惡。

《鑄鼎餘聞》卷一：

國朝顧祿《清嘉錄》曰：六月二十五日爲辛天君誕辰，謂天君爲雷部中主簿神，凡奉雷齋者，至日皆茹素以祈神佑。又月之辛日及初六日，俗呼“三辛一板，六不御暈”，謂之辛齋。

【案】辛元帥，《封神演義》稱辛環，《三敎源流搜神大
全》謂辛興，却又說被封為雷門苟元帥，則是將辛、苟視為
一神也。民間或又傳言其為雷部主簿神。

龐 元 帥

《三敎源流搜神大全》卷四：

帥姓龐名喬，字長清，漢江渡口，父龐定，母姚氏，生於漢
獻初癸丑年十一月癸亥日丑時。世雖駕渡，心行菩提，待凡往來
客無不平等。一夕，客重陽日夜渡歸急，頓遺百金於舡。次日，
泣而訴其情，帥出其封帖如也，客願委一，不受。又除夕前二日，
幼婦孤行晚，告以渡，奈一日雪禁，無有行者，氏無處，帥留之
而火其衣，饗其食，凜然尺寸清冽，次日雪愈，其人踪絕矣。又
次日，帥忙於應接，其父披蓑揭竿而渡，婦從之，至岸而反，江
風大作，渡覆矣。帥見而忙跳游於波，隨逝隨沒，勢若浮梗，直
至父處，深入而負之，至崖而力竭矣，無如狂瀾者何，則帥沒而
父亦墮矣。帥失婦在，復俱沒，負之以出，如是者三。蓋除夕時
鬼夜出沒叫寃取替，乃帥固一六之精，以坎為府，沸濤不能俾之
殆，而向所渡之氏者非他，乃自在觀音化身佛也。以故父亦無恙，
第帥已出險，方鳴鳴然抱父以泣，而數十鬼泣曰："余今年當取
代，無奈為孝子所攘，予無輪回日矣！"帥聞而鞭之，不獲。明
日，又如是泣，陰風颯颯，鬼哭慘人，況父以羸弱之質，蹈於薄
淊之後，其幾死者屢矣。帥不得已，以香塵貼於掌中，以火薰其
上，祝於天，而玉帝聞而憐之，敕為混氣元帥，手執金刀，唯天

龐元帥

門之出入是命，以降陰魔、除陽惡，秋毫不爽。

劉　天　君

《三教源流搜神大全》卷四：

雜記傳曰：帥諱後，東晉人也，生於岷江漁渡中，歲次庚子八月十二日酉時。母謝氏取水於江，而帥匐入於波心，得浮槎近傍而濟。其父劉福公掉而迎之曰：「何異也，而幸不死！」適貧，送於羅眞人爲侍讀，因精於五雷掌訣，招風捉雨，隨叩響應，濟民助國。環堵之民議祀之，帥曰：「是爲名也。」而逃之。民書德，因壇於宇而修焚祈祝於其間，一如所禱，捷於浮聲。繼而東京大旱，上蒿目而耳之，嗟咨遍編戶焉，且曰：「唯禱於列君之祠，必答所祝。」上從之，果酬靈焉，時秋大稔，帝悅而敕之爲立化慈濟眞君焉。玉帝而亦以其敕者敕之，以掌玉府事。

畢　元　帥

《三教源流搜神大全》卷四：

東鄉間姓田名華者，乃正東二七神也。雷藏地中，寄胎於田間，千年石乳鍾氣而生。誕時白晝憑空霹靂，火光照天，風雨驟至，帥膝坐，大蛇圍其外，群蜂哺英以哺，至長遂因田爲田，指華爲畢，修煉於鹿瀘岩下。時女媧氏五色土補天，百計不成，帥助木火之精，霹碎玄精之石髓，噓噢南之氣爌曙鑄之冶，聲吼天地，乃塞天漏，又煉五色火雹風雷陣，上助軒轅擊死蚩尤，軒轅

劉天君

畢元帥

氏拜以龍師之職。帥曰："余方以外人，豈以碌碌自損？"拂衣而隱於華胥之境，因名華焉。厥至有唐氏十日并出，赤土千里，衆星官喻以代天工司者，帝蟄起滯，爲天地立心洪爐造命，乃奉帝旨，駕雷車，擁電旆。是時雨暘時焉。流及漢末，妖魔縱橫，奸淫百出，玉帝封以雷門畢元帥之職，敕掌十二雷庭，輔玄天上帝誅瘟役鬼，上管天地潦涸，下糾群魅出沒，中擊不仁不義等輩。

葛　天　君

《鑄鼎餘聞》卷一：

義陵無我子劉體恕編《呂祖全書》三十二載：葛天君誥云大聖大神、大悲大願、九天宣化總司、五雷監正、仙籍功過黜陟統帥、江湖行雨龍王、佐化宣道神君、萬法玄通天尊。原注：天君諱明揚，爲呂祖涵三主將清微三品告成，同受元始誥命，晉秩佐化宣道之職。

【案】本條及以下石元帥、呂元帥雖未列入雷部正神系統，但有關典籍亦稱其與雷部有關，故一併附錄之。

石　元　帥

《三教源流搜神大全》卷四：

《野錄》曰：帥相溪人氏，諱神毓，於周宣王七年三月初四日申時，時風雨聚至，龍挂冥表，鄉人號乃父文甫、若母韓氏

石元帥

曰："阿兒龍種也夫！"帥性敏淨，長游關中，受業於關尹子，結廬於胥山之陽。適當令赤土千里，百木黃落，鱗不得尺水以鼓其鬣，樵叟輩袒肩汗顏相與聚訴於廬曰："焉子黎民，靡有孑遺。"帥愀然不樂，曰："愧不龍耳，彼蠢茲若虺若蛇，且以伸蟄揚波，吐氣成雲，爲天下作甘霖，奈何含淳而且不及一焉，則丘稗而牛睡，足恨也。"抑鬱而思曰："昔有桑林之禱，何爲也哉？夫非剪爪髡髮者乎？唯誠動天，亦弗誠耳。"遂沐浴更衣，明馨於爐，荐虔于盂，再拜而祝，民從之，倏雨漓驟至彴地滿三尺，殊憶帥之再拜不起，而不知其化矣。已而行人報曰：帥乘馬東行，旄儀羽檄，族擁百餘，謂從者曰："爲我謝諸而輩也，余奉玉帝敕，莫能留耳，幸勿予責。"上帝封爲五雷之長，典威福擊伐事。

呂　元　帥

《三教源流搜神大全》卷四：

　　呂元帥之父乃蒼龍之精，帥其子也。昔蒼龍爲慈濟眞君所逐，隱入西蜀黃沙洞，暗窺龐氏美艾而妻焉。半載有寄，眞君覓至而龍化，乃氏亦驚匿於田中。眞君飛劍指龐氏之腹而胎落，固孩身而龍首也。爾時雷雨暴至，夫謂見龍在田非耶？眞君既逼其父，不忍破其胎以及其子也，育撫之，因田其姓，雨其諱也。六歲時送徒於張眞人帳下，日侍不倦，因表而字之曰全靈。自張眞人步虛後，而帳與天雷令等法不俱焉。帥竊覬以心，帥之仿錄於紫華山中，忽然思身所出之原，弗得也。老道士誠之曰："而翁元金之質，而母則隴右老嫗而雙瞑是也。"帥泣，負而來之，服勞不

呂元帥

倦，不數載，昔母所以別父之故。乃母云云，帥日夜思之，曰：
"此一行也，雖而父不法之過，而眞君以逼父於何處，陷母仳離
於何歸，足恨也。自思不報非孝也，有恨不泄不武也，行而不斷
非丈夫也。伊何人斯，挾術而劫而父，而亦何磐所學而雪父耻
耶？"遂突起而裂帳爲旗，折竿爲戚，噴水爲霧，擊令爲雷，憑
虛而行於太虛之中，遍詢眞君行藏。正值十二小妖截路空亡，帥
怒展旗幔於帳，已而與戰不解。玉帝親召而帥之，曰："眞君爲
民除害，弗可妖仇也。十二空亡，不可刃也。其與帥釋其恨，而
願隨鞭轡於三界行在，以降妖幔邪？"元帥之職，因而以左執雷
令，右執黃旄，而上列於負屏之左。

謝　　仙（謝天君）

《集說詮眞》引李肇《唐國史補》：：

謝仙者，雷部中鬼也。夫婦皆長三尺，其色如玉，掌行火於
世間。

《茶香室叢鈔》卷十五：

宋王得臣《麈史》云：治平中，予令岳州巴陵。州有岳陽樓，
樓上有石，倒刻"謝仙火"三字。其序述慶曆中華容縣一日晦冥
震雷，已而殿柱有此。太守滕公宗諒子京問永州何仙姑，答以雷
部中神，昆弟二人，并長三尺，鐵筆書之。孫載積中宰吳興德清，
新市鎮覺海寺殿宇宏壯，唐時所建。巨材髹漆，積久剝落，見倒
書迹曰："謝均李約收利火"十餘字，與岳陽字大小同。積中因

謝　仙

曰：夫伐木於山者，其火隊既衆，則各刻其名以爲別耳。凡記木必刻於木本。營建法本在下，故倒書。由是知仙姑之妄也。

按范致明《岳陽風土記》云：老子祠有二神像，所謂青龍白虎也。祥符八年二月，雷震白虎，西北楹上有倒書"謝仙火"三字。問零陵何仙姑，曰："謝仙雷部火神也。"此事頗傳於世，今人多有知者，不謂又有此說，并何仙姑之仙迹可疑矣。

《夢溪筆談》卷二一：

世傳湖湘間因震雷有鬼神書"謝仙火"字於木柱上，其字入木如刻，倒書之，此說甚著。近歲秀州華亭縣亦因雷震有字在天王寺屋柱上，亦倒書，云："高洞揚鴉一十六人火令章。"內"令章"兩字特奇勁，似唐人書體。至今尚在，頗與"謝仙火"事同。所謂"火"者，疑若隊伍若干人爲"一火"耳。

《齊東野語》卷十二：

大中祥符間，岳州玉眞觀爲火所焚，唯留一柱，有"謝仙火"三字，倒書而刻之。慶曆中，有以此字問何仙姑者，云："謝仙者，雷部中鬼也，掌行火於世間。"後有於道藏經中得謝仙事，驗以爲神。又吳中慧聚寺大殿二柱，嘗因雷震有大書"勸溪火"三字，余若符篆不可曉。及近歲德清縣新市鎮覺海寺佛殿柱，亦爲雷震，有字徑五寸餘，若漢隸者云："收利火謝均思通。"又云："酉異李氵火。"此乃得之目擊者。又宜興善權廣教寺殿柱，亦有雷書"駱審火及謝均火"者。華亭縣天王寺亦有雷書"高洞揚雅一十六人火令章"凡一十一字，皆倒書。內"令章"二字特奇勁，類唐人書法，然則雷之神，眞有謝姓者邪。近丁亥六月五日，雷震衆安橋南酒肆，卓間有雷書"迢尭永"三字，此類甚多，殊不可測，此所以神而不可知乎？孔子不語怪力亂神，非不語也，蓋有未易語者耳。

《三教源流搜神大全》卷四：

天君姓謝諱仕榮，字雷行。於貞觀初，一輪火光如斗，直射入山東火焰山界。謝恩其父，韓其母也。帥性烈貌惡，不屈於豪，亦不敗於法。爲山陰令時，寮東役督司以催科故嚇帥以千金，帥密拾其臟報。督怒之無從也，因責以苦辨諸若水銀盔甲，帥以錫飾者應。勒以鼓革牛膠，帥以敗蔽敗甲爲膠而皮者爲甲鼓奏進。督害之不足，又申以將才，陰陷以把隘。帥即夜率數兵以襲砍而寒虜心。賊又乘敗以襲我虛，帥又先移塞以伏弩侍之，竟保無虞。蓋役愈苦而才愈辨，事愈險而功愈奇，赤心烈節，炳於天日，誠不虛玉帝之寵於耳目臣也，宜授職於火德天君，執金鞭，架火輪，頭頂道冠，以司亢陽之令。

【案】《三教源流搜神大全》所述火德天君謝仕榮，疑卽唐、宋時盛傳之雷部神謝仙。何仙姑所稱謝仙事固爲無稽之談，然觀《唐國史補》則亦有所本矣。至於謝仙主火（或稱雷）說之荒謬及其起因，孫載、沈括等已講得很清楚了。

袁　千　里

《三教源流搜神大全》卷二：

　　袁勝，字千里，南豐人，王侍宸嬌氏子也。育斬勘雷法。端平間寓戴顒曰："吾逝矣！可焚我。"言畢而卒。載焚之，火及屍，烟焰中有旗現金字曰："雷霆第三判官袁千里也。"

《歷代神仙通鑒》卷二十：

　　〔南宋端平中〕南豐袁勝升化。勝〔字千里〕往來江西，誅邪治祟。寓城中戴顒家。一日謂顒曰："吾逝矣。可焚我。"言畢而卒。〔年百餘歲矣〕舉屍焚之，火燼，烟焰中有旗，現金字曰："雷霆第二判官袁千里"，隨烟上升。里人驚異，為立祠祀之。

法術呼律令

《古今圖書集成‧神異典》卷二二〇引《井觀瑣言》：

　　袁紹檄豫州，曹操檄江東將校部曲，其末皆云"如律令"。李善注言當履繩墨，動不失律令也。品延濟謂賞賜一如律令之法。二說小異，然大概皆近之，今道家符咒類言"急急如律令"，蓋竊此語。李濟翁《資暇錄》乃謂令讀為零。律令，雷邊健鬼，善走，故云如此鬼之疾速。其說怪誕不可信。

同上引《聽雨紀談》：

袁千里

說者謂律令乃雷部鬼神之名而善走，用之欲其速也，此殊不然。"急急如律令"，漢之公移常語，猶宋人云符到奉行。漢末賊張陵私刻符咒以惑愚民，亦僭用之，道家遂祖述之爾。

《三教源流搜神大全》卷七"法術呼律令"條：

雷部有神名曰健兒，善走，與雷相疾速，故符咒云"急急如律令敕"。留傳後世，道釋巫流召帥將風雷城隍，皆以用之。

《歷代神仙通鑒》卷二：

（方相）死爲險道神，一曰開路神。帝證果，召爲雷部健兒。善走，能與雷相疾。號曰"律令"。咒云"急急如律令"，謂此。

電　母（閃電娘娘）

《鑄鼎餘聞》卷一：

《元史·輿服志》云：電母旗，畫神人為女人形，繡衣朱裳白褲，兩手運光。

明都卬《三餘贅筆》云：《易》離為電，為中女陰也，而電出地之陰氣，故云母。

《封神演義》九九回：

閃電神（即金光聖母）。

《西遊記》八七回：

差鄧、辛、張、陶，帥領閃電娘子。

《三教源流搜神大全》卷七"電母神"條：

相傳東王公與玉女投壺，□而脫誤不接者，天為之笑，開口流光，今之閃電也。

《十駕齋養新錄》卷十七：

今人稱電神曰電母，古人則稱電父。《管輅別傳》云：天昨檄召五星，宣布星符，刺下東井，告命南箕，使召雷公電父，風伯雨師。

《鑄鼎餘聞》卷一引明姚宗儀《常熟私志》：

致道觀雷部前殿，列電母秀使者（名文英）。

《集說詮眞》：

今俗又塑電神像，其容如女，貌端雅，兩手各執鏡，號曰電母秀天君。

　　【案】電母即民間信仰中司閃電之女神，起源不算太早。在較早的信仰中，雷神是兼司雷、電二職的，以後分為雷公電父。但隨着雷神的人格化，雷公的男神特徵突出起來，電神便很自然地演變為其配偶神，被稱為電母了。至於都卬以《易》陰陽義說雷電之性別，不過是曲為之說，作不得數的。電母之稱，至遲出現於宋代。蘇軾詩：" 麾駕雷車呵電母"。以後關於電母的來歷又出現種種傳說，幷有姓名。至於《三教源流搜神大全》說天笑時開口流光，是為閃電，則頗標新立異。

風　　伯

《尚書・洪範》：

　　星有好風，星有好雨。（孔傳：箕星好風，畢星好雨）

《周禮・大宗伯》：

　　以槱燎祀司中、司命、飌（風之古字）師、雨師。（鄭注：風師箕也，雨師畢也。賈疏：《春秋緯》云：月離於箕風揚沙，故知風師其也。《詩》云：月離於畢俾滂沱矣，是雨師畢也。）

《楚辭・離騷》：

　　前望舒使先驅兮，後飛廉使奔屬。（王逸注：飛廉，風伯也。洪興祖補注：應劭曰，飛廉神禽，能致風氣。晉灼曰，飛廉鹿身，頭如雀，有角而蛇尾豹文。）

《山海經・大荒北經》：

　　蚩尤作兵伐黃帝，請風伯雨師，縱大風雨。

《淮南子・俶眞》：

　　（眞人）騎蜚廉（高誘注：獸名，長毛有翼）馳於外方，休乎宇內，燭十日而使風雨。

風 伯

《漢書·郊祀志上》：

（秦時）雍有二十八宿，風伯、雨師之屬，百有餘廟。（顏師古注：“風伯，飛廉也。雨師，屏翳也，一號屏號。而說者乃謂風伯箕星也，雨師畢星也。此志既言二十八宿，又有風伯、雨師，則知非箕、畢也。”）

《重修緯書集成》卷六《龍魚河圖》：

天熒惑星主司非，其精下爲風伯之神。太白之精，下爲風伯之神，主司非。

《風俗通義·祀典》：

謹按：《周禮》：“以櫓燎祀風師。風師者，箕星也，箕主簸揚，能致風氣。《易》巽爲長女也，長者伯，故曰風伯。鼓之以雷霆，潤之以風雨，養成萬物，有功於人，王者祀以報功也。戌之神爲風伯，故以丙戌日祀於西北，火勝金爲木相也。

王利器校注：《漢書》武紀注、《水經》谷水注引應劭曰：“飛廉，神禽，能致風氣者也。明帝永平五年，至長安迎取飛廉幷銅馬，置上西門之外，名平樂館，董卓悉銷以爲錢。”《續漢書·祭祀志下》：“以丙戌日祠風伯於戌地。”《通典》禮四：“後漢以丙戌日祀風師於戌地。”《唐會要》二二、《御覽》五二九引劉向《五經通義》：“王者所以因郊祭日月、星辰、風伯、雨師、山川，何？以爲皆有功於民，故祭之也，皆天地之別神從官也，緣天地之意，亦欲及之，故歲一祭之。禮日出於南門外，禮月、四瀆於北門外，禮山川丘陵於西門外，禮風伯、雨師於東

門外，禮各即其位也，以示明之。其祭之奈何乎？曰：祭日者懸，
祭月者毀，祭風者明，祭雨者布，祭山者沉，各象其貌也。"

《獨斷》：

風伯神，箕星也。其象在天，能興風。雨師神，畢星也。其
象在天，能興雨。

《文選》卷十九曹植〈洛神賦〉：

屏翳收風，川后靜波。（李善注："曹植《詰洛文》曰：河伯典澤，
屏翳司風。"）

《唐會要》卷二二：

天寶四載七月二十七日敕：風伯雨師，濟時育物，并宜升入
中祀。仍令諸郡各置一壇。

《三教源流搜神大全》卷七：

風伯神，飛廉是也。應劭曰：飛廉神禽，能致風氣，身似
鹿，頭似爵，有角，尾似蛇，大如豹，風伯之神也。

《歷代神仙通鑒》卷二：

蚩廉生得鹿形蛇尾，爵頭羊角，與蚩尤同師一眞道人，迸居
南祁，見對山之石，每遇風雨則飛起似燕，天晴安伏如故。怪而
覘之，夜半見一物大如囊，豹文而無足，向地吸氣二口噴出，狂
風驟發，石燕紛飛。（永州祁陽有風伯之山）廉步如飛禽，乃追而

擒之，是爲風母，能掌八風消息，通五運之氣候。

《癸巳存稿》卷十三"屏翳"條：

《楚辭·天問》云："蓱號起雨"。王逸注云："屏翳，雨師名。"《史記·司馬相如傳》《大人賦》云："召屏翳，誅風伯，刑雨師。"下又有列缺、豐隆。則司馬相如以屏翳爲雲師。《文選》曹子建《洛神賦》云："屏翳收風，川后靜波。"注引植《詰洛文》云："河伯典澤，屏翳司風。"謂曹指爲風師。選注又引虞喜《志林》云："屏翳，韋昭說爲雷師。"喜則以爲雨師。說屏翳者雖多，并無明據。今案：屏翳似雲，而號則爲風。《楚辭注》蓋誤字。韋昭知掌故，以爲雷師，因號生義，而不知蓱號自應爲風師，《天問》亦言風號乃起雨也。

《集說詮眞》：

《事物異名錄》曰：風神名巽二，又名風姨，又名方道彰。

今俗塑風伯像，白鬚老翁，左手持輪，右手執箑，若扇輪狀，稱曰風伯方天君。

【案】風伯是民間對風神的稱呼，也稱風師。我國地域廣大，古代各族對風神的信仰不盡相同。有的民族因鳥翼展搏生風而把某種鳥類神化爲風神；有的民族見風來自山谷和洞穴而把風神和山谷、洞穴聯繫起來；有的民族看到風吹雲動，星辰、月亮時隱時現，而把風神和某個星體與月亮聯繫起來。風的自然力會給社會生活帶來損害或好處，而人力又無法左右它，這是古人崇拜風神的根本原因，而它的自然特性是人們幻想風神的面貌、神性和引起種種神秘感的根據。（朱天順《中國古代宗教初探》）春秋戰國以來，逐漸形成了天神的體係，風神信仰也漸漸集中起來。中原地區的信仰體現在《尚書》、《周禮》等的記載中，以星宿為風神；南方地區的信仰體現在《楚辭》、《淮南子》等的記載中，以鳥形或有翼的怪獸形的飛廉為風神。而風伯（風師）的稱呼，則為南北所共用。比較起來，南方的傳説神話色彭較濃，帶有較多原始宗教的痕迹。秦漢以來，兩種信仰形式上被統一起來，納入國家祀典。但在民間，兩種傳説又并行不悖。唐宋以後，民間傳説中出現人格化的風神，如封姨、方天君之類其姓氏皆"風"之音轉，其形象、神性則又皆為人們根據風的特性幻想塑造而成。

雨　師

《鑄鼎餘聞》卷一：

　　《楚辭·天問》云：萍號起雨。王逸注：萍，萍翳，雨師名也。（均案：《文選》《洛神賦》注引虞喜《志林》，亦以為雨師。然王注《雲中君》篇又云，雲神一名屏翳。）萍，亦作蓱。《廣雅·釋天》云：雨師謂之萍翳。

《風俗通義·祀典》：

　　春秋左氏傳說："共工之子，為玄冥師。""鄭大夫子產禳於玄冥。"雨師也。王利器校注：

　　《拾補》曰："案《左》昭元年《傳》："金天氏有裔子曰昧，為玄冥師。"又二十九年《傳》云："少皞氏有四叔，修及熙為玄冥。"說者謂昧當是修、熙之後，金天氏，少皞也，非共工，共工有子曰句龍，為后土，亦見傳，此疑誤說。"器案：《漢書·百官公卿表》注，應劭曰："少昊有四叔，重為句芒，該為蓐收，修及熙為玄冥。五行之官，皆封為上公，祀為貴神。"又《揚雄傳》注，應劭曰："顓頊、玄冥，皆北方之神，主殺戮也。"

　　謹案：《周禮》："以槱燎祀雨師。"雨師者，畢星也。詩云："月離於畢，俾滂沱矣。"《易·師卦》："師者，衆也。"

雨師

土中之衆者莫若水，雷震百里，風亦如之。至於太山，不崇朝而遍雨天下，異於雷風，其德散大，故雨獨稱師也。丑之神爲雨師，故以己丑日祀雨師於東北，土勝水爲火相也。

《重修緯書集成》卷六《龍魚河圖》：

天太白星主兵，其精下爲雨師之神。

《抱朴子·登涉》：

山中辰日有自稱雨師者，龍也。

《搜神記》卷一：

赤松子者，神農時雨師也。服冰玉散，以教神農。能入火不燒。至昆侖山，常入西王母石室中，隨風雨上下。炎帝少女追之，亦得仙，俱去。至高辛時，復爲雨師，游人間。今之雨師本是焉。

《初學記》卷二：

雨師曰屏翳。（亦曰屛號。《列仙傳》：赤松子，神農時陶師。《風俗通》云，玄冥爲雨師。）

《三教源流搜神大全》卷七：

雨師神，商羊是也。商羊神鳥，一足，能大能小，吸則溟渤可枯，雨師之神也。

《歷代神仙通鑒》卷一：

　　（神農時）川竭山崩，皆成沙磧，連天亦幾時不雨，禾黍各處枯槁，有一野人，形容古怪，言語顛狂，上披草領，下繫皮裙，蓬頭跣足，指甲長如利爪，遍身黃毛覆蓋，手執柳枝，狂歌跳舞，曰：予號曰赤松子，留王屋修煉多歲，始隨赤眞人南游衡岳。眞人常化赤色神首飛龍，往來其間，予亦化一赤虹，追躡於後。朝謁元始衆聖，因予能隨風雨上下，即命爲雨師，主行霖雨。

《古今圖書集成·神異典》卷二一：

　　《山西通志》：風雨神廟，在翌城縣四望村。其神唐衞公李靖。按《逸史》云：靖微時，常山行，民家寄宿。夜將半，一婦人持水瓶授之曰："天命行雨，煩子代之。"蒼頭牽青驄至，戒之曰："子以水從馬鬣下三滴即止，愼勿多也。"靖乘馬咆哮，從空而跃。靖連滴數十滴，明日一境大水，即其地。

《集說詮眞》：

　　《事物異名錄》曰：雨師名馮修，號曰樹德，又名陳華夫。

　　今俗又塑雨師像，烏髯壯漢，左手執盂，內盛一龍，右手若灑水狀，稱曰雨師陳天君。

　　【案】在諸多氣象神中，雨神自然是與古代人類社會生活最密切相關的神靈了。所以在原始宗教中，雨神崇拜必然會因地區、民族的不同而表現出多元化的現象。春秋戰國以來，雨神信仰同風神一樣，逐漸集中起來，并被稱爲雨師，納入國家祀典。（參見風伯條所引文獻）對雨師的信仰同樣可分為南北兩大系統，北方將祂與星宿聯繫起來，南方則謂雨師名屏翳。（屏翳一名，究指何神，眾說紛紜。除了雨師，也有謂其為雷師或雲師者）漢代又出現了玄冥為雨師說。（見《風俗通義》）此說之起，乃因玄冥為北方之神，而北方主水，當是從漢代流行的五行說衍化而來，魏晉以來，又有稱雨師為龍，或仙人赤松子者。以後又有商羊、李靖、陳天君之說。但自秦漢以來，雨師主要用於國家祀典，民間祈雨或祈晴，則往往因地而異，各自奉祀本地的山神、水神、龍神。至近代，尤以祈禱龍王之風最甚，雨師信仰在民間已名存實亡。

丙　編

武士門神

　　附：秦瓊　尉遲恭
　　　　溫嶠　岳飛
　　　　趙雲　趙公明　燃燈道人　孫臏　龐涓

祈神門神

青龍白虎神

灶　神

行　神（路神　祖神）

小　叙

　　土地崇拜也是原始宗教中自然崇拜的一個重要組成部分。原始的土地神崇拜，所崇拜的是土地的自然屬性及其對社會生活的影響力。《禮記·郊特牲》："地載萬物，天垂象，取財於地，取法於天，是以尊天而親地也。故教民美報焉。"這種對地神崇拜的原因的解釋，還是比較樸素的。也就是說，古代人類祭祀地神，是爲了酬勞祂負載萬物，生養萬物的功勞。（參見朱天順《中國古代宗教初探》）原始的土地神崇拜，必然是有地區性、民族性的，主要是對自己所居住、生存、依賴的這片土地的崇拜。到了統一王朝出現以後，就出現了國家以整個大地爲對象的抽象化的地神崇拜，後來這種地神被稱爲"后土"。各個地區也仍然奉祀地區性的土地神，後來稱之爲"社"。這些地神不僅仍具有自然屬性，也帶有社會職能。并逐漸人格化。最後，各地區的土地神（城市發展以後又有城隍神）逐漸失去其自然屬性，成爲管理各自地區的地方守護神，并被道教按封建官府的組織形式，納入其神的體係。此外，民間又有門神、灶神、行路神等，是從古代的五祀信仰發展而來的，而五祀信仰與地神信仰的性質非常近似，所以也一併收錄在本編中。

后　土

《左傳》昭公二十九年：

　　故有五行之官，是謂五官，木正曰句芒，火正曰祝融，金正曰蓐收，水正曰玄冥，土正曰后土。顓頊氏有子曰黎，爲祝融；共工氏有子曰句龍，爲后土。后土爲社。

《禮記·祭法》：

　　共工氏之霸九州也，其子曰后土，能平九州，故祀以爲社。

《禮記·月令》：

　　中央土，其帝黃帝，其神后土。（鄭注：此黃精之君，土官之神也。后土亦顓頊氏之子，曰黎，兼爲土官。）

《山海經·海內經》：

　　共工生后土，后土生噎鳴，噎鳴生歲十有二。

　　郭璞注：生十二子，皆以歲名名之，故云然。

　　袁珂案：古神話當謂噎鳴生十二歲或噎鳴生一歲之十二月。《大荒西經》云："黎（后土）下地是生噎，處於西極，以行日月星辰之行次。"即此噎鳴，蓋時間之神也。

后　土

同上《大荒北經》：

大荒之中，有山名曰成都載天。有人珥兩黃蛇，把兩黃蛇，名曰夸父。后土生信，信生夸父。

郝懿行注：后土，共工氏之子勾龍也，見昭十九年《左傳》，又見《海內經》。

同上《海內經》：

共工生后土。

袁珂案：《國語·魯語》云：“共工氏之霸九有也，其子曰后土，能平九土。”即此經“共工生后土”神話之歷史化。

《楚辭·招魂》：

君無下此幽都些。

王逸注：“幽都，地下后土所治也。地下幽冥，故稱幽都。”

《淮南子·天文》：

中央土也，其帝黃帝，其佐后土。

《漢書·郊祀志上》：

（漢武帝元鼎四年）天子郊雍，曰：“今上帝朕親郊，而后土無祀，則禮不答也。”遂立后土祠於汾陽脽上。上親望拜，如上帝禮。

平帝元始五年，大司馬王莽奏言：“孝文十六年用新垣平·初起渭陽五帝廟，祭泰一、地祇，以太祖高皇帝配。日多至祠泰一，夏至祠地祇。後平伏誅，乃不復自親，而使有司行事。（成帝）建始元年，徙甘泉泰時、河東后土於長安南北郊。”後莽又奏言：“稱地祇曰后土，與中央黃靈同，宜令地祇稱皇地后祇。”

《重修緯書集成》卷六《龍魚河圖》：

天歲星主德慶，其精下爲大社之神。

《春渚紀聞》卷二：

金陵邵衍，字仲昌，篤實好學，終老不倦。年八十二，以大觀四年五月十五日，無疾而終。臨終時，一日顧謂其甥黃子文曰：“老子明日與甥訣矣。曩昔之夜，夢黃衣人召至一官居，侍衛嚴肅，據案而坐者冠服類王者，謂余曰：“世傳《后土祠》瀆慢太甚，汝亦藏本，何也？”即令黃衣人，復引余過數城闕，止一殿庭。余傍視殿廡，金碧奪目，但寂不聞人語聲。須臾，帘間忽有呼邵衍者曰：“帝命汝爲圓眞相，俾汝禁絕世所傳《后土祠》，當何以處之？”余對以傳者應死。呼者曰：“可也，仍即日蒞職。”余拜命出門，足蹶而覺。所夢極明，予亦欲吾家與甥知此祠之不可復傳。志之，志之。”子文未之深信。翌日凌晨，往視之。衍謂子文曰：“甥更聽吾一頌。”即舉聲高唱曰：“雖然萬事了絕，何用逢人更說，今朝拂袖便行，要趁一輪明月。”言訖而終。子文，余姪婿也，余亦素與仲昌游云。

《古今圖書集成·神異典》卷五四：

金元好問《承天鎭懸泉詩》注曰：杜氏《通典》：汾陰后土

祠，爲婦人塑像，武太后時移河西梁山神塑像就祠中配焉。開元
十一年，有司遷梁山神像於祠外之別室。夫以山川之神而人爲之
配合，其瀆亂不經尤甚矣。

《稽神錄》卷一：

江南司農少卿崔萬安，分務廣陵，嘗病苦脾泄，困甚。其家
人禱於後土祠。是夕，萬安夢一婦人，珠珥珠履，衣五重，皆編
貝玉爲之，謂萬安曰："此病可治，今以一方相與。"如其言服
之，遂癒。

《宋史·禮志七》：

徽宗政和六年九月朔，地祇未有稱謂，謹上徽號曰承天效法
厚德光大后土皇地祇。

《三教源流搜神大全》卷一"后土皇地祇"條：

天地未分，混而爲一；二儀初判，陰陽定位。故清氣騰而爲
陽天，濁氣降而爲陰地。爲陽天者，五太相傳，五天定位，上施
日月，參差玄象。爲陰地者，五黃相乘，五氣凝結，負載江海山
林屋宇。故曰天陽地陰，天公地母也。《世略》所謂"土者，乃
天地初判黃土也，故謂土母焉。"廟在汾陰，宋眞宗朝大中祥符
五年七月二十三日，詔封"后土皇地祇"，其年駕幸華陰親祀之。
今揚州玄廟觀，后土祠也。殿前瓊花一株，香色柯葉絕異，非世
之常品也。眞宗皇帝封曰"承天效法厚德光大后土皇地祇"。

《通俗編》：

《孝經緯》：社者，土地之神。土地闊不可盡祭，故封土爲社，以報功耳。《論衡・譏日篇》：如土地之神，惡人擾動，雖擇日何益哉？〔按〕今凡社神俱呼土地，唯塋旁所祀稱后土。邱浚《家禮儀節》曰：《溫公書儀》本《開元禮》，《家禮》本《書儀》，其喪禮，開塋域及窆與墓祭，俱祀后土。后土之稱，對皇天也。士庶家有似乎僭。《文公集》有《祀土地文》，今擬改后土氏，亦爲土地之神。又《剪勝野聞》：太祖嘗微行，與監生某入酒家飲。坐客滿案，唯供司土地幾尙餘空，帝携之地，曰："神姑讓我坐。"乃與生對席焉。秣陵人家，因皆供司土神於地。今到處多相沿此風。

《鑄鼎餘聞》卷三：

今吳俗墓祭，亦祀后土神於地。

《集說詮眞》：

《左傳》曰：君履后土而戴皇天。孔疏：以地神后土言之。后土者，地之大名也。

《周禮・大宗伯》曰：王大封，則先告后土。鄭注：后土，土神也。

《禮記・檀弓》曰：君舉而哭於后土。鄭注：后土，社也。

《周書・武成》曰：告於皇天后土。蔡傳：句龍爲后土。《五禮通考》曰：此以后土爲人神。

《禮記・祭法》曰：共工氏之霸九州，其子曰后土。孔疏：

共工後世之子孫，爲后土之官。《五禮通考》曰：此以后土爲土官。

《禮記》：南郊祀天，則北郊祭地矣。祀天就陽位，則祭地就陰位矣。

《文獻通考》載：漢文帝初，祭地以高帝配。漢平帝時，祭北郊以高后配。

《後漢書·世祖本紀》載：光武中元元年，改薄太后爲高皇后，配食地祇。

《通典》載：曹魏明帝景初元年，詔祀方丘所祭，曰皇皇后地，以舜妃伊氏配。北郊所祭，曰皇地之祇，以武宣后配。

《晉書·禮志》載：東晉成帝咸和八年，祀北郊以宣穆張皇后配。

《宋書·少帝紀》載：宋武帝永初三年，祀北郊以武敬皇后配。

《隋書·禮儀志》載：隋高祖文帝定祀典，祭皇地祇以太祖配。

《琅邪代醉編》曰：《書》云："皇天后土。"皇者大也；后即厚也。揚州后土夫人祠，塑像后土爲婦人像，謬矣。古者天子稱元后，諸侯則爲群后，若以后土爲婦人，則后夔、后稷亦可爲婦人乎？

《諸神誕辰》載：三月十八日，后土娘娘誕。

《中國古代宗教與神話考》：

願將我所分析的社神與后土的內容，作個結論，應該是：㈠

社自爲社，后土自爲后土。㈡后土是自初民社會所祭的"地母"神演來。因爲地母能生殖五穀，五穀由野生培植爲人工生產，是由婦女創造的，在女性中心社會時代即稱地母爲后土。㈢歷史上稱有夏爲夏后氏，適反映那個時代還是以母權爲中心；后土，可能是有夏之世尊稱"地母"之名。社的涵義，當然是男性地神。

【案】后土，是與上帝相對應、總司土地的大神。祂成爲國家一級的土地大神的時間，不會很早。從《山海經》以及《左傳》、《周禮》、《禮記》等記載來看，關於后土的身份、來歷的解釋，說法歧異，莫衷一是。有說是人名的，有說是官名的，有說是神名的。西漢文帝時，始從新垣平議，由國家統一祭祀地祇，卽后土，武帝以後遂成定制。歷代封建皇朝皆列入祀典，成爲與皇天上帝相對應的大神，民間遂有后土主幽都之傳說。由於古人認爲天陽地陰，所以自西漢末至南北朝，祭祀后土常以皇后配享，隋以後始以皇帝配。也許正由於此，民間自唐以下，后土祠每塑婦人神像，稱之爲后土娘娘。后土本爲大地之神，由皇帝專祀，唐以後則民間亦得奉祀祝禱。據《通俗編》，民間喪禮皆祀后土，仍沿襲后土主幽都之舊俗也。

城　　隍

《禮記·郊特牲》：

　　天子大蠟八。（鄭注：所祭有八神也。水庸七。）祭坊與水庸，事也。（鄭注：水庸，溝也。孔疏：坊者所以畜水，亦以障水，庸者所以受水，亦以泄水，謂祭此坊與水庸之神。）

《北齊書·慕容儼傳》：

　　（儼）鎮郢城。始入，便爲梁大都督侯瑱、任約率水陸軍奄至城下，於上流鸚鵡洲上造荻洪竟數里，以塞船路。城中先有神祠一所，俗號城隍神，公私每有祈禱。於是順士卒之心，乃相率祈請，冀獲冥祐。須臾，冲風欻起，驚濤湧激，漂斷荻洪。

《隋書·五行志》：

　　梁武陵王紀祭城隍神，將烹牛，有赤蛇繞牛口。

《李太白全》集卷二《九鄂州刺史韋公德政碑》：

　　大水滅郭，洪霖注川，公乃抗辭正色於城隍曰："若三日雨不歇，吾當伐喬木焚清祠。"其應如響。

《古今圖書集成·神異典》引《廣異記》：

　　開元中滑州刺史韋秀莊來城樓，忽見一人長三尺許，紫衣朱冠參謁，曰即城隍之主，"黃河之神欲毀我城，以端河路，我固不許。後五日當大戰於河濱，恐力不禁，求救於使君。若得二千人持弓弩物色相助，必捷。"至期，秀莊率勁卒二千登城。河中忽晦，須臾有白氣直上十餘丈，樓上有青氣出相縈繞。秀莊命射白氣，氣形漸小至滅，青氣獨存，逶迤如雲峰狀，還入樓中。初，黃河近城下，此退至五六里。

《金石萃編》卷一五六張瑀《華州城隍神新廟記》：

　　唐昭宗乾寧三年，藩臣李茂貞犯京師。韓建請昭宗幸華州，夜袖劍詣行宮，欲刺殺之。將及御屋，有神人厲聲曰："汝陳許間一卒爾，蒙天子厚恩至此，輒敢為弑逆事乎？"倉皇出。明訪之，乃華州城隍。（光化元年封為清安侯）

《集說詮真》：

　　《册府元龜》載：後唐廢帝清泰元年十一月，詔杭州地隍神改封順義保寧王，湖州城隍神封阜俗安成王，越州城隍神封興德保國王。

　　又載：五代後漢隱帝乾祐三年八月，封蒙州城隍神為靈感王。

《太平廣記》卷一二四：

　　唐洪州司馬王簡易者，常暴得疾，夢見一鬼使，自稱丁郢，手執符牒，云奉城隍神命，來追王簡易。

《古今圖書集成·神異典》引《中吳紀聞》：：

　　吳俗畏鬼，每州縣必有城隍神。開元末，宣州司戶卒，引見城隍神。所居重深，殿宇崇峻，侍衛甲仗嚴肅。司戶既入，府君問其生平行事，曰："吾即宣城內吏桓彝也，爲是神管郡耳。"

《鑄鼎餘聞》卷三：

　　陸游《嘉泰會稽志》云：城隍顯寧廟，在子城內臥龍山之西南。自昔記載，皆云神姓龐，諱玉。按《唐書·忠義傳》，寶龐堅四世祖也。京兆涇陽人，魁梧有力，明兵法，仕隋爲監門直閣。李密據洛口，寖逼王都，玉以關中銳兵屬王世充擊之，百戰不屈。煬帝崩，乃率萬騎歸唐，爲越州總管，除梁州都督，召爲監門大將軍。卒贈工部尚書、幽州都督。初，王鎮越，惠澤在民，既卒，邦人追懷之，祀以爲城隍神。梁開平二年，吳越武肅王上其事，封崇福侯（《五代會要》作開平元年）。紹興元年，封昭祐公。淳熙三年封忠應王。

同上：

　　宋陳耆卿《嘉定赤城志》三十一云：城隍廟，在大固山東北，唐武德四年建。初，吳尚書屈晃妻夢與神遇，生子曰坦，有神變，能興雲雨。後與母俱隱山中。及是以屈氏故居爲州治，祀爲城隍神，水旱禱祈多驗。吳越王時，號興聖永安王，國朝政和中，以范守祖述請雨立應，賜額鎮安。建炎三年，封顯佑侯，慶元二年，進靈濟公。嘉定元年，進順利王。

《夷堅丁志》卷六"翁吉師"條：

　　崇安縣有巫翁吉師者，事神著驗，村民趨向籍籍。紹興辛巳九月旦，正爲人祈禱，忽作神言曰："吾當遠出，無得輒與人間事治病。"翁家懇訴曰："累世持神力爲生，香火敬事不敢怠，不知何以見舍？"再三致叩，乃云："番賊南來，上天遍命天下城隍社廟各將所部兵馬防江，吾故當往。"曰："幾時可歸？"曰："未可期，恐在多至前後。"自是影響絕息。嘗有富室病，力邀翁，嚴絜祭禱，擲玟百通，訖不下。至十二月旦，復附語曰："已殺却番王，諸路神祇盡放遣矣。"即日靈響如初。

《續文獻通考·群祀考》三：

　　元世祖至元五年正月，上都建城隍廟。

　　七年大都始建廟，封神曰祐聖王。文宗天曆二年八月，加王及夫人號曰護國保寧。

《明史·禮志三》：

　　洪武二年，禮官言："城隍之祀，莫詳其始，先儒謂既有社不應復有城隍。故唐李陽冰《縉雲城隍記》謂"祀典無之，唯吳越有之"。然成都城隍祠，李德裕所建，張說有祭城隍之文，杜牧有祭黃州城隍文，則不獨吳、越爲然。又蕪湖城隍廟建於吳赤烏二年，高齊慕容儼、梁武陵王祀城隍，皆書於史，又不獨唐而已。宋以來其祠遍天下，或錫廟額，或頒封爵，至或遷就傅會，各指一人以爲神之姓名。按張九齡《祭洪州城隍文》曰："城隍是保，眈庶是依"。則前代祭祀之意有在也。今宜附祭於岳瀆諸神之壇。"乃命加以封爵。京都爲承天鑒國司民升福明靈王，開封、臨濠、太平、和州、滁州皆封爲王。其餘府爲鑒察司民城隍威靈公，秩正二品。州爲鑒察司民城隍靈佑侯，秩三品。縣爲鑒察司民城隍顯佑伯，秩四品。三年，詔去封號，止稱某府州縣城隍之神。又令各廟屏去他神。定廟制，高廣視官署廳堂。造木爲主，毀塑像舁置水中，取其泥塗壁，繪以雲山。在王國者王親祭之，在各府州縣者守令主之。

《續文獻通考·群祀考》三：

明洪武二年正月封京都及天下城隍。

帝謂中書及禮官曰："城隍神歷代所祀，宜新封爵。"遂封京都城隍爲承天鑒國司民升福明靈王，開封爲顯聖王，臨濠爲貞祐王，太平爲英烈王，和州爲靈護王，滁州爲靈祐王，秩正一品。其餘府爲鑒察司民城隍威靈公，秩正二品。州爲靈祐侯，秩三品。縣爲顯祐伯，秩四品。

三年，詔天下府州縣立城隍廟，其制高廣各視官署正衙，几案皆同。置木主，撤塑像，取其泥塗壁，繪以雲山。九月，京師廟成，主用丹漆，字塗以金，旁飾龍文。迎主入廟，用王者儀仗，帝親爲文以告。二十年，京師改建廟，詔劉三吾，曰："朕設京師城隍，俾統各府州縣之神，以鑒察民之善惡而禍福之，俾幽明舉不得倖免。"

《春明夢餘錄》曰：城隍之名見於《易》，若廟祀則莫究其始。唐李陽冰謂城隍神祀典無之，唯吳越有耳。宋趙與時辨其非，以蕪湖城隍祠建於吳赤烏二年，不始於唐。然考記曰：天子大蜡八，伊耆氏始爲蜡，蜡祭八神，水庸居七。水則隍也，庸則城也。此正祭城隍之始。《春秋傳》：鄭災祈於四鄘，宋災用馬於四鄘。皆其證也。庸字不同，古通用耳。由是觀之，城隍之祭蓋始於堯矣。

《集説詮眞》：

《春明夢餘錄》曰：趙宋以來，城隍之祀遍天下，或錫廟額，或頒封爵，至或遷就附會，各指一人以爲神之姓名，如鎮江、慶元、寧國、太平、華亭、蕪湖等郡邑，皆以爲紀信、龍且。贛、袁、瑞、吉、建昌、臨江、南康皆以爲灌嬰是也。

《琅邪代醉編》載：姑蘇城隍乃春申君。按春申君初相楚，後請封於江東，考烈許之，因城故吳墟，以爲都邑。《吳志》亦云春申君嘗造蛇門以御越軍，其廟食於此也固宜。杭州城隍周新，廣東南海人，明永樂中爲御史，後爲湘江憲使，在內名爲寒鐵，在外稱爲神明。後因紀綱之謗被害。彭參政作公傳曰：上常見衣紅者立日中，問爲誰，云："臣周新，上帝以臣剛直，命爲城隍"云。

《月令廣義·歲令一》：

天下城隍名號不一。世傳今燕都城隍爲文丞相，蘇州城隍姓白，杭州城隍即胡總制，近更周御史。

《陔餘叢考》卷三五"城隍神"條：

王敬哉《多夜箋記》，謂城隍之名見於《易》，所謂"城復於隍"也。又引《禮記》：天子大蜡八，水庸居其七。水則隍也，庸則城也。以爲祭城隍之始固已，然未竟名之爲城隍也。城隍之祀蓋始於六朝也，至唐則漸遍。《唐文粹》有李陽冰〈縉雲縣城隍記〉，謂城隍神祀典所無，唯吳越有之。是唐初尚未列入祀典。《張曲江集》有祭洪州城隍神文，杜甫詩有"十年過父老，幾日賽城隍"之句，《杜牧集》有祭城隍祈雨文，則唐中葉各州郡皆有城隍。五代錢鏐有《重修墻隍神廟碑記》，書大梁開平二年，歲在戊辰。顧寧人謂以城爲墻，以戊爲武，蓋以朱全忠父名誠，曾祖名茂琳，故避其嫌名而改。陸放翁《寧德縣城隍廟記》，所謂唐以來郡縣皆祭城隍是也。《宋史》：蘇緘殉節邕州，後交人入寇，見大兵從北來，呼曰："蘇城隍來矣。"交人懼，遂歸。又范旺守城死，邑人爲設像城隍以祭。張南軒治桂林，見土地祠，令毀之，曰："此祠不經，自有城隍在。"或問，"既有社，莫不須城隍否？"曰："城隍亦贅也，然載在祀典。"是宋時已久入祀典也。洪景盧《夷堅志》：滑世昌所居應被火，而城隍救之殿前。程某部綱馬濟江，以不祭城隍神，而馬死過半。鄱陽城隍誕辰，士女多集廟下，命道士設醮。張通判之子病祟，乞路當可符法治之，俄有一金紫偉人至，路詰之曰："爾爲城隍神，知張氏有鬼祟，何不擒捉？"朱琮妾以妻王氏妬，至於自刎，遂爲祟。朱請閣皂山道士禳之，道士牒付城隍廟拘禁。是時城隍之祀，一如郡縣有司官，與今制大略相同矣。

《茶香室叢鈔》卷一六：

《太平廣記》引《報應錄》云：唐洪州司馬王簡易見城隍神，

是唐時城隍之神已主冥籍，如今世所傳矣。

《茶香室四鈔》卷二十：

宋趙與時《賓退錄》云：城隍神之姓名具者，鎮江、慶元、寧國、太平、襄陽、興元、復州、南安諸郡、華亭、蕪湖兩邑，皆謂紀信；隆興、贛袁、江吉、建昌、臨江、南康，皆謂灌嬰；福州、江陰爲周苛；眞州、六合爲英布；和州爲范增；襄陽之谷城爲蕭何；興國軍爲姚弋仲；紹興府爲龐玉，實龐堅四世祖，事具《唐書·忠義傳》，蓋嘗歷越州總管；鄂州爲焦明，《南史》焦度之父也；台州屈坦，吳尙書僕射晃之子，今州治其故居；筠州應智頊，唐初州爲靖州時刺史；南豐游茂洪，開元間嘗知縣鎭；溧水白季康，唐縣令也。唯筠之新昌祀西晉邑宰盧姓者，紹興之嵊祀陳長官，慶元昌國祀邑人茹侯，三者不得其名耳。按神道亦隨時興廢，今諸神未知尙有仍舊者否？姑記此博異聞。

《茶香室四鈔》卷二十：

宋趙與時《賓退錄》云：《章貢志》謂漢高帝六年命灌嬰略定江南。考紀及傳，灌嬰踪迹未嘗到江南。洪駒父《豫章職方乘》，亦謂灌嬰在漢初定江南，故祀以爲城隍神。今江西郡縣城隍，多指爲灌嬰。友人蕭子壽大年考《功臣表》，始知定江南者爲陳嬰，流俗所傳，誤其姓耳。

按光緖十八年江西修省城隍廟，曉峰中丞德馨作碑文，亦以爲是灌嬰。蓋沿誤既久，不能正也。

《鑄鼎餘聞》卷三：

唐李陽冰《縉雲縣城隍記》云："城隍神，祀典所無，唯吳越有之。"（均案：似唐初城隍尚未列祀典）又張說有祭荊州城隍文，許遠有祭睢陽城隍文，韓愈有祭袁州及潮州城隍文，杜牧有祭城隍祈雨文，李商隱有祭兗州城隍文、為懷州李使君祭城隍文、桂州賽城隍文、祭桂州城隍神祝文，又有賽城隍文，曲信陵有祭城隍文。杜甫、羊士諤皆有賽城隍詩。又李德裕建成都城隍廟。（均案：此唐時城隍廟。）

又各處城隍皆以人鬼實之。蘇州則《中吳紀聞》云春申君，鎮江則陸游記云紀信，寧波則袁桷《延祐四明志》引舊志亦曰紀信。又昌國州城隍，宋建炎四年賜額曰惠應，引舊志云鄉人茹侯。燕都則《月令廣義》云文天祥，後為楊椒山。杭州為周新，濟南則《歷城縣志》云一姓楊，一姓趙，諱景文。

《餘冬序錄》云：蕪湖城隍，建於吳赤烏二年。（均案：此後人祀城隍神於赤烏古祠，當時未必有。）

《集說詮真》：

《五禮通考》：夫聖王之制祀也，功施於民則祀之，能御災捍患則祀之。況有一物，則有一物之神，近而居室飲食，如門井戶灶中霤，尚皆有祀，矧夫高城深溝，為一方之屏翰者哉！孟子曰：鑿斯池也，築斯城也，與民守之，效死而民弗去。是城隍直與地方民物相依為命，誠不殊於社稷矣。民為貴，社稷次之，其祀顧不重歟？但社稷所以養人，而城隍則所以衛人，且城隍為城，亦土之功用，則社宜足以該之。然而古人必別有水墉之祭，而後世且盛於社稷者，竊意三代時封建法行，分茅胙土，首重社稷，即降而卿大夫，莫不有采地，下而農夫，亦有井田，衣租食力，專以土穀爲重，故自天子諸侯而外，大夫以下，成群置社，祈焉報焉，如是而已，至城與隍，不過秩百神之列，而掌饗之，亦其宜也。後世易封建爲郡縣，而兵戈盜賊、戰攻防守之事起，遂專以城池爲固。守土之臣，齋肅戰慄而嚴事之，平時則水旱疾疫於以祈禳，有事則衛民御敵，於焉請禱，亦理勢之不得不然者也。

城隍之神，不見於經，說者乃推本於八蜡之水庸，亦似有理。其昔微今盛，則由封建變爲郡縣，故城隍之保障特重。蓋禮與時宜，則神隨代立。其體制則洪武初年爲壇立主，與社稷同，最得古意。然尸法既亡，塑像亦近尸之意。愚民疑耳而信目，文告不如象設之竦觀而懾志也。則立廟塑象，亦不可厚非者爾。至如紀信、灌嬰、尤龍、蘇緘之事，則近乎誕矣。然達觀之，亦如古之配食者然，何足深怪哉？若夫誕辰之祝，夫人之封，則附會太甚，固不足辨耳。

《新齊諧》載：康熙間，隴西城隍塑黑面而髯者，貌頗威嚴，忽於乾隆間，改塑像爲美少年。或問奄僧，僧曰：“聞之長老云：雍正七年，有謝某者，年甫二十，從其師在廟讀書。夜間先生出外，謝步月吟詩，見一人來禱，乃隱於神後伺之，聞其祝曰：“今夜若偷物有獲，必具三牲來獻”，方知是賊也。心疑神乃聰明正直之人，豈可以牲牢動乎？次日賊竟來還願。生大不平，作文責之。神夜托夢於其師，將降生禍。師醒後，問生，生抵賴，師怒，搜其篋，竟有責神之稿，怒而焚之。是夜神踉蹌而至，曰：“我來訴爾弟子不敬神明，將降以禍，原不過嚇嚇他。你竟將他文稿燒化，

被行路神上奏東岳,登時將我革職拿問,一面將此城隍之位,奏
明上帝,即將汝弟子補缺矣"。唏嘘而退。未三日,少年卒,廟
中人聞呼騶聲,云是新城隍到任。嗣後塑像者,易黑鬚之貌爲美
少年。"按:城隍塑像,或黑面或白面,悉由住持僧道主之,往
往更換新式,聾人供奉。雖然,其捏造緣由,頗有曲致,該僧亦
譎矣哉!

同上:

《上海縣志》載:上海城隍乃秦裕伯,字景容,直隸大名府
人,元末避地揚州,轉徙上海。明太祖洪武二年,應召起爲代制。
後知隴州,卒。順治十年,海寇犯縣治,王總兵誣民通賊,周巡
撫惑其說,將俟鷄鳴縱戮。是夕,周見裕伯神降,搖首數四,遂
釋。

《破除迷信全書》:

現在全國中,沒有一城沒有城隍廟,而且城隍又按時於清明
節及陰曆七月十五日的上元等節出巡,儼然如同省長出巡一般。
其實在上古時,不過是將城隍列在八腊神的第七位,就是所說的
溝渠神。(又名水庸)當北齊時,(紀元後五六一年)有名慕容儼的說:
"禱城隍得了祂的呵護。"唐明皇時,(紀元後七一三年)張說、
張九齡等,均有祭城隍文字;當時不過僅有此種神名,并未立
廟,且并未塑像。後唐清泰年間,(紀元後一〇三〇年)又封祂爲
王爵;也不過僅有此種神名,且不是遍地奉祀,就好像五通神,
只行於江南一般。直到宋朝以後,才算是爲各地共同所奉祀的,

似乎從前不認城隍爲神的，宋朝以後，也認祂爲神了；這就如同宋朝以前是分爲若干國，直到宋朝才統一天下一般。其實若是眞神，那有隨人的心理妄加擺弄的呢？可是當時也未見得爲城隍立廟。其間經過了元朝，直到明初時，國家對於城隍的敬禮，就又隆重了不少；因爲并不是空空的虛祭，而且還又建下壇，又加封府城隍爲公爵，州城隍爲侯爵，縣城隍爲伯爵，算是越弄越好看了。後來以爲設壇不甚體面，因爲只在平地上堆上一堆土，大不是敬神的禮，於是在洪武二十年，又下詔於各府州縣改建城隍廟，要照着府州縣衙門的款式，從事建築；并且還要設下審判的座位，一如縣州府官升堂退堂一般。至於現在城隍廟中，又添建上城隍奶奶的卧房，以及兩廊的各號房中所塑的觸目驚心的各等怪像，則又是明朝以後，人的心理作用；因爲當明朝時，并沒有城隍奶奶及兩廊的名稱。可是明朝時只有泥塑的像，沒有木刻的像，但是現今各地城隍廟中，都有兩座城隍像，一座是泥塑的，是永遠不動的；一座是木雕的，是好抬着出巡的；這種對於敬拜城隍的心理，却又見花樣出奇了。

從這一段城隍神的歷史看來，原是歷代踵事增華步步養成的。起初是當田功告成時，聚攏八神共同加以祭祀，就是所說的八腊，城隍僅屬第七腊，歷代竟踵事增華的從事畫蛇添足，撇棄那第一腊第二腊（后稷）直到第八腊於背後，亦可見人情對於神也是分厚薄了。老實說來，這并不是敬神，實是慢神的了，況且起初不過以城隍是管理田間的溝渠水道，歷代帝王竟授與生死的大權，尤見得是不倫不類的了。

《中國古代宗教與神話考》：

陸蟜一名，《觀堂集林·邾公鐘跋》嘗有說明，云：“蟜字，從蚰，辜聲。辜，古墉字。以聲類求之，當是螽。陸螽，即陸終也。”郭沫若先生更謂“蟜即融字，陸融也即是祝融”。祝融事迹，除故書雅記的傳說爲“高辛氏火正”外，《玉篇》引《世本》與《呂覽·勿躬篇》又都說“祝融作市”。市與城的建築往往相因，所謂“作市”，或因“作城”而來。春秋時代有火災的國家，必祀城墉，如《左傳》說：宋災，祝宗用馬於四墉，祀盤庚於西門之外（襄公九年）。鄭災，禳火於玄冥回祿，祀於四墉（昭公十八年）。四墉，杜預注都訓爲城墉。陸蟜，應該是城墉之神，也即魏晉以來所謂“城隍”了。

“祝融”之原始神格，爲水庸，爲城隍，而後世習以爲火神者，或以都邑遇了火災，必祈禳於城墉之故。

【案】城隍神在中國民間信仰中極爲重要。一般的看法，以爲即《禮記》天子八臘中的水庸神。水庸，即溝渠，古代城市多有護城溝渠，所以以祂爲城市守護神，也是很自然的。但正式稱爲城隍神，則始見於《北齊書》。（或誤吳赤烏二年蕪湖已有城隍廟，但并無確證。）從《隋書》等的記載來看，南北朝時對城隍神的信仰已不局限於個別地區了。城隍神信仰的普遍流行，是在唐宋兩代。城隍神本是自然神，但從隋唐開始，逐漸形成正人直臣死後成爲城隍神的觀念。（當時盛行“人之正直，死爲冥官”的信仰，而城隍在唐代已成爲冥官）這種觀念到宋代又得到極大發展，并一直影響到近代。城隍神的職掌，從《北齊書》來看，主要還是負守護城池之責任。而到唐代，不僅守禦城池，保障治安，而且當地的水旱吉凶、冥間事物全都委託給祂。宋代則士人的科名桂籍也歸其掌轄。總之，城隍已成為直接對上帝負責的地方最高神了。唐代已有封爵之舉，五代時又陸續加封為王。城隍神的分布，南北朝時尚局限於南方幾個地區，中唐以後已相當普遍，至宋代則幾乎天下府州縣城皆立廟奉祀，列入祀典。元代甚至有所謂都城隍，成為國家的守護大神了。關於城隍神在唐宋盛行的原因，清代學者秦蕙田在《五禮通考》中說得較好。（見《集說詮真》引）他認為"聖王之制祀也，功施於民則祀之"，古代以土穀為重，所以自天子以下重社稷神，後世易封建為郡縣，專以城池為固，"於焉請禱，亦理勢之不得不然者也。"唐宋時代，我國封建統治高度發展，城市人口集中，商業繁榮，地位日顯重要，作為城市守護神的城隍，當然香火就日益旺盛起來。由於城隍信仰在民間影響擴大，道教也千方百計把祂納入自己的體系之中，以祂為剪惡除凶，護國安邦，旱時降雨，澇時放晴，并管領一方亡魂之神。明太祖朱元璋登基之初，極力利用民間信仰以鞏固自己的統治，自然不會忽視城隍神的作用。他對禮臣說："城隍神歷代所祀，宜新封爵。"於是大行封賞，除了六個王爵外，所有的府城隍皆封公，州城隍皆封侯，縣城隍皆封伯。至洪武三年，他整頓祀典，取消諸神的爵稱，城隍也都按其行政建制稱某府某州某縣城隍之神。同時他又下令仿照各級官府衙門的規模建造城隍廟，供奉木主，"以鑒察民之善惡而禍福之，俾幽明舉不得倖免”，企圖利用這種民間信仰，不僅在政治上，而且在精神上也實行對人民的全面統治。又命令各級官員赴任時，都要向城隍神宣誓就職，從而借助人們對當地城隍神的信仰來強化各級地方官的地位及其行政權力。正因為城隍神與各級封建官府緊密聯繫在一起，所以人們對城隍神的信任也逐漸減弱。在明、清的民間傳說和文學作品中，城隍神常被作為封建地方官吏的象徵，因其貪污、殘暴、腐敗無能而受到抨擊和嘲笑。除了《集說詮真》所引《新齊諧》的一則故事外，我們在《聊齋志異》中，還可以看到不少這類故事。

土　　地

《風俗通義·祀典》：

　　《孝經說》：“社者，土地之主，土地廣博，不可遍敬，故封土以爲社而祀之，報功也。”《周禮說》：“二十五家置一社。”但爲田祖報求。《詩》云：“乃立冢土。”又曰：“以御田祖，以祈甘雨。”

　　王利器校注：《白虎通·社稷》篇：王者所以有社稷何？爲天下求福報功。人非土不立，非穀不食，土地廣博，不可遍敬也，五穀衆多，不可一一而祭也，故封土立社，示有土也。稷，五穀之長，故立稷而祭之也。稷者，得陰陽中和之氣，而用尤多，故爲長也。”《御覽》五三二引《禮記外傳》：“國以民爲本，人以食爲天，故建國君民，先命立社，地廣穀多，不可遍祭，故於國城之內，立壇祀之，親之也，日用甲，尊之也。”

　　《漢書·五行志》中之下注：“臣瓚曰：“舊制，二十五家爲一社。而民或十家五家共爲田社，是私社。”””

同上：

　　謹案：《春秋左氏傳》曰：“共工氏有子曰句龍，佐顓頊，能平九土，爲后土，故封爲上公，祀以爲社，非地祇。”

《重修緯書集成》卷五《孝經援神契》：

社者，五土之總神。土地廣博不可遍敬，故封土爲社而祀之，以報功也。以句龍生時，爲后土官，有功於土，死配社而食。

社者，土地之神，能生五穀。句龍第配食爾。

《獨斷》：

先儒以社祭五土之神。五土者，一曰山林，二曰川澤，三曰丘陵，四曰坟衍，五曰原隰。明曰社者，所在土地之名也。凡土之所在，人皆賴之，故祭之也。若唯祭斯五者，則都邑之土，人不賴之乎？且邑外之土，分爲五事之外，無餘地也。何必歷舉其名乎？以此推之，知社神所在土地之名也。又問曰：社既土神，而夏至祭皇地祇於方丘，又何神也？答曰：方丘之祭，祭大地之神；社之所祭，乃邦國鄉原之土神也。

《後漢書·方術傳下》：

（費長房）能醫療衆病，鞭笞百鬼，及驅使社公。

《搜神記》卷五：

蔣子文者，廣陵人也。漢末爲秣陵尉，逐賊至鍾山下，賊擊傷額，有頃遂死。及吳先主之初，（見故吏）謂曰："我當爲此土地神，以福爾下民。爾可宣告百姓，爲我立祠，不爾，將有大咎。"於是使使者封子文爲中都侯。

《搜神記》卷十五：

　　會稽賀瑀，字彥璩，曾得疾，不知人，惟心下溫，死三日，復甦。云："吏人將上天，見官府。入曲房，房中有層架。其上層有印，中層有劍，使瑀惟意所取，而短不及上層，取劍以出。門吏問何得，云："得劍。"曰："恨不得印，可策百神。劍，惟得使社公耳。""疾瘳，果有鬼來，稱社公。

《夷堅支志》景卷六"孝義坊土地"條：

　　慶元元年正月，平江市人周翁瘧疾不止。嘗聞人說瘧有鬼，可以出他處閃避，乃以昏時潛入城隍廟中，伏臥神座下，祝史皆莫知也。夜且半，見燈燭陳列，兵衞拱侍，城隍王臨軒坐，黃衣卒從外領七八人至廷下，衣冠拱侍。王問曰："吾被上帝敕命此邦行疫，爾輩各爲一方土地神，那得稽緩。"皆頓首聽命。其中一神獨前白曰："某所主孝義坊，誠見本坊居民家家良善無過惡，恐難用病苦以困之。"王怒曰："此是天旨，汝小小職掌，只合奉行。"神復白曰："旣不可免，欲以小兒充數如何？"王沉思良久曰："若此亦得。"遂各聲喏而退。周翁明旦還舍，具以告人，皆哂以爲狂譫，無一信者。至二月，城中疫癘大作，唯孝義一坊但童稚抱疾，始驗周語不誣。迨病者安痊，坊衆相率歛錢建大廟，以報土地之德。

《夷堅支志》癸卷四"畫眉山土地"條：

　　侯官縣市井小民楊文昌，以造扇爲業，爲人樸直安分。每售扇皆有定價，雖村人及過往收市，未嘗妄有增加。稍積餘錢，則專用養母，自奉甚薄，閭井頗推重之。一日出街，欻閃仆於地，若氣厥者。少頃復甦，語路人曰：“適間逢黃衣人，持文牒在手。外題云：“拜呈交代。”接而啓視之，云：“楊文昌可作畫眉山土地，替鄭大良。”我應之曰：“喏。”遂豁然而寤，此必不佳，吾甚以爲憂。”有與之善者，掖以還家。明日，別母與妻子，沐浴而逝。時慶元元年春也。歲晚，客至閩，楊之子因其來買扇，從客話及前事。客言：“畫眉山者，正在西川嘉州。郡人盡談今年二月內，多夢新土地上任。今比之昔時，頓覺靈顯，一邦奉事甚謹。”楊子乃知父爲神云。福州醫李翼說親睹其事。

《古今圖書集成・神異典》卷五四：

《春渚紀聞》：李右轄公素，初爲吉州永豐尉。夜夢二神赴庭，一神秉牒，見訴云：“某縣境地神也。被鄰邑地神妄生威福，侵境以動吾民。民因爲大建福宇，日罄牲牢之奉，某之祠香火不屬也。以公異日當宰衡天下，故敢求決於公。”公素爲抑鄰神越疆之罪，二神拜伏而出。既覺，聞報新祠火起，神座一爇而盡。

《古今圖書集成・神異典》卷四八引《駒陰冗記》：

中丞東橋顧公璘，正德間知台州府，有土地祠設夫人像。公曰：“土地豈有夫人！”命撤去之。郡人告曰：“府前廟神缺夫人，請移土地夫人配之。”公令卜於神，許，遂移夫人像入廟。時爲語曰：“土地夫人嫁廟神，廟神歡喜土地嗔。”既期年，郡人曰：“夫人入配一年，當有子。”復卜於神，神許，遂設太子像。

土 地

《古今圖書集成·神異典》卷五十引《河南府志》：

都土地廟，廟在宜陽縣西灣子北坡。傳聞此地舊係南北孔道，後周世宗微時過此，山路崎嶇難行，忽出一白髮老人，代為拉牽。及至平坦處，跪送於側，世宗問其故，老人對曰："臣本山土地也。"世宗慰之曰："朕異日果登極，封汝為都土地。"今廟重新，土人歲時享祀。

《古今圖書集成·神異典》卷四二引《漢沔記》：

襄陽漢水西村有廟名土地主府君，極有靈驗。齊永元末，龔雙任馮翊郡守，不信鬼神，過見此廟，因領人燒之。忽旋風絞火，有二物挺出，變成雙青鳥，入龔雙兩目，兩目應時疼痛，舉體壯熱，至明日卒。

《陔餘叢考》卷三五：

今翰林院及吏部所祀土地神，相傳為唐之韓昌黎，不知其所始。按《夷堅志》，湖州烏鎮普靜寺，本沈約父墓。約官於朝，嘗每歲一歸祭掃，其反也，梁武帝輒遣昭明太子遠迎之。約不自安，遂遷葬其父於金陵，而舍墓為普靜寺，故寺僧祀約為土地神。又《宋史·徐應鑣傳》：臨安太學，本岳飛故第，故岳飛為太學土地神。今翰林、吏部之祀昌黎，蓋亦仿此。

《茶香室叢鈔》卷十五：

《北夢瑣言》云：彭城劉山甫自言，外祖李公敬彝郎中宅，在東都毓財坊，土地最靈。按此則今人所謂當坊土地者，唐時已有之矣。

《茶香室叢鈔》卷十五：

國朝景星杓《山齋客談》云：吾杭仁和北鄉有瓜山土地祠。俗戲懼內者，曰：“瓜山土神，夫人作主。”吾友盧書蒼經其祠，視碑始知爲漢禰衡也。禰正平爲杭之土神，已不可解，乃更有懼內之說，則更奇矣。

《茶香室續鈔》卷十九：

宋張舜民《畫墁錄》云：北人信誓兩界，非時不得葺理城堞。李允則知雄州，欲展城無由，因作銀香爐，置城北土地堂。一旦使人竊去，遂大喧勃，踪迹去來，辭連北疆。紛紛久之，因興工起築。按：今所在皆有土地堂，據此則宋時已然矣。

《茶香室三鈔》卷十九：

國朝徐逢吉《清波小志》云：清波門城西二圖土穀祠，在方家峪口，祀大禹皇帝。按：吾邑烏山土地，稱堯皇土地，亦此類。

《茶香室三鈔》卷十九：

國朝顧震濤《吳門表隱》云：元墓各村有二十八處土穀神廟，祀漢雲台二十八將，皆宋時建。

《茶香室四鈔》卷二十：

《嘉祐雜志》載：吳春卿爲臨安宰，聞故老言：錢尚父方睡湯瓶沸。一小童以水注之。錢曰："吾方欲以水注瓶，此童先知吾意，不可赦。"遂殺之。後見其爲厲，乃封爲霸國侯，使永爲臨安土地。故塑像爲十餘歲小兒。今不知塑像何如，而土地之稱已轉而爲城隍矣。

《鑄鼎餘聞》卷三：

每社二十五家，後代謂之里社。《明史》：里社，每里一百戶，立壇一所，祀五十五穀之神。今通謂之土地祠。《孝經援神契》曰："社者，土地之主。"《論衡·譏日篇》曰："如土地之神，惡人擾動，雖擇日何益！"此社神稱土地之始。今世俗之祀土地，又隨所在，以人實之。如縣治則祀蕭何、曹參，翰林院及吏部祀唐韓愈，黟縣縣治大門內祀唐薛稷、宋鮮于侁，常熟縣學宮側祀唐張旭，俱不知所自始。若臨安太學祀岳飛，則因其故第也（見《宋史·徐應鑣傳》）。湖州烏鎭普靜寺祀沈約，則因寺僧本祀約也（見《夷堅志》）。若此者不一而足。

同上：

《齊民要術》載＜祝麴文＞曰：東方靑帝土公，南方赤地土公，西方白帝土公，北方黑帝土公，中央黃帝土公，主人某甲謹相祈請云云。

同上：

陳瑚尉遲土地廟序云：社以祀山林川澤原隰之神，謂之地祇；廟以祀先代之有功德者，謂之人鬼。今土地廟乃有陸宣公 、 子

胥、武侯、衞公之稱，則合地祇人鬼而一也。蓋自世以人實之，
於是二月二日之祀，或有移祀於配食者之降生日矣。抑知今之二
月二日，猶古之社也。《月令》：二月擇元日，命民社。

同上：

《左氏·昭二十九年傳》：社稷之神爲上公。杜注：用幣於
社，謂請救於上公。《後漢書·方術·費長房傳》，有社公之稱。
是天下之社神，通謂皆宜公。今訛爲土地公公，且蠱袍烏帽裝白
髮翁矣。（費傳云驅使社公，又云，此狸也，盜社公馬耳。）

同上：

《夷堅志》“史省斡”條云：一叟烏幘白衣，揖於庭內，史
趨下謝之，曰：“翁爲何人？”曰：“予乃住宅土地神也。”

《集說詮眞》：

《琅邪代醉編》載：宋臣張南軒治桂林，毀淫祠，堂後見土
地祠，令毀之，曰：“不經，況自有城隍在。”諸生問：“有社，
莫不須城隍否？”曰：“城隍亦爲贅也，然載在祀典。今州郡唯
社稷爲正。”

按：今之土地祠，幾遍城鄉鎮市，其中塑像，或如鶴髮雞皮
之老叟，或如蒼髯赤面之武夫。問其所塑爲誰，有答以不知爲何
許人者，有答以已故之正人某者，姓張姓李，或老或壯，言人人
殊，但俱稱爲土地公公。或祈年豐，或禱時雨，供香燭，焚楮帛，
紛紛膜拜，必敬必誠。

《破除迷信全書》卷十：

萬物土中生，地能載萬物，世人本此觀念，滋生出敬拜土地的事來。《禮記》上說：“郊社之禮，所以祀上帝也。”意思是多至祭天曰郊，夏至祭地曰社；社就是土地的簡稱。即如《公羊傳》上說：“社者，土地之主也。”《詩經》上說：“以社以方。”社就是五土之神，能生萬物的。古時天子祭天地，諸侯祭社稷；社稷就是土穀之神，意思是諸侯沒有祭天地的程度，只可以與土穀神交接。北京皇城內有社稷壇，爲四方形，分兩層，上層用五色土築成，乃是皇帝祭土神穀神的地方。至於論到鄉野間，雖然是十室之邑，亦必先立下一座小土地廟，廟多以石築成，尺寸不等，最矮者不過一二尺，神多以石鑿成。俗語曰：“土地土地，住在石頭屋裡。”就是指着此事說的。社會上對於土地的敬拜禮節，也不一律，乃是隨地隨意自由行動，有時於荒野間，見有高約一二尺的小土地廟，兩旁貼有對聯是：“石室無光月當燈，荒野無人風掃地。”則可見其對於土地的冷淡態度了。既本如此，又何必多此一番敬拜呢？

《破除迷信全書》卷九：

土地神又名社；敬土地神的日期，爲社日。萬物土中生，所以自古除敬天以外，即以敬土地爲要緊。《禮記》上說：“仲春之月，擇元日，命民社。”社就是后土。又說：“郊社之禮。”意思是多至祭天爲郊，夏至祭地爲社。唯後世社日，多在立春後第五戊日爲春社；立秋日第五戊日爲秋社。古時也說：“生而眉髮皆白者爲社公，又叫土地爺，亦稱天老。”直到如今，凡人年老,鬚髮白者,社會上就嘲為土地爺,又稱土地老,土地奶奶,也是如此。《提要錄》上說:"社公社母,不食歸水,社日必下雨,稱為社公雨。"陸龜蒙也有詩說:"幾點社公雨,一番花信風。"《海錄碎事》上說:"俗傳社日吃酒治耳聾。"這也是敬土地的迷信。唐時社日,婦女皆停作針線;有詩句說:"今朝社日停針線,起向朱櫻樹下行。"韓愈也有詩云:"白布長衫紫領巾,差科未動是閑人,麥苗含穗桑生椹,共向田頭樂社神。"可見土地爺連大賢如韓愈也是要信的。《史記》上說:"漢時六出奇計的陳平,當社日時,管着分肉,父老都稱道他分的均勻。平說:使我得宰治天下,也能如分肉一樣。後果相劉邦得天下。"這就見出土地神在漢時已為大興。

《北平風俗類徵·祠祀及禁忌》:

　　吏部、禮部、翰林院、詹事府衙門,皆奉祀昌黎韓文公為土地,然不知其何所據。(《水曹清暇錄》)

《民間新年神像圖畫展覽會》:

　　土地乃地力之神格化(參閱《禮記·郊特牲》);每一小塊之地皆有其神。今則此神已失其自然力之本義,而被人認為使人繁榮之好神。

《中國古代宗教與神話考》:

　　社稷之神稱為后土、后稷,牠們應當都是女性。《禮記·郊特牲》說:"社,祭土而主陰氣也。君南鄉於北牖下,答陰之義

也"，也還暗示社神原來是女性。可是漢代人民却稱地神爲社公，
如《五經異義》說，"春秋稱公社，今人謂社神爲社公，故知社
是上公。"(《郊特牲》正義引。) 有"社公"必有"社母"。《淮
南·說山》云，"東家母死，其子哭之，不哀。西家之子見之，
歸，謂其母曰，社何愛速死？吾必悲哭社。"高注，"江淮謂母
爲社，社讀雖家謂公爲阿社之社。""雖家"二字，意義不明；
"謂公爲阿社"，似因時俗"社公"之稱而云。由高注測之，兩
漢之世，北方皆祭社公，江淮一帶則祭社母。據《國語·魯語上》
云，"桀奔南巢"，韋昭解，"南巢，巢伯國，今廬江巢縣是
也。"《周書·殷祝》也說，"湯放桀於中野，桀與屬五百人去
居南巢"。南巢，地在江淮之間，這一帶人民似多夏后氏苗裔，
其稱母爲社，而祭"社母"，當然是夏后氏風俗的遺存。然則，
地神之稱"社母"，按宗教發展的過程說，確乎先於"社公"
了。
社母、社公，合并一祠祭祀，不知始於何時。《提要錄》社翁兩
條云，"社公社母，不食舊水，故社日必有雨，俗謂之社翁雨"。
可見以前民間的土地祠，一例的左社公，右社母，硬將地們配成
夫婦，當老兩口子并祀，其來久矣！說者以爲始於漢平帝元始五
年王莽奏請"夏至日，使有司奉祭北郊，高后配，而望祭群陰"
(詳《漢書·郊祀志下》)。此似是而非之說也。社神，民間常稱爲"后
土祠"。后字最原始的涵義，象母親育子形，社母，才是眞正
的"后土"，社公則是男性中心社會以後的產物。

【案】近代民間所信仰的土地神（簡稱土地），其影響不亞
於城隍，可以說凡有人烟處，都敬土地。土地的前身，叫社

神，也稱社公。在本編小叙中，我們談到原始宗教對土地崇拜之原因及形式，以及這種崇拜的演變過程。古人因為“土地廣博，不可遍敬，故封土為社而祀之”。統一王朝出現以後，抽象化的大地之神稱為地祇、后土，由皇帝專祀，而各諸侯國、大夫采邑、鄉里村社則奉祀管理本地區的社神，即《獨斷》所謂“社之所祭，乃邦國鄉原之土神也”。土地崇拜發展到這一階段，自然崇拜的性質已漸漸消失，轉化為具備多種社會職能的地區守護神信仰，人格化的傾向也已發生，如各地分別以大禹或勾龍等為本地區的社神。秦漢時進入專制主義中央集權社會，中間層次（諸侯、大夫）的社神隨着祂所依附的階層而消亡，盛行起來的是國家祭祀的后土神和各鄉里村社祭祀的較小地區的社神。在漢代，民間主要是里社民社信仰。它不僅是一種迷信形式，也是一種聚合本地區、本宗族力量的特殊的組織形式。西漢以後，社會組織結構逐漸變化，帶有原始村社殘餘的里社組織漸漸失去其現實的政治意義，原來的社神崇拜也就難以維持。於是，兼具多種社會職能，以單純的區域觀念為準則的土地神出現了。祂繼承了傳統的土地崇拜觀念，在民間得到普遍的信仰，但并無聚合作用，其人化現象也更加明顯。始見於文獻的是蔣子文，據說他在三國吳時成為鍾山的土地神。又說由於南朝梁武帝的大臣沈約將自己父親的墓地捐給了普靜寺，所以寺僧們尊沈約為土地。土地本來遍及城鄉，但自唐朝崇奉城隍，城市中以供城隍為主，於是在城裡土地的轄區縮小，成為城隍的下屬神，即後來所謂“當坊土地”。土地信仰的盛行是在宋

代。當時無論城鄉、住宅、園林、寺廟、山岳都有土地。祂
們的轄區已有明確的劃分（依行政區劃爲準，見《春渚紀聞》）與
城隍的統屬關係也更加清楚了。洪邁的《夷堅志》中，關於
土地的傳說相當多，有的布衫草履，如田夫狀；有的家室齊
全，老稚滿堂。並且常有某人死後受天帝任命爲某地土地的
叙述，而且土地也與陽世的官吏一樣，需要更代輪換。關於
古人將土地人神化的心理狀態，《古今圖書集成》所引《駒
陰冗記》中的一則有趣故事，就是很好的説明。經過種種變
遷，土地神在民間構成了與普通百姓最接近、慈善可親然而
神通有限的形象。明太祖朱元璋上台後，像對待城隍一樣，
革去土地的各種爵號，僅稱某地土地之神，讓其與鄉里的行
政機構相對應。但民間所祀土地，仍有王侯、將軍、府君、
夫人等稱呼。順便提一下，明代江南的土地廟，頗有一些是
供奉某某夫人的。這在土地崇拜的發展過程中，不能不説是
一個有趣的現象。

附：皮場大王

《古今圖書集成·神異典》卷五四：

《燕翼貽謀錄》：京師試於禮部者，皆禱於二相。二相者，
子游、子夏也。子游爲武城宰，子夏聘列國，不知何以得相之名。
今行都試禮部者，皆禱於皮場廟。皮場即皮剝也。建中靖國元年
六月，傳聞皮場土地主瘍疾之不治者，詔封靈貺侯。今廟在萬壽
宮之晨華館，與貢院爲鄰，不知士人之禱，始於何時，館因何而
置廟也。

《夷堅甲志》卷五：

席旦，字晉仲，河南人。事徽廟爲御史中丞，後兩鎮蜀，政和六年，終於長安。其子大光（益）終喪，後調官京師。時皮場廟頗著靈響，都人日夜捐施金帛。大光嘗入廟，識其父殁時一履，大驚憐。既歸，夢父曰：“我死即爲神，權勢甚重，不減在生作帥時。知汝苦窘用，明日以五百千與汝。”大光悸而寤，聞扣戶聲甚急，出視之，數卒挽一車，上立小黃幟云：“皮場大王寄席相公錢三百貫。”乃真銅錢也。

《夷堅三志》壬卷四“皮場護葉生”條：

皮場廟在臨安西湖者，其威靈不減汴都。處州士人葉生，游國學，賦性若痴昏，而誠敬在心，事神竭力，每月朔望，必一往拜謁，無間於寒暑風雪也。因省試下第無聊，念歸而囊無一錢可動，謂同舍曰：“吾因窮無策，明日當禱皮場乞三萬錢。”衆相與嗤笑。及還，有喜色，曰：“卜之杯珓，既許我矣，明日當得之。”衆曰：“如何送來？”曰：“殆不可知也。”明日兀坐，薄晚，有近郡太守倩鄰齋指名以百千招一習書者充館客，其人亦以失利不肯行。葉亟往自獻，鄰齋將付所迎之資，但請借三十千，約自鄉里省母，便道赴之，遂符昨數，皆以爲偶然耳。又須一夫力荷擔，復齋戒謝神之賜而申此請，衆曰：“此豈難辦，所患無錢，既有之何必荐瀆神祇。”拒不聽，復禱祠下，亦有喜色。臨束裝，杳無其人，迫於潮信，令齋僕齊行，衆曰：“此只可至江下，奈渡江乏便何！”葉曰：“吾所恃唯神，定非所慮。”長揖徑出。至午僕回，爭扣之，僕云：“葉上舍將上船，恰一鄉夫自江西來，無回驛，正與之是鄰人，欣然隨去矣。"於是始異之。
後數日，一同舍自越回，乃與葉同舟者，語士友曰："神哉！皮
場之靈，獨私於彼。是日，到中流，風雨驟作，吹僕帆檣，舟人
窘束無措，同載百人，驚怖誦經，而葉熟睡不知也。俄而風定檣
正，舟人云："方危急時，見金甲巨神，伏劍坐於篷上，不審爲
誰所事，實賴其陰助，獲免傾覆爾。"葉竦然改容曰："即吾香
火所奉皮場大王也，繪軸見在吾笥，適於夢寐中固睹之矣。""
臨川游祖武爲前廊學錄，親語其異。

《文獻通考·郊社考》二三：

徽宗建中靖國元年，封皮場土地廟神爲靈貺侯。其後累封明
靈昭惠王。

《茶香室叢鈔》卷十五：

余寓吳下，見盛家濱有皮場大王廟。始不知何神，後聞杭州
亦有之。考之《西湖志》，乃得其姓名。神姓張名森，相州湯陰
人。縣故有皮場鎮，萃河北皮韓蒸潰產蝎，螫人輒死。神爲場庫
吏，素謹事神農，禱神殺蝎。鎮民德之，遂立祠。宋時建廟汴京
顯仁坊。建炎南渡，有商立者齎神像至杭州，舍於關山看江亭，
因以爲廟。顯仁坊之廟至金時猶在。

元吳自牧《夢粱錄》云：惠應廟即東都皮場廟。按《會要》
云，神在東京顯仁坊，名曰皮場土地祠。中興隨朝到杭，累加號
曰明靈昭惠慈佑王，神妃封曰靈婉嘉德夫人、靈淑嘉靖夫人。按
廟刻曰，其神乃古神農，於三皇時都曲阜，世人食腥膻者率致物

故，因集天下孝義勇烈之士二十四人，分十二分野，播種採藥至今，於世極有神功。兩廡奉二十四仙醫使者，自漢唐至今，殲寇助順，聖迹不可殫紀。按：此恐不足據，若是神農氏，則古皇也，豈可封之爲王，封其妃曰夫人乎？

【案】皮場大王，卽皮場土地。宋代信仰極甚，先封侯，後封王，其廟不限一地，分布於開封、杭州、蘇州等地，亦土地中之特例。關於其身份，有席旦、張森、神農氏三種說法。其所以附會神農，是因爲相傳皮場土地治病最爲靈驗。則宋人實際上是把祂作爲藥王供奉的了。

門　　神

《月令廣義·正月令》：：

　　《神隱》：元旦三更迎灶畢，釘桃符，書聻，畫重明鳥，貼門神鍾馗於門，以避一年之祟。

　　黃帝之時，神荼鬱壘兄弟二人性能執鬼於桃樹下。今人畫其像於桃版，列於門戶，書其名於下。

《月令廣義·十二月令》：

　　道家謂門神左曰門丞，右為門尉。蓋司門之神，其義本自桃符，以神荼郁壘避邪，故樹之於門。後世畫將軍朝官諸式，復加爵鹿蝠喜寶馬瓶鞍等狀，皆取美名，以迎祥祉，世俗傳來既久，未考昉於何代。

《通俗編》：

　　《禮·祭法》：大夫三祀，門、行、族厲。《王制》：大夫祭五祀，謂司命、中霤、門、行、厲也。《喪大記注》：君釋菜，以禮禮門神。門神二字見此。今謂其左曰門丞，右曰戶尉，蓋本自道家書。《楓窗小牘》：靖康以前，汴中門神多翻樣，戴虎頭盔。而王公之門，至以渾金飾之。

《茶香室續鈔》卷十九：

國朝惲敬《大雲山房雜記》云：《漢書·廣川王去疾傳》：殿門畫成慶短衣大褲長劍。此門神之始也。

按：世以門神為神荼、鬱壘之遺像。然神荼、鬱壘本《風俗通義》云，除夕飾桃人，垂葦茭，畫虎於門。則所畫者虎也，非人也。今世畫勇士於門，恐非神荼、鬱壘之謂。惲氏此說似得之。但今所畫者，不必實有其人耳。

《集說詮眞》：

顧錄《清嘉錄》云：門神，俗畫秦叔寶、尉遲敬德之像，彩印於紙，小戶貼之。案趙與時《賓退錄》云：除夕用鎮殿將軍二人，甲冑裝。門神亦曰門丞，道家謂左曰門丞，右曰戶尉。吳穀人《新年雜咏·小序》云：門為五祀之一。司門之神，昉自桃符，以神荼、鬱壘能辟邪也。靖康以前，汴中門神多番樣，戴虎頭盔，王公之門，至以渾金飾之。《雜志》又稱後世多畫將軍朝官，復加爵鹿蝠鵲馬寶瓶鞍之狀（繪爵樽，借作爵秩；鹿，借音榮祿；蝙蝠，借音景福；喜鵲，借作喜慶；馬，借作驛馬；元寶，借音馳報；瓶、鞍，借音平安。繪此八事，取爵祿福喜馬報平安八字之義），皆取美名以嘉祉。顧雪亭《土風錄》云：俗多用秦叔寶、尉遲敬德，蓋本唐小說。《吳縣志》謂門神彩畫五色，多寫溫、岳二神之像。

《新搜神記·神考》：

今世俗相沿，正月元旦或畫文臣，或書神荼、鬱壘，或畫武

將，以爲唐太宗寢疾，令尉遲恭、秦瓊守門，疾遂瘳。皆小說之
言也。

《破除迷信全書》卷十：

有人說是神荼、鬱壘是門神，乃是本於《風俗通》及《荆楚
歲時記》。還有不指出是誰，只說是有門神；即如《禮·喪大記
注》上說："君釋菜，以禮禮門神。"這是泛泛的說有一個門神
就是了。及到後世，以爲只說有門神，而不指出人誰來；一來恐
怕有冒充的，二來還於心不安，於是才打算找出人名來充充數；
所以有的說門神是成慶。按成慶本是古時的一個勇士，在漢朝時，
殿門上就畫著他的像，穿的是短衣大褲，持的是長槍。又有的說：
"門神乃是戰國時刺秦始皇未刺中的荆軻。"還有的以爲是唐朝
時的功臣秦瓊，所以北幾省中各家大門以內，都要供養一位門
神，兩旁貼的對聯是"昔爲唐朝將，今作鎮宅神。"還有連秦瓊
與神荼、郁壘一齊都敬拜的。神不嫌多，於此可見。

《北平風俗類徵·祠祀及禁忌》：

門神皆甲胄執戈，懸弧佩劍，或謂爲神荼、郁壘，或謂爲秦
瓊、敬德，其實皆非也，但謂之門神可矣。夫門爲五祀之首，并
非邪神，都人神之而不祀之，失其旨矣。（《燕京歲時記》）

《民間新年神像圖畫展覽會》：

此種門神之功用乃以威武之形狀恐嚇邪魔，防止其侵入家門。
且彼等守護門庭，多少具有祈福之義焉。

【案】門神在中國民間也是受到廣泛信仰的。但是對於門神的理解，則是五花八門。有的說是鍾馗，有的說是神荼、鬱壘，有的說是秦瓊、尉遲恭，有的說是溫、岳二元帥，等等。也有人乾脆說門神就是門神，但畫勇士於門卽可，不必實有其人。其實如果我們根據時代的不同，功用的差別，對這些五花八門的門神作一番具體分析，門神的基本面貌是可以搞清楚的。

門　　戶

《禮記‧王制》：

　　大夫祭五祀。（鄭注：「五祀謂司命也，中霤也，門也，行也，厲也。」）

《禮記‧祭法》：

　　大夫立三祀，曰族厲，曰門，曰行。適士立二祀，曰門，曰行。庶士庶人立一祀，或立戶，或立灶。（鄭注：小神居人之間，司察小過，作譴告者爾。門戶主出入，往主道路行作。）

《禮記‧月令》：

　　孟春之月其祀戶。

　　注：春陽氣出，祀之於戶內陽也。疏：戶是人之出入，戶則有神。故《祭法》注七祀云小神居人之間，司察小過，作譴告者爾。

孟秋之月其祀門。

注：秋陰氣出，祀之於門外陰也。疏：門在外，故云外陰也。則門神陰氣之神。是陰陽別氣在門戶者，與人作神也。

《初學記》卷四：

《玉燭寶典》曰：正月十五日，作膏粥以祠門戶。《荊楚歲時記》曰：今州里風俗，望日祭門，先以楊枝插門，隨楊枝所指，仍以酒脯飲食及豆粥插箸而祭之。

【案】古代祀典中本有五祀（又有七祀），所祀皆小神。究其本源，乃原始的自然崇拜。原始崇拜認爲凡與人們日常生活有關的事物皆有神在，五祀所奉，皆對人們居處出入飲食有用之事物，故祭之以報德。這當是門神觀念的最早來源。至於說門神是陰氣之神，或謂其居人閒司察小過以作譴告，則是門神職能社會化以後的事了。這種觀念漢晉時較流行。《玉燭寶典》及《荊楚歲時記》所載，尚是這種信仰的遺風。以後五祀僅作為國家祀典中的一部分儀式，民間所信仰的門神、灶神等已與其原始形態風馬牛不相及了。

神荼　鬱壘

《風俗通義·祀典》：

《黃帝書》："上古之時，有荼與鬱壘昆弟二人，性能執鬼，度朔山上立桃樹下，簡閱百鬼，無道理，妄爲人禍害，荼與鬱壘

神荼·鬱壘

縛以葦索，執以食虎。”於是縣官常以臘除夕飾桃人，垂葦茭，
畫虎於門，皆追效於前事，冀以衞凶也。虎者，陽物，百獸之長
也，能執搏挫銳，噬食鬼魅，今人卒得惡悟，燒虎皮飲之，擊其
爪，亦能辟惡，此其驗也。

王利器校注：《文選東京賦》注、《禮儀志》中注、《書鈔》
一五五、《御覽》八九一、《歲時廣記》引“荼”上有“神”字。
《論衡訂鬼》篇、《禮儀志》中注引《山海經》及《論衡·亂龍》
篇、《獨斷》上俱作“神荼”。又《類聚》八六、《御覽》九六七、
《路史餘論》三引“鬱壘”作“鬱律”，慧琳《音義》十一引云：
“又一名郁律。”宋本《續漢書·禮儀志》中注、《歲時廣記》
引作“郁櫑”，又引《山海經》作“郁儡”。《玉燭寶典》一引
莊子：“斫鷄於戶，縣葦灰於其上，揷桃其旁，連灰其下，而鬼
畏之。”《淮南·詮言》篇：“羿死於桃棓。”注：“棓，大杖，
以桃木爲之，以擊殺羿，自是以來，鬼畏桃也。”《漢書·景十
三王傳》：“取桃灰毒藥并煮之。”蓋所以禁陶望卿死後不能爲
厲鬼也。《御覽》九六七引《典術》：“桃者，五木之精也，故
壓伏邪氣者也。桃之精生在鬼門，制百鬼，故今作桃人梗著門以
壓邪，此仙木也。”

《重修緯書集成》卷六《河圖括地象》：

桃都山有大桃樹，盤屈三千里。上有金鷄，下有二神，一名
鬱，一名壘，并執葦索，伺不祥之鬼、禽奇之屬。乃將旦，日照
金鷄，鷄則大鳴，於是天下衆鷄悉從而鳴。金鷄飛下，食諸惡鬼。
鬼畏金鷄，皆走之矣也。

《搜神記》佚文：

　　《黃帝書》云：上古之時，有二神人，一名荼與；二名鬱壘，一名鬱律。度朔山，山上有大桃樹，二人依樹而住。於樹東北，有大穴，衆鬼皆出入此穴。荼與、鬱壘主統領簡擇萬鬼。鬼有妄禍人者，則縛以葦索，執以飴虎。於是黃帝作禮歐之：立桃人於門戶，畫荼與、鬱壘與虎以象之。今俗法，每以臘終除夕，飾桃人，垂葦索，畫虎於門，左右置二燈，象虎眼，以祛不祥。

《獨斷》：

　　十二月歲竟，常以先臘之夜除之也。乃畫荼、壘并懸葦索於門戶，以御凶也。

《茶香室三鈔》卷十九：

　　隋杜台卿《玉燭寶典》引《括地圖》云：桃都山有大桃樹，下有二神，一名鬱，一名壘。

《古今圖書集成·神異典》卷四七引《錄異記》：

　　侯白，隋人，性輕多戲言，嘗睡壁誤中神荼像。人因責之，應曰：“侯白兩脚墮地，雙眼覷天，太平田地，步履安然。此皆符耳，安敢望侯白哉！”

《三教源流搜神大全》卷四：

　　東海度朔山有大桃樹，蟠屈三千里，其卑枝向東北，曰鬼門，厲鬼出入也。有二神，一曰神荼，一曰郁壘，主閱領衆鬼之出入者，執以飼虎。於是黃帝法而象之，因立桃板於門戶上，畫神荼鬱壘，以御凶鬼。此門桃板之制也。蓋其起自黃帝，故今世畫神像於板上，猶於其下書"左神荼""右鬱壘"，以除日置之門戶也。

《歷代神仙通鑒》卷三：

一名鬱壘，一名神荼，兄弟二人，惟能執鬼。山（按：指度索山）有二門，西南曰神門，神荼守之。凡有邪神入山偷桃，以木劍砍其項，桃枝貫其腮，投海中與毒龍為餌。東北曰鬼門，守以鬱壘。若貪饕之鬼上樹殘食，即以葦索縛之，射以桃弧，投山坳與猛虎食之。俱以十壯士為副。

《癸巳存稿》十三"神荼鬱壘"條：

《風俗通》引《黃帝書》："神荼、鬱律，兄弟二人，性能執鬼，居度朔山桃樹下。"引此言者甚多，或以為《黃帝書》，或以為《山海經》，荼或作蔡，律或作壘。義雖太古，亦經淺人附會。漢蔡邕《獨斷》云：歲竟，畫荼壘，并懸葦索，以御凶。晉司馬彪《續漢書·禮儀志》云："大儺訖，設桃梗鬱偭。"是專有荼壘，或鬱偭一桃木人，而不云神荼、神蔡。晉葛洪《枕中書》云：元都大真王言蔡郁壘為東方鬼帝，語雖不可據，然可知漢、魏、晉道士相傳，神蔡鬱壘止是一神，姓蔡名鬱壘。漢時宮廷禮制亦以為一人，而通儒及漢時道家《黃帝書》皆以為二人。乃知古禮制、古儒說、古道說各不相喻也。審究其義，神荼鬱律由桃椎輾轉生故事耳。

《茶香室叢鈔》卷十五：

宋王楙《野客叢書》說神荼鬱檑云：《括地圖》曰度朔山有二神，一名鬱，一名檑。高誘注《戰國策》則又曰，一曰余與，一曰鬱雷。其紛紛如此。

余謂此二神一名荼，一名鬱檑。《風俗通》云：黃帝時有神荼鬱壘兄弟二人。神字包下二名，非以神荼連讀也。《山海經》曰度朔山上有二神，一曰神荼，一曰鬱檑。下神字衍文。高誘注本作一曰余，（即荼字）一曰鬱雷。（雷即檑字。）

又按：余所據剡川姚氏本《戰國策》作荼不作余。

《北平風俗類徵·歲時》：

元旦貴戚家懸神荼、鬱壘，民間插芝梗、柏葉於戶。（《北京歲華記》）

《民間新年神像圖畫展覽會》：

所謂神荼、鬱壘者，乃《山海經》神話中之人物（注：今本《山海經》本書中並不載聯於神荼郁壘一節，而《論衡》卷二十二，與裴駰《史記》注卷一，均引此一節。惟據《後漢書》，漢代禮中僅知有鬱壘，此為當時唯一之門神，由此可見最古之傳說已經數次演變矣）。據該書云：欲令門禁森嚴，以御邪魔，人乃樹小型桃人，又畫神荼、鬱壘及虎像於大小門之上，并懸葦索，以御凶邪。

王充復言：小型桃人本置“於內門之旁”，而虎像乃貼於大門。

上述最古門神之意，迄今尚未全部遺忘，蓋今人仍有書其名於門上者，以代較流行之將軍肖象。馬伯樂氏謂在四川省內人家有喪事，仍行此種習慣。

【案】古代門神的另一職能，是驅鬼辟邪，保障家庭平安。這種門神據說始於神荼、鬱壘。關於神荼、郁壘的稱呼，有種種說法，我們且沿用習慣的說法，仍稱之為神荼、鬱壘。他們本是神話人物，漢代民間頗為流行，認為他們有捉鬼的神通。因為他們平時在度朔山大桃樹下，所以人們於除夕時懸掛桃人、葦索（二神用以縛鬼），門上畫二神和虎（二神執鬼以食虎）的形象，用此方法來驅鬼辟邪。俞正燮認為古代本有以桃木驅鬼的信仰，二神故事即由桃椎報轉化生。這種推測雖然不是毫無道理，但用這種考據方法對待神話，實難免鑿空附會之弊。這種風俗以後簡化為懸桃符驅邪，守衛房門的責任自唐以後逐漸移交給鍾馗和武士門神，但宮廷、貴族家庭沿襲除夕懸掛神荼、鬱壘像的習俗，一直到清代。而民間的武士門神畫像上，也常標有神荼、鬱壘的名字，少地區的人們甚至不貼流行的門神肖像，而在門上書寫神荼、鬱壘的名字，顯示出傳統觀念的深遠影響。

鍾　馗

《鑄鼎餘聞》卷四：

唐孫逖、張說文集有《謝賜鍾馗畫表》，劉禹錫有《代杜相公及李中丞謝賜鍾馗曆日表》。

鍾　馗

同上：

《五代史》卷六十七《吳越世家》云：歲除畫工獻鍾馗擊鬼圖。（均案：此鍾馗之見於正史者）

《補筆談》卷三：

禁中有吳道子畫鍾馗，其卷首有唐人題記曰："明皇開元講武驪山，歲翠華還宮，上不懌，因疪作，將逾月，巫醫殫伎，不能致良。忽一夕，夢二鬼，一大一小，其小者衣絳犢鼻，履一足，跣一足，懸一履，搢一大筠紙扇，竊太眞紫香囊及上玉笛，繞殿而奔。其大者戴帽，衣藍裳，袒一臂，鞹雙足，乃捉其小者，刳其目，然後擘而啖之。上問大者："爾何人也？"奏云："臣鍾馗氏，即武舉不捷之進士也。誓與陛下除天下之妖孽。"夢覺，疪若頓瘳，而體益壯。乃詔畫工吳道子，告之以夢曰："試爲朕如夢圖之。"道子奉旨，恍若有睹，立筆圖訖以進。上瞠視久之，撫几曰："是卿與朕同夢耳，何肖若此哉！"道子進曰："陛下憂勞宵旰，以衡石妨膳，而疪得犯之。果有蠲邪之物，以衛聖德。"因舞蹈上千萬歲壽。上大悅，勞之百金。批曰："靈祇應夢，厥疾全瘳。烈士除妖，實須稱獎。因圖異狀，頒顯有司。歲暮驅除，可宜遍識，以祛邪魅，益靜妖氛。仍告天下，悉令知委。""熙寧五年，上令畫工摹拓鎸板，印賜兩府輔臣各一本。是歲除夜，遣入內供奉官梁楷就東西府給賜鍾馗之像。觀此題相記，似始於開元時。皇祐中，金陵上元縣發一冢，有石志，乃宋征西將軍宗愨母鄭夫人墓。夫人漢大司農鄭衆女也。（王國維《夢溪筆談》校識：鄭仲師女乃生宗愨·何年之長也？）愨有妹名鍾馗。

後魏有李鍾馗，隋將喬鍾馗、楊鍾馗。然則"鍾馗"之名，從來亦遠矣，非起於開元之時。開元之時，始有此畫耳。"鍾馗" 字亦作 "鍾葵"。

　　胡道靜校證引宋郭若虛《圖畫聞見志》卷第六："昔吳道子畫鍾馗，衣藍衫，鞹一足，眇一目，腰笏，巾首而蓬髮，以左手捉鬼，以右手抉其鬼目。筆迹遒勁，實繪事之絕格也。有得之以獻蜀主者，蜀主甚愛重之，常挂卧內。" 宋葉夢得《石林燕語》卷五："宰執每歲有內侍省例賜新火冰之類。元豐元年除日，神宗夢中忽得吳道子畫鍾馗像，因使鏤板賜二府。明年除日復賜。"

《鑄鼎餘聞》卷四：

　　宋黃休復《益州名畫錄》云：蒲師訓，蜀人也。　甲寅歲春末，（周顯德元年）蜀主（孟昶）夜夢一人破帽故襴，龐眉大目，方頤廣頟，立於殿階，跂一足，曰 "請修理之。" 言訖寢覺。翌日因檢他籍，見此古畫，是前夕所夢者。故絹穿損畫之左足。遂命師訓，令驗此畫是誰之筆。對曰："唐吳道子之筆，曾應明皇夢云疧者神也。" 因令重修此足。蜀主復夢前神謝曰："吾足覆矣。" 上慮為祟，命焚之。

　　又云：每年抄多末旬，翰林例進鍾馗。丙辰歲趙忠義進鍾馗，以第二指挑鬼眼睛。蒲師訓進鍾馗，以母指剜鬼睛。二人鍾馗相似，惟一指不同。蜀主問執為優劣，黃筌以師訓為優，蜀主曰："師訓力在母指，忠義力在第二指，筆力相敵，難以升降。"

《鑄鼎餘聞》卷四：

　　宋郭若虛《圖畫聞見志》云：吳道子畫鍾馗，以左手捉鬼，

以右手抉鬼目。蜀主愛重之，謂黃筌曰："若用拇指招其目，愈
見有力，試爲我改之。"筌請歸私室，乃別張絹素，畫一鍾馗，
以拇指招鬼目，并吳本獻上，曰："吳道子所畫鍾馗，一身之力，
氣色眼貌，俱在第二指，不在拇指，故不敢輒改。今臣所畫，雖
不逮古，氣色眼貌俱在第一指。"蜀主嗟賞之。（均案：此與上條
傳聞不同。）

《三教源流搜神大全》卷三：

明皇開元講武驪山，翠華還宮，上不悅，因痁疾作。晝夢一
小鬼衣絳犢鼻，跣一足，履一足，腰懸一履，搢一筇扇，盜太眞
綉香囊及上玉笛，繞殿奔戲上前。上叱問之，小鬼奏曰："虛者，
望空虛中盜人物如戲。耗，即耗人家喜事成憂。"上怒，欲呼武
士，俄見一大鬼頂破帽，衣藍袍，繫角帶，毈朝靴，徑捉小鬼，
先刳其目，然後擘而啖之。上問大者："爾何人也？"奏云："臣
鍾南山進士鍾馗也。因武德中應舉不捷，羞歸故里，觸殿階而死。
是時奉旨賜綠袍以葬之，感恩祭祀，與我主除天下虛耗妖孽之
事。"言訖夢覺，痁疾頓瘳，乃詔畫工吳道子曰："試與朕如夢
圖。"道子奉旨，恍若有睹，立筆成圖。

《歷代神仙通鑒》卷十四：

（ *唐玄宗* ）晝夢一小兒絳衣犢鼻，跣一足，盜武惠妃綉香囊
及帝玉笛，繞殿奔戲。帝叱問之，鬼曰："臣乃虛耗也。於空虛
中盜人物，耗人家喜事。"帝怒，欲呼武士，忽一大鬼胡鬢黑面，
破帽藍袍，插笏執劍，先刳小鬼目，后擘其肢而啖之。帝問何神，

奏曰："臣終南舉子鍾馗，應試不捷，羞歸故里，觸殿階死。奉旨賜進士，蒙以綠袍殮葬，歲時祭祀。願與皇除天下虛耗妖孽。"言訖舞而去。帝覺，病遂瘳。詔神畫手吳道子圖其像，懸後宰門。（後世仿以祛邪）

《歷代神仙通鑒》卷十四：

帝（唐玄宗）問（葉）法善曰："（張）果之根蒂，先生豈不知之？"法善曰："混沌初分，有黑白二蝙蝠。寢殿啖鬼之鍾進士，黑者所化。此老是白者修成。"

《鼎鑄餘聞》卷四：

明程敏政《宋遺民錄》云：頤眞趙千里作髯君（按：卽鍾馗），野漵一豪豬即之妹子，持杖披襟逐之。〔均案：此鍾馗嫁妹俗說所昉。〕

《日知錄》卷三二：

《考工記》："大圭，長三尺，杼上終葵首"〔終葵，椎也。爲椎於其杼上，明無以屈也〕。《禮記·玉藻》："終葵，椎也。"《方言》："齊人謂椎爲'終葵'。"馬融《廣成頌》："翬（揮同）終葵，揚關斧（《博雅》作終揆）。"蓋古人以椎逐鬼，若大儺之爲耳。今人於戶上畫鍾馗像，云唐時人，能捕鬼者，玄宗嘗夢之，事載沈存中《補筆談》，未必然也。（《五代史·吳越世家》："歲除，畫工獻鍾馗去鬼圖。"）《魏書》："堯暄本名鍾葵，字避邪。"則古人固以鍾葵爲避邪之物矣。又有淮南王佗子名鍾葵。有楊鍾葵、丘鍾葵、李鍾葵、慕容鍾葵、喬鍾葵（《北史·庶人諒傳》作喬鍾馗，又《恩倖傳》末有宮鍾馗，"馗"字兩見。而《楊義傳》仍作喬鍾葵）、段鍾葵。於勁字鍾葵，張白澤本字鍾葵，《唐書》有王武俊將張鍾葵（《通鑑》作終葵），則以此為名者甚多。豈以其形似而名之，抑取避邪之義與？《左傳》定四年，分康叔以殷民七族，有終葵氏，是又不可知其立名之意也。

《通俗編》：

鍾馗與《考工記》云終葵者通。其字反切為椎，椎以擊邪，故借其意以為圖像。明皇之說未為實也。

《陔餘叢考》卷三五：

顧寧人謂：世所傳鍾馗，乃終葵之訛。其說本於楊用修、郎仁寶二人。仁寶《七修類稾》云：《宣和畫譜·釋道門》，載六朝古碣得於墟墓間者，上有鍾馗二字，則非唐人可知。《北史》：魏堯暄本名鍾葵，字避邪。意葵字傳訛，而捉鬼之說起於此也。用修《丹鉛雜錄》云，唐人戲作《鍾馗傳》，虛構其事，如毛穎、陶泓之類也。蓋因堯鍾馗字避邪，遂附會畫鍾葵於門，以為避邪之具。又宗愨妹名鍾葵，後世因又有鍾馗嫁妹圖，但葵、馗二字異耳。用修之說，較仁寶更詳。則鍾馗由堯終葵字避邪之訛，固屬有因，而大圭之終葵，何以轉為人名之終葵，則未見的義。顧寧人乃引馬融《廣成頌》"揮終葵，揚玉斧"，謂古人以椎逐鬼，如大儺之執戈揚盾，此說近之。蓋終葵本以逐鬼，後世以其有避邪之用，遂取為人名。流傳既久，則又忘其為避邪之物，而意其爲逐鬼之人，乃附會爲眞有是食鬼之姓鍾名馗者耳。胡應麟《筆叢》，朱國楨《湧幢小品》，亦引堯終葵字避邪，以爲鍾葵本避邪之物，然俱不如寧人引馬融頌之融貫也。至用修謂唐人戲作《鍾馗傳》，則不詳其載在何書。今按《天中記》引《唐逸史》：明皇因痁疾晝臥，夢一小鬼，盜太眞香囊及上玉笛。上叱問之，奏曰："臣乃虛耗也，能耗人家喜事成憂。"上怒，欲呼武士，俄見一大鬼，破帽藍袍，角帶朝靴，捉小鬼刳其目，劈而啖之。上問："爾何人？"曰："臣終南進士鍾馗也。武德中，應擧不第，觸階而死，得賜綠袍以葬。感恩發誓，爲帝除虛耗妖孽之事。"言訖夢覺，而疾遂瘳。乃詔吳道子畫之。道子沉思，若有所睹，成圖以進，上視之曰："是卿與朕同夢也。"《唐逸史》不可見，《天中記》所載，斯其故事矣。亦見沈括《筆談》。然此事不辨可知其妄也。後魏、北齊及周、隋間，多有名鍾葵者。魏獻文帝時，則有枹罕鎮將楊鍾葵。又張袞之孫白澤，本名鍾葵，獻文改名白澤。于勁亦字鍾葵。孝文時，有頓邱王李鍾葵。北齊武成時，有宦者宮鍾葵。後主緯時，有慕容鍾葵奔於周。隋煬時，漢王諒反，有大將喬鍾葵。又隋宗室慶綱之父名鍾葵。又魚俱羅與蜀將段鍾葵討平越雟蠻。唐時，王武俊有將張鍾葵寇趙州，爲康日知所殺。古人名字，往往有取佛仙神鬼之類以爲名者。張鍾葵無論，若楊鍾葵等係六朝人，俱在唐前。倘食鬼之鍾馗係唐武德中進士，則楊鍾葵等之命名，何由逆知後世有是避鬼之神而取之也哉？則《天中記》之說，眞附會也。然唐時則鍾進士食鬼之說盛行，甚至朝廷之上，每歲暮以鍾馗與曆日同賜大臣（此亦起於明皇，見沈括《筆談》）。劉禹錫有《代杜相公謝賜鍾馗曆日表》云：

"圖寫威神，驅除群厲，頒行元屬，敬授人時。" 又《代李中丞謝表》云："繪其神像，表去厲之方；頒以曆書，敬授時之始。" 至宋時猶然。神宗於禁中得道子所畫鍾馗，因鏤板以賜二府。然則訛謬相沿，已非一日也。又蘇易簡《文房四譜》云：虢州歲貢鍾馗二十枚。用修亦以爲即《考工記》大圭終葵之意，謂硯形銳其首如圭耳。據此，則硯之銳者，亦名鍾馗，并不名終葵矣。胡應麟非之，以爲附會。然鍾馗列於《文房四譜》，則其爲硯之形制，而非造爲神像可知。至高江村釋《考工記注》：終葵謂蔓生之物，葉圓而厚，圭首之圓厚如之，故以爲名。此未免臆說。顏之推曰：北齊有一士讀書不過二三百卷，嘗出境聘東萊王韓。問玉斑杍上首終葵首當作何形，答曰斑頭曲圓，勢如葵葉耳。韓爲忍笑。江村之云，毋乃類是。要之，但據《考工記注》槌曰終葵，再以馬融所頌終葵逐鬼之物證之，自可了然，毋庸更多枝辭也。

《茶香室三鈔》卷二十：

明文震亨《長物志》云：懸畫月令，十二月宜鍾馗迎福，驅魅嫁魅。按此知世傳鍾馗嫁妹，乃嫁魅之訛。趙甌北《陔餘叢考》云，宗慤妹名鍾葵，後世因有鍾馗嫁妹圖，此說恐非。

《鑄鼎餘聞》卷四：

《吳江震澤合志》云：五月五日堂中懸鍾馗畫像，舊俗所未有。吳曼云《江鄉節物詞小序》云，杭俗端午懸鍾進士畫像以逐疫。

《集説詮眞》：

胡應麟《筆叢》曰：六朝已有鍾馗，後人附會爲作傳。如《北史》及唐人張鍾馗諸取名者，皆以鬼神爲名也。

按：鍾馗捉鬼之説，由於椎曰終葵。古人以椎逐鬼，如儺之執戈揚盾，後世以其有避邪之用，遂改終葵爲鍾馗，而取爲人名。故六朝以來，名鍾葵者甚夥。流傳既久，則又忘其爲避邪之物，而指爲逐鬼之人，幷改葵爲馗（蓋取九首之鬼形），一若眞有食鬼之神，姓鍾名馗者矣。乃好事者緣飾神奇，捏造唐時鍾進士故事，訛謬相沿，繪圖懸掛，謂爲除厲之神，輾轉附會，不辨可知其妄。奈乎信之而牢不可破者，竟昧昧至斯耶！

《破除迷信全書》：

世俗門上壁上，必貼一張猙獰可畏的圖像，一手持劍，一手抓按妖怪；説是貼上此種圖像，則家庭中可以不受鬼的攪擾。至於考究圖像的由來，按《唐朝逸史》所載，説是“唐明皇有一次發脾寒，白天夢見一個大鬼，戴著破帽，穿著藍袍，腰中繫著長帶，腳上踏著朝靴，在宮中捉小鬼吃。他自稱是終南（今陝西）進士鍾馗，嘗因應考落第，所以觸階而死。明皇醒來，熱就退了，於是下詔當時的畫家吳道子，將他的像畫出，以便紀念他的功勞，這就是後世有鍾進士治鬼像的原來。”

其實唐明皇是信鬼怪神仙的，所以偏夢見些不祥的事；後世既不像明皇那樣的迷信，又爲甚麼效法明皇呢？況且那樣鍾馗治鬼的圖像，畫的非常難看，明明的一個好家庭，硬被圖像點綴壞了，豈不可惜？再説凡家庭中，又那有這些小鬼；貼上那張小鬼

畫，豈不越發令人心頭作噁？鍾馗既然是大鬼，又焉有捉吃小鬼
的理；俗語說猩猩從來惜猩猩，所以大鬼自然不能吃小鬼了。再察
這段事情，本是唐明皇惹下的，爲甚麼在唐朝以前沒有呢？難道
唐朝以前沒有鬼麼？或是唐朝以前的人，任憑鬼作祟呢？其實自
從唐明皇迷信以後，鬼就越發不可收拾了；試看社會各家門上不
都是貼著鬼麼？至於近來，又有於端午節懸在門上的，不知是爲
的甚麼；或者以爲端午節是鬼的好日子罷！

　　再察唐朝的進士，并無姓鍾名馗的，所以有人說鍾馗是終葵
的轉音。《周禮》上說齊人稱椎爲終葵（即棒鎚），可見鍾馗乃
是家庭中的一件器物。馬融是漢朝的大儒，鄭康成與劉玄德的師
傅盧植，皆曾受業於其門下，他作的＜廣成頌＞上有句說："揮
終葵，揚玉斧，"這就見出古人是用棒鎚逐鬼，就好像行大儺時
扮演執戈揚盾逐鬼，是一樣的用意。唐朝李延壽所著的《北史》
上，也有一個名堯鍾葵的，字是避邪，足證鍾葵是避邪的東西。
古人迷信鬼邪，取名也要取個能避邪的，以求壓制邪鬼，自己取
勝。即如北魏有叫楊鍾葵、張鍾葵、于鍾葵、李鍾葵的；北齊有
名宮鍾葵、慕容鍾葵的；隋朝則有喬鍾葵、宗寶鍾葵、段鍾葵等；
唐代又有張鍾葵，無非都是治鬼邪的意思。女子也有名鍾葵的，
即如南北朝時宋國南陽人爲過震武將軍封爲洮陽侯的宗愨，他妹
子就是名鍾葵。試思歷代所以名鍾葵的這樣多，想必都是以爲用
能逐鬼的器物爲孩子的名，則孩子必能好養活。後世越傳越謬，
竟畫出一張難看的圖畫貼在門上去捉鬼，可說是想入非非了。

《北平風俗類徵·歲時》：

（十二月）中旬，人家換桃符、門神、鍾馗、福祿天官、和合。（《京都風俗志》）

禁中歲除，各宮門改易春聯，及安放絹畫鍾馗神像。像以三尺長素木小屏裝之，綴銅環懸掛，最為精雅。先數日各宮頒鍾馗神於諸皇親家。（《舊京遺事》）

【案】鍾馗捉鬼的故事，在中國民間赫赫有名。中國民間向有於門戶懸掛神怪之物，恐嚇妖魔，驅鬼辟邪的習俗，神荼鬱壘由於曾捉鬼餧虎而被奉為門神，就是一例。又如《夢溪筆談》卷二十五："關中無螞蚱。元豐中，予在陝西，閱泰州人家收得一千蚱，土人怖其形狀，以為怪物，每人家有病瘧者，則借去掛門戶上，往往遂瘥。不但人不識，鬼亦不識也。"

由此可以看出古人造神的心理。所以自唐玄宗時形貌猙獰古怪，能劈吃小鬼的鍾馗問世以後，迅速在民間廣泛流傳。不久人們就繪其像貼於門上、壁上，取代了神荼鬱壘的門神地位。請看明凌雲翰《題鍾馗圖》：終南進士倔然起，帶束藍袍靴露趾。手擎硬黃書一紙，若曰上帝賜爾社。……頤指守門荼與壘，肯放狐狸搖九尾。"（《古今圖書集成·神異典》卷四七引）

前人對鍾馗的來歷曾作過詳細的考證。中國古代曾稱一種棒槌為終葵。古人在舉行驅疫逐鬼的大儺儀式時，總要揮舞終葵。久而久之，它成為驅鬼的象徵，從而在人們的心目中，具有辟邪的神通。自魏晉以至隋唐，常有人以鍾（與終

音同）葵為名、字，如北魏堯暄本名鍾葵，字辟邪。葵或作
馗，亦同音字。唐代文人有作游戲文章之習，遂有虛構的鍾
馗故事出現（這個故事見於《唐逸史》、《補筆談》）。故事雖然
出於虛擬（以鍾馗爲唐初落第舉子，開元中在夢中爲唐玄宗
捉鬼），但鍾馗捉鬼圖的流行確在玄宗世，而且相傳爲吳道
子所作。從此這個傳說不脛而走，從宮禁到民間廣泛流傳。
道教也稱祂爲袪邪判官，說祂和八仙之一的張果老是混沌初
分時的黑白二蝙蝠所化。（見《歷代神仙通鑒》） 自唐末以來，
多於除夕夜懸鍾馗像於門。但近代改在五月初五端午，且常
懸於堂中，門神則多半改用武士畫像了。

武士門神

《漢書·廣川王傳》：

其殿門有成慶畫，短衣大絝長劍。〔晉灼曰："成慶，荆軻也，
衛人謂之慶卿，燕人謂之荆卿。"師古曰："成慶，古之勇士也，事見《淮
南子》，非荆卿也。"〕

《夷堅支志》戊卷十"胡畫工"條：

浮梁畫工胡生，居於縣市，其技素平平。邑人葺城隍祠，付
以錢，使繪門衛二神。胡生嫌所得之微，視其直斟酌，但作水墨
而已，衣冠略不設。夜夢二巨人，長七尺，儀貌雄偉，而衣裝極
敝惡，謂曰："我二人蒙君力，獲所依憑，沾受香火。獨恨被服
不如法式，不爲人所禮。願君復加藻飾，必有以報，使技日進而

名益彰。"夢中恍惚許之。已覺，而未暇研究。經旬日，因過彼
處，遙望兩像，宛如故知，瞿然悚悟。即日買金箔五朵，自施工
藝，繪黃金甲，執金鉞，冠帶整嚴。見者悉加瞻敬，而不以夢告
人。後夢其來，威容凜凜，服與貌稱，感謝至再三。自是胡日以
稱逐，求者接踵。至於嫁女文綉，只以畫代之。里巷遭疫瘍，無
一家不病，胡氏獨免。或疑為挾它術，始道所遇如此。紹興中事，
胡今已死，神像尚存。

【案】門神像畫武士，或以為出於小說家言。然據《漢
書》，西漢時已有圖繪勇士於殿門的作法，但不能確定其作
用是否與門神相當。不過漢代的壁畫、門畫，往往既有裝飾
意義，也有神話或迷信意義。到了宋代，除了神荼、鬱壘、
鍾馗之外，也常有畫武士為門神者。如《楓窗小牘》等（見
前引）謂宋靖康以前，汴中門神多番樣，戴虎頭盔。《賓退
錄》也說除夕用鎮殿將軍二人，甲冑裝。《夷堅志》所載亦
類此。惟當時所畫僅像武士，並未以人實之。元明以後，始
出現秦、胡二將軍、溫、岳二元帥等稱呼。

附：秦瓊　尉遲恭

《西遊記》第十回：

　　（魏徵夢斬涇河老龍，宮中鬧鬼驚擾唐太宗。秦瓊、尉遲恭披掛甲冑，
執金瓜鉞斧，把守宮門）　好將軍！你看他怎生打扮：頭戴金盔光燦
燦，身披鎧甲龍鱗，他本是英雄豪傑舊勛臣，只落得千年稱門尉，

門神二將軍

萬古作門神。二將軍侍立門旁，一夜天晚，更不曾見一點邪祟，太宗又不忍二將辛苦，召巧手丹青，傳二將眞容，貼於門上。夜間也即無事。

《三教源流搜神大全》卷七：

門神乃是唐朝秦叔保、胡敬德二將軍也。按傳唐太宗不豫，寢門外拋磚弄瓦，鬼魅呼叫，三十六宮，七十二院夜無寧靜。太宗懼之，以告群臣，秦叔保出班奏曰：“臣平生殺人如剖瓜，積屍如聚蟻，何懼魍魎乎？願同胡敬德戎裝立門以伺。”太宗可其奏，夜果無警。太宗嘉之，謂二人守夜無眠，太宗命畫工圖二人之形象全裝，手執玉斧，腰帶鞭練弓箭，怒髮一如平時，懸於宮掖之左右門，邪祟以息。後世沿襲，遂永爲門神。

《歷代神仙通鑒》卷十三：

帝（唐太宗）有疾，夢寐不寧，如有祟近寢殿，命秦瓊、尉遲恭侍衞，祟不復作。帝念其勞。命圖像介冑執戈，懸於宮門。（後世傳爲門神。）

【案】武士門神中，在近代流傳最廣的是秦瓊、尉遲恭二位名將。關於他們充當門神的故事始見於《西游記》。但《西游記》中的許多情節皆源自元代、明初的話本和民間傳說。即如魏微夢斬涇河老龍一節，明初的《永樂大典》所收話本已有類似描寫。所以我們推測民間以秦、尉遲二將爲門神的信仰之形成，當早於明代。近代的門神畫像，大多爲這兩位將軍。

溫嶠　岳飛

《集説詮眞》：

門神或又作溫、岳二神，想即溫元帥、岳鄂王。

《吳縣志》謂門神彩畫五色，多寫溫、岳二神之像。

【案】這種信仰主要流行於蘇州地區。岳即岳飛，溫，或
説即晉之溫嶠。但東岳有溫將軍（參見東岳條），亦稱溫元
帥，二者不知孰是。

趙雲　趙公明　燃燈道人　孫臏　龐涓

《民間新年神像圖畫展覽會》：

民間想像又以其他聲名赫烈之英雄附會爲門神；如今河南有
以趙雲爲門神，分畫其肖像於二紙（第十二號）者。吾人又能於
此組中認出趙公明與燃燈道人（注：燃燈道人係助周武王，趙公明則助
殷紂王之仙家。《新刻出像增補搜神記》卷四，《封神演義》卷五）及孫臏
與龐涓（注：孫臏之選爲門神或因《演義》中載有孫臏身變門閂一節，參閱
《孫龐演義》卷三）其性質及功用皆同，至各地採用門神之原因或
傳說，則吾人今日頗難明矣。

【案】這一組人物都是小説《三國演義》、《封神演義》、

《孫龐演義》中的重要人物，因而受到民間的崇信。由此也可看到，小說對於民衆心理的影響。中國民間信仰的神，有不少是由小說塑造出來的。

祈福門神

《民間新年神像圖畫展覽會》：

〔D組〕圖像所繪之人物，雖名爲門神，而實際已非門戶之守護者。（多係文官）　且只貼在屋門之上，專爲祈福之用。中心人物爲賜福天官（注：三官之第一官）。成對之圖像之一有時保留武裝之特質，以此與其對像之文官爲對照。

另一類圖像表繪福祿壽三星，而聚有三神——福神、祿神及壽星之像。代表三神者爲天官及二助手。

《民間新年神像圖畫展覽會》：

〔E組〕之門神，亦具有祈福之性質，然所表繪之人物與D組迥異，其願望亦較爲特殊。譬如天官（卽普遍幸福之神），今被狀元所代替，卽功名及祿位之象徵；或與聖母（泰山娘娘）之隨從送子娘娘成對。其他如和合二仙，因其名而象徵和睦。

又有劉海，招財童子，皆係小財神，爲主要財神之隨從者，故彼等尤爲商人所供奉。

此類人物多根據道教傳說，可見於《呂祖全書》，或《神仙通鑑》等書中。

【案】隨着社會的發展和意識形態的變化，人們對於門神的要求已不僅是辟邪免災，還希望從祂們那兒獲得功名利祿等。至遲在明代，武士門神像上已常添畫"爵鹿蝠喜寶馬瓶鞍，皆取美名，以迎祥祉"。以後更有取消門神的袪邪義務，專事祈福的，於是民間形成以天官、狀元、福祿壽星、和合、財神等為門神的風氣。

青龍白虎神

《鑄鼎餘聞》卷一：

宋范致能《岳陽風土記》云：老子祠有二神像，所謂青龍白虎也。

明姚宗儀《常熟私志》敘寺觀篇云：致道觀山門二大神，左為青龍孟章神君，右為白虎監兵神君。

【案】這是一種特殊門神，專用於道觀山門。道教本有以青龍白虎為護衛神的說法，道觀以青龍白虎為門神，當本於此。

灶　神

《禮記・祭法》：

　　（王）立七祀，曰司命，曰中霤，曰國門，曰國行，曰泰厲，曰戶，曰灶。庶士庶人立一祀，或立戶，或立灶。〔鄭注：小神居人之間，司察小過，作譴告者爾。灶主飲食之事。〕

《集説詮眞》：

　　《禮記・月令》曰：孟夏之月，其帝炎帝，其神祝融，其祀灶，祭先師。〔孔疏：此配灶神而祭者，是先炊之人。《禮器》云：灶者是老婦之祭。〕

　　《儀禮・特牲饋食禮》曰：主婦視饎爨。〔鄭注：炊黍稷曰饎，泉婦爲之。爨，炊也。孔疏：周公制禮之時，爲之爨，至孔子之時，則爲之灶。〕

　　又曰：尸卒食而祭饎爨、雍爨。〔鄭注：爨者，老婦之祭。孔疏：老婦，先炊者也，此祭先炊，非祭火神。〕

　　《五禮通考》曰：嚴陵方氏以爲祀灶，配以先炊，極是。

《史記・孝武本紀》：

　　是時而李少君亦以祠灶、谷道、却老方見上。〔索隱：如淳云："祠灶可以致福。"案：禮灶者，老婦之祭，盛於盆，尊於瓶。《説文》、

灶　神

《周禮》以灶祠祝融。《淮南子》炎帝作火官，死爲灶神。）少君言於上曰："祠灶則致物，致物而丹沙可化爲黃金。"於是天子始親祠灶。（齊人）少翁以方術蓋夜致王夫人及灶鬼之貌云，天子自帷中望見焉。

《集説詮眞》：

《淮南子》曰：炎帝於火而死爲灶。注：炎帝神農，以火德王天下，死祀於灶神。

《事物原會》曰：黃帝作灶，死爲灶神。

《淮南子》注曰：祝融吳回，爲高辛氏火正，死爲火神，托祀於灶。

《漢書·孫寶傳》：

後署寶爲主簿，寶徙入舍，祭灶請比鄰。

《風俗通義·禮典》：

《禮器記》曰："臧文仲安知禮？燔柴於灶，灶者，老婦之祭也，故盛於盆，尊於瓶。"

王利器注：今《禮記·禮器》，"灶"作"奧"，鄭注："'奧'當爲'爨'字之誤也。或作'灶'。老婦，先炊者；盆、瓶，炊器也。明此祭先炊，非祭火神，燔柴似失之。"《正義》："或作'灶'者，諸《禮記》本有作'灶'字，故云或也。"器案：應氏所見《禮記》，字正作"灶"。

《周禮說》："顓頊氏有子曰黎，爲祝融，祀以爲灶神。"

王利器注：《說文》："《周禮》以灶祠祝融。"（今本脱，段從《史記·五帝本紀·索隱》補）。《左傳》昭公二十九年疏引賈逵云："祝融祀於灶。"《淮南·時則篇》注云："祝融，吳回爲高辛氏火正，死爲火神，托祀於灶。"并用《古周禮說》。《淮南·氾論篇》："炎帝作火，死而爲灶。"炎帝爲火德之帝，祝融爲火官之神，故同有灶神之說也。

謹案：《明堂月令》："孟多之月，其祀灶也。五祀之神，王者所祭，古之神聖，有功德於民，非老婦也。"《漢記》："南陽陰子方積恩好施，喜祀灶，臘日晨炊，而灶神見，再拜受神，時有黃羊，因以祀之。其孫識，執金吾，封原鹿侯。興衞尉，鮦陽侯。家凡二侯，牧守數十。其後子孫常以臘日祀灶以黃羊。"

王利器注：《禮記·禮器》正義引《五經異義》："灶神，《今禮》《戴說》引此燔柴盆瓶之事。《古周禮說》："顓頊氏有子曰黎，爲祝融，祀以爲灶神，"（《荆楚歲時記》注引《古周禮》以下十九字）許君謹案同《周禮》。"鄭駁之云："祝融乃古火官之長，猶后稷爲堯司馬，其尊如是，王者祭之，但就灶陘，一何陋也？祝融乃是五祀之神，祀於四郊，而祭火神於灶，於禮乖也。"《御覽》五二九引《五經異義》曰："大戴說《禮器》云："灶者，老婦之祭。"許君按《月令》"孟夏之月，其祀灶，五祀之神，王者所祭，非老婦也。""鄭玄曰："灶神祝融是老婦。"《通典》禮十一引許愼云："《月令》"孟夏祀灶"，王者所祭，古之有功德於人，非老婦也。"鄭玄云："爲祭五祀，灶在廟門外之東，祀灶禮設主於灶陘，祝融乃古火官之長，猶后

稷爲堯司馬，上公也。今但就灶陘而祭之，屈上公之神，何其陋
也。”又《月令》云：“其帝炎帝，其神祝融。”文列在上，與
祀灶絕遠，而推合之，文義不次，焉得爲義也。又《左傳》云：
“五官之神，生爲上公，死爲貴神。”若祭之灶神，豈得謂貴神
乎？《特牲饋食禮》云：“尸謖而祭饎，爨以謝先炊者之功。”
知灶是祭老婦，報先炊之義也。臧文仲燔柴於灶，夫子譏之，云：
“盛於盆，尊於瓶”者，是祝融之神，豈可以盆瓶之器，置於陘
而祭之乎？

《後漢書·禮儀志中》：

立夏之日，京都百官皆衣赤，至季夏衣黃，郊。其禮：祠特，
祭灶。

《文獻通考·郊社十九》：

《通典》說曰：天子諸侯必立五祀。五祀者，爲其有居處出
入飲食之用，祭之所以報德也。歷代不同，或五或七。鄭又云灶
祀老婦人，古之始炊者也。以此推之，七祀皆應古之始造者焉。
馬融以七祀中之五（門、戶、灶、行、中霤）即勾芒等五官之神配食
者。許慎云，《月令》孟夏祀灶，王者所祭，古之有功德於人，
非老婦也。祝融乃古火官之長，今但就灶徑而祭之，屈上公之神，
何其陋也！灶神是祭老婦，報先炊之義也。又司命則司命星下食
人間，司譴過小神矣。

《中國古代宗教與神話考》：

《禮記·祭法》：王爲羣姓立七祀，有灶神；士庶人立一祀，或立戶，或立灶。灶神，是伊古以來自天子至於庶人的公有之神。王孫賈問孔子"與其媚於奧，寧媚於灶？"孔子答曰："不然，獲罪於天，無所禱也。"（見《論語·八佾篇》）《論語集解》引孔注，"奧，內也，以喻近臣，灶以喻執政；賈，執政者，欲使孔子求昵之。天以喻君。孔子拒之曰，如獲罪於天，無所禱於衆神。"茲將《韓非子·內儲說上》所說侏儒夢灶的故事錄如下，以見灶神本亦可畏："衞靈公之時，彌子瑕有寵，專於衞國。侏儒有見公者曰，臣之夢踐矣！公曰，何夢？對曰，夢見灶，如見公也。公怒曰，吾聞見人主者夢見日，奚爲見寡人而夢見灶？對曰，日燭天下，一人不能當也；人君兼燭一國，一人不能擁也；故將見人主者夢見日。夫灶，一人煬焉，則後人無從見矣。今或者一人有煬君者乎！則臣雖夢見灶，不亦可乎？"

灶神之名，古來傳說不一，除《古周禮說》謂係祝融之外，其他載記有謂：炎帝於火而死爲灶。（《淮南子·氾論篇》）灶神，名禪，字子郭，衣黃衣，從灶中被髮而去。（《玉燭寶典》引《雜五行書》）。

子郭，當是子郭傳寫之誤，即是陸終。禪，是禪字俗體，《後漢書·陰識傳》注引作禪，《酉陽雜俎》作單，均可相證。單，孳乳爲蟬。《說文·蟲部》："蟬，以旁鳴者。"《方言》："蟬，楚謂之蜩，秦晉之間謂之蟬，海岱之間謂之蝔。"郭璞注："齊人呼爲巨蝔。"《廣雅·釋蟲》正是說，"蝔蛄，蟬也。"郝氏《爾雅義疏》釋"蝦，蝦蝦"條云，"今黃縣人謂之蛣蟟，栖霞之鷖蟟，順天謂之蛐蟟，皆語聲之轉也。"（下，三，釋蟲。）是蟬在古今方俗殊語裡俱有音蛄者。《莊子·達生》篇："然則有鬼乎？曰，有，沈有履，灶有髻。"履，自當爲螻，而髻必讀爲蛄。司馬彪莊子注云："髻，灶神，著赤衣，狀如美女"，毋寧說髻就是現今灶上所常見的紅殼蟲，古語或謂"灶蛄蟓"，今安徽和縣方言謂之"灶馬"（意謂灶神上天所駕的馬）。然則《雜五行書》謂灶君名禪，當爲蟬；帝系所謂"顓頊產窮蟬"，窮蟬，正是陸蟲的方俗殊語，也是灶神。因爲蟬字聲轉爲崎蛄，爲蝦蟓，故莊子又有"灶有髻"之說。

【案】灶神，也稱灶君，唐以來民間又稱之爲灶王，是中國民間信仰最普遍的神，上自天子，下至庶民，家家戶戶都要供奉。但是這種信仰的源流也是比較複雜的。灶神的起源無疑是很早的，祂和土地、井、門戶、道路等一樣，因與人們的飲食起居有密切關係，所以早就成爲自然崇拜的一項內容。在收錄有大量秦以前禮儀習俗資料的《禮記》一書中，它被列爲國家祀典的七祀（或說五祀）之一，受到天子和庶人的供奉。從《史記》、《漢書》、《後漢書》等記載來看，兩漢時期無論是在宮廷還是在民間，灶神信仰是相當流行的。灶神信仰源自其自然屬性。漢代以前的人們，對灶神的來歷大體有兩種說法。一種是將灶神與火神混爲一談，如《淮南子》、《古周禮說》、《說文》等，以古代神話中與火有關的大神炎帝、祝融等爲灶神。一種如《禮記》及漢代的一部分經師，認爲所以有五祀者，爲其有居處出入飲食之用，祭之所以報德也，所以他們認爲灶即先炊，祭老婦人。我們的

看法，把灶神作為火神看待的觀念，可能更早一些，因為灶
的主要的自然屬性，即是用火燒熟食物。但把炎帝、祝融看
成火神和灶神的說法，則當是後起的，因為這兩個神話人物
乃是戰國以後才被創造出來的人化神。灶神即火神的看法對
後代仍有一定影響，如《三國志·管輅傳》就把火精宋無忌
和灶神聯起來，近代也有稱之為南方火帝君的。至於認為祀
灶是報先炊之德、為老婦人之祭的說法，起源也不會太晚，
很可能是母系氏族社會的遺迹。這種說法對後世也有一定影
響，如道教的《灶王經》，就說天下灶君，以種火老母為尊。
至於丁山先生論證灶神即蟑螂（袁珂先生也持同樣看法，見《神
話論文集》）主要依靠音韻學的方法，根據尚嫌不足，謹錄其
文以備一說。

《莊子·達生篇》：

桓公曰："然則有鬼乎？" 曰："有。沈有履，灶有髻。"
（西晉司馬彪疏："沈者，水下〔汗〕泥之中，有鬼曰履。灶神，其狀如美女，
著赤衣，名髻也。"）

《太平御覽》一八六引《淮南萬畢術》：

灶神晦日歸天，白人罪。

《五經異義》：

顓頊有子曰黎，為祝融火正。祝融為灶神，姓蘇名吉利，婦
姓王名博頰。

《風俗通義·祀典》王利器註：

李賢注引《雜五行書》曰："灶神名禪，字子郭，衣黃衣，披髮，從灶中出，知其名呼之，可除凶惡，宜市猪肝泥灶，令婦孝。"器按：《玉燭寶典》十二引《灶書》："灶神，姓蘇名吉利，婦名博頰。"《荊楚歲時記》："灶神名蘇吉利。"《魏志·管輅傳》云："王基家賤婦人生一兒，墮地即走入灶中，輅曰："直宋無忌之妖，將其入灶也。""《史記·封禪書》集解、《類聚》八〇引《白澤圖》："火之精曰宋無忌。"禪、吉、忌，聲俱近。《道藏·太清部·感應篇》注引傳云："灶神狀如美人，有六女，即六癸玉女。一云，灶有三十六神。又蘇吉利婦，姓王名博頰，張單妻，字卿吉，六女皆名察治。"汪政《灶觚錄》引《禮緯含文嘉》："灶下小兒名繩，呼之吉。"

《抱朴子·微旨》：

又月晦之夜，灶神亦上天白人罪狀。大者奪紀。紀者，三百日也。小者奪算。算者，三日也。吾亦未能審此事之有無也。

王明校釋："紀者三百日也。"《曲圓》云：《尚書·畢命篇》，旣歷三紀。傳曰，十二年曰紀。枚傳亦出魏晉間，而說紀與此不同。"算者三日也"。原校：或作一日。《校補》云：今本固非，原校注亦未是。"算者三日也"，當作"算者一百日也。"原校所據蓋脫"百"字，又涉上文三百日而"一"誤爲"三"。《酉陽雜俎·諾皋記》云，大者奪紀，紀三百日；小者奪算，算一百日。

《酉陽雜俎·前集》卷十四：

灶神名隗，狀如美女。又姓張名單，字子郭。夫人字卿忌，有六女皆名察（一作祭）洽。常以月晦日上天白人罪狀，大者奪紀，紀三百日，小者奪算，算一百日。故爲天帝督使，下爲地精。己丑日，日出卯時上天，禺中下行署，此日祭得福。其屬神有天帝嬌孫、天帝大夫、天帝都尉、天帝長兄、硎上童子、突上紫宮君、太和君、玉池夫人等。一曰灶神，名壤子也。

《古今圖書集成·神異典》卷四三引《通幽錄》：

〔唐〕永泰中，牛爽授廬州別駕。將之任，有乳母乘驢，爲蹬研破股，歲餘瘡不瘥。一旦苦瘡癢，抑搔之，若蟲行狀，忽有數蟲從瘡中飛出，集庭樹，悲鳴竟夕。家人命巫卜之，有女巫頗通神鬼，答見一鬼黑衣冠據枝間，以手指蟬，以導其詞。黑衣者灶神也。

《古今圖書集成·神異典》卷三三引陸龜蒙《祀灶解》：

灶壞煬者，請新之。既成，又請擇吉日以祀告之，曰灶在祀典，聞之舊矣。先是火化以來，生民賴之，祀之可也。說者曰其神居人間伺察小過作譴告者，又曰灶鬼以時錄人功過，上白於天，當祀之以祈福祥，此近出漢武帝時方士之言耳。行之惑耶！苟行君子之道，暗室不欺，屋漏不愧，雖歲不一祀，灶其誣我乎？苟爲小人之道，專利以飾詐，崇奸而樹非，雖一歲百祀，灶其私我乎？天至高，灶至下，帝至尊嚴，鬼至幽仄。果能欺而告之，是不忠也，聽而受之，是不明也。下不忠，上不明，又果可以爲天帝乎？

同上引范成大《祭灶詞》：

古傳臘月二十四，灶君朝天欲言事。云車風馬小留連，家有杯盤豐典祀。豬頭爛熟雙魚鮮，豆沙甘松粉餌圓。男兒酌獻女兒避，酹酒燒錢灶君喜。婢子鬥爭君莫聞，貓犬觸穢君莫嗔。送君醉飽登天門，杓長杓短勿復云，乞取利市歸來分。

同上引《輦下歲時記》：

都人至年夜，請僧道看經，備酒果送神，貼灶馬於灶上，以酒糟抹於灶門之上，謂之醉司命。

《夷堅丁志》卷二十：

南城楊氏，家頗富。長子不肖，父逐之。天寒無所向，入所貯牛藁屋中，藉草而寢。忽一虎躍而來，翼從數鬼，皆倀也，直趨屋所，取草鼓舞而戲，子不敢喘。俄黑雲勁風，咫尺翳暝，虎若被物逐，倉黃走，眾倀亦散。既，神人傳呼而至，命喚土地神。老叟出拜，神人責之曰：“汝受楊氏祭祀有年矣，今縱虎為暴，郎君兒為所食，致煩吾出神兵驅之，汝可謂不職矣！吾乃其家灶君司命也，汝識乎？”土地謝罪而退。後其父怒解，子得歸，具言之，由是事灶益謹。

《集說詮真》：

《事文類聚續集》曰：灶君名襌，字子郭，衣黃衣，披髮，從灶中出，知其名呼之，可得除凶惡。不知其名，見之死。灶君以壬子日死，不可以此日治灶。五月辰日，以猪頭祭灶，令人治生萬倍。用犬祭灶，凶敗。鷄毛入灶中，致飛禍。犬骨入灶，出狂子。正月己巳日，白鷄祀灶，宜蠶。五月己丑日祀灶，吉。四月丁巳日祀灶，百倍吉。

《三教源流搜神大全》卷四：

按《酉陽雜俎》云：灶神姓張，名單，字子郭，狀如美女。夫人字卿忌，有六女，皆名察，即六癸女也。白人罪狀，大者奪紀，紀三百日，小者奪算，算一百日。故爲天地督使，下爲地精，己丑日日出，卯時上天，禺中下行署，此日祭得福。其屬神有天地嬌孫、天地大夫、天地都尉、天地長兄、硎上童子、突上紫官君、太和君、玉池夫人。凡治灶於屋中央，口向西，灶四邊令去釜九寸，以磚及細土構之，立亦勿令穿柝，神灶之法也。灶神以壬子日死，不可用此日治灶。當以五月辰日猪頭祭灶，令人治生萬倍。用犬祭灶凶敗。鷄毛入灶中，至非禍。犬骨入灶，出狂子。正月己巳日白鷄祭灶，宜蠶。五月己丑日祭灶，吉。四月丁巳日祭灶，主百事大吉之兆。

《集說詮眞》：

《敬灶全書》曰：灶君姓張，名單（或作禪），字子郭，八月初三日聖誕，乃一家司命之主，最爲靈感。每月三十日，將合家所爲善惡錄奏天朝，毫不隱諱，降祥降殃，捷於影響。

《敬灶全書·灶王經》曰：昆侖之山，有一老母，獨處其中，莫知其由。 是時有妙行眞人，上白天尊曰："此之老母，未審復是何人，獨住此山，殊無畏懼。" 天尊曰："唯此老母，是名種火之母，能上通天界，下統五行，達於神明，觀乎二氣，在天則爲天帝，在人間乃爲司命，又爲北斗七元使者，主人壽命長短、富貴貧賤，掌人職祿。又爲五帝灶君，管人住宅十二時辰，普知人間之事，每月朔旦，記人造諸善惡，及其功德，錄其輕重，夜半奏上天尊，定其簿書，悉是此母也。凡人家灶，皆有禁忌，若不忌之，此母能致禍殃，弗可免也。

又曰：此昆侖之老母，爲種火老母元君，又有東方靑帝灶君，南方赤帝灶君，西方白帝灶君，北方黑帝灶君，中央黃帝灶君，五方五帝灶君夫人，天厨靈灶神君，地厨神灶神君，曾灶祖灶神君，灶公灶母神君，灶夫灶婦神君，灶子灶孫神君，灶家姊妹媳婦春屬神君，五方游奕神君，灶下炊濤神女，運火左右將軍，進火神母，游火童子，天帝嬌男，天帝嬌女，卤中童子童男童女。

《敬灶全書·眞君勸善文》曰：灶君乃東厨司命，受一家香火，保一家康泰，察一家善惡，奏一家功過。每逢庚申日，上奏玉帝。終月則算，功多者，三年之後，天必降之福壽。過多者，三年之後，天必降之災殃。

按：今之有灶者，莫不供一方面長鬚繪像，以爲灶君。試問所供者爲誰？當亦茫無以答。

《通俗編》：

諸說不同，未審孰是，流俗稱之曰灶君，或曰灶王。《戰國策》：復塗偵衛君曰：昔日臣夢見灶君。唐李廓《鏡聽詞》曰：

匣中取鏡辭灶王。君與王，皆經道之，而灶君猶古。

《癸巳存稿》卷十三：

《莊子·達生篇》："灶有髻"。《釋文》云："音結。"
司馬彪云："灶神著赤衣，狀如美女。"《史記·索隱》引司馬
彪則云：浩，灶神也。如美女，衣赤。李宏范晉浩，則《莊子》
字不作髻。然爲吉忌音者多。《荊楚歲時記》云：灶神名蘇吉利。
《魏志·管輅傳》云："王基家賤婦人生一兒，墮地即走入灶中。
輅曰：直宋無忌之妖，將其入灶也。"《史記·封禪書》索隱引
《白澤圖》云："火之精曰宋無忌。"吉、忌俱近髻。又《後漢
書·陰識傳》注引《雜五行書》云："灶神名禪，字子郭，衣黃
衣。"《酉陽雜俎》則云"名隗，狀如美女。"又云"姓張，名
單，字子郭。"一云"名壤子"。《道藏·太清部·感應篇》注
引傳云："灶神視如美人，有六女，即六癸玉女。"一云"灶有
三十六神"。又蘇吉利婦姓王，名博頰。張單妻字卿吉。六女皆
名察治。按《禮器》云："燔柴於奧，夫奧者，老婦之祭也，盛
於盆，尊於瓶。"注云："奧當爲爨字之訛也，或作灶。此祭灶
爲郊，而祀火神於灶陘，於禮乖也。"《太平御覽》引《異義》
云："灶五祀，王者所祭，非老婦。"駁云："七祀灶神祝融，
然則盛盆尊瓶之祭是老婦矣。"諸書言灶神如美女者，是先炊，
應經典也，其灶神爲祝融。又《淮南子·氾應訓》云："炎帝作
火官，死爲灶。"則自七祀灶神。《御覽》又引《淮南萬畢術》
云："灶神晦日歸天，白人罪。"《說文》走部趣云：止，行也，
一曰灶上祭名，亦送灶之祭。《抱朴子》亦云灶神上天，非是美

女。

《新搜神記·神考》"灶王"條：

今人謂人面黑者比之灶王，非也。灶神狀如美女，非黑面也。

《破除迷信全書》卷十：

我國舊家庭中，有五種祭祀；這五種祭祀的看法，也不一律。有的人以爲門神，行神，戶神，灶神，中霤爲五神。有人以司命，（卽灶神）中霤，門，行，厲，爲五祀。還有以門，井，戶，灶，中霤，爲五祀。更有以包芒，（管著木頭運氣的神）蓐收，（管著秋天的神）玄冥，（冬天的水神）祝融，（夏天的火神）后土，（土神）爲五神。更有以禘，（大祭）郊，（祭天地爲郊）宗，（所尊祭者如禋於六宗，卽指星，辰，風伯，雨師，司中，司命說。）祖，（路神）報，（酬報）爲五神。這樣看來，古人雖提出五祀，但是對於五祀的看法，却是隨意亂祭。就中單論到灶神罷，對於他的看法，也是七嘴八舌；卽如那本漢朝博士們所著的《白虎通》，說是"夏天祭灶，因爲他是養人之主，夏天也是因火而長養萬物。"《禮記》上說："孟夏之月，其祀灶。"但是今世則皆以陰曆臘月廿三日爲送灶的日期。若問是送到甚麼地方去呢？說是送到天上，上帝要問他某人家是好是歹，他要一五一十的把某家一年的大小事體一概對上帝說個一字不漏。人爲要討好起見，每逢到臘月廿三日，要在所奉祀的畫像上，抹上一些蜜糖，以便他到上帝那裡多說些甜言蜜語。還有的在灶君嘴上抹上一些黏糕，以便將他的嘴封住，使他到上帝面前時張不開口，那麼他就不能對某家說長道短了。這種對付灶君的方法，可說巧妙到了極處。對於祀灶所用的對聯，也是極爲工巧，即如 " 上天言好事，下界降吉祥 "、" 黃羊能致富，靑錢可通神 " 等等語句是最確切。橫楣上多用 "一家之主"、"司命灶君" 等句。而羅隱的送灶詩則爲 "一盞淸茶一縷烟，灶君皇帝上靑天"。均屬淸淺雋妙。

至於黃羊致富的來歷，在《後漢書》上說：有一個名陰子方的，當臘日的早晨炊飯時，灶神忽然現出了原形。（不知是人樣還是別樣）子方於是再拜稽首連連叩頭，受灶神的祝福。可巧家中養著一隻黃羊，遂趕快殺掉，奉祀了灶神。從該時以後，家中的財寶就大發而特發了。到三輩以後，人財更就兩旺了；別人聽見這個消息，也就於送灶日，殺黃羊而祭祀。可惜黃羊白白殺，大財未必慢慢發。

至於再往裡追究灶神到底是誰？說法也不一定；可見後世只知敬拜，而到底還認不淸是那一個。《淮南子》說："灶是黃帝先作的，他死了以後，遂成了灶神。"《五經異義》說："灶神姓蘇名吉利，灶神的太太是姓王名搏頰。" 這也無怪世俗上所供養的灶神，原是一對男女的畫像啊！但是《酉陽雜俎》上則說："灶神名隗，而貌長的如同美玉。" 又說："灶神是姓張名單字子郭，他的太太字是卿忌，共生了六個閨女，名字都叫察洽。" 還說："灶神的名字是叫壤子。" 旣有這許多的名字，眞是認不淸那個是眞這個是假來了。

平常稱呼刻板印的灶神像爲灶馬；要請一位灶神，都說是買一張灶馬。另有一種紅色蟲，多生於灶間的鍋台上，俗稱爲灶鷄，本是最於人有害的；但是《酉陽雜俎》上說："此種蟲名叫灶馬，形狀如同促織，多生於灶房的壁穴間，若是某人家的灶房中多生此種蟲，則是不缺飯吃的兆頭。”而宋朝孟元老所著的《東京夢華錄》上，亦提到“十二月二十四日，京中各個人家，都要夜間燒一些紙錢，將灶馬貼在灶上，再用些酒糟塗抹在灶門上，意思是要特別對於灶神，大加致敬，令祂喝一個酩酊大醉，吃一個肚兒圓，好叫祂替家中多說一些方便話。”這樣的擺弄，恐怕灶神只能說醉話，那有好話可說呢？以上種種記載，正見出社會間無謂的舉動是亟當破除的。

《北平風俗類徵·歲時》：

　　京師居民祀灶，猶仍舊俗，禁婦女主祭，家無男子，或迎鄰里代焉。其祀期用二十三日，惟南省客戶，則用二十四日，爲劉侗所稱也。（《日下舊聞考》）

　　歲除祀灶，南北俗無不用糖，又加糯米糰子，大小戶皆然，云以之黏灶神口，則不於玉皇前言人罪惡。（《食味雜咏注》）

　　北平俗曲云：“臘月二十三，呀呀喲，家家祭灶，送神上天，祭的是人間善惡言。一張方桌攔在灶前，阡張元寶掛在西邊。滾茶涼水，草料俱全。糖果子糖餅子，正素兩盤。當家人跪倒，手擧着香烟，一不求富貴，二不求吃穿，好事兒替我多說，惡事兒替我隱瞞。”（《霓裳續譜》）

　　二十三日晚間，於供桌設灶神紙像，或有二像者，謂之張灶李灶，其一又曰燒灶。祭時男子先拜，婦女次之，諺云：“男不拜月，女不祭灶。”（《京都風俗志》）

　　二十三日祭皂，古用黃羊，近聞內廷尚用之，民間不見用也。

民間祭皂，惟用南糖、關東糖、糖餅及清水草豆而已。糖者所以祀神也，清水草豆，所以祀神馬也。祭畢之後，將神像揭下，與千張元寶等，一并焚之，至除夕接神時，再行供奉。（《燕京歲時記》）

有句云："匀豆才陳爆紛飛，家家庭院弄輝輝；灶王一望攢眉去，又比昨秋糖更稀。"以慨風景蕭條也。（《春明采風志》）

《記》稱灶老婦之祭，今男子祭，禁不令婦女見之。祀餘糖果，禁幼女不得令啖。（《帝京景物略》）

《民間新年神像圖書展覽會》：

灶王爺爲民間宗教中最普遍之一。保護家人之安寧及康健。頭戴禮冠，身着朝服。其旁常有一女像，俗名灶王奶奶，其職司爲管理家中之婦女。據較爲公認之傳說，灶王姓張名禪，其字爲子郭，其妻字卿忌。灶王之像多貼於廚房爐灶之上，專供此用之小龕內，長年由人供奉，普遍係每月兩次，在神像前燒香而已。

【案】把灶神作爲火神也好，作爲先炊也好，其信仰都是從灶的自然屬性及對人們生活的實際作用而產生的。但漢代以後，灶神的職責起了變化，主要不是掌飲食，而是掌握人們的壽夭禍福。這種觀念可能起於西漢。據《史記·孝武本紀》，當時的方士已鼓吹祠灶可以致物煉丹，導致長生。而《淮南萬畢術》中已出現"灶神晦日歸天，白人罪"的傳說。這些觀念到了東漢已廣爲流傳。祠灶而得福的典型例子，見《風俗通義》（《後漢書》、《搜神記》亦載）所載陰子方的故事（祀灶本在五月，臘月祀灶始見於此）。鄭玄注五祀，則稱"小神居之人間，司察小過，作譴告者爾"。《抱朴子》則說得更具體了。從此以後，灶神以天帝派駐下方的全權監察代表身分，成為各戶的主要家神（見《夷堅志》等）。陸龜蒙《祀灶解》曾對這種迷信進行了比較有力的剖析，但民間對牠的信仰有增無減，供奉惟恐不虔。另外，唐宋以來，對灶神的信仰出現了有趣的變化。由於灶神的特殊地位（旣操持司命大權，可直接向天帝匯報，又與人們生活最接近，能明察男女老幼的一言一行），人們旣怕牠，又離不開牠，甚至也不能用對付其他神的"敬而遠之"的態度來敷衍牠。根據人們在現實生活中的經驗，封建官府的各級官吏都是可以通過行賄買通的。於是人們就相信灶神同樣也是可以買通的，每到祀灶之日（宋代以後主要祭日為臘月二十三或二十四日），就設法用粘糖等封住它的嘴，并用好話奉承牠，於是逐漸形成了獨特的祭灶風俗。這種風俗是中國民間按自己的需要塑造神靈，使自然神社會化的生動寫照。

在灶神社會化的過程中，牠的人格化過程也在繼續。本來，以炎帝、祝融或老婦為對像已經是人神化的表現了。但炎帝、祝融說在民間影響始終不大，而進入封建社會以後，老婦說又不太適合男權意識的需要，所以對灶神形象的修正勢在必行。東漢許慎的《五經異義》已記載灶神為夫婦二人的傳說。西晉司馬彪注莊子，說灶神"狀如美女"，以一"如"字，進一步確認了灶神的男子身分。（本是老婦之祭的祀灶活動，至後世竟不許婦女主祭）。《酉陽雜俎》中則不僅有灶神夫婦的名字，還羅列了祂們的女兒和眾多屬神。灶神及其夫人的姓名，本有數種說法，後來民間流行的主要採自《酉陽雜俎》，灶神姓張名單（或作禪），夫人字卿忌。至於道教《灶王經》所羅列的以種火老母為首的一大堆灶神，因為太繁瑣了，所以未被民間接納。但灶神的面貌，近代卻多改繪為黑面長鬚，不復有"狀如美女"的形象出現了。

行　　神（路神　祖神）

《禮記·祭法》：

　　王爲群姓立七祀，曰司命，曰中霤，曰國門，曰國行，曰泰厲，曰戶，曰灶。諸侯爲國立五祀，曰司命，曰中霤，曰國門，曰國行，曰公厲。大夫立三祀，曰族厲，曰門，曰行。適士立二祀，曰門，曰行。（鄭注："行主道路行作。使者出，釋師於行；歸，釋師於門。今時民家或春秋祠司命、行神。"孔疏："國行者，謂行神在國門外之西。"）

《山海經·海內經》：

　　黃帝妻雷祖。

　　袁珂案：王瓘《軒轅本紀》云："帝周游行時，元妃嫘祖死於道，帝祭之以爲祖神。"

《集説詮眞》：

　　《前漢書》載：顏師古注曰，昔黃帝之子纍祖，好遠游而死於道，故後人以爲行神也。

《風俗通義·祀典》：

　　謹案：《禮傳》："共工之子曰脩，好遠游，舟車所至，足

行　神

迹所達，靡不窮覽，故祀以爲祖神。"祖者，徂也。《詩》云：
"韓侯出祖，清酒百壺。"《左氏傳》："襄公將適楚，夢周公
祖而遣之。"是其事也。

　　王利器校注：《五經要義》曰："祖道，行祭，爲道路祈
也。"

《破除迷信全書》卷十：

　　人不能常居本地，是必要出游的。古時交通不便，出游的少，
近今輪船火車，一日千里，出游的或單行，或團體；近者數百里，
遠者數千里，數萬里，或數十萬里，均是司空見慣，不以爲奇。
惟在我國，一般頭腦陳舊的人，於出行時，則必先祭路神，以爲
非如此，路上就得不著平安。若要推究那一個是路神呢？原來是
甚不光面令人可醜的。爲甚麼呢？若是一個有功生民的偉人死去，
後人因要紀念他的功德，把他將神敬拜，或者可以說得下去；至
於一個凶人的浪蕩子弟，又沒得著好死，後世再去拿他將神看待，
未免過於優待了。按《風俗通》說是："路神是堯時目爲四凶之
一舜時流於幽州的共工的兒子，他的名字是叫修，性好遠游，却
沒有游歷的好目的，當游歷時不知如何死在路上，當時也不過以
爲死了就算完，并沒曾想到他還成了神，誰知時隔二千餘年，到
了漢朝就把他當路神祭祀。"這樣說來，漢朝以先，并沒有路神
的名目，漢朝人若是以爲非有個路神是不行的，也當推出一個得
好死的好人，將他抬上路神的座位，決不當推出一個敗家的子弟
來，當路神敬拜。漢朝以後的人，若是想到漢朝的錯處，就不當
將錯就錯，至少也當另行擇選一個好的路神；可是爲甚麼二千年

來，竟以漢朝人的路神爲路神呢？基督說："瞎子領瞎子，兩個人都必掉在坑裏。"就是指著此等事說的。

還有一個岔兒，就是古人一面以共工的兒子爲路神，一面在《後漢・荀彧傳》上又說："黃帝的兒子好遠游，死在路上，所以後世以他爲路神，加以祭祀，以求出門時在路上多蒙他的祝福"，這樣看來，在漢朝時忽然添上兩個路神，不知他兩個還爲這最高問題，起甚麼交涉否？

【案】行神，卽路神、祖神，亦五祀之一，因與人們生活有關而立神祭祀。在人神化的過程中，有黃帝妻、黃帝子、共工子幾種說法。此皆神話，不必鑿鑿而求其實也。

丁　編

北　岳

中　岳

碧霞元君

四　瀆

江　神

奇　相

湘君　湘夫人

長江三水府

屈　原

金龍大王柳毅

潮神（濤神）

伍子胥

附：伍髭鬚　杜十姨　陳十姨　大姑小姑

紹興孚佑王

十二潮神

岱石王

蕭公爺爺

晏公爺爺

河　神

小　叙

　　山川崇拜在原始宗教中占有極其重要的地位，它們和土地一樣，對人類的生活有極大的影響。與土地崇拜不同的是，土地神的觀念可以抽象出來，因爲各處土地的自然屬性基本上是一致的，但山岳河川等都分別具有突出的個性。所以在民間信仰中，山岳、河川、湖海之神是多元化的，每山每水幾乎都有自己的神。

　　古人對山川的崇拜，最初主要是因爲其自然屬性。《禮記·祭法》："山林川谷丘陵，能出雲，爲風雨，見怪物，皆曰神。"《公羊傳》僖公三十一年："曷爲祭泰山河海？山川有能潤於百里者，天子秩而祭之。觸石而出，膚寸而合，不崇朝而遍雨乎天下者，唯泰山爾。河海潤於千里。"古人除以爲天上有雨神外，又因爲高山常有雲霧繚繞，遂以爲山岳也有降雨的神力。另外，山的高峻雄偉，令他們感到神秘、恐懼，山中的野物旣可供人們食用，又可能傷害人們。河海則能"潤千里"，旣是不可或缺的水源和捕魚的場所，又能吞噬生命，氾濫成災。山川所代表的偉大的自然力，令古人頂禮膜拜，并產生出神化的觀念。

　　在中國，山川信仰的形式也應當是很早的。殷周以來，雖然又有了最高神——天帝的信仰，但山川信仰并未稍衰，如申、呂諸國崇拜嵩山，趙人崇拜霍太山等，而尤以齊地爲甚。所以齊地所信仰的泰山神，後來成爲在全國影響最大的山岳神。自秦漢建

立封建專制主義中央集權制度以來，對民間的山川神先後進行清
理，將一部分重要的名山大川列入祀典，由皇帝直接控制其祭祀
儀式，於是五岳、四瀆逐漸成爲山川神的代表，其影響超越原來
的所在地區，遍及全國。在這個過程中，山川神的人格化、社會
化也逐步完成。

五　　岳

《周禮·春官·大宗伯》：

　　以血祭祭社稷、五祀、五岳，以貍沈祭山林川澤。

《禮記·王制》：

　　天子祭天下名山大川，五岳視三公，四瀆視諸侯。諸侯祭名山大川之在其地者。

《爾雅·釋山》：

　　河南，華（華陰山）。河西，岳（吳岳）。河東，岱（岱宗泰山）。河北，恒（北岳恒山）。江南，衡（南岳衡山）。

　　泰山爲東岳，華山爲西岳，霍山爲南岳（即天柱山，潛水所出），恒山爲北岳（常山），嵩高爲中岳（太室山也）。

《史記·封禪書》：

　　昔三代之居皆在河洛之間，故嵩高爲中岳，而四岳各如其方。（漢武帝時，濟北王）　上書獻太山及其旁邑，天子以常山爲郡，然後五岳皆在天子之郡。

《漢書·郊祀志下》：

〔宣帝神爵元年〕自是五岳、四瀆皆有常禮。東岳泰山於博，中岳泰室於嵩高，南岳潛山於潛，西岳華山於華陰，北岳常山於上曲陽。

《後漢書・禮儀志下》：

不豫，太尉告請南郊，司徒、司空告請宗廟，告五岳、四瀆、群祀，并禱求福。

《重修緯書集成》卷三《禮含文嘉》：

天子祭天地宗廟六宗五岳，得其宜，則五穀豐，雷雨時至，四夷貢物。

《風俗通義・山澤》：

東方泰山，《詩》云："泰山岩岩，魯邦所瞻。"魯曰岱宗，岱者，長也，萬物之始，陰陽交代，雲觸石而出，膚寸而合，不崇朝而遍雨天下，其唯泰山乎！故爲五岳之長。王者受命易姓，改制應天，功成封禪，以告天地。孔子曰："封泰山，禪梁父，可得而數，七十有二。"岱宗廟在博縣西北三十里，山虞長守之。十月曰合凍，臘月曰涸凍，正月曰解凍，皆太守自侍祠，若有穢疾，代行事。南方衡山，一名霍山，霍者，萬物盛長，垂枝布葉，霍然而大。廟在廬江、灊縣。西方華山，華者，華也，萬物滋熟變華於西方也。廟在弘農華陰縣。北方恒山，恒者，常也，萬物伏藏於北方有常也。廟在中山上曲陽縣。中央曰嵩高，嵩者，高也，《詩》云："嵩高爲岳，峻極於天。"廟在潁川陽城縣。

《集説詮眞》：

《事物原會》曰：唐武后垂拱四年，封中岳爲中天王。唐明皇先天中，封西岳爲金天王。又開元十三年，封東岳爲天齊王。又天寶五年，封南岳爲司天王，北岳爲安天王。

又曰：宋眞宗大中祥符間，加上東岳曰天齊仁聖帝，南岳曰司天昭聖帝，西岳曰金天順聖帝，北岳曰安天元聖帝，中岳曰中天崇聖帝。又加上五岳帝后號，東曰淑明后，南曰景明后，西曰肅明后，北曰靖明后，中曰正明后。五岳稱帝號始此。岳者地祇，祭壇而弗廟。五岳總立廟，自拓拔氏始。唐乃各立廟於五岳之麓。東岳之遍天下，則肇於宋之中葉。

《鑄鼎餘聞》卷一：

唐杜佑《通典》云：開元十三年，封東岳爲天齊王，南岳爲司天王，西岳爲金天王，北岳爲安天王，中岳爲中天王，禮秩加三公一等。

《枕中書》：

太昊氏爲青帝，治岱宗山；顓頊氏爲黑帝，治太恒山；祝融氏爲赤帝，治衡霍山；軒轅氏爲黃帝，治嵩高山；金天氏爲白帝，治華陰山。

《文獻通考·郊社十六》：

開元時，天台道士司馬承楨言：今五岳神祠是山林之神也，非正眞之神也。五岳皆有洞府，有上清眞人降任其職，山川風雨

陰陽氣序，是所理焉。冠冕服章、佐從神仙皆有名數。請別立齋
祠之所。上奇其說，因敕五岳各置真君祠一所。

《事物紀原》卷二：

《宋朝會要》曰：大中祥符元年十月十五日，詔泰山天齊王
加號仁聖天齊王。四年二月二十一日，加號西岳曰順聖金天王；
二十六日，又詔加號中天王爲崇聖中天王。五月，加中岳曰中天
崇聖帝，東岳曰天齊仁聖帝，南岳曰司天昭聖帝，西岳曰金天順
聖帝，北岳曰安天元聖帝。

《元史·祭祀志五》：

至元二十八年春二月，加上東岳爲天齊大生仁聖帝，南岳司
天大化昭聖帝，西岳金天大利順聖帝，北岳安天大貞玄聖帝，中
岳中天大聖崇聖帝。加封江瀆爲廣源順濟王，河瀆靈源弘濟王，
淮瀆長源博濟王，濟瀆清源善濟王，東海廣德靈會王，南海廣利
靈孚王，西海廣潤靈通王，北海廣澤靈祐王。

《明史·禮志三》：

（洪武）三年詔定岳鎮海瀆神號。略曰："爲治之道，必本
於禮。岳鎮海瀆之封，起自唐、宋。夫英靈之氣，萃而爲神，必
受命於上帝，豈國家封號所可加？今依古定制，并去前代所封名
號。五岳稱東岳泰山之神，南岳衡山之神，中岳嵩山之神，西岳
華山之神，北岳恒山之神。四海稱東海之神，南海之神，西海之
神，北海之神。四瀆稱東瀆大淮之神，南瀆大江之神，西瀆大河

之神，北瀆大濟之神。"

《月令廣義·圖説·五岳眞形圖》：

《藏經》曰：五岳之神，分掌世間人物，各有攸屬。如泰山
乃天帝之孫，群靈之府，爲五岳祖，主掌人間生死貴賤修短。衡
岳主掌星象分野、水族魚龍。嵩岳主掌土地山川、牛羊食啖。華
岳主掌金銀銅鐵、飛走蠢動。恒岳主掌江河淮濟、四足負荷等
事。

《歷代神仙通鑒》卷一：

昔盤古終世，有子曰赫天，誠樸無爲，不能繼治。時有三皇
代出，赫天乃入居此山，世代相傳，故其山曰岱宗泰山。赫天生
子曰胥勃氏，胥勃子曰玄英氏，玄英子曰金輪王。金輪之弟曰少
海氏，少海妻彌輪山女。彌輪夢吞二日，覺而有娠，五歲連生二
子，長曰金蟬氏，次曰金虹氏。爲盤古五世孫。兄金蟬生子四人，
長崇覃，出修於南之衡山；次善壄，出修於西之華山；次晨蕚，
北修於醫無慮山；兄金蟬以少子惲善年幼，乃與之入中土嵩山同
修。（金虹氏）在此守山，得水一君之女爲偶，生五子一女。女
曰玉女，自修於蓮花峰頂（常浴手於山下池中，今名玉女池）。
五子亦皆能斬邪縛魅，遁迹飛身。人民爲吾多歷古來歲月，稱爲
古歲，共皆崇仰，遂以歲爲姓，以崇爲名。

【案】五岳諸山，本來都是各地區的名山，把它們概括爲
五岳，作爲山岳的代表而統一祭祀，當是國家統一以後的事

情。雖然《周禮》、《禮記》等有關於五岳的記載，但五岳觀念的真正形成，當是在西漢武帝時期。而廟祀制度的完備，當是在宣帝時期。以後歷代相沿，奉為祀典。東漢時社會上迷信盛行，五岳崇拜也增添了新的內容，除了興風雨，主水旱之外，又謂其與天相通，主宰官吏的仕途，人間的生老疾病，甚至出現了"山岳感生"説。東漢以後這種趨勢仍未停止。五岳神的社會分工，可見《月令廣義》。隨着它們的社會職能逐漸增多，五岳的人神化也在進行。除了把山神人格化外，道教還屢屢企圖以人神來取代它們。如《枕中書》以顓頊、祝融、軒轅等神話人物為五岳神，《歷代神仙通鑒》稱盤古五世孫金蟬諸子為五岳神。唐玄宗時的道士司馬承楨更揚言"今五岳神祠是山林之神也，非正真之神也"，謂五岳本有上清真人以主山川風雨陰陽氣序，玄宗因為敕於五岳廟外別置真君祠。關於五岳神的社會化、人格化，下面還將詳細敍述。

自漢代以來，祀典以五岳視三公，四瀆視諸侯。但從唐代武則天、唐玄宗以後，對五岳累加封號，唐為王，宋、元為帝。明太祖朱元璋雖然宣布廢除其封號，一概稱某某之神，但其時東岳廟等已遍及民間，大帝之稱，已無從抹煞了。

東岳大帝

《風俗通義·正失》：

俗說：岱宗上有金篋玉策，能知人年壽修短。武帝探策得十

東岳大帝

八，因倒讀曰八十，其後果用着長。謹按：《尚書》、《禮》：
天子巡守，歲二月，至於岱宗。孔子稱：“封泰山，禪梁父，可
得而數者七十有二。”蓋王者受命易姓，改制應天，天下太平，
功成封禪，以告平也。所以必於岱宗者，宗者，長也，萬物之宗，
陰陽交代，雲觸石而出，膚寸而合，不崇朝遍雨天下，唯泰山乎。
予以空僞，承乏東岳，忝素六載，數聘祈祠，咨問長老賢通上泰
山者云，謂璽處尫石，文昧難之也，殊無有金篋玉牒探壽之事。

《重修緯書集成》卷五《孝經援神契》：

泰山一曰天孫，言爲天帝孫也。主召人魂魄。東方萬物始
成，知人生命之長短。

《搜神記》卷四：

胡母班字季友，泰山人也。曾至泰山之側，忽於樹間逢一絳
衣騶，呼班云：“泰山府君召。”班驚愕，逡巡未答。復有一騶
出，呼之。遂隨行數十步，騶請班暫瞑。少頃，便見宮室，威儀
甚嚴。班乃入閣拜謁。主爲設食，語班曰：“欲見君，無他，欲
附書與女婿耳。”班問：“女郎何在？”曰：“女爲河伯婦。”
班曰：“輒當奉書，不見緣何得達？”答曰：“今適河中流，便
扣舟呼青衣，當自有取書者。”班乃辭出。昔騶復令閉目，有頃，
忽如故道。遂西行，如神言而呼青衣。須臾，果有一女僕出，取
書而沒。少頃復出，云：“河伯欲暫見君。”婢亦請瞑目。遂拜
謁河伯。河伯乃大設酒食，詞旨殷勤。臨去，謂班曰：“感君遠
爲致書，無物相奉。”於是命左右：“取吾青絲履來。”以貽班。

班出，瞑然，忽得還丹。遂於長安經年而還。至泰山側，不敢潛過，遂扣樹，自稱姓名：“從長安還，欲啓消息。”須臾，昔驅出，引班如向法而進。因致書焉。府君請曰：“當別再報。”班語訖，如厠。忽見其父著械徒作，此輩數百人。班進拜流涕，問：“大人何因及此？”父云：“吾死不幸，見遣三年，今已二年矣，困苦不可處。知汝今爲明府所識，可爲吾陳之，乞免此役，便欲得社公耳。”班乃依教，叩頭陳乞，府君曰：“生死異路，不可相近，身無所惜。”班苦請，方許之。於是辭出，還家。歲餘，兒子死亡略盡。班惶懼，復詣泰山，扣樹求見。昔驅遂迎之而見。班乃自說：“昔辭曠拙，乃還家，兒死亡至盡，今恐禍故未已，輒來啓白，幸蒙哀救。”府君拊掌大笑曰：“昔語君‘死生異路，不可相近’故也。”即敕外召班父。須臾，至庭中，問之：“昔求還里社，當爲門戶作福，而孫息死亡至盡，何也？”答云：“久別鄉里，自欣得還，又遇酒食充足，實念諸孫，召之。”於是代之。父涕泣而出。班遂還。後有兒皆無恙。

《搜神記》卷十六：

蔣濟字子通，楚國平阿人也。仕魏，爲領軍將軍。其婦夢見亡兒，涕泣曰：“死生異路。我生時爲卿相子孫，今在地下爲泰山伍伯，憔悴困苦，不可復言。今太廟西謳士孫阿，見召爲泰山令，願母爲白侯，屬阿，令轉我得樂處。”言訖，母忽然驚寤。明日以白濟。濟曰：“夢爲虛耳。不足怪也。”日暮，復夢曰：“我來迎新君，止在廟下。未發之頃，暫得來歸。新君明日日中當發，臨發多事，不復得歸。永辭於此。侯氣强，難感悟，故自訴於母。願重啓侯，何惜不一試驗之。"遂道阿之形狀，言甚備悉。天明，母重啓濟："雖云夢不足怪，此何太適適。亦何惜不一驗之。"濟乃遣人詣廟下，推向孫阿，果得之，形狀證驗，悉如兒言。濟涕泣曰："幾負吾兒。"於是乃見孫阿。具語其事。阿不懼當死，而喜得爲泰山令，唯恐濟言不信也，曰："若如節下言，阿之願也。不知賢子欲得何職？"濟曰："隨地下樂者與之。"阿曰："輒當奉教。"乃厚賞之。言訖，遣還。濟欲速知其驗，從領軍門至廟下，十步安一人，以傳消息。辰時傳阿心痛，巳時傳阿劇，日中傳阿亡。濟曰："雖哀吾兒之不幸，且喜亡者有知。"後月餘，兒復來，語母曰："已得轉爲錄事矣。"

《鑄鼎餘聞》卷一：

《南史·沈僧昭傳》：自云爲泰山錄事，幽司中有所收錄，必僧昭署名。俄復謂人曰："我昔爲幽司所使，實爲煩碎，今已自解。"乃開匣出黃紙，書上有一大字，字不可識。〔均案：今俗稱有活無常者，充陰司差役，拘人命，亦此類。〕

《古今圖書集成·神異典》卷二二引《岱史》：

《道經》曰五岳之神，分掌世界人物，各有攸屬。岱泰山乃天帝之孫，群靈之府，主世界人民官職生死貴賤等事。

同書引《五岳記》：

東岳泰山神天齊王，領仙官仙女九萬人。

《日知錄》卷三十：

嘗考泰山之故，仙論起於周末，鬼論起於漢末。《左氏》、《國語》未有封禪之文，是三代以上無仙論也。《史記》、《漢書》未有考鬼之說，是元成以上無鬼論也。《博物志》所云泰山一曰天孫，知生命之長短者，其見於史者，則《後漢書·方術傳》：許峻自云嘗篤病，三年不癒，乃謁泰山請命。《烏桓傳》：死者神靈歸赤山。赤山在遼東西北數千里，如中國人死者魂神歸泰山也。《三國志·管輅傳》：謂其弟辰曰，但恐至泰山，治鬼不得治生人，如何？然則鬼論之興其在東京之世乎？

《茶香室叢鈔》卷十六：

余謂後世言神言鬼皆托之泰山，雖虛誕之說，而未始無理。蓋因天事天，因地事地，此封禪之所自起也。《史記正義》云：泰山上築土爲壇以祭天，報天之功，故曰封；泰山下小山上除地，報地之功，故曰禪。神道屬天，王者既封泰山以報天，則泰山有神道矣。鬼道屬地，王者既禪泰山下小山如云云、亭亭、梁父、高里諸山以報地，則云云、亭亭、梁父，高里諸山有鬼道矣。《遁甲開山圖》云：梁父主死。然則高里何不可以主死乎？高里之變爲蒿里，古字相通。師古注《漢書·武五子傳》曰："蒿里，死人里。"此不得其說而強爲之說。死人之里果安在乎？高里山左右有漆何橋，而世俗遂附會爲奈何橋，雖似可笑，亦未謬。但謂高里諸山治鬼則可，謂泰山治鬼則不可。《三國志·管輅傳》曰：但恐至泰山治鬼，不得治生人。則當時已知其義矣。

又按《封禪書》，泰山有天主地主之祠，其義即緣封禪而起。

王者於此報天，故有天主祠；王者於此報地，故有地主祠。死者魂歸泰山，即歸於地主耳。

《陔餘叢考》卷三五：

東岳主發生，乃世間相傳多治死者，宜胡應麟之疑也。然亦有所本。《老學庵筆記》謂：楊文公"游岱之魂"一句，出《河東記》韋齊休事。然駱賓王《代父老請封禪文》云："就本殘魂，游岱宗而載躍"，又在河東前矣。是放翁以駱文爲最先也。其實後漢時已有此語。《後漢書·烏桓傳》：其俗謂人死，則神游赤山，如中國人死者，魂歸岱山也。又《許曼傳》：曼少嘗疾病，乃謁泰山請命。干寶《搜神記》：胡母班死，往見泰山府君，爲之致書於河伯。（此事亦見《三國志》注。）《三國志·管輅傳》：輅謂其弟曰："但恐至泰山治鬼，不得治生人。"劉楨《贈五官中郎將詩》云："常恐游岱宗，不復見故人。"應璩百一詩云："年命在桑楡，東岳與我期。"《古樂府》："齊度游四方，各繫泰山籙。人間樂未央，忽然歸東岳。"是泰山治鬼之說，漢魏間已盛行，此又駱文所本，而放翁未引之，何也？又王僧孺致何炯書，亦有還魂斗極，追氣泰山之語。《南史·沈攸之傳》：沈僧昭少事天師，能記人吉凶，自云爲泰山錄事。幽司中有所收錄，必僧昭署名。此又皆唐以前泰山故事也。《夷堅志》：孫默、石倪、徐楷相繼爲泰山府君。又呂辨老得一印，文曰泰山府君之印，王太守借觀之，未幾王死。王素有善政，人以爲必主岱岳也。張廿三旣死，子幼，贅婿陳昉主其家事，而斃其子。已而張同一黃衣者向陳索命，顧黃衣者使執之。黃衣曰："須先於泰山府君處下狀。" 滕廸功妻趙氏，殺其妾陳馨奴。未幾趙死，而失其首，方捕治，而陳現形，提其頭出，示人曰： "我已訴岳帝，得報此仇。恐干連無辜，故來明此事。" 然則泰山治鬼，世界有其事也。

《破除迷信全書》卷十：

古傳泰山府君是治鬼的神，《後漢書·烏桓傳》上說： "烏桓國（今吉林）的風俗，都以人死後，魂必游赤山，就好像中國人死後魂必歸泰山一樣。" 《三國志》上也記着管輅曾對他兄弟說： "但恐怕到泰山只有治鬼，沒有生人可治了。" 可見數千年前，就以泰山眞有治鬼的神了。後世人因爲遠地不便到泰山，所以在各地設立泰山神廟，就是俗稱的東岳廟。唐明皇時，則封泰山神爲天齊王，因此東岳廟又名天齊廟，乃是縣城中必有的點綴品。

《管錐編》第一冊：

李少卿曰：益壽而海中蓬萊仙者乃可見，見之以封禪，則不死，黃帝是也。秦始皇封禪，而不死之方術則別求之海上三山；《淮南·衡山列傳》中伍被述徐福 "僑辭" ，言之尤明，所謂 "見海中大神，願求延年益壽藥" 也。漢武乃二而一之，故下文公孫卿曰： "封禪七十二王，唯黃帝得上泰山封；申公曰： "漢主亦當上封，上封則能登天矣" " ，又丁公曰： "封禪者，合不死之名也。" 是泰岱之效，不減蓬瀛，東封即可，無須浮海。然以泰山爲治鬼之府，死者魂魄所歸，其說亦昉於漢。《後漢書·烏桓鮮卑傳》： "中國人死者，云魂神歸岱山" ；陸機《泰山吟》：

"幽塗延萬鬼，神房集百靈"；《博物志》卷一《孝經援神契》曰："泰山，天帝孫也，主召人魂。東方，萬物之始，故知人生命爲長短"（《文選》劉楨《贈五官中郎將》第三首："常恐游岱宗，不復見故人"，李善注亦引此）。《日知錄》卷三〇、《陔餘叢考》卷三五、《茶香室叢鈔》卷十六考漢魏時泰山治鬼之說，已得涯略（吳錫麒《有正味齋駢體文》卷十五《游泰山記》全本《日知錄》）。經來白馬，泰山更成地獄之別名，如吳支謙譯《八吉祥神咒經》即云"泰山地獄餓鬼畜牲道"，隋費長房《歷代三寶記》卷九所謂"泰山"爲"梵言"而強以"泰方岱岳"譯之者。然則泰山之行，非長生登仙，乃趨死路而入鬼籙耳。

【案】自戰國以至漢代，泰山始終是君主告成於天的封禪聖地，"峻極於天"，向來被古人視爲與天相通的登仙之途。然而後來東岳神却被視爲冥司之主，泰山成爲治鬼之府。這種變化是在什麼時候以及爲什麼會發生的呢？根據目前已知的材料，還很難作出確切的結論。在西漢的文獻中，未出現過這類記載。但東漢墓中出土的鎮墓券中，常有"生人屬西長安，死屬太山"的說法。由此看來，這種觀念有可能始於西漢。除了鎮墓券，《後漢書》、《三國志》等書也有這類記載，可以證明這種觀念在東漢之流行。漢代人認爲泰山爲萬物之始，陰陽交代，這種說法大約與山岳的自然屬性及生殖功能有關。倪思寬《二初齋讀書記》曰："愚案萬物之始，陰陽交代，後世泰山治鬼之說，實造端於此。"當時少數民族如烏桓也有死後魂歸赤山的信仰，看來泰山治鬼觀念確與原始的山岳崇拜有關。《風俗通義》稱泰山上有玉策，能探知人年壽修短，緯書則逕謂泰山神即天帝孫，主召人魂魄，與後世的信仰更為接近。這種信仰在魏晉盛極一時，而泰山神也被人格化，稱泰山府君，有子有女。府君所掌陰府一如陽間官府，所以陽間官場的人情流弊在陰府也同樣流行。隋唐以來，隨着佛教的推廣，以地藏王，閻羅王主冥間的信仰逐漸興起，在民間佔據了一部分市場，但東岳主冥的影響力仍然很大，而且由於唐、宋帝王的推尊，又被封為東岳大帝。其廟祀不限於泰山，而遍及全國各地。明清以來，東岳主冥和閻羅主冥二種信仰逐漸合流，二位冥神往往并存於東岳廟中，而民間傳說常以為東岳大帝乃閻羅王的上司。由此可以看到東岳神在民間的影響之深。

《重修緯書集成》卷六《龍魚河圖》：

東方泰山君神，姓圓名常龍。

東方太山將軍，姓唐名臣。

一云泰山君玄丘目睦。

《古今圖書集成·神異典》卷二二引《神仙傳》：

太眞夫人者，王母之小女也，年可十六、七，名婉羅，字勃遂。事玄都太眞。有子名三天，太上府司直，總糺天曹之遣，比地上之卿佐。年少好委官游逸，虛廢事任。有司奏劾以不親局職，降主事東岳，退眞王之編，司鬼神之帥，五百年一代其職。

《眞靈位業圖》：

太清右位

五岳君（五百年而一替）。

《古今圖書集成·神異典》卷二二：

《眞靈位業圖》：玉清三元宮第二左位，司命東岳上眞卿太元眞人茅君，諱盈字叔申。

第六左位岱宗神侯領羅酆右禁司鮑元節。

地仙散位賈元道、李叔勝、言成生、傅道流四人，并隸司命，主察試學道者，在泰山。

泰山君秦顗，字景倩，爲四鎭，領鬼兵萬人，有長史、司馬，復有小鎭數百，各領鬼兵數千人。

《東岳廟七六司考證》引《東岳大帝本紀》：

考東方朔《神異經》云：盤古氏之苗裔，稱玄英氏。玄英氏之子稱金輪王，又稱少海氏。少海氏之妻稱彌輪夫人，夜夢口吞二日，（生二子）金蟬氏後稱東華帝君，金虹氏即是東岳大帝。金虹氏住在長白山，佑民有功，至伏羲時封爲太歲，稱太華眞人，掌天仙六籍，遂以歲爲姓，以崇爲名。至漢明帝永平年間，封大帝爲太山元帥。

《舊唐書·玄宗紀上》：

（開元十三年）封泰山神爲天齊王，禮秩加三公一等，近山十里，禁其樵採。

《古今圖書集成·神異典》卷二二引《報應記》：

唐沈嘉會貞觀中任校書郎，以事配蘭州。思歸甚切，每旦夕常東向拜泰山，願得生還。積二百餘日，永徽六年十月三日夜，見二童子，儀服甚秀，云是泰山府君之子，府君愧公朝夕拜禮，故遣奉迎。瞬息之間便到，宮殿宏麗。童子引入，謁拜府君，即延入曲室，對坐談笑，無所不至。謂嘉會曰："人之爲惡，若不爲人誅，死後必有鬼得而治，無有徼幸而免者也。若日持《金剛經》一編，則萬罪皆滅，鬼官不能拘矣。" 又云前府君有過，天曹黜之，某姓劉。嘉會亦不敢問其他也。

《古今圖書集成·神異典》卷二二引《雲笈七籤》：

泰山君領群神五千九百人，主治死生，百鬼之主帥也，血祀廟食所宗者也。世俗所奉鬼祠邪精之神而死者，皆歸泰山受罪考焉。

泰山君服青袍，戴蒼碧七稱之冠，佩通陽太平之印，乘青龍，從群官。

同書引《氏族博考》：

東岳姓元丘，名目陸。

《宋史·禮志七》：

（真宗大中祥符元年）青帝加號廣生帝君，天齊王加號仁聖，各遣使祭告。

《宋史·禮志五》：

　　眞宗封禪畢，加號泰山爲仁聖天齊王，又封威武將軍爲炳靈公，通泉廟爲靈泍侯，亭山神廟爲廣禪侯，嶧山神廟爲靈巖侯，各遣官致告。詔泰山四面七里禁樵探，給近山二十戶以奉神祀。車駕次澶州，祭河瀆廟，詔進號顯聖靈源公。

　　（大中祥符四年）親謁華陰西岳廟，加號岳神爲順聖金天王。五月乙未，加上東岳曰天齊仁聖帝，南岳曰司天昭聖帝，西岳曰金天順聖帝，北岳曰安天元聖帝，中岳曰中天崇聖帝。又加上五岳帝后號：東曰淑明，南曰景明，西曰肅明，北曰靖明，中曰正明。

《夷堅丙志》卷九：

　　臨川雷度，字世則，性剛介，好讀書，雖登名鄉貢，而不肯赴省試。其甥蔡直夫爲永康軍通判，是年九月晦，蔡妻徐氏夢人持尺書，類遭召檄，紙尾大書云"泰山府君雷度押"。明年至鄉里，始知度以故歲八月卒矣。

《三教源流搜神大全》卷一：

　　泰山者，乃群山之祖、五岳之宗、天帝之孫、神靈之府也。在兗州奉符縣，今泰安州是也。以梁父山爲儲副。東方朔《神異經》曰：昔盤古氏五世之苗裔，曰赫天氏，赫天子曰胥勃氏，胥勃子曰玄英氏，玄英子曰金輪王，金輪王弟曰少海氏，少海氏妻曰彌輪仙女也。彌輪仙女夜夢吞二日，覺而有娠，生二子，長曰金蟬氏，次曰金虹氏。金虹氏者，即東岳帝君也；金蟬氏，即東

華帝君也。金虹氏有功在長白山中，至伏羲氏封爲太歲，爲太華
眞人，掌天仙六籍，遂以歲爲姓，諱崇。其太歲者，乃五代之前
無上天尊所都之地，今之奉高是也。其後乃水一天尊之女也。至
神農朝，賜天符都官號名府君。至漢明帝封泰山元帥，掌人世居
民貴賤高下之分、祿科長短之事、十八地獄六案簿籍、七十五司
生死之期。聖帝自堯、舜、禹、湯、周、秦、漢、魏之世，只有
天都府君之位。按《唐會要》曰：武后垂拱二年七月初一日，封
東嶽爲“神嶽天中王”。武后萬歲通天元年四月初一日，尊爲“天
齊君”。玄宗開元十三年，加封天齊王。宋眞宗大中祥符元年十
月十五日，詔封“東嶽天齊仁聖王”。至祥符四年五月　日，尊
爲帝，號“東嶽天齊仁聖帝”、淑明皇后。聖朝加封“大生”二
字，餘封如故，帝五子宣靈侯、惠靈侯和惠夫人；至聖炳靈王永
泰夫人；居仁盡鑒尊師；佑靈侯　淑惠夫人；帝一女玉女大仙，
即岱嶽太平頂玉仙娘娘是也。

　　至聖炳靈王。炳靈者，聖帝第三子也，唐太宗加威雄將軍，
至宋太宗封上吳炳靈公，大中祥符元年二月二十五日，封至聖炳
靈王。

《歷代神仙通鑒》卷十五：

　　東嶽太靈蒼光司命眞君金虹氏。

　　威雄將軍（眞君第三子，宋曰炳靈公）。

　　（婿山）九天司命應化太元眞君茅盈。

　　造化尊神黔雷　抱送貴子高元帥。

　　（梁父山）五顯靈官　五瘟使者。

《歷代神仙通鑒》卷四：

元始曰，后稷乃東岳托生，向爲太華眞人，掌天仙六籍，爲東岳天都府君，茲賜爲太靈蒼光司命眞君，執掌人世臣民貴賤高下之分，祿科厚薄之事，地獄各案簿籍，七十五司 生死修短之期。

《歷代神仙通鑒》卷六：

黃老設宴於大地，仰東岳眞君查東華籙，凡證仙班者，俱邀入會。

《封神演義》九九回：

封黃飛虎爲東岳泰山天齊仁聖大帝，總管天地人間吉凶禍福，執掌幽冥地府一十八重地獄，凡一應生死轉化人神仙鬼，俱從東岳勘對，方可施行。

《茶香室續鈔》卷十九：

國朝施可齋《閩雜記》云：省城東岳廟神，每年三月出巡，城內外各一日。頭踏上書："東岳泰山青府天齊上帝歲"。歲蓋神姓也。《五岳眞形圖》："東岳姓崴名崇。"當由與歲字相近而誤。按閩人猶知東岳姓崴，故誤爲歲字。若吾鄉（案：德清），則但執《封神演義》之說，且謂東岳姓黃矣。

《古今圖書集成·神異典》卷四九引《畿輔通志》"東岳廟"條：

廟在順天府朝陽門外二里，元延祐中建，祀東岳天齊仁聖帝，殿宇廓然，士女瞻禮者，月朔望日晨至左右門無閑闃，座前拜席爲燠，化楮錢爐火相及無暫熄。帝像巍巍然有帝王之度。其侍從像乃若憂深思遠者，相傳元昭文館學士藝元手制也。元，寶坻人，初爲黃冠。始，元欲作侍臣像，久之未措手。適閱秘書圖畫，見唐魏徵像，矍然曰："得之矣！非若此莫稱爲相臣。"遽走廟中爲之，即日成。兩廡設地獄七十二司，後設帝妃行宮。

《陔餘叢考》卷三五：

《舊唐書》：明皇封禪泰山，加號天齊。《宋史》：大中祥符元年封禪畢，詔加號泰山爲仁聖天齊王。五年又加天齊仁聖帝。元至元十八年，詔加天齊大生仁聖帝。天齊之名，蓋本《史記·封禪書》："齊所以爲齊，當天齊也。"故假借用之，以爲峻極於天之意。然《封禪書》八神祠，一曰天主，祠天齊，居臨淄南郊；二曰地主，祠泰山梁父。前泰山與天齊各爲一祠，本不相涉。況天齊云者，謂當天之中，如天之臍也。今乃不顧其本義，但取其字之可通，而剽剝附會之，蓋出於張說之舞文也。

《茶香室四鈔》卷二十：

國朝吳翌鳳《遜志堂雜鈔》云：世傳包孝肅爲閻羅王。嘗閱元遺山《續夷堅志》，云包希文以正直爲東岳速報司。則當時已有此語。

《北平風俗類徵·歲時》：

《都門贅語·東岳廟詩》云："七十五司信有無，朝陽門外萬人趨。也知善惡終須報，不怕官刑愧鬼誅。"

　　東岳廟有七十二司，司各有神主之，相傳速報司之神爲岳武穆。（《燕京歲時記》）

　　北平的東岳廟是北平市有名大廟之一，還是在宋末年間修建的。最後一次重修，也遠在廢清嘉慶年間，廟的東西兩廊下，修建了七十二司，什麼"速報司"、"福壽司"等司，每個司里，塑了許多奇怪的泥人。有的長鬚及胸，像有福有壽的樣子。有的窮凶極惡，生的極難看的樣子。（《大華晚報》）

　　【案】泰山的人神化，始見於東漢年間的緯書，如《孝經援神契》、《龍魚河圖》等。魏晉間民間傳說有泰山府君，而道教的說法可就五花八門了（見《神仙傳》、《眞靈位業圖》、《神異經》、《雲笈七籤》等），如泰山君泰顥、三天、太華眞人金虹氏等。而且道教在山神之外，又給東岳配備了一群仙人，如司命東岳上眞卿茅盈等。至明代，又有謂后稷乃東岳托生者（見《歷代神仙通鑒》）。道教認爲五岳山神五百年換一次，而民間傳說中的泰山府君，似乎也是可以輪換的（中國民間信仰的冥官，多可以換班，詳見閻羅王條）。如《酉陽雜俎》載張堅當上新任天翁，原來的劉天翁就降爲泰山太守（見玉皇條）。《報應記》謂府君姓劉，前府君以有過被黜。《夷堅志》中則出現過許多位泰山府君，都是由正直之人死後充任，與閻羅王的傳說相當類似。明清以來，關於東岳大帝的身世來歷，有兩種說法比較流行。一種卽《神異經》所說的金虹氏，它受到了道教的承認，被載入道經中。另一種出自

《封神演義》，卽小說虛構的人物黃飛虎。由於東岳大帝主宰幽冥十八層地獄及世人生死責賤，職務繁重，所以廟中一般還配有七十五司（一說七十二司，或說七十六司），分司衆務。其中最有名的是速報司，司主或說是包拯，或說是岳飛。各地城隍審理的案件，最後都要滙總到東岳來。這時候的東岳大帝，與最初的泰山神，已完全不是一回事了。

泰山三郎 <small>(炳靈公)</small>

《魏書·段承根傳》：

段承根，武威姑臧人，自云漢太尉段潁九世孫也。父暉，字長祚，身長八尺餘，師事歐陽湯，湯甚器愛之。有一童子，與暉同志。後二年，童子辭歸，從暉請馬。暉戲作木馬與之。童子甚悅，謝暉曰："吾太山府君子，奉敕游學，今將欲歸。煩子厚贈，無以報德。子後位至常伯，封侯。非報也，且以爲好。"言終，乘木馬騰空而去。

《古今圖書集成·神異典》卷二二引《集異記》：

趙州盧參軍新婚之任，其妻甚美。數年罷官還都。五月五日，妻欲之市求續命物，上於舅姑。車已臨門，忽暴心痛，食頃而卒。盧生號哭畢，往見正諫大夫明崇儼，扣門甚急。崇儼驚曰："此端午日，款關而厲，是必有急！"遂趨而出。盧氏再拜，具問其事，明云："此泰山三郎所爲。"遂書三符以授盧，還家可速燒第一符。如人往十里不活，更燒其次。若又不活，更燒第三符，

橫死必當復生，不來，眞死矣。盧還，如其言，累燒三符，其妻
邃活。頃之能言，初云：被車載至泰山頂，別有宮室，見一年少，
云是三郎。令侍婢十餘人，擁入別室，侍妝梳。三郎在堂前，與
他少年雙陸，候妝梳畢，方擬宴會。婢等令速妝，己緣眷戀故人，
尚且悲泪，有頃，聞人款門，云是上利功曹，適奉都使處分，令
問三郎何以取盧家婦，宜即遣還。三郎怒云，自取他人之妻，預
都使何事！呵功曹令去。相與往復，其辭甚惡。須臾又聞款門，
云是直符使者，都使令取盧家婦人。對局勸之，不聽。對局曰，
非獨累君，當禍及我。又不聽。尋有疾風，吹黑雲從崖頂來，二
使唱言：太乙直符，今且至矣。三郎有懼色，風忽卷宅高百餘丈，
放之，人物糜碎，惟盧氏獲存。三使送還，至堂上，見身臥床上，
意甚悽恨。被推入形，遂活。

同書引《玉堂閒話》：

兗之東鈔里泗水上有亭，亭下有天齊王祠，中有三郎君神祠
者，巫云：天齊王之愛子，相傳岱宗之下，樵童牧竪，或有逢羽
獵者，騎從華麗，儼若侯王，即此神也。魯人畏敬，過於天齊。
朱梁時，葛周鎭兗部署。舉家婦女，游於泗亭，遂至神祠。周有
子十二郎者，其婦美容止，拜於三郎君前，熟視而退。俄而病，
心痛，踣地悶絕久之。舉族大悸，即禱神。有頃乃瘳。自是神情
失常，夢寐恍惚，常與神遇。其家懼，送婦往東京以避之。未幾，
其神亦至，謂婦曰：“吾尋汝久矣，今復相遇。”其後信宿輒來。
每神將至，婦則先欠伸呵噓，謂侍者曰：“彼已至矣。”即起入
帷中，侍者屬耳伺之，則聞私竊語笑，逡巡方去。率以爲常。其

夫畏神，竟不敢與婦同宿。久之婦卒。

《舊五代史·唐書·明宗紀》：

（長興四年七月）東岳三郎神贈威雄大將軍。初，帝不豫，前淄州刺史劉遂清荐泰山僧一人，云善醫，及召見，乃庸僧耳。問方藥，僧曰：“不工醫，嘗於泰山中親睹岳神，謂僧曰：“吾第三子威靈可愛，而未有爵秩，師爲我請之。””宮中神其事，故有是命，識者嫉遂清之妖佞焉。（十一月崩。）

《事物紀原》卷七：

《五代會要》曰：後唐長興四年七月封泰山三郎爲威雄大將軍。時上不豫，泰山僧進藥，小康，僧請封之。《宋朝會要》曰：廟在兗州泰山下，即泰山神三郎也。大中祥符七年十月十五日，詔封威雄將軍爲炳靈公。

《文獻通考·郊社考》二三：

炳靈公廟在泰山下。後唐長興三年，詔以泰山三郎爲威雄將軍；大中祥符元年十月封禪畢，親幸加封，令兗州增葺祠宇經度。制置使王欽若自言嘗夢睹神，又於廟北壖建亭，名曰靈感。

《茶香室續鈔》卷十九：

宋吳曾《能改齋漫錄》云：京東相傳東岳天齊仁聖帝有五子，唯第三子後唐封威權大將軍，本朝封炳靈侯。哲宗元符二年六月，始詔四子長爲祐靈侯，次爲惠靈侯，第四子爲靜鑒大師，第五子

炳靈公

爲宣靈侯。

按今世俗止知有炳靈侯，餘子無聞焉。第四子不封侯，殆歸於釋氏者乎？

按《文獻通考》，後唐長興三年，詔以泰山三郎爲威雄將軍。此云威權，疑誤。

《封神演義》九九回：

封黃天化（黃飛虎之子）爲總領三山正神炳靈公。

《古今圖書集成·神異典》卷五十引《江南通志》：

至聖炳靈公廟，廟在常熟縣治西北，相傳爲火神。

《鑄鼎餘聞》卷一：

道書云：五月十二日炳靈公誕辰。

均案：吳俗以炳靈公爲火祖，六月二十三日是其誕，或云是七月十八日。

四　郎

《古今圖書集成·神異典》卷二二：

《冥報錄》：唐兗州鄒縣人，姓張，忘字，曾任縣尉。貞觀十六年，欲詣京赴試，途經泰山，謁廟祈福。廟中府君及夫人幷諸子等，皆現形象。張遍拜訖，至第四子旁，見其儀容秀美。同行五人，張獨祝曰："但得四郎交游，賦詩擧酒，一生分畢，何用仕宦！”及行數里，忽有數十騎馬揮鞭而至，從者云是四郎，曰：“向見兄垂顧，故來仰謁。”又曰：“兄欲選，然今歲不合得官，復恐在途有災，不須復去也。”張不從，執別而去。行百餘里，張又同伴夜行，被賊劫掠，裝具并盡。張遂祝曰：“四郎豈不相助？”有頃，四郎車騎畢至，驚嗟良久，即令左右追捕其賊。

七　　郎

《古今圖書集成·神異典》卷二二：

《集異記》：貞元初，平盧帥李納病篤，遣押衙王祐禱於岱岳。齋戒而往，及岳之西南，遙見山上有四五人，衣碧汗衫，半臂，其餘三四人，雜色服飾，乃從者也。碧衣持彈弓彈古樹上山鳥，一發而中，鳥墮樹，從者爭掩捉。王祐前到山下，人盡下車却蓋，向山齊拜。比祐欲到，路人皆止祐下車曰：“此三郎子、七郎子也。”

【案】泰山神有女，已見《搜神記》等書。泰山神有子，始見於《魏書》。後來漸有五子、七子之傳說。諸子中以三郎最為著名，然在民間其名甚惡，完全是一副世間紈絝貴公子的形象。然而至後唐明宗時，因為一個庸僧的建議，竟封為威雄大將軍。此後便官運亨通，宋真宗封其為炳靈公。到明代，《封神演義》又以虛構人物黃天化當之。後來又有以炳靈公為火神者，與泰山三郎并非一事。

溫 元 帥

《夷堅支志》戊卷七：

信州威果營節級鄭超，爲人平直寡過。夜五更後，忽手足軟，咽間急窄，一黃衫吏至云："東岳第八司生死案喚汝。"……主者再升殿，語超曰："吾乃東平忠靖王，管人間生死案，正直無私。汝還世說與人不妨。"

《茶香室叢鈔》卷十五：

元關自牧《夢粱錄》云：廣靈廟在石塘壩，奉東岳溫將軍。自溫將軍以下九神皆錫侯爵。溫封正佑，李封孚佑，錢封靈佑，劉封顯佑，楊封順佑，唐封安佑，張封廣佑，丘封協佑，孟封昭佑，韋封威佑。

按溫將軍廟今尚有之，而李以下九侯無聞焉。

《鑄鼎餘聞》卷二：

明宋濂《溫忠靖公廟碑》云：王姓溫，名瓊，字永清，溫之平陽人。父民望，嘗中明經甲科，年耄無嗣，與妻張道輝晝夜禱於上帝。一夕，張夢互神手擎火珠自天門飛下，謂曰："吾乃大火之精，將降胎爲神。"張覺赤光被體，中猶熹熹然，因有妊。以唐長安二年五月五日午時生，其左腋有震篆二十四，右半之。七歲習禹步爲罡。十四通五經、百氏及老、釋家言。二十六舉進士不第，拊几嘆曰："吾生不能致君澤民，死當爲泰山神，以除

溫元帥

天下惡厲耳。"復制三十六神符授人，曰："持此能主地上神鬼。"言已忽動藥叉狀，屹立而死。蜀葉天師後用其符，禜除沴氣之為人災者，仿佛見王衣赭袍，握寶劍，乘追風駿下，之劾召之家，逐皆祠王以祈靈饗焉。王初封翊靈昭武將軍正佑侯。其曰正福顯應威烈忠靖王，則宋季之累加也。王之事行見於傳記者如此。

《三教源流搜神大全》卷五：

帥姓溫，名瓊，字子玉，後漢東歐郡人，今浙東溫州是也。世居白石橋，祖宗世隱顯，父諱望，業儒學，明經中科第，乃歉於嗣，以為非孝也，同妻張氏諱宸字道輝，禱於后土，時夜夢金甲神持巨斧，手托一顆明珠，以惠張氏，云："我乃六甲之神，玉帝之將，欲寄母胎，托質為人，母還肯麼？"張氏諾曰："女流無識，聖賢顯萃，何〔敢〕方命？"其神委珠於懷而醒。張氏因而含靈一十二月，祥雲繞室，異香馥座，已而誕生於後漢順帝漢安元年辛巳五月五日午時。姊曰，此兒左肋有符文二十四篆，右肋有文符十六篆，人莫能識，已而隱其朱畫，乃以其所夢神惠玉環，名之曰瓊，字小玉。幼而神明，七歲學步天星，十歲通儒，經傳子史天文等書靡所不通，十九歲科第不中，二十六歲明經射策亦不中，忽然嘆曰："男子漢生不致君澤民，死當助帝誅奸滅邪，以酬吾志。"逐留偈云："孝弟為本，忠義為先，寬仁容恕，立身無偏，便修清淨，契合真玄，若奉吾道，何憂不仙？吾隨左右，呼召立前。"鬱抑間忽見蒼龍墮珠於前，臥拾而含之，流於腹。其蒼龍直舞，障日騰金。帥扭為環，繞尾於手，突然幻變，面青，髮赤，蘭身獱猛，握簡，游衍坐立，英毅勇猛，因顯金盟玉字曰："有能行吾法，誦吾偈者，慈惠民物，以伐妖精，治病驅邪，吾當顯應，斯言不忘。"泰山府君聞其威猛，召爲佑岳之神，積立陰功，受玉帝敕旨，封爲亢金大神，又封爲翼靈照武將軍兵馬都部署，賜以玉環一握、瓊花一朵、金牌一面，內篆"無拘霄漢"四篆。左手執玉環，右手執秩簡，有事出入天門朝奏。又奉帝旨令下五岳，爲岳府猛將、衆神之宗、岳班之首，唯帥能拜金闕、巡察五岳。累朝封爵，血食於溫州，東嘉之民敬而畏之。後王巨宋寧年間，有嗣漢三十六代天師飛清眞人張君始持符召之法，役用岳神，而得位十太保之列，有溫太保之名，召之立廟。封東岳統兵天下都巡檢五岳上殿奏事急取罪人案玉皇殿前左元金翊靈照武雷王佑侯溫元帥。

康 元 帥

《三教源流搜神大全》卷五：

帥負龍馬之精而生於黃河之界，父康衢，母金氏，毓時仁皇炎德九年庚申戊寅月庚辰日戊寅時。帥生而慈惠，不傷胎，不折夭，不虐孤寡，不履生氣，雖蠱頑蠢動而蟲蟻者不輕殺焉。食以殘紅，飲以醇漿，時有鸛雛爲隼所得，折翼而下，臥收而哺之，後鸛含長生草而報。公之鄉里蒼生之士處以病者，四方謂之能仁，聲聞於天，天帝亦以民之所稱者封之曰仁聖元帥，以掌四方郡社令焉。帥乃左執金斧，右執瓜鎚與玉璽相周旋。

康元帥

張　太　尉

《事物紀原》卷七：

熙寧間，百姓共立東岳張太尉祠於國城之外東南隅。俗傳神姓張氏，淮陰人，死隸岳神，主陰府要職。京東州郡，往往有祠，世謂張舍人者是也。至此號太尉。元豐中光獻太皇太后祈有感，始封嘉應侯號。

【案】《夷堅志》所謂東岳第八司主東平忠靖王，當即後世所稱東岳十太保之一溫元帥。關於溫之身世，宋濂《溫忠靖公廟碑》與《三教源流搜神大全》係出同源，但所述年代不同。其實所謂十太保亦人們塑造出來的，本不必認真待之。又，張巡亦被封為忠靖王。可參見該條。十太保中又有康、張二神，亦附錄於上。

南　　岳

《史記·封禪書》：

（漢武帝元封五年）登禮潛之天柱山，號曰南岳。

《重修緯書集成》卷六《龍魚河圖》：

南方衡山君神，姓丹名靈峙。

南方霍山將軍，姓朱名丹。

南岳衡山君

一云衡山君爛洋光。

《古今圖書集成·神異典》卷二三引《衡岳志》：

唐太宗貞觀中定祀南岳衡山於衡州。

（玄宗）開元十三年封南岳爲司天王，秩加三公一等。是時天台道士司馬承禎言：今五岳神祠，是山林之神也。五岳皆有洞府，有上清眞人降住，其職山川風雨，陰陽氣序是所理焉。冠冕章服，佐從神仙，皆有名數。請別立齋祀。玄宗奇其說，勑五岳皆置眞君祠。

同上引《五岳眞形圖》：

南岳崇量。

《古今圖書集成·神異典》卷二三引《雲笈七籤》：

昔黃帝游觀六合，後造神靈，見東中西北四岳，并有佐命之山，唯衡山峙立無輔，乃與昌宇、力牧、方明等章詞三天太上，使霍山、潛山爲南岳儲君，拜靑城山爲丈人，署廬山爲使者，令總衡岳以鼎鎭，擧德眞而爲主。儲君者，衡山之副君也。吳越人或謂霍山爲岳，其實非正也。

南岳衡山君領仙七萬七百人。南岳君服朱光之袍，九丹日精之冠，佩夜光天眞之印，乘赤龍，從群官。

霍山，南岳儲君，黃帝所命衡岳之副主也。領靈官三萬人，上調和氣，下拯黎民，閱校衆仙，制命水神，是峻險之府，而諸靈之所順也。儲君服靑錦之袍，戴啓明之冠，佩道君之玉策，或乘科車，或駕龍虎。

潛山儲君，黃帝所命，爲衡岳儲貳，時參政事。令職司輔佐者也。潛山君服紫光綉衣，戴參靈之冠，佩朱宮之印，乘赤龍之車。

青城丈人，主地仙人，是五岳之上司，以總群官也。丈人領仙官萬人，服朱光之袍，戴蓋天之冠，佩三庭之印，乘科車，從衆靈。

廬山使者，秩比御史，主總仙官之位，蓋五岳之監司。使者服朱緋之袍，戴平華之冠，佩三天眞形之印，亦乘科車。

《衡岳志》：南岳神姓崇諱嵀，主世界星象分野，兼水族魚龍之事。

《古今圖書集成·神異典》卷二三：

《北夢瑣言》：唐彭城劉山甫，中朝士族也。其先官於嶺外，侍從北歸，泊船於青草湖，登岸見有北方毗沙門天王，因詣之，見宙宇摧頹，香燈不續，山甫少年而有才思，乃題詩曰："壞牆風雨幾經春，草色盈庭一座塵。自是神明無感應，盛衰何得却由人。"是夜夢爲天王所責，自云："我非天王，南岳神也，主張此地。汝何相侮？"俄而驚覺，而風浪斗起，倒檣絕纜，沈溺在即。遽起悔過，令撤詩版，然後巳。

《古今圖書集成·神異典》卷二三：

《談苑》：華山下有南岳行宮；祈禱甚盛。雲台觀，常以道士一人主之，有一道士以施利市酒食畜婦人。巡檢姓馬者知而持之，共享其利。一夕，道士夢爲官司所錄，送五道將軍殿中，并追馬勘鞫，獄具，各決杖七十。旣寤，覺脊間微痛，潰而爲瘡。自知不祥，亟往詣馬，馬亦在告矣。問其夢中所見皆同。馬亦疽發於背，二人俱卒。

《三教源流搜神大全》卷一：

南岳衡山，衡州衡山縣是也。以霍山爲儲副。東方朔《神異經》云：神姓崇，諱鼇。南岳主於世界星辰分野之地，兼鱗甲水族龍魚之事。大中祥符四年五月二十五日，追尊號曰司天昭聖帝、景明皇后。聖朝加封"大化"二字，餘封如故。

《歷代神仙通鑒》卷四：

〔元始曰〕　伯益即南岳後身，爲慶華注生眞君，主於世界分野之地，兼督鱗甲水族變化等事。

《歷代神仙通鑒》卷十五：

南岳慶華紫光注生眞君崇覃（金嬋長子）。

《封神演義》九九回：

封崇黑虎爲南岳衡山司天昭聖大帝。

《古今圖書集成·神異典》卷二三：

《衡岳志》：明太祖夜夢一人，偉貌修髯，俯伏階下，曰："臣來輔陛下。"上問："卿何人？"對曰："臣衡岳神也。"

詰旦，上幸國學，命諸生開講。時茹瑺應講，偉貌修髯，與夢中所見無異。上詢其籍，亦對曰：“小臣衡山人也。”上奇其與夢相符，遂擢用之。後立永樂朝，官至兵部尚書，封忠誠伯，於本縣祠祭三百年不絕。

《陔餘叢考》卷三五：

《癸辛雜志》有“衡岳借兵”一條：衡岳之廟，四門皆有侍郎神，唯北門主兵。朝廷每有兵事，則前期差官致祭。然其門亦不敢全開，以尺寸計兵數。或云其主司乃張子亮也。張為湘南運判，死於官。丁卯戊辰間，南北交兵，朝廷降香，神許啓門三寸，梟使遂全門大啓。旋以捷告，而廟旁數里居民，皆被風災，最後有聲若雷，居民喜曰：“神歸矣。”果遂帖息。沈作喆《寓簡》亦云：衡山南岳廟，國家每大出兵，則遣使祭告。用武士百人移鐵磓，視出兵之數。凡出兵幾萬，則啓門若干尺寸，法甚嚴，不得少差。事畢，又遣使告謝，舉鐵磓塞門如故。自廟焚之後，磓亦莫知所在矣。

【案】南岳亦五岳之一，西漢武帝時定祀於廬江郡之天柱山（即今安徽霍山），當時亦稱潛山、霍山、衡山。今之南岳，則為湖南省衡山縣西之衡山。據《衡岳志》，唐太宗貞觀中定祀於此。通常的說法，以為隋文帝定祀於此。

南岳在五岳中地位不甚顯著，然據《北夢瑣言》、《談苑》，則唐宋時其廟祀不局限於衡山一地，青草湖（即洞庭湖）畔自不必說，連華山腳下也有南岳行宮，則亦曾風光過一時，

唐玄宗時封爲司天王，宋真宗又加封爲司天昭聖帝。南岳神
的身分，以《神異經》之說（金蟬氏之子）較流行，後世小說，
又有以伯益爲南岳後身（《歷代神仙通鑒》）或以崇黑虎爲南
岳司天帝者（《封神演義》）。至於衡山本地，近代又有以明
臣茹瑞爲南岳神化身而祭祀者。南岳的職司，道教以爲主世
界分野之地，兼督鱗甲水族。宋代又有向衡岳借兵的風俗
（見《陔餘叢考》引《癸辛雜識》、《寓簡》），則不明所自何來矣。

西　　岳

《重修緯書集成》卷六《龍魚河圖》：

西方華山君神，姓浩名郁狩。

西岳華陰將軍，姓鄒名尙。

一云華山君浩元倉。

《隸釋》卷二東漢光和二年《樊毅修華岳碑》：

謂之西岳，祭視三公者，以能興雲雨，產萬物，通精氣，有
益於人。其德體明，則有禎祥，荒淫燥穢，篤災必降，因瀆祭地，
岳以配天。

《隋書・庶人秀傳》：

庶人秀，高祖第四子也。及太子勇以讒毀廢，晉王廣爲皇太
子，秀意甚不平。皇太子恐秀終爲後變，陰令楊素求其罪而譖
之。太子陰作偶人，書上及漢王姓字，縛手釘心，令人埋之華山

西岳山君

下，令楊素發之。上因下詔數其罪曰："漢王於汝，親則弟也，
乃畫其形象，書其姓名，縛手釘心，枷鎖杻械。仍云請西岳華山
慈父聖母神兵九億萬騎，收楊諒魂神，閉在華山下，勿令散蕩。
我之於汝，親則父也，復云請西岳華山慈父聖母，賜爲開化楊堅
夫妻，回心歡喜。又畫我形象，縛手撮頭，仍云請西岳神兵收楊
堅魂神。"

《舊唐書·禮儀志三》：

玄宗乙酉歲生，以華岳當本命。先天二年七月正位，八月癸
丑，封華岳神爲金天王。開元十年，因幸東都，又於華岳祠前立
碑，高五十餘尺。又於岳上置道士觀，修功德。

《古今圖書集成·神異典》卷二四：

《逸史》：選人李主簿者新婚，東過華岳，將妻入廟謁金天
王。妻拜次，氣絕而倒，唯心上微暖。詣華陰縣求醫卜之人，縣
宰曰："（某）仙師善符術，公可疾往迎之。"李公單馬奔馳五
十餘里，遇之，李生下馬，拜伏流涕，具言其事。仙師曰："是
何魅怪，敢如此！"遂與先行。至店家，已聞哭聲，仙師遂畫符
焚香，以水噀之，符化北飛去，聲如旋風，良久無消息。仙師怒，
又書一符，其聲如雷，又無消息。少頃乃以朱書一道符，噴水叱
之，聲如霹靂。須臾，口鼻有氣，漸開眼能言。問之，某初拜時，
金天王曰好夫人，第二拜云留取。遣左右扶歸院，適已三日。親
賓大集，忽聞敲門，門者走報，王曰："何不逐却？"乃第一符
也。遂巡門外閙甚，門者數人細語於王耳，王曰："且發遣。"

第二符也。俄有赤龍飛入，正扼王喉，才能出聲，曰：「放去！」
某遂有人送。乃第三符也。

《廣異集》：景雲中，河南縣李某妻王氏有美色，著稱三輔。
李朝趨府未歸，王妝梳畢，焚香閑坐，忽見王門數人，御犢車自
雲中下至堂所。王氏驚問所以，答曰：「華山府君使來奉迎。」
辭不獲，倉卒欲去，謂家人曰：「恨不得見李少府別。」揮淚而
行，死於階側。俄而彩雲捧車浮空，冉冉遂滅。李自州還，既不
見妻，撫屍號慟，絕而復甦者數四。少頃，有人詣門，自言能活
夫人。李罄折拜謁，求見衛護。其人坐床上，覓朱書符。朱未至，
因書墨符飛之，須臾未至，又飛一符，笑謂李曰：「無苦，尋當
得活。」有頃而王氏甦。李拜謝數十，竭力贈遺，人大笑曰：「救
災恤患，焉用物乎！」遂出門不見。王氏既寤，云初至華山見王，
王甚悅，列供帳於山椒，與其徒數人歡飲宴樂畢，方申繾綣，適
爾杯酌，忽見一人乘黑雲至，云：「太一令喚王夫人。」神猶從
容，請俟畢會。尋又一人乘赤雲，大怒曰：「太一問華山，何以
輒取生人婦？不速送還，當有深譴。」神大惶懼，便令送至家。

《古今圖書集成·神異典》卷二四：

《搜神記》：昔德化張令，家業蔓延江淮間，累金積粟，不
可勝數。秩滿歸京，至華陰，僕夫施幄幕，陳罍俎，既竟，有黃
衫者一人據盤而坐，僕連叱，神色不撓。張令至，動問姓名，曰：
「某非人也，蓋冥司送關中死籍之使耳。」曰：「可得一觀乎？」
曰：「窺亦何患？」於是解革囊出一軸，其首云泰山主者牒金天
府，第三行書云貪財好殺前德化縣令張某，即張君名也。令見名，

泣告使者曰：“某年始強壯，不爲死備，家業浩大，未有所付。
且有何術得延其期？”使者曰：“今有仙官劉綱者，謫居蓮花峰
下，唯足下匍匐徑往，祈求奏章，除此無計耳。吾聞昨金天王與
南岳博戲不勝，甚被逼逐。足下可詣岳廟，厚以利許之，必能施
力於仙官。縱力不及，亦得路於蓮花峰下。”於是徑往睹，荊蓁
蒙密，川谷阻絕，杳無能往。令於是齋牲牢，馳獻岳廟，又以千
萬許之。直往蓮花峰下，轉東南，有一茅堂，見一道士隱几而坐，
問張令曰：“腐骨殘肉，魂亡神耗者，安得至此？”令曰：“竊
聞仙官能復精魂於枯骨，致肌肉於朽屍。既有好生之心，豈無章
奏之力？”哀請懇切，仙官神色甚怒。俄有使者賫緘而至，則金
天王札也。仙官覽書，笑曰：“關節既到，難爲不應。”乃啓玉
函書一通，召使者焚香再拜以遣之。經時天符乃降，書曰：“張
某棄祖背宗，竊假名位，不顧禮法，苟偷官榮。今按罪已實，待
戮余魂，何爲奏章，延求厥命？但以扶危拯溺者，大道所尚，緩
刑宥過者，元門是宗。徇爾一眄，全我弘化。若其悛惡，恕乃自
新。”仙官覽訖，謂令曰：“勉道歸壑，無墜吾教令。”復尋舊
道，稍覺平易，步十里餘，見黃衣使者前賀，曰：“將欲奉報，
願知姓名。”吏曰：“吾姓鍾，生為宣城腳力，夜卒於華陰，乃
爲幽冥所錄。遞符之役，勞苦如舊。”令曰：“何方以免報事之
困？”曰：“但酬金天王願，請置予爲閽人，則吾飽神盤飧矣。”
便乃揮別，入廟南柏樹三五步而沒。是夕，張令駐車華陰，計酬
金天王願，所費二千，乃語其僕曰：“二千可贍吾十舍之資糧矣。
安有受祉於上帝，而私於土偶人乎？”明旦乃乘車東去。至於縣
館，見黃衫吏賫牒排闥而進，叱令曰：“何虛妄若是！今則禍無

所逃。" 言訖失所在。頃刻張令有疾,乃留遺書於妻子,未盈半
幅而終。

《古今圖書集成·神異典》卷二三引《雲笈七籤》:

　　少昊爲白帝,治西岳。上應井鬼之精,下鎮秦之分野。

《古今圖書集成·神異典》卷二四引《五岳眞形圖》:

　　西岳善壘。

同上引《雲笈七簽》:

　　西岳華山君,領仙官玉女四千一百人。華山君服白素之袍,
戴太初九流之冠,佩開天通眞之印,乘白龍。

同上引《恒岳志》:

　　西岳華山。終南、太白二山爲副。岳神姓姜,諱蕐,主世界
金銀銅鐵,兼羽翼飛禽。

《三教源流搜神大全》卷二:

　　西岳華山,在華州華陰縣是也。以太白山爲儲副。東方朔《神
異經》云:神姓善,諱壘。西岳者主管世界金銀銅鐵五金之屬陶
鑄坑冶,兼羽毛飛鳥之事。大中祥符四年五月五日追尊帝號金天
順聖帝,蕭明皇后。聖朝加封"太利"二字,餘封如故。

《封神演義》九九回:

特勒封爾蔣雄爲西岳華山金天願聖大帝。

《歷代神仙通鑒》卷四：

（元始曰）皋陶是西岳所化，勅爲素元耀魄大明眞君，主管世界珍寶五金之屬，陶鑄坑冶，兼羽毛飛禽之類。

《歷代神仙通鑒》卷五十：

西岳華山（太極總仙）西岳素元耀魄大明眞君善壘（金輝氏二子）。

【案】西岳華山，由於地鄰長安，所以歷代甚受尊崇，在五岳中地位頗高。其人神化亦始於東漢，當時朝廷官府對西岳之祀亦極重視。唐玄宗仿武則天封中岳之舉，以西岳正當本命，封爲金天王，所以西岳封王尚在東岳之前，宋又封爲金天順聖帝。自唐至五代，金天王聲名顯赫，民間信仰尤盛。但據《逸史》等載，在當時的民間傳說中，金天王霸占人妻，索賄徇私，亦一惡神耳。其實《逸史》、《廣異記》所載故事係出同源，與泰山三郎之傳說如出一轍。可知泰山三郎與金天王的醜惡形象，都是人們取材於世間官僚貴族的劣迹而強加給祂們的。西岳神的來歷，與東岳、南岳一樣，也有種種說法，皆屬荒謬，不必詳加考核。道敎分配給西岳神的職司，是主管世界金銀銅鐵五金之屬，陶鑄坑冶，兼羽毛飛鳥。此亦從西方屬金之五行說附會而來。

附：華山三郎

《古今圖書集成·神異典》卷二四：

《廣異記》：博陵崔敏殼，性耿直，不懼鬼神，爲華州刺史。華岳祠傍有人，初夜聞廟中喧呼，及視，庭燎甚盛，兵數百人排列受勒，云當與三郎迎婦。又曰：崔使君在州，勿妄飄風暴雨。皆云不敢。既出，遂無所見。

《紀聞》：桃林令韓光祚携家之官，途經華山廟，下車調之，入廟門而愛妾暴死。令巫請之。巫曰："三郎好汝妾，既請，且免，至縣當取。"光祚至縣，乃召金工，爲妾鑄金爲觀世音菩薩像，然不之告。五日，妾暴卒，半日方活，云："適華山府君備車騎見迎，出門，有一僧金色遮其前，車騎不敢過。神曰："且留，更三日迎之。""光祚知其故，又以錢一千圖菩薩像。如期又死，有頃乃甦，曰："適又見迎，乃有二僧在。未及登車，神曰："未可取，更三日取之。""光祚又以千錢召金工，令更造像。工以錢出縣，遇人執猪將烹之，工愍焉，盡其錢贖之，像未之造也。而妾又死，俄即甦，曰："已免矣！適又見迎，車騎轉盛。二僧守其門，不得入，有豪猪大如馬，冲其騎，所向顚仆，車騎却走。神轉言曰："更勿取之。"於是散去。"光祚怪何得有猪拒之，金工乃言其故，由是益信內教。

【案】：華山有子，在此以前未見。觀三郎故事，亦脫胎於泰山三郎耳，或云華岳三郎卽金天王（見"河伯"條引《河

東記》）。近代民間又有沉香劈華山救母故事，謂其母乃華
岳三娘，則不知所自矣。

北　　岳

《重修緯書集成》卷六《龍魚河圖》：

　　北方恒山君神，姓登名僧。

　　北岳恒山將軍，姓莫名惠。

　　一云恒山君伏通萌。

《古今圖書集成・神異典》卷二四引《恒岳志》：

　　顓頊氏爲黑帝，治太恒山。

同上引《五岳眞形圖》：

　　北岳晨嶽。

同上引《雲笈七籤》：

　　北岳恒山君，領仙人玉女七千人。北岳君服元流之袍，戴太
眞冥靈之冠，佩長津悟眞之印，乘黑龍。

同上引《恒岳志》：

　　北岳恒山。天涯、崆峒二山爲副。岳神姓晨，諱嶽，主世界
江河淮海，兼四足負荷之類。

北岳山君

《三教源流搜神大全》卷二：

北岳恒山，在定州曲陽縣是也。以崆峒山爲儲副。東方朔《神異經》云：神姓晨，諱譽。北岳者，主於世界江河淮濟，兼虎豹走獸之類、蛇虺昆蟲等屬。大中祥符四年五月五日追尊帝號安天玄聖帝、靜明皇后。聖朝加封"大眞"二字，餘封如故。

《歷代神仙通鑒》卷四：

（元始曰）契乃北岳轉世，今爲郁微洞元無極眞君，主世界江河湖海淮濟涇渭，兼虎豹走獸之類，虺蛇昆蟲，四足多足等屬。

《歷代神仙通鑒》卷十五：

北岳無慮山（太乙總玄）郁微洞淵無極眞君晨譽（金蟬三子）。

《封神演義》九九回：

特勅封爾崔英爲北岳恒山安天玄聖大帝。

《續文獻通考·郊社考》十：

（明）孝宗弘治六年七月，兵部尚書馬文升請改祀北岳於渾源州。禮臣議以爲祀北岳恒山於曲陽，歷漢唐宋以至國朝凡三千年，未之有改。其渾源州號有恒山，亦名北岳，然祀典不聞。定議仍祀曲陽。

《清朝文獻通考·郊社考》十：

順治十七年三月，改祀北岳恒山於山西渾源州。

【案】北岳恒山，在五岳中地位亦較低。其人神化社會化的過程，一如諸岳，此不贅述。需要說明的，是西漢以來所祀北岳，皆指河北曲陽西北之恒山。而山西渾源又有一恒山，《明一統志》亦名之為北岳。所以明代數有人建議移祀。至清順治十七年，始移祀山西渾源，即今之北岳恒山。河北恒山遂通稱為大茂山。

中　　岳

《山海經·中山經》：

苦山、少室、太室皆冢也。其神皆人面而三首，其餘屬皆豕身人面也。

《史記·封禪書》：

昔三代之居皆在河洛之間，故嵩高為中岳。

（漢武帝元封元年）禮登中岳太室。以三百戶封太室奉祠，命曰崇高邑。

《重修緯書集成》卷六《龍魚河圖》：

中央嵩山君神，姓壽名逸群。

中岳嵩高山將軍，姓石名玄。

一云嵩山君角普生。

中岳山君

《金石萃編》卷六東漢元初五年《中岳嵩山太室石闕銘》：

　　崇高神君，岱氣最純。春生萬物，膚寸起雲。并天四海，莫
不蒙恩。聖朝肅敬，衆庶所尊。

《舊唐書·禮儀志三》：

　　則天號嵩山爲神岳，尊嵩山神爲天中王，夫人爲靈妃。嵩山
舊有夏啓及啓母、少室阿姨神廟，咸令預祈祭。至天册萬歲二年
臘月甲申，親行登封之禮。遂尊神岳天中王爲神聖天中皇帝，靈
妃爲天中皇后，夏后啓爲齊聖皇帝；封啓母神爲玉京太后，少室
阿姨神爲金闕夫人；王子晉爲升仙太子，別爲立廟。

《舊唐書·禮儀志四》：

　　則天垂拱四年四月，雍州永安人唐同泰僞造瑞石於洛水，獻
之。其文曰：“聖母臨人，永昌帝業。”於是號其石爲“寶圖”。
則天加尊號爲聖母神皇，大赦天下。改“寶圖”爲“天授聖圖”，
洛水爲永昌。封其神爲顯聖侯，加特進，禁漁釣，祭享齊於四瀆。
又以嵩山與洛水接近，因改嵩山爲神岳，授太師、使持節、神岳
大都督、天中王，禁斷芻牧。其天中王及顯聖侯，并爲置廟。
（開元五年）顯聖侯廟亦尋毁拆。

《唐會要》卷四七：

　　垂拱四年七月一日，封嵩山神爲神岳天中王。至萬歲通天元
年四月一日，神岳天中王可尊爲神岳天中皇帝。至神龍元年二月，
復爲天中王。

《舊唐書·玄宗紀下》：

（天寶五載）封中岳爲中天王，南岳爲司天王，北岳爲安天王。

《初學記》卷五：

盧元明《嵩山記》曰：岳廟盡爲神像，有玉人高五寸，五色，甚光潤，制作亦佳，莫知早晚所造，蓋岳神之像，相傳謂明公。中山人悉云常失之，或經旬乃見。

《古今圖書集成·神異典》卷二五引《五岳眞形圖》：

中岳惲樊。

同上引《雲笈七籤》：

中岳嵩高君，領仙官玉女三萬人。中岳君服黃素之袍，戴黃玉太乙之冠，佩神宗陽和之印，乘黃龍，從群官。中岳五土之主，太上常用三天眞人有德望者以居之。

同上引《嵩高志》：

《無上秘要》云，中岳嵩山君，姓角諱普生。頭建中元黃農玉冠，衣黃錦飛裙，披光黃文裘，帶黃神中皇之章。常以四季月干支俱土日，乘黃霞飛輪，奏眞仙名錄，上言於帝。

同上引《玉清隱書》：

中岳嵩山，仙官二千四百人，黃素玉女十二人，侍文右衞，佩符著身。

同上引《五岳名號》：

中岳黃元大光合德眞君，又云中岳嵩高山，是寇眞人得道之
處。女兒、少室二山爲副。岳神姓惲，諱鬱，主世界土地山川陵
谷，兼牛羊食稻。

《三教源流搜神大全》卷二：

中岳嵩山，在西京河南府登封縣是也。以少室山爲儲副。東
方朔《神異經》云：神姓惲，諱善。中岳者主於世界地澤川谷溝
渠山林樹木之屬。大中祥符四年五月五日追尊帝號中天崇聖帝、
正明皇后。聖朝加封"大寧"二字，餘封如故。

《歷代神仙通鑒》卷十五：

中岳嵩山（上帝司眞）中岳黃元大光含眞眞君惲善〔金蟬氏少
子〕。

《歷代神仙通鑒》卷五：

宋國公子倫，字玄德，不喜繁華，專心向道。厲王時，知老
子歸亳，往求其道，得通眞經及丹符，避入嵩山。宣王乙巳春，
上帝遣仙官迎授爲太清眞人，分司中岳諸事，佐黃元大光含眞
〔眞〕君化育。燃燈大師往西方設教未回，故撥倫爲儲副，居少
室山。

《封神演義》九九回：

　　封聞聘爲中岳嵩山中天崇聖大帝。

　　【案】中岳嵩山，包括太室山和少室山。以其鄰近洛水和
古都洛陽，位居中原地區的中心，所以很早就獲得歷代統治
者的尊崇。《山海經》稱其神人面而三首，尚是半人半獸神
之遺說。東漢都於洛陽，對中岳祭祀頗勤，其神亦早已人格
化。唐朝女皇帝武則天登基後，雍州人唐同泰投其所好，僞
造瑞石於洛水。武則天認爲這種把戲有利於鞏固她的地位，
遂加封洛神，中岳以與洛水相近，連帶沾光，被稱爲神岳，
封天中王，後又封帝，爲五岳中始封王、帝者。中宗即位，
去其帝號。玄宗登基，改天中爲中天，先封本命西華，後遍
封五岳爲王，意圖在“君權天授”的輿論方面壓倒武則天的
影響。但由於歷史和傳統的關係，中岳的地位和影響在五岳
中始終居於東岳之下。

碧霞元君 (泰山娘娘)

《文獻通考・郊社考》二三：

泰山玉女池，在太平頂。池側有石像。泉源素壅而濁，東封先營頓置，泉忽湍湧，上徙升山，其流自廣，清冷可鑒，味甚甘美。經度制置使王欽若請浚治之。像頗摧折，詔皇城使劉承珪易以玉石，旣成，上與近臣臨觀，遣使礱石爲龕，奉置舊所，令欽若致祭，上爲作記。

《古今圖書集成・神異典》卷二一引明王之綱《玉女傳》：

泰山玉女者，天仙神女也。黃帝時始見，漢明帝時再見焉。按《玉女考》、李諤《瑤池記》云，黃帝嘗建岱岳觀，遣女七，雲冠羽衣，焚修以迓西昆眞人。玉女蓋七女中之一，其修而得道者。《玉女卷》曰，漢明帝時，西牛國孫寧府奉符縣善士石守道妻金氏，中元七年甲子四月十八日子時生女，名玉葉。貌端而性穎，三歲解人倫，七歲輒聞法，嘗禮西王母。十四歲忽感母教，欲入山，得曹仙長指，入天空山黃花洞修焉。天空蓋泰山，洞即石屋處也。三年丹就，元精發而光顯，遂依於泰山焉。泰山以此有玉女神。山頂故有池，名玉女池，旁爲玉女石像。宋眞宗東封，先營至，泉水忽澡，清泚可鑒，味甘美。王欽若請浚之，像偶折，詔易以玉，復礱石爲龕，構昭眞祠祀焉。尹龍謂世傳天仙玉女碧霞元君之祠始此。國朝成化間，拓建改爲宮。弘治間更名靈應。
嘉靖間再更碧霞。碧霞宮之名始此。累朝增葺，宮制滋濶，而神
之靈益顯，四方之瞻禮者益奔走焉。若謂玉女爲東岳金虹太乙定
父所生，而化身爲觀音之在世，豈理也哉！世乃謂玉女親受帝册，
爲女青眞人，永鎭泰山，以主其祀，豈不謬哉！

同上引沈應奎《再謁元君存議》：

　　泰山有碧霞元君祠，或曰玉女池。石像在側，池故滓濁。眞
宗東封傳蹕，泉忽上湧，清泚可鑒，味更甘。王欽若請浚其源。
元君像偶折，詔易以玉，構昭眞祠，祠泰山巔。昉此，本朝成化
間拓建爲宮，弘治間宮號靈應，嘉靖間更號碧霞元君。元君蓋治
世大神也。按普陀大士轉輪救世之說，佛藏經班班可考，第未詳
所轉輪者何代何方何姓氏。漢明帝朝善士石守道妻金氏，於中元七年
甲子四月十八日子時生女，名玉葉，生而慧穎。三歲解人倫，七歲
通諸法，夙夜虔禮西王母。十四歲依曹仙長，入天空山習修煉。
道成上升，憑靈泰岱，世震靈響。似與佛藏轉輪之說相證合。蓋
大士修無爲度，元君修有爲度，大士如春，元君其夏秋之交乎！

《歷代神仙通鑒》卷十五：

　　熊耳山　碧霞元君衞房聖姥。

《日知錄》卷二五：

　　泰山頂碧霞元君，宋眞宗所封，世人多以爲泰山之女。後之
文人知其說之不經，而譔爲黃帝遣玉女之事以附會之，不知當日

褒封，固眞以爲泰山之女也。今考封號雖自宋時，而泰山女之說則自晉時已有之。（見張華《博物志》，干寶《搜神記》）《列異傳》記蔡支事，又以天帝爲泰山神之外孫。自漢以來，不明乎天神地祇人鬼之別，一以人道事之。於是封岳神爲王，則立寢殿爲王夫人，有夫人則有女，而女有婿又有外孫矣。唐宋之時，但言靈應即加封號，不如今之君子，必求其人以實之也。

《古今圖書集成·神異典》卷四九：

《山東通志》：玉女祠，祠在泰山頂。明成化間賜額碧霞靈應宮。

《蒿庵閒話》：

元君者，漢時仁聖帝前，有琢金童玉女，至五代，殿圮像仆，童泐盡，女淪於池。宋眞宗東封還次御帳，滌手池內，一石人浮出水面，出而滌之，玉女也。命有司建祠奉之，號爲聖帝之女，封天仙玉女碧霞元君。

《鑄鼎餘聞》卷一：

顧炎武《山東考古錄》云：世人多以碧霞元君爲泰山之女。文人知其說不經，曲引黃帝遣玉女事附會之。不知當日褒封固眞以爲泰山女也。封號雖自宋時，而泰山女說，西晉前已有之。張華《博物志》：太公望爲灌壇令，期年風不鳴條，文王夢見一婦人當道而哭，問其故，曰："我東岳泰山女，嫁爲西海婦，欲東歸，灌壇令當吾道。令有德，吾不敢以暴風過也。"明日文王召太公歸，已而果有驟雨疾風。

　　《嶧縣志》云：泰山碧霞元君祠，宋眞宗時敕建。又天后，明亦曾封爲碧霞元君。

《破除迷信全書》卷十：

　　我國所敬拜的諸神，似乎多發源於泰山，即如東岳大帝啊，石敢當啊等等；而三國時管輅，且有到泰山治鬼的話。至於世俗所供奉的碧霞元君，則又說是東岳大帝的閨女，眞是妙不可言。據《山東考古錄》所載，說是碧霞元君雖是宋朝才加封的，但是從西晉時，已有泰山女的說法。再讀晉朝文士張華所著的《博物志》，說是："當初太公望爲灌壇令，有一年的功夫沒起大風。文王夢見一位婦人，在道上哭，遂問她哭的原因。婦人回答說："我是東海泰山神的閨女，嫁爲西海的婦人，明天我要東歸，必須經過灌壇，可惜灌壇令遮擋道路，不得通過，因爲灌壇令甚有德政，我不敢乘暴風從該地經過，旣不得歸，因此才在此地號咷大哭啊！"文王一夢醒來，覺得歷歷如同實事，於是第二天將太公望召回朝堂，隨即起了一陣暴風疾雨，那就是泰山女所帶的。"後世敬拜泰山女，就是起源此事。至於所以稱爲碧霞元君，則是由於宋眞宗的加封。再據《嵩庵閑話》所錄《稗史》上的話，則說："漢朝時在皇宮殿前，有用石琢成的金童玉女，以後傳到五代時，殿就傾圮了，金童也剝蝕殆盡，玉女則陷於池中。到宋眞宗時，曾到泰山封禪，歸回以後，有一次到池中洗手，忽有一座石人，浮到水面。眞宗驚喜不定，拾起來加以洗滌，乃是用石琢成的女像，因此分咐有司，建下一座祠，按時加以奉祀，號爲聖帝之女，封爲天仙如玉碧霞元君,也就是後世奉祀的碧霞元君;近今幷有奉菩薩爲碧霞元君的。"

這一段奉祀,却是來的突兀,怎麼東海女嫁爲西海婦,不知是自由結婚,還是憑的媒妁之言;也不知西海是指著那個海說的,難道是指的大西洋麼?恐怕大西洋還不承認有這一段親事。既是一個神,怎麼又被一個清官擋住了路,處在無計奈何,只會效兒女之哭,難道不會繞道北冰洋或是南海麼?宋眞宗封泰山得天書,原是向百姓所用的一種催眠術,他自己原是要遮遮羞的;又怎能於洗手池中時,漂出一座玉像呢?既是一座玉像,他又怎能封爲碧霞元君呢?眞眞玄而不眞。

《民間新年神像圖畫展覽會》:

傳說以泰山娘娘爲東岳大帝之女,此神乃司使婦女多子,幷爲保護兒童之神。泰山娘娘之供奉極爲普遍,山東尤甚。

送子(娘娘)原爲泰山娘娘(及觀音)稱號之一,其女侍之一曾代之抱一嬰兒,因此人乃以此稱號與之,彼乃漸變爲被人單獨供奉之對象。

《民間新年神像圖畫展覽會・附錄十》:

泰山娘娘之全名爲東岳泰山天仙玉女碧霞元君,最通俗之名稱爲泰山娘娘。傳說論其信仰之起源謂:宋眞宗在泰山附近一池內發現玉女——諸女侍之名。

此神有四種不同之辨認(參閱《民俗》六十九、七十期合刊):

㈠爲東岳大帝之女,與東岳大帝同居泰山(《民俗》引《山東通志·玉女祠》條及《稗史》）。按“泰”字在《易經·泰卦》象傳內表示天地交而萬物通之意，……故有求雨之祭祀，及婦女生子之意（泰山娘為送子娘娘）。

㈡為黃帝七女之一（《民俗》引《玉女考》、《泰山記》、《登泰山記》、及《玉女傳》·見《古今圖書集成·神異典》卷二十一）。

㈢為華山玉女（《民俗》引《游泰山記》及《東游記》）。

㈣為一凡女或係成神之女巫（《民俗》引《玉女卷》）。此女子有時或名玉葉（參閱《玉女卷》、《鑄鼎餘聞》及文翔鳳之《登泰山記》）。

【案】碧霞元君，又稱泰山娘娘，近代民間信仰極盛，尤其是在北方地區。道教有《泰山寶卷》，備載泰山娘娘靈迹，以七言、十言為之，乃供道眾諷誦唱贊之經文。該神起源甚晚，但關於其來歷却眾說紛紜。比較主要的說法：一，東岳泰山之女；二，黃帝曾遣七仙女於泰山迎迓西昆真人，玉女即其中之一；三，漢代民女石玉葉，入泰山修道，憑靈泰岱（或說玉葉即觀世音菩薩轉世）。我們認為，這幾種說法都靠不住。東漢時山川崇拜與神仙家、道家思想交錯影響，出現了諸如“太華之山上，有明星玉女，主持玉漿，服之神仙”（《重修緯書集成》卷三《詩含神霧》）的觀念。以後道教也吸收了這種信仰，認為名山上必有仙人玉女在焉。所以在泰山頂玉女池旁的石像，本當與這類信仰有關。宋真宗和王欽若喜歡裝神弄鬼，在東封之際，又重雕玉女像，構昭真祠以奉之，但并未稱之為泰山之女，更未加什麼碧霞元君的封號。但因泰山有子有女的傳說，早巳流行民間，而玉女祠又置於泰山頂，所以人們很自然就將二者聯繫起來。文人們知道其說無稽，玉女雖在泰山，與泰山神本無關係，於是編造黃帝遣七女之仙話，結果越攪越亂。至於玉葉之故事，更是無根之談。不過神鬼之設，本不必實有其事，實有其人。顧炎武（《日知錄》）對此說得很有道理。民間既承認其為泰山娘娘，我們也不妨姑妄從之。泰山玉女封為碧霞元君，實始於明代（或說成化間，或說嘉靖間）。不過當時碧霞元君并非泰山娘娘的專利，南方的天妃、順懿夫人亦有此稱號。《封神演義》甚至稱余化龍為主痘碧霞元君。但至近代，這個封號漸為泰山娘娘所專有了。民間傳說該神能使婦女多子，又能保護兒童，所以婦女信奉尤虔，不僅泰山有廟，即各地亦多有"娘娘廟"。而順懿夫人也掌助產降子，頗疑泰山娘娘信仰之形成過程中，曾吸收了那兩位碧霞元君的故事。

四　瀆

《禮記·王制》：

　　天子祭天下名山大川，五岳視三公，四瀆視諸侯。

《爾雅·釋水》：

　　江、河、淮、濟爲四瀆。四瀆者，發源注海者也。

《史記·封禪書》：

　　昔三代之居皆在河洛之間，四瀆咸在山東。

《漢書·武帝紀》：

　　（建元元年）詔曰：“河海潤千里。其令祠官修山川之祀。”

《漢書·郊祀志下》：

　　（宣帝神爵元年）制詔太常：“夫江海，百川之大者也，今闕焉無祠。其令祠官以禮爲歲事，以四時祀江海洛水，祈爲天下豐年焉。”自是五岳、四瀆皆有常禮。河於臨晉，（師古曰：馮翊之縣也，臨河西岸。）江於江都，（師古曰：廣陵之縣也。）淮於平氏，（師古曰：南陽之縣也。）濟於臨邑界中，（師古曰：東郡之縣也。）皆使者持節侍祠。唯泰山與河歲五祠，江水四，餘皆一禱而三祠云。

四　瀆

《風俗通義·山澤》"四瀆"條：

　　河出敦煌塞外崑崙山，發源注海。《易》："河出圖，聖人則之。"《禹貢》："九河既道。"《詩》曰："河水洋洋。"廟在河南滎陽縣。河堤謁者掌四瀆，禮祠與五岳同。江出蜀郡湔氐徼外崏山，入海。《詩》云："江、漢陶陶。"《禹貢》："江、漢朝宗於海。"廟在廣陵江都縣。淮出南陽平氏桐柏大復山東南，入海。《禹貢》："海、岱及淮，淮、沂其乂。"《詩》云："淮水湯湯。"廟在平氏縣。濟出常山房子贊皇山，東入沮。《禹貢》："浮於汶，達於濟。"廟在東郡臨邑縣。

　　王利器校注：《史記·封禪書》："水曰河，祠臨晉。"《索隱》：韋昭曰："馮翊縣，《地理志》臨晉有河水祠。"《正義》：即同州馮翊縣，本漢臨晉縣，收大荔，秦獲之，更名。《括地志》云："大河祠在同州朝邑縣南三十里。"《地理志》："臨晉有河水祠。"《續漢書·郡國志》同。《封禪書》《郊祀志》并云："高帝時河巫祠河於臨晉"，應氏此文云"祠河於滎陽"，《申鑒》注引漢制："河廟在河南滎陽縣。"《水經·河水注五》："河水又東經五龍塢北，塢臨長河，有五龍祠，應劭云："崑崙山廟在河南滎陽縣。"疑即此祠，所未詳。"則謂河廟在滎陽，酈道元已疑之矣。

　　《漢書·地理志》："江都有江水祠。"《郊祀志》："江水祠蜀，宣帝改祠於江都。"《續漢書·郡國志》："江都有江水祠。"《水經·淮水注》："應劭《地理風俗記》曰："江都縣爲一都之會，故曰江都也。"縣有江水祠，俗謂之伍相廟也。子胥但配食耳，歲三祭與五岳同，舊江水道也。"《申鑒》注引漢制：“江廟在廣陵江都縣。”《史記·封禪書》：“江山祠蜀。”
《索引》：“案《風俗通》云：“江出岷山，岷山廟在江都。”
《地理志：“江都有江水祠。”蓋漢初祠之於源，後祠之於委
也。”《正義》：“《括地志》云：“江瀆祠在益州成都縣南八
里，秦并天下，江水祠蜀。”

《桐柏淮源廟碑》：“以淮出平氏，始於大復，潛行地中，
見於陽口，立廟桐柏，春秋宗奉，災異告禜，水旱請求，位比諸
侯。”《水經·淮水注》：“桐柏大復山，山南有淮源廟，廟前
有碑，是南陽郭苞立，又二碑并是漢延熹中守令所造，文辭鄙拙，
殆不可觀。”《續漢書·郡國志》注：“《荊州記》曰：“桐柏
山淮源湧發其中，潛流三十里，東出大復山南，山南有淮源廟。””
《申鑒》注引漢制：“淮廟在平氏縣。”

《漢書·地理志》：“臨邑有泲廟。”師古曰：“泲亦濟水
字也。”《續漢書·郡國志》：“臨邑有泲廟。”《水經》四：
“濟水又北過臨邑東。”注引《地理志》曰：“縣有濟水祠也。”
《申鑒》注引漢制：“濟廟在東郡臨邑縣。”

謹案：《尚書大傳》、《禮三正記》：“江、河、淮、濟爲
四瀆。瀆者，通也，所以通中國垢濁，民陵居，殖五穀也。江者，
貢也，珍物可貢獻也。河者，播也，播爲九流，出龍圖也。淮者，
均，均其務也。濟者，齊，齊其度量也。

《舊唐書·禮儀志四》：

（天寶六載）河瀆封靈源公，濟瀆封清源公，江瀆封廣源公，
淮瀆封長源公。十載正月，四海并封爲王。（東海廣德王·南海廣

利王·西海廣潤王·北海廣澤王。）

《宋史·禮志八》：

　　仁宗康定元年，詔封江瀆爲廣源王，河瀆爲顯聖靈源王，淮瀆爲長源王，濟瀆爲清源王，加東海爲淵聖廣德王，南海爲洪聖廣利王，西海爲通聖廣潤王，北海爲冲聖廣澤王。五年，益封南海洪聖廣利昭順王，東海，大觀四年加號助順廣德王。

《事物紀原》卷二：

　　又《唐會要》曰：天寶六載正月十二日，封河爲靈源公，濟爲清源公，江爲廣源公，淮爲長源公。《宋朝會要》曰：大中祥符元年十一月十四日，詔河瀆進號爲順聖靈源公。康定二年詔封四瀆皆爲王。按：三代命五岳視三公，四瀆視諸侯，唐始加其等也。

　　【案】河流崇拜，在我國起源很早，但同山岳崇拜一樣，地方性很強，并無統一的河神或水神。其中河（即黃河）由於對中原地區的經濟、文化影響最巨，所以地位也最高。殷統一後，即以祭河爲主。據說自周以後，始以四瀆爲河川的代表，由天子祭祀。四瀆，即江、河、淮、濟，因當時都是獨流入海的大川，所以成爲河流崇拜的象徵。但在秦至西漢初的國家祀典中，四瀆皆與其他大川并列。所以我們推想雖然周以來對四條大川已有四瀆的總稱，但與五岳一樣，并未形成專祀制度。至宣帝時始在國家祀典中正式以五岳四瀆爲山川神的代表，設立專門的祭祀制度，而河、江由於其實際作用和歷史傳統，在四瀆中并保留其特殊地位。以後歷代皇朝皆以五岳四瀆為山川神的象徵，極為尊崇。其初四瀆位比諸侯，唐始封公，宋封王，元沿之（見五岳條引《元史》）。明去其爵號，然崇奉依舊，在國家祀典中，對岳瀆神的職能主要規定為興雲降雨，尚屬自然屬性的崇拜，但也有社會化和人神化的趨勢。民間則早就開始了把河流神社會化、人格化的過程。這些情形，詳見以下各條。

江　神

奇　相

《史記・封禪書》：

（秦幷天下）自華以西，名山七，名川四。江水，祠蜀。（《索隱》：《廣雅》云：“江神謂之奇相。”《華陽國志》云：“蜀守李冰於彭門闕立江神祠三所。”《正義》：《括地志》云：“江瀆祠在益州成都縣南八里。秦幷天下，江水祠蜀。”）

《文選》卷十二郭璞〈江賦〉：

奇相得道而宅神，乃協靈爽於湘娥。（李善注：《廣雅》曰：“江神謂之奇相。”王逸《楚辭》注曰：“堯二女，墜湘水之中，因為湘夫人也。”）

《茶香室四鈔》卷二十：

宋張唐英《蜀檮杌》云：時大霖雨，禱於奇相之祠。唐英按右史，震蒙氏之女竊黃帝玄珠，沈江而死，化爲此神，今江瀆廟是也。

按此則江瀆之神爲震蒙氏之女也。但震蒙無考，或古之諸侯乎？

江瀆之神，唐封廣源公，宋封廣源王，元封廣源順濟王，似不應爲女子。張氏之說，所未詳也。

《鑄鼎餘聞》卷二：

《軒轅黃帝傳》云：蒙氏女奇相，女竊其元珠，沈海去爲神。上應鎮宿，旁及牛宿。郭璞《江賦》曰：奇相得道而宅神，即今江瀆廟是也。

【案】江卽長江，古又稱洋（即揚）子江，爲中國第一大河。但因在中國古代黃河流域爲經濟文化中心，所以江神地位反遜於河神。長江奔瀉萬里，其初幷無統一之神，所以出現一些地方性的江神。如蜀地以奇相爲江神，楚地以湘江二夫人爲江神，吳越或有以伍子胥爲江神者。這些江神顯然都不是原始形態的自然神，而是人神化以後的產物。漢代建立五岳四瀆制度以後，出現了象徵性的統一神，唐以後又封廣源公、廣源王。但民間仍保留了對傳統的地方性江神的信仰，如對奇相、湘夫人之祠。奇相一神，不知其詳。震蒙氏之女一說，顯係爲人神化之需要而附會出來的。

湘君　湘夫人

《山海經·中山經》：

洞庭之山，帝之二女居之，是常游於江淵。

郭璞注：天帝之二女而處江爲神也。汪紱注：帝之二女，謂堯之二女以妻舜者娥皇女英也。相傳謂舜南巡，崩於蒼梧，二妃奔赴哭之，隕於湘江，遂爲湘水之神，屈原《九歌》所稱湘君、湘夫人是也。

《史記·封禪書》：

江水，祠蜀。（《索隱》：《江記》云："帝女也，卒爲江神。"）

【案】這種傳說主要流行於荆楚，其所主亦只是湘江。

長江三水府

《茶香室續鈔》卷十九：

唐鄭遄古《博異志》云：開元中，琅邪王昌齡自吳抵京國。舟行至馬當山，屬風便，而舟人云：貴賤至此，皆合謁廟，以祈風水之安。乃命使賫酒脯紙馬，獻於大王。兼有一量草履子，上大王夫人。而以詩一首，令使者至彼而禱之。詩曰："青驄一匹崑崙牽，奉上大王不取錢。直爲猛風波裏驟，莫怪昌齡不下船。"當市草履子時，兼市金錯刀子一副，貯在履子內。誤幷履子將往，

湘君·湘夫人

使者亦不曉焉。行數里，忽有赤鯉魚長可三尺，躍入舟中。呼侍者烹之。既剖腹，得金錯刀子，宛是誤送廟中者。

　　按：今人祀神焚紙馬，觀此知唐時已有之。又以草履上夫人，此事尤奇。

《月令廣義·九月令》：

　　《摭言》：王勃年十三，侍父宦游江左，舟次馬當，見大門當道，榜曰"中元水府"，侍御猙獰。勃詣稽首回，路遇老叟坐於磯，曰："來日重九，南昌都督命客作滕王閣序，子往賦之。路七百里，吾助清風一席。"勃拜謝，問叟仙耶？神耶？曰："吾中元水府君也。"

《文獻通考·郊社考》二三：

　　三水府神者，僞唐保大中，封馬當上水府爲廣祐寧江王，采石中水府爲濟遠定江王，金山下水府爲靈肅鎮江王。大中祥符二年八月，詔改封上水府爲福善安江王，中水府爲順聖平江王，下水府爲昭信泰江王。令九江、太平、潤州遣官祭告。

《三教源流搜神大全》卷七"洋子江三水府"條：

　　《五代史》：楊氏據江，封馬當爲上水府，廟在山之陽；采石爲中水府，廟在采石山下，封王，宋加顯靈順聖忠佐平江王；金山爲下水府，廟在金山寺內。三廟本朝俱稱水府之神。水面江心一呼即應。人過者，必具牲帛以禱。今有司歲時致祭。

《宋史·禮志五》：

（真宗）詔封江州馬當上水府，福善安江王；太平州采石中水府，順聖平江王；潤州金山下水府，昭信泰江王。

《鑄鼎餘聞》卷二"水府三官"條：

明田藝蘅《留青日札》云：今稱水府三官者，起於後唐保大中，上水府馬當，中水府采石，下水府金山，皆有王號。宋因加封爵祭告。

《懷寧縣志》云：水府不知何神，《五代史》楊行密據有淮南，乾貞元年正月封馬當爲上水府寧江王，采石爲中水府定江王，金山爲下水府鎮江王，後遂相沿不改。（均案：《十國春秋》作吳睿帝乾貞二年）。

【案】自漢宣帝定四瀆常祀之禮，唐封江爲廣源公，宋封江爲廣源王，歷代所祀江瀆皆爲長江之統一神。而民間又有洋子江三水府或水府三官之說，卽將洋子江分爲上中下三段，各有江神主之，皆稱王。《文獻通考》謂此水府三神始封於五代十國時南唐大保中，據《五代史》則始封於楊氏據江南之時，更早於南唐。今據《茶香室續鈔》、《月令廣義》所引唐人筆記，唐代已以爲馬當山神主長江水事，惟楊氏、南唐皆封馬當爲上水府，《唐摭言》則稱馬當爲中元水府，不知上元、下元更指何處耶？宋真宗封神多多益善，既加封江瀆爲廣源王，也繼五代而加封三水府。於是江瀆之神遂與三水府神并存矣。

水府三官

屈 原

《三教源流搜神大全》卷二：

　　江瀆，楚屈原大夫也。唐始封二字公，宋加四字公，聖朝加封四字王，號"廣源順濟王"。

《月令廣義·歲令一》：

　　江神即楚大夫屈原。

　　【案】這種説法僅見於明代。自漢宣定岳瀆祭祀之常禮，唐、宋封四瀆為公、王以後，以真人實江神之位，始見於此。屈原愛國而受讒，憤而投江。以屈原為江神之觀念，想即由此萌生。

金龍大王柳毅

《歷代神仙通鑒》卷十五：

　　長江　金龍大王柳毅。

《歷代神仙通鑒》卷十四：

　　（唐景龍三年·柳毅為洞庭龍女傳書）　遂為水仙。帝降敕為金龍大王。（凡涉江湖者·必詣廟祭焉。）

【案】柳毅乃唐人小說中人虛構人物，至後世竟受民間信仰，可知小說也是民間諸神來源之一也。

潮　神（濤神）

伍　子　胥

《史記·伍子胥傳》：

伍子胥者，楚人也，名員。員父曰伍奢。員兄曰伍尚。楚幷殺奢與尚也。伍胥至於吳，與謀國事。吳以伍子胥、孫武之謀，西破強楚，北威齊晉，南服越人。（後因受讒·開罪吳王）乃自剄死。吳王聞之大怒，乃取子胥屍盛以鴟夷革，浮之江中。吳人憐之，爲立祠於江上，因命曰胥山。

《集說詮眞》：

漢王充著《論衡·書虛篇》曰：傳書言吳王夫差殺伍子胥，煮之於鑊，乃以鴟夷橐投之於江，子胥恚恨，驅水爲濤，以溺殺人。今時會稽丹徒大江，錢塘浙江，皆立子胥之廟，蓋欲慰其恨心，止其猛濤也。夫言吳王殺子胥，投之於江，實也。言其恨恚驅水爲濤者，虛也。屈原懷恨，自投湘江，湘江不爲濤；申徒狄蹈河而死，河水不爲濤。子胥亦自先入鑊，乃入江。在鑊中之時，其神安居？豈怯於鑊湯，勇於江水哉？何其怒氣前後不相副也！且投於江中，何江也？有丹徒大江，有錢塘浙江，有吳通陵江。

〔按《蘇州府志》通陵江作松陵江，一名吳淞江，自太湖分流·經吳江縣城東南，迤邐而東，至上海縣境，與黃浦合，入於海。）或言投於丹徒大江，無濤。欲言投於錢塘浙江，浙江、山陰江、上虞江（山陰、上虞，俱屬浙江紹興府。）皆有濤。三江有濤，豈分橐中之體，散置三江中乎？人若恨恚也，仇讎未死，子孫遺在，可也。今吳國已滅，夫差無類，吳爲會稽，立置太守，子胥之神，復何怨苦，爲濤不止，欲何求索？吳越在時，分會稽郡，越治山陰，吳都今吳（江蘇蘇州府）。余、暨（餘姚諸暨兩縣，屬浙江紹興府）以南屬越，錢塘以北屬吳。錢塘之江，兩國界也。山陰、上虞，在越界中，子胥入吳之江爲濤，當自止吳界中，何爲入越之地？怨恚吳王，發怒越江，違失道理，無神之驗也。

夫地之有百川也，猶人之有血脈也。血脈流行，汎揚動靜自有節度，百川亦然。其朝夕往來，猶人之呼吸氣出入也。天地之性，上古有之。《經》曰：江漢朝宗於海，唐虞之前也。其發海中之時，漾馳而已，入三江之中，殆小淺狹，水激沸起，故騰爲濤。廣陵曲江有濤，文人賦之。大江浩洋，曲江有濤，竟以隘狹也。吳殺其身，爲濤廣陵，子胥之神，竟無知也。溪谷之深，流者安洋，淺多沙石，激揚爲瀨。夫濤瀨一也，謂子胥爲濤，誰居溪谷爲瀨者乎？濤之起也，隨月盛衰，小大滿損不齊同。如子胥爲濤，子胥之怒以月爲節也。三江時風揚疾之波，亦溺殺人，子胥之神，復爲風也。

按：伍胥爲濤神，經漢儒王充反覆指斥，直抉其妄，令人莫能更贊一辭。推之四海江湖，河漢川澤諸神，其來歷之虛幻，均可不言而喻，無庸逐一置辨矣。

《古今圖書集成·神異典》卷二七：

《吳越春秋》：吳王聞子胥之怨恨也，乃使人賜屬鏤之劍，子胥遂伏劍而死。吳王乃取子胥屍，盛以鴟夷之器，投之於江中，言曰："胥，汝一死之後，何能有知！"即斷其頭置高樓上，棄其軀投之江中。子胥因隨流揚波，依潮來往，蕩激崩岸。

越王追奔攻吳，兵入於江陽松陵，欲入胥門。來至六七里，望吳南城，見伍子胥頭巨若車輪，目若耀電，鬚髮四張，射於十里。越軍大懼，留兵假道。即日夜半，暴風疾雨，雷奔電激，飛石揚砂，疾如弓弩，越軍……兵士僵斃，人衆分解，莫能救止。

《茶香室叢鈔》卷十五：

《越絕書》云：吳王將殺子胥，使馮同征之。胥見馮同，知為吳王來也，泄言曰："高置吾頭，必見越人入吳也。捐我深江，則亦已矣。"胥死之後，王使人捐於大江口。勇士執之，乃有遺響，發憤馳騰，氣若奔馬，威凌萬物，歸神大海，仿佛之間，音兆常在。後世稱述，蓋子胥水仙也。按：此乃子胥為潮神之說所自來。

《古今圖書集成·神異典》卷二七：

《異苑》：永嘉中，吳相伍員廟，吳郡人叔父為台郎在洛。值京都傾覆，歸途阻塞，當濟江南，風不得進，既投奏，即日得渡。

《古今圖書集成·神異典》卷五四：

《太業拾遺錄》：泝河岸上有子胥廟，每朝暮潮時，泝河之水亦鼓怒而起，至其廟前，高一丈，廣十餘丈，食頃乃定，與錢塘潮水相應。

《事物紀原》卷七：

大中祥符五年詔杭州吳山廟神宜特封英烈王。神即伍子胥，時葺廟故也。

《文獻通考·郊社考》二三：

杭州吳山廟，即濤神也。大中祥符五年夏，江濤毀岸。遣內侍白崇慶致祭，濤勢驟息。五月，詔封神爲英烈王，令本州每春秋二仲，就廟建道場三晝夜，及以素饌祠神。

《集說詮眞》：

《事文類聚》曰：吳相子胥爲濤之神，號曰靈胥。

《茶香室四鈔》卷二十：

宋陸游《入蜀記》云：楚故城，前臨江水，對黃牛峽。城西北一山，有伍子胥廟。大抵自荊以西，子胥廟甚多。按：不知伍子胥何由血食於此，豈以其爲江神邪？

《三教源流搜神大全》卷七：

（潮神）即子胥，人見其素車白馬乘潮而出。

《三教源流搜神大全》卷三"威惠顯靈王〔伍員〕"條：

唐元和間，封惠廣侯。宋封忠武英烈顯聖安福王。聖朝（元）宣賜王號忠孝威惠顯聖王。

《月令廣義·八月令》：

《臨安志》：吳王賜子胥死，以其屍盛鴟夷之革，浮之江中。子胥因流揚波，依潮往來，時見其朱旗白馬在潮頭者，因立廟。每歲仲秋既望，潮極大，杭人以旗鼓迓之，曰祭潮神，有弄潮之戲。

《陔餘叢考》卷三五"伍子胥神"條：

《史記》：伍子胥死，吳人憐之，為立祠於江上，命曰胥山。此子胥之祀之始也。王充《論衡》：吳王殺子胥，煮之於鑊，乃以鴟夷囊投之江。子胥恚恨，驅水為濤以溺人。故會稽丹徒大江、錢塘浙江皆立其祠。《後漢書》：張禹為揚州刺史，當過江行，部吏白江有伍子胥神，當祀之。此兩漢之祀伍廟也。《吳志》：孫綝悔慢明神，遂燒大橋頭伍子胥廟。燒伍廟而世俗謂之慢神，則其時廟祀之顯赫可知。《隋書》：高勱為楚州刺史，城北有伍子胥廟。其俗敬神，祈者必以牛酒，至破產業，勱乃嚴為禁止。則六朝以後伍廟顯赫又可知。《唐書》：狄仁傑使江南，毀淫祠千七百所，唯夏禹、吳泰伯、季札、伍員四祠不廢。今按六朝以前所祭之神，俱已湮沒，而子胥廟唐以後尚多崇祀，豈以梁公所未毀，遂得留耶？抑神之靈尚不泯耶？《北夢瑣言》：閩王審知患海中石磻為舟楫害，夢吳安王（即子胥）許為開導，乃遣劉山甫祭奠，甫畢，忽風雷勃興，海中有黃物長千百丈，奮躍攻擊，三日旣霽，則石港已通暢，乃名之曰甘棠港。《宋史》：馬亮知杭州，會江濤大溢，亮禱伍員祠，明日潮却，出橫沙數里。是伍相之神久而益顯也。《元史》：大德三年，又加封忠孝威惠顯聖王。

《鑄鼎餘聞》卷二：

《史記》：吳殺子胥，盛以鴟夷，投之江中。吳人立祠江上。後漢太守糜豹移廟於吳郭東門外。宋元嘉二年，吳令謝珣徙廟匠門內。唐垂拱四年，狄文惠公仁傑奏毀江南淫祀一千七百餘所，獨存夏禹、泰伯、延陵季子并王四廟。昭宗景福二年封廣惠侯（一作廣衛）。錢武肅王奏改惠應，旋晉吳安王。宋眞宗大中祥符五年，賜忠清廟額，封英烈王。徽宗政和六年加封威顯。高宗紹興三十年，加封忠壯（一云改封）。寧宗嘉定十七年，累封忠武英烈威德顯聖王（一云忠武英烈顯聖安福王）。理宗嘉熙三年，封王父奢烈侯，妻嘉應夫人，兄尙昭順侯，妻淑惠夫人。元成宗大德間改封忠孝感惠（一作威惠）顯聖王，國朝雍正七年改封英衛公。

《清朝文獻通考·群祀考》二：

雍正三年加封浙江江海保障之神。時以撫臣法海疏言吳國上大夫伍員、唐吳越武肅王錢鏐、宋安濟公張夏實爲浙省江海保障之神，又明代紹興知府湯紹恩創築三江閘，有功紹郡，請各加封號，修整廟宇，春秋致祭。下禮部議，封伍員爲英衛公，廟祀錢塘；封錢鏐爲誠應武肅王，廟祀杭州；封張夏爲靜安公，廟祀蕭

山；封湯紹恩爲寧江伯，廟祀紹興。其後建海神廟於海寧州，皆
與配食之列。

《破除迷信全書》卷九：

　　吹簫乞食的伍子胥，佐助吳王夫差攻敗越王勾踐。夫差准勾
踐請和，子胥屢諫不聽，以後夫差聽太宰嚭的讒言，賜子胥屬鏤
劍，令其自殺。子胥對家人說：“我死之後，可抉出眼睛，懸在
吳東門之上，以便觀看越人來滅吳。”夫差聞知這番遺囑，大大
惱怒，將子胥屍身，盛在鴟夷革中，拋在江中。從該時以後，世
俗傳說：子胥因怒夫差，所以常鼓動江水爲波濤，以恐嚇生人。
直到如今，浙江錢塘江，每年陰歷八月十五日午時，必有海潮隆
隆從東而來，一直如線，高低不等，轉瞬間一白無際，聲如萬馬
奔騰，高至數丈，忽作半圓，向西直馳；四方觀客，如山如海，
皆說是子胥作弄的。所以會稽錢塘丹徒等地，皆爲子胥立廟，四
時香火不斷，爲的是要給子胥消消氣；您說這一肚子氣，到底如
何可消呢？豈非極爲可笑麼？《臨安志》上則記：“子胥死，浮
屍於江，因流揚波，依潮來往，蕩激堤岸，勢不可禦，或有見其
乘白馬素車，在潮頭者，因爲之立廟。”這更是迷離恍惚的說法。
《高僧傳》上也說：“有一個名寶達的和尚，見江潮大至，因此
念咒，要將潮咒止，有一夜，江中有偉人來，頭上戴的黑帽子，
身上穿着紅衣裳，護衛的侍從是甚多的，自稱是子胥，特來造
訪。”《淵鑒類函》則說：“宋朝嘉熙年間，錢塘江大潮不退，
張天師設黃籙大醮才退的。”其實潮來有定期，人皆按期到海寧
觀潮。過期即退，雖欲再觀，亦不可得；焉用張天師與和尚去唸

潮　神

退潮咒，設置黃籙大醮呢？這就可見佛道二教的功用了。

【案】伍子胥，春秋時期吳國名將，以受讒而屈死，吳人憐之，為立祠江上。此本屬人鬼信仰，本編何以收錄？只因到了漢代，人們竟以為錢塘江一帶的大潮，乃子胥恚恨而驅水為之。雖然東漢王充曾力斥其虛妄，仍無法改變民間俗信。於是歷代相沿，皆以伍子胥為長江的潮神（亦稱濤神）。此種信仰，實因出於對狂濤巨潮的恐懼，認為必有凶猛之神主之，而子胥秉性剛烈，屈死後又投屍於江，遂將二者合一，而子胥被封為潮神後，其職司主要是掌江上波濤（特別是舉世聞名的錢塘江潮），所以仍可歸入自然崇拜一類。伍子胥所轄範圍，本來是在吳越一帶，以後信仰轉盛，不僅擴大到揚州一帶，而且在荊楚以西，甚至安徽、閩廣一帶也遍立子胥廟，似乎以他為天下潮水之神。不過一般的看法，還是以為他主要管轄長江水域，所以又有人說他是江神，自唐以來，封侯封王，頗受封建統治者的重視。

附：伍髭鬚　杜十姨　陳十姨

《古今圖書集成・神異典》卷四八引《唐國史補》：

一鄉一里，必有祠廟焉。為人禍福，其弊甚矣。有為伍員廟之神像者，五分其鬚，謂之五髭鬚神。如此皆吉，有靈者多矣。

《茶香室續鈔》卷十九：

宋王讜《唐語林》云：一鄉一里，必有祀廟，號爲伍員廟，必五分其鬐，謂"五髭鬚"。

《古今圖書集成·神異典》卷五四：

《蓼花洲閑錄》：溫州有土地杜十姨，無夫，五髭鬚相公無婦，州人迎杜十姨以配五髭鬚，合爲一廟。杜十姨爲誰？杜拾遺也。五髭鬚爲誰？伍子胥也。若少陵有靈，豈不對子胥笑曰："爾尚有相公之稱，我乃爲十姨，何雌我邪？"

《古今圖書集成·神異典》卷四八引《談撰》：

浙西吳風村有吳子胥廟，村俗訛舛，相傳爲五卒鬚，因塑其像，即鬚分五處。旁又有拾遺杜祠，歲久像貌漫毀，訛傳爲杜十姨。一日秋成，鄉老相與謀，以杜十姨嫁五卒鬚。

《古今圖書集成·神異典》卷四八引《陝西通志》：

西安府白水縣拾遺廟因兵毀，鄉人建祠，塑十婦像，呼爲十姨，至金令陳炳掘得詩碑，乃杜甫廟也。遂毀像祀甫。今廟廢。

《古今圖書集成·神異典》卷四八引《蒙齋筆談》：

余聞蜀人言陳子昂。閬州人祠子昂，有陳拾遺廟，語訛爲十姨。不知何時，遂更廟貌爲婦人，妝飾甚嚴，有禱亦或驗。利之所在，苟僅得豚肩卮酒，子昂且屈爲婦人，勉應之不辭。

【案】唐宋間伍子胥廟遍布鄉村，祭祀日久，鄉間百姓頗

有忘其本源，而以為土地神之類者。口耳相傳，遂訛伍子胥
為五髭鬚，所以神像必五分其鬚。更可絕倒者，鄉間又多有
杜拾遺祠（杜甫曾官左拾遺）。至宋代鄉間已有莫詳杜拾遺為
誰者，於是又訛為杜十姨。五髭鬚既與杜十姨相鄰，民間素
有為土地等神擇配之風，於是以杜配伍，合為一廟。中國民
間俗信之荒唐無稽，於此可見一斑。據《陝西通志》，則又
有於"十姨廟"塑十婦像者。拾遺訛為十姨，尚不止杜甫。
蜀人祠陳子昂，亦訛為十姨，且"更廟貌為婦人，妝飾甚嚴，
有禱亦或驗"。奉子昂為婦人而祈禱或驗，子昂如真有靈，
不知當作何想？

大姑　小姑

《北夢瑣言》卷十二：

唐楊鑣，收相之子。少年為江西推巡，優游外幕也。屬秋
祭，請祀大姑神。西江中有兩山孤拔，號大者為大孤，小者為小
孤。朱崖李太尉有《小孤山賦》寄意焉。後人語訛，作姑姊之姑，
創祠山上，塑像艷麗。而風濤甚惡，行旅憚之，每歲本府命從事
躬祭。鑣預於此行。鑣悅大姑偶容，有言謔浪。祭畢回舟而見空
中雲霧有一女子，容質甚麗，俯就楊公，呼為楊郎，遜詞云："家
姊多幸，蒙楊郎采顧，便希回橈以成禮也，故來奉迎。"弘農驚
怪，乃曰："前言戲之耳。"小姑曰："家姊本無意輒慕君子，
而楊郎先自發言。苟或中綴，恐不利於君。"弘農憂惶，遂然諾
之，懇希從容一月，處理家事。小姑亦許之。楊生歸，指揮訖，

倉卒而卒，似有鬼神來迎也。

《古今圖書集成·神異典》卷五四：

《歸田錄》：世俗傳訛，唯祠廟之名爲甚。今都城西崇化坊顯聖寺者，本名蒲池寺，周氏顯德中增廣之，更名顯聖。而俚俗多道其舊名，今轉爲菩提寺矣。江南有大小孤山，在江水中儼然獨立，而世俗轉孤爲姑。江側有一石磯，謂之澎浪磯，遂轉爲彭郎磯。云彭郎者，小姑婿也。余嘗過小孤山廟，像乃一婦人，而敕額爲聖母廟，豈止俚俗之繆哉！西京龍門山，夾伊水上，自端門望之，如雙闕，故謂之闕塞。而山口有廟，曰闕口廟。余嘗見其廟像甚勇，手持一屠刀尖銳，按膝而坐。問之，云此乃谿口大王也。此尤可笑者爾。

【案】大姑小姑神，亦訛傳所成，與伍髭鬚、杜十姨相類，故附見於此。大孤山、小孤山，皆在鄱陽湖口，孤立江中。民間遞訛孤爲姑，其廟塑女子像，且皆有夫婿，亦不可理喻之類。干寶《搜神記》卷四載："宮亭湖孤石廟，嘗有估客至都，經其廟下，見二女子，云："可爲買兩量絲履，自相厚報。"估客至都，市好絲履，并箱盛之，自市書刀亦內箱中，既還，以箱及香，置廟中而去。忘取書刀。至河中流，忽有鯉魚跳入船內。破魚腹，得書刀焉。"《荊州記》云："宮亭即彭蠡澤也"，即今鄱陽湖。據此則以大小孤山爲女神，自晉始矣。

紹興孚佑王

《續文獻通考·群祀考》三：

慶元四年封紹興府寧濟廟潮神爲孚佑王。先是，徽宗政和六年，封順應侯。孝宗淳熙末，以禦高宗靈駕功，加忠應翊順靈祐公。至是晉王爵。

十二潮神

《續文獻通考·群祀考》三：

嘉定十七年加封臨安忠清廟神爲忠武英烈威德顯聖王。神爲伍員，廟在臨安吳山。眞宗大中祥符五年，始封英烈王。政和六年，加威顯。紹興三十年，加忠壯。至是別加八字。後理宗嘉熙三年，海潮大溢，京兆趙與懽禱於神而息，奏即廟中建英衞閣，并封王妃協清夫人，父奢、兄尙皆加封號。

又錢塘協順廟，祀宋陸圭及其三女，淳祐中捍潮有功，封廣陵侯，三女封顯濟、通濟、永濟夫人，賜額協順。旁有小廟，祀十二潮神，各主一時。

岱石王

《鑄鼎餘聞》卷二：

王棻《光緒黃岩志》：岱山廟在縣西十七里。永初（宋武帝）

景平（宋少帝）中建。世傳神家婺州，好游觀，至大石山而死。是夕大雨震電，山土剝落，巨石屹立高百丈，聳如人形。咸以爲神顯異於此，奏封岱石王。又傳神嘗與錢塘江神竟分其潮三分。今廟北有港，潮生則怒濤驚浪，高可五六尺，頗類錢塘。邑人號斷江渡焉。

【案】除伍子胥外，又有幾種潮神，雖影響不及子胥，亦附載以備考。

蕭公爺爺

《三教源流搜神大全》卷七：

公姓蕭，諱伯軒，龍眉蛟髮，美髭髯，面如童。少年爲人剛正自持，言笑不苟，善善惡惡，里閈咸爲之質平。歿於宋咸淳間，遂爲神，附童子，先事言禍福，中若發機。鄉民相率爲立廟江西臨江府新淦縣之太洋洲，保舡救民，有禱必應，福澤十方。大元時，以其子蕭祥叔死而有靈，合祀於廟。皇明洪武初，嘗遣官諭祭。永樂十七年，其孫天任卒，屢著靈異，亦祀於此，詔封爲水府靈通廣濟顯應英佑侯，大著威靈於九江八河五湖四海之上。

《古今圖書集成·神異典》卷四九引《畿輔通志》"蕭晏二公廟"條：

廟在冀州城西一里高原上。按：蕭公名伯軒，宋新淦人，明封水府靈通廣濟顯應英佑侯。晏公名戌子，元臨江人，明封平浪

蕭公爺爺

侯。先是，明成化六年，大水冲城，知州胡瑛呼神求救，水退城全。次年構廟於此。明成化十八年，滹沱河溢，水冲城壞，知州李德美跪禱間，適有麥秸順流而下，與所塌城樓土石并塞，由是，水不入城，因重新之。

《新搜神記·神考》：

今江西人俱祀蕭公神，不知何時始。按《稗史滙編》：蕭公者清江市里人，平生樸直，不妄言笑，年八十二，無疾坐亡。家人以桶盛屍置中堂祀之。其家瀕江，屢爲水蝕，失一鐵貓。一日鄉人行舟，見蕭公寄一鐵貓曰：“此吾家物，煩君附載至蕭灘下。”其人辭以重，公舉手携至舟，輕如一葉，其人受之，叮嚀而別。亦不知其死也。至灘以告其家，乃大驚。置於水次，遂不復祀。蕭公之生也，常與鄉人飲，座間隱几少瞑，須臾起顧座客曰：“適江中有覆舟者，吾往救之，凡幾人生矣。”好事者亟往江濱物色之，其言信然。能分身四出，或一時爲人招邀，處處赴之，暨會語及，各有一蕭公也。歿遂爲神。太祖伐僞漢鄱陽湖之役，敵人言正見空中有數萬甲兵，皆衣紅爲助。戰幟上大書蕭公字。由是太祖加以封爵，名軍衞廟祀之，其家至今族屬蕃盛。子孫家人死者，亦多隷公部下爲陰官、陰兵，亦專以拯溺爲事。德公降鸞箕，判禍福，人有受福欲報，以咨於神，神若判云要銀若干，或金錢粟米之屬，判其數，令送其家。或運箕作家書道及家事。又云今遣人送回某物若干，每歲恒有數百金寄回，家賴以給。凡長年黃帽，事之最謹。而兵衞將士及漕運官軍，尤極誠篤。聞外夷之人，亦奉祀之。戴冠《筆記》：歸叔度，昆山人，洪武初

邂事，挈妻子之蜀。至某州，暮抵一民舍寓宿，坐定，一老翁負
笠而來，顧叔度曰：“子南來良苦！”叔度疑其爲邏者，踪迹至
此，意頗恐。翁曰：“子無怖，吾故此土民也。”叔度始以入蜀
告。翁曰：“此去蜀甚遠，況道非所由，子將焉往？”叔度顧妻
子嘆且泣。翁曰：“姑就寢，明日吾爲子先導，吾每十步束草爲
識，子行，第視所結草盡處問蕭公家，吾其邇子矣。”叔度俯首
謝，詰旦，趣妻子起就道，果見束草，皆不出十步外，視其有草
處行，皆閴然幽絕之境，然路經皆平坦，不覺有跋涉之艱。叔度
心異之。日未夕，抵山下，相與憇一巨石，回顧向所涉處，若在
天上，而所結草至是亦無有矣。叔度自詫：蕭公其神乎？頃之，
仿佛聞雞犬聲，俯瞰石下，見居民十數家，趨往投之，民皆驚問
所自來，語以老翁先導之意，且問孰爲蕭公家，衆詰其狀貌，曰：
“得非長身而荷笠者乎？”曰：“然。”衆賀曰：“公大有福人，
得神相助。”遂指小丘謂曰：“此即蕭公家矣。”叔度趨進，見
有廟巍然，入門拜相，儼爲昨暮所見者。叔度稽首再拜，衆相率
具雞黍留之數日，各致餼遺而別，別未三日，即抵成都。叔度居
成都二十餘年始還鄉，後年九十餘尚强力善飯。按《大玉匣記》，
四月初一日爲蕭公生辰，故江西人率於是日演劇祭賽馬。

晏公爺爺（平浪侯）

《三教源流搜神大全》卷七：

公姓晏，名戌仔，江西臨江府清江鎮人也。濃眉虬髯，面如
黑漆，平生疾惡如探湯，人少有不善，必曰：“晏公得無知乎？”

風

晏公爺爺

其爲人敬憚如此。大元初以人材應選入官，爲文錦局堂長。因病歸，登舟即奄然而逝。從人斂具一如禮。未抵家，里人先見其揚騶導於曠野之間，衣冠如故，咸重稱之。月餘以死至，且駭且愕，語見之日，即其死之日也。啓棺視之，一無所有，蓋屍解云。父老知其爲神，立廟祀之。有靈顯於江河湖海，凡遇風波汹濤，商買叩投即見，水途安妥，舟航穩載，繩纜堅牢，風怗浪靜，所謀順遂也。皇明洪武初詔封顯應平浪侯。

《古今圖書集成·神異典》卷二九引《武昌府志》：

晏公諱戍仔，宋末清江鎭人。入元爲文錦局，敕封平浪侯。

《陔餘叢考》卷三五：

常州城中白雲渡口有晏公廟，莫知所始。及閱《七修類藁》，乃知明太祖所封也。時毗陵爲張士誠之將所據，徐達屢戰不利，太祖親率馮勝等十人往援，扮爲商買，順流而下。江風大作，舟將覆，太祖惶懼乞神。忽見紅袍者挽舟至沙上。太祖曰："救我者誰也？"默聞曰："晏公也。"及定天下，後江岸當崩，有猪婆龍在其下，迄不可築。有老漁教炙猪爲餌以釣之，甕貫緪而下，甕罩其項，其物二足推拒不能爬於土，遂釣而出，岸乃可成。衆問老漁姓名，曰："姓晏。"倏不見。明祖聞之，悟曰："蓋即昔救我於覆舟者也。"乃封爲神霄玉府晏公都督大元帥，命有司祀之。吾常所以有此廟也。又《續通考》：臨江府清江鎭，舊有晏公廟，神名戍仔，明初封爲平浪侯。

《新搜神記‧神考》：

晏公神者，亦江西人，詳見李笠翁《比目魚》傳奇。言神十月初三日生辰。按《稗史滙編》，國初江岸常崩，傳猪婆龍於下搜抉故也。有老漁翁者，教以炙猪爲餌釣之，而力不能起。老漁翁曰：「四足爬，土石爲力耳。當以甕通其底，貫釣緡而下之，甕罩其項，必用前二足推拒，從而并力掣之，則足浮而起矣。」已而果然。老翁曰：「告天子，江岸可成矣。」衆問姓，曰晏姓。忽不見。後岸成。太祖悟曰：「昔嘗救我於覆舟山。」遂封晏公都督大元帥，廟而祀之。以《爾雅》考之，有翼曰鼉，狀如守宮，長一二丈，背尾有鱗如鎧，力最遒健，善攻埼岸。則晏公所稱，殆即鼉也。

《鑄鼎餘聞》卷二：

許尚質《越州祠祀記》云：晏公名仔，江西臨江縣人。元初爲文錦局堂長，因病歸，登舟即屍解，有靈顯於江湖，立廟祀之。入明，太祖渡江取張士誠，舟將覆，紅袍救上，且指示以彼舟，問何人，曰晏姓也。太祖感之，遂封神霄玉府都督大元帥，仍命有司祀之。今誤以公爲劉晏也。（一云名戍仔）

《光緒嘉興府志》云：晏公祠在嘉善務前里。洪武初以其陰翊海運，封平浪侯。

《集說詮眞》：

《上海縣志》載：蔡懋昭記略云：平浪侯晏公數顯靈於江湖間，吳赤烏中建廟於周涇左。明世宗嘉靖間，島夷犯城，夜半俄聞喊殺聲。已而海潮氾濫，溺賊八十餘人，遂解圍去。案前志云：
《宋史》：公名敦復，字景初，江西撫州人，官左司諫，退居卒，
年七十一。《江西通志》：封臨淄侯，立廟在饒州府。

同上：

　　晏公來歷，其說紛紛，或稱元時晏戌仔，或稱宋時晏敦復，
復又有稱係孫吳赤烏以前人，孰是孰非，莫衷一是。但今人於晏
公作誰，尚未深究，遽爾敬奉之，不亦異哉！

　　【案】蕭、晏二神皆屬人鬼信仰，然其身世皆民間傳聞，
無根可考，所司又同於江水之神，故載於此。關於蕭公身世，
諸說巳有小異。晏公則更是來歷莫明。二神本來都是江西的
地方性水神，明初為統治者所利用，遂成為具有全國性影響
的水神，職司平定風浪，保障江海行船。各地紛紛立廟奉
祀。

河　神

《史記·封禪書》：

　　及秦併天下，令祠官所常奉天地名山大川鬼神可得而序也。
水曰河，祠臨晉。

《漢書·郊祀志下》：

　　〔宣帝神爵元年〕河於臨晉，使者持節侍祠。唯泰山與河歲五

祠。

《舊唐書·禮儀志四》：

（唐玄宗天寶六載）河瀆封靈源公。

《宋志·禮志八》：

仁宗康定元年，詔封河瀆爲顯聖靈源王。

《元史·順帝紀》：

至正十一年加封河瀆神號靈源神佑宏濟王。

【案】河神卽黃河水神，是中國古代最有影響的河流神，這與祂所代表的黃河在中國古代經濟文化中的地位有關。黃河流程萬里，所以最初的河神，也應是多元的、地區性的。殷王朝建立以後，對河神的祭祀極爲重視，建立河神廟，幷有人祭的現象。周以後，據說已建立了天子祭五岳四瀆的制度，但詳細情形尚不得而知。從春秋戰國的情況來看，地方性的河流崇拜十分活躍，各地區對河神的理解和祭祀方法，也有所不同，但對河神的統一稱呼河伯已經出現。關於河伯身世、姓名、形貌的故事很多，以下將專條介紹。河神又有巨靈的稱呼，《史記》所記載的西門豹治鄴，廢除河伯娶婦風俗的故事是很出名的。此外，《史記·六國年表》又載秦靈公八年“以君主妻河”。《楚辭·九歌》中也有敘述河伯戀愛的情節。《楚辭》中的描述，反映當時楚地河神已人神化，其故事富有人情味。而《史記》所載秦、魏河伯娶婦之俗，朱天順認為雖然這是河神人神化以後產生的迷信，但這種以人祭河的殘酷作法，如無古來傳統，也不容易突然產生出來。選女妻河，實際上是祭河神用人牲的古來遺風和變態。（見《中國古代宗教初探》）這種看法很有道理。

河神人神化出現較早，其代表即河伯。秦漢以來，把四瀆之祭列入國家祀典，河神被抽象為河瀆，除去了祂的人神色彩。和五岳及長江一樣，唐以來歷代晉封，由諸侯之禮進為公、王。但民間所信仰的河神則人神氣味非常濃厚，而且同對一位河伯，其傳說因地區、時代的不同，有很大差異。漢代又出現了由人鬼轉為河神的河侯。佛教傳入中國以後，佛經中的龍王與中國民間信仰中的龍神逐漸結合，成為水神的象徵。唐宋以來，形成了遍布江河湖海的龍王體系，河伯除了在道教書籍、小說中偶而出現，已漸無聞。但至明清時，黃河流域一帶又出現以人鬼為河神的信仰，至近代而不衰。關於龍王，另有專條。對於其它出現於各個歷史時代的黃河水神，我們以下作些介紹。

河　伯

《莊子・大宗師》：

馮夷得之，以游大川。（《釋文》引司馬彪云：《清冷傳》曰：馮夷，華陰潼鄉堤首人也。服八石，得水仙，是為河伯，一云以八月庚子浴於河而溺死，一云渡河溺死。）

《楚辭·天問》：

帝降夷羿，革孽夏民，胡射夫河伯，而妻彼洛嬪。

《楚辭·遠遊》：

使湘靈鼓瑟兮，令海若而舞馮夷。

《山海經·海內北經》：

從極之淵，深三百仞，維冰夷恒都焉。冰夷人面，乘兩龍。

郭璞注：冰夷，馮夷也。《淮南》云：“馮夷得道，以潛大川”。即河伯也。《穆天子傳》所謂“河伯無夷”者。

袁珂案：《楚辭·九歌》洪興祖補注引《抱朴子·釋鬼篇》（今本無）復云：“馮夷以八月上庚日渡河溺死，天帝署為河伯。”等等，是皆後起之說，未免蕪雜不倫。河伯蓋古黃河水神，淵源亦已古矣。戰國之世奉祀河伯之風仍有增未已。至《楚辭·九歌》，乃有《河伯》專章之敘寫，表現人神戀愛之情況，亦浪蕩風流之神。（《天問》）王逸注云：“河伯化為白龍，游於水旁，羿見而射之，眇其左目。河伯上訴天帝，曰：“為我殺羿。”天帝曰：“爾何故得見射？”河伯曰：“我時化為白龍出游。”天帝曰：“使汝深守神靈，羿何從得犯汝？今為蟲獸，當為人射，固其宜也，羿何罪歟？”” 高誘注《淮南子·氾論篇》乃逕云：“河伯溺殺人，羿射其左目。” 關於河伯形狀，《韓非子·內儲說上》略云：“齊人有謂齊王曰：“河伯，大神也，臣請使王遇之。”乃為壇場大水之上。有間，大魚動，因曰：“此河伯。”” 可見實當是人面魚身。

《重修緯書集成》卷二《尚書中候考河命》：

觀於河，有長人，白面魚身，出曰："吾河精也。"呼禹曰："文命治淫"。言訖受（授）禹河圖，言治水之事，乃退入於淵。於是以告曰："臣見河伯，面長人首魚身，曰：'吾河精。'授臣河圖。"（注：以告，告舜也。）

《重修緯書集成》卷六《龍魚河圖》：

河姓公名子，夫人姓馮名夷君。

河伯姓呂名公子，夫人姓馮名夷。上古聖賢處所記曰：馮夷者，弘農華陰人也，在潼關提道里住，服八石，得水仙，為河伯。

《博物志校證》卷七：

澹台子羽渡河，齎千金之璧於河，河伯欲之，至陽侯波起，兩鮫挾船，子羽左摻璧，右操劍，擊鮫皆死。既渡，三投璧於河伯，河伯躍而歸之，子羽毀而去。

《古今注》卷中：

烏賊一名河伯度事小吏。

龜一名玄衣督郵。

鱉一名河伯從事。

江東謂鼉為河伯使者。

《神異經·西荒經》：

西海水上有人乘白馬，朱鬣白衣玄冠，從十二童子，馳馬西海水上，如飛如風，名曰河伯使者。

《搜神記》卷四：

弘農馮夷，華陰潼鄉隄首人也。以八月上庚日渡河，溺死。
天帝署爲河伯。又《五行書》曰："河伯以庚辰日死。不可治船
遠行，溺歿不返。"

《眞靈位業圖》：

太清右位：

河伯（是得道之人所補）。

《酉陽雜俎·前集》卷十四：

河伯人面，乘兩龍，一曰冰夷，一曰馮夷，又曰人面魚身。
《金匱》言，一名馮循（一作修）；《河圖》言，姓呂名夷；《穆
天子傳》言無夷；《淮南子》言馮遲；《聖賢記》言，服八石，
得水仙；《抱朴子》曰，八月上庚日溺河。

《古今圖書集成·神異典》卷二七：

《河東記》：韋浦者，自壽州士曹赴選。至閿鄉逆旅，方就
食，忽有一人前拜曰："客歸元昶，常力鞭轡之任，願備門下廝
養卒。"浦視之，衣甚垢而神彩爽邁。因謂曰："爾從何而至?"
對曰："某早蒙馮六郎職任河中，歲月頗多，給事亦勤，甚見親
任。昨六郎與絳州軒轅四郎同至此，求卜判官買腰帶，某給其下
丏茶酒，遂有言語相及。六郎謂某有所欺，斥留於此。某佣賤，

復少資用，非有符牒，不能越關禁。伏知二十二郎將西去，儻因
而獲歸，爲願足矣。”浦許之。食畢，乃行十數里，承順指顧，
無不先意，浦極謂得人。次於潼關，主人有稚兒戲於門下，乃見
歸以手捽其背，稚兒即驚悶絕，食頃不寤。主人曰：“是狀爲中
惡。”疾呼二娘，久方至。二娘，巫者也。至則以琵琶迎神，欠
噓良久，曰：“三郎至矣。傳語主人，此客鬼爲祟，吾且錄之
矣。”言其狀與服色，眞歸也。又曰：“若以蘭湯浴之，此患除
矣。”如言而稚兒立癒。浦見歸所爲，已惡之，及巫者有說，呼
則不至矣。明日又行次赤水西路旁，忽見元昶破弊紫衫，有若負
責而顧步甚重，曰：“某不敢以爲羞恥，便不見二十二郎。某客
鬼也，昨日之事，不敢復言，已見責於華岳神君。巫者所云三郎，
即金天也。二十二郎到京，當得本處縣令，無足憂也。”浦云：
“爾前所說馮六郎等，豈皆人也？”歸曰：“馮六郎名夷，即河
伯。軒轅，天子之愛子也。卞判官名和，即昔刖足者也。”浦曰：
“馮何得第六？”曰：“馮水官也，水成數六耳。”

《古今圖書集成·神異典》卷四七引《師友談記》：

東坡云：郭子儀鎮河中日，河甚爲患。子儀禱河伯曰：“水
患止，當以女奉妻。”已而河復故道。其女一日無疾而卒，子儀
以其骨塑之於廟，至今祀之。

《雲麓漫鈔》卷十：

《史記·西門豹傳》說河伯，而《楚辭》亦有河伯詞，則知
古祭水神曰河伯。自釋氏書入，中土有龍王之說，而河伯無聞矣。

《歷代神仙通鑒》卷二：

冰夷一名馮夷，人面蛇身，潼鄉堤首人。嘗入華陰服八石，得凌波泛水之道。北居陽汙凌門之山，與蚩廉互相講術。初探從極之淵，深入三百仞，師玄冥大人，學混沌之法。起而見有神鳥吸水洒空，施化爲雨水。冰夷乃置食水濱，時時招引，習熟爲伴，可置懷袖，名曰商羊。是鳥生於有巢氏，特采雨露之精，能大能小，吸則渤海可枯，施則高原可沒。（按：助蚩尤與黃帝作戰。）

同上卷三：

於仲秋上庚日死，靈光不昧，上帝署爲河伯。

同上卷十五：

黃河 澄清眚神河伯。

《日知錄》卷二五：

《竹書》：帝芬十六年，洛伯用與河伯馮夷鬥。帝泄十六年，殷侯微以河伯之師伐有易，殺其君綿臣。是河伯者，國居河上而命之爲伯，如文王之爲西伯，而馮夷者其名爾。《楚辭·九歌》以河伯次東君之後，則以河伯爲神。《天問》"胡羿射夫河伯，而妻彼洛嬪"，王逸《章句》以射爲實，以妻爲夢。其解《遠游》"令海若舞馮夷"，則曰馮夷水仙人也。是河伯馮夷皆水神矣。《穆天子傳》：至於陽紆之山，河伯無夷之所都居（原注：無夷，馮夷也）。《山海經》：中極之淵，深三百仞，惟冰夷恒都焉。冰夷人面，乘兩龍。郭璞注：冰夷，馮夷也，即河伯也。《莊子》

"馮夷得之以游大川"，司馬彪注引《清泠傳》曰：馮夷，華陰潼鄉堤首里人也。服八百石得道爲水仙，是爲河伯。是以馮夷死而爲神，其說怪矣。《龍魚河圖》曰："河伯姓呂名公子，夫人姓馮爲夷。"以馮夷爲河伯之妻，更怪。《楚辭·九歌》有河伯，而馮夷屬海若之下，亦若以爲兩人。大抵所傳各異，而謂河神有夫人者，亦秦人以君主妻河，鄴巫爲河伯娶婦之類耳。（原注：《淮南子》"馮夷大丙之御"，注：二人古之得道能御陰陽者）

《魏書》：高句麗先祖朱蒙，朱蒙母河伯女，爲夫余王妻，朱蒙自稱爲河伯外孫。則河伯又有女有外孫矣。

《眞誥》載：有一人旦旦詣河邊拜河水，如此十年，河侯、河伯遂與相見，予白璧十雙，教以水行不溺法。注曰：河侯、河伯，故當是兩神邪？

《中國古代神話與史實》：

《莊子·大宗師》："馮夷得之，以游大川。"（《釋文》："大川，河也。崔本作泰川。"）

《淮南子·齊俗訓》：昔者馮夷得道，以潛大川。高誘注：馮夷，河伯也。華陰潼鄉堤首里人，服八石，得水仙。

《楚辭·遠游》："令海若舞馮夷。"王逸注：馮夷，水仙也。

又《九歌·東君》：乘水車兮荷蓋，駕兩龍兮驂螭。王逸注：言河伯以水爲車，驂駕螭龍而戲游也。

《山海經·海內北經》："從極之洲，深三百仞，惟冰夷恒都焉，冰夷人面乘兩龍。"郭璞注：冰夷，馮夷也。

《淮南子·原道訓》：昔者馮夷、大丙之御也，乘雲車，入雲蜺，游微霧，騖恍忽，歷遠彌高以極往。（高誘注：夷或作遲，丙或作白，皆古之得道能御陰陽者也。《文選》枚乘《七發》李善注引）　許慎注：馮遟、大白，河伯也。

又《說林訓》：鳥有沸波者，河伯爲之不潮，畏其誠也。（高誘注：鳥，大鷗也。翔翔水上，扁魚令出，沸波攫而食之，故河伯深藏於淵。畏其精誠，爲不見。）

《史記·六國年表》秦靈公八年："初以君主妻河。"《索隱》曰：謂初以此年取他女爲君主，君主猶公主也。妻河，謂嫁之河伯，故魏俗猶爲河伯娶婦。蓋其遺風。殊異其事，故云"初"。

《史記》褚少孫補《滑稽列傳》：魏文侯時，西門豹爲鄴令。豹往到鄴，會長老，問之民所疾苦。長老曰："苦爲河伯娶婦，以故貧。"《正義》：河伯姓馮氏，名夷。

按：河伯本水鳥，畏雕攫食，故深藏於淵。馮夷，河伯名，即水神，以聲類求之，當即鸊鷉。

《爾雅·釋鳥》："鷉須鸁。"郭璞注："鷉，鸊鷉，似鳧而小，膏中瑩刀。"

《方言》八：野鳥，其小而好沒水中者，南楚之外謂之鸊鷉，大者謂之鶻蹄。

《本草拾遺》：鸊鷉，水鳥也。如鳩鴨，脚連尾，不能陸行，常在水中，人至即沉，或擊之便起。

初民信萬物皆有精靈，鳥高飛，魚深藏，乃物性之常，鸊鷉以鳥而居水中，反於常情，因生疑惑，遂由幻想而構成水鳥爲河伯之神話。至《龍魚河圖》諸書所載，以河伯實有其人，乃後起之傳說。

《文選》卷十九曹植〈洛神賦〉：

川后靜波。（李善注：川后，河伯也。）

《三教源流搜神大全》卷七：

謂禺強河伯。

【案】以河伯為黃河水神，雖始見於《楚辭》，然實為南北各地區之共同信仰，流行極為廣泛。顧炎武《日知錄》據《竹書紀年》，認為河伯最初是國君之稱，以國居河上而命之為伯。按此說法，河伯信仰是由人鬼發展而來。此說欠妥。河伯之伯，與風伯之伯，雷師雨師之師，皆為當時之尊稱，民間先有對黃河神之崇拜，然後有河伯之尊稱，其起源仍是自然崇拜。從戰國以至秦漢，民間對河伯的形象，多認為是白龍或大魚或人面魚身，正說明人們初以河伯為自然神，後漸以水中動物或神物為其象徵，以後才逐漸人神化，并非一開始即由人鬼信仰轉化而來。

河伯名馮夷（或作冰夷、無夷），始見於《莊子》、《楚辭》、《山海經》等。這種傳說的來源，不得而知。從《山海經》、《韓非子》、《緯書》等的記載來看，馮夷不是河伯完全人神化以後獲得的名字，而是在河伯人神化的過程中就已出現的，甚至當河伯處於半人半獸狀態時，已有冰夷之名。但河伯有了名字，畢竟說明它已走向人神化。所以《莊子》、《淮南子》以馮夷為得道成仙者，後來的《搜神記》等書又說馮夷為溺死鬼，由天帝署為河伯，《龍魚河圖》則說河伯名呂公子，夫人為馮夷。這些不同說法，分別在不同時代，流行於不同地區。

魏晉以後，道教對民間諸神進行整理，納入其神仙體系，河伯和五岳神等一樣，被視為"得道之人所補"的仙官。唐時民間傳說仍以馮夷為"水官"。（《河東記》）唐以後，則如《雲麓漫鈔》所言，江河湖海各處水神多為龍王所占據，除了道書、小說（如《歷代神仙通鑒》）偶或出現以外，河伯在民間信仰中已湮沒無聞了。

又，《文選》李善注以川后為河伯，《三教源流搜神大全》以禺強為河伯。然川后實為古代傳說中之波神，禺強實為古代傳說中之海神，錄此聊以備考耳。

巨　靈

《文選》卷二漢張衡〈西京賦〉：

巨靈贔屭，高掌遠蹠，以流河曲，厥迹猶存。

薛綜注：巨靈，河神也。古語云，此本一山，當河水過之而曲行。河之神以手擘開其上，足踏離其下，中分為二，以通河流。手足之迹，於今尚在。

李善注：《遁甲開山圖》曰：有巨靈胡者，徧得坤元之道，能造山川，出江河。

《搜神記》卷十三：

　　二華之山，本一山也。當河，河水過之而曲行。河神巨靈，以手擘其上，以足蹈離其下，中分爲兩，以利河流。今觀手迹於華岳上，指掌之形具在。脚迹在首陽山下，至今猶存。故張衡作《西京賦》所稱"巨靈贔屭，高掌遠迹，以流河曲"，是也。

《茶香室叢鈔》卷十五：

　　《西京賦》"巨靈贔屭"．注云：巨靈，河神也；巨，大也。是巨靈爲大神。《漢武故事》云：東郡送一短人，長五寸，衣冠具足。上召東方朔。至，朔呼短人曰巨靈。則巨靈又爲至小之人矣。

　　漢郭憲《洞冥記》云：有一女人愛悅於帝，名曰巨靈。帝旁有青珉唾壺，巨靈乍出入其中，東方朔目之，巨靈因而飛去，化成青雀。此又一巨靈也。

《古今圖書集成·神異典》卷四十引《遁甲開山圖》：

　　有巨靈者，偏得元神之道，故與元氣一時生混沌。

《茶香室三鈔》卷十九：

　　明李日華《紫桃軒雜綴》云：《三教感通錄》云，巨靈名秦洪海。

　　【案】古代傳說，又有以巨靈爲河神之名者，此說始見於東漢張衡《西京賦》，然想來其說亦當有所本，不至於是古時文學家的文字遊戲。但據＜西京賦＞及《遁甲開山圖》所述，巨靈當與古代的開天闢地神話有關，因其“能造山川，出江河”，故被目爲河神，幷非直接由河流崇拜發展而來。巨靈爲河神之說，在民間幷不流行，所以漢魏時又別有以至小之人或青雀爲巨靈之傳說。至於《西遊記》中的巨靈神，爲托塔天王之屬將，形象顢頇，蠢笨無能，想來僅是以“巨靈”二字取其爲龐然大物，已與黃河水神毫無關聯了。

河　侯

《漢書·王尊傳》：

王尊字子贛，涿郡高陽人也。遷東郡太守。久之，河水盛溢，泛浸瓠子金隄，老弱奔走，恐水大決爲害。尊躬率吏民，投沈白馬，祀水神河伯。尊親執圭璧，使巫策視，請以身塡金隄，因止宿，廬居隄上。吏民數千萬人爭叩頭救止尊，尊終不肯去。及水盛隄壞，吏民皆奔走，唯一主簿泣在尊旁，立不動。而水波稍却回還。吏民嘉壯尊之勇節。數歲，卒官，吏民祀之。

《眞靈位業圖》：

太清右位：

河侯。

《古今圖書集成·神異典》卷二七引《滑縣志》：

河侯祠在縣南一里。漢東郡河決，太守王尊以身塡之，水乃却。及卒，民爲立河侯祠祀之。

【案】此以人鬼祀爲河神之始。

河陰聖后

《續文獻通考·群祀考》三：

金世宗大定二十七年正月，加鄭州河陰縣黃河神號曰昭應順濟聖后，賜廟額靈德善利。尚書省奏言：鄭州河陰縣聖后廟，前代河水爲患，屢禱有應，嘗加封號、廟額。今因禱祈，河遂安流，乞加褒贈。帝從其請，特加號賜額，歲委本縣長官春秋致祭。

【案】此爲地方性河神，又有以陳平、泰逢氏爲河神者，茲錄以備考。

陳　平

《三教源流搜神大全》卷二：

河瀆，漢陳平也。唐始封二字公，宋加四字公，聖朝加封四字王，號"靈源弘濟王"。

《月令廣義·歲令一》：

河神即漢相國陳平。

泰 逢 氏

《歷代神仙通鑒》卷一：

　　時有泰逢氏居於和山，是山曲回五重，實惟河之九都。泰逢好游，出駕文馬，出入有光，能動天地之氣，致興雲雨。民稱之曰吉神，一曰沒爲河神。

金龍四大王

《續文獻通考·群祀考》三：

　　（明）景帝景泰七年十二月，建金龍四大王祠於沙灣，從左副都御史徐有貞請也。

《古今圖書集成·神異典》卷二七：

　　《杭州府志》：謝緒，達之孫也。元人外噧，謝太后中制於權奸，緒以戚畹故，恚尤切。建望雲亭於金龍山巔。讀書其中。甲戌秋霖雨，天目山崩，水溢臨安，溺死者無算。緒乃散家資溥濟之，會衆泣曰："天目乃臨安之主山，宋其亡矣！"亡何，太后北轅。嘆曰："生不能圖報朝廷，死當奮勇以滅賊。"作詩自悼。書訖，赴水死。水勢洶湧高丈許，若龍斗狀，屍爲不流，顏色如生，人咸異之。元末，預夢於鄉人曰："吾飲恨九泉百餘年，今幸有主。越數日，黃河北徙，其驗也。汝輩當歸新主。明年春呂梁之戰，吾其助之。"丙午春，黃河北徙，九月，明太祖取杭州。丁未二月，傅有德與賊大戰呂梁，見金甲神人，空中躍馬橫槊擒賊，眾大潰。成祖議海道不便，復修漕運，凡河流淤壅，力能開之，舟將覆溺，力能拯之，神之顯著於黃河特甚。嘉靖中，奉敕建廟魚台縣。隆慶中，遣兵部侍郎萬恭致祭，封金龍四大王。

《清朝文獻通考·群祀考》二：

順治三年敕封顯佑通濟之神。

臣等謹案：《會典》載：神謝姓名緒，浙人，行四，讀書金龍山。明景泰間，建廟沙灣。蓋崇祀已久，至是加封。廟祀宿遷，從河臣請也。

《通俗編》：

《金龍山聖迹記》：謝公緒，會稽諸生，居錢塘安溪，宋謝太后侄也。三宮北行，公投苕溪死，門人葬其鄉之金龍山，明太祖呂梁之捷，神顯靈助焉，遂敕封金龍四大王，立廟黃河之上。其後擁護漕河，往來糧艘，惟神是賴。邵遠平《戒山文存》：神父司徒公仲武生四子：紀、綱、統、緒，神居季，故號四大王。

《陔餘叢考》卷三五：

江淮一帶至潞河，無不有金龍大王廟。按《湧幢小品》：神姓謝名緒，南宋人。元兵方盛，神以戚畹，憤不樂仕，隱金龍山，築望雲亭自娛。元兵入臨安，赴江死，屍僵不壞，鄉人瘞之祖廟側。明祖兵起，神示夢當佑助，會傅友德與元左丞李二戰呂梁洪，士卒見空中有披甲者來助戰，元遂大潰。永樂中，鑿會通渠，舟楫過河，禱無不應。於是建祠洪上。隆慶間，潘季馴督漕河，河塞不流，爲文責神，有書吏過洪，遇鬼伯，擒以見神。神詰之曰："若官人何得無禮？河流塞，亦天數也。爲我傳語司空，吾已得請，河將以某日通矣。"已而果驗。於是季馴事之甚謹。施愚山《矩齋雜記》亦載之。然則神之祀始於永樂中，而隆慶以後乃益盛歟。（**本朝順治二年十二月，封黃河神爲顯祐通濟金龍四大王之神，運河神爲延休顯應分水龍王之神。**）

《茶香室叢鈔》卷十五：

世知金龍四大王爲宋謝緒，然莫知金龍之所以得名。國朝施閏章《矩齋雜記》云：謝氏兄弟四人，紀、綱、統、緒，緒最少，爲諸生，隱錢唐之金龍山。宋亡，赴水死。後明太祖與蠻子海牙戰於呂梁，雲中有天將揮戈驅河逆流，元兵大敗。帝夢儒生素服前謁曰："臣謝緒也，上帝命爲河伯。今助真人破敵。"次日封爲金龍四大王。據此知金龍者其所隱之山名，四則其行第也。

《鑄鼎餘聞》卷一：

山陰王祜《浣雲集》云：金龍四大王，姓謝名緒，錢塘安溪里人，籍會稽，諸生。祖達，死爲神，建炎時，率陰兵驅北騎，咸淳七年疏請立廟，封廣德侯。有孫綱、紀、統，皆爲神。王其第四孫也，曰金龍四大王者，王嘗建白雲亭於金龍山巔也。宋末隱苕溪，慨然有澄清中原志。度宗甲戌秋，大雨，天目山崩。曰："天目，臨安主山也。主山崩，宋其殆乎？"遂不仕。及帝昺亡，誓曰："吾生不能報宋，死若有知，必展此志。"中夜起

作詩，赴苕溪死。苕溪忽漲，高至丈餘，若憑其怒氣者。士人異
之，立廟金龍山。至明太祖與蠻子海牙戰於呂梁洪，敵在上流，
我師失利，而風濤忽卷黃河爲之北注，海牙大敗。太祖夜夢神告
之曰：“臣謝緒也！”太祖驚寤，遂封爲黃河神。其後擁護漕河，
屢著靈異。天啓四年，蘇茂相督漕，水涸，舟不前。王降言:“爲
我請封，當以水報。”具疏祝畢，洪波浩蕩，萬檣飛波。得旨敕
封護國濟運金龍四大王。

《破除迷信全書》卷十：

　　我國凡江河碼頭的地方，多有大王廟，所敬的是河神，稱爲
大王。據說大王最喜歡聽戲，所以凡大王廟中就必連帶着建立一
座戲樓，按時唱戲給大王聽。若問大王是什麼樣呢？據說乃是一
條小長蟲，他能管着江河中風浪的事，凡行船的，無不小心的加
以奉祀。可是在帆船時代，大王固然甚打響，但是到在輪船時代，
就用不着大王了，所以近來大王的威風，已經漸漸的消滅了。大
王中有一個名稱金龍四大王的，從前在運糧河中南起江淮，北到
直隸通縣，都在他的勢力範圍之內，南北二千餘里，兩岸上多爲
他建設廟宇，按時祭祀。若要推究這位大王的起源，據滿清順治
年間中過進士的安徽宣城人施閏章先生在他著作的《矩齋雜記》
上說：“有一家姓謝的，隱居在浙江錢塘的金龍山，家有兄弟四
人，長名謝紀，次名謝綱，三名謝統，第四個則名謝緒。當時宋
朝爲匈奴所迫，遷都臨安（即杭州），及至宋亡以後，他兄弟四
人也都投到錢塘江裡死了。後來明太祖朱元璋起兵，與元朝的匈
奴兵在呂梁（今江蘇銅山縣東南）鏖戰，似乎在雲中有天將揮戈

驅河（黃河）倒流，元兵於是大敗。到了夜間，明太祖夢見一位文雅的書生，前來拜謁，口中稱道臣是謝緒，上帝遣派爲河伯官，今特來佐助眞人戰爭。明太祖醒了以後，第二天遂封爲金龍四大王。"

其實明太祖是和尙出身，當他雲游四方時，就看出非假托神怪是不能制服人心的，所以當天下大亂，遍地土匪四起時，他就要假托怪異威嚇人了。第一步先威嚇住了郭子興的兩個兒子，奪了他郎舅的兵權。第二步則說是起兵是奉的佛的指示。第三步天下的城隍以及兩廊中所塑的鬼怪，都是他用爲嚇愚民的。第四步則在鏖戰時，說是大王在雲中助戰；又說：大王在夢中與他交談。其餘所有舉動，也多是用的神道設教的故智；其實何曾有這些事呢？

【案】明清以來，在龍王之外，又有以人鬼之傑或生人當河神者，如金龍四大王、黃大王卽是。金龍四大王，諸書皆認爲南宋末諸生謝緒。唯其始封之年，謂洪武、永樂、景泰、隆慶、天啓者不一。然細觀諸書記載，謝緒雖一介之書生，而自赴國難，亦人鬼之豪者。當地人民受元統治者之壓迫，祀謝生以申其志，也在情理之中。朱元璋打天下，慣弄神道設敎之手段，利用各地民間信仰，詭稱受神靈佑護，也爲常事。四大王之封，或始於明初歟？然謝生本投身於江，而明清祀爲黃河神，亦匪夷所思耳！清代重漕運，更以四大王兼爲運河神。所以當時無論官民，皆虔奉之。

黃 大 王

《癸巳存稿》卷十三《黃大王傳》：

黃大王，名守才，字英傑，號對泉，偃師南鄉夾河王家莊人。明萬曆三十一年癸卯歲十二月十四日辰時生。生而神奇，空中有若言河神者。失父母，育母舅劉氏家。方歲餘，表兄抱之出，墜於井，兄驚，馳去呼救，人至則兒坐嬉水面，若有載之者。弱冠至濟源天壇山中十方院。值歲旱，不得水，守才指地使鑿之，得一泉，引之，遂不涸，爲山田灌溉利。今十方院不老泉是也。時天啟五年，守才年二十三，人固已傳其生時神奇，遠近異之矣。嘗隨舅船至虞城張家樓，有糧船二百，滯河沙不得動。初，夜，運官吳姓者，夢人告之曰：“沙壅不開，明日有劉船至，中有黃姓者，河神也。彼言開，即開矣。”船至，吳以誠投之，守才勉至頭船，助之執篙，船俱開去。守才每瞑坐久之，自言如夢至某地，誤賜壞幾船。好事者以其言求之，地與事皆驗。其生爲神，人皆知之。崇禎十五年，官軍決朱家寨，賊決馬家口。後工部侍郎周堪賡修決口不成，至偃師請守才，爲乘舟揷楊枝於河口，依築堤，堤成。初闖賊之欲灌開封也，聞守才爲河神，劫守才，決馬家口，馬家口決而水旁去。賊怒，凶焰甚盛，持守才他去，不使在決口，河水遂自城北門入，東南門出。國朝順治元年，守才年四十二矣。順治三年，考城流通口決。四年，河督楊方興聞守才神，往請之。守才至，命於決溜中下埽，埽不動，塞決甚易。七年，沁溢，堤將潰。參政分守河北道佟延年亟請守才，守才書一紙，使拈香焚於沁水上，水即平。蓋神生人間，若判官，若走無常，其在人間，或有無祿位職役，自古有之，非奇怪也。懷慶人爲立生神主於城北回龍廟。八年杞縣旱，請守才禱雨，得大雨，杞人亦爲之生立廟。康熙二年癸卯歲十二月十四日申時，卒於家。葬縣南萬安山下。雍正十二年，陳留曲興集建廟曰大王壇，賜名溥仁觀。乾隆三年，敕封靈佑襄濟王，歲祭以十二月十四日，八年，部頒祭文云："茲值誕辰之吉，例展修祭之儀。"四十二年，開封建黃大王廟。四十五年二月，奉旨爲修墳種樹，於其子孫內，擇一人爲奉祀生，世傳勿替。道光八年四月，以利漕，奏請懸匾，加封顯惠。十一年五月，以利漕加封昭應。是爲靈佑襄濟顯惠昭應王。十六年十月，請御書聯對。河南河工皆有神應，見章奏，是祀典也。今清江浦南臨清堰東有黃大王廟，曰靈佑觀，神每見，托形小蛇，喜觀優，偏好河南囉囉腔。每出見，則人立竿於盤，置盤案上。蛇蟠竿翹首聽戲。凡神見皆然。

論曰：《河南府志·仙釋》、《偃師縣志·逸事》、王文簡《池北偶談》，皆有神事，《懷慶府志》有河神黃大王傳，皆不詳。《黃運兩河記略》中有大王曾孫黃大成所作傳，甚詳。讀《抱朴子》，言馮夷以八月上庚日溺河，《文選·思元賦》注引《清冷傳》：河伯，華陰潼鄉人，姓馮名夷，浴於河中而死，是爲河伯。又引高誘《淮南》注：馮夷，華陰潼鄉隄首人。喜古人肯好事，於神明址實俱記之，故采黃大王事。惟大成記以小孩黛住兒塡入埽，取義擋得住，不可爲訓，而廟中實有穩埽黛將軍配享，所謂流言不實，傳爲丹靑者。讀《皇朝通考·群祀考》、《大清會典》，禮部祠祭司有神名貫，爲搜輯傳信焉。

《清朝續文獻通考·群祀考》二：

光緒五年加封黃大王爲靈佑襄濟顯惠贊順護國普利昭應孚澤綏靖普化宣仁保民誠感黃大王。

臣謹案：嘉慶二十年，敕建江南黃大王廟爲靈佑觀。嗣是迭加封號。王士禎《池北偶談》：黃大王，河南人，生爲河神。有妻子。每瞑目久之，醒輒云適至某地，賜幾船。以其時地訪之，果有覆舟者。李自成灌大梁，劫之往。初決河水，輒他氾濫，自成怒，欲殺之，水乃大入。始賊未攻汴，一日黃對客慘沮，曰："賊將借吾水灌汴京，奈何！"未幾自成使果至。黃至順治中尚在。

【案】 黃大王者，以生人當河神，其事類仙釋事迹，因其爲河神，故附此。細觀諸記載，黃守才實明末清初一精通治水之道者，民間神其術，又以種種神迹附會之，遂由平民生而成神矣。

淮　神

《史記·封禪書》：

及秦併天下，令祠官所常奉天地名山大川鬼神可得而序也。於是自崤以東，名山五，大川祠二。水曰濟，曰淮。

《漢書·郊祀志下》：

淮於平氏，濟於臨邑界中，皆使者持節侍祠。

《鑄鼎餘聞》卷二：

《太平寰宇記》十六：河南道泗州淮渦神在龜山之下。《淮陽記》按《古岳瀆經》云：禹治水，三至桐柏山，乃獲渦水神名無支祁，喜應對言語，辨江淮之淺深，原隰之遠近，形若獼猴，縮鼻高額，青軀白首，金月雪牙，頭伸百尺，力逾九象，搏擊騰踔，疾奔輕利，若倏忽之間，人觀之不可久。禹授之童律，童律不能制；授之烏木田，烏木田不能制；授之庚辰、庚辰能制，頸鶴脾柏，於是木魅水靈，火妖石怪，奔號叢繞以千數。庚辰以戟逐擊，逡頸鎖大索，鼻穿金鈴，徙淮泗陰，鎖龜山之足，淮水乃安流注於海。

國朝吳任臣《十國春秋》卷三：楊吳睿帝乾貞二年正月，封淮瀆長源王。

《三教源流搜神大全》卷二：

淮瀆，唐裴說也，唐始封二字公，宋加四字公，聖朝加封四字王，號"長源廣濟王"。

《月令廣義·歲令一》：

淮神為唐之裴說。

濟　　神

《古今圖書集成·神異典》卷二七：

《酉陽雜俎》：平原縣西十里，舊有杜林。南燕太上末，有邵敬伯者，家於長白山。有人寄敬伯一函，書言："我吳江使也。令我通問於濟伯。今須過長白，幸君爲通之。"仍教敬伯，但於杜林中取杜葉，投之於水，當有人出。敬伯從之，恍惚見人引出。敬伯懼水，其人令敬伯閉目，似入水中。豁然宮殿宏麗，見一翁年可八九十，坐水精床，發函開書曰："裕興超滅。"侍衞者皆圓眼，具甲冑。敬伯辭出，以一刀子贈敬伯曰："好去，但持此刀，當無水厄矣。"敬伯出，還至杜林中，如夢覺而衣裳初無沾濕。果其年宋武帝滅燕。敬伯三年居兩河間，夜中忽大水，舉村皆沒，唯敬伯坐一榻床，至曉著履，下看之床，乃是一大黿也。

《三教源流搜神大全》卷二：

濟瀆，楚伍大夫也。唐始封二字公，宋加四字公，聖朝加封四字王，號"清源漢濟王"。

【案】淮、濟二瀆，秦漢以來列入國家祀典，唐時封公，五代、宋時封王，已見前引。民間神話故事中，又有稱淮渦水神，若猿猴狀，名無支祁者。此當是古代神話之遺說，非後世之淮瀆神也。《酉陽雜俎》中之濟伯，亦河伯之類。元明以來，民間又有以裴說爲淮神，楚伍大夫爲濟神者。此亦人鬼信仰侵入山川信仰之證據也。

龍　王

《集説詮眞》：

《妙法蓮華經》載：龍王有八，一難陀龍王，二跋難陀龍王，三娑伽羅龍王，四和修吉龍王，五德義伽龍王，六阿那婆達多龍王，七摩那斯龍王，八伏鉢羅龍王。

《華嚴經》載：十大龍王，一毗樓博義龍王，二娑竭羅龍王，三雲音妙幢龍王，四焰口海光龍王，五普高雲幢龍王，六德義迦龍王，七無邊步龍王，八清淨色龍王，九普運大聲龍王，十無熱惱龍王。

《封神演義》載：龍王名敖光，龍王子名敖丙。商紂時，總兵李靖子名哪吒，與小龍王敖丙鬥，將丙打死，抽出龍筋，作爲腰帶。老龍王敖光聞之，大怒曰：“吾兒乃興雲步雨、滋生萬物之正神，何得被殺？”即來與哪吒鬥，哪吒又將敖光打倒，抓去其鱗，鮮血淋漓，令龍王化一小青蛇，置於袖，携之而歸。

《破除迷信全書》卷九：

據佛教所通行的《華嚴經》上說：“有無量諸大龍王，即如毗樓博叉龍王，娑謁羅龍王等，莫不勤力興雲布雨；令諸衆生熱惱消滅。”後世求雨祈龍王，就是從《華嚴經》所學的。

《古今圖書集成·神異典》卷二一：

梁《高僧傳》：釋縣超適錢塘之靈隱山，每一入禪，累日不起。後時忽聞風雷之聲，俄見一人秉笏而進，稱嚴鎮陳通。須臾有一人至，形甚端正，羽衛連翩，下席禮敬，自稱："弟子居在七里，住周此地，承法師至，故來展奉。富陽縣人故多鑿麓山下爲磚，侵壞龍室。群龍共念，作三百日不雨。今已一百餘日，井池枯涸，田禾永罷。法師既道德通神，欲仰屈前行，必能感致潤澤蒼生，功有歸也。"超曰："興雲降雨，本是檀越之力，貧道何所能乎？"神曰："弟子部曲只能興雲，不能降雨，是故相請耳。"遂許之。神倏然而去，超乃南行。經五日，至赤亭山，遙爲龍咒願說法。至夜，群龍悉化作人，來詣超所禮拜。超更說法，因乞三歸，自稱是龍。超請其降雨，乃相看無言。其夜又與超夢云："本因念立誓，法師既導之以善，輒不敢違命。明日晡時當降雨。"超明日即往臨泉寺，遣人告縣令，辦船於江中，轉《海龍王經》，隨即降大雨，高下皆足，歲以獲收。

《法苑珠林》卷七：

《分別功德論》：雨有三種，……天雨細霧；龍雨甚粗，喜則和潤，瞋則雷電；阿修羅爲共帝釋斗，亦能降雨，粗細不定。

《文獻通考·郊社考》二三：

玄宗開元二年，詔祠龍池。又詔置壇及祠堂，每仲春將祭則奏之。

十八年，有龍見於興慶池，因祀而見也。敕太常卿韋縚草祭儀。縚奏曰："臣謹案《祭法》曰：能出雲爲風雨者，皆曰神。
龍者，四靈之畜，亦百物能爲雲雨，亦曰神也。請用二月，有司
筮日池旁，設壇官致齋，設籩豆如祭雨師之儀，以龍致雨也。"
詔從之。

《宋會要輯稿》第十一冊禮四之十九：

京城東春明坊五龍祠，太祖建隆三年自元武門徙於此。國朝
緣唐祭五龍之制，春秋常行其祀。先是熙寧十年八月信州有五龍
廟，禱雨有應，賜額曰"會應"。自是五龍廟皆以此名額云。徽
宗大觀二年十月，詔天下五龍神皆封王爵。青龍神封廣仁王，赤
龍神封嘉澤王，黃龍神封孚應王，白龍神封義濟王，黑龍神封靈
澤王。

《事物紀原》卷七：

《筆談》曰：彭蠡小龍顯異，人人能道之。熙寧中王師南征，
有軍仗數十船泛江而南，龍即伏其中，乘風日數百里。有司以狀
聞，詔封神爲順濟王，遣禮宮林希致詔祠下。

《古今圖書集成·神異典》卷四八引《異聞總錄》：

乾道六年，吳明可莅守豫章，其子登科，同年生清江朱景文
因緣來見，得攝新建尉。適府中葺吳城龍王廟，命之董役。

《歷代神仙通鑒》卷二二：

（敕）欽曰：神禹治水功成，分命五岳治陸，五龍治水。

《清朝文獻通考·群祀考》二：

（順治）二年加運河龍神封號，定致祭禮。時從河臣請，下禮部議，封運河龍神爲延庥顯應分水龍王之神，令河道總督以時致祭。

【案】龍王本應歸於動物神，因祂後來幾乎完全占據了江、河、湖、海之神的地盤，所以將祂列入本編。宋趙彥衛《雲麓漫鈔》曰："古祭水神曰河伯。自釋氏書入，中土有龍王之說，而河伯無聞矣。"龍本是中國古人幻想出來的動物神，在古代神話傳說中有相當的地位，後來成爲象徵祥瑞的"四靈"（麟、鳳、龜、龍）之一。在中國古代傳說中，龍往往具有降雨的神性，如《山海經》中的應龍和燭龍。漢代祈雨亦常用土龍。龍又能化身爲天子和偉人，所以又成爲古代帝王的象徵。佛教傳入中國以後，因佛經稱諸大龍王"莫不勤力興雲布雨"，唐宋以來，帝王又封龍神爲王，龍王信仰遂遍及中土。中國古代傳說中的龍神，雖有種種神性，却并無守土之責。唐宋以後，道教吸取龍王信仰，稱有諸天龍王、四海龍王、五方龍王，漸而凡有水之處，無論江河湖海，淵潭塘井，莫不駐有龍王，職司該地水旱豐歉。於是大江南北，龍王廟林立，與城隍、土地廟相埒矣。

附：昭靈侯張路斯

《三教源流搜神大全》卷三：

昭靈侯張路斯

昭靈侯南陽張公，諱路斯。隋之初，家於潁上縣百社村。唐景龍中為宣城令，以才能稱。夫人石氏生九子。自宣城罷歸，常釣於焦氏台之陰。一日顧見釣處有宮室樓殿，遂入居之。自是夜出旦歸，歸輒體寒而濕。夫人驚問之，公曰："我龍也。蓼人鄭祥遠者亦龍也，與我爭此居，明日當戰，使九子助我。領有絳綃者我也，青綃者鄭也。"明日九子以弓矢射青綃者，中之，怒而去。公亦逐之，所過為溪谷，以達於淮，而青綃者投於合肥之西山以死，為龍穴山。九子皆化為龍，而石氏葬關洲。公之兄為馬步使者，子孫散居潁上，其墓皆存焉。事見於唐布衣趙耕之文，而傳於淮潁間父老之口，載於歐陽文忠公之《集古錄》，云：自景龍以來，潁人世祠之於焦氏台。乾寧中刺史王敬堯始大其廟。有宋乾德中，蔡州大旱，其刺史司超聞公之靈，築祠干禱。既雨，翰林學士承旨陶谷為記其事。蓋自淮南至於陳、蔡、許、汝皆奔走奉祠。景德中，諫議大夫張秉奉詔益新潁上祠宇。而熙寧中，司封郎中張徽奏乞爵號，詔封公昭靈侯，石氏柔應夫人。廟有穴藏，往往見變異出雲雨，或投器穴中，則見於池。而近歲有得蛻骨於地者，金聲玉質，輕重不常，今藏廟中。元祐六年秋，旱甚，郡守龍圖閣學士左朝奉郎蘇軾迎致其骨於西湖之行祠，與吏民禱焉。其應如響，乃益治其廟宇也。

《集說詮眞》：

《安徽通志》載：潁州府龍王廟，即張龍公祠。祈雨輒應。附錄宋蘇軾記云：張公諱路斯。隋之初，家於潁上縣百社村。自景龍以來，潁人世祠之於焦氏台。乾寧中，始大其廟。有宋熙寧

中，詔封昭靈侯。元祐六年秋，旱甚，郡守蘇軾與吏民禱焉，其
應如響。

【案】此以生人為龍王者。

海　神

禺貌　禺强　不廷胡餘

《莊子・大宗師》：

禺强得之，立乎北極。（疏：禺强，水神名也，與顓頊并軒轅之胤也。雖復得道，不居帝位而爲水神。）

《山海經・海外北經》：

北方禺强，人面鳥身，珥兩青蛇，踐兩青蛇。

郭璞注：字玄冥，水神也。莊周（《莊子・大宗師》）曰："禺强立於北極。"一曰禺京。一本云：北方禺强，黑身手足，乘兩龍。

袁珂案：强、京一聲之轉。則作爲北海海神之禺京，與其作爲東海海神之父禺貌，同爲人面鳥身。然竊有疑焉。《莊子・逍遙游》云："北冥有魚，其名爲鯤，鯤之大，不知其幾千里也。"似乎非僅寓言，實有神話之背景存焉。此背景維何？陸德明《音義》引崔譔云："鯤當爲鯨。"是也。鯤實當爲鯨。而北海海神適名禺京，又字玄冥，此與莊周寓言中北冥之鯤（鯨）豈非有一定之關聯乎？郭注引一本云："北方禺强，黑身手足，乘兩龍。"疑"黑身"乃"魚身"之誤，"黑"與"魚"形近而致訛也。其爲海神之時，形貌當即是“魚身手足”。又兼風神職司。

《山海經·大荒東經》：

　　東海之渚中，有神，人面鳥身，珥兩黃蛇，踐兩黃蛇，名曰禺䝞。黃帝生禺䝞，禺䝞生禺京，禺京處北海，禺䝞處東海，是爲海神。

《山海經·大荒南經》：

　　南海渚中，有神，人面，珥兩青蛇，踐兩赤蛇，曰不廷胡餘。

《山海經·大荒北經》：

　　北海之渚中，有神，人面鳥身，珥兩青蛇，踐兩赤蛇，名曰禺強。

　　【案】以上諸神，皆出於古代神話。觀其形態，尚處於動物神向人神的過渡階段，所以來源應當較古。《山海經》謂禺䝞、禺強（又名禺京）爲黃帝子孫，乃戰國人附會之說，《莊子》謂其爲得道之人，亦後起之說耳。袁珂以爲此類海神與海中大“魚”——鯨有一定關聯，似亦不爲無據。秦始皇時代的人們，卽常以爲海神爲海中之大魚。《史記·秦始皇本紀》：“始皇夢與海神戰，若人狀。問占夢，博士曰：″水神不可見，以大魚蛟龍爲候。今上禱祠備謹，而有此惡神，當除去，而善神可致。″乃令入海者賷捕巨魚具，而自以連弩候大魚出射之。”這種以海神爲動物形狀的觀念至後世仍有影響。如《三教源流搜神大全》卷七謂海神"即海若是也。
相傳秦始皇造石橋，欲渡海觀日，海神為驅石。始皇求神相
見。神曰："莫圖我形。"始皇從之。及見左右巧者描畫神
形，神怒曰："帝負約，可速去！"今廟在文登縣。"《淵
鑒類函》引《三齊略記》，與此略同，而於"莫圖我形"上
有"我形醜"三字，則亦視海神非人形也。

四海神君

《重修緯書集成》卷六《龍魚河圖》：

東海君姓馮名修青，夫人姓朱名隱娥。南海君姓視名赤，夫
人姓翳名逸寥。西海君姓勾大名丘百，夫人姓靈名素簡。北海君
姓是名禹帳里，夫人姓結名連翹。

《集說詮真》：

《事物異名錄》引《黃庭遁甲緣心經》曰：東海神名阿明，
南海神名巨乘，西海神名祝良，北海神名禹強。

《太平御覽》引《太公金匱》曰：南海之神曰祝融，東海之
神曰勾芒，北海之神曰玄冥，西海之神曰蓐收。

《月令廣義·春令》：

東海，一曰東冥，又為渤海，其神名勾芒。

【案】漢代以來，民間對海神的信仰趨於人神化，遂有如

對河伯那樣，為四海之神取名之舉，如馮修青、阿明之類。至於祝融、勾芒、玄冥、蓐收，皆中國古代傳說中之方位神，或亦視之為四海之神君。

四海之神

《史記·封禪書》：

（秦併天下）而擁有二十八宿、風伯、雨師、四海之屬，百有餘廟。

《漢書·武帝本紀》：

（建元元年）詔曰：“河海潤千里。其令祠官修山川之祠。”

《漢書·郊祀志下》：

（宣帝神爵元年）制詔太常：“夫江海，百川之大者也，今闕焉無祠。其令祠官以禮為歲事，以四時祠江海洛水，祈為天下豐年焉。”自是五岳、四瀆皆有常禮。

《事物紀原》卷二：

《唐會要》曰：天寶十載正月二十三日，封東海為廣德公，南海廣利公，西海廣潤公，北海廣澤公。《宋朝會要》曰：康定二年十一月，詔封東海為淵聖廣德王，南海洪聖廣利王，西海通聖廣潤王，北海沖聖廣澤王。

《古今圖書集成·神異典》卷二八：

（唐）玄宗天寶十載，封海神爲王。

按《通典》：天寶十載正月，以東海爲廣德王，以南海爲廣利王，以西海爲廣潤王，以北海爲廣澤王。

立春日祀東海於萊州；立夏日祀南海於廣州；立秋日祀西海、河瀆幷於河中府，西海就河瀆廟望祭；立多祀北海、濟瀆幷於孟州，北海就濟瀆廟望祭。

（宋）仁宗康定元年，加東海爲淵聖廣德王，南海爲洪聖廣利王，西海爲通聖廣潤王，北海爲冲聖廣澤王。

皇祐五年，以儂智高遁，盆封南海爲洪聖廣利昭順王。

（宋）徽宗大觀四年，加東海封號。

按《禮志》：東海，大觀四年加號助順廣德王。

《鑄鼎餘聞》卷一：

東海助順孚聖廣德威濟王即東海神。

（元）袁桷《延祐四明志》十五《祠祀考》云：宋元豐元年安燾、陳睦奉使高麗還，上言請建東海神於明州定海縣，詔封淵聖廣德王，崇寧賜額崇聖官，大觀加封助順，宣和加封顯靈，仍封附祀風神曰寧順侯，雨神曰寧濟侯，建炎加封祐聖。

《元史·成宗紀》：

（大德三年）加解州鹽池神惠康王曰廣濟，資寶王曰永澤；泉州海神曰護國庇民明著天妃；浙西鹽官州海神曰靈感弘祐公；吳大夫伍員曰忠孝威惠顯聖王。

【案】所謂四海，并非實指。古人曾以為中國居大地之中，四境有海環繞，故有此稱，實不針對具體海域而言。其東、南、北海，與今日之地理概念迥異。故四海之神，只可視為海神之泛指耳。海為水之大者。但古人的生活，主要依賴江河湖泊，鄰海多為荒僻之區。所以雖對汪洋無邊凶險無常的大海既畏懼，亦神往，幻想出種種海神，但對海神的禮敬遠不及對江河之神。秦始皇時，飄洋過海之人已漸漸多了起來，關於海的傳說也多起來，世人常以海洋為神仙居所，但畢竟與大多數人們的生活無直接關系，所以秦漢以來雖列入祀典，其禮不甚隆重。秦漢以來，正如其它山川神一樣，民間信仰日趨人神化，國家祭祀却趨向抽象化，僅作為海的象徵。宋元以來，海運和海上貿易迅速發展，海上的風波凶險直接有關社會的經濟、政治生活，對海神的祭祀也就日形隆重。不僅屢屢加封象徵性的四海之神，宋元時還出現了地方性的專司保護某一海域的海神，如泉州海神，鹽官州海神之類。

四海龍王

《酉陽雜俎·前集》卷十四：

大足初，有士人隨新羅使，風吹至一處，人皆長鬚，語與唐言通，號長鬚國。拜士人為司風長，兼駙馬。忽一日，其君臣憂戚，士人怪問之。王泣曰：“吾國有難，禍在旦夕，非駙馬不能救。煩駙馬一謁海龍王，但言東海第三汊第七島長鬚國，有難求救。我國絕微，須再三言之。”因涕泣執手而別。士人登舟，瞬

息至岸。岸沙悉七寶，人皆衣冠長大。士人乃前，求謁龍王。龍
宮狀如佛寺所圖天宮，光明洸激，目不能視。龍王降階迎士人，
齊級升殿，訪其來意。士人具說，龍王即令速勘。良久，一人自
外白曰：“境內幷無此國。”士人復哀祈，言長鬚國在東海第三
汊第七島。龍王復叱使者細尋勘，速報。經食頃，使者返，曰：
“此島蝦合供大王此月食料，前日已迫到。”龍王笑曰：“客固
爲蝦所魅耳。吾雖爲王，所食皆稟天符，不得妄食，今爲客減
食。”

《歷代神仙通鑒》卷十五：

東海　滄寧德王敖廣。

南海　赤安洪聖濟王敖潤。

西海　素清潤王敖欽。

北海　浣旬澤王敖順。

《月令廣義》：

月建申初七、初九、十五、二十七，西海龍王下魚鬼登天訴
事，午時後惡風，無風即雨，須愼行船。八月十八日四海龍王神
會之日。

【案】龍王信仰之緣起，見“龍王”條。唐以來民間多有
四海龍王之傳說。

天　妃（天后）

《夷堅支志》景卷九"林夫人廟"條：

　　興化軍境內地名海口，舊有林夫人廟，莫知何年所立，室宇不甚廣大，而靈異素著。凡賈客入海，必致禱祠下，求杯珓，祈陰護，乃敢行，蓋嘗有至大洋遇惡風而遙望百拜乞憐見神出現於檣竿者。里中豪民吳翁，育山林甚盛，深袤滿谷。一客來指某處欲買，吳許之，而需錢三千緡，客酬以三百，吳笑曰："君來求市而十分償一，是玩我也。"無由可諧，客即去。是夕，大風雨。至旦，吳氏啓戶，則三百千錢整疊於地，正疑駭次，外人來報，昨客所議之木已大半倒折。走往視其見存者，每皮上皆寫林夫人三字，始悟神物所爲，亟携香楮，詣廟瞻謝。見群木多有運致於廟壖者，意神欲之，遂舉此山之植悉以獻，仍筆原值還主廟人，助其營建之費。遠近聞者紛然而來，一老眈家最富，獨慳吝，只施三萬，衆以爲太薄，請益之，弗聽。及遣僕負錢出門，如重物壓肩背，不能移足，惶懼悔過，立增爲百萬。新廟不日而成，爲屋數百間，殿堂宏偉，樓閣崇麗，今甲於閩中云。

《夷堅支志》戊卷一"浮曦妃祠"條：

　　紹熙三年，福州人鄭立之，自番禺泛海還鄉。舟次蒲田境浮曦灣，未及出港，或有人來告："有賊船六只在近洋，盍謀脫計？"於是舟師詣崇福夫人廟求救護，得三吉珓。迨出港，果有六船翔集洪波間，其二已逼近。舟人窘迫，但遙瞻神祠致禱，相

天　妃

與被甲發矢射之。忽烟霧勃起，風雨欻至，驚波駕山，對面不相
睹識，全如深夜。即而開霽帖然。賊船悉向東南去，望之絕小。
立之所乘者，亦漂往數十里外，了無他恐。蓋神之所賜也。其靈
異如此。夫人今進爲妃云。

《鑄鼎餘聞》卷一：

（元）王元恭《四明續志》卷九《祠祀篇》引程端學《天妃
廟記》曰：神姓林氏，興化蒲田都巡君之季女，生而神異，能力
拯人患難。室居，未三十而卒。宋元祐間，邑人祠之，水旱癘疫，
舟航危急，有禱輒應。宣和五年，給事中路允迪以八舟使高麗，
風溺其七，獨允迪舟見神女降於檣而免。事聞於朝，錫廟額曰
"順濟"。紹興二十六年封靈惠夫人。三十年海寇嘯聚江口，居
民禱之，神見空中，起風濤烟霧，寇賈就獲。泉州上其事，封靈
惠昭應夫人。乾道三年興化大疫。神降曰："去廟丈許有泉可癒
病。"民掘斥鹵，甘泉湧出，飲者立癒。又海寇作亂，官兵不能
捕，神迷其道，俾至廟前就擒，封靈惠昭應崇福夫人。淳熙十一
年福興都巡檢使姜特立捕溫台海寇，禱之即獲，封靈惠昭應崇福
善利夫人。既而民疫夏旱，禱之癒且雨。紹熙三年特封靈惠妃。
慶元四年，甌閩諸郡苦雨，唯蒲三邑禱之霽且有年，封靈惠助順
妃。時方發閩禺舟師平大奚寇，神復效靈起大霧，我明彼暗，盜
悉掃滅。嘉定元年，金人寇淮甸，宋兵載神主戰於花黶鎮，仰見
雲間皆神兵旗幟，大捷。及戰紫金山，復見神像，又戰三捷，遂
解合肥之圍，封靈惠助順顯衞妃。嘉定十年亢旱，禱之雨。海寇
犯境，禱之獲，封靈惠助順嘉應英烈妃。寶祐二年旱，禱之雨，

封助順嘉應英烈協正妃。三年封靈惠助順嘉應慈濟妃。四年封靈惠協正嘉應慈濟妃。是歲又以浙江堤成築，封靈惠協正嘉應善慶妃。景定三年禱捕海寇，得反風，膠舟就擒，封靈惠顯濟嘉應善慶妃。寶祐之封，神之父母女兄以及神佐皆有錫命。皇元至元十八年，封護國明著天妃。大德三年，以漕運效靈封護國庇民明著天妃。延祐元年，封護國庇民廣濟明著天妃。

《鑄鼎餘聞》卷一：

潛說友《臨安志》云：神爲五代時閩王統軍兵馬使林願第六女，能乘席渡海，人呼龍女。宋太宗雍熙四年，升化湄州。常衣朱衣，飛翻海上，土人祀之。

《元史・祭祀志五》：

凡名山大川，忠臣義士在祀典者，所在有司主之。惟南海女神靈惠夫人，至元中，以護海運有奇應，加封天妃神號，積至十字，廟曰靈慈。直沽、平江、周涇、泉、福、興化等處，皆有廟。皇慶以來，歲遣使齎香遍祭，金幡一合，銀一鋌，付平江官漕司及本府官，用柔毛酒醴，便服行事，祝文云："維年月日，皇帝特遣某官等，致祭於護國庇民廣濟福惠明著天妃。"

《元史・世祖紀》：

（至元十五年）制封泉州神女號護國明著靈惠協正善慶顯濟天妃。

《元史·英宗紀》：

（至治元年五月）海漕糧至直沽，遣使祀海神天妃。

（至治三年二月）海漕糧至直沽，遣使祀海神天妃。

《元史·泰定帝紀》：

（泰定三年七月）遣使祀海神天妃。（八月）作天妃宮於海津鎮。（四年七月）遣使祀海神天妃。

《元史·文宗紀》：

（天曆二年十月）加封天妃爲護國庇民廣濟福惠明著天妃，賜廟額曰“靈慈”，遣使致祭。

《元史·順帝紀》：

（至正十四年十月）詔加號海神爲輔國護聖庇民廣濟福惠明著天妃。

《三教源流搜神大全》卷四：

妃林姓，舊在興化路寧海鎮，即蒲田縣治八十里濱海湄州地也。母陳氏，嘗夢南海觀音，與以優鉢花，吞之，已而孕，十四月始免身得妃，以唐天寶元年三月二十三日誕，誕之日異香聞里許，經旬不散。幼而穎異，甫周歲，在襁褓中見諸神像，叉手作欲拜狀。五歲能誦《觀音經》，十一歲能婆娑按節樂神，如會稽吳望子、蔣子文事，然以衣冠族，不欲得此聲於里閈，即妃亦且韜迹用晦，櫛沐自嘯而已。兄弟四人業商，往來海島間，忽一日，

妃手足若有所失，瞑目移時。父母以爲暴風疾，急呼之。妃醒而悔
曰：“何不使我保全兄弟無恙乎！”父母不解其意，亦不之問。
暨兄弟贏勝而歸，哭言前三日颶風大作，巨浪接天，弟兄各異
船，其長兄船飄沒水中耳。且各言當風作之時，見一女子牽五兩
（紅蓮挽索也）而行，渡波濤若平地。父母始知妃向之瞑目，乃
出元神救兄弟也。其長兄不得救者，以其呼之疾而神不及護也。
恨無已。年及笄，誓不適人，即父母亦不能強其醮。居無何，儼
然端坐而逝，芳香聞數里，亦就誕之日焉。自是往往見神於先後，
人亦多見其輿從侍女擬西王母云。然尤善司孕嗣，一邑共奉之。
邑有某婦，醮於人，十年不孕，萬方高禖，終無有應者，卒禱於
妃，即產男子。嗣是凡有不育者，隨禱隨應。至宋路允迪、李富
從中貴人使高麗，道湄州，颶風作，船幾覆溺，忽明霞散綺，見
有人登檣竿旋舞持舵甚力，久之獲安濟。中貴人詰於衆，允迪、
李富具列對南面謝拜曰：“夫此金簡玉書所不鯨鯢腹，而能宣雨
露於殊方重譯之地，保君綸不辱命者，聖明力哉，亦妃之靈呵護
不淺也。公等志之。”還朝具奏，詔封靈惠夫人，立廟於湄州，
致守香火百家，斫朴梓材，丹艧張矣。我國初成祖文皇帝七年中
貴人鄭和通西南夷，禱妃廟，征應如宋，歸命，遂敕封護國庇民
妙靈昭應弘仁普濟天妃，賜祠京師，尸祝者遍天下焉。夫妃生而
禀純靈之精，懷神妙之慧，死而司胤則人無闕，司海則水不揚波，
其造福於人豈淺鮮哉！余嘗考之興化郡詩幷采之費晁采碑記因略
爲之傳者如此。

《歷代神仙通鑒》卷十九：

（宋宣和中）遣路允迪使高麗，中流風作，諸船皆溺，獨路舟有神燈降於檣杪，飄忽二千餘里，膠泊一島。詢土民是何神廟，民曰：女貞，蒲田人，本朝都巡檢林願之女，生而神靈，能預言人禍福，矢心履救。歿後鄉人立廟於湄州之嶼。（興化東南海中，與琉球國相望）允迪至廟祭之，遂獲安濟。奉使回奏，敕授靈應夫人。（累封天妃，證位碧霞元君。）

《古今圖書集成·神異典》卷二八：

宣和五年特賜南海神女廟號。

按《蒲田縣志》：天后林姓，世居蒲之湄洲嶼，五代閩王時都巡檢林願之第六女也。母王氏。宋太平興國四年三月二十三日，妃始生，而地變紫，有祥光異香。通悟秘法，預知休咎事，鄉民以病告輒瘳。長能乘席渡海，乘雲游島嶼間，人呼曰神女，又曰龍女。雍熙四年二月十九日升化，一云景德三年十月初十日也。是後常衣朱衣，飛翻海上，里人祠之，雨暘禱應。宣和癸卯，給事中路允迪使高麗，中流震風，八舟七溺，獨路所乘，神降於檣，安流以濟。使還奏聞，特賜順濟廟號。

按《杭州府志》：順濟聖妃，本蒲田林都巡檢女。自幼不室，數著靈異，死後祠於蒲之聖堆江口白湖。宋宣和五年，賜順濟廟額。

高宗紹興二十九年，封南海神女為夫人。

按《使琉球雜錄》：天妃，宋高宗朝封崇福靈惠昭應夫人。

按《蒲田縣志》：紹興己卯，江口海寇猖獗，神駕風一掃而去。其年疫，神降於白湖，去湖尺許，掘坎湧泉，飲者輒瘳。洊封昭應崇福。

按《使流球雜錄》：天妃，宋孝宗朝以助剿溫台寇，封靈慈昭應崇善福利夫人。

按《八閩通志》：天妃廟在蒲田縣新安里湄洲嶼上，其神即弘仁普濟天妃。淳熙間，歲屢災旱，隨禱隨應，加封靈惠。

光宗紹熙三年，封南海神女爲妃。

按《使流球雜錄》：天妃，宋光宗朝以救旱封靈惠妃。

同上引《金台紀聞》：

天妃宮，江淮間濱海多有之。其神爲女子三人，俗傳姓林氏。所祀者，海神也。元用海運，故其祀爲重。或云宋宣和中遺使高麗，挾閩商以往。中流遭風，賴神以免。使者路允迪上其事於朝，始有祀。

·同上引《閩書》：

（明）洪武初，天妃有護海運舟之功，五年，封孝順純天孚濟感應聖妃。

同上引《明會典》：

天妃宮在龍江關，永樂五年建。每歲以正月十五日、三月二十三日，遣南京太常寺官祭。

同上引《大政紀》：

五年九月戊午，建龍江天妃廟成。命太常寺少卿朱煇祭告。

時太監鄭和使古里敕加諸番國還，言神多感應，故有是命。

同上引《莆田縣志》：

永樂間，內官甘泉、鄭和有暹羅、西洋之役，各上靈迹。命修祠宇。己丑（永樂七年），加封弘仁普濟護國庇民明著天妃。自是遣官致祭，歲以爲常。

同上引《使琉球雜錄‧天妃》：

明莊烈帝（崇禎） 封天仙聖母青靈普化碧霞元君，又加靜賢普化慈應碧霞元君。

同上引《大清會典》：

天妃，康熙十九年議准封爲護國庇民妙靈昭應弘仁普濟天妃，遣官獻香帛，讀文致祭。祭文由翰林院撰擬，香帛由太常寺備辦。遣禮部司官前往致祭。一應禮儀，俱照黃河神例行。

同上引《莆田縣志》：

康熙二十年，舟師南征，大捷。提督萬正色以妃靈有反風之功聞於朝，詔封昭靈顯應仁慈天后，遣官致祭。

《清朝續文獻通考‧群祀考》二：

全祖望《天妃廟記》：今世浙中、閩中、粵中以及吳淞近海之區，皆有天妃廟。其姓氏則閩中之女子林氏也。死爲海神，遂有天妃、夫人之稱，其靈爽非尋常之神可比，歷代加封焉。子全子曰：異哉！聖人之所不語也。生爲明聖，死爲明神，故世之死而得祀者，必以其忠節貞孝，而後尊以巾幗言之。湘夫人之得祀也，以其從舜而死；女嬃之得祀也，以其爲弟屈原；曹娥之得祀也，以其孝。若此例者不可屈指。若夫流俗之妄，如蠡磯夫人祠，亦以訛傳其殉漢而祀之。至於介山姤女之流，則所謂俚誕之不足深詰者也。若天妃者，列於命祀，遍於南方海上州縣，其祀非里巷祠宇所可比，然何其漫然無稽也？

自有天地以來，即有此海；有此海即有神以司之。林氏之女未生以前，誰爲司之？而直待昌期之至，不生男而生女，以爲林氏門楣之光，海若斂衽，奉爲總持，是一怪也。天之配爲地，今不以富媼爲伉儷，而有取於閩產，是二怪也。林氏生前固處子耳，彼世有深居重闈之淑媛，媒妁之流，突過而呼之曰妃，曰夫人，曰娘，則有頳其面避之惟恐不速，而林氏受之而不以爲泰，是三怪也。爲此說者，蓋出於南方好鬼之人妄傳其事，鮫人蛋戶本無知識，輾轉相愚，造爲靈迹以實之。於是梯航所過，弓影蛇形，皆有一天妃在其意中，在其目中，以至胏䚎之盛，惟恐或後。上而秩宗，下而海隅，官吏又無深明典禮者以折之，其可嘆也。前乎吾而爲此說者，明會稽唐氏也，然略示其旨而未暢，吾故爲之申而明之，以俟世有狄文惠公其人者。曰：然則海上之應祀者誰也？曰：海之瀕於南者，祝融是也，是眞海神也。祝融爲火，而海爲水，天一生水，地二生火，水火相配，故海之瀕於南者，其神有妃之稱。而東、西、北三方之海無之。後人不知，妄求巾幗以實之，吾憐其愚也。是則唐氏所未及發者也。

《魏叔子文集》卷十六《揚州天妃宮碑記》：

　　按：神，閩之蒲田人。《興化志》載，五代閩王時都巡簡林公願第六女歿而為神，賜號天妃。而藁城倪中天妃廟記則云，神生宋元祐八年，一云太平興國四年。神生有靈異，幼通悟秘法，預知休咎。比笄不字，能乘席渡海，御雲以游島嶼，衆呼為龍女。雍熙四年上升，或云景德三年，或云紹興乙丑八月六日，聞空中樂聲，氤氳有絳雲若乘，自天而下，神乘之上升。是後常衣朱衣，飛翻海上，里人祠之。數說者未知孰是。

《通俗編》：

　　國朝康熙二十二年，以助克澎湖，又加封天后，編列祀典。

《清朝文獻通考·群祀考》二：

　　康熙十九年，加封福建海神天妃為護國庇民妙靈昭應弘仁普濟天妃。神蒲田林氏，靈應之迹，著於前代。師征台灣，神湧潮以濟師，遂克廈門。及平台灣，亦顯靈異。

　　乾隆二年加天后封號增福佑群生四字，尋加誠感咸孚四字，凡廟之所在，皆以春秋致祭。

《陔餘叢考》卷三五：

　　江漢間操舟者，率奉天妃，而海上尤甚。張燮《東西洋考》云：天妃，莆之湄洲嶼人，五代時閩都巡檢林願之第六女，生於晉天福八年，宋雍熙四年二月二十九日化去。後嘗衣朱衣，往來海上，里人虔祀之。宣和癸卯，給事中路允迪使高麗，中流遇風，他舟皆溺，神獨集路舟得免。還奏，特賜廟號曰順濟。紹興乙卯，海寇至，神駕風一掃而遁，封昭應崇福。乾道己丑，加封善利。淳熙間，加封靈惠。慶元、開禧、景定間，累封助順顯衞英烈協正集慶等號。又《夷堅志》：興化軍海口林夫人廟，靈異甚著，今進爲妃云。則在宋時已封爲妃也。《元史·祭祀志》：南海女神靈惠夫人，至元中以護海運有奇應，加封天妃。神號積至十字，廟曰靈慈。《七修類藁》亦謂至元中顯靈於海，有海運萬戶馬合法忽魯循等奏立廟，號天妃。順帝又加輔國護聖庇民廣濟福惠明著天妃。是天妃之名，自有元始。……今江湖間俱稱天妃，天津之廟并稱天后宮。相傳大海中，當風浪危急時，號呼求救，往往有紅燈或神鳥來，輒得免，皆妃之靈也。竊意神之功效如此，豈林氏一女子所能？蓋水爲陰類，其象維女，地媪配天則曰后，水陰次之則曰妃。天妃之名，即謂水神之本號可，林氏女之說，不必泥也。張學禮《使流球記》，又云天妃姓蔡，閩海中梅花所人，爲父投海身死，後封天妃。則又與張爕、何喬遠所記不同矣。吾鄉陸廣霖進士云：台灣往來，神迹尤著，土人呼神爲媽祖。倘遇風浪危急，呼媽祖，則神披髮而來，其效立應。若呼天妃，則神必冠帔而至，恐稽時刻。媽祖云者，蓋閩人在母家之稱也。

《集説詮眞》：

《琅琊代醉編》曰：天妃宮，江淮海神多有之。其神爲女子三人，俗稱爲林靈素（宋徽宗政和末溫州人） 三女。太虛之中，唯天爲大，地次之，故一大爲天，二小爲示（音岐，同祇，地神也），天稱皇，地稱后。海次於地者，宜稱妃耳。其教從三者，亦因一大二小之文，蓋所祀者海神也。元用海運，故其祀爲重。司馬溫公則謂"水陰類也，其神當爲女子"，此理或然。或云宋徽宗宣和中遣使高麗，挾閩舶以往，中流遭風，賴神得免。使者路允迪上其事於朝，始有祀。

《琅琊代醉編》又曰：倪綰云：天妃莆田林氏都巡君之季女，幼契玄理，預知禍福，在室三十年。宋哲宗元祐間遂有顯應，立祠於州里。元世祖至元中，顯聖於海運。萬戶馬合法、忽魯循等奏立廟，號天妃，賜太牢。洪武初，海運風作，飄泊糧米數千萬石於落漈。萬人號泣待死，大叫"天妃"，則風回舟轉，遂濟直沽。後又封昭應德正靈應孚濟聖妃。

《破除迷信全書》卷十：

凡靠海的地方，以及江河碼頭，莫不有天后廟。推究此等廟的歷史，也不過是近幾朝代才有的，宋朝以前，尚無此等名稱，可見是最爲膚淺的了。據傳宋朝時，福建莆田縣有一人姓林名願，他的第六個女兒，生下來就甚神異；她的哥哥們是常使船，沿海到南北作買賣，在海上遇見暴風，她就瞑目出神去搭救，後來到二十歲時就死去了。可是凡行海的人，仍然於將遭滅頂危險時，似乎看見該女子往來搭救，因此就以爲她是海神，幷有隨地立廟的舉動。到明朝永樂年間，加封爲天妃，幷在京師立廟，以後晉封爲天后；直到如今，仍稱爲天后宮。細考明初所以這樣推崇這位隔世的女子，乃是當宋時既有此種邪說流傳於社會，而成祖時，又遣三保太監鄭和，乘船由南洋歷印度，至非洲東岸，招撫海外諸國，於是爭相來貢，這就是俗傳的三保太監下西洋的故事。當時鄭和唯一的護身符，就是這位隔朝的女子；每逢狂風陡起，他就拿出這位女子來，安慰士卒的心。後來返回本國，奏告這女子的功勛；於是才有天妃天后的封號，京師立廟的榮典。其實宋朝以前那些行船的，難道沒有這位女子的呵護，曾都沉沒了麼？怎麼一個已死的女子，又能成爲海神呢？當初哥倫布去尋找印度，無意中尋獲美洲，也沒得這位女子的呵護。現今萬國交通，輪舶往來如織，潛水艇游泳自由，更用不著明成祖所加封的天后海神了。神也隨時代而變易，不成其爲神了。總起來說，我國的習慣，每逢舉辦點什麼事，就必假托著神靈，以神其事，三保太監就是抄襲的古人成套；若使他當著哥倫布的地位，他還不知要造作出何等的瞎話來威嚇世人哩！眞是可笑之極。

【案】天妃，亦稱天后、娘娘，近代民間信奉極度，此俗尤以沿海爲甚。閩、廣、台灣一帶，亦呼之爲媽祖。傳說天妃不僅是海神，能保佑航海人平安，而且兼有送子娘娘的職司。天妃信仰興起時間并不很長，但關於其來歷、身世却有多種說法，恰如《集說詮眞》所說："或稱天妃爲福建莆田縣都巡檢林願女，或稱浙江溫州方士林靈素女，或稱閩中蔡氏女，其生或稱在唐玄宗朝，或稱在五代間，或稱在宋太祖時，或稱在宋徽宗朝，其地建福浙江相隔兩省，其時自唐迄宋，相距數百年，"甚至有說天妃實爲三位女子者。關於其在世時的生平事迹。也衆說歧異。要之，這些傳說皆是元明兩代天妃信仰大盛時流傳於民間的，并非該神本事，對之只能持姑妄聽之的態度，不必認眞看待。

　　《夷堅志》中“林夫人廟”、“浮曦妃祠”二則，是目
前所見古籍中首次記載該神事迹的。從其記載來看，這種信
仰南宋時尚限於莆田一帶，其起源則或在北宋甚至更早一些。
由此可以證明，後世所傳天妃姓林、莆田人、生於北宋等諸
説，亦不為無據，至於林靈素三女、閩中蔡氏女等説法，則
顯然是靠不住的。天妃本不見於宋代官書記載，亦不入當
祀典。然《夷堅志》稱其為崇福夫人，又謂“今進為妃”，可
證元、明、清代諸書所列南宋諸帝時天妃（宋時僅稱夫人、妃）
的種種封號，亦非無稽之談。

　　但關於該神的身世、父母、出生年代及事迹，洪邁已不
知其詳，則南宋時莆田一帶雖祀之為海神，對其身世并無後
世之種種傳説。元以後諸書多稱北宋宣和中路允迪出使高麗，
海上遇難，得該神援救，事聞於朝，因而奉祀。如確有此事，
洪邁距其時不遠，又安得不知？又《古今圖書集成·神異典》
卷五十一引《八閩通志》曰：

　　昭利廟，在越王山之麓，神為唐觀察使陳岩長子。乾符中，
　　黃巢陷閩，王憤唐室衰微，慨然謂人曰：“吾生不鼎食以濟
　　朝廷，死當為神以慰人望。”及歿，祀於連江演嶼，宣和二
　　年祀今所。五年，給事中路允迪使三韓，涉海遇風濤，賴神
　　以濟。歸上其狀，詔賜今額。

　　所記與傳説中天妃故事相仿，而神則為唐觀察使陳岩長
子。是天妃救路允迪之説，只可以民間故事視之耳。

　　總之，該神於南宋時巳成為福建泉州地區的海上保護神，
且先後受封為夫人、妃。元代特重海運，崇奉海神，而該神

的神迹又在民間廣泛流傳，所以元代官民尤重其祀，關於其身世的種種傳說也就不脛而走了。元初至元中，始封為天妃，以後諸帝也均加封。其廟不僅遍及南北沿海地區，而且伴隨着對外貿易和華僑的足迹，影響達於南洋等地。天妃信仰至明清毫不見衰，崇禎帝封之為碧霞元君，康熙帝封之為天后。不僅沿海，即江河之碼頭，也莫不有天后宮。台灣人民至今仍度奉媽祖神。

附：三婆婆（三美人）

《茶香室四鈔》卷二十：

國朝許聯升《粵屑》云：廉州、欽州有三婆婆廟，州人祀之甚虔。官此地者，朔望行香必詣焉。三月二十二日為婆婆生日，迎神遍游城內外，鐃鼓嘲轟，燈彩炳耀，爆竹之聲，震動一城。余嘉慶壬申過潯州，有天后廟，崇碑屹立，叙天后世系，云有第三姊，亦同修煉成仙。然則三婆廟亦有據，非烏有先生也。

《集說詮真》：

《古今說海·遼陽海神傳》載：程宰世賢者，徽人也。正德間，挾重資賈於遼陽。數年所向失利，輾轉耗盡，受佣他賈，為之掌計以餬口。戊寅秋，一夕風雨暴作，程擁衾就枕。忽盡室明朗，殆同白晝，見三美人朱顏綠鬢，翠飾冠帔，前後左右侍女數百。俄頃，冠帔一人向前逼床，誘程相接，二美人暨衆侍女俱退散。美人謂程曰："吾非仙也，實海神也。與子有夙緣，故相就耳。”迨鄰舍鷄鳴，美人辭去。自後夜靜即來，鷄鳴即去，率以爲常云。

【案】海神為三美人，不知出於何典。民間有謂海神天妃為三女子之說，或即此說之所本？姑附此。

臨水陳夫人（大奶夫人 順懿夫人）

《三教源流搜神大全》卷四“大奶夫人”條：

昔陳四夫人祖居福州府羅源縣，下渡人也。父諫議，拜戶部郎中，母葛氏，兄陳二相，義兄陳海清。嘉興元年，蛇母興災吃人，占古田縣之靈氣穴洞於臨水村中，鄉人已立廟祀以安其靈，遞年重陽買童男童女二人以塞其私願耳，遂不爲害。時觀音菩薩赴會歸南海，忽見福州惡氣冲天，乃剪一指甲化做金光一道，直透陳長者葛氏投胎，時生於大曆元年甲寅歲，正月十五日寅時誕聖。瑞氣祥光罩體，異香繞闥，金鼓聲若有群仙護送而進者，因諱進姑。兄二相曾受異人口術瑜珈大教正法，神通三界，上動天將下驅陰兵，威力無邊，遍救良民。行至古田臨水村，正值輪祭會首黃三居士供享，心惡其妖，思靖其害，不忍以無辜之稚啖命於荼毒之口，敬請二相行法破之，奈爲海清酒醉，填差文劵時刻，以致天兵陰兵未應，誤及二相爲毒氣所吸，適得瑜仙顯靈，憑空擲下金鍾罩覆，仙風所照，邪不能近，兄不得脫耳。進姑年方十七，哭念同氣一系，匍往閭山學法，洞王女即法師傳度驅雷破廟罡法，打破蛇洞取兄，斬妖爲三。殊料蛇稟天宿赤翼之精，金鍾生氣之

臨水夫人

靈，與天俱盡，豈能殄得？第殺其毒，不敢肆耳。至今八月十三起，乃蛇宿管度，多興風雨，霖雹暴至，傷民稼穡，較妖出沒，此其證也。後唐王皇后分娩艱難，幾至危殆，妳乃法到宮，以法催下太子，宮娥奏知，唐王大悅，敕封都天鎮國顯應崇福順意大奶夫人，建廟於古田，以鎮蛇母不得為害也。聖母大造於民如此，法大行於世，專保童男童女，催生護幼，妖不為災。良以蛇不盡殲，故自誓曰：「汝能布惡，吾能行香普救。」今人遂沿其故事而宗行之，法多驗焉。聖父威相公，聖母葛氏夫人，聖兄陳二相公，聖祖威靈林九夫人（九月初九日生），聖妹海口破廟李三夫人（八月十五日生），助娘破廟張、蕭、劉、連四大聖者，銅馬沙王，五猖大將，催生聖母，破產靈童，二帝將軍。

《鑄鼎餘聞》卷三：「順懿夫人、臨水夫人、陳夫人」條：

潘紹詒《光緒處州府志》云：順懿夫人廟，在麗水縣治西，太平坊鶴鳴井南，妃閩中女子陳靖姑。引《十國春秋》曰：靖姑，陳守元女弟也。嘗餉守元於山中，遇餒嫗飯之，遂授以符篆，驅使五丁。永福有白蛇為孽，惠宗召靖姑驅之，靖姑斬蛇為三。詔曰：蛇魅行妖術，隱淪后宮，誑欺百姓，靖姑親率神兵，以安元元，功莫大焉。其封為順懿夫人，食古田三百戶，以一子為舍人。

彭潤章《同治麗水縣志》十三云：婦女敬事夫人，即所稱順懿夫人、護國馬夫人也。順懿廟在太平坊鶴鳴井者，香火尤甚。凡求子者，必赴廟虔禱。兒生，自洗兒及彌月、周歲，必設位於家，供香火，招瞽者唱夫人遺事，曰唱夫人。每歲上元前二日，司事擇婦人福壽者數人，為夫人沐浴更新衣。次日平明升座，各官行禮，士女焚香膜拜，絡繹不絕。至夜，昇夫人像巡行街市，張燈結采，鼓吹喧闐。小兒數百人，皆執花燈跨馬列前隊，觀者塞路。至元夕，南圓管痘夫人出，亦如之。

國朝施鴻保《閩雜記》卷五云：陳夫人亦稱臨水夫人。閩中各郡縣有廟，婦人奉祀尤謹。梁茞林《退庵隨筆》載：夫人名靖姑，古田縣臨水鄉人。閩王璘時，夫人兄守元有左道，隱居山中，夫人嘗餉之，遂授秘籙符篆，役使鬼神。曾至永福誅白蛇怪，璘封為順懿夫人。後逃處於海上，不知所終。謝金鑾《台灣縣志》又云：夫人名進姑，福州人陳昌女。唐大曆二年生，嫁劉杞。孕數月，會大旱，脫胎祈雨，尋卒，年祇二十四。卒時自言："吾死必為神，救人產難。"建寧陳清叟子婦，孕十七月不娩，神見形療之，產蛇數斗。古田臨水鄉有白蛇洞吐氣為疫癘，一日鄉人見朱衣人仗劍斬蛇，語之曰："我江南下渡陳昌女也。"言訖不見。乃立廟於洞側。自後靈迹甚著。宋淳祐中封崇福昭惠慈濟夫人，賜額順懿。後又加封天仙聖母青靈普化碧霞元君。此說多本書坊所刊《陳進姑傳》。如建寧陳清叟事，據《建寧志》：宋時浦城徐清叟子婦產難，夫人幻形救之，謝之不受，問其姓名里居，但曰"古田人，陳姓"。後徐知福州，令人至古田訪之，見廟中像，悟為夫人幻身，乃請於朝，加贈封號。今婦人臨蓐，必供夫人像室中，至洗兒日始拜謝而焚之。與此說亦不同。若書坊所刻傳，尤多誕妄，如云夫人七歲被風攝去，至十三歲道成，始歸嫁同里黃姓，助王璘用兵，及斬長坑鬼，收石峽怪等事。事既不典，言亦無文，或乃據之以為廟中楹帖，殊可笑也。

《集說詮眞》：

陳夫人乃一女巫耳，當時好事者，以婦人易欺，故將救產之說，緣飾以歆之，遂有深信而固結不解者。宋世累加封贈，殆亦曲徇與情之舉耳，豈可據爲定憑哉！

【案】臨水陳夫人，亦福建奉祀之女神。以諸書稱其亦受封爲崇福夫人、天仙聖母青靈普化碧霞元君，二號與天妃相同，效附此。民間關於陳夫人之身世，或說唐時人，或說五代時人，其事迹及父兄之名諸書所載亦不盡相同，惟姓名皆作陳進（或作靖）姑，則諸書皆同。細觀其事迹，或係一女巫耳，死後爲人們所神化，明清時流行於福建地區。該神實未受朝廷封賞，人們遂移天妃之號冠戴之。該神掌除蛇妖及催生助產之事，故婦女事之尤勤。

李 元 帥

《三教源流搜神大全》卷四：

帥諱封，乃南海上飛航寇也，素剛直，絕膂力，因鄰有不戴天之冤者，帥不平而殺之，逃於海神廟中，遇五鬼咀嚼，又入，曰：“天神到了也！”帥曰：“汝何有知？”曰：“予等奉神龍命，願爲除水怪焉，當以金刀贖。”隨於地窖取刀而化。帥曰：“異哉，亦奇遇也！”倏爾顆賊牽羊醞醮神，帥擒降之，跳艛而入，啓其中，皆美男女珠寶等類。帥命盡釋之，賜金玉遺歸，因誓其丑曰：“汝無劫往來商宦客，無劫民間女，而專擊倭與寇之

李元帥

民害者。"聽衆唯唯。一日操艇於洋，一巨怪翻風淹浪而起。帥
不知爲江豕也，曰："之豈神命者耶？"跳浪而剚之，涉洋如步
沙渚，已而黑颮倒旋，驚濤騰空，飛花濺天，中隱逆鱗而刺鬣，
象嘴而牛鼻，身巨如山，一尾九丈有餘，狀如山川之尾，蓋鰐也。
傍子十數尾，奇鱗異族，交翼如黑雲然。帥曰："前而非也。"
飛而入，立其背，直刺而出，幷戮其子與及其余，風浪頓息，若
平江焉。夜神謝曰："汝功槎客無涯矣，余當白之玉帝，以酬萬
一。"玉帝乃敕爲元帥李先鋒之職，委二將軍爲翼。帥蓋生於錦
江口，隋帝壬午年五月五日午時托胎於李芳之妻孫氏云。

　　【案】此一海盜之雄鬼耳。以其爲南海之寇，而與海神有
　　關，故附此。

戊　　編

小　敍

　　古代人類深信萬物有靈，不僅代表巨大自然力的風雨雷電等自然現象，偉大莊嚴的山岳河海等自然實體，即小如一草一花，一石一木，也往往有神靈寄焉。東漢緯書中，記載有弓、盾、斧、矛、耳、目、口、鼻之神，即此種觀念之遺迹。後世又有所謂床公床婆、花神之類，也與此種原始信仰有關。原始宗教的後期，在萬物有靈、自然崇拜的基礎上，又產生出一種靈物崇拜。靈物崇拜與自然崇拜的不同之處，是靈物崇拜的對象本身，往往是一塊小石、一根樹枝等微小物體，它本身不像自然崇拜的對象天地山川那樣，代表雄偉的自然力，但它之所以受到崇拜，是因為它身上附有神靈，代表着它本身的自然形體所不具備的某種神奇力量。（參見朱天順《原始宗教》）人們認為供奉這些靈物，就可能得到靈物所代表的神靈的庇護，從而避災得福。後世的石敢當、紫姑神之類，亦即這種信仰的變態。

床公　床婆

《通俗編》：

　　曾三異《同話錄》：崔大雅在翰苑，夜直玉堂，忽降旨令撰《祭床婆子文》。惘然不知格式，邀周丞相問之，云：亦有故事，但如常式：皇帝遣某人致祭於床婆子之神曰，汝司床簀，云云。按：此但言床婆，未及床公。逮閱楊循吉詩，有云"買糖迎灶帝，酌水祀床公"。知床公已為宋世所祀。

《清嘉錄》：

　　荐茶酒糕果於寢室，以祀床神，云祈終歲安寢。俗呼床神為床公、床婆。楊循吉《除夜雜咏》云："酌水祀床公。"蓋今俗猶以酒祀床母，而以茶祀床公，謂母嗜酒，公癖茶，謂之"男茶女酒"。而魏嶼《錢塘縣志》亦載除夕用茶酒果餅祀床神，以祈安寢。杭俗祭床神以上元後一日，品用煎餅。

　　【案】這種信仰實亦自然崇拜之遺物，惟已人神化，故如土地神有公、婆耳。

花　神

《夷堅支誌》丁卷十：

　　王順伯爲溫州平陽尉，嘗以九月詣村墅視旱田。道間見杜鵑花一本，甚高，花正開，幾數千朵，色如渥丹，照映人面皆頳。訝其非時，以詢土民。皆云："此種只出山谷，一歲四番開，於春秋爲盛。"順欲訪求小者，竟不可得，疑亦但有其一云。予記《神仙傳》所載，潤州鶴林寺有此花，高丈餘，每春末，花爛熳。或窺見三女子，紅裳艷麗，共游樹下，俗傳花神也。是以人共保惜，繁盛異於常花。節度使周寶謂道人殷七七曰："鶴（原作"寶"，據周本改。）林之花，天下奇絕。嘗聞能開非時花，此花可開否？"七七曰："可也。"寶曰："今重九將近，能副此日乎？"而七七乃前二日往鶴林。中夜，女子來曰："妾爲上玄所命，下司此花，與道者共開之。"來日晨起，花漸拆蕊，及九日，爛熳如春，一城驚異。然則杜鵑之秋華，在於平陽，固不假女仙及道人之力也。

《月令廣義 · 春令》：

　　春圃祀花姑。《花木錄》：魏夫人弟子善種花，號花姑。

同上《歲令一》：

女夷，主春夏長養之神，即花神也。魏夫人之弟子花姑亦爲
花神。

《鑄鼎餘聞》卷四：

　　《崑山新陽合志》云：二月十二日，爲花朝花神生日。各花
卉俱賞紅。《鎭洋縣志》則曰：十二日爲崔元微護百花避封姨之
辰，故剪彩繫花樹爲幡。（均案：鄭還古《博異記》載崔事，第云春夜，
不言月日。）

　　【案】植物崇拜也是自然崇拜的一個內容。自然宗教進化
至人爲宗教以後，這類崇拜形式逐漸消亡。但萬物有靈的觀
念未能徹底從人們頭腦中鏟除，因而後世民間仍常有關於樹
神、花神等植物神的傳說，在唐、宋以至明、清的神怪小說
中，也載有許多與植物神有關的故事。但同其他自然神一樣，
花木之神也被人化。由於花木神是萬物有靈觀念的產物，所
以其初皆一木一神，一花一神。以後漸有總管百花的花神信
仰出現，所以有所謂"花神生日"。至於《月令廣義》以善
種花之人爲花神，則是將花神的作用社會化了，這種花神與
我們收錄在辛編中的行業神相類。

石 敢 當

《茶香室續鈔》卷十九：

宋王象之《輿地碑目記》：興化軍有石敢當碑。注云：慶曆
中，張緯宰蒲田，再新縣治，得一石銘。其文曰：“石敢當，鎮
百鬼，壓災殃，官利福，百姓康。風教盛，禮樂張。唐大曆五年
縣令鄭押字記。”今人家用碑石書曰“石敢當”三字鎮於門，亦
此風也。按此則“石敢當”三字刻石始於唐。

《南村輟耕錄》卷十七：

今人家正門適當巷陌橋道之沖，則立一小石將軍，或植一小
石碑，鑴其上曰“石敢當”以厭禳之。按西漢史游《急就章》云：
“石敢當”。顏師古注曰：“衛有石碏、石買、石惡，鄭有石制，
皆爲石氏。周有石速，齊有石之紛如，其後以命族。敢當，所向
無敵也。”據所說，則世之用此，亦欲以爲保障之意。

《姓源珠璣》：

五代劉智遠爲晉祖押衙，潞王從珂反，愍帝出奔，遇於衛州。
智遠遣力士石敢當，袖鐵槌侍。晉祖與愍帝議事，智遠擁入，石
敢當格鬥而死，智遠盡殺帝左右，因燒傳國璽。石敢當生平逢凶
化吉，禦侮防危。故後人凡橋路沖要之處，必以石刻其志，書其

姓字，以捍居民。或贈以詩曰："甲胄當年一武臣，鎮安天下護
居民。捍衝道路三叉口，埋沒泥塗百戰身。銅柱承陪間紫塞，玉
關守禦老紅塵。英雄來往休相問，見盡英雄來往人。"

《集說詮眞》：

明陳氏繼儒《群碎錄》：五代漢劉智遠時，有勇士名石敢當，
其慕古人名以自表見耶？抑即其人與？又嘗按王象之《輿地碑目》
云：宋仁宗慶曆中，張緯宰蒲田，得一石銘，其文曰"石敢當：
鎮百鬼，壓災殃；官吏福，百姓康；風教盛，禮樂張。唐代宗大
曆五年，縣令鄭押字記。"今用碑刻石敢當以鎮，即此風也。

《通俗編》：

《繼古叢編》：吳民廬舍，遇街衢直衝，必設石人或植片石，
鐫"石敢當"以鎮之。本《急就章》也。按：或據《五代史》，
劉知遠爲晉押衙，高祖遇唐愍帝於傳舍，知遠使勇士石敢袖鐵鎚
侍高祖以虞變，謂植石所鐫取此。既大曆時有鐫之者，斷知此說
非矣。劉元卿《賢奕錄》、陳繼儒《群碎錄》，俱以石敢當三字
爲人姓名。考史游原文，石本爲姓，其敢當字。宋延年等雖嘗有
名之說，而顏注非之。今未可遽以爲實。

《茶香室叢鈔》卷十：

國朝王漁洋山人云：齊魯之俗，多於村落巷口立石，刻"太
山石敢當"五字，云能暮夜至人家醫病。北人謂醫士爲大夫，因
又名之曰石大夫。按：此五字南中亦有之，而無醫病之說，亦無

大夫之稱。

《集説詮眞》：

石敢當本係人名，取所向無敵之意，而今城廂第宅，或適當巷陌橋道之冲，必植一小石，上鐫“石敢當”三字，或又繪虎頭其上，或加“泰山”二字，名曰“石將軍”，謂巷道直冲有關凶煞，此石能厭禳之。豈知巷道不能致殃，頑石焉能祓禳。

《破除迷信全書》卷十：

世俗迷信石敢當爲禁壓不祥的神，所以多用磚寫上“石敢當”三字，樹在巷頭街口的墻壁上，以爲凡邪神走到該處，就不敢前進了。又有人說：石敢當是泰山上的一種神，所以在磚上也寫上：“泰山石敢當”五字。此處不妨提到一個笑話：按外國人都聽說我國的泰山是最爲有名的，他們不但以爲我國最重泰山，更是指望親自游泰山的。曾有一個略識之無的美國人，到我國山東某村游歷，他見街頭的墻上，有“泰山石敢當”五字，隨手指着墻向同行的人說：“那是一塊泰山上的石頭麽？”同行的未及回答，就捧腹大笑了。其實泰山神已屬沒有，又那有石敢當神呢？可是“石敢當”三字，在漢朝時就見之書本；唐朝的文學家顏師古，曾加解釋說：“敢當的意思是所向無敵。”至於石字是如何加上的，連顏師古也說不出所以然來了。再按《輿地紀盛》上所記，則說：“當宋朝慶曆年間，張緯作福建蒲田縣的官，他就重新修築衙署，掘地時得到一塊石頭，上面鐫刻着〃石敢當，鎮百鬼，厭災殃，官吏福，百姓康，風教盛，禮樂張。唐大曆五年縣令鄭押字記。"″"這樣看來，石敢當是在唐時就爲人所崇信，惟衙門中旣沒有街頭巷口，爲什麼鄭押反立在衙門中呢？再說：石敢當本是立在墻上，使邪鬼見了，可以遠避，不知反倒爲什麼埋在地中？況且從大曆到慶曆，二百七十餘年間，石敢當不得出頭露面，不知還曾埋死否？若把它再立在墻頭，不知它還能關鬼否？這些迷信，眞是令人難懂。再按《繼古叢編》上，則記有："姓吳的廬舍，若建在正當街衢的地方，就必於墻角上設下石人，或是立下石片，上面鐫刻"石敢當"三字。"這樣說來，不但石敢當能鎮壓妖鬼，即便一個不知姓名的石人，也是有同等效力的。可是降及今世，人都取其便利省錢，不但不妄費錢雕刻石人，并且連"石敢當"三字也不鐫刻了，不過用墨筆在磚上寫上"石敢當"三字而已，世風變易，對於神也要苟且了事，可見此等神原不是來得不正當。

　　【案】以小石碑（或小石人）立於橋道要冲，上刻或書"石敢當"（亦稱泰山石敢當）以禁壓不祥之風俗，近代民間甚爲流行，尤以南方爲盛。此種風俗始見於宋代文獻。北宋慶曆中，蒲田縣衙翻修，於地中得一石銘，卽刻"石敢當"三字，亦鎮鬼厭災之意，其石列於唐大曆五年。可知至遲至晚唐前已有這種風俗。關於這種信仰的來歷，主要有兩種說法。一、五代時勇士石敢當，生平逢凶化吉，禦侮防危，故後人於石上書其姓字，以捍居民。此說始見於明代，乃無稽之談。據新舊《五代史》所載，該勇士姓石名敢，不名敢當。且旣然唐大曆間已有石敢當之刻石，其俗不始於五代明矣。二、西漢史游〈急就章〉有句云"師猛虎，石敢當，所不侵，龍未央。"顏師古注以為石乃姓氏，敢當謂所向無敵。說者謂石敢當碑即取其"所向無敵"之文意以鎮邪。此說稍差強人意，然意猶未盡。古語中此類彙甚多，何故專取於此？王成竹先生撰有《關於石敢當》一文（載《民俗》八十六——八十九合刊，一九二九年十二月），謂：《淮南萬畢術》云：丸石於宅四隅，則鬼無能殃也。庾信〈小園賦〉云：鎮宅以埋石。吳兆宜注《荊楚歲時記》云：十月暮日掘宅角，各埋大石，為鎮宅。此或其濫觴。此說頗有道理。宋慶曆中所發現之唐代石銘，非如後世之小石碑，而是埋於宅基下，與上引鎮宅之石頗相類。實際上，此即古代靈物崇拜之遺風，以石為靈物，賦予闢邪鎮鬼之神力，埋於宅下。後又借用"石敢當"句，以壯其聲威。即如近代簡化為小石碑、小石人，實亦視其為避邪之靈物耳。

近世又於石敢當前冠以"泰山"二字，則不知所據。或又欲為其增添泰山之神力乎？民間相傳康熙間，有將軍名拜音達禮年，以邸舍與浮圖相通，不利居住，適道出江西，遂詣龍虎山求教。甫就坐，有褚衣道人趺坐楹西。張天師謂："祈此師可也。"因禮拜之。道人曰："此宅煞細故，以文字鎮之當吉。"索紙大書"泰山石敢當"五字，款著純陽子書。將軍驚謝之，歸而勒石東廊以厭煞，字徑逾尺。廣東徐聞縣民間傳說：康熙間，數任知縣皆到縣不幾日，即卒於任上。某黃知縣知其事，攜一風水先生同赴任。先生察明係本縣一座寶塔之影正落於縣太爺公座之上，諸官皆因不能經受寶塔之壓力而死，遂於縣衙前立石碑，刻“泰山石敢當”五字，謂泰山之力可敵寶塔。此後遂無事。觀此，則“泰山石敢當”流行於清初。

紫　　姑（坑三姑娘）

《古今圖書集成·神異典》卷四十引《異苑》：

世有紫姑女，古來相傳是人妾，爲大婦嫉，死於正月十五夜。後人作其形，祭之曰："子胥不在，曹夫亦去，小姑可出。"捉者覺動，是神來矣，以占衆事。胥，婿名也。曹夫，大婦也。

《顯異錄》：

紫姑，萊陽人，姓何名媚，字麗卿。壽陽李景納爲妾。其妻妒之，正月十五陰殺於廁中。天帝憫之，命爲廁神。故世人作其形，夜於廁間迎祀，以占衆事。俗呼爲三姑。

《子姑神記》：

（宋元豐中）有神降於（黄）州之僑人郭氏之第，與人言如響，且善賦詩。予往觀之，則衣草木爲婦人，而置筯手中，兩小童子扶焉，以筯畫字，曰："妾壽陽人也。姓何氏，名媚，字麗卿。自幼知讀書屬文，爲伶人婦。唐垂拱中，壽陽刺史害妾夫，納妾爲侍妾，而其妻妒悍甚，見殺於廁。妾雖死，不敢訴也。而天使見之，爲直其冤，且使有所職於人間，蓋世所謂子姑神者，其類甚衆，然未有如妾之卓然者也。"賦詩十篇，敏捷立成，皆有妙思。

紫　姑

《夢溪筆談》卷二一：

舊俗，正月望夜迎厠神，謂之紫姑。亦不必正月，常時皆可召。予少時見小兒輩等閑則召之以為嬉笑。親戚間曾有召之而不肯去，兩見有此，自後遂不敢召。景祐中，太常博士王綸家因迎紫姑，有神降其閨女，自稱上帝後宮諸女。能文章，頗清麗，今謂之《女仙集》，行於世。其家亦時見其形，但自腰以上見之，乃好女子，其下常為雲氣所擁。善鼓箏，音調淒婉，聽者忘倦。近歲迎紫姑仙者極多，大率多能文章歌詩，有極工者，予屢見之。多自稱"蓬萊謫仙"。醫卜無所不能，棋與國手為敵。然其靈異顯著，無如王綸家者。

《夷堅三誌》壬卷三"沈承務紫姑"：

紫姑仙之名，古所未有，至唐乃稍見之。近世但以箕插筆，使兩人扶之，或書字於沙中，不過如是。有以木手作黑字者，固已甚異，而衢人沈生之術，特為驚聽。其法：從占者各自書心疏，仍自緘封，用印蠟亦可，沈漫不知。既至當門，焚褚鐵而禱。沈居武雄營門，無廳事，只直頭屋一間，逼街狹小，室僅容膝，供神凣位，標曰侍御玉虛眞人、太乙眞人、南華眞人之類。先焚疏畢，乃入室中，磨墨濡毫，展幅紙於案。來者又增拈白紙成卷而實緘之，多至四十幅。沈接置於硯傍而出，雖垂疏帟，不加糊飾，了然可睹。沈同客坐伺於外，少則聞放筆聲，共入視，才有數字，只是報眞人名稱為何神。又坐食頃，復放筆，然後取其書，上有訖字皆滿，墨迹未乾，凡所謂，無不報。但每問弗許過三事，錢止三百五十文，可謂奇奇怪怪矣！無用論其或中或否也。東陽陳亮同父，以殺人坐獄，鞫於衢。前者數翻成款，最後秀州一尉來，尉少年喜立事，逼取承服。其子懼甚，敬扣神，神大書曰：“無憂，當登第。然須經天獄始明。”子奔訴闕下，得移大理，訖以無罪釋放。後二年廷對，魁天下。黃齊賢求占，許以奮發，至問其父，則曰：“宜保六七之年，（按“六七”之年，當作“七六”方合下文己亥至甲寅之數。）恐有大厄，盡佩吾符，再炷香進紙。”頃之，篆符四道，筆勢飛動，與世間議擬而畫者絕殊。黃父生於己亥，果終於甲寅，如其大厄之語。

《歷代神仙通鑒》卷十四：

（武周垂拱元年）壽陽刺史李景納萊陽縣何氏女爲妾，名女婿，字麗卿，讀書辨利。景妻妒之，遂陰殺死，置其屍於厠中，魂繞不散。景如厠，忽聞啼哭聲。常隱隱出現，且有刀兵呵喝狀，大著靈異。人爲屍祝之，懸箕而降，能知禍福。太后聞之，敕爲厠神。（神死於元宵，故後獨顯於正月，今之扛簀姑。）

《月令廣義·正月令》：

唐俗元宵請戚姑之神。蓋漢之戚夫人死於厠，故凡請者詣厠請之。今俗稱七姑，音近是也。

《癸巳存稿》卷十三：

《稽神錄》云：正月望夜，江左風俗，取飯箕，衣之衣服，插箸爲嘴，使畫粉盤以卜。《游宦紀聞》云：請紫姑，以箸插筲箕布灰棹上畫之，皆男兒名字，或係僧徒。《睽車志》云：臨安雨溪寨將請紫姑，岳侯降之。《夷堅志》有台州祝氏子請紫姑，溫州樂清縣弓兵請紫姑，新建栗七官人請紫姑，皆男子所爲。唐李商隱《正月十五日聞京有燈恨不得觀詩》云："身閑不睹中興盛，羞逐鄉人賽紫姑。"蓋男子賽卜之風久矣。《文昌雜錄》有禮部謝侍郎及唐義問家二事。《夢溪筆談》言博士王綸家有紫姑神集，則女神也。今蘇州有田三姑娘，嘉興有灰七姑娘，皆紫姑類。

《茶香室續鈔》卷十九：

《東坡集》有《仙姑問答》一則，云：僕嘗問三姑是神耶？仙耶？三姑曰："曼卿之徒也。"欲求其事爲作傳，三姑曰："妾本壽陽人，姓何名媚，字麗卿。父爲廬民，教妾曰："汝生而有異，他日必貴於人。"遂送妾於州人李志處修學。不月餘，博通九經。父卒，母遂嫁妾與一伶人。亦不旬日，洞曉五音。時刺史誣執良人，置之囹圄，遂強娶妾爲侍妾。不歲餘，夫人側目，遂令左右擒妾，投於廁中，幸遇天符使者過，見此事，奏之上帝。敕送冥司，理直其事，遂令妾於人間主管人局。"余問云："甚時人？"三姑云："唐時人。"又問名，甚不敢言其名。又問刺史後爲甚官，三姑云後入相。又問甚帝代時人，姑云則天時。按此即世所謂坑三姑也。俗於正月望日迎紫姑，即其神也。兒女子戲耳，不謂東坡先生曾與問答也。

又按紫姑事見劉敬叔《異苑》，云：紫姑姓何名媚，字麗娘，萊陽人，壽陽李景之妾。不容於嫡，常役以穢事，以正月十五日感激而死。故世人以是日作其形，夜於廁間或猪欄邊迎之。則唐以前已有此說，乃云則天時人，恐東坡先生不免爲黠鬼所紿矣。

　　按東坡《仇池筆記》云：紹聖元年九月，過廣州，訪崇道大師何德順。有神仙降於其室，自言女仙也。賦詩立成，有超逸絕塵語。或以其托於箕帚，如世所謂紫姑神者，疑之。然味其言，非紫姑所能當。即此事。余案頭《東坡集》，乃蜀中新刻本，蒐輯雖富，恐不盡可信也。

《茶香室四鈔》：

　　江南《嘉定縣志》云：俗謂正月百草俱靈，故於燈時備諸祠。卜箕姑，以筲箕插筯，蒙以巾帕請之，至則能寫字，能擊人。帚姑，以敝帚繫裙以卜，至則能起卧。竹姑，以小竹剖爲兩，二人各一筯對招，兩端相向，如舁輿狀，神至則雙箆中合，相戛爲兆。或能鼓其中，謂之開花。葦姑亦同。針姑，以針對穿一線請之，神至則針尾相合。舊說魏文帝美人薛妃針黹入神，故後世祀之以乞巧。七姑，群女以笊籬偷門神糊於上，畫成人面，以柳枝爲身，以衣覆之。神來即能拜。或云唐俗，請戚姑之神。蓋漢之戚夫人死於厠，故詣厠請之。今稱七姑，音近也。紫姑，《顯異錄》云：萊陽人，姓何名媚，字麗卿。壽陽李景納爲妾，其妻妒之，正月十五陰殺之於厠中。天帝命爲厠神。故世人作其形於厠間迎之。俗呼三姑，又云坑三姑娘。

《鑄鼎餘聞》卷四：

　　《清嘉錄》曰：正月望夕迎紫姑，俗稱坑三姑娘，同終歲之休咎。范成大《吳郡志》曰：十二月十六日，祭厠姑。蓋稱爲姑，自有姑娘之稱，但何以行三，未見所出。（厠作紫者，因字不雅而改之。）

《集說詮真》：

《封神演義》載，坑三姑娘者，係三仙島之仙姑雲霄、瓊霄、碧霄三姊妹也。雲霄有胞兄趙公明，在峨山羅浮洞學道，當周武王伐商，公明出洞來岐，助商拒周，隨被周將以符咒注箭射死。雲霄等一得兄耗，齊來助商，欲報兄仇。初以混元金斗及金蛟剪屢戰屢勝。後元始天尊暨老子臨陣，將斗、剪奪去，老子乃喚黃巾力士將雲霄壓死，元始天尊命白鶴童子以三寶玉如意將瓊霄打殺。元始隨袖出一盒，將碧霄裝在盒內，碧霄遽化為血水。迨周武克商後，姜子牙敕封雲霄、瓊霄、碧霄三姑為坑三姑娘之神，執掌混元金斗，專擅先後之天。凡一應仙凡人聖、諸侯天子、貴賤賢愚，落地先從金斗轉劫，不得越此。

同上：

今俗每屆上元節，居民婦女迎請廁神。其法：概於前一日，取糞箕一具，飾以釵環，簪以花朵，另用銀釵一支插箕口，供坑廁側。另設供案，點燭焚香，小兒輩對之行禮。案上攤糝白米，扶者將箕口緊對案米，銀釵即在米上亂畫，略似筆硯剪刀花朵等形。禱者問其年歲若干，則箕口點若干點以示之。扶箕女謂亂畫時糞箕微覺加重，且轉動亦不能自由。據此，廁神之應響類如兒戲，且由坑廁請來，鄙褻甚矣。所稱箕之轉動不由扶者主之，其然豈其然乎？

《民間新年神像圖畫展覽會·附錄九》：

紫姑一作子姑，或為廁姑，一名坑三姑娘，又名茅姑。因"三姑"二字不同之解釋而產生之傳說（三姑不當第三女解，而當作三女解），以為坑三姑娘為雲霄、瓊霄、碧霄三姊妹，職掌混元金斗，專擅所有關於凡人降生之事（參閱《封神演義》第五十、五十一回）。其實，民間之祭祀紫姑為婦女所專行，且以坑三姑娘為單獨一神，其信仰之目的為問休咎，迎請三姑多在廁間或豬圈，彼以家庭用物如簸箕、帚或降乩，以答覆所問之事（唐代男子亦有卜於紫姑者）。所有婦女之心事俱可問之於紫姑，譬如彼專備為待嫁女子所祈求。人又以紫姑為桑蠶之種（參閱《荊楚歲時記》），蓋桑蠶之培養向為婦女之專事也。

【案】紫姑神（後世亦稱坑三姑娘）之信仰，六朝已有，唐、宋時盛行，稱為廁神。或云西漢戚夫人死於廁，為其神，後俗稱七姑，音近是也，紫、子即戚之音訛。然自六朝以來，民間多以為紫姑為人妾，以大婦嫉而死於廁，為廁神。此說似亦有所本。如干寶《搜神記》卷三：淮南全椒縣有丁新婦者，本丹陽丁氏女。年十六，適全椒謝家。其姑嚴酷，使役有程，不如限者，仍便笞捶不可堪。九月九日，乃自縊死。遂有靈響，聞於民間。發言於巫祝曰："念人家婦女，作息不倦，使避九月九日，勿用作事。"見形，著縹衣，戴青蓋，從一婢。江南人皆呼為丁姑。九月九日，不用作事，咸以為息日也。今所在祠之。此丁姑，似即紫姑故事之藍本。唐、宋時人多謂其姓何名媚。雖名為廁神，實非主廁事，世人謂其能先知，多迎祀於家，占卜諸事。或亦謂其為蠱神。然觀民間之奉祀方法，乃以箕帚或草木或筷子等，着衣簪花，請神降附，這種信仰方式，實亦靈物崇拜之遺風。《茶香室四鈔》引《嘉定縣志》，謂該地所奉箕姑，即以筲箕插筋；帚姑，即以做帚繫裙；竹姑，則以小竹剖為兩；針姑，則以針對線，皆源自靈物崇拜觀念。南方民間有以木板刻坑三姑娘像者，上有三女并列，印於紅紙，祀於厠壁。每屆歲末，與門神、灶君同時粘貼，蓋為家神之末流。宋時士大夫奉紫姑者甚衆，紫姑亦搖身一變為仙女之流，能吟詩作賦，附庸風雅。民間所傳之扶箕迷信，與紫姑信仰有直接關系。

附：厠神　厠鬼

《酉陽雜俎·前集》卷十四：

厠鬼名項天竺（一曰笙）。

《獨異誌·補佚》：

貞元中，吳郡進士李赤者，與趙敏之相同游閩。行及衢之信安，去縣三十里，宿於館廳。宵分，忽有一婦人入庭中。赤於睡中欻起下階，與之揖讓。良久即上廳，開篋取紙筆，作一書與其親，云："某為郭氏所選為婿。"詞旨重疊，訖，乃封於篋中。復下庭，婦人抽其巾繪之。敏之走出大叫，婦人乃收巾而走。及視其書，如赤夢中所為。明日，又偕行。南次建中驛，白晝又失赤。敏之即遽往厠，見赤坐於床，大怒敏之曰："方當禮謝，為爾所驚。”浹日至閩，屬寮有與赤游舊者，設燕飲次，又失赤。敏之疾索於厠，見赤僵仆於地，氣已絕矣。（《廣記》卷三四一《李赤》）

《古今圖書集成·神異典》卷四四引《續玄怪錄》：

厠神每月六日例當出巡，此日人逢必致災難，人見即死，見人即病。（其神名郭登，蓬頭青衣，長數尺。）

同上引《靈應錄》：

台州有民姓王，常祭厠神。一日至其所，見著黃女子。民問何許人，答云：“非人，厠神也。感君敬我，今來相報。”

《齊東野語》卷十〈都厠〉：

《劉安別傳》云：“安既上天，坐起不恭。仙伯主者，奏安不敬，應斥。八公為安謝過，乃赦之，謫守都厠三年。”牛山詩云：“身與仙人守都厠，可能雞犬得長生？”然則都厠者，得非今世俗所謂都坑乎？

然厠字亦有數義。《說文》云：“圂、厠也，圊也。”《莊子·庚桑楚篇》：“適其偃。”注云：“偃，屏厠也。屏厠則以偃溲。”《儀禮·既夕禮》：“甸人築坅坎，隸人涅厠、塞厠。”《萬石君傳》：“建為郎中，每五日歸謁親，切問侍者，取親中裙厠牏，身自浣洗。”孟康注曰：“厠，行清；牏，行中受糞函也。”

他如：晉侯食麥，脹如厠，陷而卒。趙襄子如厠，心動，執豫讓。高祖如厠，心動，見柏人。金日磾如厠，心動，擒莽何羅。范睢佯死置厠中。李斯如厠見鼠。賈姬如厠逢彘。陶侃如厠見朱衣。劉寔、王敦幷誤入石崇厠。郭璞被髮厠上。劉和季厠上置香爐。沈慶之夢鹵簿入厠中。崔浩焚經投厠中。錢義厠神。李赤厠鬼。文類甚多，皆爲溷厠之厠無疑。

　　而《汲黯傳》：“大將軍青侍中，上踞厠見之。”音訓則謂床邊爲厠。《張敞傳》：“孝文皇后居霸陵，比臨厠。”服虔注曰：“厠、側臨水。”韋昭則曰：“高岸狹水爲厠。”《張釋之傳》：“從行至霸陵，上居外臨厠。”師古注亦曰：“岸之邊側也。”因幷考著於此云。

中國民間諸神 （下冊）

呂宗力　欒保群　編

臺灣 學生書局 印行

中國民間諸神（下冊）
目　次

圖　　次

己　編

附：施相公

青蛙神

驅蝗神

附：蟲　王

小　敍

　　動物崇拜是原始宗教自然崇拜的一個重要組成部分，也是最先發達的組成部分。“我國古代曾經盛行過動物崇拜，在《山海經》中有非常集中的反映。這本書把所有神靈，不管是歷史傳說中的人物或各地區的神靈，都描寫成動物或與動物有關。動植物崇拜在原始社會尚處於狩獵和畜牧時代最爲盛行，到了農耕時代就不那樣興盛了。到了農耕時代，崇拜的主要對象就轉移到了家畜和耕畜的守護神，一般地不再把野獸本身當作崇拜對象（圖騰崇拜除外）。”（朱天順《原始宗教》）

　　本編所收錄的牛王、馬王、蠶神，就是這種“家畜和耕畜的守護神”。至於蛇、蝗蟲，由於牠們與人們的生活關係密切，人們又始終對牠們懷有相當的恐懼心理，所以對其神化并進一步人化的過程，就一直延續至近代。

　　原始人類對動物的崇拜，最初主要是從牠們的自然屬性出發的，也就是說，人們需要捕殺牠們，這是維持自己生存的必要的物質條件，同時又不希望受到牠們的報復和傷害。所以，最初的動物神都具有動物的形貌、特性，其神性也限於動物本身的利爪鋼牙所能發揮的力量。以後隨着社會的進步和宗教觀念的發展，人們才把一些自己不能控制的異己的社會力量集中到動物神身上，并將其擬人化，賦予人的性格和意志，然後對這些現實生活中并不存在，而是由人們以自身為根據，幻想、塑造出來的神靈頂禮膜拜，希望祂們幫助自己解決社會生活中的種種難題。

　　從原始的動物神發展到完全人化、社會化的神，往往都要經歷漫長的演變過程。一般都要先經歷半人、半動物的過渡形態；再發展到基本上具有人的形體，而又帶有它所代表的動物的某些特徵；最後達到神靈形體、服飾的徹底人化。而且在這以後，其服飾也要適應時代的要求，不同時代會有不同的穿戴，人們還要按人類的習慣，為其取姓名，擇配偶，授職分工，編造神靈的世系身世，使之徹底擺脫原始的動物形態，而使世人能虔心順服。西王母的形象、身分的演變，就是一個很典型的例子。其它如河伯、海神等也都經歷過這樣的演變過程，我們在前面已經談過。但像牛王、馬王、蠶神這樣的家畜保護神，以及蛇王、青蛙神、蝗神這樣身分明確的動物神，雖然也有徹底將其人化，甚或以真人當之的情形（如蝗神），但大多是在其形象或身世傳說中，保留一部分動物特徵，以表明該神與祂所代表的動物的關系。

西　王　母（王母娘娘）

《山海經·西山經》：

　　玉山，是西王母所居也。西王母其狀如人，豹尾虎齒而善嘯，蓬髮戴勝，是司天之厲及五殘。

　　郭璞注：勝，玉勝也。主知災厲五刑殘殺之氣也。

同上《海內北經》：

　　西王母梯几而戴勝杖，其南有三青鳥，爲西王母取食。在昆侖虛北。

同上《大荒西經》：

　　（昆侖之丘）有人戴勝，虎齒，豹尾，穴處，名曰西王母。

《莊子·大宗師》：

　　夫道，有情有信，無爲無形。西王母得之，坐乎少廣，莫知其始，莫知其終。

《古今圖書集成·神異典》卷二二二：

　　按《竹書紀年》：舜九年，西王母來朝，獻白環玉玦。穆王十七年，王西征昆侖丘，見西王母。其年西王母來朝，賓於昭宮。

西王母

　　按《穆天子傳》：天子西征，至於西王母之邦。吉日甲子，天子賓於西王母，乃執白圭元璧以見西王母，獻錦組百純、白組三百純。西王母再拜受之。乙丑，天子觴西王母於瑤池之上。西王母為天子謠曰：“白雲在天，山陵自出，道里悠遠 ， 山 川 間之，將子無死，尚能復來。”天子答之曰：“予歸東土，和治諸夏，萬民平均，吾顧見汝，比及三年，將復而野。”天子遂驅升於弇山，乃紀其迹於弇山之石，而樹之槐，眉目“西王母之山”。

《史記·越世家》：

　　繆王使造父御，西巡狩，見西王母，樂之忘歸。（《索隱》：譙周不信此事，而云“余常聞之，代俗以東西陰陽所出入，宗其神，謂之王父母。或曰地名，在西域，有何見乎？”）

《淮南子·覽冥》：

　　羿請不死之藥於西王母，姮娥竊以奔月。

《漢書·哀帝紀》：

　　（建平）四年春，大旱。關東民傳行西王母籌，（顏師古注：西王母，元后壽考之象。） 經歷郡國，西入關至京師。民又會聚祠西王母，或夜持火上屋，擊鼓號呼相驚恐。

《漢書·五行志下之上》：

　　哀帝建平四年正月，民驚走，持稾或梳一枚，（如淳注，梳，麻稈也。顏師古注：稾，禾稈也。） 傳相付與，曰行詔籌。道中相過逢多至千數，或被髮徒踐，或夜折關，或逾墙入，或乘車騎奔馳，以置驛傳行，經歷郡國二十六，至京師。其夏，京師郡國民聚會里巷仟佰，設祭張博具，歌舞祠西王母。又傳書曰："母告百姓，佩此書者不死。不信我言，視門樞下，當有白髮。"至秋止。

《鑄鼎餘聞》卷三：

《漢書·地理志》金城郡臨羌縣下注云：西北至塞外，有西王母石室。（均案：《水經·河水篇二》注云：有湟水出塞外，東逕西王母石室。）

又《西域傳》云：安息長老傳聞條支有弱水西王母，亦未嘗見也。（均案：《西域傳》又云條支臨西海，是西王母乃西海遠荒之國，從未有人至其地者也。）

《淮南子·地形訓》云：西王母在流沙之瀕。

《博物志》卷八：

漢武帝好仙道。時西王母遣使乘白鹿告帝當來。七月七日夜漏七刻，王母乘紫雲車而至於殿西，青氣郁郁如雲。有三青鳥，如鳥大，使侍母旁。王母索七桃，大如彈丸，以五枚與帝，笑曰："此桃三千年一生實。"

同上卷九：

老子云："萬民皆付西王母，唯王、聖人、眞人、仙人、道人之命上屬九天君耳。"

《漢武帝內傳》：

王母至也，群仙數千，光耀庭宇。王母唯扶二侍女上殿，侍女年可十六七，服青綾之桂，容眸流盼，神姿清發，眞美人也。王母上殿東向坐，著黃金褡襦，文采鮮明，光儀淑穆，帶靈飛大綬，腰佩分景之劍，頭上太華髻，戴太眞晨嬰之冠，履玄璃鳳文之舄。視之可年三十許，修短得中，天姿掩藹，容顏絕世，眞靈人也，下車登床，帝跪拜問寒暄畢，立，因呼帝共坐。

《枕中書》：

昔二儀未分，溟涬鴻濛，未有成形，天地日月未具，狀如鷄子，混沌玄黃，已有盤古眞人，天地之精，自號元始天王，游乎其中。

元始天王在天中心之上，名曰玉京山。經二劫，忽生太元玉女，在石澗積血之中，號曰太元聖母。元始君下游見之，乃與通氣結精，招還上宮。元始君經一劫乃一施太元母，生天皇，十三頭，治三萬六千歲，書爲扶桑大帝東王公，號曰元陽父。又生九光元女，號曰太眞西王母，是西漢夫人。所治群仙無量也。

《古今圖書集成·神異典》卷二二二：

《神異經》：昆侖之山有銅柱焉，其高入天，所謂天柱也。圍三千里，周圓如削，下有回屋，方百丈，仙人九府治之。上有大鳥，名曰希有，南向，張左翼覆東王公，右翼覆西王母。西王母歲登翼上，之東王公也。

同上卷二二二：

《西王母傳》：西王母者，九靈太妙龜山金母也。一號太虛九光龜台金母元君。乃西華之至妙洞陰之極尊。在昔道氣凝寂，湛體無爲，將欲啓迪元功，化生萬物，先以東華至眞之氣，化而生木公。木公生於碧海之上，芬靈之墟，以主陽和之氣，理於東方，亦號曰東王公焉。又以西華至妙之氣，化而生金母。金母生於神州伊川，厥姓侯氏，生而飛翔，以主元毓神元奧於眇莽之中，分大道醇精之氣，結氣成形，與東王公共理二氣，而育養天地，陶鈞萬物矣。柔順之本，爲極陰之元，位配西方，母養群品。天上天下三界十方女子之登仙者、得道者，咸所隸焉。所居宮闕，在龜山春山西那之都，昆侖之圃，閬風之苑。有城千里，玉樓十二，瓊華之闕，光碧之堂，九層元室，紫翠丹房，左帶瑤池，右環翠水。其山之下，弱水九重，洪濤萬丈，非飆車羽輪，不可到也。

又云王母蓬髮戴華勝，虎齒善嘯者，此乃王母之使，金方白虎之神，非王母之眞形也。元始天王授以方天元統龜山九光之籙，使制召萬靈，統括眞聖，監盟證信，總諸天之羽儀。天尊上聖朝宴之會，考校之所，王母皆臨訣焉。上清寶經三洞玉書，凡有授度，咸所關預也。黃帝討蚩尤之暴，威所未禁，而蚩尤變幻多方，徵風召雨，吹烟噴霧，師衆大迷。帝歸息太山之阿，昏然憂寢。王母遣使者披元狐之裘，以符授帝曰："太一在前，天一在後，得之者勝，戰則克矣。"符廣三寸，長一尺，靑瑩如玉，丹血爲文。佩符既畢，王母乃命一婦人，人首鳥身，謂帝曰："我九天元女也。"授帝以三宮五意，陰陽之略，太乙遁甲六壬步斗之術，陰符之機，靈寶五符五勝之文，遂克蚩尤於中冀。

其後虞舜攝位，王母遣使授舜白玉環。舜即位，又授地圖，遂廣黃帝之九州為十有二州。王母又遣使獻舜白玉琯，吹之以和八風。《尚書帝驗期》曰：王母之國，在西荒也，昔茅盈字叔申，王褒字子登，張道陵字輔漢，洎九聖七眞，凡得道授書者，皆朝王母於昆陵之闕焉。

《鑄鼎餘聞》卷三：

《隋書·誠節傳》：京兆張季珣父祥，開皇中遷幷州司馬。仁壽末，漢王諒舉兵反，遣其將劉建略地燕趙，至井陘，祥勒兵拒守。建縱火燒其郭下，祥見百姓驚駭，城側有西王母廟，祥登城望之再拜，號泣而言曰：「百姓何罪，致此焚燒！神其有靈，可降雨相救。」言訖，廟上雲起，須臾驟雨，其火遂滅。士卒感其至誠。

《酉陽雜俎·前集》卷十四：

西王母姓楊，諱回，治昆侖西北隅，以丁丑日死。一曰婉妗。

《列仙全傳》卷一：

西王母，即龜台金母也。以西華至妙之氣，化而生於伊川。姓緱（一作何，一作楊）諱回，字婉妗。一字太虛。配位西方，與東王公共理二氣，調成天地，陶鈞萬品。凡上天下地，女子之登仙得道者，咸所隸焉。

《古今圖書集成・神異典》卷二七〇：

《鴻苞軒轅黃帝紀》：於時有神人西王母者，太陰之精，天帝之女也。人身虎首，豹尾蓬頭，戴勝顯然，白首善嘯，石城金台而穴居，坐於少廣之山。《山海經》亦云。然不知此形貌乃西方白虎之神，西王母使者，非王母眞形也。王母眞形天姿掩靄，端正美麗，如三十許姣好婦人。豈有天眞靈人而虎首豹尾者乎？此萬古傳訛之過也。《漢武帝外傳》狀西王母，得之矣。

《通俗編》：

《爾雅》：觚竹、北戶、西王母、日下，謂之四荒。《大戴禮》：舜時西王母獻白玉琯。按：西王母特海外國名，如後世八百媳婦之類，非神人也。《山海經》言其狀如人，豹尾虎齒，蓬髮戴勝，是司天之厲及五殘。神人之說乃自此起。然司災厲及五刑殘殺之氣，則亦非吉神也。惟《穆天子傳》言，天子觴西王母於瑤池之上，西王母作謠，有將子無死句。又《吳越春秋・陰謀傳》：大夫种進九術。一曰尊天事鬼，以求其福。越王乃立東郊祭陽，名曰東皇公；立西郊祭陰，名曰西王母。事之一年，國不被災。由是祈福壽者，循以爲習，設爲貴婦人像祀之。《酉陽雜俎》云：西王母姓楊，名回，一名婉妗。《集仙錄》云：西王母者，九靈太廟龜山金母也，姓侯氏。三界十方女子之登仙得道者，咸隸焉。《山經》所云，乃王母之使，金方白虎之神，非王母眞形也。

《陔餘叢考》卷三四：

　　世以西王母爲女仙之宗，出《列子》及《汲冢周書》：穆王乘八駿西巡狩，宴瑤池而捧王母之觴。又《山海經》有西王母綈几戴勝之語。因而《漢武外傳》，遞相附會，遂有七夕會於甘泉，王母捧仙桃而降之事。按《爾雅》：觚竹、北戶、西王母、日下，謂之四荒。是西王母乃地名，而非人名。漢貳師將軍西伐宛，斬王母寡，亦其王之名母寡耳。（《陳湯傳》又作王母鼓，鼓寡聲相近也）未可以其名母寡，而遂爲女王也。《七修類稿》亦云：猶之國名女眞，人姓胡母，未可謂女眞國胡母姓之皆女人也。蓋《山海經》及汲書，皆因《爾雅》西王母三字，遂造爲穆王西巡之事，竟成典故。司馬相如《大人賦》：吾乃今睹西王母，暠然白首，戴勝而穴處，則用之於詞賦矣。《史記》：造父御穆王西巡狩，見西王母，則并入之史册矣。後人又附會作《穆天子傳》，有白雲在天之謠，則更創傳奇體矣。哀帝時，民間相傳西王母行籌，經歷郡國，西入關至京師，會聚祠西王母，則且盛於祠祭矣。《晉書·張軌傳》：酒泉太守馬岌，言酒泉之南山，即昆侖之體也，周穆王見西王母於此山，有石室玉堂，珠璣鏤飾，煥若神宮，宜立西王母祠。又沮渠蒙遜襲卑和，至鹽池，祀西王母寺中，中有元石神圖，因命張穆作賦，則并處處有祠廟矣。然《史記·條枝國傳》：安息長老，傳聞條枝有弱水西王母，而未嘗見。《後漢書·大秦國傳》：或云其國西有弱水流沙，近西王母所居處，幾於日所入也。《北史》：大秦國有西王母山，玉爲堂室，終皆惝恍之詞也。

《集説詮眞》：

　　東王公爲男仙之主，西王母爲女仙之宗。（按《續文獻通考》：東王公名倪，字君明。西王母姓楊名回，又姓何名婉妗。按《酉陽雜俎》，西王母姓楊名回，治崑崙西北隅，以丁丑日死，一曰婉妗。）此二元尊，乃陰陽之父母，天地之本源，化生萬靈，育養群品，長生飛化之士，升天之初，先覲西王母，後謁東王公，然後升三清朝太上也（見《仙傳拾遺》）。東王公亦號木公，西王母亦名金母。在昔道氣凝寂，湛體無爲，將欲啓迪玄功，化生萬物，先以東華至眞之氣化而生木公，以主陽和之氣，理於東方焉。又以西華至妙之氣，化而生金母，厥姓侯氏，位配西方，與東王公共理二氣，育養天地，陶鈞萬物也（見《集仙錄》）。東王公又號玉皇君，居於雲房之間，以紫雲爲蓋，靑雲爲城，仙童侍立，玉女撒香。男女得道者，名籍所隸焉（見《仙傳拾遺》）。西王母居崑崙之間，有城千里，玉樓十二。左侍仙女，右侍羽童。女子得道登仙者，咸所隸焉（見《集仙錄》）。王母之第九子名玄秀，爲眞人（見《明一統志》）。第二十三女名瑤姬，爲雲華夫人（見《集仙錄》）。小女名婉，爲太眞夫人（見《神仙傳》）。

《中國古代宗教與神話考》：

　　丁謙《穆天子傳地理考證》有言：西王母者，古加勒底國之月神也。《軒轅黃帝傳》言，時有神人西王母，大陰之精，天帝之女，可爲月神確證。考加勒底國都於吾耳，一名威耳，城有大月神宮殿。其國合諸小邦而成，無一統之王，外人但稱爲月神國；以中國語意釋之，則曰西王母，即稱其國曰西王母，嗣幷移而名其國之王。且，國統雖易，中國人稱之如故。

《中國古代神話與史實》：

西王母之名，最早見於《山海經》。按 "西" 表示方位。"王" 有神義，《荀子·禮論》："郊者并百王於上天而祭祀之也。" 楊倞注："百王，百神也。" 是其證。"母" 爲貘之音假。

是西王母猶言西方神貘。從《山海經》所載居處、形狀、服飾考之，當爲西方貘族所奉祀的圖騰神像。所謂貘族，即《穆天子傳》中的膜及西膜，說詳下文。《山海經·西山經》云："玉山是西王母所居"，謂貘族所建立的圖騰神祠在玉山之上。又《大荒西經》云：" 有人"，謂圖騰神像與人相似。《西山經》云："豹尾虎齒而善嘯"，《大荒西經》云："虎齒而豹尾"，謂圖騰神像雖然具有人形，却還存其本來面目和特徵。至於《西山經》、《大荒西經》俱云 "戴勝"，《海內北經》云："梯几而載勝"，這是附加在圖騰神像上的服飾，所以顯示其威嚴。此種似人非人，半人半獸的怪物，在原始氏族社會時代奉以爲宗神，是人類文化發展必經的階段。

按：貘分兩類，同名異實。一爲肉食類，即豹的別名，《尸子》、《爾雅》、《山海經》所載屬之；一爲奇蹄類，形頗似熊，《說文》、《後漢書》、《八郡志》所載屬之。至於貘族所奉祀的圖騰，當爲肉食類的豹而非奇蹄類的貘。

流傳於民間，故演化爲一形貌醜陋的女神。又因其與昆侖山神黃帝之宮相近，一男一女，遂成爲配偶。嗣後，黃帝漸由山神演化爲人王，貘母則演化爲一位有德無貌的后妃。

《山海經》所載之西王母，原爲西方貘族所奉之圖騰，隨著社會的發展，圖騰本意，漸次消亡。一方面由於名詞的誤解與無意的附會，逐漸演變爲黃帝的后妃。一方面還保存其本來面目而演變爲西方的山神，"莫知其始，莫知其終"，成爲道家理想中得道的眞人。同時，與燕齊方士服藥求仙的方術相結合，因而轉化爲漢代長生不死的女仙。

司馬相如《大人賦》：吾乃今日睹西王母，皓然白首，戴勝而穴處兮，亦幸有三足鳥爲之使。必長生若此而不死兮，雖濟萬世不足以喜。

揚雄《甘泉賦》：想西王母欣然而上壽兮，屏玉女而却虙妃。

《太平經抄·師策文》：樂莫樂兮長安市，使人壽若西王母；此若四時周反始，九十字策傳方士。（《太平經抄》三八丙部之四引）

按西王母傳至漢代，變虎齒豹尾的凶容，爲皓然白首、長生不死的老嫗。

《漢尙方鏡銘》：尙方作竟其大巧，上有仙人不知老；渴飮玉泉飢食棗，東王父，西王母。

馮雲鵷《金石索》：武梁祠後石室畫像第二石，"畫雲霧神仙之狀，上作二神，一男一女，疑東王公西王母也"。漢人鏡銘中每樂道之。

按西王母傳到漢代，無端配以東王公；於黃帝與嫫母外，在仙籍中又新添一掌故。

【案】西王母，是中國古代著名之神，至近代則成爲道教和民間信仰的女仙領袖。但西王母的來歷，已很難考實。前人或有以爲乃西方之地名、國名及國王之名的。丁謙先生以

為即古迦勒底國之月神，其說缺乏根據。丁山先生又以為西
王母猶言西方神貘，為西方貘族奉祀的圖騰，貘即豹之別名。
此說亦難成為定論，姑錄以備考。

　　就我們目前所知，西王母信仰本流行於西北祁連山一帶，
至戰國時期有關西王母的神話在中原地區亦已相當流行。無
論西王母之概念源於何處，是何含意，在戰國以前的中國人
心目中，祂已是一位神人。《山海經》中有多處關於西王母
的記載，皆謂其形象為半人半獸，稱之為司天之厲及五殘
（即瘟疫和刑罰）之神。這種半人半獸神應是較原始的信仰形式，
所以這應當是最接近於西王母神原型的記載。至於戰國時期
的其他文獻，如《莊子》、《穆天子傳》，卻把西王母描繪
成一位得道仙人或西方半人半仙的人王。也就是說，西王母
至戰國時代已經人神化了。不過在當時眾多神靈之中，西王
母的地位并不顯得突出。戰國以來，又有西王母掌不死之藥
的傳說（見《淮南子》），而這種題材向來是神仙家的方士們
津津樂道的好戲。西漢頗重神仙家，帝王追求不老術，掌不
老仙藥的西王母自然地位提高，成為一位白髮蒼蒼、長生不
死的老嫗（見《中國古代神話與史實》）。所以西漢末年民間竟
盛行西王母之祀。東漢以來，鑒於西王母在民間的影響，新
起的道教自然將其網羅門下（見《太平經鈔》、《博物志》等）。
以後道士文人相繼推波助瀾，西王母竟成為元始天尊之女，
群仙之領袖，年三十許之麗質天仙。又以東王公與之相匹。
其廟宇也不限西北一地。在這種情形下，《山海經》中記載
的古代神話頗有礙其形象，於是好事者百般開解，謂蓬髮戴

勝，虎齒善嘯者，乃王母之使，金方白虎之神，非王母之真
形。唐以來，又有為其編造姓名的。玉皇大帝信仰興起後，
人們又把西王母與之相匹，稱為王母娘娘。在道教經典、神
怪小說、民間故事中，王母娘娘都是一位重要的女神。

牛　王

《秦集史‧宗教誌》：

　　故道縣有怒特祠。《列異傳》曰武都故道縣有怒特祠云：神本南山大梓也。昔秦文公二十七年，伐之，樹瘡隨合。文公乃遣四十人持斧斫之，猶不斷。疲士一人傷足不能去，臥樹下。聞鬼相與言曰：勞攻戰乎？其一曰：足爲勞矣。又曰：秦公必持不休。答曰：其如我何！又曰：赤灰跋於子，何如？乃默無言。臥者以告。令士皆赤衣，隨所斫以灰跋。樹斷，化爲牛，入水。故秦爲立祠（《水經‧渭水注》引）。

《春渚紀聞》卷三：

　　陶安世云，張覿鈐轄家人，嘗夢爲人追至一所。仰視榜額，金書大字云 "牛王之宮"。既入，見其先姨母驚愕而至云："我以生前嗜牛復多殺，今此受苦未竟，所苦者日食飪飯一升耳。"始語次，即有牛首人持飯至。視之皆小鐵蒺藜。

《古今圖書集成‧神異典》卷五四引《蓼花洲閑錄》：

　　有自中原來者，云北方有牛王廟，畫百牛於壁，而牛王居其中間。牛王爲何人？乃冉伯牛也。嗚呼！冉伯牛乃爲牛王。

《月令廣義·歲令一》：

　　牛有牛王之祀，而越俗有謬圖冉伯牛之像以祭者。

《新搜神記·神考》"牛王"條：

　　今人多於十月初一日相率祭牛王。牛於農家有功，以報本也。但不知其始。按《列異經》：秦文公伐梓樹，梓樹化為牛，文公遣騎擊之，騎隨之地被髮，牛畏之，入水不出，沒於水中，秦乃立怒特祠。按此即今牛王廟之始也。按《大玉匣記》：牛王生辰在七月二十五日，今用十月初一者，以七月農方收穫，故相沿改期，以便民也。

《民間新年神像圖畫展覽會》：

　　牛王為農民之祖師（注：牛王為保護牛類使其不染瘟疫之神。彼頗不易辨識，其本身似即為神化之牛）。

　　【案】牛是中國農村的主要耕畜，於農耕經濟作用甚大，故舊時農民多供牛王，以其保護耕牛使不染瘟疫。此即小敘中所說之家畜保護神也。

　　牛神之祭，據說始自秦之怒特祠。然以牛之作用、地位，其神化必然相當早。至於將保護耕牛之職責統一於一神，稱為牛王，始見於宋代之記載。其時所奉之神為牛首人身，可知仍保留一定的動物特徵。近代牛王神像，亦有畫一神化之牛者。然宋代以來，又有畫牛王為人神者，謂即冉伯牛。冉伯牛者，春秋時魯國人，名耕，字伯牛，乃孔子門生。僅以

　其字伯牛，便奉為人化之牛王，且畫百牛於壁，以符"伯牛"。
此亦中國動物神人格化過程中的一個趣聞，與"五鬘鬚"、
"杜十姨"可相輝映矣。

馬　　王

《古今圖書集成‧神異典》卷三四：

周制以四時祭馬祖、先牧、馬社、馬步諸神。

按《周禮‧夏官‧校人》：春祭馬祖，執駒。鄭鍔曰：馬未嘗有祖。此言馬祖者，賈氏謂天駟也。以天文考之，天駟房星也，房爲龍馬，馬之生者，其氣實本諸此，則馬祖爲天駟可知。於春則祭。春者，萬物始生之時。

夏祭先牧。鄭鍔曰：先，始教人以放牧者也。夏草芳茂，馬皆出而就牧，思其始教以養牧之法，故祭於夏。夏者，放牧之時，可以就牧，故頒而牧養之。

秋祭馬社。王昭禹曰：馬社，廐中之土示。凡馬日中而出，日中而入。秋，馬入廐之時，故祭馬社。鄭鍔曰：皁廐所在，必有神焉，賴乎土神以安其處所，故祭馬社。

冬祭馬步。鄭康成曰：馬步神，爲災害馬者。鄭鍔曰：寒氣總至，馬方在廐，必存其神，使不爲災。唐人之頌曰：冬祭馬步，存神也。賈氏曰：馬神稱步，若元冥之步，人鬼之步之類，與醋字異音同義。鄭鍔曰：馬之難育也，必祈諸神以爲之助。故春祭馬祖，夏祭先牧，秋祭馬社，冬祭馬步。四時各有所祭之神，順其時各有蕃馬之法。

隋制以四時祭馬神。煬帝大業七年，設壇祭馬祖，命有司祭先牧及馬步。

唐制以四時祭馬神。按《舊唐書·禮儀志》：仲春祭馬祖，仲夏祭先牧，仲秋祭馬社，仲冬祭馬步，并於大澤。

（遼）聖宗統和十六年五月甲子，祭白馬神。

宋以馬祖等祭為小祀。

《續文獻通考·群祀考》三：

（明洪武二年）命築壇於後湖祀馬祖諸神。

《太祖實錄》曰：洪武四年，蜀明升獻良馬十。其一色正白，長丈餘，首高九尺，足高七尺，有肉隱起項下，貫膺絡腹，精采流動，不可加鞿勒。帝謂天生英物，必有神司之，命太常以少牢祀馬祖，囊沙四百斤壓之。日令人騎行苑中，久之漸馴。後帝夕月於清涼山，乃乘以出。比還大悅，賜名飛越峰，復命祀馬祖。

《月令廣義·春令》：

春祭馬祖。《周禮》注："天駟星"。

《新搜神記·神考》"馬王"條：

《周禮》春祭馬祖，夏祭先牧，秋祭馬社，冬祭馬步，其文甚明。今北方府州縣官凡有馬政者，每歲六月二十三日祭馬神廟，而主祭者皆不知所祭之神常在定州。適知州送祭馬廟胙，問所祭馬神何稱？對以馬明王之神。及師生入揖，問之亦然，不知明王乃神之通稱，非如馬頭娘之馬明王也。蓋《周禮》不明久矣。

但不知太僕寺致祭，如何未及問也。

《北平風俗類徵·歲時》：

馬王者，房星也，凡營伍中及蓄養車馬人家，均於六月二十三日祭之。（《燕京歲時記》）

祭馬王：凡營伍及武職，有馬差者，蓄養車馬者，均於二十三日，以羊祭之。（《春明采風志》）

南中於歲之六月二十三日恒祭炎帝，而都城內外騾馬夫，皆釀錢以祭馬王。是日車價昂至數倍，向客婪索，名曰："乞福錢"。其祭品用全羊一腔，不用豬，謂馬王在教，不享黑牲肉也。其像則四臂三目，猙獰可怖，其神牌則書"水草馬明王"字樣。（《新燕語》）

附：靈官馬元帥

《三教源流搜神大全》卷五：

詳老帥之始終，凡三顯聖焉。原是至妙吉祥化身，如來以其滅焦火鬼墳有傷於慈也，而降之凡，遂以五團火花投胎於馬氏金母。面露三眼，因諱三眼靈光。生下三日能戰，斬東海龍王，以除水孽。繼以盜紫微大帝金槍，而寄靈於火魔王公主為兒，手書左靈右耀，復名靈耀，而受業於太惠盡慈妙樂天尊，訓以天書，凡風雷龍蛇饑鬼安民之術，靡所不精。乃授以金磚三角，變化無邊，遂奉玉帝敕，以服風火之神而風輪火輪之使，收百加聖母而五百火鴉為之用，降烏龍大王而羽之翼，斬揚子江龍而福於民，

靈官馬元帥

屢歷艱險，至忠也。帝授以左印右劍，掌南天事，至顯也。錫以
瓊花之宴，金龍太子爲之行酒，至寵也。殊憶太子傲侮怒帥，火
燒南天關，遍敗天將，下走龍宮中，戰离婁、師曠，偕以和、合
二神，仍答金龍以洩其憤。至不得已，又化爲一包胎而五昆玉二
婉蘭，共產於鬼子母之遺體，又以母故而入地獄、走海藏、步靈
臺、過酆都，入鬼洞、戰哪吒、竊仙桃、敵齊天大聖，釋佛爲之
解和，至孝也。後復入於菩薩座左，至慧也。玉帝以其功德齊天
地，而敕元帥於玄帝部下。下民妻財子祿之祝，百叩百應，雖至
巫家冤枉祈禱之宗，悉入其部，直奏天門，雷厲風行焉。

【案】馬亦重要家畜，耕戰必備。故其神化亦當甚早。《周
禮》於戰國時編纂，收有前代史料，其中記載馬神之祀甚隆
重。以後歷代沿襲，列爲祀典。民間則簡化其神，稱爲馬王、
馬明王，於仲夏祀之。近代尤以武人及畜養車馬者奉之最勤。
舊時城市中，馬王廟甚爲普遍。然謂馬王在教，不享黑牲肉，
祭品僅用羊，則未知何據。或以回民姓馬者多耶？其像則四
臂三目，俗語有云：“馬王爺三隻眼”，亦不知何據。《三
教源流搜神大全》載有靈官馬元帥，面露三眼，法力無邊，
或即其所昉？然馬元帥固與馬神無涉。此亦難以求甚解者。

蠶　　神

《周禮·天官·內宰》：

中春，詔后帥外內命婦始蠶於北郊，以爲祭服。

《周禮·春官·馬質》：

禁原蠶者。（鄭注：原，再也。天文辰爲馬。《蠶書》：蠶爲龍精，月直大火，則浴其種。是蠶與馬同氣。物莫能兩大，禁在蠶者，爲傷馬與？賈疏：云天文辰爲馬者，辰則大火，房爲天駟，故云辰爲馬。蠶與馬同氣者，以其俱取大火，是同氣也。既同氣，不可兩大而禁再蠶明。孫詒讓疏：《淮南子·泰族訓》云，原蠶，一歲再收。非不利也，然而王法禁之者，爲其殘桑也。）

《漢書·文帝紀》：

（十三年春二月）詔曰："朕親率天下農耕以供粢盛，皇后親桑以奉祭服。"

《漢書·景帝紀》：

（後二年夏四月詔）朕親耕，后親桑，以奉宗廟粢盛祭服，爲天下先；欲天下務農桑，素有蓄積，以備災害。

《事物紀原》卷九：

　　《搜神記》曰：上古時，有人遠征，家唯一女與馬。女思父，戲馬曰："汝能迎得吾父，吾將嫁汝。"馬乃絕韁去，得父還。後馬見女輒怒，父怪之，女具以答。父大怒，殺馬曝其皮。女至皮所，忽蹶然捲女而行。後於大樹枝得女及皮，盡化為蠶。既死，因名其樹曰桑。桑，喪也。此蠶桑之始也。《皇圖要記》曰：伏犧化蠶為絲。又黃帝四妃西陵氏，始養蠶為絲。

《三才圖會》：

　　蠶神，天駟也。天文辰為龍蠶辰生，又與馬同氣，謂天駟即蠶神也。淮南王《蠶經》云：黃帝元妃西陵氏始蠶，至漢祀宛窳婦人，寓氏公主，蜀有蠶女馬頭娘，此歷代所祭不同。然天駟為蠶精，元妃西陵氏為先蠶，實為要典。若夫漢祭宛窳婦人、寓氏公主，蜀有蠶女馬頭娘，又有謂三娘為蠶母者，此皆後世之溢典也。然古今所傳，立像而祭，不可遺闕，故并附之。

《北平風俗類徵·祠祀及禁忌》：

　　齊、魯、燕、趙之種蠶收繭訖，主蠶者簪通花銀碗，謝祠廟，村野稱為"女及第"。（《清異錄》）

　　【案】在中國的農耕經濟中，"男耕女織"是基本的生產組織形式。種桑養蠶，在這種經濟結構中占有重要地位。所以蠶的神化，也是很自然的。自商周歷秦漢以迄明清，均將蠶神列入國家祀典。民間對蠶神的祭祀也非常虔誠。商周以至西漢，國家所祀蠶神，以何形貌、稱呼、身分出現，現已不得而知。東漢以來，均稱為先蠶，意即始為蠶桑之人神。這顯然是蠶神人格化以後的事了。但關於先蠶的姓名、來歷，尚有幾種不同說法。民間信仰之蠶神，則以馬頭娘為主，此外又有青衣神等。均詳見各條。

先　　蠶（嫘祖）

《山海經·海內經》：

黃帝妻雷祖，生昌意。

郭璞注：《世本》云：“黃帝娶於西陵氏之子，謂之累祖。”
袁珂案：《路史·后紀五》云：“黃帝之妃西陵氏曰傫祖，以其始蠶，故又祀先蠶。”

《後漢書·禮儀志上》：

（永平二年三月）是月，皇后帥公卿諸侯夫人蠶。祠先蠶，禮以少牢。（李賢注：《漢舊儀》，“春蠶生而皇后親桑於苑中。祭蠶神曰苑窊婦人、寓氏公主，凡二神。”晉后祠先蠶。）

《通典·禮六》：

周制，仲春天官內宰詔后帥內外命婦，始蠶於北郊。后妃齋戒，享先蠶而躬桑，以勸蠶事（先蠶，天駟也）。

漢皇后蠶於東郊。

魏文帝黃初七年，皇后蠶於北郊，依周典也。

晉武帝太康六年，蠶於西郊。

《隋書・禮儀志》：

《周禮》王后蠶於北郊，而漢法皇后蠶於東郊。（魏、晉沿其禮。）後齊爲蠶坊於京城北之西，去皇宮十八里之外，方千步。蠶宮方九十步。有綠襜襦、褠衣、黃履，以供蠶母。每歲季春，穀雨後吉日，使公卿以一太牢祀先蠶黃帝軒轅氏於壇上。

後周制，皇后以一太牢親祭，進奠先蠶西陵氏神。

《集說詮眞》：

《宋史・孔維傳》載：孔維上疏曰：“《月令》仲春祭馬祖，季春享先蠶，皆爲天駟房星也。爲馬祈福，謂之馬祖，爲蠶祈福，謂之先蠶。是蠶與馬同其類爾。”

《宋史・禮志》曰：案《開寶通禮》季春吉巳，享先蠶於公桑，設先蠶氏神坐於壇上北方，南向。又案《唐會要》，皇帝遣有司享先蠶，如先農可也。禮院又言：《周禮》蠶於北郊，以純陰也。漢蠶於東郊，以春桑生也。《唐月令注》以先蠶爲天駟。案先蠶之義，當是始蠶之人，與先農、先牧、先坎一也。《郊祀錄》載先蠶祀文有“肇興蠶織”之語，則先蠶非天駟星明矣。

《中國古代宗教與神話考》：

甲骨文居然發現這樣記載：以八月祭蠶神，與《豳風》的時令相似，可能是在農事備收之後報蠶神之功吧！蠶神何名，兩周兩朝，均未明定；即荀子賦篇所特讚美的“蠶理”，也只形容到

"身女好而頭馬首，蛹以爲母，蛾以爲父"，也不曾道破蠶神的
名字。到了漢代，《漢舊儀》始說"皇后親蠶於苑中，以中牢祭
蠶神曰苑窳婦人，寓氏公主，凡二神"（《後漢書·禮儀志》注引）。
沿至魏晉，不改其俗。不知是何根據，北齊時忽以太牢祠先蠶黃
帝軒轅氏，北周也以一太牢祭奠先蠶西陵氏（詳《隋書·禮儀志》）。
自是之後，蠶神乃爲西陵氏的專利品，如劉恕《通鑑外紀》說，
"西陵氏之女嫘祖，爲黃帝元妃，始教民育蠶，治絲繭以供衣服，
後世祀爲先蠶。"後來蠶農之家必祭嫘祖，嫘祖仍然是農村婦孺
皆知的大神。

〔案〕如前所述，東漢以來歷代皇朝皆祀先蠶爲蠶神，意
其爲始爲蠶桑之人神（亦有謂即天駟星者）。東漢所祀先蠶，曰
苑窳婦人、寓氏公主（或謂西漢已有此稱）。北齊始改祀黃
帝。北周又改祀神話傳說中的黃帝元妃西陵氏（即嫘祖，嫘亦
作累、傫），謂其始教民育蠶。此後歷代皆以西陵氏爲先蠶。
民間亦奉祀之。

馬　頭　娘

《山海經·海外北經》：
　　歐絲之野在大踵東，一女子跪據樹歐絲。
　　郭璞注：言啖桑而吐絲，蓋蠶類也。袁珂案：此一簡單神話，
蓋"蠶馬"神話之雛形也。傳爲三國吳張儼所作，恐亦仍出六朝
人手筆之《太古蠶馬記》（見《搜神記》卷十四）叙此神話。此

馬頭娘

蓋是神話演變之結果也。後乎此者，有荀子《蠶賦》，狀蠶之態，已近"蠶馬"。則知演變之迹象，實隱有脈絡可尋也。吾國蠶絲發明甚早，婦女又專其職任，宜在人群想像中，以蠶之性態與養蠶婦女之形象相結合。

《荀子·賦篇·蠶賦》：

有物於此，儵儵兮其狀，屢化如神，功被天下，爲萬世文。臣愚而不識，請占之五泰。五泰占之曰：此夫身女好而頭馬首者與？

《重修緯書集成》卷六《河圖括地象》：

化民食桑，二十七年化而身裹，九年生翼，十年而死。

《搜神記》卷十四：

舊說，太古之時，有大人遠征，家無餘人，唯有一女，牡馬一匹，女親養之。窮居幽處，思念其父，乃戲馬曰："爾能爲我迎得父還，吾將嫁汝。"馬既承此言，乃絕韁而去，逕至父所。父見馬驚喜，因取而乘之，馬望所自來，悲鳴不已。父曰："此馬無事如此，我家得無有故乎？"亟乘以歸。爲畜牲有非常之情，故厚將芻養。馬不肯食。每見女出入，輒喜怒奮擊。如此非一。父怪之，密以問女。女具以告父，必爲是故。父曰："勿言，恐辱家門。且莫出入。"於是伏弩射殺之，暴皮於庭。父行，女與鄰女於皮所戲，以足蹙之曰："汝是畜牲，而欲娶人爲婦耶？招此屠剝，如何自苦？"言未及竟，馬皮蹷然而起，卷女以行。鄰女忙怕，不敢救之。走告其父。父還，求索，已出失之。後經數日，得於大樹枝間，女及馬皮，盡化爲蠶，而績於樹上。其繭綸理厚大，異於常繭。鄰婦取而養之，其收數倍。因名其樹曰桑。桑者，喪也。由斯百姓竟種之，今世所養是也。言桑蠶者，是古蠶之餘類也。案《天官》，辰爲馬星，《蠶書》曰："月當大火，則浴其神"。是蠶與馬同氣也。《周禮》校人掌職"禁原蠶者"。注云："物莫能兩大。禁原蠶者，以其傷馬也。"漢禮，皇后親采桑，祀蠶神，曰：菀窳婦人，寓氏公主。公主者，女之尊稱也；菀窳婦人，先蠶者也。故今世或謂蠶爲女兒者，是古之遺言也。

《古今圖書集成·神異典》卷三四引《鼠璞》：

唐《乘異集》載：蜀中寺觀多塑女人披馬皮，謂馬頭娘，以祈蠶。《搜神記》載：女思父，語所養馬：若得父歸，吾將嫁女。馬迎得父，見女輒怒。父殺馬，曝皮於苞中，皮忽卷女飛去桑間，俱爲蠶。俗謂蠶神爲馬明菩薩以此。然《周禮》馬質"禁原蠶"注：天文辰爲馬，《蠶書》曰蠶爲龍精，月值大火。蠶馬同氣，物不能兩大禁，再蠶者爲傷馬。舊禮先蠶與馬同祖，亦未可知。

《集説詮眞》：

《神女傳》（見《龍威秘書》）載：蠶女者，當高辛帝時，蜀地未立君長，無以統攝，其父爲鄰所掠去，已逾年，唯所乘之馬猶在。女念父隔絕，或廢飲食。其母慰撫之，因誓於眾曰："有得父還者，以此女嫁之。"部下之人，唯聞其誓，無能致父歸者。

馬聞其言，驚躍振迅，絕其拘絆而去。數日，父乃乘馬歸。自此馬嘶鳴不肯飲齕。父問其故，母以誓衆之言白之。父曰：“誓以人而不誓於馬，安有人而偶非類乎？”但厚其芻食，馬不肯食，每見女出入，輒怒目奮擊，如是不一。父怒，射殺之，曝其皮於庭。女行過其側，馬皮蹶然而起，卷女飛去。旬日得皮於桑樹之下，女化爲蠶，食桑葉吐絲成繭，以衣被於人間。父母悔恨，念念不已，忽見蠶女乘流雲駕此馬，侍衞數十人，自天而下，謂父母曰：“太上以我孝能致身，心不忘義，授以九宮仙嬪之任，長生於天矣，無復憶念也！”乃冲虛而去。今家在什邡、綿竹、德陽三縣界。每歲祈蠶者四方雲集，皆獲靈應。宮觀諸處塑女子之像，披馬皮，謂之馬頭娘，以祈蠶桑焉。

《搜神記》卷四：

吳縣張成，夜起，忽見一婦人立於宅南角。舉手招成曰：“此是君家之蠶室，我即此地之神，明年正月十五，宜作白粥，泛膏於上，祭我也，必當令君蠶桑百倍。”言絕失之。以後年年大得蠶。今之作膏糜象此。

【案】古代神話中，有一些關於蠶神的故事。如《山海經》所載的據樹吐絲之女子，《河圖括地象》所載的食桑二十七年而身裹，九年生翼之人。荀子《蠶賦》狀蠶之態，稱其身柔婉而馬首。這說明古人認爲從形體來看，蠶與馬有相似之處，後世民間流行的馬頭娘，似乎即綜合了這幾種說法。該神本爲民女，爲馬皮裹身，懸於大樹間，遂化爲蠶。這個故事

最早見於三國時吳國張儼的《太古蠶馬記》，其起源則當
更早一些。魏晉以後，這一傳說在民間廣為流傳，唐時蜀中
寺觀多塑其像為女人披馬皮，以祈蠶。故唐人記載多稱其為
蜀地女子，生當高辛帝時，其故事又得豐富發展，為其添一
母親。道教亦利用此信仰，稱太上授其為九宮仙嬪之任，於
是各地道觀往往塑其像。然其像實為披馬皮之女子，而民間
呼為馬頭娘者，何也？當即因人們素以為蠶頭象馬首，故名。
又或尊稱為馬明王、馬明菩薩。

又據《搜神記》，晉時吳縣一帶又有供一婦人為蠶室之神
者，不知與馬頭娘有何關係？姑附錄於此。

青 衣 神

《華陽國志》卷三：

周失綱紀，蜀先稱王，有蜀侯蠶叢，其目縱，始稱王。死作
石棺石椁，國人從之。

《三教源流搜神大全》卷七：

青衣神，即蠶叢氏也。按傳蠶叢氏初為蜀侯，後稱蜀王，嘗
服青衣，巡行郊野，教民蠶事。鄉人感其德，因為立祠祀之。祠
廟遍於西土，罔不靈驗，俗概呼之曰青衣神。青神縣亦以此得名。

《集說詮眞》：

《重增搜神記》載：青衣神即蠶叢氏也。按傳蠶叢氏初為蜀

青衣神

侯，後稱蜀王。嘗服青衣，巡行郊野，教民蠶事。鄉人感其德，因爲立祠祀之，罔不靈驗。俗皆呼之曰"青衣神"。

按：先蠶係始蠶之人，擬即青衣蜀王，蓋古之肇興蠶織者。

〔案〕青衣神，即蜀地先王蠶叢氏。此爲四川地方之蠶神。

蠶 姑

《古今圖書集成・神異典》卷四九引《山西通志》：

殘苦廟，在曲沃縣西北關。舊志云：介之推從重耳出亡，追者甚急，推以其子林代死。後重耳入晉，推妻幷林妻尋推至此，聞焚死於綿山，二人投井而死。鄉人立廟。後訛爲蠶姑廟。

【案】此乃山西之地方性蠶神。其起源亦頗可笑，可與杜十娘、冉伯牛相比美。

蛇　王

《文獻通考·郊社考》二三：

顯靈廟在安陵東北，舊有蛇王祠。景德四年賜名。

《集説詮眞》：

《清嘉錄》載：四月十二日爲蛇王生日，進香者駢集於婁門（江蘇蘇州府城東北門）內之廟，焚香乞符，歸粘戶牖，能遠蛇毒。

錢希言《獪園》：蛇王廟在婁門外。蓻門捕蛙者，祭獻其中。廟旋廢，不知何年重建於婁門內，祭賽者不獨捕蛙船矣。

錢思元《吳門補乘》：蛇王廟，在婁門內，前殿塑蛇將軍，特假蛇耳。或相傳蛇王爲方正學，正堪噴飯。

《閩雜記》載：福建漳州府城南門外，有南台廟，俗稱蛇王廟。其神乃一僧像。《府志》及《龍溪縣志》皆不載，不知其所自始。相傳城中人有被蛇噬者，詣廟訴之，其痛自止，隨有一蛇或腰斷路旁，或首斷在廟中階廡間，俗謂蛇王治其罪也。唯林野間被噬者訴之不驗。

《破除迷信全書》卷十：

蛇爲有毒的爬蟲，本是最爲害人之物，所以人常常對於蛇露出一番驚懼之心。俗語說："一次被蛇咬，百年怕井繩。"又說："打草驚蛇"，"杯弓蛇影"。可知世人的心理，對於蛇的懼怕心，是無微不至了。按世人的心理，對於所怕的就要奉以為神，所以蛇本是人的仇敵，却是反要對牠望風而拜，稱為蛇神，真是不可思議的。據《拾遺記》上說："當初大禹鑿門龍山遇見一位神，身子如同蛇，面孔如同人；大禹於是親親熱熱的和他交談了一回。那位神隨指示禹八卦之圖，列在金版之上，又探出玉簡來交給禹，以合於十二時之數，使禹按之可以量度天地。大禹得到這些寶物，這才完成他平定水土的大功。至於要問這個蛇首人面的神是誰呢？原來乃是伏羲皇帝。"其實大禹治水，三過其門而不入，原是用的一片勞苦功夫，何嘗是仗著蛇神的扶佐呢？

古時又有以蛇為國家的妖孽的，即如《左傳》上說："起先有內蛇與外蛇在鄭國南門中戰鬥，內蛇受傷而死，住了六年，有厲公闖進鄭國，鄭公聽見這個事情，遂問道申繻說：難道還有蛇妖，以致使厲公得進來麼？"這是以為強敵來攻，是由蛇招來的；其實不修武備德政，予敵人以可乘之機，那有什麼蛇妖呢？

附：施相公

《集說詮真》：

《松江府志》載：施相公，相傳宋將軍施全，又云施諤。按《至元嘉禾志》施府君，宋人，名伯成，九歲為神。景定五年敕封靈顯侯。明敕封護國鎮海侯，所在立廟，甚著靈應。

《清嘉錄》曰：按《華亭縣志》載：施相公諱諤，宋時諸生，山間拾一小卵，後得一蛇，漸長，遷入笥。一日施赴省試，蛇私出乘涼。衆見金甲神在施寓，驚呼有怪，持鋒刃來攻，無以敵。
聞於大僚，統兵殛之，亦不敵。施出闤，知之，曰：此吾蛇也，
毋患。叱之，奄然縮小，俯而入筒。大僚驚曰：如是，則何不可
爲？奏聞，施立斬。蛇怒，爲施索命，傷人數十，莫能治。不得
已，請封施爲護國鎮海侯。侯嗜饅首，造巨饅祀之，蛇蜿蜒其上
以死。至今祀者，盤蛇像於饅首（俗呼盤龍饅頭），稱侯曰相公云。

　　【案】在中國古代的動物神中，蛇具有特殊的地位。《山
海經》中許多神靈都是蛇首或蛇身（參見《中國古代宗教初探》）。
漢代畫像中，不少神話人物如女媧、伏羲等皆爲蛇身。即如
最著名的動物神——龍，實亦與蛇的形象有密切關係。玄武
神的形象，最初即被認爲是龜、蛇。這大約是因爲對古人來
說：蛇具有極可怕的威力，所以人們不僅將其神化，而且以
他爲神力的象徵。在民間流傳的神話故事中，有許多是有關
蛇神的。人們在崇敬、畏懼之餘，又希望有神能控制蛇的行
動，不要加害於人類。所以宋以來各地建起了蛇王廟。至於
蛇王爲誰，則莫知其詳。吳地有謂其爲方正學者，閩地有塑
僧像爲蛇王者，說明蛇神亦已完全人化了。

青 蛙 神

《茶香室四鈔》卷二十：

元吳師道《敬鄉錄》云：（福州）有玉蟾大王廟，在子城上。時見白玉蟾，形大小不異，威靈甚厲。

按：白玉蟾世所稱仙人也。相傳其人姓葛名長庚，白玉蟾乃其別號，與此玉蟾大王未知是一是二。余疑此所謂玉蟾大王廟，乃近世所奉青蛙神之類，而又疑仙家白玉蟾亦即此神。

《列仙全傳》卷八：

葛長庚，宋瓊州人。母以白玉蟾名之，應夢也。年十二，應童子科。後隱居於武夷山，號海瓊子。事陳翠虛，九年始得其道。蓬頭跣足，一衲弊甚。喜飲酒，未見其醉。博洽儒書，出言成章，文不加點。大字草書，若龍蛇飛動，兼善篆隸，尤妙梅竹。常自贊云：“千古蓬頭跣足，一生服氣餐霞，笑指武夷山下，白雲深處吾家。”雷印常佩肘間，祈禳則有異應，時言休咎，警省聾俗。嘗在京都游西湖，至暮墮水，舟人驚尋不見。達旦，則玉蟾在水上，猶醺然也。一日有持刀追脅者，玉蟾叱之，其人刀自墮而走。玉蟾招之曰：“汝來，勿驚。”以刀還之。時稱玉蟾入水不濡，逢兵不害。宋嘉定中，詔征赴闕，對御稱旨，命館太一宮，一日不知所往。後每往來名山，神異莫測。詔封紫清明道眞人，所著有《上清》、《武夷》二集，行于世。

《鑄鼎餘聞》卷四：

《金溪縣志》載：創縣時，堪輿楊文愿立三廟以禳瘟疫，北爲天符，南爲太紫，中爲水門，廟廟有神物，號青蛙使者，頗著靈爽。邑不通水道，歲端午于陸地竟渡，數十人負一舟，植木其上，其巓如屐狀，高者至數十尺，立人于木末爲戲，亦文愿設以御災，而使者實主其事。又云：水門廟所祈使者，形即青蛙，背上金星七。好事者以錫作盆，置金椅于內，閉以錫蓋，去來自如。相傳開縣時作官舍，取土深數丈得之。神爲人言，云掌邑中五瘟使者，故祀于此。康熙甲寅春，有大蛇自神龕出，唻使者，還吐出，若支解然，既又復故。觀者盈廟門，蛇不爲動。三日乃去。既去，使者坐椅上如常。未幾，土賊楊盆茂據城。識者以是爲兆。康熙壬申，侯官毛公翼坦來守是邑，首禁龍舟，爲疏詣廟，與使者對坐，告曰："使者既爲一邑主，毋好戰龍舟，費吾百姓錢。吾爲令；使者不得瘟吾百姓。"使者自是潛其形，瘟氣亦絕。公去，使者乃來廟中，戰龍舟亦如故。其邑人李元復著《常談叢錄》云：三廟神像，皆肖人形，作紫黑面不一，眞形即蛙也。居天符廟者，號爲火眼金睛。伏椅上，肥大可重三四兩，色嫩綠。項至尻有雲紋如沙糖色，即俗所謂背上七星者，其實不似也。腹下紫色，足三肉爪，如人指，淡黃色，爪端各出橫肉分許如量概形。後又見三使者，皆在瓷盤，盛水居之，大小不一，竟無前者之形相。一小者身僅長寸餘，而爪端若枯竹枝，槎櫟岐出者，幾長與身倍，此尤異也。或祀以酒，竟能吸飲逾時，體稍變赤，如醉狀。

國朝董含《三岡識略》卷四云：撫州金溪縣近郭，有一蛙，狀貌絕大，猙獰可畏。據土人云：自東晉時即見之，漸著靈異，商賈祭禱，獲利必倍，病者祀之立瘥。邇來仕宦此地，亦必虔謁，因其號爲青蛙使者。其隱見無常，有終身不得一見，亦有一人屢遇者。夫蛙之爲物，最冥頑不靈，乃能歷千餘年，誕著詭異，至士大夫亦從而拜之，可怪也已。

《集說詮眞》：

《印雪軒隨筆》載：杭州崇奉青蛙神甚虔，祠中青蛙神座，高僅數寸，大不盈掌。凡神之游人家，在杭州必具鼓樂送之歸，富者加以演劇。人家視神之色以卜休咎，大抵黑則主凶，碧則主吉，恒一日數變，謂之換袍云。

《閩雜記》載：浙江杭州府湧金門內金華將軍廟，本祀吳越將曹杲（《萬姓統譜》：曹杲，直隸眞定府人，仕吳越錢氏，爲金華令，平叛兵有功，擢守婺。後錢氏入朝於宋，委以國事，杲卽城隅浚池，曰湧金。旣歿，民德之，立祠池上）。俗亦僞爲青蛙。福建延平府城東，亦有青蛙廟。相傳神宅在府學泮池旁，嘗降乩，言本唐末武臣，死黃巢之難者。其形時大時小。所至之家，必多喜慶。若止廟祉官衙，亦主地方安稔。其止處喜高潔，尤喜在堂壁間，以淨器拜而延之，輒躍入正坐。嗜燒酒，注滿器中，少頃漸盡，兩頰有紅暈，則神醉矣。又嗜看戲，且能自點，以紅單書戲目，必周視，足蘸酒濺之，或一二齣，或三四齣，人謂多點，爲歆其祀也。一日蛙神出游，止鳳仙花葉上，見其身大如順、康錢，背色綠潤若可鑒，腰間金紋一縷，灼爍有光，腹下紅白色，目眶亦有金圈，睛如點漆，灼灼瞪視。掬置茶盂中，以蓋蓋之，旋視之，則盂空矣。人謂此青蛙將軍也。去來莫測，雖扃鐵匣，亦能自逸也。

《聊齋志異》載：江漢之間，俗事蛙神最虔，祠中蛙不知幾百千萬，有大如籠者，蛙游几榻，甚或攀援滑壁不得墮，人恒斬牲禳禱之。

【案】以為青蛙有神靈之觀念，亦由來已久。唐張讀《宣室志》中，已有蛙怪幻化為人形之記載。元明時傳說有仙人葛長庚，宋時人，號白玉蟾。民間又有玉蟾大王廟，時有大小蛙出入，則亦人化之青蛙神耳。明清兩代，江南地區青蛙神之祀極為盛行，《聊齋志異》中有大量生動描述。諸青蛙神廟所塑神像，多肖人形，所供真形則為蛙。然又常有謂其前身為人鬼者。要之，江南所信仰之青蛙神，其職能已社會化，能禍福人，知休咎，其性格亦類人，其形象則仍保留動物之特徵耳。

驅 蝗 神

《夷堅支志》甲卷一：

紹興二十六年，淮、宋之地將秋收，粟稼如雲，而蝗蟲大起。未幾，有水鳥名曰鸑，形如野鶩而高且大，脰有長嗉，可貯數斗物，千百爲群，更相呼應，共啄蝗。才旬日，蝗無子遺，歲以大熟。徐、泗上其事于虞廷，下制封鸑爲護國大將軍。

《古今圖書集成·神異典》卷五十：

《江南通志》：蒲神廟，廟在海州石湫鎮漣河西岸，凡遇蝗蝻，有禱必應。

《通俗編》：

汪沆《識小錄》：相傳神劉銳，即宋將劉錡弟，歿而爲神，驅蝗江淮間有功。本朝雍正十二年，詔有司歲多至後第三戌日及正月十三日致祭。

《柳南隨筆》卷二：

南宋劉宰漫塘，金壇人。俗傳死而爲神，職掌蝗蝻，呼爲"猛將"。江以南多專祠。春秋禱賽，則蝗不爲災，而丐戶奉之尤謹，殊不可解。按趙樞密蔡作《漫塘集序》，稱學術本伊、洛，文藝過漢、唐。身後何以不經如此，其爲後人附會無疑也。

《鑄鼎餘聞》卷三：

《畿輔通志》云：劉猛將軍，名承忠，廣東吳川人，正月十三日誕辰（雍正十二年，詔有司歲冬至後第三戌日及是日致祭）。元末官指揮，有猛將之號，江淮蝗旱，督兵捕蝗盡死。後因元亡，自沈于河，土人祠祀之。《怡庵雜錄》曰：景定四年，上敕封劉錡爲揚威侯天曹猛將之神，蝗遂殄滅。而汪沆《識小錄》則又云猛將名銳，乃錡之弟。考《宋史·劉錡傳》有侄曰汜，無弟曰銳之文（馮班《揚威侯廟詩》自注曰：廟祀揚威侯劉信叔，又似是其字。蓋揚威侯係神始封之號，後改爲吉祥王）別有劉銳，端平三年知文州，死元兵難，詔立廟，賜謚。疑即此神矣。然廟當在陝西，不當在吳地。或又以爲劉鞈，字仲偃，欽宗時以資政殿學士使金，不屈死，然亦不當祀于吳地也。或又以紹興中進士金壇劉宰字平國者當之。然本傳不載捕蝗事，且尉江寧時，息巫風，禁妖術，居鄉白于有司，毀淫祠八十四所，未必歿而廟食斯民也。備此俟再考。

《集說詮眞》：

《如皋縣志》載：劉猛將軍，即宋將劉錡，舊祀于宋。以北直、山東諸省常有蝗蝻之患，禱于將軍，則不爲災。

《蘇州府志》載：劉猛將軍，姓劉名銳，即宋將劉錡弟。歿而爲神驅蝗（按《宋史》高宗紹興三十一年，劉錡以疾罷，以劉銳權鎮江都統制）。

《柳南隨筆》載：劉宰漫塘（按《宋史》劉漫塘名宰，字平國。

江蘇鎮江府金壇縣人。光宗紹熙元年舉進士，歷任州縣有能譽。理宗以爲籍田令。明敏仁恕，施惠鄉邦。毀淫祠八十四所。及卒，鄉人罷市走送，袂相屬者五十里）金壇人。俗傳死而爲神，職掌蝗蝻，呼爲猛將。

《清嘉錄》曰：劉猛將軍，相傳神能驅蝗。初名揚威侯，加封吉祥王。《怡庵雜錄》以爲宋名將劉武穆錡，而《姑蘇志》又云猛將名銳，乃錡之弟，嘗爲先鋒陷敵前，及考《宋史‧劉錡傳》有姪曰汜，無弟銳之名。又《宋史》自有劉銳，端平三年知文州，死元兵難，詔立廟賜諡。疑卽此神（按《宋史》劉銳知文州，理宗嘉熙元年，北兵來攻。銳拒守二月餘，援兵不至，自度不免，集其家人，盡飲以藥，皆死。乃聚其屍焚之，銳自刭死）。然文州今陝西文縣，則又與吳地無涉。今俗作劉鞈，鞈字仲偃，宋欽宗時，以資政殿學士使金營，不屈死，爲神固宜（按《宋史》，劉鞈，福建建安府崇安縣人。欽宗靖康元年金人南寇，京城不守。鞈使金營，金人欲留用，鞈不屈，自縊。賜諡忠顯）。但又不宜祀于吾地。則以劉武穆錡或其弟銳爲近是。

《歙縣志》載：劉猛將軍名承忠，吳川（卽直隸河閒府吳橋縣）人。元末授揮使，弱冠臨戎，兵不血刃。運江淮千里，飛蝗遍野。揮劍追逐，蝗飛境外。後鼎革，自沉于江。有司奏請，遂猛將軍號之。

按：驅蝗神猛將軍，或稱爲宋高宗時之劉錡、劉銳，理宗時之劉銳，光宗時之劉漫塘，欽宗時之劉仲偃，或稱爲元末之劉承宗，要之均非能驅蝗者也。《三岡識略》曰，康熙間，湯公斌撫吳，以俗祀猛將，荒誕不經，奏請嚴禁，奉旨淫祠濫祀著勒碑永禁。數百年惡俗，一朝而革。

附：蟲　王

《清朝續文獻通考・群祀考》二：

（咸豐）八年諭：載華等奏松蟲尙未淨盡，擬加添兵役搜拿，據稱自七月二十日起，一月未見雨澤風水，圍墻內松蟲漸熾，甫拿復生，人力難勝，擬于蟲王廟叩禱等語。該處既有蟲王廟三楹，素昭靈爽，自應一面虔祈，一面竭盡人力，添派差役，擇蟲嚙較重樹株，上緊搜拿，務將松蟲捕捉淨盡，毋留餘孽。至蟲王廟何時起建，并無案卷可據，未知崇祀何人，見供神像如何服飾。著載華等查明具奏。嗣以東陵蟲王廟疊著靈爽，命改爲五神祠，頌御書扁額。

【案】在中國古代，蝗蟲爲農作物之大敵。人們疾之旣深，在當時條件下，又無力抗拒其害，遂寄希望於神靈。如金代安徽、江蘇一帶曾遭蝗害，幸而大群飛鳥啄蝗爲食，朝廷遂封其鳥爲護國大將軍。淸初海州有蒲神廟，傳說也能除蝗。然明、淸時各地多信仰劉猛將軍，謂其驅蝗有神效。然其神究係何人，傳說甚多，也不必一一考核。康熙間湯斌曾以爲其俗荒誕不經，請旨嚴禁。然民間旣驅蝗無術，不得不乞靈於神，信仰不衰。至雍正朝，遂正式列入祀典。

庚　編

醫　王

藥　王

三　皇
扁　鵲
孫思邈
韋慈藏　韋善俊　韋古道　（韋老師）
藥王菩薩
　　　附：高元帥

蒼　頡

姜太公

二郎神

李　冰
李二郎
張仙（孟昶）
趙昱（清源妙道眞君）
楊二郎（楊戩）
鄧　遐
二郎獨健

糊塗（狐突）

二徐眞君（金闕、玉闕上帝）

岳　飛

金元七總管

黃道婆

小　敍

自然崇拜之外，鬼魂崇拜是原始宗教的另一主要組成部份。

在遠古時代，人們還完全不知道自己身體的構造，並且受夢中景象的影響，從而逐漸產生了靈魂不滅的觀念（詳見《原始宗教》、《中國古代宗教初探》）。古人認爲，靈魂只是寄居於人的軀體，當人睡覺、做夢時，它就會離開軀體而活動。這種觀念發展到後世，又被道教所利用，所謂“三尸神”，即由靈魂觀念發展而來。

古人又認爲，人死以後，靈魂依然存在，這就是鬼魂。鬼魂無影無形，可在暗中活動，能依憑于人，也能變化形態，從而就具備了超人的能力，能禍福于人。人們對鬼魂既恐懼，又崇拜。據《禮記·祭法》，天子七祀中有泰厲，諸侯五祀有公厲，大夫三祀有族厲。注引《春秋傳》曰：“鬼有所歸，乃不爲厲。”疏曰：“曰泰厲者，謂古帝王無後者也。此鬼無所依歸，好爲民作禍，故祀之也。”“曰公厲者，謂古諸侯無後者。”“曰族厲者，謂古大夫無後者鬼也。”《左傳》昭公七年：子產曰：“匹夫匹婦強死，其魂魄猶能憑依于人，以爲淫厲。”人們認爲，世間的災難，尤其是疾病，不少是由於鬼魂作祟，所以有疫鬼等傳說流行。後世的痘神等信仰，就是由此發展而來的。

人們在懼怕鬼魂之餘，又希望有善鬼能出來保護他們不受邪惡的侵害。他們首先寄希望於自己的祖先，認爲他們的鬼魂由於血緣親族的關係，將會保護自己的子孫後代。由此而發展起來的祖先崇拜，在宗法制度、宗法觀念發達的舊中國，延續了相當長的時間，直至現代，仍有相當大的影響。鬼魂崇拜和祖先崇拜發展到一定階段以後，某些著名的部落領袖，在戰鬥中功勛卓著的英雄勇士，在生產活動中有過重大貢獻的名人，人們因他們生前強而有力，品德高尙，就認爲他們死後的鬼魂也是善良而強有力的，也列爲崇拜對象。到了春秋、戰國時期，這類信仰被稱爲人鬼信仰，與天神（包括至上神及天體、氣象諸神）、地示（包括土地山川諸神）鼎足而三，成爲當時宗教活動的三大支柱之一。人鬼信仰中的歷史名人信仰繼續發展，逐步脫離宗法部族的藩籬，成爲某一地區甚至全國人們所信仰的保護神，從而由人鬼成爲人神。即使在原始宗教消亡以後的漫長的中國封建社會中，這種信仰仍十分盛行。歷代的著名歷史人物，死後都曾先後受到世人的神化。在本編中所收錄的，只是其中一部份影響範圍較大、神化現象較爲突出的人神。

　　原始人類不僅認爲有鬼魂，而且認爲鬼魂也有其生活的世界，也像人類一樣構成一定的社會。原始宗教消亡以後，這種關於鬼魂世界（中國人習稱陰間或冥間）的觀念與鬼魂觀念一起，被後世的人們繼承下來。只是關於陰間的社會形式、鬼魂之間的關係，歷代的人們都是根據當時自己所看到的社會現實加以虛構的。不僅如此，人們由於在現實生活中無力伸張正義、懲罰邪惡，於是幻想死後的鬼魂將被取消生前的階級、等級差別，而是平等地接受陰間主宰之神的審判，按其生前的表現分別得到補償或受到懲罰。至於陰間的主宰，東漢以後是由自然神——泰山神擔任的。其官稱及陰司（陰間官府）的組織形式，皆以漢代官府爲模式（參見東岳條）。佛教影響擴大以來，輪回、來世、地獄等觀念深入人心，于是地藏王、閻羅王等信仰興起。隋唐以來，世人多以爲冥王、冥官也如陽世一樣，定期輪換。雖然擔任其職的多是正直剛強之士，但有時亦如人世一樣，賄賂公行，黑暗腐敗。總之，各個時代的人們對冥間的想像，都是以其所生活的現實社會爲背景的，都投射下封建專制統治的影子。

三　尸　神

《重修緯書集成》卷六《河圖紀命符》：

人身中有三尸。三尸之爲物，實魂魄鬼神之屬也。欲使人早死，此尸當得作鬼，自放縱游行，饗食人祭醮。每到六甲窮日，輒上天白司命，道人罪過，過大者奪人紀，小者奪人算。故求仙之人，先去三尸，恬淡無欲，神靜性明，積衆善，乃服藥有益，乃成仙。

《抱朴子·微旨》：

《易內戒》及《赤松子經》及《河圖紀命符》又言身中有三尸（注：上尸、中尸、下尸也。三尸之神居三丹田）。三尸之爲物，雖無形而實魂靈鬼神之屬也。欲使人早死，此尸當得作鬼，自放縱游行，享人祭酹。是以每到庚申之日，輒上天白司命，道人所爲過失。

《酉陽雜俎·前集》卷二：

庚申日，伏尸言人過；本命日，天曹計人行。三尸一日三朝：上尸清姑，伐人眼；中尸白姑，伐人五臟；下尸血姑，伐人胃。命亦曰玄靈。又曰：一居人頭中，令人多思欲，好車馬，其色黑；一居人腹，令人好食飲，恚怒，其色青；一居人足，令人好色，喜殺。七守庚申三尸滅，三守庚申三尸伏。

《神異經·西北荒經》：

西北荒中有小人，長一分，其君朱衣玄冠，乘輅車馬，引為威儀。居人遇其乘車，抓而食之，其味辛，終年不為口所咋，並識萬物名字，又殺腹中三蟲。三蟲死，便可食仙藥也。

《宣室志》卷一：

夫彭者，三尸之姓，常居人身中，伺察其罪，每至庚申日，籍于上帝。故凡學仙者，當先絕其三尸，如是則神仙可得。不然，雖苦其心，無補也。

《宋東京考》卷三六：

凡人身中有三尸神，常以庚申日乘人寐時，將本人罪過奏聞上帝，滅其祿命。上尸名彭踞，中尸名彭躓，下尸名彭蹻。每遇庚申日守夜不寐，則三尸不得上奏。

《茶香室三鈔》卷十九：

宋孟元老《東京夢華錄》云：保康門外新建三尸廟。按三尸有廟亦奇，未知即道家所謂三尸否。

《歷代神仙通鑒》卷八：

欲作地上眞人，必先服藥，除去三尸，殺滅穀蟲。三尸者，一名青姑，伐人眼，令人目暗面皺，口臭齒落。二曰白姑，伐人五臟，令人心耗氣少，善忘荒悶。三名血尸，伐人胃管，令人腹輪煩滿，骨枯肉焦，志意不開，所思不得。

【案】所謂三尸（亦稱三蟲），并非實有其物其形，本為漢代神仙家方士所創，初以為魂魄之類。其不同於普通靈魂之處，是它雖寄居人身，却非本人之靈魂，而是如灶神一樣，代表上帝，負有監察之職，居司命之神位。古人對人體的生理結構不清楚，對於疾病及種種欲念、情感之由來困惑不解，遂以為皆三尸所為。至唐以後則此無影無形之魂魄亦人神化，編造姓氏，稱為神，甚至立廟祀之。這種信仰主要在道教中流行。直至全國解放前，各封建會道門中仍有"守庚申"之舉，即於庚申日晝夜不眠，持經誦咒，意在防止三尸神離開人體，上天告狀。"守庚申"者持之以恒，則三尸自去，即所謂"七守庚申三尸滅，三守庚申三尸伏"是也。

瘟　神

《重修緯書集成》卷六《龍魚河圖》：

歲暮夕四更，取二十豆子，二十七麻子，家人頭髮少合麻豆，著井中，祝敕井吏，其家竟年不遭傷寒，辟五溫鬼。

《獨斷》：

帝顓頊有三子，生而亡去，爲鬼。其一者居江水，是爲瘟鬼；其一者居若水，是爲魍魎；其一者居人宮室樞隅處，善驚小兒。故命方相氏黃金四目，蒙以熊皮，玄衣朱裳，執戈揚盾，常以歲竟十二月，從百隸及童兒而時儺，以索宮中，毆疫鬼也。

《搜神記》卷十六：

昔顓頊氏有三子，死而爲疫鬼：一居江水，爲虐鬼；一居若水，爲魍魎鬼；一居人宮室，善驚人小兒，爲小鬼。於是正歲命方相氏，帥肆儺以驅疫鬼。

《搜神記》卷五：

初有妖書云："上帝以三將軍趙公明，鐘士季，各督數鬼下取人。"

《夷堅志三補》：

　　長沙士俗率以歲五月迎南北兩廟瘟神之像，設長杠與几三
丈，奉土偶於中。惡少年奇容異服，各執其物，簇列環繞，巡行
街市。竟則分布坊陌，日嚴香火之奠，謂之“大伯子”。至於中
秋，則裝飾鬼社送之還，爲首者持疏詣人家哀錢給費。士子楊伸
字居之者，處夜市橋側。淳熙戊申之秋，與親友酌酒小集書室，
聞外間大呼扣門甚急，驚起詢之，乃社首耳。伸平生不篤信鬼神
之說，且怒非急務而暮夜相恐，拒而不對。是夕，夢有客通刺來
謁，整衣出迎，見五人列坐于廳上，視其狀，則廟中神也，亦未
以爲怪。趨與之揖，展敍寒暄，與世人無異。就席款語，劇談文
章，貫引經史，皆亹亹有理致。適伸常時胸次所欲剖決者，不覺
悚聽，方默念其所以爲神聰明過人蓋如此，恍然而寤。且喚妻子
言：“疇昔之夜，吾有阻抄疏之意，故示夢以見警，神明豈可欺
哉！”冠櫛之次，社首復來，亟爲助力集錢，自是始知加敬。伸
嘗與癸卯舉籍。

《夷堅志補》卷二五：

　　南城人陳唐與其弟霆皆以不善著于鄉里。慶元二年秋，其侄
子損夢爲官所逮，及至，則城隍廟也。王冠服正坐，追者抗聲白
曰：“追到陳唐子損。”知爲誤，即仰訴曰：“子損是陳唐之侄，
恐非合來。”王令說平生踪迹，且言父祖名字及今歲書館之處，
辯數甚至。王顧左右曰：“此豈細事，誤矣！誤矣！”命放還。
子損寤，與友生鄭景文說，爲唐憂。已而唐亦夢到城隍廟，其問
略同，就令原追吏押赴張大王廟。唐隨以往，即夢覺，以告妻

子，極惡之。張王者，非廣德祠山之神，蓋主瘟部者。越數日，
闔門大疫，唐、霆同時七竅流血死。唐母、妻、霆子及家人婢
僕，姻戚往來，治平寺二尼，巫闇生爲治病者，凡二十輩牽致率
死。

《三教源流搜神大全》卷四：

　　昔隋文帝開皇十一年六月內，有六力士現於凌空三五丈，于
身披五色袍，各執一物。一人執杓子幷罐子，一人執皮袋幷劍，
一人執扇，一人執錘，一人執火壺。帝問太史居仁曰：“此何神？
主何災福也？”張居仁奏曰：“此是五方力士，在天上爲五鬼，
在地爲五瘟，名曰五瘟：春瘟張元伯、夏瘟劉元達、秋瘟趙公明、
多瘟鐘士貴、總管中瘟史文業。如現之者，主國民有瘟疫之疾，
此爲天行時病也。”帝曰：“何以治之而得免矣？”張居仁曰：
“此行病者，乃天之降疾，無法而治之。”於是其年國人病死者
甚衆。是時帝乃立祠，于六月二十七日詔封五方力士爲將軍。青
袍力士封爲顯聖將軍，紅袍力士封爲顯應將軍，白袍力士封爲感
應將軍，黑袍力士封爲感成將軍，黃袍力士封爲感威將軍。隋、
唐皆用五月五日祭之。後匡阜眞人游至此祠，即收伏五瘟神爲部
將也。

《封神演義》九九回瘟部正神：

　　封呂岳爲主掌瘟瘟昊天大帝，率領瘟部六位正神。

《茶香室叢鈔》卷十六：

國朝徐瀛《旃林紀略》云：二月十九日送瘟神，又名打牛魔王。相傳西藏係瘟神地方，經達賴坐床後即驅逐之。故歷年預雇一人，扮爲瘟神。是日大詔前變官及兵均如揚兵狀，一人扮達賴喇嘛，與扮瘟神者先後至。扮達賴者鋪墊坐詔前，與一戴鬼頭之法師對坐。須臾瘟神出，面塗黑白，與達賴互相詰難，詞屈，復賭擲骰。達賴之骰以象牙爲之，面面皆六，三擲皆盧。瘟神之骰以木爲之，面面皆么，三擲皆梟。負而色赧，意欲另鬥法術。達賴與法師及揭諦神斥其非，瘟神不行，即遣五雷立逐，乃去，送至河干。

按《旃林紀略》所紀皆西藏事，茲錄其一則。所謂大詔者，廟名也。又有小詔，並建自唐時。揚兵亦彼地送祟之名，每歲正月二十四日爲之。

【案】瘟疫，古人或單稱瘟、疫，爲古時多種烈性、急性傳染病的通稱。因其發作快，傳染也快，後果嚴重，古人對之恐懼至極，又無法抗拒，遂認爲由惡鬼主之，并稱其鬼乃顓頊帝之三子。《素問·刺法論》：“五疫之至，皆相染易，無問大小，病狀相似。”所以又稱爲五瘟鬼，後世塑瘟神像，遂多設五像。自晉以後，世人又傳說趙公明等代上帝至人間降瘟，故隋唐時民間有以趙等爲五瘟神之說。道教移此五瘟神爲匡阜真人之部將。宋時又有張大王主瘟部說，明小說以呂岳爲主瘟大帝，掌瘟部六神。凡此諸神皆人鬼也。然西藏之俗，又有以瘟神爲牛魔王，則當自動物神演變而來。

痘 神

《三教源流搜神大全》卷五：

　　山東寧海縣有張姓名純，帥乃父也。母黃氏夢金甲神而生帥，因名健。誕于則天癸卯歲八月癸卯日酉時。帥幼而聰俊，長而神清，貌似靈官，美髭。精鑒史，由科第官至刺史，深諳人間事，耳聽政，口辯冤，筆僉禁，立斷而民不冤焉。且仁直剛義。時上鍾意于年少俊士，詔貢以千計，選應蓮花不給之役。帥恥之，以時多痘疫無中選者報。國人賴以安焉，作生祠而祀之。玉帝以爲不曲不阿，忠之屬也，且才辯于給，健之屬也，直以飛捷報應之職帥之，以共天門，寄心膂，又褒以盡忠，錫以瘟錘，加以二郎金盔，以兼理麻痘役，專以保童，爲司命之官也。作福者詳之。

《封神演義》九九回：

　　封余化龍爲主痘碧霞元君，率領五方痘神。

《集說詮眞》：

　　《封神演義》載：痘神係余化龍曁其五子達、兆、光、先、德也。余化龍仕于商紂朝，爲潼關之主將。當姜子牙伐商，至潼關安營，化龍率其子達、兆等拒敵，受傷敗走。余德遂暗用妖術，乃于夜間將五斗毒痘向周營撒播，武王、子牙以及合營兵衆，俱忽染痘疹。惟有武將楊戩適外出，未遭侵染。子牙遣楊戩往火雲洞求伏羲賜丹救治，伏羲囑神農給發仙丹三粒，曰：“一粒救武王，一粒救子牙，一粒用水化開，在軍前四處散洒，痘毒自然消滅。”楊戩回營，如法行之，霎時間合營全癒。子牙見衆兵臉上各有疤痕，大怒，即進兵破關洩恨。余化龍率領五子，出關迎敵，未及數合，五子俱被打死。化龍見五子俱亡，遂伏劍自刎。迨姜子牙克商後，封余化龍爲主痘元君，其子達爲東方主痘正神，兆爲西方主痘正神，光爲南方主痘正神，先爲北方主痘正神，德爲中央主痘正神。

《鑄鼎餘聞》卷三：

湖北黃岡縣志云：明代柳夫人，齠年遭賊刃，無所傷。稍長，好道家言。適龍氏，有子。父諱正，謀抗明兵，力阻不聽，與婿俱敗死，家俘焉。洪武初，夫人溯舟江上，至武磯，愛其林巒川渚，請地于官，許之。有老叟袖書一卷授之。時將軍鄧愈討蘄陽，微服雜衆人中往見，夫人獨指之曰：“將軍何不與耶？且將軍毋輕敵，有難吾當助之。見群鴉冲陣，則吾來也。”愈進兵，果敗，忽鴉聲□□而過，見夫人緋衣躍馬，風霆陡作，沙石如射，遂克蘄陽。事聞，賜封妙應夫人，建生祠武磯上。年九十餘卒。今舟商祭之，曰水神。鄉人以爲痘神，皆祀之。

《鑄鼎餘聞》卷三：

國朝施鴻保《閩雜記》卷四云：福州登瀛橋旁珠媽廟，道光甲申初建。時土工鄭高上墻跌死。廟成，塑總管神像于廡間，因神必有姓名，以乩問之，乩書“鄭高”二字，即土工也。跌死之處，正其塑像處。是像未有而其精氣已先在矣，非偶然也。珠嬤廟神爲劉姓，亦稱娘娘。娘娘蓋痘神也。今已移建左營司巷，原處改建文昌宮矣。

【案】痘，也是一種傳染病，古人亦懼之如神，遂神化之。然各地所奉皆異，姑羅列於上。

方　　相（開路神　險道神）

《周禮·夏官》：

方相氏，掌蒙熊皮，黃金四目，玄衣朱裳，執戈揚盾，帥百隸而時儺，以索室毆疫。大喪，先匶（即柩）。（疏：“喪所多凶邪，故使之導也。”）及墓入壙，以戈擊四隅，毆方良。（注：“方良，罔兩也。”）

《後漢書·禮儀志中》：

先臘一日，大儺，謂之逐疫。其儀：方相氏黃金四目，蒙熊皮，玄衣朱裳，執戈揚盾。十二獸有衣毛角。中黃門行之，冗從僕射將之，以逐惡鬼于禁中。（喪禮）大駕，方相氏立乘四馬先驅。

《事物紀原》卷九：

《軒轅本紀》曰：帝周游時，元妃嫘祖死于道，令次妃姆嫫監護，因置方相，亦曰防喪。此蓋其始也。俗號險道神，抑由此故爾？《周禮》有方相氏狂夫四夫，大喪先柩，及墓入壙，以戈擊四隅，毆方良。故葬家以方相先驅。

《宋朝喪葬令》有方相魌頭之別，皆是其品所當用，而世以四目爲方相，兩目爲魌頭，按漢世逐疫用魌頭，亦《周禮》方相之比也。方相氏蒙熊皮，黃金四目，以索室毆疫。鄭注云：如今魌頭是也。疑自漢始云。

《古今圖書集成・神異典》卷四十引《賢奕》：

軒轅黃帝周游，元妃累祖死于道，令次妃好嬪監護，因置方相以防夜，蓋其始也。俗名險道神、阡陌將軍，又名爲開路神。

《歷代神仙通鑒》卷二：

（黃帝）召募長勇人方相氏，執戈防衞，封阡陌將軍。（後死爲險道神，一曰開路神。帝證果，召爲雷部健兒。善走，能與雷相疾。號曰“律令”。。咒云“急急如律令”，謂此。）

《三教源流搜神大全》卷七：

開路神君，乃是《周禮》之方相氏是也。其神身長丈餘，頭廣三尺，鬚長三尺五寸，鬚赤面藍，頭戴束髮金冠，身穿紅戰袍，腳穿皂皮靴，左手執玉印，右手執方天畫戟，出柩以先行之，能押諸凶煞惡鬼藏形，行柩之吉神也，留傳之于後世矣。

《集說詮眞》：

《封神演義》載：開路神，乃方相也。方相與兄方弼俱係商紂朝之武臣。弼長三丈六尺，相長三丈四尺，赤面四眼，勇力兼人。時紂王之太子殷郊、殷洪觸父王怒，紂令誅之。弼、相將二太子背負逃奔，日行三十里。繼因路資無措，請太子自行前往。弼、相至黃河邊，用一木筏攬渡行人，任意勒索，武斷渡口。會

有周將散宜生向靈寶法師借得定風珠，回至渡口。弼、相渡之過
河，即將定風珠搶去奔逸。散宜生莫之誰何。未幾，叛商歸周之
武將黃飛虎追至，著令還珠。弼、相將珠奉還。飛虎勸弼、相歸
順姬周。弼、相即隨飛虎至西岐。周相姜子牙乃令方弼破風吼
陣。商將董天君上神台，將黑旗一搖，突來萬千刀兵。方弼四肢
忽裂數段，跌倒而死。姜子牙又令方相破落魄陣。商將姚天君上
神台，取黑沙一撒，方相大叫一聲，登時氣絕。迨周克商後，姜
子牙敕封方弼爲顯道神，方相爲開路神。

《破除迷信全書》卷十：

　　世俗出喪時必用開路神，古時則多用方相，按官品的大小，
定規所用開路神的大小。凡四品以上的官，所用的開路神爲方
相，頭是四方的，所以叫方相，一方安一眼，共有四眼。四品以
下的官，則只爲兩眼。所穿的衣服，如同道士，手中執著戈，還
持著盾牌。其實不過只扎成一座架子，雇人在架子中擺弄就是
了。走到墳墓時，則用戈打擊墳壙的四角，這就完了開路神的本
分。但是近來此種方相的開路神，已經變成紙扎的開路鬼了，眞
是不可思議的。

　　【案】方相本當爲動物神，古人以爲有驅鬼之神力。《周
禮》作禮官名，是方相驅鬼，已成爲通行的宗教儀式，故置
其官專掌其儀式。漢代沿之。其儀式功用有二：逐疫鬼；喪
禮中開道護柩，驅除墓室周圍之鬼怪。故後世喪葬，皆扎其
形，爲靈柩先導，號開路神。或又傳說黃帝時於道路置以護

喪，故又稱險道神。明代則又將其人神化。如《歷代神仙通鑑》稱其為皇帝時之長勇人（又稱為雷部健兒，甚荒謬，參見雷神條），《封神演義》則析其神為二，謂即殷紂王朝武將方相、方弼兄弟，後一封顯道神，一封開路神。近代民間喪禮，多用之。江南一帶出殯，以布蒙木架，製二巨人，高丈餘，身披鎧甲，頭如斗，戴盔，作金剛怒目狀，為送殯行列之先導，其為方弼、方相兄弟之儔乎？

地藏王

《古今圖書集成·神異典》卷七八：

按《宋高僧傳》：釋地藏，姓金氏，新羅國王之支屬也。慈心而貌惡，穎悟天然，七尺成軀，頂聳奇骨。特高才力，可敵十夫。嘗曰：六籍寰中，三清術內，唯第一義與方寸合。于時落髮涉海，舍舟而徒，振錫觀方，邂逅至池陽，睹九子山焉。心甚樂之，乃徑造其峰，得谷中之地，面陽而寬平，其土黑壤，其泉滑甘，岩栖礀汲，趣爾度日。藏嘗爲毒螫，端坐無念。俄有美婦人作禮饋藥云：“小兒無知，願出泉以補過。”言訖不見，視坐左右間潡潏然。時謂爲九子山神，爲湧泉資用也。其山，天寶中李白游此，號爲九華焉。俗傳山神婦女也。其峰多冒雲霧，罕曾露頂。藏素願持四大部經，遂下山至南陵，有信士爲繕寫，得以歸山。至德年初，有諸葛節率村父自麓登高，深極無人，雲日鮮明，唯藏孤然閉目石室。其房有折足鼎，鼎中白土和少米烹而食之。群老驚嘆曰：“和尚如斯苦行，我曹山下列居之咎耳。”相與同構禪宇，不累載而成大伽藍。建中初，張公嚴典是邦，仰藏之高風，因移舊額，奏置寺焉。本國聞之，率以渡海相尋，其徒且多，無以資歲，藏乃發石得土，其色青白，不磣如面，而供衆食。其衆請法以資神。不以食而養命，南方號爲枯槁，衆莫不宗仰。龍

地藏王

潭之側，有白墡硯，取之無盡。以貞元十九年夏，忽召衆告別，
罔知攸往，但聞山鳴石隕，扣鐘嘶嗄，跏趺而滅，春秋九十九。
其尸坐于函中，泊三稔，開將入塔，顏貌如生，舉昇之，動骨節
若撼金鎖焉。乃立小浮圖于南台，是藏晏坐之地也。時徵士右拾
遺費冠卿序事存焉。

《集説詮眞》引《重增搜神記》、《明一統志》合載：

地藏王，一稱新羅國僧，一稱王舍城僧，本名傅羅卜，法名
目連。嘗師事如來，始創盂蘭盆，救其母于餓鬼之苦。唐肅宗至
德間，渡海居青陽九華山，嘗以岩間白土雜飯食之，人以爲異。
年九十九，忽召徒衆告別，趺坐函中，遂沒爲地藏王，職掌幽冥
教主，十殿閻王俱行朝禮。以七月三十日爲生降之辰，士人禮拜
焉。後三載，開函視之，顏色如生，昇之，骨節俱動，若撼金鎖
焉，隨名金地藏。

《集説詮眞》：

《目連記》載：傅羅卜，南耶王舍城人，父名相，母氏劉，
合家向茹素。相卒，劉氏弟來，諄勸開葷，曰："文王之時，五
鷄二彘，以養親老，世稱仁政。故曾子養親，必具酒肉。孔子食
肉，必調以醬。孟子曰：魚與熊掌，皆我所欲。"劉開齋，死入
地獄。羅卜剃髮爲僧，改名目連。一日禪定，見母在地獄，立往
尋之。奈乍至第一重地獄，劉氏已解往第二重，尾躡之。至第六
重，值四月八日獄主赴會，致押解稽遲，目連始獲晤母，遽餉以
所携烏飯，被餓鬼頃刻攫盡。鬼使又將劉氏押入第七重。目連躡

至第十重，知母已投生爲鄭官家犬，訪得之，見犬向伊搖尾哀嗥並銜其衣。目連悟，輸貲買歸，事以母禮。七月十五日大設盂蘭會，超度伊母，遂奉玉帝封劉氏爲勸善夫人。

《三教源流搜神大全》卷七：

職掌幽冥教主，大地閻君率朝賀成禮。相傳王舍城傅羅卜，法名目犍連，嘗師事如來，救母于餓鬼群叢，作盂蘭勝會，歿而爲地藏王。以七月三十日爲所生之辰，土人禮拜。或曰：今青陽之九華山地藏是也。按傳新羅國僧，唐時渡海，居九華山，年九十九，忽號徒衆告別。但聞山鳴石隕，俄跏趺坐于函中。洎三稔，開將入塔，顏貌如生，舁之動，骨節若金鎖焉，故曰“金地藏”，以是知傳者之誤。

《集說詮眞》：

按七月晦日爲地藏王誕辰。相傳月值大建爲菩薩開眼，小建爲不開眼。是日吳俗有婦女脫裙之舉，裙以紅紙爲之，謂曾生產一次者，脫裙一次，則他生可免產厄。黃昏時，比戶點燭庭階，謂之地藏燈。兒童聚磚瓦成塔，燒贋琥珀屑爲戲。

《酉陽雜俎·續集》卷七：

梁崇義在襄州，未阻兵時，有小將孫咸暴卒，信宿却蘇。夢至一處，如王者所居，儀衞甚嚴，有吏引與一僧對事。僧法號懷秀，亡已經年，在生極犯戒，及入冥，無善可錄，乃紿云：“我嘗囑孫咸寫《法華經》。”故咸被追對。咸初不省，僧故執之，經時不決，忽見沙門曰：“地藏尊者語云，弟子若招承，亦自獲祐。”咸乃依言，因得無事。地藏乃令一吏送歸，不許漏洩冥事。

《通俗編》：

《雲蘆淡墨》：岳侯之獄，以檜妻王氏一言而死。有押衙何立者，檜命往東南第一峰勾干。恍惚有人引至陰司，見夫人帶枷備刑，楚毒難堪，語立曰：“告相公，東窗事發矣。”押衙復命言其事。檜憂駭，數日亦死。《江湖雜記》：檜既殺武穆，向靈隱祈禱。有一行者，亂言譏檜。檜問其居址，僧賦詩有“相公問我歸何處，家在東南第一山”之句。檜令隸何立物色。立至一宮殿，見僧坐決事，立竊問之。答曰：地藏王決檜殺岳飛事。數卒遂引檜至，身荷鐵枷，囚首垢面，呼告曰：“傳語夫人，東窗事發矣。”

《歷代神仙通鑒》卷十五：

尹喜以太玄洞玉虛天尊不見，出席叩請老君曰：“但不知西域王君因何不至？”老君曰：“王君愍及幽冥，欲救眾生于三惡道中，發大慈悲，身投十地，托生新羅國，爲葉氏子，自幼出家，聖名守一，借老佛之法門，作陰司之寶筏。”舉手向地藏曰：“欲知王君，只此便是。”地藏合掌躬身。老君復謂曰：“君當爲幽冥教主，作東土佛家首領，無庸謙讓也。”地藏稱謝，眾仙方悟爲金蟬子也。

《古今圖書集成·神異典》卷七八：

按《地藏菩薩本願經》：文殊師利曰佛言：唯願世尊廣說地藏菩薩摩訶薩因地作何行立何願而能成就不思議事。佛告文殊師利：此菩薩威神誓願，不可思議，若未來世有善男子、善女人，聞是菩薩名字，或讚嘆，或瞻禮，或稱名，或供養，乃至彩畫刻鏤，塑漆形象，是人當得百返生于三十三天，永不墮惡道。文殊師利，是地藏菩薩摩訶薩，前身爲大長者子。時世有佛，號曰師子奮迅具足萬行如來。時長者子見佛相好千福莊嚴，因問彼佛作何行願，而得此相。時師子奮迅具足萬行如來告長者子："欲證此身，當須久遠度脫一切受苦衆生。"文殊師利，時長者子因發願言："我今盡未來際不可計劫，爲是罪苦六道衆生廣設方便，盡令解脫，而我自身方成佛道。"以是於彼佛前立斯大願，于今百千萬億那由他不可說劫，尙爲菩薩。又于過去不可思議阿僧祇劫，時世有佛，號曰覺華定自在王如來。彼佛壽命四百千萬億阿僧祇劫。像法之中，有一婆羅門女，宿福深厚，衆所欽敬，行住坐臥，諸天衞護。其母信邪，常輕三寶，是時聖女廣說方便，勸誘其母，令生正見，而此女母未全生信。不久命終，魂神墮在無間地獄。時婆羅門女知母在世，不信因果，計當墮業，必生惡趣，遂賣家宅，廣求香華及諸供具，于先佛塔寺大興供養。見覺華定自在王如來，其形像在一寺中，塑畫威容，端嚴畢備。時婆羅門女瞻禮尊容，倍生敬仰，私自念言："佛名大覺，具一切智，若在世時，我母死後，倘來問佛，必知處所。"時婆羅門女垂泣良久，瞻戀如來，忽聞空中聲曰："泣者聖女，勿至悲哀。我今示汝母之去處。"婆羅門女合掌向空而白空曰："是何神德，寬我憂慮？我自失母已來，晝夜憶戀，無處可問知母生界。"時空中有聲，再報女曰："我是汝所瞻禮者，過去覺華定自在王如來。見汝憶母，倍于常情眾生之分，故來告示。"婆羅門女聞此聲已，舉身自撲，支節皆損。左右扶持，良久方甦，而白空曰："願佛慈愍，速脫我母生界，我今身心將死。"不久時，覺華定自在王如來告聖女曰："汝供養畢，但早返舍，端坐思惟吾之名號，即當知母所生去處。"時婆羅門女尋禮佛已，即歸其舍，以憶母故，端坐念覺華定自在王如來經一日一夜，忽見自身到一海邊，其水湧沸，多諸惡獸，盡復鐵身，飛走海上，東西馳逐。見諸男子女人，百千萬數，出沒海中，被諸惡獸爭取食噉。又見夜叉，其形各異，或多手、多眼、多足、多頭，口牙外出，利刃如劍，驅諸罪人，使近惡獸，復自搏攫，頭足相就。其形萬類，不敢久視。時婆羅門女以念佛力故，自然無懼。有一鬼王，名曰無毒，稽首來迎，白聖女曰："善哉！菩薩何緣來此？"時婆羅門女問鬼王曰："此是何處？"無毒答曰："此是大鐵圍山西面第一重海。"聖女問曰："我聞鐵圍之內，地獄在中，是事實不？"無毒答曰："實有地獄。"聖女問曰："我今云何得到獄所？"無毒答曰："若非威神，即須業力。非此二事，終不能到。"聖女又問大鬼王曰："我母死來未久，不知魂神當至何處？"鬼王問聖女曰："菩薩之母，在生習何行業？"聖女答曰："我母邪見，譏毀三寶，設或暫信，旋又不敬。死雖日淺，未知生處。"無毒問曰："菩薩之母，姓氏何等？"聖女答曰："我父我母，俱婆羅門種。父號尸羅善現，母號悅帝利。"無毒合掌啓菩薩曰："願聖者却返本處，無至憶戀悲戀。悅帝利罪女，生天以來，經今三日，云承孝順之子，爲母設供修福，布施覺華定自在王如來塔寺，非惟菩薩之母得脫地獄，應是無間罪人，此日悉得受樂，俱同生訖。”鬼王言畢，合掌而退。婆羅門女尋如夢歸，悟此事已，便於覺華定自在王如來塔像之前，立弘誓願：“願我盡未來劫，應有罪苦衆生，廣設方便，使令解脫。”佛告文殊師利，時鬼王無毒者，當今財首菩薩是。婆羅門女者，即地藏菩薩是。

【案】中國民間所信仰的陰間主宰，本爲東岳神。以後受佛教影響，始有地藏王（佛教稱地藏菩薩）主冥之說。關於地藏的來歷，有幾種說法：新羅（朝鮮古國名）王族，姓金，出家爲僧，渡海至九華山，坐化爲菩薩；如來十大弟子之一，古印度摩揭陀國王舍城婆羅門目犍連；古印度婆羅門女；道教又稱其爲金蟬子（參見五岳、東岳條）化身。其中以新羅僧和目犍連（即目連）二說最爲流行。但在中國民間，其名聲不及閻羅王大。

閻　羅　王

《洛陽伽藍記》卷二崇眞寺條：

比丘惠凝死一七日還活。經閻羅王檢閱，以錯名放免。

《酉陽雜俎・前集》卷八：

上都街肆惡少，率髠而膚札，備衆物形狀。時大寧坊力者張干，札左膊曰"生不怕京兆尹"，右膊曰"死不畏閻羅王"。

《鑄鼎餘聞》卷四：

《一切經音義》二十四云：琰摩，或作琰摩羅，或言閻羅，亦作閻摩羅社，又言夜摩盧迦，皆是梵音。又云：閻摩，此云雙；羅社，言王。兄及妹皆作地獄王，兄治男事，妹治女事，故曰雙王也。

《法苑珠林》卷十二：

閻羅王者，昔爲毗沙國王。經與維陀如生王共戰，兵力不敵，因立誓願爲地獄主。臣佐十八人，領百萬之衆，頭有角耳，皆悉念懟，同立誓曰：後當奉助，治此罪人。毗沙王者，今閻羅王是。十八大臣者，今諸小王是。百萬之衆，諸阿傍是。

《鑄鼎餘聞》卷四：

　　宋無名氏《鬼董》云：佛言琰魔羅，蓋主捺落迦者，止一琰魔羅王耳。閻羅蓋琰魔羅之訛也。餘十八王，見于《阿含》等經，名皆梵語，王主一獄，乃閻羅僚屬。

　　【案】閻羅王，也稱閻魔王，簡稱閻王，佛教所信之地獄王，為中國民間最知名之冥司主宰。閻羅，乃古梵語之音譯，原為古印度神話中之陰間主宰。後佛教有地獄輪回說，遂借此神為地獄主。其來歷佛經中載有二說，或謂兄妹二人，或謂古印度毗沙國王。唐慧琳《一切經音義》卷五曰："梵音閻魔，義翻為平等王，此司典生死罪福之業，主守地獄八熱八寒以及眷屬諸小獄等，役使鬼卒於五趣之中，追攝罪人。"隋唐以後，民間雖仍尊崇東岳大帝（認為高於地藏王及閻羅王），而對閻羅王的信仰却最為普遍。

《宣室志·輯佚》：

　　大歷中，山陽人郗惠連，始居泗上，以其父嘗為河朔官，遂從居清河。父歿，惠連以哀瘠聞。廉使命吏臨弔，贈粟帛。既免喪，表授漳南尉。歲餘，一夕獨處於堂，忽見一人，衣紫佩刀，趨至前，謂惠連曰："上帝有命，拜公為司命主者，以冊立閻波羅王。"即以錦紋箱貯書，進于惠連曰："此上帝命也。"軸用瓊鈿，標以紋錦，又象笏紫綬、金龜玉帶以賜。已而有數百人，綉衣紅額，左右佩兵器趨入，羅為數行，再拜。一人前曰："某幸得為使之吏，敢以謝。"詞竟又拜。拜訖，分立于前。相者又曰：" 五岳衞兵主將。" 復有百餘人趨入，羅爲五行，衣如五方色，皆再拜。引惠連東北而去。傳呼甚嚴。可行數里，兵士萬餘，或騎或步，盡介金執戈，列于路。槍槊旗斾，文綉交煥。俄見朱門外，有數十人，皆衣綠執笏，曲躬而拜者，曰："此屬吏也。" 其門內，悉張帷帘几榻，若王者居。惠連既升階，據几而坐。俄綠衣者十輩，各賫簿書，請惠連判署。已而相者引惠連于東廡下一院，其前庭有車輿乘馬甚多，又有樂器鼓簫及符印管鑰，盡致于榻上，以黃紋帊蔽之。其榻繞四墉。又有玉册，用紫金塡字，似篆籀書，盤曲如龍鳳之勢。主吏白曰："此閣波羅王之册也。" 有一人具簮冕來謁，惠連與抗禮，既坐，謂惠連曰："上帝以鄴郡內黃縣南蘭若海悟禪師有德，立心畫一册，有閣波羅王禮甚。言以執事有至行，故拜執事爲司命主者，統册立使。某幸列賓椽，故得侍左右。" 惠連問曰："閣波羅王居何？" 府椽曰："地府之尊者也，摽冠岳瀆，總幽冥之務，非有奇特之行者，不在是選。"

《夷堅三志》己卷四：

俞一郎者，荆南人。紹熙三年五月，被病困危，爲二鬼卒拽出，及一門樓，使者導入，望殿上十人列坐，著王者之服。問爲何所，曰："地府十王也。"

《歷代神仙通鑒》卷十五：

大慈幽冥教主菩薩地藏。

十殿森羅慈王：秦廣蕭王，楚江曹王，宋帝廉王，五官黃王，閻羅韓王，變成石王，泰山畢王，平等千王，都市薛王，轉輪薛王，酆都鬼王。

《通俗編》：

《法苑珠林》：閻羅王者，昔爲沙毗國王，常與維陀如生王戰，兵力不敵，因立誓願爲地獄王。臣佐十八人，悉憤憝同誓曰：後當奉助治此罪人。十八人即主領十八地獄也。又引《閻羅王五天使者經》，人死當墮地獄。則主者持行白閻羅王，具其善惡，閻羅王爲現五使者而問言。按：如所言，閻羅原只一人，治事分現，則爲五人，其僚佐十八人。今釋子云十殿閻羅，無一可合。《睽車志》：張叔言判冥，鬼有十人，而十人內，兩是婦人。《翻譯名義》亦云，閻羅一名琰魔。此云雙王，其兄及妹，皆作地獄主。兄治男事，妹治女事，故曰雙王。而今所畫十王，並無女像。轉輪王王一四天下，非主冥道，今概列大王中。彼教之說，已難莊論，而世之談彼教者，更非其本教矣。

《茶香室叢鈔》卷十六：

宋無名氏《鬼董》云：佛言琰魔羅，蓋主捺落伽者，止一琰魔羅耳。閻羅蓋琰魔羅之訛也。余十八王見于《阿含》等經，名皆梵語，王主一獄，乃閻羅僚屬，義不得差肩。十王之說，不知起于何時。佛所舉三千大千世界，素訶其一。今所居瞻部，特素訶之一州，于世界不啻太倉之稊米，泰山之微塵耳。閻羅蓋指一素訶世界言之，其統攝大矣。泰山奈何亦以王號與之敵體哉？轉輪王王四天下，蓋人而幾于天者，亦非主冥道，乃概列于十王。

其餘名號,如宋帝、五官之類,皆無所稽據。又七七日而所歷者七王,自小祥以後二年乃僅經二王,抑何疏密之懸絕邪!按十殿閻王之說,至今猶沿之,故錄此論,以資辯證。《鬼董》一書,未知作者姓名。鮑氏《知不足齋叢書》,據泰定間錢孚跋語,以為宋孝光時沈姓者所著,傳之者關漢卿也。

《集說詮眞》:

《玉歷鈔傳》載:十殿在酆都。按酆都在四川忠州酆都縣,其地有古殿十重,最上一層在石岩之下,封鎖甚固,人不敢開,每夜常有拷鬼聲達于外,慘不堪聞。明萬曆間,巡撫郭公曾開其殿,入內冥黑,把火燭之,見一洞,深不可測,冷風逼人。因命造一木盤,公自坐其中,用繩吊下。至一二十丈,地忽平,執燈出盤,行里許,始見天光,別一世界,烟雲飄渺,樹木陰森。中有金釘朱門,窮極宏麗。進第一殿,會見關聖帝君,禮畢,逕進第二殿,每殿有王者出迎。至第五殿,王者賜坐待茶。公因問及幽冥之事。王者曰:"人死有魂,魂有大小,大者充塞宇宙,小者布滿鄉里。冥司所以問罪者,唯誅其魂也。"少頃,仍命送至洞口,循繩吊上。白邑宰,言其狀,並立碑在酆府以紀其事。

又載:世人云陰司有十八層地獄之說。非也,此是入(疑為大字之說)八重地獄,如第二殿之活大地獄,三殿之黑繩大地獄,四殿之合大地獄,五殿之叫喚大地獄,六殿之大叫喚大地獄,七殿之熱惱大地獄,八殿之大熱惱大地獄,九殿之阿鼻大地獄。八重大獄以外,各另有十六小地獄,及本殿之血污池、枉死城,大小共一百三十八獄。

　　按《觀佛三昧海經》：阿鼻地獄十八，小地獄十八，寒地獄十八，黑暗地獄十八，小熱地獄十八，刀輪地獄十八，劍輪地獄十八，火車地獄十八，沸屎地獄十八，鑊湯地獄十八。

　　又載：血污池，置設殿後之左。陽世誤聞尼僧所說，皆因婦人生產有罪，死後入此污池，謬之極矣！凡坤道生育應有之事，均不罪。其尸鬼污穢，發入此池，無論男女，在陽世不顧神前佛後，不忌禁辰，及好宰殺，血濺廚灶神佛廟堂者，永浸此池，不得出頭。陽世能有親屬代爲戒殺放生，數足之日，方可超脫其苦。

　　枉死城，係環繞本殿之右。古人誤以爲凡受傷冤死者悉皆歸入此城之說，遍傳爲眞。須知屈死者，豈再加以無辜之苦乎？向准冤魂各俟凶手到日，眼見受苦，使遭害者以消念恨。至被害之魂，待有投生，始行提出。解交諸殿各獄受苦，並非屈死之魂，概入此城。

　　《玉歷鈔傳》、《閻王經》合載：第一殿，秦廣王蔣，二月初一日誕辰，專司人間夭壽生死，統管幽冥吉凶。善人壽終，接引超升。功過兩半者，交送第十殿發放，仍投人世，男轉爲女，女轉爲男。惡多善少者，押赴殿右高台，名曰孽鏡台，令之一望，照見在世之心好歹，隨即批解第二殿，發獄受苦。

　　第二殿，楚江王歷，三月初一日誕辰，司掌活大地獄，又名剝衣亭寒冰地獄，另設十六小獄。凡在陽間傷人肢體，姦盜殺生者，推入此獄，另發應到何小獄受苦，滿期轉解第三殿，加刑發獄。

　　第三殿，宋帝王餘，二月初八日誕辰，司掌黑繩大地獄，另設十六小獄。凡陽世忤逆尊長、教唆興訟者，推入地獄，另發應至幾重小獄受苦，受滿轉解第四殿，加刑收獄。

第四殿，五官王呂，二月十八日誕辰，司掌合大地獄，又名剝戮血池地獄，另設十六小獄。凡世人抗糧賴租、交易欺詐者，推入此獄，另再判發小獄受苦，滿日送解第五殿察核。

第五殿，閻羅王天子包，正月初八日誕辰。前本居第一殿，因憐屈死，屢放還陽伸雪，降調此殿，司掌叫喚大地獄並十六誅心小獄。凡解到此殿者，押赴望鄉台，令之聞見世上本家因罪遭殃各事，隨即推入此獄，細查曾犯何惡，再發入誅心十六小獄，鉤出其心，擲與蛇食。受苦滿日，另發別殿。

第六殿，卞城王畢，三月初八日誕辰，司掌大叫喚大地獄及枉死城，另設十六小獄。凡世人怨天尤地，對北溺便涕泣者，發入此獄，查所犯來件，應發何小獄受苦。滿日轉解第七殿，再查有無別惡。

第七殿，泰山王董，三月二十七日誕辰，司掌熱惱地獄，又名碓磨肉醬地獄，另設十六小獄。凡陽世取骸合藥，離人至戚者，發入此獄，再發何重小獄。受苦滿日，轉解第八殿，收獄查治。

第八殿，都市王黃，四月初一日誕辰，司掌大熱惱大地獄，又名熱惱悶鍋地獄，另設十六小獄。凡在世不孝，使父母翁姑愁悶煩惱者，擲入此獄，再交各小獄加刑。受盡痛苦，解交第十殿，改頭換面，永為畜類。

第九殿，平等王陸，四月初八日誕辰，司掌酆都城鐵網阿鼻地獄，另設十六小獄。凡陽世殺人放火、斬絞正法者，解到本殿，用空心鋼柱煉其手足相抱，煽火焚燒，燙燼心肝，隨發阿鼻地獄受刑，直到被害者個個投生，方准提出，解交第十殿發生六道（ **按《續文獻通考》注：六道：天道、地道、人道、魔道、地獄道、畜生道** ）。

第十殿，轉輪王薛，四月十七日誕辰，專司各殿解到鬼魂，分別善惡，核定等級，發四大部洲投生。男女壽夭，富貴貧賤，逐名詳細開載，每月滙知第一殿註冊。凡有作孽極惡之鬼，著令更變胎卵濕化、朝生暮死。罪滿之後，再復人生，投胎蠻夷之地。凡發往投生者，先令押交孟婆神，酌忘台下，灌迷飲湯，使忘前生之事。

《破除迷信全書》卷十：

世俗迷信管理地獄的神名閻羅，此種說法，是起於佛教。閻羅二字本是印度話，意思是雙王。佛經上說：從前有兄妹二人，都作地獄的主，兄管理男界事，妹管理女界事。所以稱爲雙王。當初佛教將此種邪說傳入我國，翻譯佛經時，未曾譯義，只按印度話的音譯成閻羅二字。其實這不是我國古時本有的神，乃是從印度國輸來的。現在我國已要破除此種邪神，想必閻羅要被驅逐出境的。再細一察，即在佛教中也摸不清到底是怎麼一回事；因爲佛經中原有所說的十王，閻羅是居于第五位；至今各大城中，還有特別建立的十王殿。又有一種說法，則是閻羅居于十八王之上，閻羅是總攬一切的。十八王俱是他的僚屬。佛經上既是穿鑿附會，指不定到底是如何；那麼我國爲什麼還不當劣貨一樣的抵制呢？

【案】如同其他神祇一樣，閻羅王傳入中國以後，也受到人們的改造，逐漸失去佛經中的本來面目，被納入民間固有的諸神體系。如《宣室志》中，即稱上帝令司命冊立閻羅王，以五岳兵將拱衛天帝使，這已是將閻羅王列為中國傳統信仰的天帝下屬了。至唐末，又有地府十王之說興起，稱冥府分為十殿，各有一王主之。諸王名號甚怪，其中也有泰山、閻羅之號。又稱閻羅王本居第一殿，因同情屈死者靈魂，屢放還現世報怨，遂貶至第五殿。民間亦或傳稱之曰"十殿閻羅"。後來，佛教、道教皆接受此民間俗說。閻羅王向無專廟（滑縣小韓村廟為例外，詳見下），民間每於城隍廟中別闢十王殿。然冥王如此繁多，實不便於祈禱，所以近代民間多只知閻羅王，鮮知十王矣。

《酉陽雜俎·前集》卷三：

至忠至孝之人，命終皆為地下主者。命終受三官書，為地下主者，一千年，乃轉三官之五帝，游行太清，為九宮之中仙。又有七世陰德，皆受書為地下主者，二百八十年，乃得進處地仙之道矣。

《北夢瑣言》卷七：

世傳云：人之正直，死為冥官。道書云：酆都陰府官屬，乃人間有德者卿相為之，亦號陰仙。近代朱崖李太尉、張讀侍郎小說，咸有冥判之說。

《隋書·韓擒虎傳》：

韓擒字子通，河南東垣人也，後家新安。進位上柱國，拜涼州總管。俄征還京。無何，其鄰母見擒門下儀衛甚盛，有同王者，母異而問之。其中人曰：“我來迎王。”忽然不見。又有人疾篤，忽驚走至擒家曰：“我欲謁王。”左右問曰：“何王也？”答曰：“閻羅王。”擒子弟欲撻之，擒止之曰：“生爲上柱國，死作閻羅王，斯亦足矣。”因寢疾，數日竟卒，時年五十五。

《古今圖書集成·神異典》引《滑縣志》：

韓擒虎墓，在小韓村。有閻羅王廟。

《茶香室叢鈔》卷十六：

宋葉夢得《避暑錄話》云：元豐間有監黃河埽武官，射殺埽下一黿。未幾死而還魂，云爲黿所訴于陰府，力辯黿數敗埽，以其職殺之，故得免。而陰官韓魏公也，冥間呼爲眞人。

宋龔明之《中吳紀聞》云：曾玉父捐館，至五七日，曾玉姒前一夕忽夢其還家，急令開篋笥取新公裳而去。問之，答曰：來日當見范文正公，衣冠不可不早正也。又問范公何爲尚在冥間，曰：公本天人也，見司生殺之權。旣覺，因思釋氏書謂人死五七則見閻羅王，豈非文正公聰明正直，故爲此官邪？按此則范文正公亦爲閻羅王，不知與韓魏公孰先孰後也。

又國朝沈濤《銅熨斗齋隨筆》引《翰苑名談》云：寇準死，有王克勤者見公于曹州境上。問從者，曰：“閻羅交政。”是萊公亦作閻羅也。

《夷堅丙志》卷七：

周莊仲，建炎二年登科。夢至殿廷下，一人持文字令書押，視其文，若世間願狀，云："當作閻羅王。"辭以母老，初入仕，不肯從。逮（紹興）十九年七月，夢門神土地之屬來拜辭，若有金鼓騎從相送迎者。翌早，在部中欲飯，覺頭昏不清，急歸，不及治藥而卒。

《夷堅丙志》卷一：

林衡，字平甫，平生仕宦，以剛猛疾惡自仕，嘗知秀州。病且革，見吏抱案牘來，紙尾大書閻羅王林，請衡花書名。少日遂卒。卒之夕，秀州精嚴寺僧十餘人，同夢出南門迎閻羅王。車中坐者，儼然林君也。衡居秀州之南門外。時乾道二年。

《集說詮眞》：

《琅邪代醉編》載：寇萊公準有妾蒨桃，隨南遷，再移光州，蒨桃泣曰："妾前世師事仙人爲俠，今將別去，敢有所托，願葬杭州天竺寺。"萊公諾。桃曰："吾所不言，恐洩陰理。今欲去，言無害。公當爲天下主者，閻浮提王也。"公不久亦亡。有王克勤（僧也）見公于曹州境上，擁驢北去。克勤詢後騎曰："公何往？"曰："閻浮提王（即閻羅王也）交政也。"（《宋人軼事滙編》卷五引《湯蟠小品》，與此略同）。

《古今圖書集成・神異典》卷二一九引《道教靈驗記》：

相國杜幽公年九十餘，薨于荆潛。是夕，中使楊魯周自五嶺使回，止于傳舍。一更之後，四衢之內，師旅充斥，不通人行。
問其故，皆曰："迎閻羅王，今夜四更去。"（公）是夕四更果
去世矣。明年春，女妓間有暴殂而甦，傳公之命云："我今居閻
羅之任；要作十壇黃籙道場，以希退免。"令送錢二百萬、圖幕
各二百事于開元觀古柏院。齋畢，前傳命之妓復暴殂如初，云：
"我已奉上帝之命，爲他國之王，免冥官之任矣。"

《通俗編》：

今童婦輩凡言平反冤獄，輒稱包龍圖，且言其死作閻羅王。
因此，然閻羅包老，是幷言之，非謂包即閻羅也。賀鑄詩集，言
客携寇萊公眞，挂于驛舍旁，題云："今作閻羅王。"當時輿情，
于寇公乃實有此言云。

《茶香室續鈔》卷二十：

國朝董含《蓴鄉贅筆》云：予續娶海虞趙中允公女，其宗族
俱言祖父毅公歿爲冥王。後閱錢氏《獪圖》，乃得其說。萬曆丙
午三月十六日，陳中丞用賓開府黔中時，因夫人病劇，設壇召仙，
仙至，自稱金碧山神，言本欲爲夫人請命，奈冥王新卽位，法甚
嚴，無路可救矣。問新王爲誰，曰：江南常熟人，卽春官侍郎趙
公用賢也，今爲第五殿閻王，十五日涖任。俄而夫人卒。越三月，
閱邸報，知侍郎委以三月十五日捐館。萬里之遙，一日而神已
知之，豈不怪哉！按餘于《叢鈔》卷十六載宋名臣韓魏公、寇萊
公、范文正公皆爲閻羅王。觀此條，則閻羅王又爲趙文毅矣。今
又二百餘年，未知閻羅王爲誰也。

又按國朝王士禛《池北偶談》云：世傳趙定宇、馮具區皆爲閻羅王。近聞比部張屏公四維言：癸丑秋居保定，忽夜夢至一官署，見有官府，衣冠坐于堂上，披覽文書。視之，乃先兄西樵也。張與先兄同官，交甚厚，因問此何地，所覽是何文書。先兄笑曰：此非人間，我已死爲神，主此文書，察世人善惡耳。然則閻羅王又爲王西樵矣。而自康熙至今，又未知冥中主者爲誰也。

《月令廣義・正月令》：

（初八日）五殿閻羅王韓生日。

【案】民間向有正直之人更替爲地下主之信仰，《酉陽雜俎》、《北夢瑣言》已論及。即如東岳神，亦有以人鬼更代之說（見該條）。隋唐以來，迄至明清，民間相傳爲閻羅王者多矣。如韓擒虎、寇準、范仲淹、包拯皆其著者，不甚知名者，更不知凡幾。此類傳說，尤以宋代、清代爲甚。又據《聊齋志異》所載，明清時又有生人"假死"，暫爲閻羅，主持陰府之傳說。由於人們在現實生活中難以伸張正義，遂希望主持冥府之閻羅王，應當鐵面無私，是非分明。故相傳死後爲閻羅王者，生前多爲剛直之士。

附：孟婆神

《集說詮眞》：

《玉歷鈔傳》載：孟婆神生于前漢，幼讀儒書，壯誦佛經，凡有過去之事不思，未來之事不想，在世唯勸人戒殺吃素。年至八十一歲，鶴髮童顏，終是處女，只知自己姓孟，人故稱之曰孟婆阿奶，入山修眞。至後漢，世人有知前世因者，妄認前生眷屬。是以上天敕令孟氏女爲幽冥之神，造築酗忘台，採取俗世藥物，合成如酒非酒之湯，分爲甘苦辛酸鹹五味，派諸魂飲此湯，使忘前生各事。如有刁狡鬼魂不肯飲者，令以銅管刺喉灌吞。

牛頭馬面

《古今圖書集成·神異典》卷二二引《幽明記》：

巴昌縣有巫師舒禮，晉永昌元年病死。土地神將送詣泰山。俗常謂巫師爲道人。初過冥司福舍前，土地神問門吏云：“此何所？”門吏曰：“道人舍。”土地神曰：“舒禮卽道人。”便以相付。禮名已送泰山，而身不至。忽見一人，八手四眼，提金杵逐禮。禮怖走出，神已在門外，遂執禮送泰山。泰山府君付吏牽去。禮見一物，牛頭人身，持鐵叉，捉禮投鐵床上。身體焦爛，求死不得。經累宿，備經冤楚。府君問主者，知禮壽未盡，命放歸。

《夷堅丙志》卷十三：

洪州州學正張某，天性刻薄，衆憾之。有張鬼子者，以形容似鬼得名，衆使爲作陰府追吏以怖張老。是夜，學門已扃，鬼子入于隙間。張老見之，怒曰：“畜產何敢然？必諸人使爾夜怖我。"鬼子露其中，有兩角橫其首，張老驚號，即死。鬼子出，立于庭，言曰："吾眞牛頭獄卒，昨奉命追此老，偶渡水失符，至今二十年，懼不敢歸。賴衆秀才力，得以反命，今弄假成眞矣。"拜謝而逝。

《夷堅三志》辛卷九"郭二還魂"條：

慶元二年九月，池州入郭二在中庭困坐假寐，夢曠野中兩人引行，深入荒草，漸抵大官局，金鋪朱戶，赫然高明，至殿階下拱立。一王者戴一魚尾冠，盛服正坐，命押過別所，即從原路出。到一處，見貧悴著白布衫小輩可萬人，爭前索命。郭云："我生平與你不相識，且非屠兒，何由負命如此之衆？"旁有牛頭王曰："汝知之乎？此皆蛤蜊化身也。緣平昔好吃牠，今在陰府等候。"郭無以答。牛王領次油鍋側，鍋徑濶丈餘，煎油滾沸，牛王舉權攪撥，仍擊鍋唇，其聲如磬。郭隨念阿彌陀佛一千聲，白衫者悉化黃雀飛去。牛王問郭："亦認得我乎？"對以不識。曰："吾本是汝家貓兒，在生之時，見汝逐日敲磬，講誦佛名，所以擊鍋者，將啓發汝素心。今脫此厄，甚善甚善。"遂還至先殿下。王與相對揖，招之升階，辭不敢。再招始上，命坐啜茶。王曰："汝應不復記我，我只是西門王十六郎。冥司錄我忠孝正直，理平無諂曲，不好他人財物，不脅富人，不忽貧人，不害生物，前三年身後，得作初江王一紀。汝茲者之來，專以蛤蜊故，由一念之善，可得反生。"喚二童子導出。中途見小屋宇，欲暫窺看，童不從。守門兩人曰："放入不妨。"遂入其中。鐵鈕械緋繫者數百計，各叫痛苦。暨出門外，見鐵枷一具，無穿孔，一小榜貼云："候采石胡丞務到，自行磨開。"郭至缺墙邊，童子推過之，遂覺。就殞七日矣。因大省悟，棄妻室，作道人雲遊。他日屆采石，詢胡生者，正發背疽，涉旬而死。

《通俗編》：

《冥祥記》：宋何淡之得病，見一鬼，形甚長壯，牛頭人身，手執鐵叉。沙門慧義曰：此牛頭阿旁也。《傳燈錄》：國清奉曰：釋迦是牛頭獄卒，馬祖是馬面阿旁。又《翻譯名義》：頻那是豬首，夜迦是象鼻。此謂二使者形狀如是。乃亦牛頭馬面之類。

《茶香室三鈔》卷二十：

梁陶弘景《眞誥·闡幽微第一篇》云：炎慶甲者，古之炎帝也。今爲北太帝君，天下鬼神之主也。注云：炎帝，神農氏，其聖功不減軒轅、顓頊，無應爲鬼帝。又黃帝所伐大庭氏，稱炎帝，恐當是此，非神農也。又《外書》云：神農牛首。今佛家作地獄中主煞者，亦牛首，復致疑焉。

今俗傳有牛頭馬面之說，觀此乃知古止是牛頭，其馬面則後人以配牛頭者耳。

【案】閻羅王條引《法苑珠林》，謂毗沙國王爲閻王，其部眾爲阿旁，即地獄之獄卒也。佛書又稱阿旁牛頭馬首。如東晉無讖譯《五苦章句經》，稱其牛頭，人手，牛蹄，持鐵叉。《楞嚴經》："亡者神識，見大鐵城，火蛇火狗，虎狼獅子，牛頭獄卒，馬願羅刹，手執槍矛，驅入城門。"民間

俗稱其為牛頭馬面。又以為泰山府君屬下，亦牛頭鬼矣。俞
樾認為該信仰源自古神話中神農牛首之說，似難以說通。

酆都大帝

《枕中書》：

鮑靚爲地下主者，帶潛山眞人。蔡郁壘爲東方鬼帝，治桃止山。張衡、楊雲爲北方鬼帝，治羅酆山。杜子仁爲南方鬼帝，治羅浮山。周乞、嵇康爲中央鬼帝，治抱犢山。趙文和、王眞人爲西方鬼帝，治嶓冢山。

《眞靈位業圖》：

第七中位

酆都北陰大帝（炎帝大庭氏，諱慶甲，天下鬼神之宗，治羅酆山，三千年而一替）。

《茶香室三鈔》卷二十：

梁陶弘景《眞誥・闡幽微第一篇》云：羅酆山在北方癸地，山上有六宮，洞中有六宮，是爲六天，鬼神之宮也。第一宮名爲紂絕陰天宮，以次東行，第二宮名爲泰煞諒事宗天宮，第三宮名爲明晨耐犯武城天宮，第四宮名爲恬昭罪氣天宮，第五宮名爲宗靈七非天宮，第六宮名爲敢司連宛屢天宮。洞中六天宮名亦同。注云：此北酆鬼王決斷罪人處，其神卽應是徑呼爲閻羅王所住處也，其王卽今北大帝也。按世以四川酆都縣爲閻羅王所居，余謂因羅酆而訛，已屢見餘書矣。今讀《眞誥》，得其詳，故記之。

又云世人知有酆都六天宮門名，則百鬼不敢爲害。欲臥時，常北方祝之三遍，祝云：吾是太上弟子，下統六天，六天之宮，是吾所部，故得長生，敢有犯者，太上斬汝形。

又云人初死皆先詣紂絕陰天宮受事。賢人聖人去世，先經明晨第三宮受事。

《北夢瑣言》卷十：

此鬼都北帝，又號鬼帝。世人有大功德者，北帝得以辟請。召棋之命，乃酆宮帝君乎？

《夷堅支志》癸卷五：

忠州酆都縣五里外有酆都觀，即道家所稱北極地獄之所。舊傳王、陰二眞君自彼仙去。

《茶香室叢鈔》卷十六：

宋范成大《吳船錄》云：忠州酆都縣，去縣三里有平都山。碑牒所傳，前漢王方平、後漢陰長生皆在此得道仙去，有陰君丹爐。滿山古柏大數圍，轉運司歲遣官點視，相傳爲陰君手種。陰君以煉丹濟人，其法猶傳。知石泉軍事韋森德茂家有陰丹，甚奇，即陰君丹法也。

按酆都縣平都山爲道書七十二福地之一，宜爲神仙窟宅，而世乃傳爲鬼伯所居，殊不可解。讀《吳船錄》，乃知因陰居傳訛。蓋相沿旣久，不知爲陰長生，而以爲幽冥之主者，此俗說所由來也。至北極治鬼之所有所謂羅酆者，別有其他，與此酆都不涉也。

羅酆山爲北方鬼帝所治，故有羅酆治鬼之說，而世俗乃以指四川之酆都縣。《夷堅志》云：忠州酆都縣有酆都觀，其山曰盤龍山，卽道家所稱北極地獄之所。蓋南宋已有此說。夫酆都縣不在北方，何以謂之北極地獄乎？卽此可知其非矣。

《枕中書》又言孔子門徒三千，不經北酆之門。不經北酆，卽是不入鬼趣。然東西南北中央皆有鬼帝，而獨言北酆，蓋北主幽陰，尤鬼道之所重也。

唐崔致遠《耕苑筆耕集》有《下元齋詞》云：“雖愼撫綏于南兗，尚多衍咎于北酆。”此知出處矣。

《古今圖書集成·神異典》卷四九：

《山東通志》：蒿里山神廟。廟在泰山下，弘治十四年建。其神酆都大帝，有七十五司，以爲收捕追逮出入死生之所。距泰岳廟西南五里，社首壇左。

【案】中國民間所信仰陰間主宰，除東岳、地藏、閻羅外，又有酆都大帝。該神不如那幾位知名，在我國南方却也有一定影響。東岳源於自然崇拜，地藏、閻羅來自佛教，酆帝却出身於道教。《枕中書》中之五方鬼帝，本出於道家臆談。它稱張衡、楊雲爲北方鬼帝，治羅酆山，乃此神之濫觴。以後道教遂沿其說，稱其爲酆都北陰大帝，又謂卽炎帝大庭氏。此皆道教無稽之談，世人遂捕風捉影，以蜀地之酆都縣當之；

或說該地為漢代王方平、陰長生升仙之處，二人合稱陰王，遂有訛此地為治鬼之所者。

附：孟元帥

《三教源流搜神大全》卷五：

帥有姓孟名山者，仁義孝慈，萬古不磨，至今償人心願者，觀其為獄官釋囚一事，足卜其概。夫囚，法所不貸，至不可以信義感，易知也。帥以殘多思親，動圜門數百之泣，皆切慕親，曰：「而獨無母乎？無相見也？」帥哀其懷膝下想，遂泣與囚約，囚亦泣與帥約：至今多廿五日而釋，來正初五而還。果不爽一焉。帥遂以為例焉。久之，私心謂曰：「囚何斯乃一念思親，孝也，信而四時，義也，既孝且義，可語善矣」，因戲之曰：「倘赦行汝等，復善麼？」囚泣曰：「誰而死心耶？等輩一誤，安肯再誤？」第所謂囚人盧談耳。帥曰：「汝改慮，餘盡釋之。」囚泣曰：「是閻王殿上輪回耳。第予去，君奚以脫，等以汝活，汝且以等死，等活不如死。」帥曰：「以一死活百人之命，何慮焉？」眾囚皆泣曰：「君何辜？吾死分也。夫君寬待以覯而親，恩莫加焉，又為出死以重厥罪，夫螻蟻唯貪生，亦奚忍其心至此乎？不為也！」一囚久泣曰：「君言此，徒令人心骨悚耳。」帥曰：「真言哉！」囚哽咽而言曰：「君母為言，只此言，令人碎身難報也！」帥聞之，亦涕曰：「予自有脫計。」眾問之。帥曰：「勿問。」囚曰：「誠兩全，願聽，甚勿相苦也！」皆拜之，名漸漸而去，最祝之曰：「願天相吉人，無為縲，且世其昌乎！」不意

孟元帥

府主滕公知而笞叱之曰："八百囚缺一，無生還也。"譴之捕焉。
帥思曰："死何怨，第復命難矣。"躊躇久，刺槍于窖自殺，凡
三踴躍，而白兔三倒其槍。忽龐眉者曰："上有敕！"帥恒爲府
君命也，急而出，則車馬旗士引焉。遙拜，玉帝敕爲酆都元帥。
後于其帽上加瓊花一朶。時帥尙未釋其槍于手，即加黃龍槍焉。
乃知封也，事聞于府。時太府亦申文于上，乃趙國初亦像其廟而
加以將軍號焉。

醫 王

《續文獻通考·群廟》一：

（元）成宗貞元初，命郡國通祀三皇，如宣聖釋奠禮。以醫師主之。

王圻曰：內有三皇并歷代名醫像，刻針灸經于石，其碑之題篆則宋仁宗御書，元世祖至元間自汴移此。吳澄宜黃縣三皇廟記曰：醫有學，學有廟，廟以祀三皇，肇自皇天，前此未有也。

（明洪武四年）帝以天下郡邑通祀三皇爲瀆禮，（令）天下郡縣毋得褻祀，止命有司祭于陵所。

至永樂間別建三皇廟，十醫從祀，以醫官主之，以爲萬世醫藥之祖，遂與歷代帝王並祀不廢矣。

《清朝文獻通考·群祀考上》：

順治元年定祭先醫之神之禮（卽祀三皇）。

《古今圖書集成·神異典》卷三九：

（明）世宗嘉靖十五年，帝作聖濟殿奉安先醫之神，歲時致祭。

《鑄鼎餘聞》卷四：

國朝王峻《蘇州府志》云：醫王廟，舊稱三皇廟，祀伏羲、神農、黃帝。康熙二十八年，並祀夏禹。三十年，知府盧騰龍請以岐伯、伯高、鬼臾區、少俞、少師、雷公配。

【案】伏羲、神農、黃帝，皆古代傳說中的聖王，可能即遠古幾位部落聯盟的偉大首領。他們很早就已神化。近代民間則祀為醫王。此俗自元代始。相傳神農嚐百草，知藥性，黃帝著醫書，則似亦有所本矣。亦有祀為藥王者，見該條。

藥　王

《新搜神記・神考》：

藥王有三。其一爲扁鵲。《史記》扁鵲者，渤海郡鄭人也。姓秦氏，名越人，少時爲人舍長。舍客桑君過，扁鵲獨奇之，常謹遇之。而桑君亦知扁鵲非常人也。出入十餘年，乃呼扁鵲私坐，間與語曰：“我有禁方，年老，欲傳與公，公毋泄。”扁鵲曰：“敬諾。”乃出其懷中藥與扁鵲：“飲是以上池之水，三十日當知物矣。”乃悉取其禁方書盡與扁鵲。忽然不見，殆非人也。扁鵲以其言飲藥三十日，視見垣一方人。以此視病，盡見五臟症結，特以診脈爲名耳。爲醫或在齊，號盧醫，或在趙，名扁鵲，名聞天下。過邯鄲，聞貴婦人，即爲帶下醫；過洛陽，聞周人愛老人，即爲耳目痺醫；來入咸陽，聞秦人愛小兒，即爲小兒醫，隨俗爲變。秦太醫令李醯自知伎不如扁鵲也，使人刺殺之。至今天下言脈者，由扁鵲也。《稗史滙編》：扁鵲墓在河間任邱縣，其祠名藥王祠，祠前有地數畝，病者禱神，乃以珓卜之，許則云從某方取藥，如言掘土，果得藥，服之無弗瘳者。其色味不一。四方來者，日掘千窞，越宿俱平壤矣。《宋史》：景祐元年仁宗不豫，許希針瘉，命爲翰林醫官，賜緋銀魚及器弊，希拜謝，又西向拜。帝問故，對曰：“扁鵲，醫師也。敢忘師乎？請以所得全與扁鵲廟。”帝王爲築廟于城西隅，封“靈應侯”。《湧幢小品》:鄭州土城無門扉,相對如闕,中有藥王廟,即扁鵲也,封"神應王"。神廟玉體違和,慈聖皇太后禱之,立奏康寧,爲新廟,建三皇殿于中,以歷代之能醫者附焉。

其一爲唐孫思邈,號眞人。按《舊唐書》:孫思邈者,京兆華原人也。七歲就學,日誦千餘言。弱冠,善談莊老及百家之說,兼好釋典,洛州總管獨孤信見而嘆曰:"此聖童也。但恨其器大,難以用耳。"周宣帝時,思邈以王室多故,隱居太白山。隋文帝輔政,乃徵爲國子博士,稱疾不起。嘗謂所親曰:"過五十年當有聖人出,吾方助之以濟人。"及太宗即位,召詣京師,嗟其容色甚少,謂曰:"故知有道者誠可尊重,羨門、廣成豈虛言哉!"將授以爵位,固辭不受。上元年辭疾請歸,特賜良馬及鄱陽公主邑司以居焉。當時知名之士宋令文、孟詵、盧照鄰等,執師資之禮以事焉。思邈常從幸九成宮,照鄰留其在宅,時庭前有病梨樹,照鄰爲賦,其序曰:"癸酉之歲,余臥疾長安光德坊之官舍,父老云是鄱陽公主邑司。昔公主未嫁而卒,故其邑廢。時有孫思邈處士居之。邈道合古今,學殫數術,而談正一則古之蒙莊子,深人不二則今之維摩詰,其推步甲乙,度量乾坤,則洛下閎、安期先生之儔也。"照鄰有惡疾,醫所不能癒,乃問思邈:"名醫癒疾,其道何如?"思邈曰:"吾聞善言天者,必質之于人,善言人者,亦本之于天。天有四時五行,寒暑迭代。其轉運也,和而爲雨,怒而爲風,凝而爲霜雪,張而爲虹蜺,此天地之常數也。人有四肢五臟,一覺一寢,呼吸吐納,精氣往來,流而爲榮衞,彰而爲氣色,發而爲聲音,此人之常數也。陽用其神,陰用其精,天人之所同也。蒸則生熱,否則生寒,結而爲瘤贅，隔而爲癰疽，奔而爲喘，乏竭而爲焦枯，診發乎面，變動乎形，推此以及天地，亦如之。故五緯盈縮，星辰錯行，日月薄蝕，孛彗飛流，此天地之危診也。山崩土陷，天地之癰疽也。奔風暴雨，天地之喘乏也。川瀆竭涸，天地之焦枯也。良醫導之以藥石，救之以針劑，聖人和之以至德，輔之以人事，故形體有可癒之疾，天地有可消之災。”又曰：“膽欲大而心欲小，智欲圓而行欲方。《詩》曰：〝如臨深淵，如履薄冰〞，謂小心也。〝糾糾武夫，公侯干城〞，謂大膽也。〝不爲利回，不爲義疚〞，行之方也。〝見機而作，不俟終日〞，智之圓也。”思邈自云開皇辛酉歲生，至今年九十三矣。詢之鄉里，咸云數百歲人。話周齊間事，歷歷如眼見。以此參之，不啻百歲人矣。然猶視聽不衰，神彩甚茂，可謂古之聰明博達不死者也。初魏徵等受詔，修齊、梁、陳、周、隋五代史，恐有遺漏，屢訪之，思邈口以傳授，有如目觀。東台侍郎孫處約將其五子俀、儆、俊、佑、佺，以謁思邈，思邈曰：“俊當先貴，佑當晚達，佺最名重，禍在執兵。”後皆如其言。太子詹事盧齊卿童幼時請問人倫之事，思邈曰：“汝後五十年位登方伯，吾孫當爲汝屬吏，可自保也。”後齊卿爲徐州刺史，思邈孫溥果爲徐州蕭縣丞。思邈初謂齊卿之時，溥猶未生，而預知其事，凡諸異迹多此類也。永淳元年卒。遺令薄葬，不藏冥器，祭祀無牲牢。經月餘，顏貌不改。舉屍就木，猶若空衣，時人異之。自注《老子》、《莊子》，撰《千金方》三十卷。子行天授中爲鳳閣侍郎。

其一爲藥王韋慈藏。《舊唐書·張文仲傳》：文仲少與鄉人李虔從事慈藏，並以醫術知名。慈藏景龍中光祿卿，自則天、中宗以後，諸醫咸推文仲等三人爲首。《新唐書·甄權傳》：後以醫顯者，京兆韋慈藏光祿卿。別無他事迹，而藥王之名亦不見于諸書。今世所塑繪藥王，除扁鵲外，皆作孫思邈，並附會小說，爲生虎針龍像，並不言韋慈藏。而典禮所祀三皇廟，以藥王爲韋慈藏，未識所本，惟《釋氏稽古略》載：藥王姓韋氏，名古，字老師，疏勒國人，開元二十五年至京，紗巾毳袍，杖藜而行。腰懸數百葫蘆，普施藥餌，以一黑犬自隨。凡有患者，古視之即癒。帝與皇后敬禮之，並圖其形容，朝夕供養，稱爲藥王菩薩。《太平廣記》亦載：嵩山道士韋老師者，性沉默少語，不知以何術得仙，常養一犬，多毛黃色，每以自隨。唐開元末歲，牽犬至岳寺，求食，僧徒竟怒，問何故復來，老師云："求食以與犬耳。"僧怒，又慢罵，令奴盛殘食與之。老師撫其首，乃出殿前池上洗犬。俄有五色雲遍滿溪谷，僧駭視之，其犬長數丈，成一大龍。老師亦自洗濯，取絹衣騎龍坐定，五色雲捧足，冉冉升天而去。寺僧作禮懺，悔已無及矣。出《驚聽錄》。此與前韋老師事亦相類。據前二說，則所稱藥王又作韋老師矣。老師豈慈藏之字歟？抑別一人歟？

　　按《維摩經》云：佛告大帝，過去無量阿僧祇刼時，此佛號曰藥王。又《萬佛名經》：南無藥王佛菩薩，又南無北方九十九佛百千萬同名大藥王菩薩。據此，則藥王不獨一人矣。

《集說詮眞》引《清嘉錄》：

　　四月二十八日爲藥王生日，醫士備分燒香，駢集于三皇廟。又有藥王廟。誕日，藥市中人擊牲設醴以祝嘏。

《民間新年神像圖畫展覽會》：

三皇十代明醫與藥王爲醫生及藥商之祖師（注：道教神中之藥王爲四種不同辨識之對象：㈠孫思邈，生於西周，重見於隋朝，百年後又在唐朝再生（參閱《神仙通鑒》卷十三及十四）；㈡扁鵲；㈢韋善俊（唐朝）；㈣韋古道，天竺人，於唐時來居長安。此外，佛教徒以藥師琉璃光王佛爲藥王）。

【案】藥王或謂有三，或謂有四。細察之，實有七種說法。

三　皇

《歷代神仙通鑒》卷十五：

雞籠山（升州），弘仁度厄通明天尊浮丘翁（卽神農炎帝，藥王）。

《古今圖書集成·神異典》卷四八引《畿輔通志》：

順天府藥王廟，祀伏羲、神農、黃帝，而秦漢來名醫侍。

《古今圖書集成·神異典》卷四九：

《景物略》曰：天壇之北藥王廟，武清侯李誠銘立也。廟祀伏羲、神農、黃帝，而秦漢來名醫侍。伏羲嘗草治硐以治民疾，厥像蛇身麟首，渠眉達掖，鑫目珠衡，駿毫翁鬣，龍唇龜齒，葉掩體，手玉圖文八卦。神農磨蜃鞭菣察色嗅，嘗草木而正名之，病正四百，藥正三百六十有五，爰著《本草》，過數乃亂，厥像弘身牛頤，龍顏大脣，手藥草。黃帝咨于岐、雷而《內經》作，著之玉版，厥像附函挺朵，修髯花瘤，袞冕服。左次孫思邈，曾醫龍子，出《千金方》于龍藏者。右次韋慈藏，左將一丸，右蹲黑犬，人稱藥王也。側十名醫，三皇時之岐伯、雷公，秦之扁鵲，漢之淳于意、張仲景，魏之華陀，晉之王叔和、皇甫謐、葛洪，唐之李景和，蓋儒道服不一矣。

《民間新年神像圖畫展覽會·附錄七》：

伏羲相傳為中國之第一皇帝，教人民熟食。神農嚐百草，備知藥性，常被稱為藥王。黃帝曾召集臣下，完成神農之藥性研究。此三神自成一種三神合體，其地位高超于現在道教中之藥王。

【案】三皇本為醫王，《畿輔通志》所述之藥王廟，即元明以來醫王廟也。古代醫、藥並不分家，祀醫王為藥王，亦不為過。

扁　鵲

《茶香室續鈔》卷十九：

國朝高士奇《扈從西巡日錄》云：鄭州城東北有藥王莊，爲扁鵲故里。藥王廟專祀扁鵲，香火最盛。每年四月，河淮以北，秦晉以東，各方商賈，輦運珍奇之屬，入城爲市。妙伎雜樂，無不畢陳，云賀藥王生日。幕帟遍野，聲樂震天。每日搭蓋席蓬，尺寸地非數千錢不能得。貿易游覽，閱兩旬方散。明萬曆間，慈聖太后出內帑增建神農軒轅三皇之殿，以古今名醫配食。自是藥王之會彌加以輻湊。

【案】扁鵲本古代名醫，故祀爲神。據《新搜神記》所考，宋時已稱藥王矣。

孫　思　邈

《酉陽雜俎·前集》卷二：

孫思邈嘗隱終南山，與宣律和尙相接，每來往互參宗旨。時大旱，西域僧請于昆明池結壇祈雨，詔有司備香燈，凡七日，縮水數尺。忽有老人夜詣宣律和尙求救，曰："弟子昆明池龍也，無雨久，匪由弟子。胡僧利弟子腦，將爲藥，欺天子言祈雨，命

孫思邈

在旦夕，乞和尚法力加護。"宣公辭曰："貧道持律而已，可求
孫先生。"老人因至思邈石室求救。孫謂曰："我知昆明龍宮有
仙方三十首，爾傳與予，予將救汝。"老人曰："此方上帝不許
妄傳，今急矣，固無所吝。"有頃，捧方而至。孫曰："爾第還，
無慮胡僧也。"自是湖水忽漲，數日溢岸，胡僧羞恚而死。孫
復著《千金方》三十卷，每卷入一方，人不得曉。及卒後，時有
人見之。

　　玄宗幸蜀，夢思邈乞武都雄黃，乃命中使賫雄黃十斤，送于
峨眉頂上。中使上山未半，見一人幅巾被褐，鬚鬢皓白，二童青
衣丸髻，夾侍立屏風側，以手指大盤石曰："可致藥于此。上有
表錄上皇帝。"中使視石上朱書百餘字，遂錄之，隨寫隨滅。寫
畢，石上無復字矣。須臾，白氣漫起，因忽不見。

《列仙全傳》卷五：

　　孫思邈，華原人。七歲日誦千言。獨孤信見之曰："聖童也，
顧器大難爲用耳。"及長，好談老莊。周宣帝時，以王室多事，
隱于太白山學道，煉氣養神，求度世之術。洞曉天文推步，精究
醫藥，務行陰德。偶見牧童傷小蛇，血出，思邈脫衣贖而救之，
以藥封裹，放于草內。旬餘出遊，見一白衣少年下馬拜謝曰："吾
弟蒙道者所救。"思邈未即省。少年復邀思邈至家，易以己馬，
偕行如飛。至一城郭，花木盛開，金碧炳耀，儼若王者之居。少
年延思邈入，見一人袷帽絳衣，侍從甚眾，忻喜趨接，謝思邈
曰："深蒙道者厚恩，故遣兒子相迎。"因指一青衣小兒云："前
者此兒獨出，爲牧豎所傷，賴道者脫衣贖救，得有今日。"乃令

青衣小兒拜謝。思邈始省昔日脫衣救青蛇之事。潛問左右此爲何
所,對曰:"此涇陽水府也。"絳衣王者命設酒饌妓樂宴思邈,
思邈辭以辟穀服氣,惟飲酒耳。留連三日,乃以輕綃金珠相贈。
思邈堅辭不受,乃命其子取龍宮奇方三十首與思邈,曰:"此可
以助道者濟世救人。"復以僕馬送思邈歸。思邈以是方歷試皆
效,乃編入《千金方》中。隋文帝徵爲國子博士,不就。嘗密謂
人曰:"過此五十年,當有聖人出,吾方助之,以濟生民。"至
唐太宗召,始詣京師。上訝其容少,曰:"故知有道者,誠可尊
重,羨門之徒,豈虛言哉?"永徽三年,年已百餘歲。一日沐浴,
衣冠端坐,謂子孫曰:"吾今將游無何有之鄉矣。"俄而氣絕。
月餘顏色不變,及入棺,唯空衣焉。後明皇幸蜀,夢思邈乞武都
雄黃,即命中使賫十斤送于峨眉頂上。中使上山未半,見一人幅
巾被褐,鬚眉皓白,二青衣童丸髻夾持,指大盤石曰:"可置藥
于此。石上有表錄謝皇帝。"使視石,上大書百餘字,遂錄之,
隨寫隨滅,寫畢,石上無復字矣。須臾白氣漫起,因忽不見。成
都有一僧,誦《法華經》甚專,雖兵亂,卒不能害。忽一日,有
僕人至,云先生請師誦經。經過烟嵐中,入一山居,僕云:"先
生老疾起遲,請誦經至寶塔品,欲一聽之。"僧誦至此,先生出,
野服杖黎,兩耳垂肩,焚香聽經罷,遂供僧以藤盤竹箸,秫飯一
盂,杞菊數甌。僧食之,絕無鹽酪味,美若甘露。復贈錢一緡。
僕送出路口,僧因問曰:"先生何姓?"曰:"姓孫。"曰:"何
名?"僕于掌中手書"思邈"二字。僧大駭,視僕遽失不見。視
錢,皆金錢也。僧自此身輕無疾。宋眞宗時,僧已二百餘歲。後
莫知所之。

《古今圖書集成·神異典》卷四九引《山西通志》：

孫眞人廟，在猗氏縣莊武王廟內。王討叛有疾，唐德宗命眞
人孫思邈來醫，因建祠于廟左，禱藥卽癒。

【案】孫思邈為唐代名醫，《千金方》為中國醫學名著。
世人神其術，故復神其人。祀為藥王，亦其宜也。

韋慈藏　韋善俊　韋古道（韋老師）

《月令廣義·五月令》：

（十五日）藥王仙日（韋眞人）。

同上《歲令一》：

巢元眞人孫思邈，藥王韋慈藏。

《舊唐書·方伎傳》：

張文仲，洛州洛陽人也。少與鄉人李虔縱、京兆人韋慈藏並
以醫術知名。慈藏，景龍中光祿卿。自則天、中宗已後，諸醫咸
推文仲三人為首。

《茶香室叢鈔》卷十五：

宋韓元吉《桐陰舊話》云：忠獻公年六、七歲，病甚。忽曰：
"有道士牽犬以藥飼我。"俄汗而癒。按《列仙傳》：韋善俊，
唐武后朝京兆人，長齋奉道法，嘗携黑犬，名烏龍。世俗謂為藥

王云。

《列仙全傳》卷五：

韋善俊，京兆人。母王氏妊時，每噉血食，則腹痛，蔬食，即無恙。既生，至十三歲遂長齋。遇道士韓元最，授以秘要。常有二青童侍左右。嗣聖中，寓升仙觀，有神人厲聲曰：“子何人，輒來此？宜速去。”善俊曰：“神人試我耳，何相逼太甚。”神人遜謝而去。又嘗過壇壚店，遇黑犬繞旋不去，因畜之，呼爲烏龍。一日謂弟子曰：“吾百年學道，今太上召我，我當去矣。”其犬忽長數丈，化爲黑龍，善俊乘之而去。

《鑄鼎餘聞》卷四：

沈汾《續神仙傳》云：藥王姓韋名古道，號歸藏，西域天竺人。開元二十五年入京師，紗巾毳袍，杖履而行，腰繫葫蘆數十枚，廣施藥餌，病人多效。帝召入宮，圖其形，賜號藥王。

同上：

・韓無咎《桐陰舊話》引《列仙傳》曰：唐武后朝韋善俊，京兆人，長齋奉道，常携黑犬，名烏龍，世俗謂之藥王。

國朝施鴻保《閩雜記》卷五云：福州于山有藥王菩薩廟，或以爲即扁鵲。故亦稱盧醫廟。予按《天中記》引唐《本草序》：藥王菩薩姓韋，名古道，字老師，疏勒國得道人也。常身被毳袍，腰懸數十葫蘆，頭戴紗巾，手持藜杖，往來城野，以一黑犬自隨。開元中疾疹盛行，醫治輒效，朝野崇敬，稱爲藥王菩薩，

韋善俊

韋善俊

或傳其年已五百餘矣。又引《神仙傳》言：自堯舜至唐，凡五度化身救世，其後黑犬化爲黑龍，負以升天。今廟中像有二，在上者草衣卉服，跣足科頭，腰間亦懸葫蘆。 在下者，巾服如漢唐人。或謂在下者卽扁鵲，在上者乃神農也。恐非當。時建廟，旣稱藥王菩薩，當卽前二書所云者，惟異其巾袍，故誤耳。

　　【案】此三章與以上諸藥王不同，似爲道教所倡之藥王而流傳於民間者。韋善俊、韋古道名字不同，生地不同，然事迹年代皆相仿，疑卽一事而訛傳爲二者。韋慈藏於正史有傳（見《新搜神記》），似亦爲唐初醫術高明者，然並未以醫術行世。不知何以祀爲藥王。

藥王菩薩

《維摩經》：

　　佛告大帝：過去無量阿僧祇刼，時此佛號曰藥王。

《萬佛名經》：

　　南無藥王佛菩薩，又南無北方九十九佛百千萬同名大藥王菩薩。

《禪門日誦·八十八佛》：

　　南無藥師琉璃光王佛。

【案】此為佛教信仰之藥王。據說乃星宿光、電光明兄弟持良藥供養僧眾，後兄為藥王菩薩，弟為藥上菩薩。

附：高元帥

《三教源流搜神大全》卷五：

帥受氣于始元太乙之精，托胎于蒼州高春公家。母梅氏，甲子年十一月甲子日子時，生下一團火光耀日，父母以為怪，投之江。藥師天尊抱之為徒，貌如冠玉，法名員，授仙劑以游世。凡猿劈腦（猿遭彈求醫，帥破顱）、蛇破胎（帥破出之）、鶴完頂（鶴頂陷，帝以蟆螗等頭以起之）、虎硬喉（遭螗蛤毒，帥以蛇骨化之）諸奇症，隨手安痊。適遇一仙木，樗腹而腰口血水灑灑不止，帥憐而補之，仍以瓊花之露及天合之皮，而孔如天然。不意神蟲死其中也，乃托于人言，曰：“信而術亦大造中之生生人也，汝能去病于肘腋隨甲之下以活世耶？”曰：“可。”即制以灸鬼之法以濟。曰：“東南一古柏，女生之乎？”曰：“可。”以觀音淨壺甘露滋之而萌生。曰：“西北一腹裂者，女合之乎？”曰：“可。”即以去痛之藥調以水咒，易以腹腸，蒙以生肌之散而痊。曰：“今士大夫之家乏妊，女胎之乎？”曰：“可。”即以紫英陽起等石，繼以寄生神散，密推化生神符。神蟲思無以窮其投「技」者，密以金蠱殺民，謂帥曰：“今如何？夫醫一生即殺數草，是活一而枯百也。況胎孕乃權于天，汝欲以命扭，是未必生而傷一死也，汝何能全？予托命于抱樗之中，彼非有死機也，亦何賴于汝而強醫之，郁予以死，彼未德而餘之何仇？汝亦得以普濟之仁兩無偏

高元帥

耶？"帥語塞而嘆曰：信不能兼也，汝與嫏兩以醫死，諸在在感
德枯謝之，遂和以回生之術兩甦之。遍游于方內外，生之甚衆。
玉帝憫其爲仁亦苦矣，以爲足爲帝之心爲物造命者，遂封以九天
降生高元帥之職。

蒼　頡

《重修緯書集成》卷六《河圖玉版》：

　　倉頡爲帝，南巡狩，登陽虛之山。靈龜負書，丹甲青文，以
授帝。

《茶香室叢鈔》卷十五：

　　《石林燕語》云：京師百司胥吏，每至秋必醵錢爲賽神會。
問何神，曰："蒼王。"蓋以蒼頡造字，故胥吏祖之。余舊有學
校祀蒼頡議，據此知宋時固嘗祀之。但胥吏知祀蒼頡，而士大夫
不聞焉，何歟？

《歷代神仙通鑒》卷一：

　　（伏羲）時有臣倉頡，姓侯岡，名頡（陳蒼人，故曰蒼頡）。生而
龍顏侈哆，四目電光。幼善畫，養靈龜一頭，揣摩其文理，又見
群鳥踐迹沙地，乃依龜文鳥迹，一畫一豎，一點一圈，撇捺鈎
挑，配聚而成字體。

　　【案】蒼頡乃古代神話人物，相傳爲皇帝史官，始造文字。
後世遂奉以爲神。

姜　太　公

《唐會要》卷二三：

開元十九年四月十八日，兩京及天下諸州各置太公廟一所，以張良配享。諸州賓貢武舉人，准明經進士，行鄉飲酒禮。每出師命將，辭訖，歲日，便就廟引辭。上元元年閏四月十九日，追封爲武成王，有司依文宣王置廟。

天寶六載正月敕：鄉貢武舉人上省，先令謁太公廟。每拜大將，及行師克捷，亦宜告捷。

《事物紀原》卷二：

《唐書·肅宗紀》曰：上元元年閏四月己卯，追封太公爲武成王。《宋朝會要》曰：大中祥符元年十月詔：維師尚父實贊隆周，宜加諡昭烈武成王，仍于青州建祠廟。

《事物紀原》卷三：

宋朝神宗熙寧中興學，以上舍養士，始就武成王廟側建武學，如太學儀。章衡《紀年通載》曰：仁宗慶曆三年五月，置武學于武成王廟，八月罷。

《列仙全傳》卷一：

　　呂尚，冀州人。生而內智，預知存亡。避紂亂，隱遼東三十年，西適，隱于南山。釣于卞溪，三年不獲魚。或曰：「可以止矣。」尚曰：「非爾所及也。」果得大鯉，有兵鈐在腹中，乃服澤芝地衣石髓，二百年而告亡。葬之無屍，惟有玉鈐六篇在棺中。

《破除迷信全書》卷十：

　　姜子牙本是文王時的一位名將，也是我國最信服的一位名人，還信他是已經成爲神，所以凡人要驅邪鬼，則必寫出「太公在此，百無禁忌」數字，貼在牆上，或是粘在壁間。凡趕山趕會的商人，更是迷信此種作爲。因爲他們迷信凡山會就有廟宇，凡廟宇必有邪鬼，而且不但活人要去趕山會，即使死鬼也要一齊去的。活人有警察兵卒維持治安，宵小不敢搶刧；至于邪鬼呢，則非姜太公是制止不住的，因此才貼出太公在此等字樣。世人這樣的推崇姜太公，試問姜太公到底能替他們効勞麼？恐怕他不便受這些麻煩罷！

　　【案】姜太公呂尚，乃西周建國之名將，後祀為神。古兵法有「六韜」「三略」，合稱《太公兵法》，稱呂尚遺著，實乃後人偽托。民間關於他的神話故事頗多，以至搬演為《封神演義》之中心人物。唐宋列入祀典，封武成王，天下遍立太公廟，與孔子并列，掌武事。至近代民間則有處處書「姜太公在此百無禁忌」諸字，以為可以避邪，却不知此俗自何時始。或因太公為武將之首，曾經咤叱風雲，斬將封神，神克鬼，故以為百鬼當聞其名而望風披靡乎？

二　郎　神

【案】《西遊記》的故事在中國民間是家喻戶曉的，曾經打敗孫悟空的二郎神，自然也是家喻戶曉的。二郎神名頭雖大，其身份來歷卻頗含糊。由於《封神演義》和《西遊記》的影響，近代民間多稱其為楊戩楊二郎，實際上自古以來對二郎神有多種解釋，玆列舉於下。

李　冰

《神話論文集・中國神話對後世的影響》：

二郎實在就是古代神話中治水的李冰。李冰治水有鬥犀伏龍等傳說，後來傳說演變，便把他的神力移到他的兒子二郎身上。

《〈封神演義〉漫談》：

灌口李冰廟流傳已久。二郎神傳到灌口，大約在唐代後期，後來居上，廟大位尊，李冰原來的小廟遂處于偏殿配享的地位。二郎廟是外來的，和李冰毫無關係，只是地點擺在一起，有人說二郎就是李冰，有人說二郎是李冰的第二個兒子，都說不圓滿。

《集說詮眞》：

《史記·河渠書》曰：蜀守冰鑿離碓，辟沫水之害，穿二江成都之中，此渠皆可行舟，有餘則用溉浸，百姓餉其利。沫水出蜀西南徼外，東南入海，二江並在益州成都縣界。《風俗通》云：秦昭王使李冰爲蜀守，開成都縣兩江，溉田萬頃。江水有神，歲取童女二人爲婦，主者自出錢百萬以行聘。冰自以其女爲神婚，到時，裝飾其女，當以沉江。冰徑至祠，上神坐進酒，先投杯，但澹淡不耗，因厲聲曰：“江君相輕，當相伐耳！”拔劍，忽然不見。良久，有兩蒼牛，鬥于岸。有頃，輒過。謂官屬曰：“吾鬥疲極，不當相助耶？南向腰中正白者我綬也。”主簿刺北面者，江神遂死。後無復患。

按：蜀郡守李冰鑿離堆以灌漑諸郡，而避沫水之害，蜀人德之。事固可信，但所稱禁鎖孽龍，以女妻神，變牛相鬥，而江神被誅，顯係好事者捏造，聾人獻享，以斂羊稅，了無疑義。則敬李冰爲灌口神，並其子爲二郎神，抑何可笑。

《華陽國志》卷三：

周滅後，秦孝文王以李冰爲蜀守。冰能知天文地理。時青衣有沫水出蒙山下，伏行地中，會江南安觸山脅混崖，水脈漂疾，破害舟船，歷代患之。冰發卒鑿平混崖，通正水道。或曰冰鑿崖時，水神怒，冰乃操刀入水中，與神鬥，迄今蒙福。

《事物紀原》卷七：

廣濟王，在永康軍導江縣，李冰廟也。秦孝文王時，冰爲蜀郡守，自汶山雍江，灌漑三郡，開稻田。歷代以來，蜀人德之，餉祀不絕。僞蜀封大安王，孟昶又號應聖靈感王。開寶七年改號廣濟王。

《宋史·禮志八》：

永康軍李冰廟，已封廣濟王，近乃封靈應公。

《文獻通考·郊社考》二二：

廣濟王廟，秦蜀守李冰祠也。僞蜀封大安王，又封應聖靈感王。開寶五年詔修廟，七年改號廣濟王。歲一祀。

《古今圖書集成·神異典》卷五一引《江西通志》"清源廟"條：

廟在浮梁新田。舊傳神姓李名冰，秦孝公時守蜀，作五石牛以壓水怪，立祠灌口。宋邑人李潤出使資神祐，立廟祀之。

《清朝文獻通考·群祀考》二：

雍正五年封四川灌縣都江堰口通佑王、顯英王之神。時以四川巡撫憲德疏言：都江堰口廟祀李二郎有功蜀地，請加封號。下禮部議，言：按《史記》《漢書》專載蜀守李冰鑿離堆穿三江，功績歷歷可考。惟《灌縣志》書內有使其子二郎鑿山穿江之語，是二郎雖能成父之績，李冰實主治水之功。又考王圻《續文獻通考》載：元至順元年，曾並加封號，今既言有功于蜀，亟彰顯應，理宜並崇祀典。該撫只請封其子而不及李冰，似未妥協。詔令並給封號，乃封李冰爲敷澤興濟通佑王，李二郎爲承績廣惠顯英王，令地方官春秋致祭。

《新搜神記・神考》：

《太平廣記》：李冰爲蜀郡守，有蛟歲暴，漂墊相望，冰乃入水戮蛟，已爲牛形，江神龍躍。冰不勝，及出，選卒之勇者數百，持強弓大箭，約曰："吾前者爲牛，今江神必亦爲牛矣。我以大白練自束以辨，汝當殺其無記者。"遂吼呼而入・須臾，風動大起，天地一色，稍定，有二牛鬥。見公練甚長白，武士乃齊射，其神遂斃。從此蜀人不復爲水所病。至今大浪沖濤，欲及公之祠，皆瀰瀰而去。故春多設有鬥牛之戲，未必不由此也。祠南數千家邊江，低圮雖甚，秋潦亦不移，適有石牛在廟庭下。唐太和五年洪水驚潰，冰神爲龍，復與龍鬥于灌口，猶以白練爲志，水遂漂下。左綿梓潼皆浮川溢峽，傷數十郡，唯西蜀無患。《錄異記》：天祐七年夏，成都大雨，岷江漲，將壞京口，灌江堰上，夜聞呼噪之聲，若千百人，列炬無數，大風暴雨而火影不滅。及明，大堰移數百丈，堰水入新津江，李冰祠中所立旗幟皆濕。是時新津嘉眉水害尤多，而京江不加溢焉。今縣西卅三里䡍爲縣索橋，有李冰廟，按即崇德廟也。宋扈仲榮監修永康崇德廟即此。《水經注・江水》：又歷都安縣，即汶山縣，郡治，劉備之所置也。有桃關，李冰作大堰于此。立碑六字曰："深淘潭淺包隄"。宋徽宗時，改封眞君。《朱子語錄》云："蜀中灌口二郎廟，當時是李冰因開離堆有功立廟，今來現許多靈怪，乃是他第二兒子。"元統二年僉四川肅政廉訪司事吉當普巡行周視要害三十有二處，悉罷之。召灌州判官張宏計曰："若甃以石，歲役可罷，民力可蘇。"宏遂出私錢爲小堰，堰成，暴漲不動，乃具白行省及蒙古軍七翼之長，郡縣守宰及鄉里之老，各陳利害，咸以爲便。

於是徵工發徒，即都江舊迹而治之。塩井關限其西北，水西關據其西南，分江導水，因勢潴堰。以鐵六千斤鑄大龜，貫以鐵柱，鎮其江源，然後諸堰皆甃以石，範鐵以關其中，以桐油、石灰雜麻絲搗熟密苴嚛漏，岸善崩者，築江石以護之，上植楊柳，旁種蔓荆，櫛比鱗次，賴以爲固。所至或疏舊渠，以導其流，或鑿新渠，以殺其勢，遇水會則有石門泄蓄，自是水利。省台上其功，詔揭徯斯記之。是役石工金工皆七百人，木工二百五十，役徒三千九百，蒙古居二千，糧千石有奇，石材萬餘，灰六萬餘斤，油半之，鐵六萬五千斤，麻五千斤，共四萬九千有奇緡，工畢，官積餘二十萬一千八百緡，責灌守以貸于民，歲取其息，以備祭祀、淘灘之費，仍免灌之兵民常役，俾專力堰事焉。

《管錐編》第二冊卷二九一：

冰化牛與江神鬥，按其事始見《風俗通》，《水經注》卷三三《江水》引之。冰"以大白練自束以辨"，又與《廣記》卷一一八《程靈銳》（出《歙州圖經》）、一三一《臨海人》（出《續搜神記》）事類，特牛鬥與蛇鬥異耳。歐陽修《集古錄跋尾·張龍公碑》謂撰者唐趙耕，記張、鄭二人奪居龍宮，化龍相鬥，以絳綃、青綃爲辨，蘇軾《張龍公祠記》一稱《昭靈侯廟碑》轉述之，劉斧《青瑣高議》後集卷九《夢龍傳》又以爲宋曹鈞事；亦鍾李冰之傳說者。

【案】李冰是四川的歷史名人，貢獻甚大。目前對李冰的身分、時代及事業頗多爭論，然對李冰實有其人、確有貢獻

兩點，無人置疑。川人奉祀，本在情理之中。後世或以為江
神、水神。在四川以外，也或有李冰廟。然而李冰之祀，以
四川為主，二郎神宋以來各地都有；李冰之祀，自秦漢以來
未曾間斷，二郎神始見於唐代；稱李冰為二郎，不僅於文獻
無徵，且不倫不類。據此，李冰并非二郎神。然民間傳說稱
李冰刺殺江神，"蜀人慕其氣決，凡壯健者因名冰兒也"。
後遂訛傳冰有次子名二郎。故謂李冰實李二郎之前身，則可
也。

李 二 郎

《事物紀原》卷七：

元豐時，國城之西，民立灌口二郎神祠，云神永康導江縣廣
濟王子。王即秦李冰也。《會要》所謂冰次子郎君神也。宋後敕
封靈惠侯。

《歷代神仙通鑒》卷二一：

（元至順中）加封李冰為聖德廣裕英惠王，其子二郎神為英烈
昭惠顯聖仁祐王。

《通俗編》：

《朱子語錄》：蜀中灌口二郎廟，當時是李冰因開離堆有功
立廟。今來許多靈怪，乃是他第二兒子，初間封為王，後來徽宗
好道，謂他是什麼真君，遂改封真君。向張魏公用兵，禱其廟，

夜夢神語云：我向爲王，有血食之奉，故威福得行；今爲眞君，
號雖尊，凡祭我以素食，故無威福。須復封我爲王。魏公遂乞復
其封。不知魏公是有此夢，還復一時用兵，托爲此說。按今二郎
神所在多奉，而俗以演義之謬，謂神姓名曰楊戩，讀此爽然。

《陔餘叢考》卷三五"灌口神"條：

《夷堅志》：永康軍崇德廟乃灌口神祠，爵封王，置監廟官，
蜀人事之甚謹，每時節獻享。及因事有祈者，必宰羊，一歲至四
萬口。一羊過城，納稅錢五百，歲終可得錢二萬千，爲公家無窮
利。當神之生日，郡人醵迎盡敬，官僚亦無不瞻謁者。按《獨醒
志》，灌口二郎神乃祠李冰父子也。冰秦時守其地，有龍爲孽，
冰鎖在于離堆之下。故蜀人德之，每歲用羊至四萬餘，凡買羊以
祭，偶產羔者，亦不敢留。永康借羊稅以充郡計。江鄉人今亦祠
之，每祭但祭一羊，不設他物，蓋有自也。元至順元年，封李冰
爲聖德廣裕英惠王，其子二郎神爲英烈昭惠靈顯仁祐王。見《元
史·文宗紀》。

《鑄鼎餘聞》卷二：

《會典》：雍正五年敕封李冰爲敷澤興仁通佑王，二郎爲承
績廣惠英顯王。

國朝翟灝《通俗編》引《蜀都碎事》云：蜀人奉二郎神，謂
之川主。其像俊雅，侍從者擎鷹牽犬，蓋李冰之子也。

《〈封神演義〉漫談》：

《宋會要》（禮二十，郎君神祠）："仁宗嘉祐八年八月，詔永康軍廣濟王廟郎君神，特封惠靈侯，差官祭告。神即李冰次子，川人號護國靈應王，開寶七年命去王號，至是軍民上言，神嘗贊助其父除水患，故有是命。政和八年八月改封昭惠顯靈眞人。"據此可知灌口二郎神在後蜀號護國靈應王，顯然還是個武神。嘉祐八年，宋仁宗皇帝肯定他是李冰的第二個兒子。

【案】諸位二郎神中，以李二郎的影響最大，這是因為五代（蜀）以來，祂得到了歷代帝王的認可。關於李冰的較早記載，如《史記》、《漢書》、《風俗通義》、《華陽國志》等，都未提到李冰有子。可知即或有子，當時也未被神化。但按照民間的造神習慣，如此大神而無神化之子，是不可想像的，即自然神如東岳，也有諸郎子為神。所以二郎的出現，也是理所固然，稱其為二郎神，更是理所當然。然而李二郎之神見諸記載，始於五代，而二郎神之廟祀，乃始於唐代。當然也可能各地民間已有李二郎之信仰，五代（蜀）、宋遂列入祀典。但唐代所流行之二郎神，是否確係李二郎，尚難以斷言。無論如何，宋代以來二郎神信仰大盛，灌口以外在在多有，當與帝王對李二郎的認可、倡導有密切關係。

張　仙（孟昶）

《古今圖書集成·神異典》卷四六引《賢奕》：

二郎神衣黃彈射擁獵犬，實蜀漢王孟昶像也。宋藝祖平蜀得花蕊夫人，奉昶小像于宮中。藝祖怪問，對曰：" 此灌口二郎神也。乞靈者輒應。"因命傳于京師，令供奉，蓋不忘昶，以報之也。人以二郎挾彈者即張仙，誤也。二郎乃詭詞，張仙乃蘇老泉所夢仙挾二彈，以爲誕子之兆，因奉之，果得軾、轍二子。見集中。

【案】據此，又有謂灌口二郎神之形象，實屬漢王孟昶，時人又皆以為送子之張仙（見該條）。是宋初所信奉之二郎神，又不盡為李二郎。

趙　　昱（清源妙道眞君）

《古今圖書集成·神異典》卷三九引《龍城錄》：

趙昱字仲明，與兄冕俱隱靑城山，從事道士李珏。隋煬帝知其賢，徵召不赴，督讓益州太守臧膡強起。昱至京師，縻以上爵，不就，乞爲蜀嘉州守。時犍爲潭中有老蛟，爲害日久，截設舟船，蜀江人患之。昱蒞政五月，有小吏告昱，令使人往靑城山置藥，渡江溺死者，沒舟航七百艘。昱大怒，率甲士千人及州屬男子萬人，夾江岸鼓噪，聲震天地，昱乃持刀投水。頃，江水盡赤，石岩半崩，吼聲如雷，昱左手執蛟首，右手持刀，奮波而出。州人頂戴，視爲神明。隋末隱去，不知所終。後嘉陵漲溢，水勢汹然，蜀人思昱。頃之，見昱靑霧中騎白馬，從數壯者，見於波面，揚鞭而過。舟人爭呼之，遂沒。蜀眉山守以聞，太宗封神勇大將軍，廟食灌江口。歲時民疾病禱之，無不應。上皇幸蜀，加

清源妙道真君

封爲赤城王。

同上引《八閩通志》：

宋眞宗加封淸源妙道眞君。

同上引《常熟縣志》：

神趙昱立廟灌江，呼灌口二郎神。（宋）開禧中和州寇警，守臣夢白袍神謂曰：“吾隋人趙昱也。默爲子助，子當益奮。”寇大創引去，和州始安，而江淮無恙。守臣以狀聞，封爲王。今本邑以神平水患，凡遇水旱，請禱輒應。神司水而炳靈司火云。

《三教源流搜神大全》卷三：

淸源妙道眞君，姓趙民昱，從道士李珏隱靑城山。隋煬帝知其賢，起爲嘉州太守。郡左有冷源二，河內有犍爲老蛟，春夏爲害，其水迅漲，漂淹傷民。昱大怒，時五月間，設舟船七百艘，率甲士千餘人，民萬餘人，夾江鼓噪，聲振天地。昱持刀入水，有頃，其水赤，石崖奔〔崩〕，吼如雷。昱右手持刃，左手持蛟首奮波而出。時有佐昱入水者七人，即七聖是也。公斬蛟時年二十六歲。隋末天下大亂，棄官隱去，不知所終。後因嘉州江水漲溢，蜀人見靑霧中白馬引數人鷹犬彈弓獵者，波面而過，乃昱也。民感其德，立廟于灌江口，奉祀焉，俗曰灌口二郎。太宗封爲神勇大將軍。明皇幸蜀，加封赤城王。宋眞宗朝，益州大亂，帝遣張乖崖入蜀治之。公詣祠下，求助于神，果□□，奏請于朝，追尊聖號曰淸源妙道眞君。

《歷代神仙通鑒》卷十三：

（唐太宗時）有道士羽衣襤褸，自言蜀中趙道士。有司具奏，擬是隋故將趙昱，曾平水患，封爲神勇大將軍，遣使致祭。

《新搜神記·神考》"川主"條：

《名勝志》：隋青城人趙昱，與道士李珏游，屢徵不起。後煬帝辟爲嘉州守。時州有蛟患，昱令民臨江鼓噪，與其七人仗劍披髮，入水斬蛟，奮波而出，江水爲赤，蛟患遂息。開皇間入山，踪跡云不復見。後運餉者見昱乘白馬引白犬，偕一童子腰弓挾彈以游，儼若平生焉。唐太宗封爲神勇大將軍，廟祀灌口。明皇幸蜀，封赤城王。宋張咏治蜀，蜀亂，屢得神助。蜀平事聞，封川主清源妙道眞君。按：今灌縣有趙公山，即公隱處也。元無名氏《清源眞君六月二十四日生辰疏》："孟秋行白帝之權，尚遲六日；中夏慶清源之聖，誕降九霄。易地權平，與天長久。恭惟清源眞君，秀儲仙洞，威振靈關。破浪興妖，隨顯屠龍之手，含沙射影，特彰斬屬之功。佐泰山生死之司，護佛法慈悲之教。某恩蒙波潤，澤遇河清，五十四州咸仰西川之主，億千萬歲永綏東土之民。"見《翰墨大全》。

《茶香室叢鈔》卷十五：

唐柳宗元《龍城錄》云：趙昱字仲明，與兄冕俱隱青城山。煬帝拜爲嘉州太守。時犍爲潭中有老蛟爲害，昱持刀入水，左手執蛟首，右手持刀，奮波而出，州人事爲神。太宗文皇帝賜封神勇大將軍。廟食灌江口。上皇幸蜀，加封赤城王，又封顯應侯。

昱斬蛟時年二十六。按此則灌口二郎神又似即趙昱矣。其年少而行二，所謂二郎者頗合，豈後人失其傳而誤以爲李冰之子邪！

《鑄鼎餘聞》卷二：

國朝王峻《蘇州府志》云：宋眞宗時進封清源妙道眞君。

國朝褚人獲《堅瓠集》云：六月二十四日，吳謂爲清源妙道眞君誕，祀神必用白雄雞，相傳已久，不解其故。及閱陳藏器《本草拾遺》云：白雄雞生三年者，能爲鬼神所役使。

《〈封神演義〉漫談》：

另一個說法，二郎神是趙昱。成都青城山自漢以來是道教的聖地，道教徒不能容忍毗沙門天王的二郎獨健在這一帶割據，遂抬出一個趙昱進行偷換。這個說法起源不晚，但不如李冰次子順理成章，所以宋仁宗承認後者。宋眞宗時封趙昱爲清源妙道眞君。趙昱是灌口二郎，流行於民間，宋元明人小說戲曲中沒有說灌口二郎是李冰次子的。元明人雜劇《二郎神醉射鎖魔鏡》、《二郎神鎖齊天大聖》、《灌口二郎斬健蛟》所演的二郎都是趙昱。

【案】趙昱，是道教捧起來的二郎神。始見於《龍城錄》。該書雖僞，宋時已有，則趙昱傳說之起源不會太晚，當與李二郎同時。《龍城錄》述其神迹，謂於江中斬蛟，其故事顯從李冰鬥江神衍化而來。官方并未承認其爲二郎神，宋眞宗封其爲眞君。然自宋至明，小說戲曲及民間傳說中，多以其爲二郎神。關於趙昱的傳說，對二郎神形象的完成有重要影

響。如《封神演義》有楊戩收梅山七怪故事，《西遊記》稱
楊二郎手下有梅山七兄弟，皆源自趙昱故事中的梅山七聖。

楊 二 郎 (楊戩)

《夷堅支志》乙卷五：

楊戩貴盛時，嘗往鄭州上冢，其姬妾留京師者猶數十輩，中
門大門，悉加扃鎖，監護牢甚。有館客在外舍，一妾慕其風標，
置梯逾屋取以入，恣其歡昵。將曉，送之去。次夕，復施前計。
同列浸聞之，遂展轉延納，逮七八晝夜，賂監院奴，使勿言。客
不勝困憊，而報戩且至，亟升至屋，兩股無力，不能復下。戩還
宅望見，訝其非所處，殆為物所憑祟，遣扶以下招道士噀治。因
妄云："為鬼迷惑，了不自覺。"經旬良瘳。戩固深照其奸，一
日，召與共食竟，令憩密室，則有數壯挽執縛于臥榻上，持刃剖
其陽，已而儼然成一宦者。

《〈封神演義〉漫談》：

二郎神和楊戩發生關係僅見於小說。《醒世恒言》第十三卷
"勘皮靴單證二郎神"敍述宋徽宗宮內的韓夫人，因為養病下放
在宦官楊戩府中，韓夫人病好到清源妙道二郎神廟燒香還願，廟
官孫神通會些妖法，假扮成二郎神模樣，夜夜翻墻逾屋到楊戩府
私通韓夫人。楊戩找道士噀治，擊落一只皮靴，經過勘查終於破
案。末言"原係京師老郎傳流，至今編入野史"。這個故事和
《夷堅志》楊戩館客條相似，而情節明顯是有意編造的。經過南宋、

金、元流傳二三百年，無論是有意還是無意，二郎神和楊戩兩個
詞結了不解之緣，楊戩却成了二郎神的代名。《西遊記》只籠統地
稱楊二郎，不敢落實，《封神演義》作者更大膽些，便直稱二郎
神爲楊戩。

《西遊記》第六回：

（觀音）菩薩道："乃陛下令甥顯聖二郎眞君，見居灌洲灌
江口，享受下方香火。他昔日曾力誅六怪，又有梅山兄弟與帳前
一千二百草頭神，神通廣大。"

那眞君，力誅八怪聲名遠，義結梅山七聖行。赤城昭惠英靈
聖，顯化天邊號二郎。

大聖道："我記得當年玉帝妹子思凡下界，配合楊君，生一
男子，曾使斧劈桃山的，是你麼？

【案】以楊戩爲二郎神，是近代民間最流行的說法，又是
最無稽的說法。恰如張政烺先生所說，楊戩本爲宋徽宗朝一
得寵宦官，《夷堅志》記載了好幾則關於他的故事。後民間
口耳相傳，敷演渲染，遂出現《醒世恒言》中的小說，雖不
過是楊戩設法捉拿冒充清源妙道二郎神（趙昱）的道士而已。
後世又進一步鋪演，二郎神遂成爲楊戩。今戲曲中之二郎神
金臉無鬚，依稀爲宦閹形象。《西遊記》尚只稱楊二郎，其
封號（如赤城、昭惠、英靈、眞君）則揉合李二郎、趙昱之號，
其故事則採自趙昱的傳說。《封神演義》直稱楊戩，又將助
趙昱鬥蛟之梅山七聖改爲梅山七怪，由楊除滅之，其源則一

耳。

鄧　遐

《古今圖書集成‧神異典》卷五十引《浙江通志》：

二郎神廟，在忠清里，神姓鄧，諱遐，字應遠，陳郡人也。自幼勇力絕人，氣蓋當時，人方之樊噲。桓溫以爲參軍，數從征伐，歷冠軍將軍、數郡太守，號爲名將。襄陽城北水中有蛟，數出害人，遐拔劍入手，蛟繞其足，遐揮劍截蛟數段而出。自是患息。鄉人德之，爲立祠祀之，以其嘗爲二郎將，故尊爲二郎神。

【案】此又別一二郎神，謂其晋時名將，以嘗為二郎將，故尊為二郎神。鄧遐，《晋書》有傳，事迹與此略同。其父曾為從事中郎、平越中郎將，謂遐嘗為二郎將，未之聞也。其祠或甚早。當後人因其斬蛟故事，與李冰、李二郎鬥江神，趙昱斬蛟相類，遂又附會為二郎神矣。

二郎獨健

《〈封神演義〉漫談》：

二郎神是進口的，從祖國遙遠的西陲傳到內地來的。印度神有個毗沙門天王，也稱北方天王，是個武神，手托著寶塔。他的眷屬很多，有五太子，第二子獨健常領天兵護其國界，第三子哪吒太子捧塔常隨天王。哪吒在中國小說裡常見，受人喜愛。二郎獨健在中國出的風頭更大，但在名譽上却受到了抵制。《大唐西域記》說于闐國（今新疆和田縣）是毗沙門天王的故鄉，于闐王自稱是毗沙門天王的後代。這裡"鼠大如蝟，其毛則金銀異色"。有一次匈奴來攻，國王兵少不敵，設祭請鼠相助。一夜之間，鼠把敵人的"馬鞍、人服、弓弦、甲鏈"全部咬斷，因而匈奴大敗。國王感鼠厚恩，建祠設祭，世代不絕。敦煌所出絹畫有幾幅專畫毗沙門天王，托塔而立，眷屬左右侍從，二郎自在其中，惟不甚可辨，也畫出天王故鄉的神鼠。鼠不甚大，作爲法寶托在侍者手中。

毗沙門天王和二郎獨健在中國轟動一時，是在天寶年間。不空譯《毗沙門儀軌》尾題後有記事一段，大約出不空門徒之手，大略說：天寶元年，大石康居等五國圍安西城（今新疆庫車縣），其年二月十一日有表請兵救援。安西路遠，救兵難到，唐明皇喚不空請北方毗沙門天王神兵應援。明皇忽見有神人二三百人，帶甲于道場前立，不空曰："此是北方毗沙門天王第二子獨健，領天兵救援安西，故來辭。"至其年四月，安西表到云：二月十一日巳後午前，城東北三十里，雲霧中有人身長一丈，約三五百人盡著金甲，停住三日，五國大懼，盡退軍抽兵。諸營隊中並是金鼠咬了弩弦及器械，損斷盡不堪用。本世紀初有些德國人在新疆吐魯番一帶發掘，搬走了許多壁畫，其中有幾幅是天王圖，其共同的特點是突出二郎獨健，誇大神鼠形象（參考《高昌壁畫菁華》第二十圖）。神鼠和二郎密切結合，元明雜劇《楊東來批評西遊記》

《二郎神鎖齊天大聖》稱爲細犬（卽小狗），到《西遊記》、《封神演義》等書中便變成了哮天犬。

贊寧《大宋僧史略》卷下"城闉天王"條，敍述天寶元年獨健和金鼠救安西，天王現形，"帝因敕諸道節度、所在州府于城西北隅各置天王形象部從供養。至於佛寺亦敕別院安置"。從此天王在全國各地有獨立的廟宇，二郎神的廣泛傳播也當在此時。

外國神傳入中國，常要經過改造，有時是土洋結合。李靖是唐初名將，《西遊記》稱"托塔天王李靖"。《封神演義》把二郎獨健定名楊戩，當作李靖的外甥。元明人雜劇《二郎神醉射鎖魔鏡》、《二郎神鎖齊天大聖》、《灌口二郎斬健蛟》所演的二郎都是趙昱，但是他和哪吒三太子還確保兄弟的關係，並未消除同是毗沙門天王眷屬的痕跡。

【案】張政烺先生此說發前人所未發，實爲創見。雖然對於唐、宋間民間信仰的二郎神是否即二郎獨健，以後訛爲李二郎等，尚可進一步探討。如二郎神之廟祀本各地皆有，而獨以灌口二郎神最著名，顯示了二郎神與灌口神祇的特殊關係。然而後世二郎神的形象吸收有二郎獨健的成分，可說是確定無疑的。至於近代民間所信仰的二郎神，則是揉合二郎獨健、李冰及李二郎、趙昱之神跡、形象而成。

糊　　塗（狐突）

《印雪軒隨筆》：

　　萬全縣往北十里許，有名糊塗廟者，不知所始。或云縣與山右接壤，廟祀晉大夫狐突，音之訛而爲此，理或然也。今之廟額則曰胡神，其貌鬖鬙卷，而狀獰惡，絕類波斯胡。相傳七月朔爲神誕辰，土人演劇酬神，遠近畢至，男女焚香膜拜，三四日乃已。土人云：神司雹于此土，稍慢之，則硬雨爲災，秋稼必受其害，故奉之不敢不虔，其說荒唐不足信。

　　【案】祀晉大夫狐突，亦人鬼而神之也。而以音訛爲糊塗，又因胡而塑其像類波斯胡，則亦杜十姨、冉百牛之類。

金山大王

《古今圖書集成‧神異典》卷三十引魯應龍《括異志》：

　　金山忠烈王，漢博陸侯，姓霍氏。吳孫權時，一日致疾，黃門小豎附語曰：“國主封界華亭谷極西南，有金山咸塘湖爲民害。民將魚鱉食之，非人力能防。金山故海塩縣，一旦陷没爲湖，無大神護也。臣漢之功臣霍某也，部黨有力能鎭之，可立廟于山。”吳王乃立廟。建炎間建行宮于當湖，賜名，顯應尤著，鄉民祈禱輒應。部下錢侯尤爲靈著。王以四月十八日誕辰，浙之東西商賈舟楫朝獻踵至，自四月至中旬末，一市爲之鼎沸。廟中鐵鑄四聖，由海而來，至今見存。

《夷堅支志》戊卷三“金山廟巫”條：

　　華亭金山廟瀕海，乃漢霍將軍祠。相傳云：當錢武肅霸吳越時，常以陰兵致助，故崇建靈宮。淳熙末，縣人因時節竟集，一巫方焚香啓祝，唱說福渗，錢寺正家干沈暉者，獨不生信心，語謔玩侮。所善交相勸止，恐其綴禍。巫宣言署責甚苦。暉正與爭辯，俄踉蹡仆地，涎流於外，若厥暈然。從僕奔告其家。妻子來視，拜巫乞命。巫曰：“悔謝不早，神已盛怒，既執錄精魄付北酆，死在頃刻，不可救矣。”妻子彷徨無計，但拊屍泣守。暉忽奮身起。旁人驚散，謂爲強魂所驅。沈笑曰：“我故戲諸人耳，初無所睹也。"巫悚然潛出，闔廟之人亦舍去。

《歷代神仙通鑒》卷十：

（吳孫皓染疾不瘉）有神附小黃門云："帝病即瘉。"司巫者問何神，執何事，而來報，神曰：漢霍光也。金山咸海，風潮爲害，方統部屬鎮之，來爲陛下告吉。翌日皓疾果瘉。遂爲立廟于嘉興之海塩縣治，賜額顯忠。俗呼金山大王。

《古今圖書集成·神異典》卷五十引《松江府志》："金山忠烈昭應祠"條：

祠在海中金山，三國時，吳主皓建祀漢博陸侯霍光。今廟毀祀廢，而士人各祠于其家，號爲金山神主。其部有英烈錢侯者，以配享，別廟在府治南七十步。元元統中，知府申秉禮修茸，至正六年毀。十四年，達魯花赤哈散沙頤浩寺僧希顏復之，今俗訛爲錢總管廟。《吳國備史》：皓嘗疾病，有神降小黃門曰："國主封界華亭谷極東金山咸塘，風激重潮，海水爲害，非人力能防。金山北古之海塩縣，一旦陷没爲湖，無大神力護也。臣漢之霍光，可立廟咸塘，臣當統部屬以鎮之。"由是廟焉。宋賜顯忠廟額，累封忠烈順濟昭應公廟。有吳越王鏐祭獻文，云"以報冠軍之陰德"。按冠軍乃霍去病官號，與備史異，祭文誤也。英烈侯閩人，行居第七，嘗浮海而商，至廟嘆曰："浮沉罔利，何終底止，没事忠臣，愈浪生死。"即叉手立化。宋與金戰，有陰兵千萬，排空而下，旌旗著號華亭錢太尉，已而敵勢披靡，因錫今封。見淳祐中趙孟堅所撰碑。

《嘉興志》：

霍王廟在石佛寺北塘橋東。吳主皓嘗病疙，有神降小黃門，曰："華亭金山咸塘，風激重潮，海水爲患，非人力所能防。臣，漢之霍光也，可立廟咸塘，當統部屬以鎮之。"翌日皓病癒，遂立祠焉。

《至元嘉禾志》：

金山大王廟，在郡治北一里。或云即霍光，又云海塩縣東一里漢大將軍霍光祠，封忠烈順濟昭應公，宋宣和六年創建。

【案】金山大王，謂西漢博陸侯霍氏，或謂即霍光。霍光於西漢昭、宣世，位極人臣，死後得到人們的奉祀，完全是可能的。然而其廟立於浙江嘉興金山，用以鎮海潮，則不知其所本。記載稱其廟始建於三國孫吳時。以後其廟或毀或修，而當地人民則於家中祀之，實已成爲嘉興一帶之地方守護神。

祠山張大帝

《文獻通考·郊社考》二三：

祠山廟，在廣德軍。土人言其靈應，遠近多以耕牛爲獻。僞唐以來，聽鄉民租賃，每一牛，歲輸絹一匹，供本廟之費。其後以絹悉入官。景德二年，知軍崔憲請量給絹完葺祠宇，上曰：“此載在祀典，當官爲崇飾。”因詔本軍葺之。

《齊東野語》卷十三：

余世祀祠山張王，動止必禱，應如蓍龜。

《續文獻通考·群祀考》三：

寶祐四年，改封廣惠廟神爲眞君。神張渤血食廣德路之祠山，仁宗康定元年始封靈濟王，崇寧三年賜廟額廣惠，累封正祐昭顯威德聖烈王。至是改封眞君。凡再加曰正祐聖烈昭德昌福。南渡初，建廟錢塘門外之霍山，既又別爲祠于金地山，以便祈禱。

《元史·泰定帝紀》：

（泰定元年二月）加封廣德路祠山神張眞君曰普濟，寧國路廣惠王曰福祐。

祠山張大帝

《三教源流搜神大全》卷三：

祠山聖烈眞君，姓張，諱渤，字伯奇，武陵龍陽人也。父曰龍陽君，母曰張媼。其父龍陽君與媼游于太湖之陂，正晝無見，風雨晦冥，雲蓋其上，五祥青雲，雷電並起，忽失媼處。俄頃開霽，媼言：見大女謂曰：“吾汝祖也。”賜以金丹。已而有娠，懷胎十四個月，當兩漢神雀三年二月十一日夜半生。長而奇偉，寬仁大度，喜怒不形于色，身長七尺，隆準美髯，髮垂委地，深知水火之道。有神告以地荒僻不足建家，命行。有神獸前導，形如白馬，其聲如牛。遂與夫人李氏東游吳、會稽。渡浙江，至苕雲三白鶴山，山有四水，會流其下，公止而居焉。于白鶴得柳氏，于烏程桑丘得趙氏，爲侍人。王九弟、五子、一女、八孫。始于吳興郡長興縣順靈鄉發跡，役陰兵自長興荆溪疏鑿聖瀆，長十五里，岸高七丈至十五丈，總三十里。志欲通津于廣德也。復于後村畢宅保小山楓樹之側爲掛鼓壇。先時與夫人李氏密議爲期，每餉至，鳴鼓三聲，在即自至，不令夫人至開河之所。厥後因夫人遺餐于鼓乃爲鳥啄。王以鳴鼓而餉至，洎王詣鼓壇，乃知爲鳥所誤。及夫人至，鳴其鼓，王反以爲前所誤而不至。夫人遂詣興功之所，見王爲大豨，役陰兵開鑿瀆河。王見夫人，變形未及，遂不與夫人相見，聖瀆之功息矣。遁于廣德縣西五里橫山之頂。居民思之，立廟于山西南隅。夫人李氏亦至縣東二里而化，時人亦立其廟。聖瀆之河涸爲民田，即浴兵池，爲湖灌溉，瀕湖之田僅萬頃。掛鼓之壇，禽不敢栖，蟻不敢聚云。唐天寶中，禱雨感應。初贈水部員外郎，橫山改爲祠山。昭宗贈司農少卿，賜金紫。景宗封廣德侯。南唐封爲司徒，封廣德公。後晉封廣德王。宋仁宗封靈濟王，至寧宗朝累加至八字王。至理宗淳祐五年，改封正祐聖烈眞君。至咸淳二年十二月十二日，准告加封正佑聖烈昭德昌福眞君。

佐神：丁壬二聖者，打拱方使者，封協靈侯。

《歷代神仙通鑒》卷十四：

（唐天寶中）江以南連年荒旱，吳興、廣德民禱于橫山張公廟，感應得雨。奏聞，詔贈水部員外郎，改山爲祠山。

同上卷二十：

公諱渤，字伯奇，武陵龍陽人。父龍陽君與媼游太湖之陂，忽風雨晦冥，雷電交作。俄頃開霽，媼見天神賜以金丹，有娠。（漢神爵三年二月十一日夜半生）渤長而奇偉，有神告以地僻，不足建立。與妻李東游吳會，渡浙江，至苕霅白鶴山，四水會流，渤止而居焉。于白鶴得柳氏，于烏程桑丘得趙氏，爲侍人。有五子一女八孫。始于吳興郡長興縣順靈鄉，役陰兵自荆溪疏鑿聖瀆，長三十里（志欲通津廣德）。渤設鼓壇，擊鼓，則夫人饋食。忽鳥啄其鼓，夫人至，變形未及，遂不與相見，化于廣德縣之橫山。夫人亦至縣東而化。居民思之，皆立廟祀。歷朝累封，至（宋）寧宗朝封八字王。（淳祐中）大封國內諸神，詔祠山靈濟王爲正祐聖烈眞君。

《古今圖書集成·神異典》卷三九引《明會典》：

（明洪武中）祠山廣惠廟祠張渤，每歲二月十八日遣南京太常寺官祭。

《古今圖書集成・神異典》卷二三一引《廣德州志》：

漢張眞君，諱渤，句容人。嘗學道于橫山，師事寶林禪師，昕夕禮斗。道成，就山巓構北斗殿。明萬曆十二年，知州陸長庚修其舊址。

《通俗編》：

《留青日札》：武當人張秉，遇仙女，謂曰："帝以君功在吳分，故遣我爲配，生子以王其地。"且約逾年再會。至期，女抱子歸秉。其子名渤，後爲祠山神也。

《陔餘叢考》卷三五：

俗祀祠山神，稱爲祠山張大帝，王弇州《宛委餘編》引《酉陽雜俎》：天帝劉翁者，惡張翁欲殺之，張翁具酒醉劉翁，而乘龍上天代其位。及《殷芸小說》，周興死，天帝召興升殿，興私問左右曰："是古張天帝耶？"答曰："古天帝已仙去，此是曹明帝耳。"云云，以爲張大帝之證。此特因一張字偶合，故引之以實其說，殊不知《酉陽雜俎》及《殷芸小說》固荒幻不經，即其所謂張天帝者，亦指昊天上帝言之，而于祠山無涉也。世俗荒怪之說，固無足深考，然其訛謬相仍，亦必有所由始。按程棨《三柳軒雜識》，廣德祠山神姓張，避食豬，而引《祠山事要》云：王始自長興縣疏聖瀆，欲通津廣德，化身爲豬，縱使陰兵，爲夫人李氏所覘，其工遂輟，是以祀之避豬。宋稗所載更詳。詹仁澤曾樵又編輯廣德橫山神張王事迹，名《祠山家世編年》一卷，大略相同。《癸辛雜識》：廣植守廣德日，郡中祠山有埋藏會。植不信，用郡印印之，其封明日發視，無有焉。此祠山神之見于小說者也。《文獻通考》：祠山神在廣德，土人多以耕牛爲獻。《宋史·范師道傳》：廣德縣有張王廟，民歲祀神，殺牛數千。師道至，禁絕之。《黃震傳》：通判廣德軍，舊有祠山廟，民禱祈者歲數十萬，其牲皆用牛，並有自嬰桎梏考掠以邀福者，震皆杖禁之。《明史·周瑛傳》：瑛守廣德，禁祀祠山。此祠山神之見于史志者也。合而觀之，則祠山神之祀，本起于廣德，其所謂化豬通津，蓋本《淮南子》禹化爲熊，通轘轅之路，塗山氏見之，慚而化爲石之事，移以附會于祠山。然俗所傳祠山張大帝，實本此，而非如弇州所云也。且祠山張大帝之稱，乃近代流俗所傳，而宋以來尚稱張王，並未加以帝號。《夷堅志》：華亭胡亶家，供事廣德張王甚虔，其子婦慘妒，杖妾甚酷，妾潛溢，將死，亶夢有神撼之起，乃得解而救之，蓋蒙神佑云。又毘陵胡琦，少年過廣德，謁張王廟求夢，夜夢入大殿宇，叩一吏問以窮通，吏曰："可至通直。"胡意殊不滿，已而竟以通直致仕。陸放翁有張王行廟詩，高翥《菊磵小集》亦有詩，爲輦下酒行多祭二郎神及祠山神而作者。詩云："簫鼓喧天鬧酒行，二郎賽罷賽張王，愚民可煞多忘本，香火何曾到杜康。"元泰定帝加封曰普濟，而王號如故。《明史·禮志》：祠山廣惠張王渤，以二月十八日祭。則所謂張大帝者，本流俗之稱，安得以流俗所稱之帝，而擬之昊天上帝乎。弇州所云，殊爲失考。余自黔歸，江行以風水爲命，舟人爲余歷數每日風報多驗。其中有所謂祠山報者，云帝以二月八日下地，爲三女營嫁。一嫁風，一嫁雪，一嫁雨，待食凍狗肉始上天。蓋謂二月八日以後，必多風雨雪，直至戌日乃止，驗之果然。然則俚俗誕妄之說。固不足信，而以之候晴雨，驗災沴，則有不爽者。明祖鷄鳴山十廟，獨不廢此祀，其亦有所驗歟。

《鑄鼎餘聞》卷二：

元吳自牧《夢粱錄》卷一云：二月八日，錢塘門外霍山路，有神曰祠山正祐聖烈昭德昌福崇仁眞君，慶十一日誕聖之辰。祖廟在廣德軍，敕賜廟額廣惠，自梁至宋，血食已一千三百年矣。

元盧鎭《琴川志》云：累朝敕封正順忠祐靈濟聖烈王。

宋婁元禮《田家五行雜占》云：二月八日俗謂祠山神生辰，前後必有風雨，號"接客風"、"送客雨"。初十日雨謂之"洗廚雨"。

國朝言汝泗《常昭合志》曰：大帝吃凍狗肉，逢辰日上天（均按：今云戌日）。

明宋訥《鷄鳴山廣惠祀記》云：神爲龍陽人張渤，發迹于吳興，宅靈于廣德。西漢以來，蓋已有之。或謂張湯之子安世，而顔眞卿所記則在于新室、建武之間，以時考之，不無牴牾。至於錫封加號則始于唐天寶，盛于宋之咸淳。

張元忭《萬曆紹興志》：祠山張大帝、姓張名渤，漢神雀中人，禮斗橫山，有御災捍患功。或云佐禹治水有功，其賽禱盛于廣德州，常以二月九日降，至必有風雨。

《集說詮眞》：

《路史》曰：《淮南子》禹通轘轅，塗山欲餉，聞鼓乃來。禹跳石誤中鼓，塗山忽至，見禹爲熊，慚而去，至嵩山下化爲石。此事正與廣德所祠烏程張渤疏聖河，夫人李餉至鳴鼓事同，歷載傳訛。

《安徽通志》曰：《廣德州志》：張渤句容人，或曰烏程人，嘗學道于橫山，師事寶林禪師，昕夕禮斗。道成，就山巔構北斗殿，今祠山殿，香火甚盛。按祠山事，見于祠志及他書者，甚怪異，大約多竊取禹化熊及塗山氏化石之事以文之。宋羅泌《路史》曾辨其妄。今《廣德州志》所載，只如此，亦不語怪之意。然所云寶林禪師者，亦釋氏附會之說。漢時佛法未盛，尚未聞有禪師之稱。

《集説詮眞》：

《明一統志》載：祠山神姓張名渤，吳興人，一云武陵龍陽人，生西漢末。游苕霅之間，久之，欲自長興之荊溪，鑿河至廣德，以通舟楫。工役將半，遂遁于橫山，故人立祠祀之。夫人李氏，亦有廟，在州東二里，名昭妃廟。其神爲最靈，凡水旱有禱輒應。又有埋藏之異。其俗歲殺牛祀之，爲坎于庭，以所祭牛及器皿數百，納于中。明日發視之，一空，竟不知所在。

《重增搜神記》載：祠山神姓張名渤字伯奇，龍陽人。西漢宣帝神爵三年二月十一日生。長而奇偉，寬仁大度。與夫人李氏，游吳會稽，渡浙江，至苕霅，役陰兵疏鑿聖瀆。欲通廣德。居民思之，立廟于山西南隅。唐玄宗天寶中，禱雨感應，贈水部員外郎，橫山改爲祠山；昭宗贈司農少卿。南唐封廣德公。後晉封廣德王。宋仁宗封靈濟王，理宗封爲眞君。渤之父祖，以及九弟五子八孫，俱封矣。夢配生母祖母，以及一女九弟媳五孫媳，均封夫人。

《破除迷信全書》卷十：

我國江南人士，多敬張大帝：附近上海的江灣，有張大帝廟，每年陰曆二月八日，說是大帝生日，香火是甚盛的。僑寓上海的人，因爲久困市廛，屆時爲滌除俗塵，也要爭先恐後的前去趕趕熱鬧。所以每逢到了二月八日，總有成千累萬的人，花上八個銅元，從上海搭火車到江灣去，表面看來是去給張大帝做壽，其實原是兩手空空而去的，並未曾捧著什麼壽桃。

【案】祠山神，相傳名張渤，西漢宣帝時人（或謂即張湯之子張安世，或謂在兩漢之際，或云佐禹治水，無庸細考）。其事跡與大禹化熊治水，與其妻塗山氏相遇之事相類，或亦以治水而知名者。後世道教稱其爲仙女所生，佛教則稱其師事寶林禪師。祠山張神，本當爲廣德一帶之地方神，自宋以來其祀大盛，不僅主該地水旱諸事，又能預卜休咎，佑人前程。士庶信奉頗虔，其廟亦不限廣德一地，成爲有全國影響的地方神。《陔餘叢考》論其始末頗詳。宋以來封爲王或眞君，初無帝之封號。然民間通稱之爲張大帝，亦不知所由也。

莊武帝蔣子文

《搜神記》卷五：

蔣子文者，廣陵人也。嗜酒好色，佻達無度。常自謂己骨清，死當爲神。漢末爲秣陵尉，逐賊至鍾山下，賊擊傷額，因解綬縛之，有頃遂死。及吳先主之初，其故吏見文于道，乘白馬，執白羽，侍從如平生。見者驚走。文追之，謂曰："我當爲此土地神，以福爾下民。爾可宣告百姓，爲我立祠。不爾，將有大咎。"是歲夏，大疫，百姓竊相恐動，頗有竊祠之者矣。文又下巫祝："吾將大啓祐孫氏，宜爲我立祠。不爾，將使出入人耳爲災。"俄而小蟲如塵蝱，入耳皆死，醫不能治。百姓愈恐。孫主未之信也。又下巫祝："若不祀我，將又以大火爲災。"是歲，火災大發，一日數十處，火及公宮。議者以爲鬼有所歸，乃不爲厲，宜有以撫之。于是使使者封子文爲中都侯，以弟子緒爲長水校尉，皆加印綬，爲立廟堂。轉號鍾山爲蔣山，今建康東北蔣山是也。自是災厲止息，百姓遂大事之。

《文獻通考·郊社考》二三：

宋武帝永初二年普禁淫祀，由是蔣子文祠以下皆絕。孝建初，更修蔣侯祠。明年，加蔣侯爵位至相國大都督中外諸軍事，加鍾山王。

莊武帝蔣子文

《日知錄》卷三十：

《宋書·元凶劭傳》：以輦迎蔣侯神像于宮內，啟顙乞恩，拜爲大司馬，封鍾山郡王，食邑萬戶，加節鉞。《禮志》：明帝立九州廟于雞籠山，大聚群神，蔣侯加爵位至相國大都督中外諸軍事鍾山王。《南史·齊東昏侯紀》：迎蔣侯神入宮，晝夜祈禱。自誅始安王遙光，遂加位相國，後又號爲靈帝，車服羽儀一依王者。《曹景宗傳》：梁武帝時旱甚，詔祈蔣帝神，十旬不雨。帝怒，命載荻欲焚其廟，將起火，當神上忽有雲如繖，倏忽驟雨如瀉，台中宮殿皆自振動。自此帝畏信逾深。《陳書·武帝紀》：十月乙亥即皇帝位，丙子幸鍾山祀蔣帝廟。

《三教源流搜神大全》卷三：

建康府蔣莊武帝，諱子文，揚州人也。漢末爲秣陵尉，逐賊至鍾山下，擊傷額而死焉。及吳先主之初，其故吏見子文于道，乘白馬，執白羽扇，侍從如平生。故吏見而驚走。子文追謂之曰："我當爲土地神，以福爾下民。爲吾立廟；不爾，使蟲入人耳爲災。"吳王以爲妖言，後果有蟲入人耳，死者甚衆，醫巫不能治。云："爾不祀我，當有大火。"是歲數有火災。又云："不祀我，當有大疫。"吳主患之，封中都侯，加印綬，立廟于鐘山，更名曰蔣山，表其靈異。晉蘇峻之難，帝夢蔣侯曰："蘇峻爲逆，當助共誅之。"後果斬峻。加封相國。太元中，苻堅入寇，望見王師部陣齊整，又見八公山生草木皆類人形，憮然有懼色。初會稽王導聞堅入寇，以威儀鼓吹求助于蔣山神，及堅望之，若有助焉。杜佑《通典》云：宋高帝永初二年，普禁淫祠，自蔣子文以下皆絕之,加至相國大都督中外諸軍事,封蔣王。齊永明中,崔慧景之難,迎神還台以求福助。事平,乃進帝號,復新廟宇,于廟首門爲靈光門,中門爲興善門,外殿曰帝山,內殿曰神居。梁武帝常祠而不應,遣使典焚其廟,未及中途,忽風雨大振,動宮殿,帝權祠之,乃止。南唐謚曰莊武帝,更修廟宇,徐鉉奉敕撰碑備載其事因。宋朝《會要》曰:開寶八年廟火,雍熙四年重建,景祐二年陳公執中增修,請于朝,賜廟額曰惠烈。

《月令廣義 · 歲令一》:

漢秣陵尉蔣忠烈王子文。

永樂年進封蔣忠烈武順昭靈嘉祐王。

《歷代神仙通鑒》卷十五:

鍾山,武莊討邪尊神蔣子文。

《古今圖書集成 · 神異典》卷五十引《江寧府志》"忠烈廟"條:

廟祀漢秣陵尉蔣子文。子文逐盜至鍾山死,死而靈異,吳大帝初,立廟孫陵岡,封爲中都侯,改鐘山曰蔣山。晉加相國,重爲立廟。南宋初廢,後修復,封蔣王。齊進號蔣帝。南唐謚曰莊武。徐鉉撰廟碑,宋賜額惠烈。明洪武二十年,建于雞鳴欽天山之陽,劉三吾爲之記。崇禎加號威靈,易今額。

《陔餘叢考》卷三五"城陽三秣陵尉"條:

　　顧寧人謂，六朝以前，多祀城陽景王劉章，及蔣子文之祀最
盛。按《後漢書》，樊崇起兵，軍中有巫鼓舞，祠城景陽王，巫
言景王大怒曰："當作縣官，何故作賊？"笑巫者輒病。于是乃
立劉盆子爲帝。又《魏書》：城陽景王即漢朱虛侯章，以其有功
于漢，故其國爲立祠。青州諸郡，轉相仿效，濟南尤盛，或假二
千石輿服導從作倡樂。曹操爲濟南相，始禁之。是城陽之祀于北
方，顯赫可知。《通鑑集覽》：蔣子文，漢末秣陵尉，逐賊至鍾
山，傷額而死。吳先主時，其故吏遇之于途，子文曰："我當爲
此土地神。"又附巫語，當大啓孫氏。吳主乃爲立廟，封中都
侯。《晉書》載記：苻堅入寇，會稽王道子以威儀求助于鍾山蔣
侯，封以相國之號。《南史》：宋太子劭之逆，南譙王義宣起
兵，至新亭。劭以輦迎蔣侯于宮內，拜大司馬，封鍾山郡王。使
南平王鑠造策文。又《宋書·禮志》：明帝加蔣侯爵，位至相國
大都督中外諸軍事。《齊書》：東昏侯信蔣侯神，迎入宮，盡夜
祈禱。左右朱光尙云見神動輒啓，並云降福始安之平。遂加位相
國，後又號爲靈帝。車服羽儀，一如王者，設鎧馬甲仗千人，皆
張弓拔白出東掖門，云蔣侯出蕩。《梁書·曹景宗傳》：武帝因
祈雨不應，欲焚蔣帝廟，俄而雨注。帝遂到廟修謁。《陳書》：
武帝即位，幸鍾山祀蔣帝廟。又永定三年久不雨，帝幸鍾山祭蔣
帝廟，是日遂雨。此蔣廟之顯赫于鍾山者也。《南史》：梁武起
兵圍郢城，時城中張元嗣等，迎蔣侯于州廳祈福，鈴鐸盡夜不絕，
使導從登陴巡行。魏軍圍鍾離，城中乞蔣帝扶助。神報許，既而
無雨，水頓長，遂挫敵。後見廟中人馬脚盡濕，此蔣廟之遍于州
郡者也。後魏任城王爲揚州刺史，毀蔣子文之廟。可見揚州亦有

此廟。

《管錐編》第二冊卷二九三：

蔣子文見形于王導，自言將救其病兒，因索食，導喜設食，食畢忽慘然云："此兒命盡，非可救者！"遂不見。按南朝虔祀蔣子文，《南史》卷七七《恩倖傳》綦母珍之"就蔣王廟"乞願祈福，卷五五《曹景忠傳》載"蔣帝神"威靈顯赫，梁武帝"畏信遂深"。此處蔣乃作餒鬼趨嘴行徑。蓋神猶人然，齒爵漸尊，德望與以俱高，至其少日營生，却每不可道；子文之神在晉尚如漢高微時之無賴不治產業，下迨齊梁，封"王"號"帝"，位逾貴而行亦遂端矣。

【案】蔣子文，東漢末人，亦地方性人神中之著名者。今南京鍾山，又名蔣山，即以其廟祀於彼之故也。據《搜神記》，其為神在三國孫權時。當時之觀念，以為"鬼有所歸，乃不為厲"。蔣本作戰負傷而死，吳人懼其鬼魂作祟致災，又有巫祝推波助瀾，遂祀為鍾山土地神。這是中國古代將人鬼神化的典型作法。蔣子文初封為侯，南朝歷代都於建康（今南京市），故信仰最盛，封王封帝，幾成為國家之保護神。以後歷代列於祀典，南唐諡為莊武帝。唐以後影響範圍漸縮小，明封為王。民間其祀不絕。

關聖帝君

《古今圖書集成·神異典》卷五四：

《雲溪友議》：蜀前將軍關羽守荊州，荊州有玉泉祠，天下謂四絕之境。或言此祠鬼助土木之功而成，祠曰三郎神。三郎即關三郎也。

《茶香室叢鈔》卷十五：

《北夢瑣言》：唐威通亂離後，坊巷訛言關三郎鬼兵入城，家家恐悚。按此則關帝之神在唐時已洋洋乎如在其上，如在其左右矣。

國朝錢曾《讀書敏求記》云：《漢天師世家》一卷中稱三十代天師諱繼先者，宋崇寧二年投符解州鹽池，礫蛟死水裔。上問用何將，隨召關某見于殿左。上驚，擲崇寧錢與之，曰：「以此封汝。」世因祀爲崇寧眞君。此當是關帝受封之始。

宋郭彖《睽車志》云：忠愍李公若水，宣和壬寅尉大名之元城。有村民持書至，云關大王有書。公甚駭愕。其緘云：「書上元城縣尉李尙書，漢前將軍關雲長押。」詰民何自得之，云夜夢金甲將軍告某曰：「汝來日詣縣，由某地逢著鐵冠道士，索取關大王書，下與李縣尉。」既覺驚異，勉如其言，果遇道士，不敢不持達公。按此乃關帝靈異之著于宋代者。

《古今圖書集成·神異典》卷三七：

宋眞宗大中祥符□年飭修關聖廟。

按《宋史·眞宗本紀》不載。按《解州志》：關聖廟在城西門外，宋眞宗大中祥符年間敕修。

哲宗紹聖三年賜玉泉祠額曰顯烈王。按《宋史·哲宗本紀》不載。按《關帝聖迹圖志》云云。

徽宗崇寧元年追封忠惠公。

大觀二年加封武安王。

按以上《宋史·徽宗本紀》俱不載。

宣和五年敕封義勇武安王。

按：《宋史·徽宗本紀》不載。按李燾《續通鑒長編》：宣和五年正月已卯，禮部奏請侯封，敕封義勇武安王，令從祀武成王廟。

《夷堅支志》甲卷九：

潼州關雲長廟，在州治西北隅，土人事之甚謹。偶像數十軀，其一黃衣急足，面怒而多髯，執令旗，容狀可畏。成都駛卒王雲至府，巫祝喻天祐見之，以爲與廟中黃衣絕相似，乃招至其家，飲之酒，賂以銀，行且付錢五千，並大幞頭範樣，語之曰："市上耿遷開此鋪，倩爾爲我與錢，使製造一頂，須寬與數日期，冀得精巧。"云不解其意，以意外有獲，即從其戒，至耿氏之肆。耿默念安得有人頭圍如是之大者，亦利五千之入，約爲施工。而云特公家符帖，不得久駐，舍之而歸，竟不以喻生所囑告。耿候其來取而杳不至，後數日，因出郊，入關王祠，見黃衣塑像，大駭曰："此蓋是去年以錢五千令造大幞頭者也。"陰以小索量其首廣長,還家校視,不差分寸,悚然謂爲神,立捧獻之。事浸淫傳一府,爭先瞻敬。天祐正爲廟史,借此鼓唱,抄注民俗錢帛以新室宇,富人皆樂施,凡得萬緡,天祐隱沒幾半。歷十年,云復來潼,人見者多指點笑語,怪而問其故,或以告之。云曰:"此喻祝設計造詐,借我以欺神人。吾往謁之,當得厚謝。"于是走詣之。天祐恐昔詐彰敗,了不接識。云恨怒,訴于官。天祐坐黥竄,盡籍其貲。

《續文獻通考・群祀考》三:

（元）文宗天曆元年九月,加封漢將軍關羽爲顯靈義勇武安英濟王,遣使祠其廟。

《鑄鼎餘聞》卷二:

國朝沈濤《常山金石志》載:隆興寺石刻云:至順二年封齊天護國大將軍、檢校尙書、守管淮南節度使、兼山東河北四門關招討使、兼提調諸宮廟神煞天分地處檢校官、中書門下平章政事、開府儀同三司、駕前都統軍、無寧侯、壯穆義勇武安英濟王、護國崇寧眞君。

明姚宗儀《常熟私志》云:荊州牧前將軍,其本號也。漢壽亭侯,其加封也。壯繆侯,唐封號也。宋眞宗封義勇武安王,則王之矣。徽宗加封崇寧至道眞君,則神之矣。今上尊爲協天大帝,又敕三界伏魔大帝、神威遠震天尊、關聖帝君,兼賜冕旒玉帶,至尊無上也。

《茶香室三鈔》卷十九：

國朝吳仰賢《小匏庵詩話》云：元張師廉憲詩云："張侯生冀北，關帝出河東。"關帝二字竟入詩，大奇。關公靈迹自隋始顯，歷宋元加封爲王，至明萬曆十八年封協天護國忠義帝，四十二年封三界伏魔大帝神威遠鎮天尊關聖帝君。自是始相沿有關帝之稱。師廉不應用後世事，疑必元代先已封帝，今不可考矣。

《三教源流搜神大全》卷三：

義勇武安王，姓關，名羽，字雲長，蒲州解良人也。當漢末，與涿郡張飛佐劉先主起義兵。後于南陽臥龍岡三謁茅廬，聘諸葛孔明，宰割山河，三分天下，國號爲蜀。先主命關公爲荆州牧。不幸呂蒙設計，公乃不屈節而亡。追贈大將軍，葬于玉泉山。土人感其德義，歲時奉祀焉。宋眞宗祥符五年十月十七日，夜有神人自空而降，奏曰："臣乃上天直符使者，玉帝有敕，後八日，有聖祖軒轅降于宮闕。"言訖而去。帝次日與群臣議之，洒掃宮室，設祭禮。至日，聖降于延恩殿。帝拜于前。聖曰："吾往昔人皇氏也，其後爲軒轅，即汝趙宋之始祖也。吾以汝善修國政、撫育下民而來。"言訖，聖升天矣。帝大異之。帝與群臣議之，聖降之迹山〔尙〕存，天香未散。群臣賀曰："陛下聖德所感，聖祖降于宮闕。"帝詔天下梵宮並建聖祖寶殿。至祥符七年，解州刺史表奏云："鹽池自古生鹽，收辦宣課。自去歲以來，鹽池滅水，有虧課程。此係災變，敢不奏聞。"帝遣使持詔至解州城隍廟祈禱焉。使夜夢一神告曰："吾城隍也。鹽之患乃蚩尤也。往昔蚩尤與軒轅帝爭戰，帝殺之于此地鹽池之側，至今尙有近迹。

近聞朝廷創立聖祖殿，蚩尤大怒，攻竭鹽池之水。”颯然而覺，
得此報應，回奏于帝。帝與群臣議之。王欽若奏曰：“地神見報，
當設祭以禱之。”帝遣呂夷簡持詔就鹽池禱之。祭畢，是夜夢一
神人戎服金甲持劍，怒而言曰：“吾乃蚩尤神也。奉上帝命來此
鹽池，于民有功，以國有益。今朝廷崇以軒轅，立廟于天下，吾
乃一世之仇也，此上不平，故竭鹽池水。朝廷若能除毀軒轅之
殿，吾令鹽池如故。若不從，竭絕鹽池，五穀不收，又使西戎爲
邊境之患。”言訖而去。夷簡颯然而覺，其夢中之事回奏于帝。
帝亦夢之。王欽若奏曰：“蚩尤乃邪神也。陛下可遣使就信州龍
虎山詔張天師，可收伏此怪。”帝從之，乃遣使詔天師至闕下。
帝曰：“昨因立聖祖軒轅殿致蚩尤怒，涸絕鹽池之水，即今爲患，
召卿斷之。”天師奏曰：“臣舉一將最英勇者，蜀關將軍也。臣
當召之，可討蚩尤，必成其功。”言訖，師召關將軍至矣，現形
于帝前。帝云：“蚩尤竭絕鹽池之水。”將軍奏曰：“陛下聖命，
敢不從之！臣乞會五岳四瀆名山大川所有陰兵，盡往解州，討此
妖鬼。若臣與蚩尤對戰，必待七日，方剿除得。伏願陛下先令解
州管內戶民三百里內，盡閉戶不出，三百里外盡示告行人，勿得
往來，待七日之期，必成其功，然後開門如往。恐觸犯神鬼，多
致死亡。”帝從之。關將軍乃受命而退。遂下詔，解州居民悉
知。忽一日，大風陰暗，白晝如夜，陰雲四起，雷奔電走，似有
鐵馬金戈之聲，聞空中叫噪。如此五日，方且雲收霧散，天晴日
朗，鹽池水如故，皆關將軍力也。其護國祚民如此。帝嘉其功，
遣王欽若齎詔往玉泉山祠下致亭，以謝神功，復新其廟，賜廟額
曰“義勇”，追封四字王，號曰武安王。宋徽宗加封尊號，曰崇

寧至道眞君。

《古今圖書集成·神異典》卷三八引《關帝聖跡圖志》:

武安之王封于宋,伏魔大帝封于明。今總稱之曰關聖帝君,蓋明萬曆敕封也。

同上引《遺印考》:

今關廟中有壽亭侯印,即帝初封印。一紐方二寸有奇,其上大環徑四寸,下連四環,皆繫印上,相傳紹興中洞庭漁人得之。焦竑曰:亭侯,爵名,漢壽,地名。今去漢字而單表壽亭者誤。

《續文獻通考·郡祀考》三:

成化十三年詔建漢壽亭侯廟。初洪武二十八年建廟于南京鷄鳴山。永樂中北京始建廟,至是特建廟于宛平縣東。嘉靖十年,南京太常寺少卿黃芳:言漢壽者,封邑;亭侯者,爵也,止稱壽亭侯誤矣。乃改稱漢前將軍漢壽亭侯。歲五月十三日祭以太牢果品五帛,一遣太常寺官致祭,國有大事則告。

按明初祀關侯止用本稱,萬曆中特加封三界伏魔大帝神威遠鎮天尊。

《歷代神仙通鑒》卷九:

(漢)桓帝時,河東連年大旱。蒲坂居民聞雷首山澤中有一皁龍神,相傳亢旱求之極靈,集衆往跪泣告。老龍憫衆心切,是夜遂興雲霧,吸黃河水施降。上帝方惡此方尚華靡暴殄天物,當災旱以彰罪譴，而老龍不秉上命，擅取封水救濟過民。上帝令天曹以法劍斬之，擲頭於地，以警人民。蒲東解縣有僧普靜，晨出視之，溪邊有一龍首，即提至廬中置合缸內，爲誦經咒九日，忽聞缸中有聲，啓視已無一物，而溪東有呱呱聲，發自關道遠家。（夏直臣龍逄后。）（道遠）名毅，世居解梁常平村寶池里。（延熹三年）六月十五日，忽快雨如駛，一黑龍現于村，繞道遠之庭，有頃不見。夫人淹芳方娠，至二十四日產一子，啼聲遠達。普靜索觀，豎眼攢眉，超頦長面，遍體如噀血。普靜點頭曰：“忠義性成，神聖之質。”乳名壽，幼從師學，取名長生。及長，膂力敵萬夫，讀書明易象，尤好春秋。娶妻胡氏，于光和戊午歲五月十三日，生子名平。（俗傳平爲繼子及年月日俱非）後自名羽，字雲長。（後於麥城遇害）公魂悠悠蕩蕩，至當陽玉泉山。寺僧即普靜。拜靜爲師，得成正果（往往顯聖，鄉人就山頂建廟，四時致祭）。

《歷代神仙通鑒》卷十：

（關）羽是解梁老龍，（張）飛是涿州玄豹，（趙）雲乃長山巨蟒，（廉）竺乃東海壽麋。

《歷代神仙通鑒》卷十五：

玉泉山，昭烈皇帝劉玄德　蕩魔眞君關雲長　忠顯桓侯張翼德　順正將軍關平　歸正將軍周倉。

木公更囑曰：“漢州玉泉關羽爲護法伽藍，今其轉迓上方古佛、西域釋迦等衆。”

《歷代神仙通鑒》卷十九：

（宋元祐中，哲宗召三十代天師張繼先除湔池之害）逾頃，雷電晝晦。帝問："卿向用何將？還可見否？"曰："臣所役者關羽也。"即握劍召于殿左，羽隨見。帝驚，擲崇寧錢與之，曰："以封汝。"（祀為崇寧真君）。（徽宗時）宮中有祟。見一道士碧蓮冠，紫鶴氅，手持水晶如意，前揖曰："奉上帝命：來除此祟。"良久，一金甲丈夫捉祟擘而啖之。帝問金甲者何人，道士曰："所封崇寧真君關羽也。"

《日知錄》卷三十：

關壯繆之祠至遍于天下，封為帝君。

《清朝文獻通考·群祀考上》：

順治元年定祭關帝之禮。

九年敕封忠義神武關聖大帝。

（乾隆二十三年）加封關帝為忠義神武靈佑關聖大帝。

《陔餘叢考》卷三五：

鬼神之享血食，其盛衰久暫，亦若有運數而不可意料者。凡人之歿而為神，大概初歿之數百年，則靈著顯赫。久則漸替，獨關壯繆在三國六朝唐宋皆未有煙祀。考之史志，宋徽宗始封為忠惠公。大觀二年，加封武安王。高宗建炎二年，加壯繆武安王。孝宗淳熙十四年，加英濟王，祭于荊門當陽縣之廟。元文宗天曆元年，加封顯靈威勇武安英濟王。明洪武中，復侯原封。萬曆二十二年，因道士張通元之請，進爵爲帝，廟曰英烈。四十二年，又敕封三界伏魔大帝神威遠鎭天尊關聖帝君，又封夫人爲九靈懿德武肅英皇后，子平爲竭忠王，興爲顯忠王，周倉爲威靈惠勇公。賜以左丞相一員，爲宋陸秀夫，右丞相一員，爲張世傑。其道壇之三界馘魔元帥，則以宋岳飛代。其佛寺伽藍，則以唐尉遲恭代。劉若愚《蕪史》云：太監林朝所請也。繼又崇爲武廟，與孔廟並祀。本朝順治九年，加封忠義神武關聖大帝。今且南極嶺表，北極寒垣，凡兒童婦女，無有不震其威靈者。香火之盛，將與天地同不朽，何其寂寥于前，而顯煉于後，豈鬼神之衰旺亦有數耶？

《新搜神記·神考》：

關聖帝君仕漢，封漢壽亭侯。後主景耀三年，追謚故前將軍關曰壯繆侯。宋哲宗紹聖三年賜帝玉泉祠額曰顯烈廟。徽宗崇寧元年追封忠直（一作惠）公。大觀二年加封武安王。宣和五年敕封義勇武安王。高宗建炎三年加封壯繆義勇王。淳熙十四年加封英濟王。明太祖洪武元年戊申，復原封稱壽亭侯，于二十年正月建廟于順天府正陽門之甕城內。永樂元年癸未十二月，建廟于都城宛平縣之東。成化十三年建俗呼白馬廟，蓋隋舊基也。又特頒龍鳳黃紵旗一，揭竿豎之，每歲正旦冬至朔望，祭祀香燭等儀，俱是恒品。元天曆復加顯靈，故今稱壯繆義勇武安顯靈英濟王。正德四年己巳賜廟曰忠武。萬曆十八年正月加封帝號，特頒袞冕肆輯圖首冕服，次巾幘，又次公幞，又賜額顯佑。以督河工部尚書潘季馴請。廿三年乙未賜坊名曰義烈，以伊府萬安王褒奏于河南洛陽建坊請。九月以解州崇寧宮道士張通源題請，敕解州廟名曰英烈廟。卅三年甲寅十月十九日，太監李恩奉旨到正陽門廟上九旒珠冠一，眞素玉帶一，四蟠龍袍一，黃牌一，加封三界伏魔大帝神威遠震天尊關聖帝君，醮三日，頒行天下，文武慶賀。熹宗天啓四年甲子明祀典正神號。六月十三日太常盧大申題稱追祀漢前將軍壽亭侯，原奉我皇祖特封三界伏魔大帝神威遠震天尊關聖帝君，業已帝而祀文猶侯，仰祈敕下部查議云云，奉聖旨：神號著遵炤黃祖加敕封祀。此關聖帝君所由稱也。本朝《大清會典》：順治元年敕封"忠義神武關聖大帝"，每年五月十三日祭，遣太常寺堂官行禮，不致齋，由本寺題請陳設供品帛一、白色白磁爵三、牛一、羊一、豕一、果品五，核桃荔枝圓眼杏栗各一盤，酒一尊，祭日教坊司作樂行三獻禮，每獻三跪九叩頭。祝文曰："惟帝純心取義，亮節成仁，允文允武，乃聖乃神，功高當世，德被生民，兩儀正氣，歷代名蘦，英靈丕著，封號聿新，敬修歲事，顯佑千春。尚餉。"考：明太常少卿黃芳田以漢壽系封邑，而亭侯者爵也，上稱壽亭侯者誤，乃改稱漢前將軍漢壽亭侯關。愚按：孫承澤引宋司馬智《玉泉寺壽亭侯記》云：據此，則公固壽亭也。然終以邑名爲是。夫以公之忠貫一時，氣蓋千古，封之爲王，豈公之志？至曰眞君，益不可聞于公也。不若就本稱漢前將軍漢壽亭侯關爲得公之心。至於公之一生，則本朝崇封忠義神武四字盡之矣。

《民間新年神像圖畫展覽會·附錄六》：

晋初，關帝得勇壯關侯之封號。南宋始被列入於正式祭典中。清代對之為更大之崇敬，將皇室與全國置於其特殊之保護下：得武帝尊號，與孔子並列。被人視為武神，財神，及保護商賈之神。人遇有爭執時，求彼之明見決斷。旱時人民又向彼求雨，又可抽求病人藥方。又被視為驅逐惡鬼凶神之最有力者。

　　【案】關聖帝君，簡稱關帝，俗稱關公，即三國時蜀國名將關羽字雲長者也。因與吳國作戰而死，追諡為壯繆侯，當地人於玉泉山立祠。然自魏迄唐，在民間影響不很大。唐時或有記載言及，稱為關三郎，尚視為人鬼之流。自宋以後，忽平步青雲。北宋末年，始封為公（或謂封為真君）。據傳，當時尚僅是張天師屬下神將之一。宣和間始封武安王，配祀於武成王姜太公。元仍封王（或謂已有帝稱）。明初復為侯，至萬曆中，封三界伏魔大帝神威遠鎮天尊關聖帝君，妻、子皆得厚封，并輔以丞相二人。此後相沿有關帝之稱，佛道兩家也竟相羅致關羽為本門神祇。佛教以其為護法伽藍（詳伽藍條）。道教則謂其前身為雷首山澤中之老龍，又編造種種神跡，以張大其靈驗。然而自明清以來，對關帝的信仰已不限於某教範圍，既列為國家祭祀要典，又是民間供奉的對象。清初，其廟祀已遍及天下。《陔餘叢考》曰：“今且南極嶺表，北極寒垣，凡兒童婦女，無有不震其威靈者。香火之盛，將與天地同不朽。”在當時，這話并不誇張。有清一代，關羽儼然成為人神之首，與文聖孔子齊肩而為武聖，民間各行各業對其頂禮膜拜又甚於孔子。這種現象，在中國民間諸神中是非常罕見的。

　　究其原因，就封建統治者而言，關羽之崇拜價值在於他的忠勇神武，為國捐軀。故宋曾三異《同語錄》贊曰："《九歌·國殤》，非關雲長之輩不足以當之，所謂生為人傑，死為鬼雄也。"就下層民眾而言，關羽之崇拜價值在於他的義氣干雲，堅貞不二。近代之哥老會、青紅（洪）幫特別敬祀關羽，江湖上結拜把兄弟，亦必於關帝像前頂禮膜拜，焚表立誓，誓曰"有難同當，有福同享，未能同年同月同日生，但願同年同月同日死"。蓋以《三國志演義》中之桃園三結義一節為楷模，以關羽之行為作江湖義氣之表率。此與統治者崇奉關羽之忠勇的本意又大相逕庭矣。然而人們信仰他的原因尚不止上述二端，凡司命祿，佑選舉，治病除災，驅邪辟惡，誅罰叛逆，巡察冥司等等職能，均加之於關羽名下，甚至招財進寶，庇護商賈。亦非關帝莫屬。巫婆神漢之徒，侈言靈驗之輩，僧道術士之流，竟相張大其說，以迎合社會愚氓之心理，致使關羽神運大昌，香煙獨盛，而令諸神垂涎側目，自愧弗如矣！

揚州五司徒

《三教源流搜神大全》卷三：

　　揚州英顯司徒，茅、許、祝、蔣、吳五姓，是邦血食久矣，載在《南史》及《梁書》。《王琳列傳》云：王琳，會稽山陰人也，本兵家，破景有功，能輕身下士，所得賞物不以入家，其麾下萬人，多江淮人也。累立大功，仕至特進將軍。會陳將吳明徹來寇境，帝遣領軍將擊。破胡等出牧奉州，令琳共爲經略。琳謂破胡曰：「軍士嚴整，切勿須戰。」破胡不從，遂戰，軍大敗，琳單騎而獲免。還至彭城，帝令更赴壽陽，進封爲巴陵王。陳將吳明徹進兵圍之，堰肥水灌城，晝夜攻擊，城內水氣浸人，皆患腫，死者甚衆。城陷，琳被執，百姓泣而從之。吳明徹恐其爲變，殺之，哭者聲如雷。傳首建康，懸之于市。琳故將吏朱瑒等致書求以首，吳明徹亦夢琳求首，並爲啓陳主而許之。于是與開府儀同主簿劉韶慧等持其首還于淮南，權瘞八公山側。義故會葬者數千人，瑒等乃間道北歸，別議迎接。尋有揚州人茅知勝等五人密送葬至建業，即五神也。五神居揚州日結爲兄弟，好畋獵。其地舊多狼虎，人罹其害。山溪畔遇一老婦，五神詢問，竭然無親，飢食溪泉。五神請于所居之廬，拜呼爲母，侍養未久，或出獵而歸不見其母。五神曰：「多被虎噉。」俱奮身逐捕。山間有虎迎前，伏地就降。由此虎患始息。後人思其德義，立廟祀之。

揚州五司徒

凡所祈禱，隨求隨應。廟今在江都縣東興鄉金匱山之東。至隋煬帝時曾護駕有功，封號司徒。唐加侯號。宋至紹定辛卯，逆賊李全數來寇境，禱于神，不吉，以神像割破之。不三日，全被戮于新塘，肢體散落，猶全之施于神者。賊平，帥守趙公範親率僚屬致享祠下，以答神貺，撤其廟而增廣之，錄其陰助之功，奏請于朝，賜廟額曰英顯，加封至八字侯。後平章賈公似道來守是邦，有禱于神者，遇旱暵則飛雨，憂淋潦則返照，救焚則焰滅，欲雪則瑞應，其護國佑民無時不顯，復爲奏請，加封王號：

第一位靈威忠惠翊順王

第二位靈應忠利輔順王

第三位靈助忠衛佐順王

第四位靈佑忠濟助順王

第五位靈勇忠烈孚順王。

　　【案】茅、許、祝、蔣、吳五人，歷史上實有其人，見于《南史》、《梁書》諸史籍。五人為異姓兄弟，好田獵，講義氣，當地百姓敬重之，遂祀為神。隋封司徒，唐加侯號，宋封為王。據金慎夫《揚州司徒廟》一文（載《揚州師院學報》一九八二年第三——四期合刊），其廟在今江蘇省揚州市西北三公里之司徒廟鎮。明嘉靖五年，兩淮巡鹽御史雷應龍認為這五個人是無知小民，不應稱神，撤其神像，改祀宋儒胡定安等三人，後增至五人，稱五先生祠。當地百姓則在舊廟之東，另造五司徒廟，供奉他們心目中的五位英雄好漢。即在此類民間信仰上，官府與百姓的看法也是各有所愛，涇渭分明的。

常州武烈帝

《三教源流搜神大全》卷三：

忠佑武烈大帝姓陳，諱杲仁，字世威，常州晉陵人也。聖祖晜，字元皎，仕陳爲羽林郎、洪州建昌縣令。父季明，字玄渙，仕陳爲江州司馬、嶺南道探訪使，尋拜給事中。帝于梁太清三年己巳三月望日午時誕，英姿照人，有鼎角匿犀之異，衆皆奇之。八歲能屬文，十三遍讀諸史，人皆咸爲再生東家丘。陳大帝天康元年舉進士第，對策玉階，年甫十有八。上曰："朕與卿太丘之後，家世自茲不墮。"特授監察御史，遷江西道巡察大使。帝智勇絕人，精深韜略，有經濟天下之志。仕陳二十有五載，事親以孝，事君以忠，德惠萬民，盛名滿天下。後主失政，遜于隋，遂亟上印綬，歸隱不仕，以田園爲終老計。隋高祖累詔不起。煬帝南遊江都，群盜並起，帝聞其名，詔令討盜，俾除民害。義不可辭，奉命而起。大業五年，授秉義尉，平長山（以）叛寇，鞫其眞僞，各得其情，衆悅服。仕至朝請大夫。九年正月奉詔平江寧樂伯通叛徒十萬，授銀青光祿大夫。十三年改號義寧，恭帝全號，奉詔平東陽奕世千賊衆二十萬。隋王敕之召入，拜大司徒。大業末沈法興起兵吳興，乃帝室之父，意欲倚帝爲重。帝輸忠貫日，抗節凌秋，確乎不移。法興謀據常郡，包藏禍心，陽爲依附，實欲加害。對賊帥李子通集衆數萬屯江北，與法興陰爲應援，震帝

常州武烈帝

威勇，不敢渡。至唐高祖武德二年庚申五月十八日，法興詐稱疾，亟走告于帝，不得巳，往問疾，飲酒中毒，馳歸。時有高僧凜禪師，以醫名世。亟召之治療，其法當于闃寂無人處水滌腸去毒。帝室沈氏宗忼儷之義，深切痛心，至池上潛窺而觸之。帝自知不可爲，遂囑咐凜禪師及軫、張二妃，俾施所居第並南裕爲精舍，東第爲崇仙觀，言訖而薨，享年七十有二。法興聞之，意欲陰謀得志，豈知帝英爽如在，忠節愈勵。一日，黑雲敝空，風雨晦冥，忽見形威，發一神矢，射薨法興，寇衆四清，其護國威靈有如此者。唐天子欲旌其功，乃下詔詢訪本郡耆老：「故陳司徒身備八絕何謂？」耆老等條奏曰：「忠、孝、文、武、信、義、謀、辨，是謂八絕。」聿唐封忠烈公，繼封福順武烈王，後周加以帝號。宋宣和四年。賜廟額曰福順武烈顯靈昭德大帝。

佐神：柴太尉，名克宏，封翊靈將軍。

《古今圖書集成·神異典》卷五十：

《江南通志》：忠佑廟，廟在常州府城，祀隋司徒陳仁杲。原籍晉陵人。大業間仕至司徒，爲沈法興謀逆毒死。屢現靈異。南唐保大十三年，封烈帝，夫人軫氏武烈后。明洪武初，詔去封號，題木主曰司徒陳公之神。無錫宜興有廟。

《江寧府志》：武烈帝廟，廟在治城西，祀陳仁杲。《唐書》：隋末越人寇長州，柴克宏帥師往救，仁杲見夢曰：吾遣陰兵助汝。及戰大勝。克宏奏封武烈帝。唐贈忠烈公，宋加封賜額。

同上卷五一：

《江西通志》：武烈廟，廟在南昌府高士坊，祀陳杲仁，字世威，晉陵人。爲江西巡察大使，有賑荒之惠。入隋，拜司徒。唐武德中卒。豫章人立廟祀之。唐封爲忠烈公，南唐時以神兵助戰，册加武烈帝，徐鉉有記。

《陔餘叢考》卷三五：

常州有忠佑廟，祀司徒陳杲仁。相傳南唐封爲武烈帝，故今俗以帝號稱之。而郡人劉宗浩輯爲實錄一書，謂公本晉陵人，在隋立功，授司徒，沈法興其婦翁也。大業末，法興欲襲常州，懼公，不敢動，乃詐以疾告。公不得已往問疾，飲中毒，歸而卒。後法興方剽掠，公現形黑雲中，發神矢斃之。唐初詔爲立祠，乾符中以陰兵助裴璩討賊王郢有功，封忠烈公。廣明之亂，神力示現，賊不入浙西，加封感應。梁開平中，封福順王。淮南楊氏封忠烈王。南唐時，錢儼遣將來攻，公以陰兵驅黑牛觸敵艦敗去，乃册爲武烈帝。宋又賜廟號曰忠佑。此司徒祠于常之始末也。按《舊唐書》：沈法興爲吳郡守，煬帝使與太僕丞元祐討賊樓世乾，會煬帝被弑，乃與祐將孫士漢、陳杲仁執祐起兵，又令杲仁破賊樂伯通，法興自署江南道總管。聞越王侗即位，乃上表自稱大司馬錄尚書事，承制置百官，以杲仁爲司徒。是杲仁本隋將，與法興通謀害其主帥，而司徒之官，又法興所授也。《新唐書》並不言承制，但云法興以杲仁爲司徒，則其爲法興黨，更不待言矣。然常之人所以崇祀者，實以自唐及五代、宋以來歷著靈異，故累請褒封至帝號。今常州雲車之制甲天下，相傳像公空中破敵時神兵也。豈失節于生前，而獨能反正于身後耶？抑郡人所傳公爲法興所害者，本是實事，而新舊唐書所記不無訛謬耶？史册所載，往往有與傳聞互異者，未必傳聞皆僞，而史册眞也。

《癸巳存稿》卷十三：

江西陳武烈帝祠極顯靈，嘗散步祠中，若有所犯，齋戒拈香，乃瘳。《江西通志》云：武烈廟祀陳江西巡察大使陳果仁，（或作果仁，或作呆仁，或作仁呆，或作仁果，皆依其文書之）有賑荒之惠，唐封忠烈公。南唐時，以神兵助戰，册加武烈帝。《南昌縣志》同。又沙河廟懸榜云：神字世威，江南常州府晉陵縣人也。仕陳江西觀察使，主鎮江南。隋時爲司馬，天下大亂，集兵以保境。大業五年，授朝議大夫，十三年，隋改號義寧，拜大司徒。唐武德二年薨，封忠烈公，進福順武烈王。後周加帝。宋乾德二年，神見于士步門，以船粟賑飢。宣和四年，封福順武烈顯靈昭德大帝。其言不可信。常州祠有唐天寶時僧德宣作《隋司徒陳公舍宅造寺碑》，云陳公諱呆仁，字世威，其先潁川人，六世祖陳武帝，家于長城，故爲晉陵人。祖疊，陳羽林郎將，父季明，陳江州司馬，兼嶺南道探訪使，終給事中。公十八歲，舉秀才，對策，陳文帝曰：“朕與兒俱太邱後。”授監察御史，尋遷江南道巡察大使。大業五年，奉詔平長山寇，授秉義尉，尋授朝請大夫。九年，奉詔平江寧寇，授銀青光祿大夫。十三年，奉詔平東陽寇，召面見，授大司徒。沈法興自湖州起兵，欲據常州，與公結父子，詐稱病，公往問之，中毒而薨，時唐武德二年也，享年七十有二。文載《全唐文》中，其言尤不可信。碑榜所稱地道官階，其時有無，學者當能知之。其大司徒又作左司徒。《江南通志》辨僞云："義寧中，沈法興署爲司徒，非因東陽功擢也。"余謂此僞不足辨。即言六世祖陳武帝，亦是與武帝分派之脫略。碑言武德二年，亦是三年之脫略。惟碑又言大唐詔詢晉陵耆老，對以果仁梁大同中，奉太守命，斷晉陵義興太湖爭田。據碑自言武德二年五月十八日卒，年七十二，則以梁太清二年三月五月生，大同中尚未生，何得太守命斷湖田？是唐時僧徒文字全無足信。《常州府志》唐齊光乂宋夏之文皆有碑記，《司徒縣志》唐顧云有廟記。宋人《夢粱錄》、《外部行祠》引《宋會要》云：神陳仁果，常之晉陵人，仕于隋，歷司徒。沈法興謀叛，忌司徒，以食毒之。神以矢射殺法興。武進劉宗浩作《武烈帝實錄》云：杲仁在隋立功，歷司徒，沈法興其婦翁也。大業末，法興欲襲常州，懼公，不敢動，乃詐以疾告，公往問疾，中毒卒。後法興方剽掠，公見形黑雲中，發神矢斃之。《大明會典》八十五《各處祠廟》云：常州陳司徒廟。注云：祀隋臣陳杲仁。其言亦不可信。神時屬法興，不屬隋，且老矣，不應與法興結父子，又爲法興子婿。神夫人，檢《江南通志》爲軺氏，保大中爲武烈后，非沈氏。《常州府志》云：西廟祀武烈后軺氏，贊幽夫人張氏，沈明后沈氏，是杲仁有三妻，以就爲法興子婿之說。法興據常久矣，非以欲襲常始行毒也。《新唐書·沈法興傳》云：自東陽趨江都，與隋元祐將孫士漢、陳杲仁至毗陵，襲據其城，是法興據常，乃以神力。神殺隋主將以從法興，後人言法興欲叛隋據常，故除神，若以神爲隋之忠臣也者，非神本意也。唐末其祠甚顯。江州有武烈祠，自柴克宏奉之，遂及南昌也。《容齋隨筆》有"禮寺失職"一條云：予請封江神爲帝，禮寺不可。今蔣廟、陳杲仁祠亦稱帝。

《鑄鼎餘聞》卷二：

光緒《無錫金匱縣志》引明嚴一鵬《重建忠佑廟碑記》云：忠佑廟者，祀隋大司徒陳公也。公諱杲仁，字世威。其先自潁川徙毘陵，漢太丘長仲弓十七世孫，父元澳，官嶺南道探訪使。公生于梁太清己巳三月五日，有異表，八歲能文章，十八登朝。陳武帝爲公從祖，與語，大奇之，授監察御史，尋遷江南道巡察使，有殊績。及後主遜位于隋，公亟上印綬。隋高祖累詔不起，悉散家貲，杜門掃軌，孝養厥母，終其天年。繼母病，割股以進，病已，事聞于朝，旌之。煬帝幸江都，群盜蜂起。時共推公雄略，強公受詔討賊，平長白山寇，宥諸脅從，全活甚衆，授秉義尉，累官朝請大夫。大業九年平樂伯通，授銀青光祿大夫。十三年，平婁世乾，召拜大司徒，賜宮女二十人，廄馬五騎，粟千斛，帛五百匹，公力辭，不允，盡以粟帛分士卒。當是時，沈法興謀據常州，結賊帥李子通屯江北爲聲援。公故娶法興女。法興憚公盛名，不敢發。至唐武德三年五月十八日，法興詐稱疾篤，致公問疾，酖之，中毒薨。法興縱兵爲逆，人見公從雲中發矢斃之，賊衆潰散。唐主嗟異，以世推公有忠、孝、文、武、行、義、謀、辨八絕之目，詔徵其實，父老奏上，因令立祠以祀，廟在今毘陵清秀坊，即公故第兵仗庫也。

《新唐書·沈法興傳》：

隋大業末，爲吳興太守，東陽賊婁世乾略其郡，煬帝詔太僕丞元祐之義興，二年法興與祐將陳杲仁執祐，越王侗立，法興乃自稱天門公，承制置百官，以杲仁爲司徒，高祖武德二年法興自稱梁王。

《鑄鼎餘聞》卷二：

宋馬令《南唐書·柴克宏傳》云：常州有隋末陳果仁祠，果仁見夢于克宏曰：“吾以陰兵助爾。”及戰，有黑牛二頭衝突越兵，克宏繼之，大敗越人，俘馘甚衆。克宏奏，封爲武烈大帝。

宋張敦頤《六朝事迹類編》引《舊經》云：隋司徒陳果仁有戰功，唐封忠烈公，南唐僞册武烈帝。

明姚宗儀《常熟私志》云：周世宗命吳越攻常州。南唐李主遣柴克宏赴援，禱祠下，乞假威靈。公驅黑牛數百、迅風疾雷助戰。越潰。柴具奏，贈武烈帝，累封福順武烈顯靈昭德仁惠孚佑眞君。洪武初，詔題木主隋司徒陳公之神，公妃沈氏、軫氏、張氏，子二，坦、頵；女一，玉，四歲聞公權難即啼號動人，後剪髮奉佛。

《鑄鼎餘聞》卷三：

福順大王，明姚宗儀《常熟私志》云：廟舊在南門內，後改孔氏家廟，又改王萬宅，旋爲徐尚書第。（均案：即武烈大帝陳果仁之始封也。今爲邑之土地。）

【案】常州武烈帝，即隋將陳果仁（諸書或作果仁、仁果、仁杲，傳訛也）。其事跡見於新舊唐書等。民間傳說、筆記方志之記載，與史書不同，《陔餘叢考》、《癸巳存稿》辨之已詳。該神本常州人，故常州立廟。於南朝時嘗任職於江西，

故江西其廟頗多。據唐書所載，其生平行事無可稱道者，祀
其為神，不知何由。唐封為公，五代梁、吳封為王，南唐封
為武烈帝。後雖或去其帝號，然民間皆以武烈帝稱之。

崔　府　君

《事物紀原》卷七：

顯應公，在京城北，即崔府君祠也。相傳唐滏陽令，歿爲神，主幽冥。本廟在磁州，淳化中民于此置廟。至道二年，晋國公主石氏祈有應，以事聞，詔賜名護國。景祐二年，封護國顯應公。

《宋會要輯稿》第十五冊禮十四之二一：

（景德三年）自後開封府縣文宣王、浚儀縣崔府君、天王、畢卓、九龍等廟皆遣官祭告。

《宋人軼事匯編》卷三引《南渡錄》：

康王質于金，遣還。奔竄疲困，假寐于崔府君廟，夢神人曰：“金人追及，速去，已備馬于門首。”康王躍馬南馳。旣渡河，馬不復動，視之則泥馬也。

同上引《埤雅廣要》：

孝宗母張氏，夢崔府君擁一羊，丁未生孝宗于秀州，小名羊。高宗先養宮內，賜名瑗，適與崔府君同名。

崔府君

《文獻通考·郊社考》二三：

崔府君廟在京城北，相傳唐滏陽令歿爲神，主幽冥事。廟在磁州。淳化初，民有于此置廟，後詔修廟宇，賜名護國廟。景德元年重修，每歲春秋令開封府遣官致祭。後封護國顯應公。

《續文獻通考·群祀考》三：

（元至元）十五年正月，封磁州神崔府君爲齊聖廣祐王。元好問《崔府君廟記》曰：唐崔子玉府君祠，在所有之，或謂之亞岳，或謂之顯應王者，皆莫知所從來。府君定平人，太宗時爲長子令，有惠愛之風。本道採訪使與長子尉劉內行弗備，且有贓賕之郜。時縣有虎害，府君謂二人者宜當之，已而果然。及一孝子爲所食，乃以牒攝虎至，使服罪，一縣以爲神而廟事之。

《三教源流搜神大全》卷二：

崔府君者，乃祈州鼓城人也。父讓，世爲巨農，純良德義，鄉里推重，年將知命，未立繼嗣。讓與妻議之曰：“我平日所爲，常存濟物之心，今何無嗣？不若與汝共發虔誠，禱于北岳。”妻從其言，同詣北岳祠下禱祝，祈嗣畢，歸邸中安下。是夜，夫妻夢一仙童手擎一合。崔讓問之，童曰：“帝賜合中之物，令君夫妻吞之。”言訖，舉合蓋，視之，見美玉二枚。夫妻各吞其一，忽然而覺。自後有娠，腹懷十月滿足，于隋大業三年六月六日降生一子，神彩秀美，異于常人，幼而從學，日誦千言，不窺群子之戲，因名子玉。凡事過人，鄉人咸爲積善之家天賜也。

《列仙全傳》卷五：

崔子玉，名珏，蘄州彭城人，人稱爲崔府君，以其晝理陽間，夜斷陰府也。唐貞觀七年，應賢良科，除潞州長子縣令，發擿人鬼，無異神明。一日示諭居民：自五月望日及望後一日，無得私宰獵射，時有曆出郭外弋得冤一隻，爲城吏搜執庭下。子玉訊之曰：“若故犯忌，吾不能釋若。雖然，願即縣庭受罰，陰府受罰？”弋人自揆陰理幽遠，願於陰府。言訖，輒令放還。是夜弋人方就枕，見一黃衣吏拘至一殿庭，見子玉王者冠服，檢諸犯罪狀，或促其年，或墮其後，或減損其祿位，弋人亦加決罰。令還，遂驚夢覺，悔恨無及矣。一日門吏白曰：“雕黃嶺有虎，甚傷人。”子玉即遣吏孟完賫符牒至山廟勾虎，虎即出，唧牒隨吏至縣。子玉責之曰：“汝乃異類，而啖食人，命罪無赦。”虎自觸階而死。太宗嘗呼爲仙吏。無何，復遷令滏陽縣。縣西南五里有河，時忽汎漂民田。子玉于河上設壇，奏詞上帝，頃間，見一巨蛇浮于水面而死，水輒消去。一日子玉與楊叟奕，忽有黃衣數輩執符而前曰：“奉帝命，召崔子玉爲磁州都土地。”次有百餘人捧玉珪玉帶，紫服碧冠，五岳位旗，簫韶盈耳。復有一神控白馬至，曰：“帝命即行。”于是子玉囑二子曰：“吾將去世，無得過慟。”乃書百字銘以訓二子，若寢而逝。年六十四。安祿山反，玄宗夜夢神人告之曰：“賊當自滅，陛下無恐。”帝問姓名，對曰：“臣滏陽令崔珏也。”帝還闕，建廟，封爲靈聖護國侯。宋高宗走鉅鹿時，馬斃，冒雨獨行，路遇三歧，不知所適。忽見一白馬前行，帝欲及乘之，逐其後。晚至一神祠，見廡下有一白馬，就視之，汗出如雨，因宿廡下。夢紫袍人以杖擊地曰：“亟行。"帝驚起，飢甚，正躊躕，聞殿內有聲，乃登殿觀像，即夢中見者，視板題云"磁州都土地崔府君"，板後有一合，內有酒肉，帝輒食之。欲出，向白馬復前導，至斜橋谷始不見。遂遇耿南仲將民兵數千來迎。及南渡，首為立廟。

《古今圖書集成·神異典》卷三九引《祁州志》：

及玄宗值祿山亂，夢府君語曰："毋他適，賊不久滅矣。"賊平，特命建祠闕下，封靈聖護國侯。（**武宗會昌年間，封為護國威勝公**）

（宋）真宗加封崔府君為護國西齊王。

高宗駐蹕臨安，首為立廟，賜額曰顯衛。

《古今圖書集成·神異典》卷五十：

《蘇州府志》：東岳行祠，祠在常熟縣治西一里〔虞山之南麓，宋淳熙九年建。中天齊仁壽帝，左司命真君，右崔府君。

《古今圖書集成·神異典》卷五十：

《陝西通志》：唐崔府君廟，廟在清澗縣治北街，祀崔子玉。仕長子縣令，有異政，為神。宋封護國西齊王，秦晉間多祀之。

《鑄鼎餘聞》卷三：

《磁州崔府君神異錄》：王姓崔，諱珏，字子玉，祁州古城縣人。考諱讓，母劉，厚德好施，夢岱岳神賜以雙玉，乃生王。時隋開皇五年六月六日也。仁壽元年舉孝廉，二年拜太子府傅監。

崔府君

唐貞觀元年應聘，轉兵部員外郎，既而宰長子，尹儵邑，令滏
陽，守蒲州，兼河東道。二十四年探訪使，三十二年十月十日卒
于官，年六十四。遺命葬磁州滏陽鼓山西河村之北，滏民廟祀之。
（均案：《台州府志》作邳州彭城人）宋樓鑰《攻媿集》載《顯應觀記》
云：靖康中，高宗再使金。磁去金不百里，謁祠下，神馬擁輿。
州人知神之意，勸帝還轅。（均案：此即世所傳泥馬渡康王一事）又云
府君貞觀中爲相州滏陽令，遷蒲州刺史，史失其名。在滏陽有惠
愛，民爲立祠。後葬其地。《仁宗實錄》：景祐二年封崔府君爲
護國顯應公，元符二年即舊號封王，七年加封護國顯應昭惠王，
淳熙十三年奉光堯聖旨，改封眞君。季夏六日，相傳爲府君生
朝。

　　【案】崔府君在民間亦極有名，相傳在世時即晝理陽，夜
治陰，死後奉爲主幽冥之神，或列爲東岳大帝之輔佐。據諸
書所載，實爲唐代之地方官，因有德政，死後爲當地人民所
奉祀。然又有兩種傳說，初僅稱其神崔姓，不知其名，或謂
名瑗，官唐滏陽縣令，歿爲神。滏陽爲磁州州治，故於磁州
立廟祀之。元代又有謂崔府君崔珏，字子玉，爲唐長子縣令。
以後二說合一，謂府君崔珏，字子玉，宰長子，令滏陽。以
其主幽冥，或稱爲亞岳。《西遊記》中有酆都判官崔珏，當
即本此。其祀宋代頗興，至南宋初，有泥馬渡康王故事流傳，
實亦趙構企圖借神威以自重，遂於京都臨安立廟。以後其廟
漸多。北宋曾封爲公（或謂封王），然民間多以府君稱之。

張　巡

《舊唐書·張巡傳》：

　　巡神氣慷慨，每與賊戰，大呼誓師，皆裂血流，齒牙皆碎。城將陷，西向再拜，曰："臣智勇俱竭，不能式遏強寇，保守孤城。臣雖爲鬼，誓與賊爲厲，以答明恩。"與姚誾、（南）霽雲同被害。

《新唐書·張巡傳》：

　　天子下昭，贈巡揚州大都督，（許）遠荆州大都督，巡子亞夫拜金吾大將軍，皆立廟睢陽，歲時致祭。睢陽至今祠享，號"雙廟"云。

《宋人軼事匯編》卷十五引《摭青雜説》：

　　紹興辛巳多，北人南侵，朝廷遣大軍屯淮東。有何兼資者，領五十人至六合縣西，望見一隊軍馬自西北來，旗幟不類北人，又不類官軍。知其爲鬼兵也，乃出見守寨門宮。門者傳報，召兼資入。見一人廣坐冠服如天神，一人西向，形貌英毅，髯鬚皆指天，一人面貌亦俊爽，餘二三人分坐左右。西向者曰："吾奉天符來助汝太尉，管取必勝。"問曰："大王何神也？"答曰："某唐張巡也。"指對坐者："此唐許遠也。"又遍指坐下者曰：

斬鬼張真君

"此雷萬春也,此南霽雲也。"巡謂兼資曰:"汝歸語汝主將,吾奉天符助兵,此虜悖逆,吾當斬其首以報上帝。"

《三教源流搜神大全》卷五:

公姓張,名巡,妻劉氏,妾柳氏,唐玄宗時進士出身,官拜睢陽令。遭安祿山之變,史思明等迭亂,四郊版蕩。公負孤城,臨機應變,不依古法,前後三百餘戰,百戰百克,保障軍中器械,無一不取之敵者。第公性剛烈,每義發,髮堅齒落。則見其始以背城奪旗鼓,繼以艾蒿殺思明,收萬矢於束草,出奇之際,整威武於坐食野戰之場,明忠義於泣廟之餘,識人倫於天道之頃,知將令於雷將軍之時,堅士志於殺妾蒸骸之表,泄貞義於厲鬼殺賊之詞,至今霽將軍嚙指於鄰以示信,諸軍伍羅雀炙鼠木食而不携,然不屈於畔逆之逼罵,不跪於鋸解之。吁嗟!堅貞凛烈,曜天射日,真古天地一孤忠哉!後唐、宋歷封爲寶山忠靖景佑福德真君。

《歷代神仙通鑒》卷十九:

(張飛)世世爲男子身,在唐爲張巡,(宋)生於相州岳家。

《古今圖書集成·神異典》卷五一引《八閩通志》:

東平王廟,在興賢中里橫塘嶺,祀唐御史中丞張巡。

東岱廟,在汀州府武平縣新城街,祀唐張巡。明正德間,寇攻城七晝夜,得神陰助,立祠祀之。

《清朝文獻通考·群祀考下》:

（雍正十二年）加封江西鄱陽湖顯佑安瀾之神，春秋致祭。神爲唐忠臣張巡。布政使李蘭奏言：張巡見危授命，保障江淮、江西居民，廟祀最甚，捍禦鄱陽一湖，屢昭顯應，請加封賜祭。從之。廟祀於饒州之浮梁縣。

《癸巳存稿》卷十三：“唐通眞三太子神”條：

《黟記》：唐封中書舍人通眞三太子，即唐張巡也。明《咸寧縣志》云：通眞太子廟，在安遠門東街，祀唐忠臣張巡，洪武十三年建，有記。嘉靖時，咸寧胡傳眞珠船云：陝西會城糖坊巷有太子廟，所祀乃唐張巡，廟碑云：唐嘗贈巡爲通眞三太子。《山西通志》云：平陽府晋山書院，即三太子祠。知其說始北方。《唐書·張巡傳》云：開元末，擢進士，由太子通事舍人出爲清源令。知其致誤之由矣。或撰神聯，指爲昭明太子。宋趙彥博知池州，作《昭明太子事實》二卷，廟食於池。元祐時，賜額文孝。黟自有文孝廟，由貴池秀山來，《墨莊漫錄》所謂英濟王封於唐開成時者。此自通眞三太子，非昭明英濟王也。池人亦兩太子各祀。《池州府志》疑通眞三太子爲清源之子，却又非也。又陸錫明《新安氏族考》云：唐新安郡王李徽，武后時爲酷吏羅織死，有二子，曰通靈曰通眞，亦與其難，國人哀之，爲立太子堂。其事見《唐書·濮王泰傳》，而無通眞、通靈之說，說出胡氏譜。新安有安定胡，有李胡。宋末婺源胡次焱者，有文集十卷，自言出唐宗室，五代時育於胡，因從其姓，不言徽後。黟祀三太子，亦於徽無與也。

同上"張王神"條：

趙吉士《徽州府志》云：黟五侯閣，在二郎橋上，祀張、許二侯及買、南、雷三將軍。尋志不載二郎橋，即今橫溝上張王閣也。張公巡與許公遠，唐即合祀，謂之雙廟。《宋史·劉摯傳》云：應天府闕伯微子廟，又有雙廟，乃唐張巡、許遠。張舜民《郴行錄》云：過宋州雙廟，中祀張、許及南霽雲、姚誾、雷萬春。宋州人亦謂之五王廟。《摭青雜說》云：紹興辛巳多，劉琦小校何兼資至六合西，見張巡、許遠、南霽雲、雷萬春，從天蓬神將兵。左張巡鬚髯皆指天，右爲許遠，亦俊爽，則張死如其志，作厲鬼殺賊。《大明會典》八十五《各處祠廟》云：歸德協忠祠。注云：祀唐臣張巡、許遠，配以雷萬春、南霽雲、姚誾、買賁四人。張公故又別有專祠，言宋封東平威烈昭濟顯慶靈祐王。《太湖縣志》云：宋宣和間，縣人石姓、黃姓者，客東平，無罪陷獄，禱於神。既得脫，乃匿像以歸。祠主追之，啓篋，乃變爲簫。至太湖西十里棠梨樹下，二人假寐，夢神言欲居其地，乃爲立祠。祠成，神示乩有云：我乃張巡與許遠，同時在東岳爲押案，爲陰司都統使。《黃岡縣志》云：明正德時，黃州守盧濬毀淫祠，南門外安國寺右景祐眞君廟，亦在毀數。忽降神門皀書，言是張巡，充東岳押案，酆都獄推，其階爲忠烈大夫，又直蓬萊殿，在人間爲景祐眞君，遂得不毀。《黃陂縣志》，以爲縣東一里雙忠祠，盧濬時，神附擔水婦人，屬筆留詩。《蘄水縣志》亦有此事，云是巴河睢陽祠。萬曆十三年，知縣閻士選刻之石。建寧徐時作《閑居偶錄》云：其邑鳳山東岳廟，祀張睢陽。建寧亦祀張睢陽者，蓋以東岳押案之說。又與登寶庵左祠，皆有廖氏雙像。又永安鎮張王廟，有五人阻祭賽費，皆死。時作非妄語者，蓋神必有托以傳。又張自言願爲厲鬼殺賊，厲即瘟神都天。今丹徒句容都天降福元帥祠，亦張公也。元武進謝應芳《厲鬼辨》云：無錫人出郭迓神，赤髮青面，吻出四牙，狀貌詭異，曰"此張巡也"。《皇華紀聞》云：宿松棠梨宮，南昌吳城鎮（今屬新建），皆有張睢陽廟，其像皆青面赤髮，狀極獰惡。《筠廊偶筆》云：常熟方塔寺青魋菩薩，即張睢陽，赤髮青面，口銜青蛇，如夜叉像，蓋從神志也。《會典事例》云：乾隆十二年，封浮梁張巡神爲顯佑安瀾之神。嘉慶八年，封丹徒張巡神爲顯佑安瀾寧漕助順之神。則張又兼司水矣。（司水曰張大明王，俗稱牛肉菩薩，以水德在亥，祭不用亥禽，豬也。《廣德州志》言神事甚詳。乾隆四十五年定名司水張公之神）許公於宋雍熙時，專祠於海寧，每歲十月十六忌日，官祭。雍正九年，封威顯顯靈佑王，祠於山陽之高堰。從張、許祠者，南霽雲亦有專祠。《黔書》云：貴陽有黑神廟，祀南霽雲。《居易錄》引朱近修云，云同行王捍，黔陽有祠，號昭烈王。

《鑄鼎餘聞》卷二：

元盧鎮《琴川志》云：王淮陰人張有嚴之子，唐開元元年八月十八日生，十四年七月二十五日入滅爲神，護國救民，封威濟侯。宋太祖親征太原，川水泛溢，上憂之。冰忽合，師遂濟，空中見神來朝，加徽應護聖使者。熙寧五年，升濟物侯。宰相王荆公令有司勘會靈顯事，再封忠懿文定武寧嘉定侯。南渡以來，神復響答於浙間，而此方尤顯著，累封東平忠靖王，邑人尊事之。

又明龔立本《常熟縣志》云：弘治中查毀淫祠，遂以唐忠臣張巡實之，像作厲鬼狀。（均案：神姓張，與上忠靖王似一人而事迹又異）

《光緒鄞縣志》十二引張時徹《嘉靖寧波志》云：東平忠靖王廟在縣二里，祀唐忠臣張巡，俗稱十四太保廟。相傳宋高宗駐蹕東津，神嘗效靈，敕祀之。

《黄岡縣志》云：武節祠祀唐張睢陽，舊名景佑眞君廟。

《無錫金匱縣志》云：張巡中丞廟，舊志稱顯忠廟。按中丞於宋時封威烈昭濟顯慶靈佑王。

《集説詮眞》：

《印雪軒隨筆》曰：賽神之盛，莫過於鎮江之都天會。考神爲唐睢陽公，鎮江人奉之極虔，此會又籍以逐疫云。

《趙甌北詩抄》"觀都天會詩"云：神會蓋始鄉人儺，黄金四目揚珊戈。流俗相沿遂成習，附會神鬼訛傳訛。潤州（鎮江）城東都天會，年年四月大報賽。列隊計長十里餘，糜財不在萬金內。但求角勝肯惜費，富者破慳貧者貸。不知是何神，擅此大富貴。或言唐張巡，睢陽百戰捍賊塵，保障功在江淮民。或言一儒巾，夜遇疫鬼散毒氛，獨以一人活萬人。究竟未識何者是，徒令世眼滋擬議。我思天下祠廟多，原可不必一一考姓字。

【案】張巡，唐鄧州南陽人，開元進士。安史之亂時，與睢陽（今河南商丘）太守許遠在亂軍圍困之下，堅守孤城數月，城破後壯烈捐軀，隨死者有三十六壯士。張巡在敵我力量懸殊，外無救援，內無糧草的情況下，孤軍奮戰，阻遏了亂軍的攻勢，當時對於鼓舞人民反抗安史亂軍的鬥志，保全江淮、江西一帶，功績甚巨，而其壯烈氣概，亦歷史上所罕見。所以當其死後，立卽受到人們的崇祀。以後歷代皆奉祀之，江淮一帶尤盛。北宋於汴京立廟，南宋時，其廟亦南渡。關於神迹之傳說也頗多，顯然是希望借神之威，以與金元對抗。其初，多以張巡為地方守護神，這亦一般人鬼成神之通例。其形貌英毅。明清以來，訛說漸起。如《歷代神仙通鑑》稱其前身為張飛，後身為岳飛。或以為水神〔俗稱牛肉菩薩〕。尤可笑者，以張巡死前曾誓曰"雖為鬼，誓與賊為厲"，民間遂以巡為驅鬼辟疫之神，甚或直指為瘟神，其形象則赤髮青面，吻出四牙，狀極獰惡，或稱為青魈菩薩。鎮江瘟神都天會，卽謂神為張巡，當地人奉之極度。趙翼認為該會本始於儺禮，卽古用方相氏逐疫鬼之儀式，後附會神鬼，以訛傳訛，始以張巡當之。然亦有另一傳說，謂神為一儒生。此外，民間又因張巡"為厲"之說，奉張巡、許遠為東岳押案，陰司都統使，於東岳廟祀之。於是張巡又成為冥官矣。

附：許　遠

《鑄鼎餘聞》卷二"孚應昭烈王"條：

國朝王峻《蘇州府志》云：神事迹莫詳，今祀唐忠臣許遠，因張廟義起云。（均案：似卽上之昭烈王張拊，然今邑城內東岳廟左祀忠靖王，右祀孚應王，則又分為二神。此廟為明洪武二十一年建）。

《古今圖書集成·神異典》卷五十引《河南通志》：

協忠廟，在歸德府治西，祀唐忠臣張巡、許遠，以雷萬春、南霽雲、姚誾、賈賁配祀焉。舊在南城上，明宣德年知州李志徙建今所。

【案】許遠與張巡共存亡，唐時即并祀之，稱為雙廟。故張巡廟亦有其神。前引《癸巳存稿》，謂許於宋雍熙時，巳專祀於海寧。雍正時封為王。

南 霽 雲

《舊唐書·張巡傳》：

時賀蘭進明以重兵守臨淮，巡遣帳下之士南霽雲夜縋出城，求援於進明。進明無出師意。霽雲泣告之曰：“本州強寇凌逼，重圍半年，婦人老幼，相食殆盡。霽雲所以冒賊鋒刃，匍匐乞師，謂大夫深念危亡，言發響應，安得宴安自處，殊無救恤之心？夫忠臣義士之所為，豈宜如此！霽雲既不能達主將之意，請嚙一指，留於大夫，示之以信，歸報本州。”霽雲自臨淮還睢陽，緣城而入。十月，城陷，為賊所執。（後與張巡、姚誾同被害）

《新唐書·張巡傳》：

巡復遣(南霽雲)如臨淮告急，引精騎三十冒圍出，賊萬衆遮之，霽雲左右射，皆披靡。進明懼師出見襲，又忌巡聲威，恐成功，初無出師意。又愛霽雲壯士，欲留之。為大餉，樂作，霽雲泣曰：“昨出睢陽時，將士不粒食已彌月。今大夫兵不出，而廣設聲樂，義不忍獨享，雖食，弗下咽。今主將之命不達，霽雲請置一指以示信，歸報中丞也。”因拔佩刀斷指，一座大驚，爲出涕。卒不食去。抽矢回射佛寺浮圖，矢著磚，曰：“吾破賊還，必滅賀蘭，此矢所以志也！”

《鑄鼎餘聞》卷二：

國朝王士禛《居易錄》云：貴陽有黑神廟，祀唐南霽雲。凡遇水旱癘疫兵革之事，有禱必應。見田綸霞少司寇《黔書》及《郭青螺集》。

　　【案】張巡諸部將，以南霽雲、雷萬春最爲著名。據新、舊唐書所載，南實爲千古血性奇男兒。故除配祀於張巡廟外貴陽又立專祠，可見民間對其喜愛推重之篤。惟名爲黑神，則不知所本也。

雷　萬　春

《新唐書·雷萬春傳》：

雷萬春者，不詳所來，事巡爲偏將。令狐潮圍雍丘，萬春立城上與潮語，伏弩發六矢著面，萬春不動。潮疑刻木人，諜得其實，乃大驚。方略不及霽雲，而強毅用命。每戰，巡任之與霽雲鈞。

《宋人軼事匯編》卷十四引《秀水閑居錄》：

靖康元年，予守宋城，虜騎破拱州，遂抵郡城。前一夕，余夢有執盜於庭下者，左目插矢，流血被體。未曉報虜至，予於要地伏弩候之，射酉目墮馬死，正如所夢。雷萬春廟有赤蛇盤於香爐，累月不動。予作文遣吏祭之，責其賊犯城時不為陰助，更為異物以怖人，何也？即日蛇去。

【案】雷萬春亦一奇男子，配享於張巡廟者。據《秀水閑居錄》，是宋時已有專祠。

千勝小王

《通俗編》：

陳善《杭州志》：張巡子亞夫，以巡死國，拜金吾大將軍。巡守睢陽時，善出奇敗賊。亦名千勝將軍。宋時附祀汴都巡廟。南渡後，杭人別祠新安坊橋。按亞夫拜金吾大將軍，見《新唐書》。而李翰《進巡傳表》曰：亞夫雖受一官，不免飢寒之患。江淮既巡所得，宜封以百戶。蓋其初，沮時議，詔恤甚薄，自翰等議定而始有金吾之拜也。

【案】民間後遂稱為千勝小王。

張抃 王扞

《鑄鼎餘聞》卷二：

《江西金溪縣志》載《永樂舊志》云：東岳廟左廡祀忠靖王。按《臨淮棄指亭記》，王姓張名抃，與南霽雲同守睢陽，同乞師於賀蘭進明，同斷指以示信，城陷又同死，托夢於家曰："吾得請於帝，輔東岳為司錄事。"唐封感應太保。宋封靈祐侯，累贈至王，號曰忠靖威顯靈祐英濟，廟號昭烈云。考唐史無張抃事，或竟指為張巡，是又不知《舊志》忠靖王之由來矣。

《江南省志》：歙縣忠靖王廟。王姓張，名卞，家於滑之白馬，與張、許同死睢陽，史失其名。（按：此條為上條尾注。）

國朝王士禛《居易錄》云：南霽雲乞師時，同行將王扞者亦斷一指，後同死睢陽，史失之。黔陽赤寶山立祠，號昭烈王。見朱近修孝廉集。

【案】此皆本之民間傳說而於史無徵者。未知孰是。然其人或可辨其有無，其神則俱有廟在。故附此。

謝 祐

《古今圖書集成·神異典》卷三九引《八閩通志》：

謝祐，延平人也。元豐中從劍浦黃裳學。為人質直，素慕張巡之忠烈，願為其廟從神，預塑像於巡之側。及卒，素著靈響。

紹興九年封靈惠將軍，淳熙十年賜廟額正順。廟在尤溪縣治西。

康 王

《古今圖書集成·神異典》卷三九引《鎮江府志》：

　　神姓康名保裔，洛陽人。父仕周，以戰功爲東州[班]押班。父死，宋太祖以保裔代之。後與契丹戰，死之。眞宗贈侍中。已而靈迹顯著於信之弋陽。熙寧中封英顯侯。

　　慶元間封爲威濟善利孚應英烈王，祠在城隍廟西廡。

《癸巳存稿》卷十三"康王神"條：

　　《宋史》四百四十六卷《忠義》一《康保裔傳》云：洛陽人，歷任登州淄州定州代州深州高陽關并代，戰澤州廣陽石嶺關，後戰高陽河間，歿焉。《眞宗紀》云：咸平三年正月，契丹犯河間高陽關，都部署康保裔死之。今按其傳云：其子繼英等奉告命，謝曰："臣父不能決勝而死，陛下不以罪其孥，幸矣。"上惻然，顧左右曰："保裔父祖死疆場，身復戰歿，世有忠節，深可嘉也。"蓋保裔戰歿後死於契丹，非死於行間，其爲死事則同也。《謝德權傳》云：咸平六年，葺蒲陰城，乘傳詣闕，言前歲傅潛閉壘自固，康保裔被擒。《傅潛傳》云：潛爲行營都部署，使范廷召等逆擊契丹，康保裔戰死。皆實證也。其前一年，有康昭裔之事。《遼史·聖宗紀》云：統和十七年十月，次瀛州，擒宋將康昭裔。十九年六月乙巳，以所俘宋將康昭裔爲昭義節度使。則昭裔被擒在咸平二年，與保裔事別。《老學庵筆記》則云康保裔死事在咸平二年十月。混二事爲一，致啓後人之疑。按保裔祖志忠，後唐時定州王都反，戰歿。父再遇，又戰死於澤潞。保裔又戰死於河間。世以戰歿。昭裔蓋亦志忠再遇子姓，陷於遼，實事不當諱。《老學庵筆記》既移咸平二年十月之被擒爲死事，葉隆禮《契丹國志》止記三年正月保裔之死，而不記二年昭裔之事，《宋史》亦同。《陔餘叢考》云：一康保裔也，《宋史》作康保裔，《遼史》則曰康昭裔，亦以二人爲一。是愈啓後人疑也。江西泰和縣東門外有康王廟，歐陽守道記云：眞宗時，郡縣請王封號者，即報可。南渡以後，尤著靈。則宋時江西已爲保裔立廟。《泰和縣志》又云：康王廟，或言唐時建。疑之蓋唐時古廟基也。建昌縣亦有康王廟，志云：保裔有德於建。檢保裔三代未曾至淮南，何由有德江西？鄱陽縣亦有康王廟，在城中。福州福清縣連江縣俱有康王廟，在東岳廟左，祀康保裔。新建縣德勝門外一舖有康保裔廟，土人以木郎廟張巡幷入祀之，額曰："康張福地"。上高縣有冲眞廟，云廟自洪武時建，中祀張巡、許遠、康保裔，是張巡、康保裔合賽之證。《黔書》云：麥新縣祀宋康保裔，其神介胄赭面。今黔城中賽張、康神，張爲厲狀，康赭面，謂之老菩薩，亦曰張王、康王。又按劉宋元嘉時劉子卿事，廬山已有康王廟。進賢縣壇石山康王廟，則志云或曰周康王，或曰楚康王，或曰宋康王，或曰康佑，或曰康保裔。山西介休縣康王廟，則祀唐康太尉深。又《嶺南雜記》：高州建太平醮，於門外壅土爲神，設蔗酒祭之，名曰康王。不知何神矣。

《茶香室續鈔》卷十九：

蘇州鐵瓶巷有康王廟。吳縣黃震生《中堅蓄齋集》有記，以為周康王也。亂後廟毀，余言於顧子山觀察，復建之。乃讀《癸巳存稿》，知康王廟所在多有，然則此康王廟未敢必其為周康王矣。

又按黃震生記言，鐵瓶巷為舊時刑人之地，多鬼，故建周康王廟以鎮之，以周康王時，刑措不用故也。此其用意得無過於迂曲乎？愚謂建康王廟以辟鬼，正康、張并祀之意。世人祀張巡，以其逐厲鬼也。然則因多鬼而建康王廟，固其宜矣。但康王究不知何人。泰和縣之康王廟，有唐時建之說，即云以廟基言。然康保裔甫於真宗咸平之年死難，豈一死即成神乎？朝廷亦豈即以王爵封之乎？則康保裔之說疑未確也。

《鑄鼎餘聞》卷二：

國朝王謨《江西考古錄》引《潯陽記》：廬山西南有康王谷，北嶺有城即劍城，亦作周王城。《述異記》曰：周康王好音，累尋名山，故有康王之號。又據《竹書紀年》康王十六年南巡狩至九江廬山，故江西境內多康王廟。

元吳自牧《夢粱錄》云：廣靈廟在石塘壩，奉東岳溫將軍，自溫以下九神皆侯爵，內云康封安佑。

國朝田雯《黔書》云：萬曆戊午春，不雨，官兵迎康公而禱之。公像不滿三尺，舁夫踉蹌流汗，雷雨隨至，歲以大有。

【案】康王廟，近代所在多有。其神則或謂宋將康保裔，或謂周康王、楚康王、宋康王，或謂唐康深，或謂東岳九侯之一，諸說不一，皆可存之。然近世所祀康王，多用以辟鬼，故常與張巡幷祀。康保裔亦戰死疆場者，則驅鬼之康王，或卽康保裔歟？指爲東岳九侯之一（見東岳溫元帥之條），亦可通。

顔 眞 卿（北極驅邪院判官）

《古今圖書集成·神異典》卷二四四：

按《博物志》：眞卿爲盧杞所陷，令單車問罪於李希烈，上遣，促裝東邁，內外知公不還矣。親族相餞於長樂坡，公謂諸姻族曰：“吾早典郡於江南，曾與道士陶八八，授與一刀圭碧霞丹，令服之，自後體健，至今不衰。謂我七十上有厄，如有即吉。他日待我於羅浮山，得非今日之厄乎？”公至氾水，忽逢陶，笑謂公曰：“吉吉！”遂指嵩山而去。公至汴州，希烈潛號，使人害於近郊。及希烈敗，詔得歸葬偃師北山。後有商人至羅浮，忽見兩道人樹下圍棋。一道士謂商人曰：“子何人？”對曰：“洛陽人。”道士笑曰：“奉寄一書。達吾家。”立札一封，題寄偃師北山顔家。商人至偃師，詢所居，即營莊也。守冢老蒼頭得書大驚曰：“老太師親翰也。”因以藏於室，子孫選吉日，發冢開棺，即已空矣。於是，子孫竟往羅浮求之，竟無迹。

按《續仙傳》：顔眞卿字清臣，琅琊臨沂人也。北齊黃門侍郎之推五代孫。幼而勤學，舉進士，累登甲科。眞卿年十八九時臥疾百餘日，醫不能癒。有道士過其家，自稱北山君，出丹砂粟許救之。頃刻即癒。謂之曰：“子有清簡之名，已志金台，可以度世，上補仙官，不宜自沈於名宦之海，若不能擺脫塵網，去世之日可以爾之形煉神陰景，然後得道也。”復以丹一粒授之，戒

顏眞卿

之曰：「抗節輔主，勤儉致身，百年外吾期爾於伊洛之間矣。」真卿亦自負才器，將俟大用，而吟閑之暇，常留心仙道。既中科第，四命爲監察御史，後累官至太子太師。爲盧杞所排，身殞於賊，天下冤之。《別傳》云：真卿將死，解金帶以遣使者曰：「吾嘗修道，以形全爲先，吾死之後，但割吾支節血爲吾吮血以緘之，則吾死無所恨矣。」繒者如其言，既死，復收瘞之。賊平，真卿家遷喪上京，啓殯視之，棺朽敗而屍形儼然，肌肉如生，手足柔軟，髭髮青黑，握拳不開，爪透手背，遠近驚異焉。行及中路，旅櫬漸輕，後達葬所，空棺而已。《別傳》又云：真卿將往蔡州，謂其子曰：「吾與元載俱服上藥，彼爲酒色所敗，故不及吾。此去蔡州，必爲逆賊所害。爾後可迎吾喪於華陰，開棺視之必異於衆。」及是開棺，果睹其異。道士邢和璞曰：「此謂形仙者也。雖藏於鐵石之中，煉形數滿，自當擘裂飛去矣。」其後十餘年，顏氏之家自雍遣家僕往鄭州徵莊租回，及洛京，此僕偶到同德寺，見魯公衣長白衫，張蓋，在佛殿上坐。此僕遽欲近前拜之，公遽轉身去，仰觀佛壁，亦左右隨之，終不令僕見其面，乃下佛殿出寺去。僕亦步隨之，徑歸城東北隅荒菜園中，有兩間破屋，門上懸箔子，公便揭箔而入。僕遂隔箔子唱喏。公曰：「何人？」僕對以名，公曰：「入來。」僕既入，拜輒擬哭，公遽止之，遂略問一二兒侄。了，公探懷中取金十兩，付僕以救家費，仍遣速去：「歸勿與人說，後家內闕，即再來。」僕還雍，其家大驚。貨其金，乃真金也。顏氏子便市鞍馬，與向僕疾來省觀，復至前處，但滿眼榛蕪，一無所有。時人皆稱魯公屍解得道焉。

希烈乃拘真卿，守以甲士，掘方丈坎於庭傳，將坑之。真卿見希烈曰："死生分矣，何多爲？"張伯儀敗，希烈令齎旌節首級示眞卿，眞卿慟哭投地。會其黨周曾康秀林等謀襲希烈，奉眞卿爲帥，事洩，曾死，乃拘送眞卿蔡州。眞卿度必死，乃作遺表墓志祭文，指寢室西壁下曰："此吾殯所也。"希烈僭稱帝，使問儀式，對曰："老夫耄矣，曾掌國禮，所記諸侯朝覲耳。"興元後王師復振，賊慮變，遣將辛景臻安華至其所，積薪於庭曰："不能屈節，當焚死。"眞卿起赴火，景臻等遽止之。希烈弟希倩坐朱泚誅，希烈因發怒，使閹奴等害眞卿，曰："有詔。"眞卿再拜，奴曰："宜賜卿死。"曰："老臣無狀，罪當死，然使人何日自長安來？"奴曰："從大梁來。"罵曰："乃逆賊耳，何詔云！"遂縊殺之，年七十六。嗣曹王皐聞之泣下，三軍皆慟，因表其大節。淮蔡平，子頵、碩護喪還，帝廢朝五日，贈司徒，諡文忠，賻布帛米粟加等。眞卿立朝正色，剛而有禮，非公言直道不萌於心，天下不以姓名稱，而獨曰魯公。如李正巳田神功董泰侯希逸王元志等，皆眞卿始招起之，後皆有功。善正草書，筆力遒婉，世寶傳之。貞元六年敕書授頵五品正員官，開成初又以曾孫弘式爲同州參軍。

《續文獻通考·群廟一》：

（元）文宗天曆元年十二月，加諡唐司徒顔眞卿爲貞烈文忠公，令有司歲時致祭。

《列仙全傳》卷六：

顔家子孫徑往羅浮求之，竟無蹤迹。後白玉蟾云："顔眞卿今爲北極驅邪院左判官。"

【案】顏真卿，唐朝名臣，中國歷史上著名的書法家。安
史之亂時，與其弟杲卿合兵二十萬，抗拒亂軍。唐德宗時李
希烈叛亂，他被派前往勸諭，以不屈而死。顏德學俱高，爲
世人祀爲神。道教遂編造種種故事，謂其修道得仙。所封之
北極驅邪院左判官，證明顏公在民間信仰中，是與張巡、康
王一樣，負責驅除邪鬼的。

二徐眞君（金闕玉闕上帝）

《續文獻通考 · 群祀考》三：

（**明永樂**）十五年三月，建洪恩靈濟宮於北京，祀徐知證、知諤。知證、知諤爲徐溫子。及知誥代楊氏有國，封知證爲江王，知諤爲饒王。嘗帥兵入閩靖群盜，閩人德之，立生祠於金鰲峰北。未幾相繼化去，降神於閩，盆虔祠祀，累著靈應。宋高宗賜額靈濟。是年帝寢疾，醫藥罔效，禱之即瘳，乃立廟於皇城西，封金闕、玉闕眞人。十六年改封眞君。神父亦封眞君，母配皆仙妃。憲宗成化二十二年，加稱上帝，父母及配稱聖帝元君。歲正旦、冬至、神誕日，遣重臣致祭。孝宗弘治十八年，以大學士劉健等言，乃罷遣，止令太常寺官行禮。國有大事則告。福州神祠，每六年一掛袍，初遣官賚送，神宗萬曆四年止，令本省布政司官更換。

黃虞稷《蟬窠別志》曰："南唐前後遣將攻閩者，具載於史，未嘗有知證、知諤領兵之事。則所云屯兵金鰲峰下者，妄也。且知諤之死，在升元三年，知證卒於保大五年。云兄弟相繼化去，尤妄之妄矣。二百年來，淫祀矯誣，無有能正之者。倪岳、周洪謨等亦但言其篡臣逆子，不宜載祀典，未能舉史傳事實始末，以證流傳之訛，宜當時之不能盡革也。

孝宗弘治元年四月，禮科給事中張九功請正祀典。疏言："祀典正則人心正。今朝廷常祭之外，又有釋迦牟尼文佛，三清之境，九天應元雷聲普化天尊，金闕、玉闕眞君，元君、神父、神母，諸宮觀中又有水官星君諸天諸帝之祭，非所以法天下。"帝下其章禮部，尚書周洪謨等言："佛老二氏，凡遇萬壽等節，不令修建齋醮。其大興隆寺、朝天宮，俱停遣官祭告。至大帝、天尊、眞君、帝君諸神，稽諸祀典，并無所據。俱當罷免。"議上，帝命修建齋醮，遣官祭告，并東岳、眞武、城隍廟、靈濟宮祭祀俱仍舊，二徐眞君及其父母妻革去帝號，仍舊封，冠袍換回焚毀，余如所議行之。

臣等謹按：《孝宗實錄》曰：福州二徐眞君祠冠袍，例三年遣內官賽換，後改命太常寺官。弘治十三年，尚衣監奏乞仍遣內官。禮部謂遣太常寺官便，科道亦交論之，帝命每十年一次，仍遣內官賽送，戒其驛騷。是二徐僭祀，雖經九功論罷，禮官議行，不移時崇奉如故，良由閹寺內擅以禍福之說熒惑宸聽，有非盈庭讜論所能挽者矣。

《明史·禮志四》：

（弘治元年）尚書周洪謨等上言：金闕上帝、玉闕上帝者，志云："閩縣靈濟宮祀五代時徐溫子知證、知諤。國朝御制碑謂太宗嘗弗豫，禱神輒應，因大新聞地廟宇，春秋致祭。又立廟京師，加封金闕眞君、玉闕眞君。正統、成化中，累加號爲上帝。朔望令節俱遣官祀，及時荐新，四時換袍服。"夫神世系事迹，本非甚異，其僭號宜革正，妄費亦宜節省。神父聖帝，神母元君及金、玉闕元君者，即二徐父母，及其配也。宋封其父齊王爲忠武

眞人，母田氏爲仁壽仙妃，配皆爲仙妃。永樂至成化間
，屢加封今號，亦宜削號罷祀。二徐眞君及其父母妻革去帝號，
仍舊封。

《古今圖書集成·神異典》卷三九：

（明）憲宗成化二十二年四月，封金玉二闕眞君爲上帝，遣
少傅、大學士萬安赴靈濟宮祭之。

《古今圖書集成·神異典》卷五一：

《福建通志》：靈濟宮，宮在府城南積善里之梁山，祀南唐
江王徐知證、饒王徐知諤。證兄弟嘗將兵至閩，郡人德焉，祀之。
明永樂十四年有禱靈驗，命拓其址重建，封爲眞人。五歲一遣官
致祭賜袍，後惟藩司代之。

《集説詮眞》：

《明一統志》、《明史·禮志》合載：五代時，徐溫子知證、
知諤嘗提兵平福州，福父老戴之，圖像以祀。宋封眞人，明太宗
（成祖）弗豫，禱之輒應，加封金闕帝君、玉闕帝君。英宗正統、
憲宗成化中，累加號爲上帝。孝宗弘治元年，禮臣議以宜削號罷
祀。

【案】二徐爲五代時人，本爲福建的地方神。明成祖永樂
年間，據説因病而得其神佑，不僅大新聞地廟宇，且在北京
立廟，封爲真人，列入祀典。後封爲真君。成化年間，又封

二神為上帝，遣重臣致祭。弘治以後雖經禮臣諫阻，去其帝號，而其崇奉如故。

岳 飛

《宋人軼事匯編》卷十五引《暌車志》：

　　岳侯死後，臨安兩溪寨軍將子弟因請紫姑神而岳侯降，大書其名。秦相聞而惡之，擒治其徒。

同上卷十八引《三柳軒雜識》：

　　陳文龍志忠，度宗朝狀元也。初文龍入太學，累試不入格。太學守土之神，岳侯也。

《古今圖書集成·神異典》卷三八：

　　按《浙江通志》，岳武穆王廟在杭州府栖霞嶺墓側。初，孝宗即故智果院爲廟祀王，賜號襃忠。

　　寧宗嘉定四年追封鄂王。（《岳飛傳》）理宗寶慶元年改謚忠武。（《湯陰縣志》）明代宗景泰年賜廟額曰精忠，令有司春秋致祭。（《湯陰縣志》）。

《歷代神仙通鑒》卷十九：

　　（宋徽宗時，關羽現於宮中）帝問張飛何在，羽曰："飛與臣累劫兄弟，世世爲男子身，在唐爲張巡。今已爲陛下生於相州岳家。他日輔佐中興，飛將有功。" 相州湯陰岳和，存心寬厚，妻姚氏

尤賢。有娠晝寢，一鐵甲丈夫入曰：“漢翼德，當住此。”醒產
一子，有大鳥若鵠，飛鳴屋上，因名飛。

《列仙全傳》卷六：

（呂洞賓）自稱回道人。宋政和中，宮中有祟，白晝見形。
盜金寶妃嬪，林靈素王文卿諸人治之，息而復作。上精齋虔禱奏
詞，凡六十日。晝寢，見東華門外有一道士，碧蓮冠、紫鶴氅，
手持水晶如意，揖上曰：“臣奉上帝命，來治此祟。”即召一金
甲丈夫，捉祟劈而啖之且盡。上問丈夫何人，道士曰：“此乃陛
下所封崇寧眞君關羽也。”上勉勞再四，因問張飛何在，羽曰：
“張飛爲臣累劫，世世作男子身，今已爲陛下生於相州岳家矣。”
上問道士姓名，道士曰：“臣姓陽，四月十四日生。”夢覺錄之，
知其爲洞賓也。自是宮禁帖然。遂詔天下有洞賓香火處，皆正妙
通眞人之號。後岳武穆父果夢張飛托世，故以飛命名。

《北平風俗類徵·歲時》：

東岳廟有七十二司，相傳速報司之神爲岳武穆，最著靈異，
凡負屈含冤，心迹不明者，率於此處設誓盟心，其報最速，階前
有秦檜跪像，見者莫不唾之。

【案】岳飛之名望事迹，家喻戶曉，自無庸贅言。其死也，
世人祀爲神，亦勢之必然。唯宋代僅奉爲土地之神，地位不
甚崇高。明人傳說，以岳飛爲張飛、張巡之後身。又稱其代
關羽爲佛寺護法伽藍。（見關聖帝君及伽藍條）至近代，又有謂
其爲東岳速報司之神者。

金元七總管

《古今圖書集成 · 神異典》卷五十：

　　《蘇州府志》：總管廟，廟在蘇台鄉眞豐里。神汴人，姓金名和，隨駕南渡，僑於吳，歿而爲神。其子曰細，第八，爲太尉者，理宗朝常著靈異，遂封靈祐侯。靈祐侯之子名昌，第十四，昌之子名元七，復皆爲神。又從子曰應龍，元至正間能陰翊海運，皆封爲總管。再進封昌爲洪濟侯，元七爲利濟侯，應龍爲寧濟侯。在閶門南北濠。又白蓮橋西一祠，祀元王積翁，亦名總管廟。一在盤門外仙塘橋，一在常熟縣致道觀，一在嘉定縣安亭鎮。

《柳南續筆》卷四：

　　元官制，諸路設總管府。達魯花赤之下爲同知、治中、判官，散府則達魯花赤之下置知府或府尹。揚州、杭州皆爲上路，則有總管而無知府。黃太冲云：“今紹興、杭州多有總管廟，皆是昔守郡者之生祠也。”吾邑亦有總管廟幾處，則屬之於金昌及其子元七。按邑志云：“神生前居淀山湖，父子歿皆爲神。元至元間，陰翊海運，俱封今職。則是總管之稱，又非生前所受也。”吾意本係守郡者之生祠，而後人或以金神附會之耳。

《茶香室三鈔》卷十九：

　　國朝徐逢吉《清波小志》云：流福溝東舊有金元七總管廟。予因里人之請，撰有碑記一篇。其略云：予考《道藏》山川湖海百神祀典，未嘗有總管神之號。水神之說，亦世俗相傳，不足徵信。獨有睦州建昌祠碑記載：元季兵構，曹國公李文忠平之，似有人馬旌旆擁從前後。命巫祝之，曰：金元七總管也。神姑蘇人，生而靈異，早殤爲神。兵定，李公立祠祀之。上聞，敕封利濟侯。此文係弘治八年博士李祐所撰。然則神之姓氏亦出巫覡之口，非確有所據。昔黄梨州論元官制，謂杭州、揚州皆爲上路，有總管，無知府。今紹興、揚州皆有總管廟，皆昔郡守之生祠也。據此說，大都神爲元時人，生爲總管。金者，神之姓；元者，神之名；七者，神之行次；總管者，其官職也。

　　國朝王應奎《柳南續筆》云：按金爲姓，元七爲名，此差可據。宋元間，世俗命名多如此也。

　　按總管廟，吾浙所在有之。閭練市鎮有七總管廟，又有六總管廟，云是兄弟也，則更悠繆矣。

《鑄鼎餘聞》卷三：

　　利濟侯金元七總管（元代官名，有同知某州路總管府事、總管府治中、總管府判官、總管府推官）。明姚宗儀《常熟私志》叙廟篇云：總管廟，宋延祐七年道士時天祐建，舊在縣治西，今徙於報本院後曾家巷。按神汴人，姓金。初，有二十相公者，名和，隨駕南渡，僑於吳，歿而爲神。其第八子曰細，爲太尉，理宗朝嘗著靈異，封靈祐侯。細之第十四子名昌，封總管。昌之子曰元七，亦封總管。元至正間，能陰翊海運，晉封昌爲洪濟侯，元七爲利濟侯。又有順濟侯金元六總管，及金萬一太尉，金七四相公，金小一總管，金顯三官人，金九一太尉諸神稱。又曰長毫廟在梅李南鹽鐵塘，奉金元七總管。國初陶道敬與奚氏仇，將疏闕下，爲奚所縛，投白茅塘。陶號呼神，見神立水中，縛自解，躍岸得免。又叙《氏族篇》云：朱驥字漢房，官廣西布政司左參議，嘗泛海，遇一艦，投刺者曰金爺來訪。及晤語，見其紅布抹額，心異之。且屬朱曰："我船先行，先生之船可緩。"遂行。朱報訪，艦已遠颺，第見標幟爲金元七總管。頃之，風怒浪號，他舟多敗，而驥獨全。且邂逅時，見從者提一籠，牢一黑物。驥問之，神曰："孼婦也。"已而泊海墠，見富民祈神甚懇，廉其情，曰："家有病女。"驥念是神籠中物矣，代禱，病如脫。公還朝，聞於上，賜圓帽易紅抹。今繪像世奉云。

《鑄鼎餘聞》卷三"管七廟"條：

國朝黃廷鑑《琴川三志‧補記》云：在橫瀝里，神名副七。元末，偕兄副六行買荆襄，遇紅巾，伏積屍中得遁。平生仇直義俠，模古人言行，歿而爲神。明永樂中，里人肖像廟祀，祓禬雩禜輒靈。

同上"金都尉"條：

國朝范鍼廣《雁蕩山志》引《樂清縣志》曰：石門潭內有龍井，龍常爲患。元代有金都尉，嘗奉敕伐龍。斷其尾。龍拍山去，都尉亦溺。二女追之不及，亦投水中。後封都尉爲龍王，同二女廟食潭左山上。

同上 "吳總管" 條：

乾隆《湖州府志》云：廟在歸安雙林鎮，祀元吳憲卿。憲卿行千一，元元貞二年，以贛州戰功，授朝議大夫。歿後，贛州蔡五九作亂，浙江平章張鑪討之。忽空中旌旗蔽日，有吳帥千一字，兵聲大作，贛遂平。上其事於朝，仁宗封憲卿為總管。至正三年，於本里立廟祀之。

【案】元代官制，諸路設總管，高於知府。杭州、揚州為上路，有總管而無知府。元明以來，江浙各地多有總管廟，當是各地"守郡者之生祠"。如前代之某府君祠之類。或亦有追封神為總管者。諸總管廟中，以金元七總管最著名，然其來歷頗含糊。或謂神姓金名元七，追封為總管；或謂姓金名元，行七，官總管，死後祀為神。較流行的說法，謂神之祖金和本汴人，南渡歿為神，祖孫數代皆為神，元七乃和之曾孫。因此傳說，遂又出現金元六總管等一大堆金姓神。即如所謂管七廟所祀之副七、副六神，疑亦自金元七總管衍化派生。《柳南續筆》以為總管廟本係各處守郡者之生祠，江浙又素信仰金姓之神，後人或以二者合一，此說似亦有理。

黃　道　婆

《南村輟耕錄》卷二四：

閩廣多種木綿，紡績爲布，名曰吉貝。松江府東去五十里許，曰烏泥涇。其地土田磽瘠，民食不給，因謀樹藝，以資生業，遂覓種于彼。初無踏車椎弓之制，率用手剖去子，線弧竹弧置案間，振掉成劑，厥功甚艱。國初時，有一嫗名黃道婆者，自崖州來，乃教以做造捍彈紡織之具。至于錯紗配色，綜線挈花，各有其法，以故織成被褥帶帨，其上折技團鳳棋局字樣，粲然若焉，人既受教，竟相作爲，轉貨他郡，家既就殷。未幾嫗卒，莫不感恩洒泣而共葬之，又爲立祠，歲時享之。越三十年，祠毀，鄉人趙愚軒重立。今祠復毀，無人爲之創建。道婆之名，日漸泯滅無聞矣。

《松江府志》載：上海西南烏泥涇鎮，故有道婆祠。道婆姓黃，本鎮人。初淪落崖州。元元貞（成宗）間，附海舶歸，携閩廣木棉，種之，紡織爲布。教他姓婦女不倦，利被一鄉。及卒，鄉長者趙如娃立祠奉之。

「案」黃道婆携來棉種，教人栽織，死後，人爲之立祠，或亦報賽先棉之意歟？《陔餘叢考》曰：《琅邪代醉編》謂棉花乃番使黃始所傳，今廣東人立祠祀之。　其種本來自外番，先傳於粵，繼及於閩，元初始至江南。

《柳南續筆》卷二：

棉有草、木二種，皆出海外。松江府東去五十里許曰烏泥涇，地高仰不宜五穀，元至正間，偶傳此種，植于此地，頗茂。有一嫗名黃道婆者，自崖州來，乃教以杆彈紡織之法。今棉之爲用，可以禦寒，可以生暖，蓋老少貴賤，無不賴之。其衣被天下後世，爲功殆過于蠶桑矣，而皆開自黃婆一人，是不當屍而祝之，社而稷之，與先蠶同列祀典乎？

《鑄鼎餘聞》卷三：

明陳三恪《海虞別乘》云：吾邑海鄉之種木棉，實始于元。元初，有一嫗名黃道婆者，自崖州來，涇民生計遂裕。嫗死，爲起墓立祠祀之，知吾邑紡績斷自元始。寶祐至正間尚未栽木棉云。（今松江太倉及邑東鄉木棉之地，均立廟祀焉。）

【案】黃道婆傳授紡織術，爲中國科技史之大事件，已爲人們所熟知。神而祠之，也完全符合中國傳統的宗教觀念，王應奎《柳南續筆》論之甚是。然其未能列入祀典，與先蠶齊肩者，或因其爲普通勞動人民，難登統治者之殿堂乎？至于深受其惠的松、太一帶的人民，並未忘記她的功績，其廟祀沿數百年而不絕。

辛　編

魯　班

船神(孟公　孟姥)

餅師神(漢宣帝)

梨園神(相公　老郎)

爐火神(尉遲恭　太上老君)

娼妓神(白眉神)

機神(褚載　褚河南　張衡)

吏胥神(三郎)

文昌神

小　敍

　　一切宗教都不過是支配着人們日常生活的外部力量在人們頭腦中的幻想的反映。最初，代表這種異己的、不可制服的外部力量的，主要是自然界，對這種力量的崇拜，創造了自然宗教。接着，人們出于對死後生活的幻想，又創造了鬼魂世界，以它來代表一部分當時人們既不理解也無法控制的外部力量，而這些外部力量，主要帶有自然屬性，如疾病、天災等等。

　　但隨着社會生產力的提高，人們對原先懼若神明的自然力，有了較多的了解和自信。而隨着生產關係的變化，社會分工和社會生活領域的擴大，人與人的關係日趨複雜，人們就像以前受自然界這種異己力量的支配一樣，又受到自己所創造的經濟關系、自己所生產的生產資料的支配，受到社會、國家、階級等社會關係的支配，對于人們來說，這些具有社會屬性的力量同樣是一種難於理解而又無法抗拒的異己支配力量，所以“謀事在人，成事在神（即具有社會屬性的支配力量）”的觀念依然擁有現實基礎。人們一方面改造原有的神，使之人化、社會化，具備更多的社會屬性（參見關於自然崇拜的各編），一方面又創造了一系列主要賦有社會性職責的神。甲編中所述的最高神，就屬於這一類。而本編所收錄的財神、福神等，也屬於這一類。社會分工這一異己力量，也極易使人產生神靈決定人們命運的迷信。“社會分工越來越細農、牧、漁、工、商各種行業，加上教育、科學、藝術等部門，各有各的利益和特殊要求，這就促使他們去尋找和創造能夠保佑各自行業利益的保護神。這些神靈本來或許是原始宗教中的自然神，因它對某行業有較大影響或關係密切而被選爲該行業的保護神。”（原始宗教）如我們前面提到的牛王，是中國農民的保護神。或以一些在某一方面具有突出貢獻的歷史人物爲本行業的保護神。如蒼頡是書吏的保護神，醫王、藥王是醫藥界的保護神，關羽又被認爲是商買的保護神，黃道婆是松、太地區棉農織戶的保護神等等。本編所收的魯班、老郎等，也是這類行業保護神。

財　神

〔案〕自從人類社會進入私有制經濟以來，財富就成為支配人們社會生活的最重要的異己力量。至近代社會，資本主義生產方式在中國漸有發展，這種"拜物教"觀念就尤為發達。所以財神成為中國各階層最普遍的信仰對象之一。然而各個時代，各個地區，對於財神的認識不完全一致，所奉財神遂因時因地而異。正如《集說詮真》所說："俗祀之財神，或稱北郊祀之回人，或稱漢人赴朗，或稱元人何五路，或稱陳人顧希馮之五子，聚訟紛如，各從所好，或渾稱曰財神，不究伊誰。"近代又有文、武財神之說，說者以殷代忠臣比干為文財神，關帝為武財神。

又據《民間新年神像圖畫展覽會》："尚可於財神之旁看到天官，和合二仙，預兆幸福之龍等等（註：此財神或係青龍，以青龍為財神之風氣，在山東及浙江頗盛行）。平時財神常係單獨表繪，坐在畫之中央。倘有一女像坐在其旁時，其名稱乃改為財公，而其妻乃稱為財母。此原型大約係另一人物，然究竟為誰，似不易確定。"可見財神種類頗多。現將較主要的幾種列舉如下。

趙　公　明

趙公明

《搜神記》卷五：

　　散騎侍郎王祐，疾困，與母辭訣。旣而聞有通賓者，曰："某郡某里某人。"嘗爲別駕，祐亦雅聞其姓字。有頃，奄然來至，曰："與卿士類，有自然之分，又卅里，情便款然。今年國家有大事，出三將軍，分布征發。吾等十餘人，爲趙公明府參佐。至此倉卒，見卿有高門大屋，故來投。與卿相得，大不可言。"祐知其鬼神，曰："不幸疾篤，死在旦夕。遭卿，以性命相托。"答曰："人生有死，此必然之事。死者不繫生時貴賤。吾今見領兵三千，須卿，得度簿相付。如此地難得，不宜辭之。"祐曰："老母年高，兄弟無有，一旦死亡，前無供養。"遂欷噓不能自勝。其人愴然曰："卿位爲常伯，而家無餘財。向聞與尊夫人辭訣，言辭哀苦，然則卿國士也，如何可令死。吾當相爲。"初有妖書云："上帝以三將軍趙公明（**趙公明，溫鬼名，又五方神名，見《眞誥》**）、鍾士季，各督數鬼下取人。"莫知所在。祐病差見此書，與所道趙公明合。

《茶香室續鈔》卷十九：

　　梁陶宏景《眞誥·協昌期》篇載建吉冢埋圓石文，云：天帝告土下冢中直氣五方諸神趙公明等，某國公位甲乙年如干歲，生值清眞之氣，死歸神宮，翳身冥冥，潛寧沖虛，辟斥諸禁忌，不得妄爲害氣。

　　按：趙公明不知何神，乃司土下冢中事邪？余於《俞樓雜纂》卷四十引《太平廣記》所載云云，以爲趙公明之名流傳有自，今乃知《真誥》已有之矣。

《三教源流搜神大全》卷三"趙元帥"條：

姓趙諱公明，鐘〔終〕南山人也。自秦時避世山中，精修至道，功成，欽奉玉帝旨召爲神霄副帥。按元帥乃皓廷霄度天彗覺昏梵氣化生，其位在乾，金水合氣之象也。其服色，頭戴鐵冠手執鐵鞭者，金邁水氣也。面色黑而髯鬚者，北氣也。跨虎者，金象也。故此水中金之義，體則爲道，用則爲法，法則非雷霆無以彰其威。太華西台其府，乃元帥之主掌，而帥以金輪稱，亦西方金象也。元帥上奉天門之令，策役三界，巡察五方，提點九州，爲直殿大將軍，爲北極侍御史。昔漢祖天師修煉仙丹，龍神奏帝請威猛神吏爲之守護。由是元帥上奉玉旨，授正一玄壇元帥，正則萬邪不干，一則純一不二，之職至重。天師飛升之後，永鎮龍虎名山。厥今三元，開壇傳度，其趨善謝功謝過之人及頑冥不化者，皆元帥掌之，故有龍虎玄壇，實賞罰之一司。部下有八王猛將者，以應八卦也。有六毒大神者，以應天煞、地煞、年煞、月煞、日煞、時煞也。五方雷神、五方猖兵，以應五行。二十八將，以應二十八宿。天和地合二將，所以象天門地戶之闔闢。水火二營將，所以象春生秋煞之往來。驅雷役電，喚雨呼風，除瘟剪瘧，保病禳災，元帥之功莫大焉。至如訟冤伸抑，公能使之解釋公平；買賣求財，公能使之宜利和合。但有公平之事，可以對神禱，無不如意。故上天聖號爲高上神霄玉府大都督、五方之巡察使，九州社令都大提點、直殿大將軍、主領雷霆副元帥、北極侍御史，三界大都督、應元昭烈侯、掌士定命設帳使、二十八宿都總管、上清正一玄壇飛虎金輪執法趙元帥。

《集說詮眞》：

《封神演義》載：姜子牙相武王伐紂。峨眉山道仙趙公明助商，五夷山散人蕭升、曹寶助周。交戰，各行道術。公明將縛龍索、定海珠祭於空際。蕭升將落寶金錢向空拋擲，索珠隨錢墮地，即被曹寶搶去。公明奔囘商營。子牙束草像人，上書趙公明三字，築台置之。親自披髮仗劍，焚符念咒，向台叩拜，每日兩次，至二十一日，取桑弓桃箭射草人兩目及心坎。公明在營，初則恍惚不安，沉迷昏睡，至是舉聲大喊，頓時氣絕。周克商後，子牙往昆侖山玉虛官，請得元始天尊玉符金册囘岐。祭封神台，敕封陣亡忠魂。乃封趙公明爲金龍如意正一龍虎玄壇眞君，統率招寶天尊蕭升，納珍天尊曹寶，招財使者喬有明，利市仙官姚邇益四神，迎祥納福，追捕逃亡。

《鑄鼎餘聞》卷四：

明王鏊《姑蘇志》玄壇，或曰神姓趙，名朗，字公明，趙子龍之從兄弟。

《古今圖書集成·神異典》卷五十引《浙江通志》：

玄壇廟，在嘉興縣五家坊，神姓趙名朗，字公明，趙子龍從兄弟也。萬曆辛亥，工部郎中陸基恕建，上有文昌閣。

《新搜神記·神考》：

蜀中俱祀壇神，巫家所供也。名其神曰黑虎玄壇趙公明。
按：趙公明之神，始見《搜神記》。〔引文見前引《搜神記》卷
五條，茲不贅。〕據此則當是巫家所謂趙公明，而無所謂黑虎玄
壇。按：遂寧李如石實《蜀語》謂，壇神名主壇羅公，黑面，手
持斧，吹角，設像於室西北隅，去地尺許，歲暮則割牲，延巫歌
舞賽之。考《炎徼紀聞·黑羅羅》曰："烏蠻俗尚鬼，故曰羅鬼，
亦曰烏鬼，今市井及田舍祀之，縉紳家否。"杜詩："家家
養烏鬼。"元微之："祭賽烏稱鬼。"皆是也。據此，則言羅公
而不言趙公明，大抵因面黑而附會黑虎，因黑虎而并取明嘉靖年
間道士所作《封神傳》小說內之趙公明以附會其說，皆巫家之
言，其實皆烏蠻之俗也。

《鑄鼎餘聞》卷四：

國朝顧祿《清嘉錄》云：俗以三月十五日為玄壇神誕，謂神
司財，能致人富，故居人多塑像供奉。又謂神回族，不食豬肉，
每祀以燒酒牛肉，俗謂齋玄壇。

《破除迷信全書》卷十：

俗敬趙玄壇為財神，說是陰曆正月初五日是財神生日，商家
都要循例買點魚肉三牲，水果，鞭炮，供以香案，迎接財神。正
當買賣固然如此，近世彩票盛行，無論買者賣者，對於趙玄壇，
更要百倍的恭敬。此外還信玄壇的兩位使者，一個是招財，一個
是進寶，都配受同等的供養。現在五洲交通，此種獨占中國的財
神，自然來到祂的末路無法立足了，說來也很凄涼的。

關於財神的歷史，據說是起於宋朝的奸相蔡京。按蔡京爲福建仙游人，凡四出爲宰相，大得不長進的宋徽宗的信任，排斥司馬光等一般的忠臣爲奸黨，崇信亂天下的王安石，凡所作所爲與奸相秦檜前後相映，宋朝可說是喪於二人之手中。當蔡京執政時，專心將國寶與金人（卽滿洲），他似乎專門敗壞，所以倡導豐享豫大的奢侈法，以取徽宗的歡心，廣興土木，耗費國幣。當時民間都羨慕他的富有，傳說他是富神降生；他的生日又是正月初五日，所以民間也以正月初五日祭祀他爲財神，以便發財。推想他當時這樣紅，正如洪憲時代稱爲大財神的梁士詒是同樣的旨趣。可是梁士詒的財，本不是由正道來的，正如蔡京的富有，不是由正道來的一樣。從梁士詒被通緝以後，雖還擁着大財神的虛名，其實並不齒於人類。從蔡京被貶於廣東海南島儋縣，未到貶所，死在路上，子孫二十三人都分竄遠地以後，世俗就以爲他的名字，甚不光面，因此就打算另換一個財神。可巧當時宋朝的國姓是趙，並且玄字也帶著胤字的一份，這才瞎起上一個趙玄壇的名字當作財神敬拜。後世不察，以爲是眞有這麼一個財神，還在正月初五日去迎接他，眞算是妄想發財的了。

《民間新年神像圖畫展覽會》：

在四川，增福財神被人辨認爲玄壇趙元帥，蓋卽趙公明也（注：參閱《封神演義》第九十九回）。民間傳說之一以此神爲囘教徒，所以在北京，江蘇，四川等地，供奉此神時不用豬肉。財神之旁有一助手，其面貌及所梳之髮髻不類中國人，而多數人以爲彼係囘教徒。

《民間新年神像圖畫展覽會·附錄二》：

民間傳說以財神爲囘囘，有"囘囘進寶"之俗語爲證，此傳說之來源，可以明初鄭和屢次下西洋直抵阿拉伯之印象解釋之。彼每由經歷之地，帶囘各國遣派獻寶之使者，朝覲永樂皇帝。鄭和係雲南人，近世考據家有以之爲囘囘敎徒者。此傳說之較早來源或係根據囘紇（囘囘？）使者之獻寶。民間故事中有一通行之題材，將囘囘敎徒與發現財寶二事混爲一談。此題材之存在遠在唐代。

【案】種種財神中，最著名的要數趙公明了。近代南方民間祀之極盛，即北方亦或祀之。趙公明有"正一玄壇元帥"之神號，故民間亦稱爲趙公元帥、趙玄壇。《破除迷信全書》據此以爲財神於宋代本祭蔡京，後以趙爲宋之國姓，遂編造趙玄壇之名，封爲財神。此說頗謬。趙公明的傳說起源很早，本爲道敎中神。始見於晉干寶《搜神記》，謂上帝差三將軍督鬼下取人命，趙公明即其中之一。梁陶弘景《眞誥》稱之爲土下冢中直氣五方神。可知魏晉至南北朝時，趙公明在道敎中是被視爲冥神、瘟神一類的。所以隋唐以後，又有把趙公明列爲五瘟神之一的（參見瘟神條）。所以明《列仙全傳》稱趙公明等爲八部鬼帥，周行人間，暴殺萬民，太上老君遂命張天師治之（見張天師條引）。然而元明以來，道書每稱張天師道陵初於龍虎山煉丹，天帝遣趙公明守護丹爐（參見張天師條）。於是逐漸傳說趙公明本秦人，於終南山得道，戴鐵冠，執鐵鞭，黑面濃鬚，騎黑虎，因護張天師丹爐有功，封正一玄壇元帥，能驅雷役電，喚雨呼風，除瘟禳災，買賣求財，使之宜利（見《三教源流搜神大全》）。其職本掌雷部星宿，為一道教執法天神。然而明小說《封神演義》稱其為峨眉山仙人，以助紂抗周而亡身，後封為正一龍虎壇真君，下轄招寶天尊、納珍天尊、招財使者、利市仙官，則儼然是一尊財神爺矣。近代奉趙為財神，實昉於此。明代或傳說趙名朗字公明，為三國時名將趙子龍之從兄弟，則亦民間臆說耳。又據李調元《新搜神記》，蜀地本有祭壇神羅公之俗，謂羅黑而持斧。此本蜀地少數民族所奉之鬼耳。近代則轉稱壇神為趙公明，此則又非財神矣。以趙公明為壇神者，一因公明素有玄壇之稱，亦黑面；二因本有趙為蜀地八部鬼帥、行瘟作疫之說（見張天師條引《列仙全傳》）。尤難解釋者，近代多稱趙為回族，不食豬肉，故祭祀皆以牛羊肉，則匪夷所思矣。然或亦有說。中國自古以來之對外貿易，西方之波斯、阿拉伯商人貢獻頗多。唐時此風已盛，元以來更是如此。所以民間故事中每稱"波斯胡"（或稱"胡人"）識寶，善做生意。《聊齋志異》中有許多這類敘述。以財神為回教徒，或即由此現實生活中的印象而來？姑存此說以備考。

五顯　五通　五聖

《集說詮真》：

　　湯斌《奏毀淫祠疏》：蘇松淫祠，有五通、五顯、五方賢聖

諸名號，皆荒誕不經。而民間家祀戶祝，飲食必祭。妖邪巫覡創
作怪誕之說。愚夫愚婦爲其所惑，牢不可破。蘇州府城西十里，
有楞伽山，俗名上方山，爲五通所踞幾數百年。遠近之人，奔走
如鶩。牲牢酒醴之餉，歌舞笙簧之聲，晝夜喧闐，男女雜沓，經
年無時間歇。歲費金錢，何止數十百萬？商賈市肆之人謂稱貸於
神可以致富，借直還債，神報必豐。諺謂其山曰玉山，其下石湖
曰酒海，蕩民志，耗民財，此爲最甚。更可恨者，凡年少婦女有
殊色者，偶有寒熱之症，必曰五通將娶爲婦，而其婦女亦恍惚夢
與神遇，往往羸瘵而死。家人不以爲哀，反艷稱之。每歲常至數
十家，視河伯娶婦而更甚矣。

《陔餘叢考》卷三五"五聖祠"條：

　　鈕玉樵謂：明太祖既定天下，大封功臣，夢兵卒千萬羅拜乞
恩。帝曰："汝固多人，無從稽考，但五人爲伍，處處血食可耳。"
命江南人各立尺五小廟祀之，俗謂之五聖廟。後逐樹頭花間鷄塒
豕圈小有災映，輒曰五聖爲祟。本朝有湯公斌巡撫江南奏毀之，
其禍逐絕。《述異記》亦載康熙八年，秀水縣民郭季平爲五聖所祟。
丙寅，江蘇巡撫湯公奏除五聖淫祀，妖嗣逐絕云云。然實未盡絕
也。余少時見鄉人王祥龍及俞奕干之女，皆犯此祟，謂之神和病，
男則有女鬼與合，女則有男鬼與合，來則必有泄精遺血之事。而
山村野岸，尺五小廟所在有之，如汀州七姑子，建昌木下三郎之
類。蓋幽明之際，變幻無窮，固非令甲所禁也。然玉樵謂起於明
祖，則未必然。按《夷堅志》，林劉擧將赴解，禱於錢塘門外九
里西五聖行祠，遂登科爲德興尉，到任奠五顯廟，知爲五聖之祖

祠也。則五聖之祠宋已有之。《七修類稿》又謂，五通神卽五聖
也。然則五聖、五顯、五通，名雖異而實則同。《夷堅志》所載
韓子師病祟，請客以符水治之，見五通神銷金黃袍騎馬而去。又
醫者盧生，托宿趙喜奴家，共枕席。天明，但見所寢在五聖廟側
草露之上。《武林聞見》所載，宋嘉泰中，大理寺決一囚，數日
後見形於獄吏，求為泰和樓五通神。如此之類，不一而足。而陳
友諒僭號亦在采石五通廟。則五聖者，宋、元已有之，而非起於
明祖矣。

《北平風俗類徵·歲時》：

彰儀門外有神祠三楹，俗呼"五哥廟"，塑五神列坐，皆擐
甲持兵，卽南方之五通神也。好事者高其閈閎，廓其廊宇，以紙
作金銀錠，大小數百枚，堆壘几上，求富者齋戒沐浴，備牲醴而
往，計其所求之數，而懷紙錠以歸，謂之"借"。數月後復潔牲
醴，更制紙錠，倍前所借之數，納諸廟中，謂之"還"。或還或
借，趾錯於途，由來久矣。（《春明叢說》）

《都門雜咏·紙元寶》云："一生貧乏命難回，元寶如何借
得來，可笑世人窮不起，偏於五顯去求財。"（《道光都門紀略》）

《都門雜咏·五顯財神廟》云："靈應財神五弟兄，綠林豪
傑舊傳名，焚香都是財迷客，六部先生心更誠。"（《同治都門紀
略》）

【案】明清以來，民間所奉財神除趙公明外，北方又有五
顯神（亦稱五哥），或謂卽南方之五通神。故人們多以為五

顯、五通、五聖，即異名而實同也。然細察其源流，似又不盡
然。

五　　顯

《夷堅三志》己卷十"周沅州神藥"條：

　　德興五顯廟，本其神發迹處。故赫靈示化，異於他方。淳熙
三年，弋陽周關須沅州郡守關未赴，臥病因篤。適上饒人汪保，
躬自負香案，將至其所居衫山抄題供施。庵蹇僧役吳行成欲爲請
藥於神而未果。其夜，夢黃衣人來謂曰："知汝欲請藥，今大郎
四郎在此，何不遄行。"吳郎隨往一所，登重樓之上，見衣冠者
一人、云巾鶴氅者一人並坐。二童傍立治藥，侍衞甚盛，蕭整無
嘩。吳再拜致詞，衣冠者曰："何不早來？"顧鶴氅者曰："四
哥可給藥與之。"吳謝而寤。於是，用翌日詣謁，且以夢禱。才
擲一玦，即得藥，如香灰中裹，歸告於周。於是八月朔日，遣介
迎像至萬居，（此句疑有脫誤）將建佛事爲報。神又賜以藥，是日
便能加餐飯。凡里社賴以瘳疾者數百人。周一妾絕食八十日，族
人子病驚風，皆獲安。方氏女因痘疹壞目，失明數歲，復見物。
俗言第四位神顯靈。昭濟廣順公素好道齋戒，專務施藥，以積陰
功，故效驗章章如此。周自作記述其事。

同上"林劉舉登科夢"條：

福州長溪人林劉舉在國學，淳熙四年，將赴解省，禱于錢塘門外九西五聖行祠。夢成大殿，見五人正坐，著王者服，贊科如禮。聞殿上唱云：“五飛雲翔，坐吸湖光。子今變化，因遡吾鄉覺而不能曉。是秋獲荐，來春於姚穎榜登科黃甲，注德興尉。既交印，爰謁五顯廟，知為祖祠，始驗夢中之語。

同上“吳呈俊”條：

德興以五顯公事狀申江東運司，在法須遣他州官覆實，然後剡奏。上饒丞儒林郎吳呈俊奉檄而至，甫謁廟下，恍然有省。因憶少年時夢入大祠，見神王五位，皆冕服正坐，光焰恒赫。良久，一吏宣詞，若有所告。既寤，能記彷彿，久而忘之矣。及是，儼如夢境所睹。乃詳其感異本末，復於漕台。且留一詩，備記其事。其詞有“檄來此日言明載，夢裡當年事已通”之句。於是五神得加封。吳君，縉雲人也。

《夷堅支志》戊卷六“胡十承務”條：

揚州人胡十者，其家頗贍，故有承務之稱。紹興之末，有五士人來見，不通姓名，不候主人出，徑坐廳上。胡即束帶延揖，見談論稍異，心以為疑。一客起曰：“君勿用他疑，我輩非世間人，蓋所謂五顯公者也。知君能好客，是以不由紹介而至。願假借一室，使得依栖，暫為僑泊之地。然亦當常致薄助，以酬主禮。”胡甚喜，飲之酒數杯，指就閑館少留，晨夕加敬。金帛之贈，不求而獲。相從越五月，適胡君生朝，同入言曰：“閣君家已久，誕辰甫臨，願荐一厄為壽。”是夜聞鋪設之聲丁丁然，旦

而謁賀，幕簾華新，器皿煥赫，舉觴至於再三。胡視酒器下皆鐫
揚州公用字，驚窘良劇，以爲竊公家物必累我。諸客已覺，笑云：
"但放心飲酒，自當返諸原處。"酣適歌謔，過三更乃散。明日
空無一物。俄自携具就胡飲，從容曰："我等盡力於君亦不少，
願求此宅爲廟，庶幾人神不相淆雜。君却於比近別築第，但用吾日
前所餉，足以辦集，幸毋見拒。"胡曰："此吾三世所居，詎可
輕議。擬擇山岡好處，爲奉營一祠，且任香火之責如何？"皆奮
言不可，出語益悖。自是遂造祟怪，胡不能堪。謀於姻舊，將呼
道士施法，方歸及門，五人當道遮立曰："聞欲招法師見治。吾
乃正神，享國家血食，只欲宅屋建廟，未爲大過，法師何爲者
哉？雖漢天師復出，吾亦不畏。"胡益以愁撓，而攪惑日甚。他
日入市，值道人行乞，謂曰："君面有憂色，必遭鬼物所惱。可
從此直進，倘逢一小僧，便祈之，定能相救。"胡驚謝，方擬扣
其詳，忽不見。行至田間，果遇僧，即致懇禱。僧曰："茲小事
事耳，君姑歸，我暇時自當往。"後數日，胡正與五人語，僧從
外來。五人狼狽而竄曰："胡承務害得我輩苦毒。"僧追叱之曰
"這五個畜生，敢在此作過，可捉押去。"旋失所在。僧云：
"是皆凶賊，向在淮河稔惡，各已正國法，極刑梟斬，而強魂尚
爾縱暴。今旣囚執屏除，君家安矣。猶恨走却一鬼，徐復出，然
不能害也。"胡妻子列拜，且致厚謝。僧不受一錢，便告別。胡
送之出門，囘見一鬼，睢盱短氣，鞠躬言曰："某等實非神，以
飢餓所驅，遠投賢主人。本自住得好，而兄弟不合妄有建廟之
請，遂觸怒遣。適者和尚叫捉時，急竄匿于厠板，僅得免脫，某
亦不敢久住，只丐一飯，以濟枵腹。先間和尚非凡僧，乃宅中所

供養佛耳。"胡卽設酒食與之。食畢，泣拜而去。胡氏蓋事泗洲僧伽小像者也。

《鑄鼎餘聞》卷一：

宋王逵《蠡海集》云：九月二十八日爲五顯生辰。蓋金爲氣母，五顯者，五行五氣之化也。

《古今圖書集成·神異典》卷五四：

魯應龍《括異志》：五顯靈官大帝，佛書所謂華光如來，顯迹婺源久矣，歲歲朝獻不絕。淳祐中，鄉人病于涉遠，乃塑其像，迎奉于德藏寺之東廡，建樓閣居之祠之。前素有井，人無汲者，自立祠，後人有汲其水飲之者，病輒愈。由是汲者，禱者，日無虛焉。寺僧利其資，每汲一水，則必令請者禱于神，得筊杯吉，然後汲水，並以小黃旗加之上。自是請者日少，今亦不復驗矣。

《古今圖書集成·神異典》卷五四：

《寧化縣志》：五通廟，一在北門，一在東門外，明太祖都金陵，卽都中建十四廟。一曰五顯靈官廟，以歲孟夏季秋致祭，今天下之崇祀五通者，當由此歟，俗說，神以救母罪愆，與目蓮尊者同一大孝，登正果，號華光藏主妙吉祥如來。然則天帝不離人倫赫濯，亦極仁慈耳，義固可祀也。其實五顯者，五行耳，五行之祭，見于《月令》國家星辰之祀，備五行也。此正氣也，若邪氣流行，亦足播弄禍福。今祀者未必知五行之理與大孝之說，

亦播弄于禍福而已。又考宋慶元間，寧化富民與祝史托五通神爲
奸利，侈立廟宇。婦女歃動，或用裙襦畚土。時侯官陳嘩知汀州，
乃竄祝史，杖富民，毁廟宇，大索境內妖怪左道，收火其符咒，
時稱其賢。然則五通之恒赫，其來已久矣。

《三教源流搜神大全》卷二：

　　按《祖殿靈應集》云：五顯公之神在天地間相與爲本始，至
唐光啓中乃降於茲邑。圖籍莫有登載，故後來者無所考據，唯邑
悼耋口以相傳，言邑民王喻有園在城北偏，一夕，園中紅光燭天，
邑人麇至觀之，見神五人自天而下，異從威儀如王侯狀，黃衣皂
縧，坐呼床，呼喻而言曰："吾受天命，當食此方，福佑斯人。
訪勝尋幽，而來至止，我廟食此，則祐汝亦無憂。"喻拜首曰：
"唯命。"言訖，禪云四方，神升天矣。明日，邑人來相宅，方
山在其東，佩山在其西，左環杏㵎，右繞蛇城，南北兩潭，而前
坐石，大溪出來，縈紆西下，兩峰特秀，巉然水口，良然佳處也
乃相與手來斬竹剃草，作爲華屋，立像肖貌，揭處安靈，四遠聞
之，鱗集輻湊。自是神降，格有功于國，福佑斯民，無時不顯。
先是廟號上名"五通"，大觀中始賜廟額曰"靈順"。宣和年間
封兩字侯，紹興中加四字侯，乾道年加八字侯；淳熙初封兩字公，
甲辰間封四字公，十一年加六字公，慶元一年加八字公；嘉泰二
年封二字王，景定元年封四字王，累有陰助于江左，封六字王，
六年十一月，告下封八字王。理宗改封八字王號：第一位，顯聰
昭應靈格廣濟王　顯慶協惠昭助夫人；第二位，顯明昭烈靈護廣
佑王　顯惠協慶善助夫人；第三位，顯正昭順靈衞廣惠王　顯濟

協佑正助夫人；第四位，顯直昭佑靈貺廣澤王　顯佑協濟喜助夫
人；第五位，顯德昭利靈助廣成王　顯福協愛靜助夫人；王祖父
啓佑喜應敷澤侯，祖母衍慶助順慈貺夫人；王父廣惠慈濟方義侯
母崇福慈濟慶善夫人；長妹喜應贊惠淑顯夫人，次妹懿順福淑靖
顯夫人。至有吏下二神者，蓋五公既貴，不欲以禍福驚動人之耳
目，而委是二神司之歟？

黃衣道士	紫衣員覺太師
輔靈翊善史侯	輔順翊惠卜侯
翊應助順周侯	令狐寺丞
王念二元帥	打拱高太保
打拱胡百二檢察	都打拱胡靖一總管
打拱黃太保	打拱王太保
金吾二太使	掌善罰惡判官

大猷嘗觀鍾山所作神傳，知安樂公之名本于雲居，惜其未詳。大
猷昨竊廩建昌，特往訪問，住山遇老，見述其事，云：昔有司馬
頭陀，至山之南曰瑤田，見道瑢禪師，謂瑢曰：“吾尋此山凡十
五載，自南岳襲其岡而來，若獲勝地，願與禪席，闡揚佛告。”
是夜，夢五神人來曰：“來珠當入九重之淵，欲寶必登萬仞之顛
上有優游平地，固偉然。”黎明，司馬命樵人開道登山，見一白
鹿銜花前導，自橫嶺而上，又數百步，地平如掌。忽見五神人曰
“此處乃弟子眷屬所居，弟子受仸元用，今願舍此續仸慧命，如
有所缺，弟子願給備之。”瑢隨即其地治基建寺。後三日，復見
五神人現前。瑢問曰：“舍此何往？”神答曰：“後山松木是可
居也。”瑢一日往謝之，神人果從枯櫪樹中出。瑢問曰：“安樂

否？"神人曰："弟子舉族安樂。"從此山神及樹皆得安樂之名。璐乃馬祖時人也。唐憲宗元和初寺成，名曰龍昌。僖宗中和三年，有洪覺禪師道膺入山，開堂演法，常有五老人來聽。一日洪覺問曰："公何人？"對曰："山前檀越。"言訖而行。洪覺令人觀其所往，至山側小池，遽入其中，遂不見。至今人呼爲"五龍池"云。（癸巳紹定六年三月三日宋承節郎張大猷謹書）

《鑄鼎餘聞》卷三：

《弘治徽州府志》曰：唐光啓二年，婺源王瑜者，一夕園中紅光燭天，見五神人自天而下，導從威儀，如王侯狀，曰："吾當廟食此方，福祐斯民。"言訖升天去。爰即宅爲廟，祈禱立應，聞于朝，累有褒封。宋大觀三年，賜廟額曰靈順，權邦彥爲記。宣和五年，封通貺侯、通祐侯、通澤侯、通惠侯、通濟侯，故稱五通。

《古今圖書集成·神異典》卷三九引《明會典》：

洪武中，五顯靈順廟，每歲四月八日、九月二十八日遣南京太常寺官祭。

《古今圖書集成·神異典》卷五一：

《江西通志》：靈順廟，廟即五王廟，在德興縣東南儒學左。隨駙馬張蒙逐獵，遇五神指山穴雙銀笋銀寶始發，立廟祀之唐總章二年，賜額五通侯，南唐升元改封公，宋元祐加額靈順，嘉泰間封爲王。

《古今圖書集成·神異典》卷五十：

《江南通志》：華光廟，廟在金壇縣慈雲寺左，祀五顯靈官。

《通俗編》：

《水經·洛水注》：嵩麓有九山廟，廟有碑云：九顯靈君者，太華之元子。按：今云五顯，疑屬九顯傳訛。

《新搜神記·神考》：

五顯之名不見正書，惟明祝允明所著集略有《蘇州五顯廟記》云："造化之數，五爲火紀，爰自三才，奠居而行效用。象于天爲五緯，形于地爲五物，麗于人爲五德。貫幽明而共徹，質鬼神而無疑者也。今皇朝旣祀星岳于郊壚，又爲五顯專祠于他山，亦其義歟？五顯所起，未審前聞。世所傳《祖殿顯應集》云：降于婺源王論家，語邑人麇至，當血食于此。于是建宇栖之。功佑丕格，邑人依怙。初名廟爲五通大觀，以後累封王秩，遂有五顯之稱。宋廸功郎國史實錄院編校文字胡升所作《星源志》則疑《會要》不載姓氏，而推本于五行，亦近雅論。升又辨五通之說。按：李覯作《五通祠記》，主在報德，不知其他。此云政和已廢五通，宣和始封五顯，則非五通明矣。又佛典則爲華光藏菩薩之化。夫自執一者觀之，以爲神祇鬼判，然不相謀也。且三皇二帝，固皆人鬼，何亦麗于是乎？聖旣有之，賢亦宜然。蓋一元合分精英旁魄，或于天，或于地，或于人，無不可者，惟圓機者其知之矣。吳郡行祠，未的所始，或曰始于建炎，即織里橋南朱勔舊苑地爲

之。嘉熙中，比丘圓明重建正殿。寶佑甲寅，通復鼎新，又增大
雄殿于東序。景定以後正知善已繼新三門兩廡。以逮行日踵持，
月有閱經之會，歲修慶佛之儀，入至元間，日又勸善男子孫子發
與弟子榮，特建華光前閣。元貞，衆力復成後閣。大德中，如
海購地拓廣，再置吳江田爲長明燈油及贍衆費。延祐丁巳，寓公
葉武德又作圓通殿。此皆延祐七年吳江州儒學教授顧儒寶記平江
萬壽靈順行祠所述也。暨入皇朝，嗣者不弛，而歲久頹斃。正德
初同守李公怚聽訟，于是乃加葺飾，更翄杰閣，今主僧某來謁余
記。于戲！以神之靈，貫三才，通古今，邀乎上而信，征諸下而
從，衆既歸止，徒宜護持，予敢從民，以徼于神，尚有異休，如
水以沛，如火以光，詡聖圖，煦生類，以昌于無疆哉！”據此，
則五顯正神，其來舊矣。吾南村綿安交界有山，直挿河滸，曰“
象鼻嘴”，崖上舊有五顯廟，未知何代頹廢。嘉慶元年二月，綿
竹民人患瘵疾，百醫不治，病已垂危，有一雲游道人，自言能
醫，延至家，于囊中探一紅丸使吞之，曰：“得此可除。”依方
服之，果痊，以金帛謝之，不受，問其姓，曰“姓蕭”，問其家
曰“象鼻嘴居住”。痊後，至其處訪之，遍問山下，並無姓蕭者。
有父老沉吟久之，謂某曰：“曾記兒童時聞祖父言，山原有五顯
廟，毀于明季。聞三敎源流，五顯父爲蕭永福，宋時人，一胎五
子，俱以顯爲派，長曰蕭顯聰，次曰顯明，三曰顯正，四曰顯直，
五曰顯德。四顯俱有仙根，而五顯尤靈異，能降妖救難，故民爭
立廟祀之。意者其殆是歟？”某遂筊卜之，果投筊如響，遂捐百
金，爲之立廟。草創初就，凡有來問者無不應驗，一時遠近諸民
持香燭紙馬來者，日以千計。余時適走失伶僮戴福，順問神何日

可得，神以筊告定于九月初五日有人送囘。至期果應。時衆善士
適修大殿，遂爲之舍大柱四根，大梁一架，並書諸伶十六人姓名
于上，以求神佑，至今廟貌巍然矣。諸伶皆屢逃層獲，其神之庇
乎？

《鑄鼎餘聞》卷一：

《弘治徽州府志》曰：淳熙元年，改封五通神侯爵爲公，曰
顯應公、顯濟公、顯祐公、顯靈公、顯寧公。嘉泰二年，進封王爵，
曰顯聰王、顯明王、顯正王、顯直王、顯德王。後更遞加至八字
王。

王棻《光緒黃巖志》：靈濟廟，在永利橋之西，舊名橋亭。
神姓柴，婺源人，兄弟五人，相傳齊永明中避亂，獵于聖堂山，
能扼虎。邑令蕭景恐其生亂，諭遣之。後復至，狂叫山谷中云：
"吾五聖也，能爲地方捍災禦患！"言訖，列坐聖堂巖下，啗松
柏三日而殂。是後每聞山間有鼓噪聲。梁天監癸未，邑大疫，五
人復騎虎現聖堂山顚，一村遂無恙。邑令陸襄奏之，封永寧昭惠
衞國保民五聖顯應靈官。乙丑，立廟聖堂。唐寶應壬寅，州賊袁
晁反，見神列五幟于永寧江滸，賊驚遁。刺史李光弼奏賜今額，
創廟于永利橋，直河北，南臨孔道。有郭朝奉者，五十無子，與
妻郝氏禱于廟。元和庚寅，夫妻夢衣黃者五人告曰："吾與汝鄰
宅，跨河面臥虎神祠，當無嗣，與吾宅，吾與汝子。"郭疑未
決，一夕就寢，見大蛇五朵文，向郭若有所求，遂舍宅于廟，
卽今址也。後生子昭文，官至御史中丞。宋開禧二年，火逼檣榐
竟逾河而南。有枕廟居者，抱一神像置于室，火亦不犯，人傳以

爲異。元延祐間，宮殿火。帝夢雲際有五神人執五大瓢滴水救止，且下告曰：“臣柴某兄弟五人，原籍婺州，今受廟食于黃岩。宮殿火發，敢不奔救？”覺，使迹其事，立廟，封五聖侯王。

國朝顧祿《清嘉錄》曰：神姓顧，陳黃門侍郎野王之五子，當黃門建祠翠微之陽，開祠五侯。見元初《石函小譜》及崇禎間《五陵小史》。明初號五顯靈順廟，曰顯聰、顯明、顯正、顯直、顯德。姑蘇上方山香火尤甚（均案：明顧錫疇《黃門祠碑記》曰：公墓在楞伽山側，子五侯從祀于山之陽。）

國朝顧陳垿《無益之言》曰：嘗度仙霞嶺，後經一嶺，名五顯嶺，嶺有五顯廟，極整麗。黃門子孫世居光福，吳郡乃五侯父母之邦，而楞伽俗呼上方，尤五侯正首之丘也。妖由人興，遂淫昏相凭，奸愚互惑云云。（均案：據此是康熙二十五年江蘇巡撫湯文正公奏毀五通、五顯、五方賢聖諸廟及像　皆淫鬼所附者也。）

陶及申《筆獵》云：《天官書》有五帝內座。《月令》以帝爲太皞、炎帝、少昊、顓頊之屬而配以句芒之神，實司五行。故神所服各繪其方之色焉。或曰：五行者，水、火、木、金、土，與谷爲六府，有國者之大用也。祀神以五，極其所自，亦等乎里社土谷，故其號特避帝而稱聖。聖也者，其諸神之通謂也。明興，釐定祀典，南京十四廟有五顯靈官，秋季致祭。此神祀所由著，沿及郡縣迄于民間，而不知者且以“五通”例之，則妄甚矣。

【案】五顯神，據說始于唐代。然其見于典籍，實始于宋。《夷堅志》載五顯、五通神迹最多，而五顯自五顯，五通自五通，決不混淆。據諸書所載，五顯神信仰流行于江西德興、婺源一帶，乃兄弟五人為神，宋代封為王，其封號第一字皆為顯，故稱五顯神。南宋時其影響已不止江西一地，故都城臨安（今杭州市）亦有其行祠。《夷堅志》"胡十承務"條，謂五鬼冒充五顯公，自稱"吾乃正神，享國家血食"，是也。五顯神之特點，乃人歿為神。《夷堅志》稱其為林姓五王；《祖殿靈應集》稱天降五神于婺源王喻家（此說當為該地民間流傳之故事）遂立廟；《新搜神記》稱其神為宋人蕭永福之五子；《鑄鼎餘聞》引《光緒黃岩志》稱其神為南齊時柴姓五兄弟，引《清嘉錄》稱其神為南朝陳顧野王之五子。自宋迄清，其說雖異，皆指為人神則一也。唯宋時稱其廟為五聖行祠，此乃尊稱，非專號，以為五顯可稱五聖則可，謂後世之五聖即五顯，則不可也。《祖殿靈應集》稱其神初稱五通，明《弘治徽州府志》稱宋封五神為五通侯，後世遂謂五通即五顯，卻不知二者判然相異。又，宋魯應龍《括異志》又稱佛教之華光菩薩亦名五顯靈官如來。此亦名稱之巧合耳，後世又有將二者混為一談者。或又有釋五顯為五行之氣，此因儒家不信怪力亂神，故曲為之說，不知鬼神之信仰，自有其淵源，豈可強以"義理"釋之？

五　　通

《茶香室叢鈔》卷十五：

《龍城錄》云：柳州舊有鬼，名五通。余始到，不之信。一日因發篋易衣，盡爲灰燼。余乃爲文，醮訴于帝。帝懇我心，遂爾龍城絕妖邪之怪，而庶士亦得以寧也。

按《龍城錄》雖僞書，然亦宋以前舊帙也。觀此知五通之神唐已有之，鈕玉樵謂起于明太祖時，眞不考之言。

《夷堅支志》癸卷十：

南康建昌縣雲居山，大禪刹也。所祀五通甚靈異，名爲安樂神，居于塔上。嘗出與監寺僧語言，無見其形，其聲全如五六歲兒。

《夷堅三志》己卷八：

會稽城內有五通祠，極寬大，雖不預春秋祭典，而民俗甚敬畏。

《夷堅丁志》卷十五：

臨川水東小民吳二，事五通神甚靈，凡財貨之出入虧贏，必先陰告。

《夷堅丁志》卷十三：

孔思文，長沙人，居鄂州。少時曾遇張天師授法，並能治傳屍病，故人呼爲孔勞蟲。荆南劉五客者，往來江湖，妻頓氏與二子在家，夜坐，聞窗外人問：“劉五郎在否？”頓氏左右顧，不見人，甚懼，不敢應。復言曰："歸時倩爲我傳語，我去也。"
劉歸，妻道其事，議欲徙居。忽又有言曰："五郎在路不易。"
劉叱曰："何物怪鬼，頻來我家？我元不畏汝！"笑曰："吾卽
五通神，非怪也。今將有求于君，苟能祀我，當使君畢世巨富，
無用長年買販，汩沒風波間，獲利幾何，而蹈性命不可測之險？
二者君宜詳思，可否在君，何必怒？"遂去，不復交談。劉固天
資嗜利，頗然其說，遽于屋側建小祠。卽有高車駿馬，傳呼而來
曰："郎君奉謁。"劉出迎，客黃衫烏帽，容狀華楚，才入坐，
盤殽酒漿絡繹精腆。自是日一來，無間朝暮，博奕嬉笑，四鄰莫
測何人。金銀錢帛，贈餉不知數。如是一年，劉絕意客游，家人
大以爲無望之福。他夕，因奕棋爭先，念劉不假借，推局而起。
明日，劉訪篋中，所蓄無一存，不勝悔怒，謀召道士治之。適孔
生在焉，具以告。孔遣劉先還，繼詣祠所，柱香祝曰："吾聞此
家有祟，豈汝乎？"空中大笑曰："然。知劉五命君治我，君欲
何爲？不過效書符小技。吾正神也，何懼朱砂爲？"孔曰："聞
神至靈，故修敬審實，何治之云？"問答良久，孔誚之曰："吾
來見神，是客也，獨不能設茶相待耶？"指顧間，茶已在桌上。
孔曰："果不與劉宅作祟，盍供狀授我。"初頗作難，既而言：
"供與不妨。"少頃，滿桌皆細字，如炭煤所書，不甚明了。孔
謝去，慰以好語曰："今日定知爲正神，劉五妄訴，勿恤也。適
過相觸突，敢請罪。"既退，以語劉，料其夕當至，作法隱身，
仗劍伏門左。夜未半，黃衣過來，冠服如初，徑入戶。孔舉劍揮
之，大叫而殁，但見血中墮黃鼠半體。旦而迹諸祠，正得上體于
偶人下，蓋一大鼠也。毀廟碎像，怪訖息。

《夷堅丁誌》卷十九：

大江以南地多山，而俗禨鬼，其神性甚詭異，多依岩石樹木爲叢祠，村村有之。二浙江東曰五通，江西閩中曰木下三郎，又曰木客，一足者曰獨脚五通，名屬不同，其實則一。考之傳記，所謂木石之怪夔蝄蜽及山獺是也。李善注《東京賦》云：“野仲游光，兄弟八人，常在人間作怪害。”皆是物云。變幻妖惑，大抵與北方狐魅相似。或能使人乍富，故小人好迎致奉事，以祈無妄之福。若微忤其意，則又移奪而之他。遇盛夏，多販易材木于江湖間，隱見不常，人絕畏懼，至不敢斥言，祀賽惟謹。尤喜淫，或爲士大夫美男子，或隨人心所喜慕而化形，或止見本形，至者如猴猱，如龍、如蝦蟆，體相不一，皆矯捷勁健，冷若冰鐵。陽道壯偉，婦女遭之者，率厭苦不堪，羸悴無色，精神奄然。有轉而爲巫者，人指以爲仙，謂逢忤而病者爲仙病。又有三五日至旬月僵臥不起，如死而復甦者，自言身在華屋洞戶，與貴人歡狎。亦有攝藏挾去累日方出者，亦有相遇即發狂易，性理乖亂不可療者。所淫據者非皆好女子，神言宿契當爾，不然不得近也。交際訖事，遺精如墨水，多感孕成胎。怪媚百端，今紀十餘事于此。建昌軍城西北隅兵馬監押廨，本吏人曹氏居室，籍入于官。屋後有小祠，來者多爲所擾。趙宥之之女已嫁，與夫侍父行，爲所迷，至白晝出與接。不見其形，但聞女悲泣伸吟，手足撓亂，叫言人來逼己，去而視之，遺瀝正黑，浹液衣被中，女竟死。趙不納妾，年可三十許，有姿態。嘗奏溷欲起，髻忽爲橫木所串，閣于屋梁上，絕叫求救，人爲解免，便得病，才數日死。南城尉耿弁妻吳有祟孕，臨蓐痛不可忍，呼僧誦孔雀咒，吞符，乃下鬼雛，遍體皆毛。陳氏女未嫁而孕，既嫁，產肉塊如紫帛包裹衣物者，畏而瘞之，女亦死。龔氏妻生子，形如人而絕醜惡，洎長，不畏寒暑，霜天能溪浴。翁十八郎妻虞，年少，乾道癸巳，遇男子，每夕來同宿。夫元不知，雖在房，常擲置地上或戶外，初亦罔覺，但睡醒則不在床。虞孕三年，至淳熙乙未秋，產塊如斗大，棄之溪流，尋亦死。饒氏婦王，在家爲女時已有感，既嫁亦來，遂見形。顏色秀麗如婦人，鮮衣華飾，與人語笑。外客至，則相與飣餖蔬果，若家人然。少忤之，即擲沙礫，作風火，置人矢牛糞于飲食中，莫不慴畏。後遣歸其父母家，禍乃息。王不知所終。李一妻黃、劉十八妻周，生子如猪猱，毛甚長，墮地能跳躑。一死，一失所在。黃氏妻是夜遇物如蟆而長大，逼與交，孕過期乃生，得一青物，類其父。胡氏妻黃，孕不產，占之巫，云：“已在雲頭上受喜，神欲迎之，不可爲也。”果死。新城縣中田村民李氏妾生子，軀幹矬小，面目睢盱如猴，手足指僅寸，不類人。三弟皆然，今五六十歲。南豐縣京源村民丘氏妻，孕十年，幾時時腹中作聲，母欲出門，胎必騰踏，痛至徹心，不出方止。後產一赤猴，色如血，棄之野，母幸獨存。宜黃縣下潦村民袁氏女，汲水門外井中，爲大蛇繳繞仆地，遂與接，束之困急，女號啼宛轉。家人驚擾，召巫。巫云：“是木客所爲，不可殺，久當自去。”薄暮乃解。昇女婦，色萎如蠟，病逾月乃瘳，顏狀終不復舊，成痴人矣。

《夷堅支癸》卷三：

吳十郎者，新安人。淳熙初，避荒，挈家渡江，居于舒州宿松縣。初以織草履自給，漸至賣油。才數歲，資業頓起，殆且卽萬。里落莫不致疑，以爲本流寓窮民，無由可富。會豪室遭寇劫，共指爲盜，執送官。因於考掠，具以實告云："頃者夢一脚神來言："吾將發迹于此，汝能謹事我，凡錢物百須，皆可如意。"明日，訪屋側，得一毀廟，問鄰人，曰："舊有獨脚五郎之廟，今亡矣。"默感昨夢之異，隨力稍加繕葺。越兩月，復夢神來曰"荷爾至誠，卽當有以奉報。"凌晨起，見 錢充塞，逐日以多，遂營建華屋。方徙居之夕，堂中得錢龍兩條，滿腹皆金。自後廣置田土，盡用此物，今將十年，未嘗敢爲大盜也。"邑宰驗其不妄，卽釋之。吳創神祠于家，值時節及月朔日，必盛具奠祭，殺雙牛、雙猪、雙犬，並毛血糞穢，悉陳列于前。以三更行禮，不設燈燭。率家人拜禱訖，不論男女長幼，皆裸身暗坐、錯陳無別，逾時而退。常夕不閉門，恐神人往來妨碍。婦女率有感接，或產鬼胎。慶元元年，長子娶官族女，不肯隨群爲邪，當祭時獨不預。旋抱病，與翁姑相繼亡。所積之錢，飛走四出，數里之內，咸有所獲。吳氏虔啓謝罪，其害乃止。至今奉事如初。

《夷堅支志》癸卷五：

饒州安仁書生連少連，就館于近村富家。當春夜月明，燈下誦讀，見紫衣老媼，曰："媒人也。東里蕭家有小娘子，姿色絕艷，如神仙中人。慕秀才容儀，請于父母，願爲夫婦。蕭女奩具萬計，及早成婚，卽日可化窮薄爲豪富。"生沉吟良久，許之，默自計曰："姑與之結好，則奩中物皆吾有耳。"始合巹，覺女脣間有牛吻氣，乃托以地迴招盜，悉收斂器皿金帛置篋中，加扃鎖焉。一牛頭人自外持梃入，喝曰："不得無禮。"俄冷風滅燭，眾一切奔散。生惶惑，待早走告主翁，翁驚嘆不已，云："是吾家所事蕭家木下三神也。"生亟辭館而去。

《古今圖書集成·神異典》卷五四：

《西溪叢語》：紹興府軒亭臨街大樓，五通神據之，土人敬事。翟公巽帥越，盡去其神，改爲酒樓。神座下有一大酒字，亦非偶然。目爲和旨樓，取《食貨志》"酒酤在官，和旨便人"。

《鑄鼎餘聞》卷三：

宋項安世《家說》引《澧陽志》云：五通神出屈原《九歌》，今澧之巫祝呼其父曰太一，其子曰雲霄五郎、山魈五郎，卽東皇太一、雲中君之類。

《歷代神仙通鑒》卷二一：

（元末劉基）初任高安尉。有民家女爲祟所魅，教其識夜游處，至夜，女復爲祟携去。至明，語父母曰："已毀其門神左目。"以女言來復。基令遍閱神祠，至俗所祀五通神廟，而門神左目果毀。命毀其像廟，祟逐絕。

《鑄鼎餘聞》卷三：

福德五通，明姚宗儀《常熟私志》云：縣譙樓之土地也。

《新搜神記·神考》：

江南之間多有五通神，又有五聖廟，疑爲二神。閱《龍城

錄》：柳州舊有鬼名"五通"。《武林聞見錄》：嘉泰中大理寺決
一囚，數日見形獄吏云："泰和樓五通神虛位，某欲充之，求一
差檄言差充某神位。得此爲據，可矣。"如其言。經數月，人聞
樓上五通神日夜哄喧，吏乃泄前事，爲增塑一像，邃寂然。按今
委巷荒墟，多建矮屋，繪版作五神像祀之，謂之"五聖"。《留
青日札》云：即五通神也。或者謂明太祖定天下封功臣，夢陣亡
之兵卒千萬請恤，太祖許以五人爲伍，處處血食，乃命江南家立
足五小廟，俗稱爲"五聖堂"。依其說，則五聖即五通矣。

《破除迷信全書》卷十：

　　江南各地，多祀五通神，又名五聖，又名五郎神，俗傳他能
魅婦女，並爲種種怪異，蒲留仙在《聊齋志異》上說的最爲詳
盡；所以迷信的人多爭先恐後的供以香火。此種神當明朝及清初
時，最爲興旺，尤以蘇州城西楞伽山上的五通廟香火最盛。到康
熙年間，有一位江蘇巡撫湯斌，因爲破除此種迷信起見，曾將其
塑像投諸太湖，關將他處的五通廟，也都加以毀壞。有人說五通
之名，是起于唐宋，因爲當時一般迷信神仙的，說是神仙五通不
死，迷信成佛的也有佛具六通不生不死的說法。宋朝的大儒蘇
軾，也有詩說："聊爲不死五通仙。"就知當時已有此種迷信
了。但是還有的說：五通神實起于明初，因爲當時明太祖伐陳友
諒，陣亡的兵士甚多，有一次他夢見有許多陣亡兵士，要求加以
撫恤，他就應許他們以五人爲一組，在各地爲他們立廟血食。明
太祖後來于是命令江南各家，都要立下一座一尺五寸高的小廟，
這就是五通神的起點。其實兵士陣亡，乃是常事，死後又焉能爭

求血食呢？

　　【案】五顯神曾被封為五通侯，世人遂以為二者名異實
同。其實五通信仰，始于唐，非謂五神，乃妖鬼之類也。宋
有"五通"，"九聖"，（見《夷堅志》）五、九皆非實數，
泛指群妖鬼也。宋世其信仰甚熾，《夷堅志》記載頗多，亦
從未實指為五位正神如五顯者。五顯神起于婺源，五通則所
在多有，且各不相同。據宋代民間傳說，有的形如五六歲
小兒，稱安樂神；有的能預卜吉凶，民或奉為家神；多數則
為妖鬼，或為鼠、豬、猴、蛇、蛤蟆、牛頭鬼，常幻化人
形，為祟人間，尤喜淫人婦女。"五通"乃群鬼之通稱，每
一鬼亦皆可稱五通，非謂合五鬼而稱之。或又稱為木下三
郎、木客、獨脚五通，又有所謂花果五郎、護界五郎。此俗
以江南為甚，至明、清猶沿襲之。故《聊齋志異》多記五通
神故事，皆豬、牛、猴之屬也。然民間因畏懼之，每每祀為
神，故《常熟私志》謂福德五通為土地神。因五通被神化，
而五顯神又嘗封五通侯，世人遂將二者合一矣。

五　　聖

《續文獻通考·群祀考》三：

　　（明洪武三年）帝以兵革之餘，死無後者，其靈無所依，命舉

五　聖

其禮。禮官言：按《祭法》，王祭泰厲，諸侯祭公厲，大夫祭族
厲。又《士喪禮》，疾病禱于厲。鄭氏謂：漢時民家皆秋祠厲，
則此祀達于上下矣。《春秋傳》曰：鬼有所歸，乃不為厲，後世
不舉其祭，無依之鬼，乃或依附土木，為民禍福以邀享祀，蓋無
足怪。今定京都王國各府州縣及里社皆祭祀之，使鬼無所歸者不
失祭享，則災厲不興，亦除民害之一道也。從之。

《通俗編》：

《龍城錄》：柳州舊有鬼名五通。

按：今委巷荒墟，多建矮屋，繪版作五神像祀之，謂之五
聖。

《鑄鼎餘聞》卷三：

國朝翟灝《通俗編》云：今謂野中大樹皆有神栖止，稱曰樹
頭五聖。五聖之號，俗人率加。

《管子·輕重篇》：立五厲之禁，祭堯之五吏。春獻蘭，秋
斂落原魚以為脯，鯢以為肴，若此則澤魚之征，百倍異日。國朝
翟灝《通俗編》據此云：今所謂魚米五聖，源于此。

《光緒歸安縣志》十二云：湖俗淫祀，最信五聖。姓氏源委，
俱無可考，但傳其神好矮屋，高廣不逾三四尺，而五聖夫婦將
佐間以僧道共處。或塑像，或繪像，凡委巷空園及屋檐之上，大
樹之下，多建祀之。

【案】五聖，本指五位神聖，乃通稱也。故五顯神可稱為

五聖，五通神化後亦可稱為五聖。然明清以來，委巷空圉，屋簷樹下，樹頭花間，鷄塒猪圈，每有小廟，稱五聖堂或五聖廟，則非祀五顯、五聖也。前引《陔餘叢考》曰："明太祖既定天下，大封功臣，夢兵卒羅拜乞恩。帝曰："汝固多人，無從稽考，但五人為伍，處處血食可耳。"命江南人各立尺五小廟祀之，俗謂之五聖廟。"此說亦有所本。《續文獻通考》稱明洪武三年，帝以兵革之餘，死無後者，其靈無依，令京都王國各府州縣及里社皆祭祀之，使鬼有所歸，則災厲不興。此亦古意也。五聖小廟，或即由此而來。然江南民間本處處有五通，則謂五聖小廟即祀五通，似亦無不可。二說姑並存之。

五　路　神

《鑄鼎餘聞》卷四：

五路神俗稱為財神，其實即五祀門行中霤之行神，出門五路皆得財也。

明姚宗儀《常熟私志》云：正月五日祀五路神。（均案：今以是日為神誕）

《無錫縣志》載：或說云神姓何，名五路，元末禦寇死，因祀之。（均案：此又一神，與財神無涉。）

《集說詮眞》：

顧祿《清嘉錄》云：正月五日爲路頭誕辰，金鑼爆竹，牲醴畢陳，以爭先爲利市，必早起迎之，謂之接路頭。按《無錫縣志》：五路神姓何名五路，元末禦倭寇死，因祀之。今俗所祀財神曰五路，似與此五路無涉。或曰即陳黃門侍郎顧希馮(按《陳書》：顧希馮名野王，蘇州人。仕梁，武帝太清二年，侯景起亂。希馮丁憂在籍，纂義軍援京邑。梁亡仕陳，累官黃門侍郎。宣帝十三年卒。按《蘇州府志》，顧野王墓在楞伽山)。公之五子，當黃門建祠翠微之陽，並祀五侯。明初，號五顯靈順廟，曰顯聰、顯明、顯正、顯直、顯德。姑蘇上方山（即楞伽山）香火尤盛，號爲五聖。康熙間，湯文正斌巡撫江蘇，毀上方祠，不復正五顯爲五通之所訛，而祀者皆有禁矣。因更其名曰路頭，亦曰財神。予謂今之路頭，是五祀中之行神，所謂五路，當是東南西北中耳。

【案】明以來江南有五路神之祀，清代以來則稱之為財神。其神有三說：元末人，姓何名五路，禦寇死，因祀之；即五祀中之行神，意即出門五路皆得財；即五顯神，以清初湯斌巡撫江蘇，禁其祀，遂更名。或本祀何五路，後以五顯為財神，遂又訛五路為財神，儒者強以義理曲為之說，又釋為行神歟？姑存以備考。

五盜將軍

五盜將軍

《通俗編》：

《三國典略》：崔季舒未遇害，其妻晝魇，云：見人長一丈，遍體黑毛，欲來逼己。巫曰：此是五道將軍，入宅者不祥。《留青日札》：今謂五道將軍，盜神也。余臆出于《莊子·胠篋篇》。妄意室中之藏，聖也，先入，勇也；後出，義也；知可否，智也；分均，仁也；是五者，豈所謂五道耶？

《新搜神記·神考》：

《通幽記》：皇甫恂，字君和，開元中授華州參軍，暴亡，其魂神若在長衢路中，夾道多槐樹，見數吏擁篲。恂問之，答曰"五道將軍常于此息焉。"恂方悟死矣。見一姥老擁大蓋乘駟馬，從騎盛衆，視之，乃其親叔母薛氏也。隨至大殿，叔母據大殿命坐曰："兒豈不聞地獄乎？此其所也。兒要知官爵不？"曰："願知。"俄黃衣抱案來，視之，見太府卿貶綿州刺史，其後掩之，曰："不合知之。"令二人送出。見一鐵床，有僧，以釘釘其腦，視之，門徒胡辦也。求寫《金光明經》一部方得作畜生。又行遇一羊三足，截路吼唉，問之，言某年在縣尉廳上見刳割羊足。恂方省之，許爲誦《金剛經》乃去。二更亦各乞一卷，乃曰："不送矣。"遂活，而殮棺中，死已六日矣。恂後果爲太府卿，貶綿州刺史而卒。

《三教源流搜神大全》卷四：

世略曰：五盜將軍者，即宋廢帝永光年間五盜寇也。于一方之地作亂爲盜。後于景和年，帝遣大將張洪破而殺之于新封縣之北。其五人又作怪，盜于此。祭之者皆呼爲五盜將軍也。

杜平，李思，任安，孫立，耿彥正。

【案】前引《北平風俗類徵》，有《都門雜咏五顯財神廟》詩一首，云："靈應財神五弟兄，綠林豪傑舊傳名，焚香都是財迷客，六部先生心更誠。"（載《同治都門紀略》）然關於五顯神的傳說中，未見稱其爲綠林豪傑者。舊有五道將軍之神，明清時訛爲五盜將軍。詩所云者，疑即此也。以盜神爲財神，並不妨礙財迷的信仰。"六部先生心更誠"，宜矣哉！

利市仙官

《通俗編》：

夏文彥《圖繪寶鑒》：宋嘉禾好爲利市仙官，骨骼態度，俗工莫及。仙官之畫爲宰官身久矣。元《虞裕談撰》謂江湖間多祀一姥，曰利市婆官。或言利市波，乃神所居地名，非婆也。此或其一方所見有然。

《破除迷信全書》卷十：

俗傳利市仙官是一種使人發財的神，我國北方，每屆新年，必將利市仙官的像，貼在門上，以求吉利，商人更是如此。可是發財不發財，不在乎敬拜利市仙官，乃在乎有沒有商業知識。人若在利市仙官上多用心，不去講求交易的大道，恐怕只有蝕本破產的了。

【案】近代民間所奉財神像，多繪利市仙官以配之，則不知起于何時。夏文彥《圖繪寶鑒》謂宋嘉禾好繪仙官像，則至遲宋元間民間已流行。又有利市婆官，亦土地奶奶之類耳。《封神演義》將此神列為趙公明屬下。

附：金元六總管 七總管

《鑄鼎餘聞》卷四：

光緒《歸安縣志》十二云：湖俗好淫祀，有金元六總管、七總管。市井中目為財神，建廟尸祝，每月初二、十六日用牲醴，與五聖同餉，名曰拜利市。

【案】金元七總管神之始末，已見庚編該條。近代湖州民俗，又目之為財神，亦不知何所本。其祀既與五聖同餉，則作用亦與利市仙官略同。

福　神

《夷堅志補》卷二四：

其妻方掛眞武畫像于床頭，焚香禱請，蓋福神之應云。

《集説詮眞》：

《唐書》載：陽城字亢宗，定州北平人。徙陝州夏縣。仕唐憲宗朝爲道州刺史。州產侏儒，歲貢諸朝。城哀生離無所進。帝吏求之，城奏曰：“州民盡短，若以貢，不知何者可貢。”自是罷。州人感之，以陽名子。

按：世俗大書福字，粘門懸壁，謂此字能致福迎祥，並因福字無形可象，乃圖蝙蝠以肖之。

《三教源流搜神大全》卷四：

福神者，本道州刺史楊公諱成字。昔漢武帝愛道州矮民，以爲宮奴玩戲。其道州民生男，選揀侏儒好者，每歲不下貢數百人，使公孫父母與子生別。有刺史楊公守郡，以表奏聞天子云：“臣按五典，本土只有矮民，無矮奴也。”武帝感悟省之，自後更不復取。其郡人立祠繪像供應，以爲本州福神也。後天下士庶黎民皆繪像敬之，以爲福祿神也。

福 神

《民間新年神像圖畫展覽會》：

對于福祿二神之見解，則隨各地及其風俗而異；有時以天官爲福神；有時以第二助手（第一助手爲壽星）爲福神。例如在大名府，此第二助手統稱爲"員外"。"員外"二字原指一種捐官，其後乃變爲與有福之人（又富又貴）同義。有時此神懷中抱一嬰兒。馬伯樂氏云：蓋卽送子之張仙。

【案】宋時民俗或以真武爲福神。後有謂福神爲楊成者。據《唐書》，德宗朝之道州刺史陽城，治郡有德政，郡人立祠祀之，亦慣例也。至元明時，遂訛爲漢武帝時人，名楊成，謂本爲道州福神，後天下皆奉爲福祿神。至近代說法歧異，或因"天官賜福"之說，視天官爲福神；（詳三官條）或以天官之助手爲福神。又有稱福神卽送子張仙者，皆因時因地而異。

附：喜 神

《北平風俗類徵·歲時》：

院中有俗，元旦黎明，携帕友走喜神方，謂遇得喜神，則能致一歲康寧，而能遇見白無常者，向其乞得寸物，歸必財源大辟。（《京華春夢錄》）

《破除迷信全書》卷十：

喜神又名吉神，人的心理是趨吉避凶，是指望喜樂而厭棄煩惱，所以就生出一個喜神來了。平時固然多用着喜神，而婚姻時更是離不開喜神的。世俗于婚姻時，新人坐立須正對喜神所在的方位，然後一生方能多有喜樂的事。按喜神的方位，是變幻無定的，要知某天喜神所在的方位，則必先請陰陽家指示；這也是術士謀食的一種方法。其實並沒有喜神，他何嘗能知喜神的方位呢？據滿淸乾隆時所敕撰的《協紀辨方書》上說：“喜神于甲巳日居艮方，是在寅時；乙庚日則居乾方，是在戌時；丙辛日居坤方，是在申時；丁壬日居離方，是在午時；戊癸日居巽方，是在辰時。”旣然推定喜神所在的方向，新娘子上轎以後，轎口必對準該方向少停一刻，叫作迎喜神；然後再爲出發，這才心下滿足。其實這種荒渺無凭的事，不知乾隆爲甚麼還要敕撰，眞是不識其務的。

凶　神

《破除迷信全書》卷十：

俗稱煞爲凶神，說是人死後魂再返囘，凡相遇的，卽必死亡，這叫做歸煞。當前五代時，卽有此種迷信，當時凡父母喪亡的，都按天干地支推算歸煞的日期，屆時子孫必先逃竄，沒有敢居留家中的。《吹劍錄》上記着：避煞不知起于何時，當唐朝時有一位太常博士李才，曾作過一册《百忌曆》，說是煞乃是一個白色男子，他死去以後，住了二十天及二十九天時，曾兩次囘家，所以世俗也都效法于父母死後三七二十一天，或四七二十八天時，相率躲避，免爲凶煞所遇見。

這樣的迷信，不但對于父母過于薄情，而且竟看父母爲凶神，稍講孝道的，豈肯屍骨未凉，遽然作此等待遇呢？我國自古是講孝道，原是甚爲可取，不料在純全的孝中，還摻雜上些混濁的邪說，以致視父母爲凶神；可見迷信是最爲狠毒的。

至于此種風俗，南北也不相同，北方多避煞，而南方則多接煞；乃是當父母死後，請陰陽家按死的年月日的干支，推算返魂的日期，屆時預先請下巫婆等接待，這就叫作接煞。惟不知巫婆等是如何的接法。

萬　回（和合）

《酉陽雜俎·前集》卷三：

　　天后任酷吏羅織，位稍隆者日別妻子。博陵王崔玄暉，位望俱極，其母憂之曰：“汝可一迎萬囘，此僧寶志之流，可以觀其舉止禍福也。”及至，母垂泣作禮，兼施銀匙箸一雙。萬囘忽下階，擲其匙箸于堂屋上，掉臂而去，一家謂爲不祥。經日，令上屋取之，匙箸下得書一卷。觀之，讖諱書也，遽令焚之。數日，有司忽劾其家，大索圖讖不獲，得雪。時酷吏多令盜夜埋蠱遺讖于人家，經月，告密籍之。博陵微萬囘，則滅族矣。

《鑄鼎餘聞》卷四：

　　《酉陽雜俎·貝編篇》云：僧萬囘，年二十餘，貌痴不語。其兄戍遼陽，久絕音問，或傳其死，其家爲作齋，萬囘忽捲餅茹，大言曰：“兄在，我將餽之。”出門如飛，馬馳不及，及暮而還，得其兄書，緘封猶濕。計往返一日萬里，因號焉。

　　《酉陽雜俎·忠志篇》曰：上嘗夢白鳥飛，蝙蝠數十逐而墮地。驚覺，召萬囘，僧曰：“大家即是上天時。”

　　《談賓錄》及《太平廣記·異僧部》引《兩京記》曰：萬囘師，閿鄉人，俗姓張氏。兄戍安西，音問隔絕，父母日夕涕泣。

萬迴虢國公

回曰："詳思兄所要者，衣裘糇糧巾履之屬，請悉備，某將往。"
忽一日，朝齎所備而往，夕返其家，告父母曰："兄平善矣。"
視之，乃兄迹也。弘農抵安西，蓋萬餘里，以其萬里回，故號曰
萬回也。先是，玄奘法師向佛國取經，見佛龕題柱曰："菩薩萬
回，謫向閿鄉地教化。"奘師馳驛至閿鄉縣，問此有萬回師無，
令呼之。萬回至，奘師禮之，施三衣瓶缽而去。後則天追入內，
語事多驗。儀形瑰偉，善于飲啖。景龍中，時出入，士庶貴賤竟
來禮拜，萬回披錦袍，或笑罵，或擊鼓，然後隨事為驗。

《事物紀原》卷七：

唐中宗神龍二年號萬回曰法雲公。

《南村輟耕錄》卷十一：

寂感即俗所謂萬回哥哥之師號也。釋氏《傳燈錄》：師姓
張，九歲乃能語。兄戍安西，父母遣問訊，朝往夕返。以萬里而
回，號萬回。又《護法論》：虢州閿鄉張萬回法云公者，生于唐
貞觀六年五月五日。有兄萬年，久征遼左，相去萬里，母程氏思
其信音。公早晨告母而往，至暮持書而還。《護法論》乃宋無盡
居士張商英所撰，必有所處。

《三教源流搜神大全》卷二：

萬回公者，虢州閿鄉人也，姓張氏。唐貞觀六年五月五日
生，生而痴愚，至八九歲方能語，嘯傲如狂，鄉黨莫測。一日，
令家人先歸，云"有勝客至"。是日三藏玄奘自西國還，訪之。

公問印度夙境，了如所見。衆作禮圍繞，稱是菩薩。有兄萬年，久征遼左，母程氏思其音信。公曰："此甚易爾。"乃告母而往，至暮而還及持書，鄰里驚異。其童興寺沙門大明少而相狎，公來往明師之室，屬有正諫大夫明崇儼夜過寺，見公左右神兵侍衞，崇儼駭之，詰但言與明師厚施金繒，作禮而去。咸亨四年，高宗召至內，武后賜錦袍玉帶。時有扶風僧蒙願者，甚多靈迹，先在內，每曰："囬來！囬來！"及公至，又曰："替到，當去！"旬日而卒。景雲二年十二月八日，師卒于長安，壽八十。時異香氤氳舉體。宋時特贈司徒虢國公，喪士官給，五年正月十五日窆于京師香積寺。

《鑄鼎餘聞》卷四：

明田汝成《西湖游覽志》云：宋時杭城以臘日祀萬囬哥哥，其像蓬頭笑面，身着綠衣，左手擎鼓，右手執棒，云和合之神。祀之人在萬里外可使囬家，故曰萬囬。

《集說詮眞》：

《事物原會》曰：和合神乃天台山僧寒山與拾得也。寒山爲和，拾得爲合。《續文獻通考》曰：寒山者貞觀中隱寒岩，時來國清寺，望空噪罵。寺僧逐之，則大笑。後于寒岩縮身石穴，縫泯無迹。拾得者，乃豐干禪師道側所拾之兒，携養于國清寺，遂名拾得。稍長，任役厨間滌器，常投殘食于筒。寒山常來寺，就拾得取食之。

《通俗編》：

　　《游覽志餘》：和合神即萬囘哥哥。按《太平廣記》引《談賓錄》及《兩京記》：萬囘姓張氏，弘農閿鄉人也。今和合以二神並祀，而萬囘僅一人，不可以當之矣。國朝雍正十一年封天台寒山大士爲和聖，拾得大士爲合聖。

　　【案】唐有萬回僧，相傳俗姓張氏，陝西閿鄉人。或稱其爲西方菩薩譎來東土教化者。民間稱其萬里尋兄，當日往返，故稱萬回。實亦一方術僧耳。唐時宮廷、民間皆虔奉之，謂其能預卜休咎，排解禍難。民間俗稱之爲萬回哥哥。不知何故，後又成爲歡喜之神。如《三教源流搜神大全》"田元帥"條，稱"萬回聖僧，和事老人，都和合潘元帥，天和合梓元帥，地和合柳元帥"皆爲喜慶之神。（見梨園神條引）諸元帥冠以和合之名，當亦取吉祥和睦之意耳。《西湖游覽志》則云宋時杭州臘日祀萬回哥哥，其像蓬頭笑面，云和合之神。清人以爲和合應爲二神，以萬回一人當之不妥。故雍正十一年另封唐代詩僧寒山、拾得爲和合二聖。自此一神衍爲二神。然民間所畫和合二仙像，皆蓬頭笑面，仍取自萬回傳說，一持荷花，一捧圓盒，則取其諧音耳。

掠 刷 神

《夷堅丙志》卷十：

揚州節度推官沈君，居官頗強直，通判饒惠卿尤知之。惠卿
受代歸臨川，一府僚屬出祖于瓜州。（沈出城相送）所借馬蓋借于
軍中者，惡甚。始出城，奔而墜，足掛鐙間，不可脫，馳四十
里，經一日而絕。郡遣夫力十餘輩護柩歸，諸人在道相顧，如體
挾冰霜，或時稍怠，則頭輒痛，類有物擊之。兩旁行者皆見一絳
袍官人坐柩上，執梃而左右顧，至家乃已。後歲餘，其妻閤氏白
晝見旗幟冉冉行空中，一人跨白馬跕蹀而下，至則沈也。曰：吾
今爲掠剩大夫，無憶我。"翩然而去。

《三教源流搜神大全》卷三：

按《幽怪錄》云：杜陵韋元方外見裴璞，任邠州新平縣尉。
元和五年，璞卒于官。長慶初，元方下第，將客于隴右，出開遠
門數十里，抵偏店，將憩，逢武吏躍馬而來，騎從數十，而貌似
璞，見元方若識，而急下馬避之入茶邸，垂帘于小室中，其從御
散坐帘外。元方疑之，亦造其邸，及褰帘入見，真裴璞也。元方
驚喜，拜之曰："兄去人間，復效武職何也？從吏之糾糾焉？"
裴璞曰："吾爲陰官，職受武士，故武飾耳。"元方曰："何官？"曰：
"隴右三川掠刷使耳。"曰："何所司耶？"曰："吾職司人剩

財而掠之。”元方曰：“何謂剩財？”璞曰：“所得乃逾數外之財，即謂之剩，故掠亡焉。生人一飲一酌，無非前定，況財寶乎？”

《月令廣義·八月令》：

（十六日）掠刷神降（天曹掠刷眞君）。《搜神記》：掠刷神掌財畜之有餘者，咸刷而掠之，謂生人貧富有定分，勿越命以強求。

【案】近代民間相傳有掠刷神，職司刷掠人之財富之逾數者。此當是人們疾社會財富占有之不均，企願有神刷掠其富者，而統治階級則強調一飲一酌，無非前定，貧富有定分，勿越命以強求，希望百姓安分守己，窮人自我慰解，從而創造此神。一般認為其神乃唐之裴璞，其信仰或起于唐。然《夷堅志》又載宋人沈君為掠剩大夫，當亦即此神也。是掠刷神有二矣。

掠刷神

魯　　班

《酉陽雜俎·續集》卷四：

　　今人每睹棟宇巧麗，必強謂魯班奇工也。至兩都寺中，亦往往托爲魯班所造，其不稽古如此。據《朝野僉載》云：魯班者，肅州敦煌人，莫詳年代，巧侔造化。于涼州造浮圖，作木鳶，其父擊楔十餘下，乘之遂至吳會。吳人以爲妖，遂殺之。般又爲木鳶乘之，遂獲父屍。怨吳人殺其父，于肅州城南作一木仙人，舉手指東南，吳地大旱三年。卜曰：“般所爲也。”齎物具千數謝之，般爲斷一手，其日吳中大雨。國初，士人尚祈禱其木仙。六國時，公輸般亦爲木鳶以窺宋城。

《集說詮眞》：

　　《魯班經》曰：魯班姓公輸名班，字依智。魯人，父名賢，母吳氏，魯定公三年五月初七日生。受業于鮑老董，注意雕鏤刻畫，經營宮室，製造舟車器皿。旣竭目力，繼以規矩準繩。妻雲氏，亦巧于製器。年四十，隱于歷山，得異人秘訣，雲游天下，白日飛升，止留斧鋸。明永樂間，封輔國大師，工匠祈禱，靡不輒應。

　　《四書人物考》曰：公輸子名班，又名般（《墨子》作公輸盤），魯之巧人也。或以爲魯穆公之子，削木以爲鵲，成而飛之，三日不下。為母作木人為御，機關一發，其車遂行。楚攻宋，般為設機械以攻城，墨子助宋以距楚。

《柳南隨筆》曰：《日知錄》云，古詩“誰能刻鏤此，公輸與魯班”，下一“與”字，竟以公輸、魯班為二人，則不通矣。然余觀《朝野僉載》云，魯班者，肅州敦煌人，莫詳年代。巧侔造化，于涼州（府屬甘肅）造浮屠。作木鳶，每擊楔三下，乘之以歸云云。而六國時，公輸般亦作木鳶，以窺宋城。觀此，則公輸與魯般本有二人矣。

按：魯班能作鵲自飛，作杼自動，作鳶可乘，如今之汽機氣球等物。班雖智，亦巧匠而已。至所作木人，手指致旱，手斷即雨，及所稱白日飛升，隨禱隨應，無稽之談，人孰信之？況今攻木之工，稱魯般即公輸般，豈知公輸般，乃六國時人，魯般係曾營浮屠者，其為漢以後人無疑。二人相距數百年，今乃合而為一，是所敬之神，尚未知誰氏，遑論其他。

【案】魯班，我國古代著名工匠，相傳為春秋時魯國人，名班。公輸為其氏，又稱名般者，般、班通也。《墨子》中記其事迹。或云唐代別有一魯般，亦能工巧匠。我國建築工匠、木匠皆奉其為祖師（即行業保護神）。

船　　神（孟公　孟姥）

《鑄鼎餘聞》卷四：

　　唐段公路《北戶錄》云：船神呼爲孟公孟姥，其來尙矣。劉思眞云，玄冥爲水官，死爲水神。冥、孟聲相似，或云冥父冥姥，因玄冥也。

餅　師　神（漢宣帝）

《茶香室叢鈔》卷十五：

宋蔡絛《鐵圍山叢談》云：漢宣帝在仄微時，有售餅之異，見于《漢書》紀。至今幾千百歲，而關中餅師每圖宣帝像于肆中，今殆成俗。

梨　園　神（相公　老郎）

《茶香室叢鈔》卷十五：

國朝汪鵬《袖海編》云：習梨園者共構相公廟，自閩人始。
舊說爲雷海青而祀，去雨存田，稱田相公。此屬不可考，然以海
青之忠，廟食固宜，伶人祖之亦未謬。若祀老郎神者，以老郎爲
唐明皇，實爲輕褻，甚所不取。

《三教源流搜神大全》卷五：

帥兄弟三人：孟田苟留，仲田洪義，季田智彪。父諱鏻，母
姓刁諱春喜，乃太平國人士。唐玄宗喜音律，開元時，帥承詔樂
師典音律，猶〔尤〕善于歌舞，鼓一擊而桃李甲，笛一弄而響遏
流雲，韵一唱而紅梅破綻，菻一調而庶｜明風起。以敎玉奴、花
奴，盡善歌舞。後侍御宴以酣，帝墨塗其面，令其歌舞，大悅帝
顏而去，不知所出。復緣帝母感恙，瞑目間，則帥三人翩然歌
舞，聲翻交竟，琶絃索手，已而神爽形怡，汗焉而醒，其疴起
矣。帝悅，有海棠春醒高燭照紅之句，而封之侯爵。至漢天師因
治龍宮海藏疫鬼，倡徉作法，治之不得，乃請敎于帥。帥作神
舟，統百萬兒郎爲鼓竟奪錦之戲，京中譃噪，疫鬼出現，助天師
法斷而送之。疫患盡銷，至今正月有遺俗焉。天師見其神異，故

立法差以佐玄壇，敕和合二仙助顯道法，無合以不和，無頤恙不
解。天師保奏，唐明皇帝封冲天風火院田太尉昭烈侯，田二尉昭
佑侯，田三尉昭寧侯；聖父嘉濟侯，聖母刁氏縣君；三伯公昭濟
侯，三伯婆今夫人，竇、郭、賀三太尉，金花小姐，梅花小娘，
勝金小娘，萬回聖僧，和事老人，何公三九承士，都和合潘元
帥，天和合梓元帥，地和合柳元帥，斗中楊、耿二仙使者，送夢
報夢孫喜，青衣童子，十蓮橋上橋下棚上棚下歡喜耍笑歌舞紅娘
粉郎聖衆，岳陽三部兒郎百萬聖衆云云。

《鑄鼎餘聞》卷四：

國朝錢思元《吳門補乘》云：（老郎）廟在鎮撫司前，梨園
子弟祀之。其神白面少年，相傳為唐明皇，因明皇興梨園故也。
又曰《山海經》云，騩山耆童居之，其音常如鐘磬音。郭璞注：
耆童，老童也，顓頊之子，老郎疑即老童，為音聲之祖，郎與童
俱年少稱也。（均案：俗云即二十八宿中翼宿）

國朝顧祿《清嘉錄》引介休劉觀察澄齋《老郎廟詩》云："梨
園十部調笙簧，路人走看賽老郎，老郎之神是何許，乃云李氏六
葉天子唐明皇。"（均案：宋羅大經《鶴林玉露》云，時俗所謂快活三郎
者，即唐明皇也）

國朝丹徒《王文治詩集》以為是唐莊宗，其題老郎畫贊云：
"人言天寶，我為同光"。

【案】戲曲界所祀之梨園神一稱相公，一稱老郎。相公
者，或說為唐玄宗朝宮廷樂師雷海青。據說雷精于琵琶，安

祿山入長安，掠諸樂師至洛陽，強令奏樂，雷抗拒罵賊而死。
閩地梨園祀其神，而去雨存田，稱田相公。《三教源流搜神
大全》有風火院田元帥，謂為兄弟三人，皆唐玄宗朝樂師，
助張天師驅疫鬼，封為神，掌歌舞紅娘粉郎，當即由田相公
衍化出來。至於老郎神，或說即唐玄宗，或說為後唐莊宗，
或說為顓頊之子老童，未知孰是。而以唐玄宗之說較為流行，
大約因其大興梨園，故梨園祀為保護神。

爐　火　神（尉遲恭　太上老君）

《鑄鼎餘聞》卷四：

　　國朝羅天尺《五山志林》云：語云西域骨種羊、廣東火焙鴨，皆奇事也。始集卵五六百一筐，置之土爐，復以衣被，環以木屑，種火文武其中，設虛筐候之。卵得火小溫，輒轉徙虛筐，而上下之，畫夜六七徙，凡十有一日，而登之床，亦籍以衣被而重複其上，時旋減之，通一月而雛啄殼出矣。所祀為師者，則尉遲公，謂初有鐵匠置鴨卵數枚火爐旁，久而雛出，因悟火焙之法。尉遲公嘗作鐵匠，故祀之。

《民間新年神像圖畫展覽會》：

　　爐火之神，乃為冶工、金銀匠與兌換商之祖師（注：在北京，此神被認為老君。《西遊記》第七回曾述說老君將孫悟空放在八卦爐中，欲煉出長生不死之丹）。

　　【案】廣東火焙鴨，本奉鐵匠為師。而唐代名將尉遲恭，為鐵匠中最知名者，故祀尉遲公以代表鐵匠。民間鐵匠皆以尉遲恭為祖師，似亦可說得通。或曰冶工、金銀匠以太上老君為祖師，則因《西遊記》稱老君以八卦爐煉孫悟空耳。可博一笑。

娼　妓　神（白眉神）

《北平風俗類徵·祠祀及禁忌》：

　　近來狹邪家多供關壯繆像，予竊以爲褻瀆正神，後乃知其不然，是名白眉神，長髯偉貌，騎馬持刀，與關像略肖，但眉白而眼赤。京師相詈，指其人曰“白眉赤眼兒”者，必大恨，其猥賤可知。狹邪諱之，乃嫁名于關侯。坊曲倡女，初荐枕于人，必與艾豭同拜此神，然後定情，南北兩京皆然也。（《野獲編》）

　　娼家魔術，在在有之，北方妓家，必供白眉神，又名祅神，朝夕禱之。至朔望則用手帕蒙神首，刺神面，視子弟奸猾者佯怒之，撒帕着子弟面，將墜地，令拾之，則悅而無他意矣。（《清類鈔》）

　　【案】此神不知是何起源，存以備考。

機　神（褚載　褚河南　張衡）

《鑄鼎餘聞》卷四：

《杭州府志》云：機神廟在城東北隅，褚河南裔孫諱載者，得機杼之巧，于廣陵歸而教其里中，于是機杼甲于天下。宋至道元年，始于杭置織務，至今未改。杭人立祠祀之，又推原始爲機杼者，復立機神廟。

國朝錢泳《履園雜記》云：蘇州機神奉張平子，廟在祥符寺巷。杭州機神奉褚河南，廟在張御史巷。

【案】機神即織工之保護神。杭州機神廟祀褚載，以其得機杼之巧，歸教裡中，此亦類松、太之祀黃道婆也。或稱祀其祖諸河南，則亦有說。至若蘇州機神奉張平子（東漢張衡），則匪夷所思矣。或以張衡造地動儀等，心思巧密，擅長機械工藝，故而祀之？

吏　胥　神（三郎）

《通俗編》：

　　《史記‧秦始皇紀》：以罪過連逮，少近三郎官，無得立者。索隱注：謂中郎、外郎、議郎。按今吏胥家俱奉三郎之神。本此。

　　【案】書吏有祀蒼頡為祖者，已見前編。近代則有吏胥所奉三郎神，《通俗編》謂即秦之三郎官。此亦不可解者，錄以備考。

文 昌 神

《民間新年神像圖畫展覽會·附錄八》：

在供奉文昌之根源，似有一極古雷神地方的供奉，起于四川北部蠻族之間，而其中心乃在梓潼。此神數次顯靈于人間，使人視之爲國家之保護神，人且在成都爲之建祠，此事有漢代之碑文爲證（參閱《鑄鼎餘聞》卷一，《文獻通考》卷九十）。唐玄宗因避亂成都，封之爲左丞相，唐僖宗亦因在同樣情形下駕幸成都，于中和年間，封之爲王。在元延祐五年，仁宗封梓潼神爲輔元開化文昌司祿弘仁帝君，乃正式將此地方之神及文昌星神打成一片。據傳說云，該神曾降生數次，在《文帝本傳》及《文帝化書》中，詳載其先後托生之生活，托名張亞，玉皇乃使其管理人間祿位之記錄，並且使其評定文人之優劣。文昌及其隨從每于鄉會試時受人祈求，彼爲刻字匠、印字匠、錦匣工人、冥衣鋪工人、裱畫工人及紙店之祖師。

【案】文昌神爲天下士人所奉之祖，已見乙編。近代則刻字匠、印字匠、錦匣工人、冥衣鋪工人、裱畫工人及紙店奉爲祖師，當亦有說，惜不得詳知。

壬　　編

王侍宸

薩眞人

王靈官

附：王惡元帥

何蓑衣

張紫陽

九鯉湖仙

八　仙

李鐵拐（鐵拐李）
鍾離權（漢鍾離）
張果老（張果）
呂洞賓
何仙姑
藍采和
韓湘子
曹國舅
劉海蟾

小　敍

中國到了戰國時期，出現了一種神仙家學派。他們的思想，如《漢書·藝文志》所說：“神仙者，所以保性命之眞，而游求于外者。聊以蕩意平生，同死生之域，而無怵惕于胸中。”《莊子》一書中，稱這種神仙爲眞人、聖人、神人，說他們不食人間烟火，長生不老，“登高不栗，入水不濡，入火不熱”，“御六氣之辯，以游無窮”。這種信仰與承襲原始宗敎而來的傳統的鬼神觀念很不相同。神仙都是由人修成的，他們與山川星辰等自然神當然不同，但卽使與由鬼魂崇拜發展而來的人神亦不盡相同。鬼神崇拜相信靈魂不滅，所以認爲人的軀體死後，其靈魂仍然存在，而且能影響人們的生活，而偉大首領、戰士、巫師等歷史人物的靈魂尤其強有力，于是奉爲保護神。在人們的心目中，這些“人神”也會盡力保護人類。神仙家也相信靈魂不滅，但他們認爲得道成仙者，軀體、靈魂俱可不滅，不必死後成神，在世時卽可升天成仙。卽使有所謂“尸解”卽在人世留下軀殼，也往往是以竹杖、衣服等物幻化而成的。至于成仙以後，則不像人神那樣負有保護一方、一界之職責，而是悠游名山，盡享清福，全都是“自了漢”。鬼神世界秩序井然，等級森嚴，各有職守，頗類人間之官僚體制。而神仙世界雖也有高低之分，但互相沒有統屬關係，無拘無束，游戲人間，頗類人間在野之隱士逸客。在西方的宗教觀念中，人死以後，有上天堂和下地獄兩種前途。中國古代雖無這樣明確的宗教觀念，但普通人死後皆入冥間，得道之神仙却逍遙世外洞天，其生活環境亦不亞于天堂了。

關于神仙思想的起源，這裡不打算詳細探討了。簡單地說，這種思想絕不可能是原始宗教的遺迹，但其實質與原始宗教是相同的，即同樣產生于顚倒的世界觀，把人的本身變成幻想的現實性。原始宗教對支配人們日常生活的自然力加以神化，以示敬畏，實質是幻想將其納入一定的軌道。神仙家對人本身加以神化，在幻想中賦予其超越自然的能力。原始宗教進入階級社會後逐漸消亡，代之而起的“人爲宗教”是按人世間的社會模式來構造的。神仙思想却有所不同。春秋戰國以來，社會急劇動盪，使統治階級中的一些人對現實政治和社會喪失信心，一心尋找“出世”、“遁世”、游離于人世現實生活之外的途徑。統治者在盡享人間榮華富貴之餘，又想追求長生不死的境界。於是，在階級鬥爭異常激烈的背景下，神仙家學派應運而生了。

其初，神仙家學派產生于燕、齊之地，主要流行于統治階級中。後經秦漢統治者的大力提倡，遂波及全國，形成專職的神仙家方士集團。至東漢中葉，道教創立，神仙思想成爲其重要的理論內容。道教是中國土生土長的宗教，吸收了大量傳統信仰和民間迷信內容，所以很容易在民間傳播，神仙思想于是也就迅速流行于民間。對于普通百姓來說，不事生產，專事修煉以成仙，或是追求長生不老，乃是過于奢侈的目標。但他們苦于多少年來的刀兵水火災病的困擾，當然嚮往幻想中的不受剝削、不受壓迫的“世外桃源”，或者希望能得到不受現行秩序約束，而關心人民

疾苦，救死扶傷，駕馭自然，拿妖捉鬼的"仙人"的幫助。所以
原先主要存在于方士口中、文人筆下、帝王腦中的神仙，漸漸也
成爲民間故事的主角。道教則充分利用這種有利形勢，把一個又
一個有名的道士吹墟成得道升天的眞仙。

　　這類活躍于道士口中、文人筆下、民間傳說中的仙人數量相
當大，且歷代增添，至明代的《列仙全傳》，已收有五百八十一
人。本編不可能作全面介紹了。考慮到本書的特點，我們主要選
擇一部分在民間影響較大、不僅游戲于世外洞天，有"仙"的特
徵，而且較多干預人間之事，爲民間立廟設像奉祀，兼備"神"
的特徵的"仙人"，進行介紹。

張　天　師

《後漢書·劉焉傳》：

初，祖父（張）陵，順帝時客于蜀，學道鶴鳴山中，造作符書，以惑百姓。受其道者輒出米五斗，故謂之"米賊"。陵傳于衡，衡傳于魯，魯遂自號"師君"。其來學者，初名爲"鬼卒"，後號"祭酒"。民夷信向。

《三國志·張魯傳》：

張魯字公祺，沛國豐人也。祖父陵，客蜀，學道鵠鳴山中，造作道書，以惑百姓。

《古今圖書集成·神異典》卷二三二：

按《神仙傳》：張道陵者，沛國人也。本太學書生，博通五經，晚乃嘆曰："此無益于年命。"遂學長生之道，得黃帝九鼎丹法，欲合之，用藥皆靡費錢帛，陵家素貧，欲治生，營田牧畜，非己所長，乃不就。聞蜀人多純厚，易可教化，且多名山，乃與弟子入蜀，住鶴鳴山，著作道書二十四篇，乃精思煉志。忽有天人下，千乘萬騎，金車羽蓋，驂龍駕虎，不可勝數，或自稱柱下史，或稱東海小童，乃授陵以新出正一明威之道。陵受之，能治病，于是百姓翕然奉事之，以爲師。弟子戶至數萬，即立祭

張天師

酒，分領其戶，有如官長。並立條制，使諸弟子隨事輪出米絹器物，紙筆樵薪什物等，領人修復道路，不修復者，皆使疾病。縣有應治橋道，于是百姓斬草除溷，無所不爲，皆出其意。而愚者不知是陵所造，將爲此文從天上下也。陵又欲以廉恥治人，不喜施刑罰，乃立條制，使有疾病者皆疏記生身以來所犯之辜，乃手書投水中，與神明共盟約；不得復犯法，當以身死爲約。于是百姓計念邂逅疾病，輒當首過，一則得瘳，二使羞慚，不敢重犯，且畏天地而改。從此之後，所違犯者皆改爲善矣。陵乃多得財物，以市其藥合丹。丹成，服半劑，不願即升天也。乃能分形作數十人。其所居門前水池，陵常乘舟戲其中，而諸道士賓客往來盈庭。蓋座上常有一陵，與賓客對談共食飲，而眞陵故在池中也。其治病事皆采取元素，但改易其大較，轉其首尾，而大途猶同歸也。行氣服食，故用仙法，亦無以易。故陵語諸人曰：“爾輩多俗態未除，不能棄世，止可得吾行氣導引房中之事，或可得服食草木數百歲之方耳。其有九鼎大要，唯付王長，而後合有一人從東方來，當得之。此人必以正月七日日中到。”具說長短形狀。至時，果有趙升者，恰從東方來至平原相見，其形貌一如陵所說。陵乃七度試升，皆過，乃授升丹經。七試者，第一試：升到門，不爲通，使人罵辱，四十餘日，露宿不去，乃納之。第二試：使升于草中守黍驅獸，暮遣美女非常，托言遠行，過寄宿，與升接床，明日又稱脚痛，不去，邃留數日，亦復調戲，升終不失正。第三試：升行道，忽見遺金三十餅，升乃走過，不取。第四試：令升入山采薪，三虎交前，咬升衣服，唯不傷身，升不恐，顏色不變，謂虎曰：“我道士耳，少年不爲非，故不遠千里，來事神師，求長生之道，汝何以爾也？豈非山鬼使汝來試我乎？”須臾，虎乃起去。第五試：升于市買十餘匹絹，付直訖，而絹主誣之，云未得，升乃脫己衣買絹而償之，殊無慍色。第六試：升守田谷，有一人往，叩頭乞食，衣裳破弊，面目塵垢，身體瘡膿，臭穢可憎，升愴然爲之動容，解衣衣之，以私糧設食，又以私米遺之。第七試：陵將諸弟子登雲台絕岩之上，下有一桃樹，如人臂傍，生石壁，下臨不測之淵，桃大有實。陵謂諸弟子曰：“有人能得此桃實，當告以道要。”于時伏而窺之者三百餘人，股戰流汗，無敢久臨視之者，莫不却退而還，謝不能得。升一人乃曰：“神之所護，何險之有！聖師在此，終不能使吾死于谷中耳。師有教者，必是此桃有可得之理故耳。”乃從上自擲投樹上，足不蹉跌，取桃實滿懷，而石壁險峻，無所攀援，不能得返，于是乃以桃一一擲上，正得二百二顆。陵得而分賜諸弟子各一，陵自食一，留一以待升。陵乃以手引升，衆視之，見陵臂加長三二丈，引升，升忽然來還，乃以向所留桃與之。升食桃畢，陵乃臨谷上，戲笑而言曰：“趙升心自正，能投樹上足不蹉跌，吾今欲自試投下，當應得大桃也。”衆人皆諫，唯升與王長默然。陵遂投空，不落桃上，失陵所在，四方皆仰，上則連天，下則無底，往無道路，莫不驚嘆悲涕。唯升、長二人，良久乃相謂曰：“師則父也。自投于不測之崖，吾何以自安？”乃俱投身而下，正墮陵前，見陵坐局脚床斗帳中，見升、長二人，笑曰：“吾知汝來。”乃授二人道畢。三日乃還，歸治舊舍，諸弟子驚悲不息。後陵與升、長三人皆白日冲天而去，衆弟子仰視之，久而乃殁于雲霄也。初，陵入蜀山，合丹半劑，屬未冲舉，已成地仙，故欲化作七試，以度趙升，乃如其志也。

《枕中書》：

張道陵爲三天法師，統御六虛，數侍金闕，太上之股肱，治在廬山。

《眞靈位業圖》：

正一眞人三天法師張（諱道陵）。

《古今圖書集成·神異典》卷二二七：

按《神仙感遇傳》：令狐絢者，余杭太守綯之子也。雅尙元微，不務名宦，于開化私院自創靜室，三日五日卽一度開室焚香，終日乃出，時有神仙降之。因言入靜之時，有靑童引入至天中高山之上，朝謁老君，見丹命張天師爲元中大法師，以代尹眞人之任。初，尹與三天論功于太上之前，太上曰："群凶擾于中原，蠶食華夏，不能戢之，尹眞人之過也。再立二十四化，分別人鬼，澤及生靈，道陵之功也。此二者各宜登台冥思，取驗于大道。"卽敕尹眞人登蓮花寶台，端寂而坐，頃之萬景昏曀。又命道陵亦登此台，旣坐良久，則奇彩異光，種種變化，天人交暢矣。自是以道陵代尹爲元中法師焉。

《事物紀原》卷七：

元魏世祖時，賜寇謙之天師之號，後漢張道陵亦有天師之稱。蓋自《列子》言黃帝之稱牧馬童子曰天師始也。

《茶香室三鈔》卷十八：

宋陳元靚《歲時廣記》云：《靈寶朝修圖》，正月十五日，虛無自然元始天尊于八景天宮集會三界群仙，漢祖天師三天扶教輔元大法師正一靜應眞君誕生之日。

又引《漢天師家傳》云：眞人諱道陵，字輔漢，姓張氏，豐邑人，留侯子房八世孫也。母夢天人自北斗魁星降至地，以薇蘅之香授之，感而有孕，于光武建武十年甲午正月望日，生于吳地天目山。眞人張道陵于恒帝永壽二年九月九日，在巴西赤城渠亭山中，太上遣使者持玉册，授正一眞人之號。即有黑龍駕一紫輿，玉女二人引眞人與夫人雍氏登車，前導後從，天樂隱隱，迎至一處瓊樓玉閣，闕上金牌玉字，曰："太元都省正一眞人闕。"又引《女仙錄》云：孫夫人，張道陵妻也，同隱龍虎山，以恒帝永壽二年丙申九月九日，與天師于閬中雲台山白日升天。按此則張道陵妻有雍姓、孫姓之異，未知誰是。

《續文獻通考・群祀考》三：

至元十五年七月，建漢祖天師正一祠于京城。

十月祠成，詔張留孫居之。

《釋老傳》曰：正一天師者，始自漢張道陵，至三十六代宗演，當至元十三年，世祖平江南，遣使召之，至則待以客禮，命主領江南道教，乃賜銀印。子與棣、與材嗣。成宗大德八年，授與材正一教主，領三山符籙。其徒張留孫，從宗演入朝，世祖與語稱旨，留侍闕下，祈禱輒應，即命留孫爲天師，固辭不敢當，乃號之上卿，建崇眞觀于兩京，俾留孫居之，專掌祠事。

臣等謹案：正一祠疑卽《釋老傳》中之崇眞觀也。傳稱建于兩京，則上都亦有之矣。

《三教源流搜神大全》卷七：

天師者，漢張道陵也，子房八世孫，光武建武間生于吳天目山，學長生法術，隱北邙山。章帝、和帝累召不起。久之，遍游名山，東抵興安雲錦溪，升高而期曰：“是有異境。”緣衍流而之雲錦洞，有岩焉，煉丹其中。三年，青龍白虎旋繞于上，丹成餌之。時年六十，容貌益少。又得秘書，通神變化，驅除妖鬼。後于蜀之雲台峰升天，後遺經錄符章關印劍，以授子孫。其四代日盛，復居此山。歷代重之。今其子孫世襲眞人，居于江西廣信府貴溪縣之龍虎山。

《明史・禮志四》：

（弘治元年）尚書周洪謨等言：祖師三天扶教輔玄大法師眞君者，傳記云：“漢張道陵，善以符治病。唐天寶、宋熙寧、大觀間，累號正一靖應眞君，子孫亦有封號。國朝乃襲正一嗣教眞人之封。”然宋邵伯溫云：“張魯祖陵、父衡，以符法相傳授，自號師君。”今歲以正月十五日爲陵生日，遣官詣顯靈宮祭告，亦非祀典。

《古今圖書集成・神異典》卷二一七引明蔣德璟《糾張眞人疏》：

漢末之黃巾以妖術授徒，及應京之祖道陵，以五斗米設教是也。道陵舊事，姑不深言。自晉及唐，其子孫關無封號，宋崇寧中始賜號張繼先爲虛靖先生，亦無品級。至元始加眞人，稱嗣天師，高皇帝以天豈有師斥之。

《歷代神仙通鑒》卷九：

（張道陵，字漢輔，沛固豐邑人）留侯九世孫。初，不疑嗣爲侯，生二子。次子高生通，通生無妄，無妄生里仁，里仁生浩，浩生剛，剛生翳，翳（字大順）客于吳之天目山。妻林氏夢神人自北斗魁星中降至地，長丈餘，衣綉衣，以薔薇香草授之，曰："吾始居方山，今奉上帝命來降汝家。"遂感而孕。復歸沛，建武甲午上元夜生道陵，黃雲籠室，紫氣盈庭，室中光氣如晝。七歲時遇一老人，稱河上公，授《道德眞經》，捧歸誦之，即通曉其義。及長，長九尺二寸，龐眉廣顙，朱頂綠睛，隆準方頤，目有三角，博綜五經墳典以及天文地理河洛圖書纖緯之秘，爲一代大儒。往來吳越，從學者千餘人。（天目南三十里，西北八十里，皆有講誦之堂，今臨安神山觀、餘杭通仙觀，是其地。）煉長生之道于陽羨山中。復自浙逾淮，涉河洛，入蜀山，得煉形合氣之書，辟穀少寐。永平二年（二十六歲）赴直言極諫科，拜巴郡江州令。未幾隱煉北邙山。建初五年（四十七歲）詔舉賢良方正，道陵不起，復徵爲博士，亦不赴。（和帝）永元丁酉九年，聞張道陵在北邙，欲徵爲太傅，遣使聘之，不出。（入吳）遇眞人魏伯陽，拜求其道。別而西游，愛蜀中溪嶺深秀，初居陽平山，得貞女雍氏爲配，始生女，名文姬，既生子衡（字靈眞），越三年又生子權（字合義），復連生三女，曰文光、賢姬、芳芝。道陵西行，見靈奇一山，上有石鶴，形少似鵠，聞其鳴，則有得道者。道陵居之，石鶴忽鳴(因名鶴鳴山）。復從淮入鄱陽，泝流入雲錦山。煉九天神丹，一年紅光照室，二年有青龍白虎現繞丹爐，（亦名龍虎山），三年丹成。年六十餘，餌之益壯，行及奔馬。一日，有神人虯髯鐵面，皂幘金鞭，跨黑虎，至前曰：“趙公明願永護眞人丹局”。道陵命其鎮守玄壇，復自槪訪西仙源，獲制命五岳攝召萬靈神虎秘文，精思修煉，能飛行運聽，分形散影，人皆莫測其神妙。（後太上老君授以正一盟威秘文、三清諸品經、斬妖雌雄劍等。）令治蜀地八部鬼神、六天魔王，悉平之。俱會盟于青城山，太上老君、元始天尊，敕青童諭眞人以正一盟威之法，使世世宣布爲人間天師，封眞人爲太玄都正一平氣大法師。凡升天者，必先謁三天大法天師，然後上朝玉帝。天師卽道陵也。（後上帝又授正一眞人之號，在人間一百二十三歲）證位三天輔元大法天師，夫人爲上眞東岳夫人。

《列仙全傳》：

　　張道陵，字輔漢，子房八世孫。身長九尺二寸，龐眉廣顙，朱頂綠睛，隆準方頤，目有三角，伏犀貫頂，玉枕峰起，垂手過膝，美髭髯，龍蹲虎步，豐下銳上，望之儼然。漢光武建武十年生于天目山。母初夢大人自北魁星中降至地，長丈餘，衣綉衣，以蘅薇香授之。旣覺，衣服居室皆有異香，經月不散，感而有孕。及生日，黃雲籠室，紫氣盈庭，室中光氣如日月，復聞昔日之香，浹日方散。七歲通《道德經》，天文地理河洛圖緯之書，皆極其奧。舉賢良方正，身雖仕而志在修煉。無何，隱北邙山，有白虎銜符文置座傍。和帝徵爲太傅，封冀縣侯，三詔不就。入蜀，愛蜀中溪嶺深秀，遂隱于鶴鳴山。山有石鶴，每鳴則有得道者。

道陵居此，苦節學道，嗇氣養神，鶴乃鳴。弟子有王長者。習天
文，通黃老，相與煉龍虎大丹。一年有紅光照室，二年有青龍白
虎繞護丹鼎，三年丹成。眞人年六十餘，餌之若三十許人，行及
奔馬。與王長入北嵩山，遇綉衣使者，告曰：「中峰石室藏上三
皇內文、黃帝九鼎太清丹經，得而修之，乃升天也。」于是眞人
齋戒七日，入石室。足所履處，鏗然有聲，即掘其地，取之，果
得丹書。精思修煉，能飛行遙聽，得分形散影之妙。每泛舟池
中，誦經堂上，隱幾對客，杖藜行吟，一時並赴，人皆莫測其靈
異。西城房陵間有白虎神，好飲人血，每歲其鄉殺人祭之。眞人
召其神戒之，遂滅。又梓州有大蛇，鳴則山石振動，時吐毒霧，
行人中毒輒死。眞人以法禁之，不復爲害。順帝壬午歲正月十五
夜，眞人在鶴鳴山夢覺，唯聞鑾佩珊珊，天樂隱隱，香花覆地，
紫雲滿空。瞪目東瞻，見紫雲中素車一乘，駕五白龍，車旁旌旗
儀衛甚盛。車中一神人容儀若冰玉，手執五明寶扇，項負八景圓
光，身丈六餘，神光照人，不可正視。車前一人敕眞人曰：「子
勿驚佈，即太上老君也。」眞人禮拜。老君曰：「近蜀中有六大
鬼神，枉暴生民，深可痛惜。子其爲吾治之，使晝夜各分，人鬼
有別，以福生靈，則子功無量而名錄丹台矣。」乃授以正一盟威
秘籙三清衆經九百三十卷，符籙丹灶秘訣七十二卷，雌雄劍二
把，都功印一枚，冠衣、方裙、朱履各一副，且曰：「與子千日
爲期，後會閬苑。」眞人乃叩頭領訖，日味秘文，按法遵修。千
日內顧五臟，外集三萬六千神。又感玉女敎以吐納清和之氣，攝
伏精邪，符籙中三步九迹魁罡七元交乾履斗之道，隨其所指，隱
遁出沒，皆得自然。時有八部鬼帥，各領鬼兵，動億萬數，周行

人間。劉元達領鬼行染病，張元伯行瘟病，趙公明行下痢，鍾子季行瘡腫，史文業行寒瘧，范巨卿行酸瘠，姚公伯行五毒，李公仲行狂魅赤眼，虛毒嘯禍，暴殺萬民，枉夭無數。真人奉老君誥命，佩盟威秘籙，往青城山置琉璃高座，左供大道元始天尊，右置三十六部真經，立十絕靈幡，周匝法席，鳴鐘扣磬，布龍虎神兵。衆鬼即挾兵刃矢石來害真人。真人舉手一指，化爲一大蓮花拒之。鬼衆復持火千餘炬來，真人舉手一指，鬼反自燒，遙謂真人曰：“師自住峨嵋山，何爲來侵奪我居處？”真人曰：“汝等殘害衆生，所以來伐汝，擯之西方不毛之地，奉老君命也。”元達等聞，怒，乃會鬼帥兵馬各千萬衆，精甲犀刃，上山圍繞。真人以丹筆遙畫一陣，鬼衆皆仆，八大王叩頭求生。真人以丹筆倒畫之，鬼衆復甦。真人呼鬼王曰：“汝等近前，聽吾處分：自今速當遠避，勿復行病人間，如違即當誅戮，無留種！”鬼王曰：“降災下民，本自隸我，奈何盡奪，願分一半。”真人不許，叱退之。鬼王不服，次日復會六大魔王，率鬼兵百萬環攻。王長曰“鬼甚衆，奈何？”真人曰：“子無恐，吾即却之。”復以丹筆一畫，衆鬼復死，惟六魔王仆地不能起，乃叩頭求生。真人不顧，復以丹筆一裁，此山遂分爲二。六魔王欲度不能，大聲哀求，云“自今而去，不敢復來，乞往西方娑羅之國而居止焉。”真人乃許可之，倒筆再畫，八師、六魔、群鬼悉起。真人命王長肩一大石，爲橋度之。然群鬼雖懾伏，真人猶欲服其心，謂之曰：“試與爾各盡法力。”元達等曰：“惟命是聽。”真人投身入大火中，即足履青蓮而出；鬼帥投火，爲火所燒。真人入木，身度木處，木即隨合；鬼帥投木，即墜地。真人入水，乘黃龍而出，鬼

帥入水，爲水所溺。眞人以身入石，透石而出；鬼帥入石才入一
寸。眞人以身入鐵山，透山而出；鬼帥才入半寸。眞人咒神符一
道，左手指之鬼斃，右手指之復生。鬼帥左右指無先無死。元達
等化八大虎奔攖而來，眞人化一獅子逐之，虎奔走。鬼帥又化八
大龍，欲來擒師。眞人化金翅鳥，啄龍目睛，八龍爭遁。鬼帥又
化大神，雙持大撾，欲擊眞人。眞人化作金剛，身長七十二萬
丈，廣五十三萬圍，戴大冠，負圓光，具十二種無量相，擊大
神，大神退走。鬼帥等身高十二丈，即墜。眞人騰空，高百餘丈，
上無所攀，下無所乘。鬼帥作五色雲，暗天地。眞人化五色
日，炎光輝灼，雲即流散。鬼帥變化技窮。眞人乃化一大石，可
重萬餘斤，以藕絲懸之鬼帥營上，令二鼠爭嚙，其絲欲墮。鬼帥
同聲哀告，乞餘生遠去，再不虐害生民。眞人遂命五方八部六大
鬼神會盟于青城山，使人處陽明，鬼行幽暗，六大鬼王歸于北
酆，八部鬼帥竄于西域。鬼衆猶躊躇不去。眞人乃口敕神符一
道，飛上層霄。須臾，風雨雷電刀兵畢至，群鬼滅影而遁。眞人
至蒼溪縣雲台山，謂王長曰：“此山乃吾成功飛騰之地也。”遂
卜居，修九還七返之功。一日復聆昔日鸞佩天樂之音，眞人整衣
叩伏，見老君千乘萬騎，來集雲際，徘徊不下。眞人再拜泣曰：
“臣夙昔承寶蔭，親授秘文，乃奉天威，戰鬼行化，功成退居于
此。今飆駕再臨，不我下降，意者大道離臣，臣其爲屍敗乎？”
老君乃命使者告曰：“子之功業，合得九眞上仙。吾昔使子入
蜀，但奪鬼幽獄，區別人鬼，以布清淨之化。而子殺鬼過多，又
擅興風雨，役使鬼神，驅馳星斗，震蕩山川，陰景翳晝，殺氣穢
空，殊非大道好生之意。上帝正責子之過，所以吾不得近子也。

子且退居，勤行修謝日月、二十八宿、二十四氣、陰陽本命主
者。謝過之後，更修三千六百日。吾待子于無何有鄉上清八景宮
中。”言訖，聖駕升去。眞人遂依告文，與王長遷鶴鳴山，謂弟
子趙升曰：“彼處有妖怪，當往除之。”及至，值十二神女于山
前笑迎，姿態妖艷。因問曰：“此地有鹹泉何在？”神女曰:“前
大湫是，毒龍處之。”眞人乃以法召之，毒龍不出。遂書一符，
化爲金翅鳥，向湫上盤旋。毒龍驚，舍湫而去。其湫卽竭，遂得
鹹泉，後居民煮之有鹽。十二神女各出一玉環來獻，曰：“妾等
願事箕帚。”眞人受其環，以手緝之，十二環合而爲一。謂曰：
“吾投此環于井中，能得之者，應吾夙命也。”神女竟解衣而入
井爭取玉環。眞人遂掩之，盟曰：“令作井神，無得復出。”彼
方之民，至今不懼神女之害，而獲鹹井之利，後以眞人諱旌其
州，今陵州是也。過宋江，其中多異物爲害。乃書大山篆符以鎮
之，其害遂絕。每水涸，人猶見其符，摹歸以屏妖戀。眞人重修
二十年，乃復領趙升、王長往鶴鳴山。一日午時，忽見一人朱衣
青襟，曳履執板，一人黑幘絹衣佩劍，捧一玉函進曰：“奉上清
眞符召眞人游閬苑。”須臾前後從引千乘萬騎紛然而來。中有黑
龍駕一紫輿，玉女二人引眞人登車。旋踵至闕，闕榜云“擬太玄
都正一眞人闕”。眞人旣至，群仙禮謁。良久，忽二青童引群
仙，皆朱衣絳節前導，曰：“老君至矣。”從者二人，可二十
許。或曰：“此子房、子淵也。”乃相與騰空而上，至一殿，金
階玉砌。或謂眞人曰：“將朝太上元始天尊也。”眞人整衣趨
進，望見殿上圓光照人，不可正視。移時殿上敕青童諭眞人以正
一盟威之法，使世世宣布，爲人間天師，拜眞人爲太玄都正一平

氣三天扶教輔元大法師，敕還人間，勸度未悟，仍密諭飛升之
期。眞人受命，乃復返渠亭赤石崖舍，出三天正一秘法付王長、
趙升，于離沅山中敷演其法。次還陽平山，以飛仙輕舉之法付嗣
師。乃還鶴鳴山。恒帝永壽元年正月七日五更初，長、升見空中
一人，駕雲車，大聲言曰："張道陵功已行就，將授以秘籙。"
言訖，老君駕龍輿，命眞人乘白鶴同往成都，重演正一盟威之
旨，說北斗南斗經畢，老君復去。眞人欲留其神迹，乃于雲台西
北半崖間，舉身躍入石壁中，自崖頂而出，其山因成二洞。今崖
半曰峻仙洞，崖上曰平仙洞。九月九日在巴西赤城渠亭山中，上
帝遣使者持玉册授眞人正一眞人之號，諭以行當飛升。眞人乃以
盟威都功等諸品秘籙，斬邪二劍、玉册玉印，以授其長子衡，戒
之曰："此文總統三五步罡正一之樞要，驅邪誅妖，佐國安民，
世世一子紹吾之位，非吾家子孫不傳。"謂長、升曰："尙有餘
丹，二子可分餌之，今日當隨吾上升矣。"亭午，群仙儀從畢至，
玉女二人引眞人、夫人雍氏並登黑龍紫輿，天樂擁導，于雲台峰
白日升天。時眞人年一百二十三歲也。今其子孫世襲眞人，居于
江西廣信府貴溪縣之虎龍山。

《古今圖書集成·神異典》卷二二七：

按《香案牘》：道陵居渠亭山，見青童絳節前導曰："老君
至矣。"從者二人，雋似弱冠，或指曰："此子房，此子淵。"

按《徐州志》：張道陵字輔漢，豐人，子房八世孫。七歲即
通《道德經》。章帝聞之，舉賢良方正，三詔不起，志在修煉。
久之，入蜀，得黃帝九鼎太清丹經。丹成餌之，時年六十，容貌
益少。又得秘書，通神變化，驅除妖鬼。既而與弟子趙升、王長

遷鶴鳴山中，感老君授以秘籙。恒帝永壽元年正月七日幷夫人雍氏飛升，時一百二十三歲。今之廣信龍虎山其後裔云。

按《廣西通志》：張道陵字輔漢，生于吳之天目山，時漢光武十年也。善以符治病。隱富川之白霞，修煉至桓帝永壽元年，又往雲台峰，白日飛升。人即其地祠之，曰丹霞觀，丹灶藥臼至今存焉。范純仁謫賀縣，東坡與書云：「丹霞觀張道陵遺迹，果有良藥異事乎？」據此益信。

按《四川總志》：漢張道陵初入蜀閬中，居鶴鳴山煉丹修道。感老君授以秘籙，遂領弟子趙升、王長來雲台山煉大丹，服之。漢永壽二年，自以功成道著，乃于半崖躍入石壁中，自崖頂而出，因成兩洞。崖上曰峻仙洞，崖半曰平仙洞。是年九月九日，將諸秘籙、斬邪一劍、玉册玉印授長子衡，乃與夫人孫氏登雲台峰，白日升天，年一百二十三歲。

《通俗編》：

《莊子·徐无鬼篇》：「黃帝再拜稽首稱天師而退。」天師之名昉此。《晉書·郗超傳》：「愔事天師道，而超奉佛。」《殷仲堪傳》：「少奉天師，精心事神。」所云天師，即道家張天師也。李膺《蜀記》：「張道陵病瘧，于邱社中得咒鬼術書，遂解使鬼法。入鶴鳴山，自稱天師。熹平末，爲蟒蛇所吸。子衡假設權方，以表靈化，生糜鶴迹，置石崖頂。至光和二年遣使告曰：正月七日，天師升元都。于是衡爲系師，衡子魯爲嗣師。中平時，魯據漢中，與其弟角爲五斗米道以惑天下。」按：《王羲之傳》言王氏世事張氏五斗米道。可見晉時衣冠盛族，多趨奉之，不特郗愔、殷仲堪也。自晉至宋，子孫二十餘傳，皆據龍虎山，世授其法。大中祥符時，始以王欽若言，召見，賜號先生。元以來，改號眞人。而世但言其初稱，謂之天師。

《十駕齋養新錄》卷十九：

天師之稱，始見于《莊子》，特一時尊敬之詞，非以爲號也。後漢張陵，始以五斗道誑惑漢沔間。其孫魯，據有漢中，魏武授以侯爵，後來習其教者，妄稱陵爲天師。《水經注·沔水篇》云：瀁水又南逕張魯治東，水西山上，有張天師堂，于今民事之。又《江水篇》云：平都縣有天師治。皆謂張陵也。晉南渡後，士大夫多有奉五斗米道者，或謂之天師道。《晉書·何充傳》：時郗愔及弟曇，奉天師道。〈殷仲堪傳〉：少奉天師道。〈王恭傳〉：准陵內史虞珧子妻裴氏，有服食之術，常衣黃衣，狀如天師。由是妖妄之稱，始登正史。《魏書·釋老志》載寇謙之遇大神，稱太上老君，謂自天師張道陵去世以來，地上曠誠修善之人，無所師授，故來授汝天師之位云云。益誕謾可笑矣。

《陔餘叢考》卷三四"張眞人"條：

秦漢以來但有方士爲神仙之說，無所謂道家者。以老聃爲道教之祖，張陵爲大宗，則始于北魏寇謙之，而唐時乃盛行。至信州龍虎山張氏世襲封號，則又自宋始也。按《三國志注》及《邵氏見聞錄》：張陵，漢順帝時人，入蜀居鶴鳴山，造符書爲人治病。陵子衡，衡子魯，以其法相授，自號師君，其衆曰鬼卒，曰祭酒，曰理頭。朝廷不能討，就拜魯爲漢寧太守。此張陵之始末見于傳記者也。胡氏《筆叢》及《續通考》又引道書，謂陵乃留侯八世孫，生于天目山，學長生之術，後隱于廣信龍虎山。章帝、和帝累召不起。久之遍游名山，至興安雲錦洞煉丹三年，青龍白虎繞其上。丹成餌之。年六十而貌益少。又得秘書，通神變化，驅除妖鬼。既而入蜀，居鶴鳴山，老君授以秘籙。遂領弟子趙升、王長來雲台，復煉大丹，餌之。漢永壽二年功成道著，乃以九月九日將諸品秘籙、斬邪二劍、玉册玉印授其子衡，而自與夫人雍氏白日升天，時年百二十三歲。其四代孫盛復來居龍虎山云。按《通考》所述雖頗誕幻，然張陵之後遷于龍虎山，其流派大抵如此。《通鑒》亦云張魯子自漢川徙居信州龍虎山也。然魏晉以來，但私相傳授，而未聞于朝廷。《世說》注：郗愔與弟曇奉天師道。此人間奉道教之始也。至北魏，嵩山道士寇謙之自言：嘗遇老子，命繼張陵爲天師，授以雲中音誦新科之戒，服食導引口訣之法。又遇老子元孫李譜，授以圖籙眞經，劾召鬼神，及銷煉金丹雲英八石玉漿之法，使佐北方太平眞君。乃奉其書獻于魏明帝。朝野多未之信，獨崔浩深信之，勸魏王崇奉。乃迎致謙之弟子，起天師道場于平城東南，重壇五層，月設厨會數千人。此朝廷崇道教之始也。邱瓊山謂：雲中科戒，即後世齋醮科儀所由起；服氣導引，即後世辟穀修養所由起；圖籙眞經，即後世符咒攝召之術所由起；銷煉金丹，即後世烹煉丹藥所由起。然是時雖發于寇謙之，而謙之自云繼張陵爲天師。又《太平廣記》：梁武初未知道教，因陶貞白詣張天師道裕，乃爲立元壇三百所。而《通考》亦載：唐天寶六載以後，漢天師子孫嗣眞教，册贈天師爲太師。可見六朝以來，早有天師之稱矣。天寶中即令其子孫嗣

眞敎，當已世襲，但其封號字名，史不經見。《通考》：宋太宗
祥符九年，賜信州道士張正隨號眞靜先生。王欽若爲奏立授籙院
及上清觀，蠲其租稅。自是凡嗣世者皆賜號。邱瓊山謂：此張氏
賜號之始，然無階品。徽宗崇寧三年，賜張繼先亦僅號虛靜先生。
（《續通考》：繼先隨上入宮，諸妃嬪爭以扇求書。繼先以經語書之，各契
其意。中舉一柄扇，稽首書曰："保鎮國祚，與天長存。"則上所賜扇也。
上奇之。令禱雨，輒應。金人犯汴，欽宗又召之，至泗州天慶觀，作頌曰：
"西山下紅日，烟雨落潸潸。"書絕而化。金人亦以是日陷汴京。又《夷堅
志》張虛靜天師斬同州白蛇一事，謂虛靜乃漢天師三十代孫，平生不娶。京
師將亂，嘗出城，還鄉尸解，復隱于峨眉山。天師嫡派遂絕，今以族人紹
厥後云。王棠《知新錄》云：宋時有林太守者，送張天師于獄中，奏云：其
祖乃漢賊，不宜使子孫襲封。朱子謂：人人尊信之，而林獨能名其爲賊，其
疏必有可觀，惜已不傳。不知當時如何施行也。） 元世祖至元十三年，
乃賜張宗演靈應冲和眞人之號，給三品銀印，令主江南道敎。
（《張天師世家錢》謂宋季有可大者，元世祖密遣使問之，可大謂使者曰：
後二十年當混一天下。至元十二年果驗，而可大已死。乃召其子宗演崇奉
之。） 十五年，又爲建正乙祠于京師，以其弟子張留孫居之。嗣
後張氏繼襲者屢有，加號進秩至一品。明太祖以張正常爲眞人，
去其舊稱天師之號。謂群臣曰：至尊惟天，豈有師也？賜秩正二
品。按元時所封本號眞人，而明祖謂應改其天師之號。蓋其時朝
廷雖封曰眞人，而世尚稱爲天師。然則天師之稱，直自六朝以來
不替也。

《破除迷信全書》卷六：

　　直到如今，這張天師的封號，還是在社會上甚爲打響，他的

子孫也世世代代當道士。當元朝至元十三年，（紀元後一二七六年）曾命他的二十六世孫張宗演，爲輔漢天師。到明洪武元年，就將封號革去了，另起他子孫張正常題了一個很長很趣的名號；就是："正一嗣教護國闡祖通誠崇道宏德大眞人。"並賜給他二品的爵。滿清初主華夏，也沿用明朝的制度，當朝會時，他位列于左都御史以下，侍郎以上。到乾隆年間，有一位副都御史史梅谷的，看出他是如同國家的贅疣，人身的痼疾，所以奏請革去他世襲的封爵，不叫他列在朝會的班中。朝廷遂准如所奏，只不過仍授給他正五品的虛衔。從那時，這正一眞人的尊稱，就完全革除了。民國成立，專重實事，不事虛妄，所以張天師的徽號，雖然還在江西如同將滅不滅的殘火，其實非舉動乖戾甘與世界悖謬的，就早目爲是一種惑人的邪道了。

附：

《夷堅丙志》卷五：

　　江安氏，蘭溪人。好道士說，受籙于龍虎山張靜應天師。

《元史·世祖本紀》：

　　（至元十二年）召嗣漢四十代天師張宗演赴闕。

　　（至元十三年）命正一天師領江南道教。

《元史·泰定帝紀》：

　　（泰定二年二月）頒《道經》于天下名山宮觀。加嗣漢三十九代天師張嗣成太玄輔化體仁應道大眞人。

《古今圖書集成·神異典》卷二一五引《明大政紀》：

太祖洪武元年八月甲戌以張正常爲眞人，去其天師之號。

【案】所謂張天師，即東漢五斗米道的創始人張陵。後道教徒稱之爲張道陵。東漢出現的早期道教本有兩支：一爲琅琊人于吉所創的太平道，後張角兄弟曾利用來組織黃巾起義起義失敗後，太平道也瓦解了；一爲豐縣人張陵在蜀郡所創的五斗米道，以後歷世相傳，成爲道教的正宗，張陵也就被推崇爲道教的祖師，得到神化。古人如莊子雖有"天師"之語，乃是泛指。張陵孫張魯在蜀地傳教，自號師君。至魏晉時，遂尊稱張陵爲天師，稱其道爲天師道。張陵是道教創始人，又是相傳爲白日升天的仙人，在道教中地位本極崇高。但後來道教牛皮越吹越大，其教祖由老子而至元始天尊而至三清，後又有玉皇上帝及大小眾仙，張天師在道教眾神中的地位遂日形低微，《西遊記》只稱他是護衛玉皇靈霄殿的四位天師之一（張、葛、許、丘）。然而張天師因其創立道教正宗的特殊地位，在民間仍倍受尊崇。與其它神仙不同的是張天師子子孫孫皆相繼嗣位天師，自魏晉以來，世襲罔替。歷代嗣天師都名正言順地成爲全國道教領袖，而他們死後又都被道教徒封爲仙人。金元以來，北方出現全真道，天師道改稱正一道，盛行於南方。天師之號，乃道教自封，並非朝廷正式封號，然民間流傳有素，即朝廷官府亦或沿用。如宋稱嗣天師爲先生、真君，而《夷堅志》等書中屢見天師之稱。元、明封真人，而史籍中亦仍沿用天師之號。

三茅眞君（茅盈　茅固　茅衷）

《重修緯書集成》卷二《尚書運期授》：

王母之國在西荒，凡得道受書者，皆朝王母於昆侖之闕。茅盈從西城王君，詣白玉龜台，朝謁王母，求長生之道，王母授以玄眞之經，又授寶書。

《神仙傳》卷九：

茅君者，幽州人。學道於齊二十年，道成歸家。父母見之大怒，曰：“汝不孝，不親供養，尋求妖妄，流走四方。”操杖向之，適欲舉杖，杖卽摧成數十段，皆飛。茅君弟在仕至二千石，當之官，鄉里送者數百人。茅君乃曰：“余雖不作二千石，亦當有神靈之職，某月某日當之官。”至期，登羽蓋車而去。遠近爲之立廟，奉事之。

《枕中書》：

三茅爲保命定錄司非監，在華陽洞府治北居，棲憩包山。

《鑄鼎餘聞》卷一：

《梁書·陶弘景傳》：句容之句曲山，恒曰此山下是第八洞，

三茅真君

名金壇華陽之天，周圍一百五十里。昔漢有咸陽三茅君得道，來
掌此山，故謂之茅山。

《眞靈位業圖》：

（上清左位）：

左輔後聖上宰西域西極眞人總眞君（姓王諱遠字方平，紫陽君弟
子，司命茅師君）。

（上清左位）：

司命東岳上眞卿太元眞人茅君（大茅君，諱盈字叔申）。

（太清左位）：

句曲山眞人定錄右禁師茅君（諱固字季偉，爲地眞）。

第六中位：

右禁郎定錄眞君中茅君（治華陽洞天）。

左位：

三官保命小茅君。

《古今圖書集成·神異典》卷四七引唐王師簡《下泊宮三茅君塑像
記》：

茅眞君伯仲氏，學宗其門者綿代不絕。住此以掌吳越司命，
籍人寰生死。嘗遺一畝之宮於山之陽，去而復返，其號下泊之治，
榛無積焉，游者憮然。元和甲午歲十一月二日，新宮始成。

《古今圖書集成·神異典》卷二二七：

按《集仙傳》：大茅君盈南至句曲之山。漢元壽二年八月，

南岳眞人赤君、西城王君及諸靑童，並從王母降於盈室。頃之，天皇大帝遣綉衣使者冷廣子期賜盈神璽玉章。大微帝君遣三天左宮御史管修條賜盈八龍錦與紫羽華衣。太上大道君遣協晨大夫叔門賜盈金虎眞符流金之鈴。金闕聖君命太極眞人正一止元王郎、王忠、鮑丘等賜盈以四節咽胎流明神芝。四使者授訖，使盈食芝佩璽，服衣玉冠，帶符握鈴而立。四使者告盈曰："食四節隱芝者，位爲眞卿。食金闕玉芝者，位爲司命。食流明金英者，位爲司錄。食長曜雙飛者，位爲司命眞伯。食夜光洞草者，總主在左御史之任。子盡食之矣，壽齊天地，位爲司命上眞，東岳上卿，統吳越之神仙，總江左之山源矣。"言畢，使者俱去，五帝君各以方面車服降於其庭，傳太帝之命，賜紫玉之版，黃金刻書九錫之文，拜盈爲東岳上卿司命眞君太元眞人。事畢俱去。王母及盈師西城王君爲盈設天廚酣宴，歌元靈之曲。宴罷，王母攜王君及盈省顧盈之二弟，各授道要。王母命上元夫人授茅固、茅衷《太霄隱書》、《丹景道精》等四部寶經。王母執《太霄隱書》，命侍女張靈子執交信之盟以授於盈、固及衷。事訖，西王母升天而去。其後紫虛元君魏華存夫人請齋於陽洛之山隱元之台。西王母與金闕聖君降於台中，乘八景之輿，同詣清虛上宮，傳《玉清隱書》四卷以授華存。是時三元夫人馮雙珠、紫陽左仙公石路成、太極高仙伯延蓋公子、西城眞人王方平、太虛眞人、南岳眞人、赤松子、桐柏眞人王喬等三十餘眞，各歌太極陰歌之曲。王母爲之歌曰："駕我八景輿，欻然入玉清。龍群拂霄上，虎旂攝朱兵。逍遙元津際，萬流無暫停。哀此去留會，刼盡天地頃。當尋無中景，不死亦不生。體彼自然道，寂觀合太冥。南岳凝貞幹，玉英耀頴精。有任靡其事，虛心自受靈。嘉會降河曲，相與樂未央。"王母歌畢，三元夫人答歌，亦畢。王母及三元夫人、紫陽左公、太極仙伯、清靈王君乃攜南岳魏華存同去東南行，俱詣天台霍山，過句曲之金壇，宴太元眞人茅叔申於華易洞天，留華存於霍山洞宮玉宇之下，衆眞皆從王母升還龜台矣。

《鑄鼎餘聞》卷一：

《元史·世祖紀》：以三茅上清四十三代宗師許道杞祈禱有驗，命別主道敎。

《太平廣記》五十六引《漢武內傳》曰：宣帝地節四年之卯，咸陽茅盈，字叔升，受黃金九錫之命，爲東岳上卿司命眞君，又曰封其弟固爲定錄君，衷爲保命君。

明姚宗儀《常熟私志》云：盈祖喜，字世倫，仕秦莊襄王爲廣信侯。父祚，字彥英。盈年十八入恒山學道，夢太玄玉女指西城王君爲師。覺而訪王君於洞台。王君謁西王母靑琳宮，盈從。母曰："何乃挾生人登靈台，不亦勞乎？"王君笑不答，因目盈，再拜乞長生術。母乃賜玉佩金璫之道、太極玄眞之秘。盈拜受之。仍命百年求我於南岳，將授汝仙任於吳越。辭歸，時年四十九，父祚尚存。怒曰："子不養親，逐妖遠出！"杖之，杖自折數段，飛空中。父言："汝得道，能起死人乎？"盈起數冢，皆活，遠近神之。仲弟固，字季偉，漢景帝時舉孝廉，累遷武威太守。季弟衷，字恩和，宣帝地節二年轉西河太守，各之任，里老相送數百人。盈曰："明年四月三日吾亦當之官，諸君能相送乎？"至期登羽車浮空去，二弟乃棄官見兄東山。盈啓王君，重賜

玉液丹芝，朝見太虛眞人，請地仙三眞之策，是以兩弟皆有眞人
之號。

《三教源流搜神大全》卷二：

《太玄眞人內傳》略曰：眞人姓茅，咸陽南關人也。聖祖諱
喜，字拱倫，仕秦莊襄王，爲廣信侯。其父乃廣信侯第六子，諱
祚，字彥英；有三子，長子諱盈，字叔申，次子諱固，字季偉，
小子諱衷，字思和。盈年十八，棄家，恒山讀老子書及周易傳，
採取山術而餌服之。積六年，夜夢太玄玉女把玉扎而攜之曰："西
城王君得眞道，可爲師矣。"明晨敬到西城，齋戒三月，卒見
王君駕神龍之騈，翱翔於綉岩之陰。於是越巘難絕阻，不覺以前。
君乃使簡官見攝將遠王君洞台之中，親侍且夕執巾履之役，如
是十七日，王君見君謹密，使主領衣，書神籙之章。復三年，乃
命駕造白玉龜山，請王母於清琳宮，君時從焉。西王母曰："總
眞今乃挾肉人以登靈台，不亦勞乎？"王君笑而不答，因目君起
再拜自陳，願賜長生之術。王母曰："吾昔先師元始天王及扶桑
大帝君時乃閑居於希林之台、積霄之房，說玄玄之道，見遺以要
言，所謂玉佩金璫之道，太極玄眞之經也。"君拜受所言。王母
敕王君一一解釋玄玄之經，又自敕出金璫之文，以口告於君也。
受命言訖，王君將初歸西城，按而行之，三年之中，色如女子，
目有流光，而生玉澤。王君又賜君九轉還丹二劑及神方一首，告
之曰："道已成，可以反矣。復百年，求我於南岳，將授汝仙在
於吳越也。"於是辭師乃歸，時年四十九。君父母尚在，見之大
怒，曰："爲子不孝，不親供養，尋逐妖亡，流走四方！"欲杖罰

之。君長跪謝曰：“盈受命應當得道，今道已成，不可杖擊，恐三官考察，非小故也。”父不信，於是操杖向君，適欲舉杖，杖即摧折成數段，數段皆發揚如弓矢之發，中壁壁穿，中柱柱陷。父悟，不敢打，怒乃止。父又曰：“汝言得道，能起死人否？”君曰：“死人有罪，重積惡，不可復生。有夭壽短折者，則可今起也。”乃召社公，問此村中已死者誰可召還，促約所關由使發遣之。至日入之後，社公來白事，云：“某甲已決了，便可發出。”於是掘地撅棺，舉而出之，三日能坐，語言了了。如此發數人家，皆遂生活，鄉里遠近，咸稱神明之君。後十餘年，君父母俱死，行喪如禮。中弟固，漢景帝時舉孝廉，累遷至武威太守。弟衷少以節行顯名，從梁國爲孝王上賓。宣帝地節二年遷洛陽令，後拜爲五更大夫，轉西河太守。

《三教源流搜神大全》卷一：

佑聖眞君者，眞君姓茅諱盈，本長安咸陽人也。自幼出家參訪名山洞府，遇王君賜長生之術得道，稱爲天仙。至漢明帝朝儀朔三年，天書忽降，皆玉篆龍文，云大帝保命眞君，與聖帝同簽生死，共管陰府之事。宋太宗封佑聖眞君。至眞宗加封九天司命上部賜福佑聖眞君。

《列仙全傳》卷一：

茅盈字叔申，濛玄孫。弟固字季偉，次弟衷字思和。生於漢景帝中元五年，少秉異操，獨味清虛。年十八，遂棄家入恒山修道餌術。後師王君，因西至龜山，得見王母，授以太極玄眞之經。歸入恒山北谷，時年四十九也。盈父母尙存。父怒其久出遠游，欲杖之。盈長跪曰：" 盈已受聖師符籙，常有天兵侍衞。大人杖盈，恐天兵相阻，盈罪愈加重也。"父欲驗其言，故杖之。杖輒折成數十段，如弓矢之發，中壁則壁穿，中柱則柱陷。父母始知其道成，乃止。後二弟俱貴，衷爲西河太守，固爲武威太守，並之官。鄉里送者數百人。時盈亦在座，笑謂賓曰：" 吾雖不作二千石，來年四月三日送僕登仙，當亦不減於今日也。"衆皆不之許。時宣帝初元四年也。至期，門前數頃地忽自平治無寸草，皆施靑縑幄，屋下盡輔白氈，可容數百人。衆賓並集，大作宴會，杳無使從。但見金盤玉杯自至筵前，美酒奇肴異果不可名狀。復有妓樂絲竹金石之音滿耳，蘭麝之香達數里外。少頃，迎官畢至，朱衣玉帶者數百人，旌旗甲仗光彩耀目。盈乃與家人親友辭別，登車乘雲，冉冉而去。時二弟在官，聞盈飛升，皆棄官還家，求兄於東山。盈乃與相見曰：" 悟何晚也！今年已俱老，難可補復，縱得眞訣，但只可成地仙耳。"於是敎二弟延年不死之法，令長齋三年，授以上道，使存明堂玄眞之氣。又各授九轉還丹一劑，□□一局，各佩服之，後亦成仙，居茅山。後稱三茅眞君。

《歷代神仙通鑒》卷八：

（許氏有娠），於景帝中元五年十月初三生子，紅霞盈天三日，因名盈，字叔申。後連生二弟。遂別父母入恒山修道，時年十八，得遇西城王君（卽中華總眞帝君金嬋子瑋玄），拜爲師，叩至眞上道，王君唯授以餌術調神之法。盈行之，便得身輕辟穀。（後得王母所授眞經）歸恒山北谷修煉。天漢四年三月十八日，老君下降，得以道成。（後其二弟皆隨兄修道），苦行六年，

佑聖真君

亦遂成仙，分居三峰修持，時謂之三茅山。（元康二年八月己酉）三仙至金闕朝見上帝，敕其分司三元，各轄三天，皆封爲九天司命三茅應化眞君，大茅君加封爲太元眞君。度祖宗父母入茅山，建宮殿以居。誓願普濟天下無後之人。先有附近土人祈嗣者輒應，其後四遠畢至，爲建祠廟，鼎列於三峰。茅君之師王君來邀游泰山，帝君款留經宿。王君曰："吾弟有五子一女，五子已娶三媳，女名玉女大仙，獨居岱岳太平頂，善諸法術。昨聞子能爲人廣衍宗嗣，是合天地玄機，願以玉女妻之，子意云何？"茅君不能辭，訂於八月月盈之夕至泰山完婚。結褵之後，另居旁丘胥山，爲東岳上卿司命眞君，代理大生之案，統吳越之神仙。

《歷代神仙通鑒》卷十五：

茅山華陽金壇洞天，應化紫元眞君茅固，應化少元眞君茅衷。

《古今圖書集成·神異典》卷二二七：

按《太元眞人東岳上卿司命眞君傳》：眞人姓茅諱盈，字叔申，咸陽南關人也。姬胄分根，氏族於茅，積德累仁，祚流百世，誕縱明賢，繼踵相承。高祖父濛，深識元遠，察覽興亡，知周之衰，不仕諸侯，乃師於北郭北阿鬼谷先生，遂隱遁華山，盤桓靈峰，逍遙幽岫，靜念神仙，高抗蕭寥，絕塵人間也。盈曾祖父偃，濛之第四子也。仕秦昭王之世，位爲舍人，稍遷車騎校尉長平恭侯，毗弼霸正有功業於時焉。盈祖父嘉，仕秦莊王爲廣信侯。始皇繼位，嘉輔帝室。當襄王時也，秦地漸以併巴蜀漢，內宛郢，置南郡矣。北收上郡以東爲河東太原上黨，東至榮陽置三川郡。以呂不韋爲丞相，號文信侯，以嘉爲德信侯，使招置賓客游士，欲併天下。始皇六年，韓、魏、趙、衞、楚共擊秦，取壽陵。始皇使嘉將兵攻之，有功焉。衞迫東都，嘉又克討，皆平之。始皇壯嘉志節，賜金五千斤。二十五年，秦大興兵，使嘉攻燕遼東，得燕王而還。又遣嘉定荆江南地，皆降。是年置會稽郡。嘉將兵於會稽而亡。始皇哀其忠，因以相國禮葬之於長安龍首山西南。嘉有六子，並知名於時。始皇皆官爵承先，並各賜姓。其第六子諱祚字彥英，不仕不學，志願農畝，即盈之父也。祚有三子，長子諱盈字叔申，次子諱固字季偉，小子諱衷字思和。盈少秉異操，天才穎燦，矯志蕭抗，行邁遠逸，不營聞達，不交非類，獨味清虛，恬心元漠。盈時年十八，遂棄家委親入恒山，讀老子《道德經》及《周易傳》，採取山術而餌服之。潛景絕崖，素挺靈岫，仰希標元，與世永違。始皇三十年九月庚子，盈高祖父濛於華山之中乘雲駕龍，白日升天。先是時，其邑有謠曰：“神仙得者茅初成，駕龍上升入太淸。時下元洲戲赤城，繼世而往在我盈。帝若學之臘嘉平。”始皇聞歌謠而問其故，父老具對曰：“此仙人之謠。”勸帝求長生之事。於是始皇忻然乃有尋仙之志，因改臘曰嘉平。盈於恒山積六年，思念至道，誠感密應，寢興妙論，通於神夢，仿佛見太元玉女把玉札而攜之，曰：“西城有王君得眞道，可爲君師，子奚不尋而受敎乎？”心豁靈暢，啓徙內爽，覺悟流光之騰曄，自謂已得之於千載矣。明辰植暉，東盼霄邁，登嶺陟峻，徑到西城。齋戒三月，沐浴向望，遂超榛冒險，稽首靈城，卒見王君。後二十年，從王君西至龜山，見王母。盈乃叩頭再拜，自陳於王母。西王母曰：“子心至矣。吾昔先師元始天王

茅盈

及皇天扶桑大帝君見遣以要言，汝願聞之邪？”於是口告盈以玉
佩金璫之道、太極元眞之經。盈拜受所言，稽首而立。盈於是辭
師乃歸，帶索混俗，亦不矯於世，自說入恒山北谷學儒俗之業。
時年四十九也。二弟在官聞盈元迹眇邈，白日神仙，乘飛步虛，
越波凌津，靈官奉從，著於民口，節蓋旌旗，光耀天下，始乃信
仙化可學，神靈可致，然後明松喬不虛，鼎湖實有。於是並各棄
官還家。以日仄之年方修盈糟粕遺事，不得口訣，未爲補益。遂
共棄家，扶輿自載，以尋斯舉。以漢元帝永光五年三月六日渡江，
求兄於東山。遂與相見，悲忻流涕，告二弟曰：“悟何晚矣！”
二弟跪曰：“固、衷頑下，不達道德，願賜長生，濟弟元元。”
盈曰：“卿已老矣，欲難可補復，縱得眞訣，適可成地上仙耳。
其上清升霄大術，非老夫所學，今且當漸階其易行，以自支住。”
於是並敎二弟服靑牙始生咽氣液之道，以住血斷補焦枯攝筋骨之
益，亦停年不死之法也。因以長齋三年，授以上道，使存明堂元
眞之氣，以攝運生精，理和魂神。三年之內，竭誠精思，神光乃
見。於是六丁奉侍天兵衞護，盈又賜九轉還丹一劑並神方一首。
各拜而服之，仙道成矣。後授紫素之書各百字，以付固、衷。固、
衷拜受。其時亦有執儀者以啓正之紫素，文曰：“太上有命，天
載眞書，言咸陽茅固家於南關，厥字季偉，受名當仙，位爲定錄
兼統地眞，使保舉有道，年命相關，勤恭所涖，四極法令，宮館
洞臺，治丹陽句曲之山。固其勖之，動靜察聞。”又曰：“盈固
弟衷，挺業該淸，雖晚反正，思微徹誠，斷獻六天，才顯標明。
今屆司三官保命，建名總括岱宗，領生記生，位爲地仙九宮之英，
勸敎童蒙，開道方成，敎訓女官，授諸妙靈，涖治百鬼，典崇校

精，開察水源，江海流傾，封掌金谷，藏錄玉漿，監植龍芝，洞草夜光，治於良常之山，帶北洞之口，鎮陰宮之門也。”使者授書訖而去。至漢平帝元壽二年八月己酉，五帝各乘方面色車從群官來下，受太帝之命，授盈爲司命東卿上眞君，文以紫玉爲板，黃金刻之。其文曰：“今敬授盈位爲太元眞人，領東岳上卿司命神君。君平心正格，秉操金石，丹心矯衆，栖神高映，故報盈以玉鉞綠旌，八威之策，使盈征伐源澤，折冲萬神。君寒凍林谷，味元仰眞，思激窮岫，啓心精誠，今故報盈以紫髦之節，藕敷華冠，使盈招驅萬靈，封山召云。君棄家獨往，離親樂仙，契闊嶮巇，多祖山川，今故報盈以綉羽紫帔，丹青飛裙，使盈從容霄階，携命玉眞。君步驟深藪，足履危阢，心耽志尙，曾不惢憚，今故報盈以斑龍之輿，素虎之軿，使盈浮晏太空，飛輪帝庭。君披榛幷景，寒凌霜雪，心求明眞，不戰不栗，今故報盈以曲晨寶蓋，瓊幃綠室，使盈游盼九宮，靜神溫密。君遠秀遁榮，無疲於心，潛形幽岳，靜思萬林，今故報盈以流金火鈴，雙珠月明，可以上聞太極，通晉上清。君貞心高靜，淫累不經，素挺浩映，內外坦平，今故報盈以錦旌綉旛，白羽元竿，可以呼召六陰，玉女侍軒。君慈向觸物，陰德萬生，蠢動之毛，皆念經營，今故報盈以鳳鸞之簫，金鐘玉磬，可以和神虛館，樂眞舞靈。君飢渴養神，艱辛求眞，萬物不能致其惑，千邪不能毀其淳，今故賜盈以紫琳之腴，玉漿金醴，可以壽同三光，刻簡丹瓊也。盈標領清元，紫瑋八映，心暉重離，神曜太霞，實眞人之長者，故以太元爲號。君九德既備，感積太微，天人虛白，不期同歸，今酬九事以報往懷。盈心神方朗，四靈所栖，丹神啓煥，秉直不囘，正任全固，監無照微。

今屈宰上卿，總括東岳，又加司命之任，以領錄圖籍。給玉童玉女各四十人，以出入太微，受事太極也。治宮赤城玉洞之府，盈其蓰之，動靜以聞。”於是盈與二弟決別，而與王君俱去，到赤城玉洞之府。道次諸山川，神靈有司迎啓引者將以千萬矣。臨去告二弟曰：“吾今去矣，便有局任，不得復數相往來，且夕相見，要當一年，再過來於此山，三月十八日、十二月三日，期要吾師及南岳太虛赤眞人游盼於二弟之處也。將可記識之，及有好道者待吾於是乎？吾自當料理之，以相教訓未悟。”於是季偉、思和遂留治此山。洞內立宮，結構於外，將道著萬物，流潤蒼生，德加鳥獸，各獲其情，神驗禍福，罪惡必明，內法卽融，外教坦平。爾乃風雨以時，五禾成熟，疾癘不起，暴害不行。父老歌曰：“茅山連金陵，江湖據下流。三神乘白鵠，各治一山頭。召雨灌旱稻，陸田苗亦柔。妻子咸保室，使我無百憂。白鵠翔靑天，何時復來游？”

《古今圖書集成·神異典》卷五十《江寧府志》“三茅眞君廟”條：

漢詔敕郡縣修丹陽句曲眞人廟，以茅君分理赤城，每年十二月二日駕白鶴會於此。

《鑄鼎餘聞》卷一：

宋太宗及眞宗封上茅九天上卿司命太元妙道冲虛聖佑眞應眞君，中茅地仙上眞定錄右禁至道冲靜德祐妙應眞君，下茅地仙至眞三官保命微妙冲慧神佑神應眞君。

【案】三茅君，相傳為漢代茅姓三兄弟得道成仙者。這種傳說漢晉間已流行，在道教諸仙中算是較早的。據《神仙傳》，晉時已為其立廟。歷代以其為司命之仙，故往往稱大茅君為東岳司命上真卿。道教奉為歷代祖師之一。三茅君中以老大茅盈最為知名。相傳其受道於西城王君，後轉授二弟。明《歷代神仙通鑒》以西城王君之弟為東岳神，謂其以泰山玉女招茅盈為婿，故佐東岳司命。此"仙話"耳！晉以後直至近代，所在多有三茅真君廟。

附：茅　濛

《史記・秦始皇本紀》集解引《太原真人茅盈內紀》：

始皇三十一年九月庚子，盈曾祖父濛，乃於華山之中，乘雲駕龍，白日升天。

《列仙全傳》卷二：

茅濛字初成，咸陽人。博學深鑒，知周室將衰，不求仕進，嘆曰："人生若流電耳，奈何久迷塵寰中？"於是師鬼谷先生，受長生之術，遂入華山修煉。秦始皇三十九年九月庚子，乘龍白日升天。先是邑人謠曰："神仙得者茅初成，駕龍上升入太清。時下玄州戲赤城，繼業而往在我盈。帝若學之臘嘉平。"秦始皇聞之，因改臘為嘉平。玄孫盈、固、衷三人皆得仙，居茅山。

茅　濛

《古今圖書集成・神異典》卷二三六引《洞仙傳》：

　　茅濛，字初成，咸陽南關人也。卽東卿司命君盈之高祖也。

麻　　姑

《古今圖書集成·神異典》卷二三二"王遠"條：

　　按《神仙傳》：王遠字方平，東海人也。舉考廉，除郎中，稍加中散大夫。學通五經，尤明天文圖讖河洛之要，逆知天下盛衰之期，九州吉凶，如觀之掌握，後棄官入山修道。道成，漢孝桓帝聞之，連徵不出，使郡國逼載以詣京師。遠低頭閉口不答詔，乃題宮門扇板四百餘字，皆說方來之事。帝惡之，使削去外字，適去，內字復見，墨皆徹板裏，削之愈分明。遠無子孫，鄉里人累世相傳供養之。同郡太尉陳耽爲遠營道室，且夕朝拜之，但乞福，未言學道也。遠在陳家四十餘年，陳家曾無疾病死喪，奴婢皆然。六畜繁息，田桑倍獲。遠忽語陳耽曰："吾期遠當去，不得久停，明日日中，當發。"至時遠死。至三日夜，忽失其屍，衣冠不解，如蟬蛻耳。遠卒後百餘日，耽亦卒。或謂耽得遠之道化去。或曰知耽將終，故委之而去也。初遠欲東入括蒼山，過吳，住胥門蔡經家。蔡經者，小民耳，而骨相當仙，遠知之·故住其家，遂語經曰："汝生命應得度世，欲取汝以補官僚耳。然少不知道，今氣少肉多，不得上去，當爲尸解。如從狗竇中過耳。"於是告以要言，乃委經而去。經後忽身體發熱如火，欲就冷水灌之。舉家汲水灌之，如沃焦石。如此三日，銷耗骨立，乃入室以被自覆，忽然失之。視其被內，唯有皮頭足具，如蟬蛻也。去十

麻姑、王方平、蔡經

餘年，忽還家，容色少壯，鬢髮鬒黑，語家人曰：「七月七日王
君當來，其日可多作飲食，以供從官。」至其日，經家乃借甕器，
作飲食百餘斛，羅列布置庭下。是日王君果來，未至先聞金鼓簫
管人馬之聲，比近皆驚，莫知所在。及至經舍，舉家皆見遠冠遠
游冠，朱衣，虎頭鞶，囊五色綬，帶劍，黃色少髭，長短中形人
也。乘羽車，駕五龍，龍各異色。前後麾節幡旗，導從威儀奕奕
如大將軍也。有十二伍伯，皆以臘封其口鼓吹，皆乘龍從天而下，
懸集於庭。從官皆長丈餘。不從道衢。既至，從官皆隱不知所在，
唯獨見遠坐耳。須臾引見經父母兄弟，因遣人召麻姑，亦莫知麻
姑是何人也。言曰：「王方平敬報：久不到民間，今來在此，想
姑能暫來語否？」須臾信還，不見其使，但聞信語曰：「麻姑載
拜，不相見忽已五百餘年。尊卑有序，拜敬無階，煩信承來在彼，
食頃即到。先受命當按行蓬萊，今便暫住，如是當還，還便親覲，
願未即去。」如此兩時，聞麻姑來，來時亦先聞人馬聲，既至，
從官半於遠也。麻姑至，蔡經亦舉家見之，是好女子，年可十八
九許，於頂上作髻，餘髮散垂至腰。衣有文彩，又非錦綺，光彩
耀目，不可名狀，皆世之所無也。入拜遠，遠爲之起立。坐定，
各進行厨，皆金盤玉杯無限也。餚膳多是諸花，而香氣達於內外。
擘脯而食之，云麟脯。麻姑自說云：「接待以來，已見東海三爲
桑田。向到蓬萊，又水淺於往日會時略半耳。豈將復爲陵陸乎？」
遠嘆曰：「聖人皆言海中行復揚塵也。」麻姑欲見蔡經母及婦等。
時經弟婦新產數日，姑見知之，曰：「噫！且立勿前。」即求少
許米來，得米擲之墮地，謂以米祛其穢也。視其米皆成丹砂，遠
笑曰：「姑故年少也。吾老矣，不喜復作如此狡獪變化也。」遠

謂經家人曰：“吾欲賜汝輩美酒。此酒方出天厨。其味醇濃，非俗人所宜飲，飲之或能爛腸。今當以水和之，汝輩勿怪也。”乃以斗水合升酒攪之，以賜經家人，人飲一升許，皆醉。良久，酒盡，遠遣左右曰：“不足，復還取也。”以千錢與餘杭姥乞酤酒。須臾信還，得一油囊酒五斗許，使傳餘杭姥答言：恐地上酒不中尊飲耳。麻姑手爪似鳥，經見之，心中念曰：“背大癢時，得此爪以爬背，背當佳也。”遠已知經心中所言，即使人牽經鞭之，謂曰：“麻姑神人也，汝何忽謂其爪可爬背耶？”但見鞭著經背，亦莫見有人持鞭者。遠告經曰：“吾鞭不可妄得也。”經比舍有姓陳者，失其名，嘗罷縣尉。聞經家有神人，乃詣門叩頭，乞求拜見。於是遣使引則與語，此人便欲從驅使，比於蔡經。遠曰：“君且向日而立。”遠從後觀之，曰：“噫！君心邪不正，終未可教以仙道，當授君地上主者之職司。”臨去，以一符并一傳著以小箱中，與陳尉，告言“此不能令君度世，止能存君本壽，自出百歲向上，可以禳災治病者。命未終及無罪者，君以符到其家，便瘥矣。若邪鬼血食作祟禍者，便帶此符以傳敕吏遣其鬼，君心中亦當知其輕重，臨時以意治之。”陳以此符治病有效，事之者數百家，壽一百一十歲而死，死後子弟行其符，不復驗矣。遠去後，經家所作飲食數百斛皆盡，亦不見有人飲食也。

同上：

　　按《聞奇錄》：丹陽縣故湖側有麻姑廟。姑生時有道術，能展行水上。

　　按《續文獻通考》：麻姑，王方平妹。桓帝時修道於牟州東東南姑餘山。

《異苑》卷五：

秦時丹陽縣湖側有梅（一作麻）姑廟。姑生時有道術，能著履行水上。後負道法，婿怒殺之，投屍於水。乃隨流波漂至今廟處鈴下。巫人當令殯殮，不須墳瘞。即時有方頭漆柀在祠堂下。晦朔之日，時見水霧中曖然有著履形。廟左右不得取魚，射獵輒有迷徑沒溺之患。巫云：「姑即傷死，所以惡見殘殺也。」

《列仙全傳》卷四：

麻姑，石勒時人麻秋之女。秋猛悍，築城嚴酷，晝夜不止，惟至雞鳴少息。麻姑雅勤恤民之念，常假作雞鳴，群雞亦鳴，工得早止。後父覺，疑，欲撻之。姑懼而逃，入仙姑洞修道。後於城北石橋飛升，因名其橋曰望仙。宋政和中亦有麻姑，是建昌人，修道於牟州東南姑蘇山，冊封爲眞人。至元時劉氏鯉堂前有大槐，忽夢一女冠，自稱麻姑，乞此樹修廟。劉謾許之，既寤，異其事。後數日，風雷大作，失槐所在。即詣麻姑廟，槐已臥其前矣。重和初賜額曰顯異。

《古今圖書集成·神異典》卷二七〇：

《太平清話》：麻姑姓黎，字瓊仙，唐放出宮人也。出《畔餘雜錄》。而王方平、蔡經事則又似漢前人。

同上卷二三七：

麻姑山在寧國府東。麻姑嘗修道於此，丹竈尚存。又嘗居建昌山，故亦號麻姑。開元中立廟壇側，累封虛寂冲應眞人。

按《登州府志》：麻姑，後趙麻秋女。或云建昌人，修道於牟州東南姑餘山飛升，政和中封眞人。

《通俗編》：

李肇《國史補》言李泌賓麻姑送酒，朱子取其事載綱目中。按：《仙鑒》謂麻姑姓王氏，即方平之妹。依葛洪傳，似非。《一統志》謂麻秋之女，尤於世代差遠。

《破除迷信全書》卷九：

俗有麻姑獻壽的說法，說是麻姑是古時的女仙，乃是建昌人，嘗在牟州東南的姑餘山上修道，當宋徽宗政和元年（紀元後一一一一年）封爲眞人。

現在江西南城縣的西南，有一座山，高有九里，周圍四百里，也叫麻姑山，道教稱爲第二十八洞天。山上有會仙亭，相傳就是蔡經的住宅，當初麻姑與王方平相會的地方。

世俗既迷信這些事，也以爲麻姑是長生不死的神仙，因此每逢爲婦女祝壽時，就必寫出麻姑獻壽數字，或是繪出麻姑的形狀，手捧蟠桃，以爲祝壽的吉利。還有人壽保險公司所刊的印件，也必繪出麻姑獻壽的圖畫，以相號召。其實這些舉動，從那裏能得其眞象呢？

當唐朝大曆六年，（紀元後七七二年）顏眞卿作江西撫州刺史，曾按照《神仙傳》上所說的，作過一篇《麻姑仙壇記》，共寫出大小二本；大字本存在臨川，到元朝時爲火所焚；小字本存在南城。以後南城改屬建昌，所載仙壇記的碑，亦就移到建昌衙門中，不料後來被某官帶去，於是建昌人又命石工重新模仿鐫刻了一座。現在社會上所流傳的《仙壇記》，多爲翻刻的，而眞的已不可得了。獨怪顏眞卿爲親民的官，不在百姓的疾苦上著意，反倒好整以暇的去作些虛僞的事以迷惑後世，不知是何居心。

　　【案】近世有"麻姑獻壽"的迷信，以麻姑為長生不老的女仙代表。然而麻姑究係何時之何人，却又傳說紛紜。最早的麻姑傳說見於晉葛洪《神仙傳》，稱其為東漢著名仙人王方平之妹，是年可十八九之好女子，手爪似鳥，則一王姓女巫耳。南朝宋劉敬叔《異苑》又稱秦時丹陽縣湖側有梅姑廟，梅一作麻，生時有道術，為夫所殺，巫令祀為神，則一女巫之鬼也。明時諸書，又稱乃後趙石勒時麻秋之女，入仙姑洞修道，而得飛升；或曰宋政和中亦有麻姑，是建昌人，修道於東南姑餘山，（亦有說王方平之妹於彼處修行者）封為真人；或謂麻姑本名黎瓊仙，唐時放出之官人。諸說之中，以王方平妹一說最為流行，時代亦較早。其餘諸說，當是人們以後世之女仙附會為麻姑耳。

東　方　朔

《論衡‧道虛》：

世或以東方朔亦道人，姓金氏。

《風俗通義‧正失》：

俗言：東方朔太白星精，黃帝時爲風后，堯時爲務成子，周
時爲老聃，在越爲范蠡，在齊爲鴟夷子皮。言其神聖能興王霸之
業，變化無常。

王利器校注：《世說新語‧規箴》篇注引《列仙傳》："朔
是楚人，武帝時上書說便宜，拜郎中，宣帝初，棄官而去，共謂
歲星也。"《開元占經》二三、《御覽》五引《漢武故事》：
"西王母使者至，東方朔死，使者曰：〝朔是木帝精，爲歲星，
下游人中，以觀天下〞。"曹植《辨道論》："夫神仙之書，道
家之言，乃言傳說上爲辰尾宿，歲星降下爲東方朔。"

《洞冥記》卷一：

東方朔字曼倩。父張夷，字少平，妻田氏女。夷年二百歲，
顏如童子。朔生三日而田氏死，時景帝三年也。鄰母拾而養之。
三歲，天下秘識一覽，暗誦於口。元封中游濛鴻之澤，忽見王母
采桑於白海之濱。俄有黃翁指阿母以告朔曰："昔爲吾妻，托形

東方朔

爲太白之精。今汝此星精也。吾却食吞氣，巳九千餘歲。"

《獨異志》卷上：

　　張少平妻田氏。少平卒後，累年寡居。忽夢一人自天而下，壓其腹，因而懷孕。乃曰："無夫而孕，人聞棄我也。"徙於代，依東方。五月朔旦，生一子，以其居代東方，名之東方朔。或言歲星精，多能，無不該博。

　　漢東方朔，歲星精也。自入仕漢武帝，天上歲星不見。至其死後，星乃出。

《太平御覽》卷二二引《洞冥記》：

　　東方朔母田氏，寡，夢太白星臨其上，因有娠。田氏嘆曰："無夫而孕，人得棄我。"乃移向代郡之東方里，五月生朔。

《太平廣記》卷六：

　　有黃眉翁指母以語朔："昔爲我妻，托形爲太白之精，今汝亦此星之精也。"

《歷代神仙通鑒》卷十五：

　　金精山（虔州揭陽縣）：南華秋水昭度真君東方朔（莊周）。

《列仙全傳》卷二：

　　東方朔，字曼倩，平原厭次人。嘗出經年，兄曰："汝經年一歸，何以慰我？"對曰："朔暫之紫泥海，有紫水污衣，乃過虞

淵湔洗。朝發中還，何云經年？”漢武帝時上書曰：“臣朔少失
父母，長養兄嫂。年十二學書，三多文史足用。十五學擊劍，十
六學詩書，誦二十二萬言。十九學孫吳兵法，戰陣之具、鉦鼓之
教，亦誦二十二萬言。又常服子路之言。臣朔年二十二，長九尺
三寸，口若懸珠，齒若編貝，勇若孟賁，捷若慶忌，廉若鮑叔，
信若尾生。若此可以爲天子臣矣！臣朔冒死再拜以聞。”朔文辭
不遜，高自稱譽。上偉之，令待詔公車，又遷待詔金馬門，常侍
中。詔賜之食於前，食已盡，懷其餘肉，衣盡汙。數賜縑帛，擔
揭而去。嘗用所賜錢帛，取少婦於長安中好女。率取婦一歲所者，
即棄去更取。所賜物盡填之女子，人皆笑之。朔曰：“如朔所謂
避世於朝廷間者也。”時酒酣據地，歌曰：“陸沉於俗，避世金
馬門。宮殿可以避世全身，何必深山之中，蒿廬之下！”朔將死，
謂同舍郎曰：“天下人無能知朔，如朔者惟大伍公耳。”朔亡後，
武帝得此語，召大伍公問之。答以不知。帝曰：“公何所能？”
曰：“頗善星曆。”帝問：“諸星具在度否？”曰：“諸星皆在，
獨不見歲星四十年，今復見耳。”帝仰天嘆曰：“東方朔在朕旁
十八年，而不知爲歲星。”嘗慘然不樂。

《通俗編》：

　　《博物志》：西王母七夕降九華殿，以五桃與漢武帝。東方
朔從殿東廂朱鳥牖中窺之。王母曰：此窺牖小兒，嘗三來盜吾此
桃。三千歲一子，此子不良，已三過偷之矣。《博物志》又云：
武帝得不死酒，以示東方朔。朔一飲致盡，帝欲殺之，朔曰：殺
朔若死，此爲不驗；以爲有驗，殺亦不死。此與《戰國策》中射

士奪食不死藥之言絕相類。《漢書》謂朔事多爲童豎眩耀，好事
者因更取奇言附著之。此類是已。

【案】東方朔，西漢武帝時侍臣，善詼諧，好作驚人之語。
故《漢書》曰"其事游淺，行於眾庶，童兒牧豎豈不眩耀。
而後世好事者因取奇言怪語附著之朔。"（見本傳）所以民
間不少神話、故事皆以東方朔爲主角，他雖然未曾修道，終
於也被封爲神仙。《論衡》即稱其爲道人，《風俗通義》稱
其爲太白星精（即金星，也有稱之爲歲星即木星之精者）風后、務
成子、老子、范蠡皆其化身。以後風后、務成子、范蠡皆成
爲老子的化身，留給東方朔的身份就是太白星精（或歲星精）
了，且爲其編造出家系、父母。《歷代神仙通鑒》又以爲莊
子後身。由於《博物志》、《漢武故事》等書都記載東方朔
偷西王母桃故事，所以後世都以之爲王侍臣。

許　旌　陽

《酉陽雜俎·前集》卷二：

晉許旌陽，吳猛弟子也。當時江東多蛇禍，猛將除之，選徒百餘人，至高安，令具炭百斤，乃度尺而斷之，置諸壇上。一夕，悉化爲玉女，惑其徒。至曉，吳猛悉命弟子，無不捏其衣者，唯許君獨無，乃與許至遼江。及遇巨蛇，吳年衰，力不能制，許遂禹步敕劍登其首，斬之。

《古今圖書集成·神異典》卷二三五：

按《十二眞君傳》：許眞君名遜，字敬之，本汝南人也。祖琰、父蕭，世慕至道。東晉尚書郎邁、散騎常侍護軍長史穆，皆眞君之族子也。眞君弱冠，師大洞君吳猛傳三清法要。鄉舉孝廉，拜蜀旌陽令。尋以晉室棼亂，棄官東歸，因與吳君同游江左。會王敦作亂，二君乃假爲符祝，求謁於敦，蓋將欲止敦之暴以存晉室也。一日二君與郭璞同候於敦，敦蓄怒以見之，謂二君曰：“孤昨得一夢，擬請先生圓之，可乎？”眞君曰：“請大將軍具述。”敦曰：“孤夢將一木上破其天，孤禪帝位，果十全乎？”眞君曰：“此夢固非得吉。”敦曰：“請問其說？”吳君曰：“木上破天，是未字也。明公未可妄動，晉祚固未衰耳。”王敦怒，因令郭璞筮之。卦成，景純曰：“無成。”又問其壽，璞曰：

許　遜

“明公若起事，禍將不久。若住武昌，壽不可測。”敦大怒，又問曰：“卿壽幾何？”璞曰：“余壽盡今日。”敦怒，令武士執璞出，將赴刑焉。是時二眞君方與敦飲酒，許君擲杯梁上，飛繞梁間。敦等舉目看杯，許君坐中隱身。於是南出晉關，抵廬江口，因召船師載往鍾陵。是時船師曰：“我雖有此船，却無人力乘駕，無由載君。”二君曰：“汝但以船載我，我當自與行船。”乃謂船師曰：“汝宜入船閉門深隱，若聞船行疾迅，不得輒有潛窺。”於是騰舟離水，凌空入雲。二君談論端坐，頃刻之間已抵廬山金闕洞之西北紫霄峰頂。二君意欲暫過洞中，龍行既抵，其船洩撥林木，戞刺響駭，其聲異常。舟師不免偷目潛窺，二龍知人見之，峰頂委舟而去。二君謂船師曰：“汝違吾教，驚觸二龍乘，棄此船萬仞峰頂。吾緣貪與衆眞除蕩妖害，暫須離此，游涉江湖。汝既失船，徒返人世，汝可隱此紫霄峰上，游覽匡廬。”示之以服餌靈草之門，指之以遁迹地仙之術，由是舟師之船底遺迹尙存。後於豫章遇一少年，容儀修整，自稱愼郎。許君與之談話，知非人類，指顧之間，少年告去。眞君謂門人曰：“適來年少乃是蛟屬之精。吾念江西累爲洪水所害，苦非剪戮，恐致逃遁。”屬精知眞君識之，潛於龍沙洲北，化爲黃牛。眞君以道眼遙觀，謂弟子施大王曰：“彼之精怪化作黃牛，我今化其身爲黑牛，仍以手巾挂膊，將以認之。汝見牛奔鬥，當以劍截後。”眞君乃化身而去。俄頃果見黑牛奔趁黃牛而來。大王以劍揮牛，中其左股，因投入城西井中。許君所化黑牛趁後亦入井內。其屬精復從此井奔走，徑歸潭州，却化爲人。先是屬精化爲美少年，聰明爽雋，而又富於寶貨。知潭州刺史賈玉有女端麗，欲求貴婿以匹之。屬精乃廣

許真君

用財寶，賂遺賈公親近，遂獲為伉儷焉。自後與妻於衙署後院而居，每至春夏之間常求旅游江湖，歸則珍寶財貨數逾萬計。賈使君之親姻僮僕，莫不賴之而成豪富。至是厲精一身空歸，且云被盜所傷。舉家嘆惋之際，典客者報云："有道流姓許字敬之求見。"使君賈公遽見之。真君謂賈公曰："聞君有貴婿，略請見之。"賈公乃命慎郎出與道流相見。慎郎怖畏，托疾潛藏。真君厲聲而言曰："此是江湖害物蛟蜃，老魅焉敢遁形！"於是厲精復變本形，宛轉堂下，尋為吏兵所殺。真君又令將其二子出，以水噀之，即化為小蜃。妻賈氏幾欲變身，父母懇真君，遂與神符救療。仍令穿其宅下丈餘，已旁互無際矣。真君謂賈玉曰："汝家骨肉幾為魚鱉也。今須速移，不得暫停"賈玉倉惶徙居，俄頃之間，官舍崩沒，白浪騰湧，即今舊迹宛然在焉。真君以東晉孝武帝太康二年八月一日，於洪州西山舉家四十二口拔宅上升而去，唯有石函藥臼各一所，車轂一具，與真君所御錦帳復自雲中墮於故宅。鄉人因於其地置游帷觀焉。

　　按《雲笈七籤》：許遜，字敬之，南昌人也，少以射獵為業。一日入山射鹿，鹿胎從弩箭瘡中出墮地。鹿母舐其子，未竟而死。遜愴然感悟，折弩而歸。聞豫章有孝道之士吳猛，學道能通靈達聖，嘆我緣薄未得識之。於是旦夕遙禮拜猛，久而彌勤。猛已鑒其心，升仙去時，語其子云："吾去後，東南方有人姓許，名遜，應來弔汝，汝當重看之，可以真符授也。"至時，遜果來弔，其子以父命將真符傳遜。遜奉修真感，有愈於猛。

《鑄鼎餘聞》卷一：

《太平廣記》六十二引《集仙錄》曰：元慶二年壬子八月十五，太上命玉眞上公崔文子、太玄眞卿瑕邱仲，册命征拜許遜爲九州都仙大使高明主者。（均案：《夷堅志》"吳琦事眞君"條云：令畫工劉生繪九州都仙太史高明大使像，是當時不稱眞君）。

《古今圖書集成·神異典》卷二八〇引王安石《重修許旌陽祠記》：

晉有百里之長曰許氏，嘗爲旌陽令，有惠及於邑之民。其爲術也，不免乎後世方技之習，如植竹水中、令疫病者酌水飲焉，而病者旋瘥。此固其精誠之所致也。而藏金於圃，使囚者出力而得之，因償負而或免於桎梏，豈盡出方技之所爲者？以是德於民。既後斬蛟而免豫章之昏墊，大抵皆其所志足以及之。志之所至，智亦及焉，是則公之有功於洪論者，固自其道而觀之矣。夫以世降俗末之日，仕於時者得人焉。如公亦可謂晦冥之日月矣。公有功於洪，而洪祀之虔且久。祥符中升其觀爲宮，而公亦進位於侯王之上。於是州吏峻其嚴祀之，宮室與王者等，茲固侈其功而答其賜也。

《續文獻通考·群祀考》三：

（明嘉靖）三十四年詔修江西許旌陽眞人宮。

《三教源流搜神大全》卷二：

許遜，字敬之，南昌人，吳赤烏二年正月念八日降生，母先夢金鳳唧珠墜於懷中而有娠。父許蕭，祖父世慕至道。眞君弱冠，師大洞眞君吳猛，傳三清法，博通經史。舉孝廉拜蜀旌陽縣令也。

以晉亂棄官，與吳君同游江左。〔中與前《古今圖書集成》引《十二眞君傳》同〕。除屬後，於東晉太康二年八月一日於洪州西山舉家白日上升。眞君自飛升之後，里人與眞君族人就其地立祠，以所遺詩一百二十首寫竹簡之上，載之巨筒，令人探取，以決休咎，名曰：「聖籤」。宋徽宗政和二年五月十七日，上尊號曰「神功妙濟眞君」，改觀爲宮，賜額曰「玉隆萬壽」。帝因看書於崇政殿，恍然似夢見東華門北有一道士，戴九華冠，披絳章服，導從者甚衆，至丹墀起簡揖帝。帝乃問曰：「卿是何人，不詔而至？」對曰：「吾爲許旌陽，權掌九天司職。上帝詔往按察西羅耶國，經由故國。」復問曰：「朕患安息瘡，諸藥不能瘉，眞君有藥否？」即取小瓠子傾藥一粒，如綠豆大，呵咒抹於瘡上，覺如流酥灌體，入骨清涼。遂揖而去，行數步，復回顧曰：「吾敝舍久已寥落，聖聖帝舉眼一看爲幸。」帝欻然而覺，詔畫像如夢中所見者，賜上清儲祥宮，崇奉許眞君。遺迹去處未有宮觀，即取本屬官錢建造如宮觀，只因損壞，如法修換，無常住，即撥近便官田供辦。聖朝崇奉加「至道玄應」四字，餘封如故。

《歷代神仙通鑒》卷十五：

閤宅山（豫章清江縣），九州仙都高明太史、中玄妙行眞君許遜。

《列仙全傳》卷四：

許遜字敬之，號眞君，南昌人。吳赤烏二年，母夢金鳳啣珠墜於掌上，玩而吞之。及寤。覺腹痛，因是有娠而生眞君。生而

穎悟，姿容俊偉，少小疏通，與物無忤。嘗從獵射一鹿，鹿中之
而斃，鹿母皇顧舐之。因感悟，折棄弓矢，尅意爲學。博通經史，
明天文、地理、音律、五行，纖緯之書，尤嗜神仙修煉之術。聞
西安吳猛得丁義神方，乃往師之，悉受其秘。又從郭璞求善地爲
栖眞之所，得西山之陽逍遙山金氏宅而居之。日以修煉爲事。時
買一鐵釘槃，因夜燃燈，見漆剝處有光，視之金也。明日訪售主
還之。晉武帝太康元年舉孝廉，辟爲旌陽縣令，時年四十二也。
教民以忠孝慈仁勤儉忍愼，聽訟發摘如神，吏民悅服。歲飢，民
無以輸租，眞君乃以靈丹點瓦礫成金，令人潛瘞於縣圃。一日籍民
之未輸納者，使服力於圃。民鋤地得金，用以輸納，遂悉安堵。
又歲大疫，死者十七八，眞君以所得神方拯治之，符咒所及，登
時而瘥。他郡疾民相繼而至者日千計。於是標竹於郭外十里之江，
置符水於其中，使就竹下飲之，皆瘥。久之，知晉室將亂，乃棄
官東歸。蜀民感其德化，所至盡立生祠，家供其像。啓行之日，
送者蔽野，有送至千里始還者，有隨至其宅願服役而不返者。眞
君嘗憩於柏林，有女童五人各持寶劍來獻。眞君異而受之。即而
偕至眞君之家，惟日擊劍自娛。眞君如其劍仙也，卒獲神劍之用。
既而與吳君游於丹陽黃堂，聞諶姆多道術，遂同往叩以道妙。姆
曰："君等皆夙禀道骨，仙名在天。昔孝悌王下降曲阜蘭公家，
謂蘭公曰，後晉代當有神仙許遜傳吾此道，當爲衆眞之長，留下
金丹、寶經、銅符、鐵卷，授吾掌之以俟子，積有年矣。今當授
子。"乃擇日登壇，出孝悌王諸秘，悉以傳之眞君。復顧吳君曰：
"君昔以神方爲許之師，今孝悌王之術獨許君得傳，君當返師之
也。況玉皇玄譜，君位玄都御史。許君位高明大使，總領仙籍。

品秩相遼。且許君司玄枵之野，於辰爲子，統攝十二分野。君領星紀之邦，於辰爲丑。汝自今宜從許君爲長也。"二君謝訖辭行。眞君方心期每歲必來謁姆，姆即覺之，曰："子勿來，吾即還帝鄉矣。"因取香茅一根，南望擲之，曰："子歸，茅落處立吾祠，歲秋一至足矣。"二君還，覓訪飛茅之迹，於所居之南四十餘里得之，時茅已叢生矣。遂建祠宇，每歲仲秋之三日必朝謁焉。初眞君往訪飛茅，偶息憩眞靖，見鄉民盛烹宰以祀神，且相戒曰："祭不腆則神怒降禍。"眞君曰："怪祟敢爾！"乃宿于逆旅，召風雷伐之，拔其林木。明日告其里人曰："妖社已驅，毋用祭也。"又見人苦遠汲，乃以杖刺社前涸澤，出泉以濟之，雖旱不竭。渡小蜀江，感江干主人朱氏迎接甚勤，乃戲畫一松於其壁。其家因之得利加倍。後江漲潰堤，市舍俱漂，唯松壁不壞。眞君嘗煉丹艾城黃龍山，山湫有蛟魅，輒作洪水，漂沒舟室。眞君遣神兵擒之，釘於石壁。過西安縣，縣社伯出謁。眞君問其地有妖物爲民害者不？其神匿之。眞君行過一小廟，廟神迎告曰："此有蛟害民，知仙君來，逃往鄂渚矣。"眞君追至鄂渚，路逢三老人，指曰："蛟伏前橋下。"眞君至橋，仗劍叱之。蛟驚，奔入大江，匿於深淵。乃敕吏兵驅之。蛟從上流奔出，遂誅之。又聞新吳有蛟，眞君乃以巨石書符，作鎮蛟文以禁之。時海昏之上繚有巨蛇，據山爲穴，吐氣成雲，亘四十里。人畜在其氣中者，俱被吞吸，無得免者。江湖舟舩，多遭覆溺，大爲民害。眞君聞之，乃集弟子往誅之。初入其界，遠近居民三百餘人知眞君道法，竟來告訴，哀求懇切。眞君曰："吾來正爲是惡，當爲汝曹除之。"遂前至蛇所，仗劍布氣。蛇俱入穴。乃飛符召海昏社伯，驅之不

出。復召南昌社公助之，蛇始出穴，舉首高十餘丈，目若火炬，
吐毒冲天。鄉民咸鼓噪相助。是時眞君嘯命風雷，呼指神兵，以
攝伏之，使不得動。眞君乃飛步踏其首，以劍劈其顙。弟子施岑
甘戩等引兵揮之，蛇腹裂，有小蛇自腹中出，長數丈。甘君欲斬
之，眞君曰：「彼未爲害，不可妄誅。」小蛇懼，奔行六七里，
聞鼓噪聲，猶返聽而顧其母。群弟子復請追戮之，眞君曰：「此
蛇一千二百五十餘年後爲民害，吾當復出誅之。以吾壇前植柏爲
驗。其枝拂壇掃地，是其時也。」又預識云：「吾仙去後一千二
百四十年間，豫章之境五陵之內，當出地仙八百人。其師出於豫
章，大揚吾教，江心忽生沙洲，掩過沙井口者，是其時也。此時
小蛇若爲害，彼八百人自當誅之。」蛇子遂得入江。眞君曰：
「大蛇雖滅，蛟精未誅，彼物通靈，必知吾意。恐其俟隙潰郡城，
吾歸郡乎？戩、岑二子從我以往。」時懷帝永嘉六年也。眞君道
術高妙，聲聞遠通，求爲弟子數百人。却之不可，乃化炭爲美婦
人，夜散群弟子處以試之。明旦閱之，其不爲所染污者惟十人爾，
餘皆自愧而去。眞君乃與甘、施二君歸郡，周覽城邑，遇一少年，
美風度，衣冠甚偉，通謁自稱姓愼，禮貌勤恪，應對敏給，遽告
去。眞君謂弟子曰：「適來者非人，即老蛟，故來見試也。體貌
雖是而腥風襲人。吾故愚之，庶盡得其醜類爾。」迹其所之，乃
在郡城江滸，化黃牛臥沙磧之上。眞君剪紙化黑牛往鬥之，令施、
岑潛持劍往，俟其鬥酣即揮之。施君一揮中其左股，牛奔入城南
井中。眞君遣符吏尋其踪，乃知直至長沙，於賈誼井中化爲人，
入賈玉使君之家。先是蛟精嘗慕玉之女美，化爲一美少年謁之。
玉愛其才，乃妻以女。居數載，生二子，常以春夏之交孑然而出，

周游江湖，若爲商者。至秋則乘巨艦重載而歸，皆寶貝珠玉。蓋乘春夏大水，覆舟所獲也。是秋空還，紿玉云：“財貨爲盜所刼，且傷左股。”玉求醫療之。眞君即爲醫士謁玉，玉喜召婿出。蛟精覺，懼不敢出。玉自起召之，眞君隨至其室，厲聲叱曰：“江湖蛟精，害物不淺，吾尋踪至此，豈容復藏，速出！”蛟精技窮，遂見本形，蜿蜒堂下，爲吏兵所誅。眞君以法水噀其二子，亦皆爲小蛟，幷誅之。賈女亦幾變形，玉爲哀求，眞君給以神符，故得不變。眞君謂玉曰：“蛟精所居，其下即水。今君舍下深不逾尺，皆洪波也。可速徙居。”玉乃遷居高原，其地果陷爲淵潭，深不可測。眞君復還豫章，而蛟之餘黨甚盛，慮眞君誅之，皆化爲人，散游城市，訪眞君弟子，詭言曰：“僕家長安，積世崇善。遠聞賢師許君有神劍，願聞其功。”弟子語之曰：“吾師神劍指天天裂，指地地坼，指星辰則失度，指江河則逆流，萬邪不敢當，神聖之寶也。”蛟黨曰：“亦有不能傷者乎？”弟子戲之曰：“惟不能傷多瓜葫蘆爾。”蛟黨以爲誠然，繼而盡化爲葫蘆多瓜，連枝帶蔓，浮泛滿江，潛流出境。眞君晨起，覺妖氣轉盛，乃顧江中，知爲蛟黨所化，以劍授施、岑，履水斬之，悉無噍類，江流爲之變色。眞君曰：“此地蛟螭所穴，不有以鎮之，後且復出爲患，人不能制也。”乃役鬼神於牙城南井，鑄鐵爲柱，出井外數尺，下施八索，鈎鎖地脈，祝之曰：“鐵柱若歪，其蛟再興，吾當復出。鐵柱若正，其妖永除。”由是水妖屛迹，城邑無虞。復慮後世奸雄妄作，又爲讖記云：“鐵柱鎮洪州，永不出奸仇。縱有興謀者，終須不到頭。”其後更立府靖七十餘所，皆所以鎮郡邑辟凶災也。明帝大寧二年，大將軍王敦舉兵內向，次慈湖。

眞君與吳君同往調敎，冀說止之。〔下與《十二眞君傳》同〕。
二君各乘一龍，以歸舊隱，數十年間，不復以時事關意，惟精修
至道，平時出處不異常人。但所居之處，鳴鶴翔飛，景雲繚繞。
自東晉亂離，江左頻擾，眞君所居環百餘里，盜賊不入，閭里晏
然，年穀豐登，人無災害，其福被生靈，人莫知其所以然也。孝
武寧康二年，眞君一百三十六歲，八月朔旦有二仙自天而下，云
奉玉皇命，授眞人以九州都仙太史高明大使之職，紫袍、寶節、
玉膏、金丹各一合，并告以冲舉之日，遂乘雲車而去。眞君乃與
鄉里耆老諭以行期，日設宴飲敍別。又與同升十一弟子，作勸誠
詩十首以遺世。又以大功如意丹方，授群弟子之不與上升者。是
月望日，遙聞天樂之音，祥雲冉冉，羽蓋龍車，從官兵衞，仙童
玉女，前後導從。見前二使，眞君降階拜迎。二使宣詔，封眞君
三代，賜所居宅曰仙曹左府。乃揖眞君升龍車。眞君命弟子陳勛、
時荷持冊前導，周廣、曾亨驂御，黃仁覽與其父族侍從，盱烈與
其母部侍從。仙眷四十二口，同時白日拔宅升天，鷄犬亦隨。有
僕許大者，與其妻市米於西嶺，聞眞君飛升，即奔馳而歸。倉忙
車覆，遺米於地，米皆復生。比至，哀泣求從行。眞君以其分未
應仙，授以地仙之術。仙仗既舉，有頃墜下藥臼車轂各一，又墜
一鷄籠、鼠數枚於宅之東南十里餘。百里之內，異香芬馥，經月
不散。

《古今圖書集成·神異典》卷五一引《江西通志》"許旌陽祠""
條：

　　祠在安義縣依仁鄉，前有大石，高廣數丈。一茆插頂，四時

皆青。相傳爲許遜手植。祠旁二石對峙，一形如斗，有水淸澈不
竭；一石光潔無塵，乃遜斬蛟磨劍於此。鄉人立祠，以表異迹。

《清朝續文獻通考・群祀考》二：

勅封靈感普濟之神。廟祀江西南昌縣。

（臣）謹案：神許姓，名遜，晋旌陽令，得道術斬蛟除害。
舊祠南昌，曰鐵柱宫。宋封神功妙濟眞君。

《集說詮眞》：

《續文獻通考》載：許遜斬蛇誅蛟，悉除民害。慮豫章爲浮
州蛟螭所穴，乃於府城南井鑄鐵爲柱，下施八索，勾鎖地穴（按
《明一統志》：江西南昌府城内市中鐵柱宫前有井，水黑色，其深莫測，與
江水相消長。鐵柱立其中，相傳許遜所鑄，以息蛟害者，元吳全節詩："八
索縱橫維地脈，一泓消長定江流"。又，許遜斬蜃後，鑄鐵柱二。一在南昌
府城南，縻以鐵索，以鎮蜃穴。又，蛟穴有二。一在南昌府豐城縣東二里，
一在豐城縣治西，其中積水四時不竭，舊傳蛟精嘗蟄於此。許遜以符咒逐之，
蛟遂遁去。）由是水妖屏息。又周游江湖諸郡，殄滅毒害，乃歸舊
隱精修至道飛升。

孟籟甫《豐暇筆談・孽龍篇》載：許旌陽眞君未成道時，有
一友頗負氣而性放誕。眞君常切戒之。一日浴於江澨，獲一卵大
如瓜，破其殼而吞之，遍體躁熱生鱗甲，三日而化爲龍。遂入大
江中，時或變美男子，出蠱婦女。又欲攬鄱陽湖水爲中海。眞君
爲億兆生靈計，方擒之，鎖之石柱上而潴之，即南昌城中萬壽宫，
一名鐵柱宫也。先是嘗爲贅婿於富民家，以眞君言而引避之，亦

不復來。又嘗至一瀕江民家，唯姑媳兩人獨處，拒不納。孽龍四顧指曰：“水來矣！”即水從門外入。兩婦入寢門，孽龍隨之入，復回顧指曰：“水來矣？”水又入寢門內。二人者不得已而登樓，孽龍遂與少婦同宿，天明乃出。婦因有娠。及臨月，真君爲道人裝往化齋，其家辭以有難，願以異日。真君曰：“吾因知汝家有難，特來營救。此去東南一里許，有老姥喜收生，可往求之。”即如言往請而來，蓋盧山老姆也。風雨雷電中，姆在內收一龍子，真君在外斬之。須臾已斬八龍。末一龍欲升去，而屢回顧其母。真君惻然憫念曰：“此孽畜猶有孝心，不可斬。”但斷其尾。孽龍負痛逃入湖北深湫中，歲一至江右探望其母。往還以三四月候，必有大風雨隨之。或曰先在應山（縣屬湖北德安府）某鄉，土人苦其橫暴，俟其去，輒以穢物置湫中，遂徙隨州（屬湖北德安府）。隨多山澤，與應山連界，皆德安郡屬也。前一說，得自江西人口述，後一說則德安人所傳也。《新刊萬壽宮志》所載，要亦大同小異耳。

【案】許旌陽，亦稱許真君。相傳名許遜，亦仙人中之著名者。江西奉祀尤虔，其廟至近代香火尚盛，與張、葛、丘并爲“四大天師。”

據諸書，晋時或實有許遜其人，曾任旌陽令，有治聲。民間又傳說其修道術，爲著名道士吳猛弟子（《雲笈七籤》說遜拜師時猛已死，猛子授其道術）。其信仰唐時始盛，列名爲十二真仙之一，以後歷代奉祀。最著名的神迹，爲誅蛟精（《酉陽雜俎》謂斬巨蛇），其斬蛟故事似從李冰鬥江神脫胎而來，以後其事迹愈傳愈神。《酉陽雜俎》本稱從吳猛除蛟，猛化炭為美女，試諸弟子，唯遜不染。後遂不提吳猛，只提許遜帶弟子多人除蛟，明《列仙全傳》更稱遜化炭為美女試門下數百人，不為染污者唯十人。所謂仙人之仙迹，多如此輾轉衍化而來。

尹 眞 人

《史記·老子韓非列傳》：

　　老子修道德，其學以自隱無名爲務。居周久之，見周之衰，乃遂去。至關，關令尹喜曰："子將隱矣，強爲我著書。"於是老子乃著書上下篇，言道德之意五千餘言而去。（《集解》：《列仙傳》曰：關令尹喜者，周大夫也。善內學星宿，服精華，隱德仁行，時人莫知。老子西游，喜先見其氣，知眞人當過，後物色而迹之，果得老子。老子亦知其奇，爲著書。與老子俱之流沙之西，服巨勝實，莫知其所終。亦著書九篇，名《關令子》。《索隱》：《列仙傳》是劉向所記。）

《宣室志》卷七：

　　故崔寧領蜀時，犍爲守清河崔君，既以啓尹眞人函（事具《靈仙篇》），是夕，崔君爲冥司所召，其冥官即故相呂諲也，與崔君友善，相見悲泣。已而謂崔曰："尹眞人有石函在貴郡，何爲輒開？今奉玉帝命，召君按驗，將如之何？"崔謝曰："愚俗聾瞽，不識神仙事，故輒開眞人之函，罪誠重。然以三宥之典，其不識不知者俱得原赦。儻公寬之，某庶獲自新耳。"諲曰："帝主命嚴，地府卑屑，何敢違乎？"即召案掾出崔君籍。

《鑄鼎餘聞》卷一：

　　宋《太上老子道德經》董思靖《集解·序說》自注曰：君喜，字公文，盩厔縣神龍鄉聞仙里人也。少好墳索，善天文秘緯。嘗結草爲樓，仰觀乾象。康王朝爲大夫，後召爲東宮賓友。昭王時，因瞻紫氣西邁，天文顯瑞，知有聖人當度函谷關而西，乃求出爲關令，王從之。至關，乃曰：“夫陽數極九，星宿值金，歲月幷王，法應九十日外有大聖人經過京邑。”先敕關吏孫景曰：“若有形容殊俗，車服異常者，勿聽過。”喜預齋戒，使掃道焚香以俟。是時老君以昭王二十三年五月壬午駕青牛車，薄版爲窮隆，徐甲爲御，將往開化西域，至七月十二日甲子，果有老人皓首聃耳，乘白輿，駕青牛至。吏曰：“明府有教，願翁少留。”乃入白，喜即具朝服出迎，叩頭邀之。老君遜謝至三。尹曰：“去冬十月天理星西行過昂，今月朔融風三至，東方眞氣狀如龍蛇而西度，此大聖人之徵。”於是爲留官舍，設座行弟子禮。喜乃辭疾去官，十二月二十五日，奉邀老君歸其家。二十八日授以五千餘言。至次年四月二十八日於南山阜辭決升天，戒以“千日外尋吾於青羊之肆”。至二十七年會於蜀李太官家。是時諸天衆仙浮空而至，老君乃敕五老上帝等授喜玉册金文，賜號文始先生，位爲無上眞人，賜紫服芙蓉冠等，從游八紘之外也。

《續文獻通考·群祀考》三：

　　元順帝至元三年六月，加封文始尹眞人爲無上太初博文文始眞君。

《列仙全傳》卷一：

尹喜字公文，天水人。初母氏嘗晝寢，夢天下絳霄，流繞其身。（遂生喜）老君復以《道德》五千言授之，期曰：“千日之外，可尋吾於蜀青羊之肆也。”言訖聳身空中，坐雲華之上，面放五明，身見金光，洞然十方，冉冉升空，光燭館舍，五色玄黃，良久乃沒。喜目斷雲霄，涕泣攀戀。其日江河泛漲，山川振動，有五色光貫太微，遍及四方。喜遂以老君所說理國修身之要，去奢滅欲之言，敍而編之，爲三十六章，名之曰《西升經》。喜乃屏絕人事，三年之內，修煉俱畢，凡所授書，悉臻其妙。乃自著書九篇，號《關尹子》。至丁巳歲，即往西蜀尋訪青羊之肆。老君以甲寅年升天，至乙卯歲復從太微宮分身，降生於蜀國大官李氏之家，已先敕青龍化生爲羊，色如青金，常在所生嬰兒之側，愛玩無歡。忽一日失羊，童子尋覓，得於市肆。喜至蜀，遍問居人，無青羊肆者。忽見童子牽羊，因自解云：“既有青羊，復在市肆，聖師所約，其在此耶？”因問：“此誰家羊？牽欲何往？”童子答曰：“我家夫人生一兒，愛玩此羊，失來兩日，兒啼不止。今却尋得，欲還家。”喜即囑曰：“願爲告夫人之子，云：尹喜至矣。”童子如其言入告兒，兒即振衣而起曰：“令喜前來。”喜即入，其家庭宇忽然高大，湧出蓮花之座，兒化數丈白金之身，光明如日，項有圓光，建七曜之冠，衣晨精之服，披九色離羅之帔，坐於蓮花座上。舉家見之，皆驚怪。兒曰：“吾老君也。太微是宅，眞一爲身，太和降精，耀魄爲人，主客相因，何乃怪耶？”喜將慰無量，稽首言曰：“不謂慶會，復奉天顏。”老君曰：“吾向留子者，以子沿世來久，深染恩愛，初授經訣，未克成功，是以待子於此。今子保形煉氣，已造眞妙，心結紫絡，面有神光，金名表於玄圃，玉札繫於紫房，氣參太微，解形合眞矣。"即命召三界衆眞。時諸天帝君、十方神王，洎諸仙衆，頃刻浮空而至，各執香花，稽首聽命。老君敕五老上帝、四極監眞授喜玉册金文，號文始先生，位爲無上眞人，賜紫芙蓉冠，飛青羽裙，丹襖綠袖，交泰霓裳，羅紋黃綬，九色之節，居二十四天王之上，統領八萬仙士。自此方得飛騰虛空，參侍龍駕。其家長幼二百餘口，即時拔宅升天。

尹軌，字公度，太原人，文始先生尹喜之從弟也。少學天文，兼通讖緯。父事先生，因敎服黃精花，及授諸道經凡百餘篇，皆蒙口訣。先生登眞之後，即與隱士杜冲同修煉於先生宅。時年二十八歲，絕粒養氣，專修上法。上帝憐之，賜爲太和眞人，仍下統仙僚於杜陽宮。軌時帶神丹，周歷天下，濟度有緣，或煉金銀以賑貧苦。求哀之人，咸得其福利焉。晋惠帝永興二年，從東來降於尹眞人之觀，語道士梁諶以得道之素，及上帝命所司之事。語畢忽聳身騰空，冉冉而登天府。

《古今圖書集成·神異典》卷二四〇"尹眞人"條：

按《處州府志》：尹眞人，隋大業中煉丹成，舉家上升。今勝因院，其故宅也。迨宋龔侍郎原作《勝因院記》，頗詳其事。後原守揚州時，有道人謁原題疏，欲得錢萬貫。原如數與之。眞人至和州，創宅買田，署器具，交易標記悉作龔侍郎名字。後原謫和州，道人來請入宅，云："田土器具，皆公揚州舍錢所置。"或云道人即尹眞人也，報其爲勝因院作記耳。

《鑄鼎餘聞》卷一"蓬頭尹真人"條：

《無錫金匱志》卷二十九釋道門明代云：尹蓬頭，弘治中嘗游金陵、毗陵之間，携宋時度牒，自言理宗時人尹從龍也。至無錫，止秦勵家。或毒暑暴日中，或嚴冬擁雪臥，身腐穢，多蟣蝨。與同寢處三年，後去不知所終。

又云：康山亦作穰山，在沙頭南。相傳尹蓬頭寓此，上有迎仙亭。

【案】尹真人，在道教諸仙中地位亦頗高。相傳即《史記》所稱之關令尹喜也。老子既然被伸化，尹喜也自然沾了光。這種神化，西漢已開始了。以後隨着老子的地位不斷提高，尹喜的身世、事迹也越來越神。歷代稱為文始真君。後又衍生出尹軌，謂為尹喜從弟，也稱尹真人。此外，歷代尹姓道士或亦有稱尹真人者。如《處州府志》所載隋大業中之尹真人，《無錫金匱志》所載明弘治中之蓬頭尹真人（自稱爲南宋人尹從龍）。不過列入祀典的尹真人，專指尹喜。

廬山匡阜先生

《三教源流搜神大全》卷七：

先生者姓匡名續，字君平，南楚人，號匡阜先生。生而神靈，兒時便有物外志。周武王時，師老聃，得長生之道，結茅南障山虎溪之上隱焉。室中無所有，爲置一榻，簡書數篇而已。武王屢征不起。遇少年，傳以仙訣，得道。漢武帝南巡狩，登祀天柱，嘗望秩焉。繼而射蛟尋陽江中，復封先生爲南極大明公。道高龍虎伏，德重鬼神欽。先生能伏五瘟使者爲部將。更命立祠于虎溪舊隱。郡守恒伊遷先生祠于山口，能押瘟部之神，凡水旱癘疫，禱之皆應焉。

《列仙全傳》卷一：

匡續字君平，南楚人，號匡阜先生。生而神靈，兒時便有物外志。周武王時師老聃，得長生之道，結茅南障山虎溪之上隱焉。室中無所有，唯置一榻，簡書數篇而已。武王屢征不起。一日有少年詣之，自通曰："姓劉名越，家在前山之左，邀先生過之。"且曰："至山下，有石高二丈許，即予家也。"續後如約而往，至山下，四顧無人家，唯有一石。乃叩之，石爲之開，若雙扉然。有二青衣，執緯節前導，入其中，瓊樓玉宇。見前少年傳以仙訣，由此得道，遂煉丹于其所。漢武帝元封元年，南巡狩

盧山匡阜先生

匡 續

匡 裕

獵，登祀天柱，嘗望秩焉。繼而射蛟潯陽江中，復封先生爲南極
大明公，仍命立祠于虎溪舊隱，列于祀典。迨至東晉，鴈門僧慧遠
游羅浮，夜宿祠下，愛其溪山之勝，謂郡守桓伊曰："昨夢匡先
生，願舍祠爲寺。"伊從之，而遷先生祠于山口。唐開元間，再
加興建，尊爲仙廟。凡水旱癘疫，禱之皆應。

《列仙全傳》卷一：

匡裕，周武王時人。兄弟七人，皆有道術。結廬山中，後得
仙去，唯空廬在焉，故曰廬山。漢武帝封裕爲廬山君。

《古今圖書集成·神異典》卷二二五引《安慶府志》：

周匡續，字子孝，嘗乘雲入關，師事老子。還廬山，受業劉
越眞人門，積功累行，周成王時遐舉。

同上卷二二七引《九江府志》：

漢匡俗，字君孝。本姓匡，父平野王共鄱陽令吳芮佐漢定天
下而亡，漢封俗于鄡陽，曰越廬君。俗兄弟七人，皆好道術，精
寓于洞庭之山，故世謂之廬山。

謝顥《廣福觀碑》：周威烈王以安車迓匡續。續仙去，唯廬
存，因名其山爲靖廬山。邦人以先生姓呼匡，山又曰匡阜。

【案】廬山是中國名山之一，或名匡山、匡廬、匡阜。關
于其得名之原因，也有兩種傳說。一說周時有匡續，師事于老
子，得長生之道，于廬山修煉，漢武帝時得封。號匡阜先生，

收伏五瘟神為部將。其仙去後，唯廬存于山。廬、匡、匡廬、匡阜，以此得名。一說周時〔或說漢時〕有匡裕（裕一作俗），有兄弟七人，皆有道術，結廬山中，後仙去，唯存空廬，漢武帝時封裕為廬山君；亦稱其父嘗封為越廬君。故其山名廬或匡。然而這些傳說見于記載甚晚，所述年代頗為可疑。

王　侍　宸

《夷堅甲志》卷八：

宣和中，葆眞宮王文卿法師善符籙。王師，建昌人。

《夷堅丙志》卷十四：

建昌王文卿既以道術著名，其徒鄭道士得其五雷法，往來筠、撫諸州，爲人請雨治祟，召呼雷霆，若響若答。

《夷堅丁志》卷六：

建昌道士王文卿，在政和、宣和間，不但以道術顯，其相人亦妙入神。蔡京嘗延至家。

《夷堅支志》乙卷五"傅選學法"條：

傅選爲江西副總管時，邀臨川王侍宸來豫章，從學雷法。王甚惡其人，然念凶德可畏，不敢不與，但教以大略，在朋輩中已爲高妙。選藝成，將有所試，望僧刹一塔，嶄然高出四鄰，即焚符治之。少焉火從中起，熱爲烟燼，而塔無所損。既而憤王傳術不盡，欲募刺客加害。王已先知之，怒曰："彼爲我弟子，而謀射羿，豈宜使滋蔓得志哉！"于是以法飛檄，悉追其所部靈官將吏。選所行法從此不復神。

王侍宸

《夷堅支志》丁卷十"王侍宸"條：

王文卿侍宸，已再書于前志。紹興初入閩，不爲人所敬。嘗寓福州慶成寺，群僧見其所爲，疑涉迂誕，使僕夜擲瓦礫于窗外欲其怖也。王殊自如。已而擊瓦再至，王叱曰："人耶，鬼耶？一例行遣。"僕應聲仆，起（按："起"字疑誤。）竟不復生。是時張和尚圓覺正以道術擅名，閩人呼爲聖者。王與之往還，聞張爲人主醮事，語所善曰："當作哄這禿一場。"未幾，強入城，四故（按：故字疑誤。）若有所訪，曰："風子在東街茶店中坐。"遂往，揖之曰："狂態復作耶？"王笑曰："只頃刻耳。"及暮，張醮家泛潔壇席，燈燭如畫。俄風從西北來，撲滅無餘，才食久，煥然復明。道衆多與之不協。因府治設醮禱雨，命爲高切，（按："切"似"功"字之誤。）王請于府前立棚，令道衆行繞其上已獨仗劍禹步于下。方宣詞之次，星斗滿天，已而暴風駕雲，亦從西北隅至。燭盡滅，震霆一聲，甘雨傾注。其徒懼而下，王已去矣。自是道俗始加尊事。王之術，蓋習五雷法，然用以爲戲及妄害平人，恐非神天所能容。（福州劉存禮說。）

《三教源流搜神大全》卷七：

侍宸姓王名文卿，宋時歸川人，侍宸其官也。生有骨相，有道者器之。長而游四方，履歷幾遍宇宙。嘗遇異人授以道法，能召風雷。宋徽宗號爲金門羽客、凝神殿侍宸，寵冠當時，賜賚一無所受。時揚州大旱，詔求雨。侍宸爲仗劍噀水曰："借黃河水三尺。"後數日，揚州奏得雨水，皆黃濁。屢見顯異，大元時始建祠。今祠在建昌之府城內是也。靈應益著，執牲帛而乞靈者絡繹于道。

《列仙全傳》卷七：

王文卿，撫州臨川人。解呼雷致雨、役使鬼神之術。宋政和初，召見，時將有事明堂，雨不止，上命禱晴，天即開霽，禮成復雨。賜號沖虛通妙先生、凝神殿侍宸。時揚州大旱，詔求雨。侍宸爲仗劍噀水，曰："借黃河水三尺。"後數日，揚州奏得雨水皆黃濁。後歸紹興，一日謂其徒曰："西北有黑雲起，當速報我。"移時果然，即入室解化。乾道初，人有見之于成都者。

【案】王侍宸，字文卿，宋徽宗時道士，與林靈素齊名，普收徒衆，謂善符籙法術，能呼雷致雨，役使鬼神。時人目爲神仙，據說宋徽宗與其侍宸之官。元時民間立廟祠之。

薩 眞 人

《明史·禮志四》：

（弘治元年）尚書周洪謨等言：崇恩眞君、隆恩眞君者，道家以崇恩姓薩名堅，西蜀人，宋徽宗時嘗從王侍宸、林靈素輩學法有驗。隆恩，則玉樞火府天將王靈官也，又嘗從薩傳符法。永樂中，以道士周思得能傳靈官法，乃於禁城之西建天將廟及祖師殿。宣德中，改大德觀，封二眞君。成化初改顯靈宮，每年換袍服，所費不訾，近今祈禱無應，亦當罷免。

《三教源流搜神大全》卷二：

薩眞人，名守堅，蜀西河人也。少有濟人利物心，嘗學醫，誤用藥殺人，遂棄醫道。聞江南三十代天師盧靜先生及林、王二侍宸道法，步往師之。至陝，行囊已盡。見三道人來，問堅何所往，堅告以故。道人曰：“天師羽化矣。”復問王侍宸，曰：“亦化矣。”再問林靈素，曰：“亦化矣。”薩方悵恨，一道人曰：“今天師道德亦高，吾與之有舊，當爲作字，可往訪之。吾有一法相授，日夜可以自給。”遂授以咒棗之術，曰：“咒一棗可取七文，一日但咒十棗，得七十文，則有一日之資矣。”一道人曰：“吾亦有一法相授，乃雷法也。”眞人受辭，用之皆驗。一日凡咒百餘棗，止授七十文爲日用，餘者復以濟貧。及到信州，見天師投信，舉家皆哭，乃虛靖天師親筆也。信中言：“吾與王侍宸、

薩真人

林天師遇薩君，各賜一法授之矣，可爲參錄奏名。”眞人後法愈大顯，嘗經潭州，人聞神語曰：“眞人提刑，來日至。”次日人伺之，只見眞人携甕笠至，有提點刑獄之牌，人異之。繼至湘陰縣浮梁，見人用童男童女生祀本處廟神。眞人曰：“此等邪神，即焚其廟！”言訖，雷火飛空，廟立焚矣。人莫能救，但聞空中有云：“願法力常如今日！”自後廟不復興。眞人至龍興府，江邊濯足，見水有神影，方面黃巾金甲，左手拽袖，右手執鞭。眞人曰：“爾何神也？”答曰：“吾乃湘陰廟神天善神，眞人焚吾廟後，今相隨一十二載，只候有過，則復前仇。今眞人功行已高，職隸天樞，望保奏以爲部將。”眞人曰：“汝凶惡之神，坐吾法中，必損吾法。”其神即立誓不敢背盟。眞人遂奏帝，收繫爲將，其應如響。後眞人至涪州，忽一日，諸將現形，環待告曰：“天詔將臨，召眞人歸天樞領位。”眞人方起身而立，即化。後舉棺，輕如常木。衆異而開視，則已空棺，則知眞人得尸解之道也。

《列仙全傳》卷八：

薩守堅，蜀西河人。少有利物心，嘗學醫，誤用藥殺人，遂棄醫。聞江南三十代天師虛靜先生及林、王二侍宸道法，步往師之。至陝，行囊已盡。見三道人來，問堅何所往。堅告以故，道人曰：“天師羽化矣。”薩方悵恨，一道人云：“今天師道法亦高，吾與之有舊，當爲作字，可往訪之。”遂授以咒棗之術，曰：“咒一棗可取七文，一日但咒十棗，得七十文，則有一日資矣。”一道人云：“吾亦有一法相授。”與之棕扇一把，曰：“有病者扇之即瘥。”一道人云：“吾亦有一法相授，乃雷法也。”及達

薩守堅

信州，見天師投書，聞舉家慟哭，云："虛靜天師手筆，吾與林侍宸、王侍宸遇薩某，各以一法授之矣。可授以未盡之文。"薩由是道法大顯。嘗經潭州，居人聞神言曰："提刑來日至。"次日伺之，但見眞人携甖笠至，身懸提點刑獄之牌焉。繼至湘陰，寓城隍廟。數日，太守夢城隍告之曰："薩先生寓此，令我起處不安，幸爲我善遣之。"太守至廟，逐薩使去。薩恨之，行數十里，遇人舁豕往廟酬願。薩以少許香附之，曰："酬願畢，願爲置爐中焚之。"其人如約，忽迅雷火焚其廟。越三年，薩至渡，無操舟者，舉篙自刺，置三文錢於舟中，以償舟金。因掬水浣手，見一神鐵冠紅袍，手執玉斧，立於水中。薩呵之曰："汝何物？速見形！"答曰："我王善，即湘陰城隍也。向君無故焚我廟，我無依因，訴之上帝，帝賜玉斧，令我相隨，遇眞官有犯天律，便宜行事。今隨眞君已三年，并無犯律事，且置錢舟中。以此微暗且不欺，無可報君之時矣！今願爲部將，奉行法旨。"薩曰："更隨三年，亦只如是。"乃詞奏玉帝，擢爲部將。每有行持，報應若響。後游閩中，一日諸將現形環侍，云："天詔召君天樞領位眞人。"起身立化。

《歷代神仙通鑒》卷二十：

（薩）守堅（生於元符庚辰九月二十三日）初學醫，誤用藥殺人，遂學道，號全陽子。自離本山，大顯道法。道經湘陰浮梁，見人用童女生祀本處廟神。守堅曰："此等淫神，好焚其廟。"言訖雷火飛空，其廟立毀。後遍行救濟，至龍興府，江邊盥手，忽見水有神影，方面黃巾金甲，左手拽袖，右手執鞭。守堅問何神，答曰："吾先天大將火車靈官王，久值靈霄殿，奉玉敕廟食湘陰，以懲此方惡業。自眞人焚吾廟後，相隨十二載，但候有過，便復前仇。今眞人功行已高，職隸天樞，願爲部將，以備驅策。"守堅與爲盟誓，表達其情。至漳州，忽一朝，諸神將現形環侍，天詔召居天樞，領位都天宗主大眞人。應命而起，其身立化。

【案】薩眞人，名守堅，亦宋代一道士耳。相傳爲張虛靖（第三十代天師）、王侍宸、林靈素之弟子，後被稱爲崇恩眞君，又謂玉帝命其爲天樞領位眞人。傳說王靈官乃其部將，但民間王靈官之名聲遠比薩響亮。

王　靈　官

《西遊記》第七回：

　　那猴王打到通明殿里，靈霄殿外，幸有佑聖眞君的佐使王靈官執殿。兩個在靈霄殿前厮渾一處，這個是太乙雷聲應化尊，那個是齊天大聖猿猴怪。

《通俗編》：

　　《明史・禮志》：隆恩眞君者，玉樞火府天將王靈官也。宋徽宗時，嘗從薩守堅傳符法，乃於禁城西建天將廟。宣德中，改封眞君。按：靈官受法薩守堅，薩復受法於林靈素，而林乃一詩弈道士耳。

《新搜神記・神考》"王靈官"條：

　　道書：崇恩眞君姓薩氏，諱守堅，西蜀人，在宋徽宗時嘗從虛靖天師繼先及王侍宸、林靈素傳學道法，累有靈驗，而隆恩眞君則玉樞火府天將王靈官也。又嘗從薩眞君傳授符法。國朝永樂中有杭州道士周思得以靈官之法，顯於京師，附神降體，禱之有應，乃於禁城之西，建天將廟及祖師殿。宣德中改廟爲火德觀，封薩眞人爲崇恩眞君，王靈官爲隆恩眞君。又建一殿崇奉二眞君，左曰崇恩殿，右曰隆恩殿。成化初年改觀曰宮，加"顯靈"二字，

王元帥

遞年四季更換袍服。三年一小焚化，十年一大焚化，又復易以新制珠玉錦綺，所費不貲。每年萬聖節、正旦、冬至及二眞君示現之日，皆遣官致祭。其崇奉可謂至矣。倪文毅公疏曰："薩眞人之法，因王靈官而行，王靈官之法，因周思得而顯，其法之所自，皆宋徽宗時林靈素輩之所傳，一時附會之說，淺謬如此，本無可信。況近年附體降神者，乃欽發充軍顧玨、顧綸之父子，其爲鄙褻尤甚。往往禱雨祈晴，杳無應驗，則其怪誕可知。但經累朝創建，一時難俱廢毀，所有前項祭古之禮，俱各罷免，其四時袍服，宜令本宮住持幷庫役人等，於每年應換之日仍會同道籙司掌印官，照舊依期更換，如法收貯，不必焚化，永爲定例。伏乞敕內府衙門，以後袍服等件，不必再行製造，如此則日用不至於妄費，而邪術亦可以稍貶矣。"翟顥曰：據此，則靈官受法於薩守堅，薩受法林靈素，而林乃一詩奕道士爾。不知今之塑像何以金盔、金甲、金鞭、金磚，以肖其威嚴如是也。

《陔餘叢考》卷三五"王靈官"條：

道觀內多塑王靈官像，如佛寺之塑伽藍，作鎭山門也。孫國敉《燕都游覽志》謂：永樂間有周思得者，以王元帥法顯京師。元帥者，世稱靈官，天將二十六居第一位。文皇禱輒應，乃命祀於宮城西。宣德初，拓之，額曰大德顯靈宮。按《帝京景物略》及《列朝詩集》：文皇獲靈官藤像於東海，朝夕禮之如賓客，所徵必載。及金川河，舁不可動，就思得問之，曰："上帝界至此也。"果有榆川之役。夫曰獲藤像於東海，則古來已有是像，非至永樂中始創也。而倪岳《青溪漫稿》述道家之言：宋徽宗時有西蜀人薩守堅，嘗從林靈素傳法。而王靈官則玉樞火府天將，又從守堅受符法者。永樂中敕建天將廟，宣德中改爲火德觀，封薩爲崇恩眞君，王爲隆恩眞君，歲時遣官致祭。然則王元帥者，特有宋方士之流。林靈素已無他術，況又從而輾轉受法者！乃其威靈至今不泯，世俗尊奉益盛，何也？

《鑄鼎餘聞》：

　　國朝董含《三岡識略》卷四云：我郡有史道人者，自言傳薩眞人法，能置獄刻鬼。每登壇作法，刺舌血書黑檄向空焚之，并呼靈官王善名，罵詈不絕口。余初見殊駭，不知神將何故受此輩驅遣。然道人性貪行污，術亦不驗。

《破除迷信全書》卷十：

　　道教有一種神，稱爲靈官，又稱王靈官。他原是宋徽宗時的人，姓王名善。起初在四川人薩守堅門下學著畫符，也曾跟從林靈素的弟子，學習佛道的事。按林靈素本是宋徽宗所最寵幸的術士，他倒是能守正不阿；當時所有忠臣如司馬光等一百二十人，都爲奸臣蔡京等貶斥爲奸黨，并泐爲黨人碑，樹立太清樓下。一天，靈素在太清樓下陪著徽宗宴筵，突然在碑下叩頭。徽宗甚爲奇怪，叩問他是爲的甚麼？靈素戰戰兢兢的答道：臣見碑上所刻的名字，都是天上的星宿，怎敢不下拜呢？以後見朝政一天不如一天，於是上疏痛斥蔡京等爲奸黨；可惜徽宗不聽，所以就不告而去了。從靈素的舉動看來，倒不失爲正人君子，他所以假托天上星宿，無非是要警告人君，不可貶斥善類。這樣，王善雖未曾

親自受業門墻，却是得的衣鉢真傳，總該有點價值。直到明朝永
樂年間，有一個叫周思德的道士，拿著靈官的法術，在京師中大
行其道。永樂皇帝於是爲他建立了一座天將廟，共塑有天將二十
六名，靈官就是第一名。到宣德年間（紀元後一四三〇年）改天將
廟爲火德宮，封靈官爲玉樞火府天將，從此以後，似乎又變成火
神了。至於他到底有甚麼本領，書本上却未曾提到，想必宋徽宗
時，迷信道教，不厭神多，來者不拒啊！

《民間新年神像圖畫展覽會》：

　　靈官王元帥：紅面，滿髯高翹，口開，露獠牙。

《民間新年神像圖畫展覽會·附錄五》：

　　王靈官爲玉皇宮之守衞。此位道教神靈，原爲天廷二十六天
將之一，初無顯赫之個性，但至明初則名聲卓卓，爲人人所知。
依道家之說，靈官爲火府天將，有特殊勇力，保衞百姓，爲道觀
之門神，如伽藍、韋馱爲佛寺門神。有時又可見其爲佛寺之門神。

　　【案】王靈官乃民間赫赫有名之道教護法神。相傳爲宋代
道士薩真人的弟子，遂有人亦以其爲道士成神者，其實不然。
據諸書所載，王靈官本名王善，乃湘陰之地方神，或稱其爲
城隍神，或稱其爲吞噬童男童女之邪神，或稱其爲靈霄殿之
先天大將，奉玉帝敕廟食於湘陰，總之，當是地方性的人鬼
神或自然神。後薩真人焚其廟，又收爲部將。然《西遊記》
稱其爲雷府天將，明永樂朝依道士周思得之言，以其爲火府

天將,為天廷二十六天將之首。明以來民間以其為天上人間糾察之神,故聲名顯赫,道觀多於山門塑其像,赤面三目,披甲執鞭,以為護法,如佛寺之伽藍像然。

附:王惡元帥

《三教源流搜神大全》卷四:

襄陽洛里,姓王名惡,字秉誠。父諱臣,早逝,母邵氏,遺胎而生帥於貞觀時丙申年七月庚申日申時。帥幼孤不讀,有膂力,性剛暴質直。市中有不平者,直與分憂。鋤硬撻橫,國人服其公,且憚其武。第多執性不容人分曲直,故含恩者衆,而仇之不盡泯焉。時扶風內名黑虎者與帥同姓,遂借其威名,強淫人之室女,凡殊姿者先擾而後嫁,謂之"試先紅",莫敢誰何。後帥聞其冒余醜也,怒殺之。鄉傳與質於廷,帥不脆,官枉之而犴焉。帥髮倒豎曰:"污塗!留他則甚,余一一殛之,以除民害!"瀾步把衣而上,官懼,唯唯曰□,衆隸胥等逆拽力救而釋之,得無恙。遂至荆襄間,有古廟為江怪所占,顯靈本方里,遞年六月六日會主備牛羊猪各十牽,酒十釀,免瘟,否則人物流血而疫。會貧苦者,幾至饗男女以徇之,悲聲盈耳。帥惡而燬之,廟像兩燼,怪風大作。適值薩眞人托藥救瘟以來,遂作反風而滅妖,境借以安。諸土主迷事以奏,玉帝敕封谿洛王元帥,錫金印如斗,內篆"赤心忠良"四字,管天下都社令。凡有方士奏入者,雷厲風行,察有大過者,立槌之。官民不敢少干以私。第帥多在天門用事,不諳人民隱伏,兼以性烈,一承天命,即拘其冤,令人骨悚,世人勿犯之可也。

　　【案】王靈官名王善，而道敎又稱有王惡者，唐時人，曾
焚燒江怪之廟，怪風大作，適値薩真人至，作法反風而滅妖，
玉帝封爲元帥，掌監察之任。此神顯然由王靈官附會衍生而
來。

何 蓑 衣

《夷堅志補》卷十二"蓑衣先生"條:

何蓑衣先生,淮陽朐山人。祖執禮,官朝議大夫。家素富盛,爲鼎族,遭亂南來,寓姑蘇。紹興初,其父主簿爲近郭翁通判館客,既亡,何與母及乳媼入城中僦居。一日,自外歸,倏若狂疾,久而益甚。家人知不可療,且畏其生而累人,潛避他邑。何游行暮返,則室廬已空,亦不問,但求乞度日,衣裙漫漫不整,只以蓑笠蔽身,處葑門城隅土窟中,人窺窺之,唯見大蟒踞坐。繼遷於社壇,又爲守兵斥逐,自是無定迹。人與之錢,或受或擲。半歲後,漸出語說災祥,吳人傳其得道,云因在妙嚴寺臨池,見影豁然有悟。又云昨劉拐子作無碍大齋,何舍緣在會,負水供衆,遇二道人,引至黃山授道。然何未嘗自言,竟不測信否也。歷三四十年,一蓑一笠,不披寸縷,夏不驅蚊,春不除蚤,冬寒敲冰滌蓑,披之以出,歸則解掛於樹,氣出如蒸,露坐之處,雪不凝積。士俗來焚香請問,略不接納,往往穢罵,且發其隱愿,人以是益敬畏之。辛巳歲,於天慶觀東亭後小軒,以稻稈藉地,寢處其中。每日不以炎凉陰晴,必一出市中,或縱步野外,未嘗登人家門。有慕向者,但夢見之,或一二語。李縣丞母病,來致禱,夢之云:"人謂吾爲茅君,非也,汝不必畫吾像,但畫世間呂眞人即是已。"李奉所戒,母病遂瘳。葉學文林苦耳聵嚔塞,肢節煩痛，奉事累歲，夢之云：「授汝一吹火法。」即以手捻其左耳，按於卓，吹氣入耳，戰栗不自持，明旦，宿恙如洗。王道運干妻胡氏病，夢何來，手擘面皮，瑩白如玉，面部方正，碧眼丹脣，著白衣，宛類北斗相。胡氏病篤，何遺之藥，才捧盡，見立於前，使改名德眞。詢之旁人，莫見也。亟遣王生往謝，已書二字於壁。其後德眞夢何與灼艾，寤而聞帳中艾香，視炙處，黑瘢赤腫，傅以膏藥，亦膿潰，未幾，血氣復初。松江蛟龍壞舟，藍叔成往謁，請爲人除害。既至，未及言，已大書「龍盡入江湖」五字於壁矣！江行自此安帖。都道籙劉能眞自臨安往京口，舟還次無錫，默禱云：「若蓑衣先生有靈，當出相見。」泊至許墅，望見何從南來，劉登岸迎揖，何云：「小道不易出。」出山果十枚贈別。及平江，則何在庵，初未嘗出也。壽皇賜名通神先生，爲造一庵，御扁「通神」二字，并賜養笠十事，通俗強邀迎入庵，大笑而出，復棲於故處。結草爲衣，掩蔽下體，蓬頭跣足，略無受用。時以竹杖擊地，謳唱道情，或夜誦仙經，達旦未已；或自念歌詩，皆勸世脫塵語。尙方賜沉香銀燭，香霧盈室，終日不散。日啜賜茶兩甌，不飲酒，時以便溺煉泥，捻成孩兒，人求得者，持歸供養，必獲靈異。有病者乞坐處草煎湯，或易草衣焚灰，令撚作丸服之，其病即癒。竊取則不驗。有姓左人以煎湯草療病，復緘於合，一日開視，忽生粉紅花兩朵。己酉歲正月晦，出城外太和宮，於空野間望東南一拜，稱皇帝萬歲。二月二日未曉，遍呼道侶，令亟起燒香，念長生保命護身天尊。次日，主上登寶位報至。其所作歌詩，今錄可傳者於後，其一曰：「不梳頭，不澡浴，免得堂前妻兒哭。或吟詩，或唱曲，富貴榮華無所欲。身貧道不貧，六根常具足。”其二曰：“活得三千歲，仍饒八百年。若交縫合眼，別是一山川。”其三曰：“爲問先生意若何，不論寒夏只披蓑。若人會得蓑衣意，一路相將入大羅。”其四曰：“白雲山下去，山下強人多。強人難說話，拍手笑呵呵。”其五曰：“五雲樓閣在雲霞，萬里嵯峨是我家。莫道太平無一事，自然平地有丹砂。”其六曰：“水綠山青好去游，花紅酒醉幾時休！轉頭不覺無常到，萬古唯存一土丘。”其七曰：“窣窣香散綠沉風，野地清閑到處逢。買得四窗今夜月，這回認取主人翁。”其八曰：“夜來斗轉與星移，日出扶桑又落西。自有金丹光落落，千人萬處有誰知。”其九曰：“此寺何年造？問僧僧不知。下馬聞香草，拂塵看古詩。”其十曰：“滿眼紅雲花又新，年年香散玉樓春。時人笑我顛狂漢，我更顛狂笑殺人。”其餘語句可書者尚多。今年八十餘矣，勇健如昔。孝宗將立謝妃爲後，聖意未決，遣藍內侍詣何，不告所問，止令說一兩句來。藍駐留數日，凡所言悉泛濫無根柢，藍敬禱云：“皇帝使某來，必有所謂，不得一語，何以復命！”何大怒，振衣出，直入天慶觀。藍隨之，至門，始回首曰：“爲天下母。”藍即日歸奏，妃遂正位中宮。郭雲大夫之女，擬嫁王氏之子，訪於何，何曰：“君女非王家婦，乃翁主簿妻耳。”既而王議不諧，求所謂翁主簿不可得。後三歲，於銓試榜，見蘇人翁璘姓名，且聞未有伉儷，與家人語，以爲喜。翁果調溧水主簿，竟成婚。王季德爲府守，屏騎衆入謁，左右走報，意必出迎，但厲聲云：“抬棺材來也。”王進前炷香，略不交一談，後五日，王下世。何先有衣寄於郭氏，云：“吾死，則以殮。”慶元三年五月二十二日，忽來索衣，明日，趺坐而化。

太皇太后先兩夜夢其求衣，亟命侍臣持賜，以二十四日至，遂易之以殮云。

《桯史》卷三：

姑蘇有二異人，曰何蓑衣，曰呆道僧，踪迹皆奇詭，淳熙間名聞一時，士大夫維舟者率往訪之，至今吳人猶能言其大略。何本淮陽朐山人，書生也。祖執禮，仕至朝議大夫，世爲鼎族。遭亂南來，寓於郡。一旦焚書裂衣遁去，人莫之知。既乃歸，被草結廬於天慶觀之龍王堂，佯狂妄談，久而皆有驗。臥草中不垢不穢，晨必一至吳江漵焉。郡至吳江五十里，往返不數刻，人固訝之。會有一瘵者拜謁乞醫，何命持一草去，旬而瘳，始翕然傳蓑可瘳病。亦有求而不得，隨輒不起者。於是遠近稍敬異之。（宋孝宗）有詔諭遣不至。賜號通神先生，築通神庵於觀之內。慶元間猶在，相傳百餘歲矣。

《鑄鼎餘聞》卷一：

宋范成大《吳郡志》曰：有何眞人者，紹興初往來天慶觀前眞武堂草積中，披髮顚狂，以蓑衣蔽形，故號蓑衣道人。

宋葉紹翁《四朝聞見錄》云：先是吳中號何蓑衣者，頗能道人禍福，至聞於上。上屢遣使問之，皆有異，遂召之，至今親灑宸翰扁通神庵，州郡以上所賜迎拜奔走，周南居里中，見而嫉之，對策中謂"雲漢昭回，至施之閭閻乞丐之小夫"，光皇惡其訐，故因浥疏以發之。

《鑄鼎餘聞》卷一：

元廬陵張光弼有蓑衣仙詩有引云：宋押衙何立，秦太師差往東南第一峰勾干。恍惚一人引至陰司，見檜對岳事，令歸告夫人："東窗事犯矣！"復命後，即棄官學道蛻骨，今蘇州元妙觀蓑衣仙是也。

《歷代神仙通鑒》卷二十：

（宋乾道中）蘇州天慶觀何中立有道。中立本淮陽書生，一旦焚書裂冠，來蘇結茅觀中。披一蓑，坐臥不易，佯狂妄談，久而皆應。凡病者拜謁乞療，何即與蓑衣草一莖，令煎服，無不癒。有不與者，其疾必不起。（因俱稱為蓑衣真人） 四方多有求醫問事者。戊子春正，帝遣內侍以香茗至蘇，但云朝廷有事相問。何搖首曰："有華人即有蕃人，有日即有月。"內侍復命，帝曰："誠知吾心。"（蓋所禱者，恢復大計、中宮虛位兩事）賜號通神先生。（王）重陽諭以返神還虛之妙，遂坐蛻於觀。郡人即其肉身漆而金之。

《列仙全傳》卷七：

莎衣道人，淮陽軍朐山人，姓何。祖執禮，仕至朝議大夫。道人避亂渡江，嘗舉進士不第。紹聖末來平江，身衣白襴，久之，衣敝，緝之以莎。嘗臨池照影，朗然大悟。人間休咎，罔不奇中。會有療者求治，持一草與之，即癒。求而不得者，病遂不起。孝宗連召不至，賜號通神先生，賜衣數襲，皆不受。後莫知所之。

《宋人軼事匯編》卷十五引《堅瓠集》：

　　《江湖雜記》載：檜既殺武穆，向靈隱祈禱。有一行者亂言譏檜。檜問其居止，僧賦詩曰："相公問我歸何處，家在東南第一山"之句。檜令隸何立物色。立至一宮殿，見僧坐決事。立竊問之，答曰："地藏王決檜殺岳飛事。"須臾，數卒隨引檜至，身荷鐵枷，囚首垢面，見立呼告曰："傳語夫人：東窗事發矣。"立復命後，即棄官學道，蛻骨今蘇州玄妙觀，蓑衣仙是也。

《茶香室叢鈔》卷十四：

　　蘇州玄妙觀有蓑衣真人肉身。世傳真人爲何立，即爲秦檜訪東南山行者，歸報東窗事發者也。乃考岳珂《桯史》載姑蘇何蓑衣事，絕不及秦檜事。使當時固有歸報秦檜事，岳氏子孫必當詳載之。然則世俗所傳，或不足據也。

《鑄鼎餘聞》卷一：

　　蘇州玄妙觀有蓑衣真人肉身，相傳即何立。常熟致道觀亦有蓑衣真人祠。

　　【案】觀《夷堅志》、《桯史》等書所載，何蓑衣本宋淮陽一書生，世爲鼎族。宋南渡後，寓居蘇州。家屢遭難，遂成一顛狂（或說伴狂）道士，常爲人作預言。宋政權南渡後，朝野官紳皆惶惶不安，對前途缺乏信心，遂將精神寄托於仙佛巫鬼之流，此一顛狂道士竟也傾動朝野，自皇帝以下，視若神明。後於玄妙觀坐化。元以來又有謂玄妙觀蓑衣仙乃宋押衙何立者。此說之不足為據,俞樾已於《茶香室叢鈔》中辯之。然其說之起,或亦有因。世人對秦檜誤國、冤殺岳飛,皆恨之切齒,故自岳飛死後,即有關於秦檜遭陰府報應的種種傳說,流傳最廣者,謂秦檜差押衙何立往東南第一山(即安徽九華山)公幹,有人引至陰司,見地藏王處分秦檜,謂"東窗事發"。此故事又被寫入小說,流傳甚廣。於是或謂何立頓悟,立志棄官修道成仙。後人附會,遂合何立與何蓑衣為一人矣。

張　紫　陽

《歷代神仙通鑒》卷十九：

　　（宋熙寧中）台州張伯端（字平叔，天台纓絡街人）於己酉宿天回寺，感遇靑城丈人劉師傅，傳金丹藥物火候之秘，乃改名用成，號紫陽，擇興安之漢陰山中修煉（今之漢中紫陽縣紫陽洞）。丹成，遂返台州。復游於蜀，再遇靑華眞人，授以玉淸金笥，長生金寶內丹之訣。趺坐而化，住世九十九年。（後七年，奉眞遇紫陽於王屋山）自王屋九年功畢，調鍾、呂二師。謂曰："子本紫微天官，號九皇眞人。因校劫運之籍不勤，遂與同事三人幷請人間。今垣中可見者六星，潛耀者三。子爲紫陽眞人。"

《列仙全傳》卷七：

　　張伯端，天台人，少好學，晚傳混元之道而未備，孜孜訪問，遍歷四方。宋神宗熙寧二年，游蜀，遇劉海蟾授金液還丹火候之訣，乃改名用成，字平叔，號紫陽。嘗有一僧修戒定慧，自以爲得最上乘禪旨，能入定出神，數百里間頃刻即到，與紫陽雅志契合。一日紫陽曰："禪師今日能與遠游乎？"僧曰："可。"紫陽曰："將何之？"僧曰："願同往揚州觀瓊花。"紫陽於是與僧處一靜室，相對瞑目趺坐出神。紫陽至時，僧已先至，繞花三匝。紫陽曰："可折一花爲記。"僧與紫陽各折一花歸。少頃紫

張紫陽

陽與禪師欠伸而覺，紫陽曰："禪師瓊花何在？"禪師袖手皆空。紫陽乃拈出瓊花，與僧把玩。弟子因問紫陽曰："禪師與吾師同一神游，何以有有無之異？"紫陽曰："我金丹大道，性命兼修，是故聚則成形，散則成氣，所至之地，眞神見形，謂之陽神。彼之所修，欲速見功，不復修命，直修性宗，故所至之地，人見無復形影，謂之陰神，陰神不能動物也。"英宗治平中，隨龍圖陸公寓桂林，後傳徙秦隴。久之，訪扶風馬默處厚於河東，乃以所著《悟眞篇》授處厚，曰："平生所學，盡在是矣。願公流布此書，當有因書而會意者。"元豐五年夏，趺坐而化，住世九十九歲。弟子用火燒化，得舍利千百，大者如芡實，色皆紺碧。識者謂曰："此道書所謂舍利耀金姿也。"後七年，劉奉眞遇紫陽於王屋山，留詩一張而去。紫陽嘗自謂已與黃勉仲、維楊于先生三人皆紫微星，號九皇眞人，因誤校勘劫運之籍，遂謫人間。今垣中光耀可見者，只六星巳。

《鑄鼎餘聞》卷一：

　　方景濂《康熙台州府志》云：宋張伯誠，臨海人，原名伯端，字平叔。爲吏，在府辦事，家送膳至。衆以其所食魚戲匿之梁間。平叔疑其婢所竊，歸扑其婢。婢自經死。一日，蟲自梁間下，驗之，魚爛蟲出也。平叔乃喟然嘆曰："積牘盈箱，其中類竊魚事不知凡幾！"因賦詩云："刀筆隨身四十年，是非非是萬千千。一家溫飽千家怨，半世功名百世愆。紫綬金章今已矣，芒鞋竹杖任悠然。有人問我蓬萊路，雲在青山月在天。"賦畢，縱火將所署案卷悉焚之。因按火燒文書律遣戍。先是郡城有鹽顚，每食鹽數十斤。平叔奉之最謹。臨別囑曰："若遇難，但呼祖師三聲，即解汝厄。"後械至百步溪，天炎浴溪中，遂仙去。至淳熙中，其家早起，忽有一道士進門，坐中堂，叩其家事歷歷，隨出門去。人以平叔歸云。百步嶺有紫陽眞人祠，懸匾云"紫陽神化處"。按《天台山志》載：張伯端，天台人，嘗入成都遇眞人劉海蟾，得金丹術歸，萃成秘訣八十一首，號《悟眞篇》，曰："平生所學盡在此矣！"年九十九趺坐而化。

【案】紫陽真人，亦道教中知名之仙，全真道奉為南五祖之一。據說本北宋時人，名張伯端，後改名用誠。立志學道，得仙人劉海蟾之傳授，坐化成仙。則亦一道士耳。或謂本紫微星官之一，謫至人間。

九鯉湖仙

《三教源流搜神大全》卷七：

九鯉仙，乃是福建興化府仙游縣何通判妻林氏生有九子，皆瞽目，止有大公子一目不瞽。其父一日見之大怒，欲害之。其母知覺，速命人引九子逃至仙游縣東北山中修煉，名曰九仙山。又居湖側煉丹，丹成，各乘赤鯉而去，故湖名九鯉。廟在湖上，最靈驗。每大比歲，各郡中士子祈夢於此，信若著蔡。

《列仙全傳》卷七：

何九仙，世傳兄弟九人，居於山修道。又居湖側煉丹，丹成，各乘鯉仙去。後因名其縣曰仙游，山曰九仙，湖曰九鯉。

九鯉仙湖

八 仙

《歷代神仙通鑒》卷二二：

（明永樂中），張果老在王屋。有劉摩訶自北空同傳命，約徑麗農祝壽。果老抱漁鼓，跨白驢，飛行於路，遇鍾離權、李凝陽、何仙姑、呂純陽、曹德休、藍采和、韓清夫。同至海，曰遵老君命，直履水面。

《通俗編》：

《王弇州集·題八仙圖後》云：八仙者，鍾離、李、呂、張、藍、韓、曹、何也。不知其會所由起，亦不知其畫所由始。余所見仙迹及圖史亦詳矣，凡元以前無一筆。而近如冷起敬、吳偉、杜堇，稍有名者，亦未嘗及之。或庸妄畫工，合委巷叢俚之談，以是八公者，老則張，少則藍、韓，將則鍾離，書生則呂，貴則曹，病則李，婦女則何，為各據一端，作滑稽觀耶？八公可考其七，獨李公者，諸方外稗官皆不載，唯聞之乩。《莊岳委談》：《通志》有八仙圖，又有《八仙傳》，注：唐江積撰。則此目自唐時已有之。然或他有其人，未必是鍾、呂之儔。元人慶壽詞有鍾、呂、二韓等，知今世所繪八仙，起於元世。按：沈炯林屋館碑："淮南八仙之圖、瀨鄉九井之記"，所云八仙，即八公也。《太平廣記》引《野人閑話》云：西蜀道士張素卿，神仙中人也。

蜀主生日，或收得素卿所畫八仙眞形八幅以獻。孟昶觀賞久之，賜物甚厚。八仙者，李己、容成、董仲舒、張道陵、嚴君平、李八百、范長壽、葛永瑱。黃氏《茅亭客話》及《圖畫見聞志》俱如此說。則古自別有八仙之目矣。元人雜劇如馬致遠《岳陽樓》、范子安《竹葉船》、谷子敬《城南柳》，皆舉稱仙者八人，與世俗所繪符其七，唯無何仙姑，有余仙翁，殊耳。鐵拐李事，亦唯詳於岳百川劇。則其起於元世，又何疑焉。

《陔餘叢考》卷三四《八仙》條：

世俗相傳有所謂八仙者，曰漢鍾離、張果老、韓湘子、鐵拐李、曹國舅、呂洞賓，又女仙二人，藍采和、何仙姑。按《太平廣記》、《神仙通鑒》等書，臚列仙迹，纖悉不遺，并無所謂八仙者。胡應麟謂大概起於元世。王重陽教盛行，以鍾離爲正陽，洞賓爲純陽，何仙姑爲純陽弟子，因而展轉附會，成此名目云。今戲有《八仙慶壽》，尚是元人舊本。則八仙之說之出於元人，當不誣也。其中亦有數人見於正史者，其餘雜見於稗官小說，多荒幻不足憑。

《茶香室叢鈔》卷十四：

明人有《西洋記》一書，載三保太監鄭和下西洋事。中有八仙，一漢鍾離，二呂洞賓，三李鐵拐，四風僧壽，五藍采和，六元壺子，七曹國舅，八韓湘子。無張果、何仙姑，而別有風僧壽、元壺子，亦異聞也。

《集說詮眞》：

世所傳八仙，宋以前未之聞也，其起於元乎？委巷叢談，遂成故事。八仙即漢鍾離、呂洞賓、張果、藍采和、韓湘子、曹國舅、何仙姑、李元中。（見《事物原會》）

八仙：張、韓、呂、何、曹、漢、藍、李，爲老、幼、男、女、富、貴、貧、賤。一云：老則張，少則藍、韓，將則鍾離，書生則呂，貴則曹，病則李，婦女則何。（見《事物原會》）

《通考全書》載漢鍾離八仙中，無李元中，而有鐵拐李。

《續文獻通考》載漢鍾離等八仙中，無李元中、張果、何仙姑，而有鐵拐李、風僧哥、玄壺子。

《檜曝雜記》載：俗以鍾離權、呂洞賓等爲八仙。後蜀孟昶生日，張素卿進《八仙圖》，乃李耳、容成、董仲舒、張道陵、嚴君平、李八百、范長壽、葛永瑨也。

按八仙之說，創於元時，委巷叢談，遂成故事。且所述事實，俱屬無稽，而八仙名目又多歧異，顯係好事者各本私臆，矜奇附會，其不足取證明矣。

按《續文獻通考》直扶何仙姑、呂洞賓之妄，曰：按仙姑稱於唐中宗景龍中仙去，洞賓稱於唐德宗貞元中生。則仙姑在洞賓之先。審是，洞賓誕生時，仙姑死已數十年，烏得遇洞賓食以桃哉？

《古今圖書集成·神異典》卷二一六引《三餘贅筆》“道教二宗”條：

今之道家有南、北二宗。其南宗者謂自東華少陽君得老聃之道，以授漢鍾離權，權授唐進士呂岩、遼進士劉操，操授宋張伯端，伯端授石泰，泰授薛道光，道光授陳楠，楠授白玉蟾，玉蟾授彭耜。其北宗者，謂呂岩授金王嚞，嚞授七弟子，其一丘處機，次譚處端，次劉處元，次王處一，次郝大通，次馬珏及珏之妻孫不二。此外又有所謂全真者，其名始嚞。蓋嚞大定中抵寧海州，馬珏夫婦築庵事之，題曰"全真"。由是四方之人凡宗其道者，皆號全真道士。

【案】：八仙是道教的八位神仙，其故事在民間流傳甚廣。尤其是明人吳元泰的《八仙出處東游記》所述八仙過海故事，更是膾炙人口。無論老幼婦孺，對八仙故事均津津樂道。許多戲曲、小說以之為素材。一些道教宮觀中，也塑有八仙神像。

今世所傳八仙，為李鐵拐、鍾離權、張果老、呂洞賓、何仙姑、藍采和、韓湘子、曹國舅八人。此說自明《東游記》一書出後而大倡，明代所繪八仙圖，多主此說。然謂明時此說已成定論，則未必然。如明人《列仙全傳》所述八仙即無張果老，而有劉海蟾。此種說法至清代仍有一定影響。又《西洋記》所述八仙，無張果老、何仙姑，而有風僧壽（《續文獻通考》風僧壽作風僧哥）、玄壺子，此亦明代傳說之餘緒。今之所謂八仙，其事迹大多可於唐、宋書籍中尋其踪迹，少數人則見於明代記載。但唐、宋時絕無集此八人而合稱八仙者。唐時雖有"八仙"之目，如杜甫詩裏的"飲中八仙"乃八位詩人，後蜀八仙，則以李八百、董仲舒諸人當之，與近世之

八仙均無涉也。元人雜劇中常有八仙故事，八仙名目與今俗
所傳大體相合，僅偶有一、二人或異。故而謂八仙之說於元
代形成，大體不差，其間各說之參差，不過大同小異。趙翼
引胡應麟說，以爲八仙名目之起與元世王重陽敎盛行有關，
是有一定道理的。

李 鐵 拐（鐵拐李）

《鑄鼎餘聞》卷四：

元人雜劇有岳百川《李鐵拐樂》。

《歷代神仙通鑒》卷一：

長淮有徂神氏，亦善修煉之學。出駕六蜚（與"飛"通）羊，
頭彎一角，肋排六翅，其行若電。巡行天下，人民從其化。治世
三百歲，亦隱而不現。

同上卷四：

宛丘竊問赤松曰："形體魁梧者爲誰？"赤松曰："古徂神
氏也。善導出元神之術，更姓名曰李凝陽，惜未得眞道。"

同上卷五：

（李凝陽居碭山岩穴間，欲從老子、宛丘生游華山）囑新 來之徒
曰："欲從游華山，倘游魂七日不返，方化我屍魄。"蓋魂藏於
肝，魄藏於肺，此法是魂與元神出游，留魄獨居於屍 。屍過七

李鐵拐

日，無元陽則腐敗，故令焚却也。凝陽抵暮至山居，悄無一人，屍殼不知何在。尋至弟子家問其由。弟子名郎令，爲人篤孝，故凝陽收爲徒。凝陽赴華山才六日，不意其兄來報母疾甚危。郎令急欲回家，又受師長之囑，一宵輾轉不寐，候至日午，猶不回山，乃與其兄扶屍至岩前，舉火焚化，歸家視母。凝陽失魄無依，林中有一餓殍，凝陽指曰："即此可矣！"從囱門而入，跳起四顧，凡視聽言動，悉我前身無異。傾出丹來服畢，（按：丹爲老子所贈），壺盧忽起道金光。凝陽仰視之，隱隱有一人，黑臉蓬頭，卷鬚巨眼，跛右一足，形極醜惡。正驚訝，老子隨後拍手曰："草脊茅檐，毀囱折柱，此室陋甚，何堪寄寓！"凝陽始知失却本來面目，復欲跳出。老子急止之曰："當在質外求之，不可着相。我有金箍束汝亂髮，鐵拐拄汝跛足。只須功行充滿，是異相眞仙也。"凝陽依言結束，以手捫兩眼如環，遂自號"李孔目"，世稱爲"鐵拐李先生"。常隨老子、宛丘同游講學。

同上卷十五：

丹霞山：東華齊陽啓元帝君李凝陽。

《列仙全傳》卷一：

鐵拐先生，李其姓也。質本魁梧。早得道。修眞岩穴時，李老君與宛丘先生嘗降山齋，誨以道教。一日，先生將赴老君之約於華山，囑其徒曰："吾魄在此，倘游魂七日而不返，若甫可化吾魄也。"徒以母疾迅歸，六日而化之。先生至七日果歸，失魄無依，乃附一餓殍之屍而起，故形跛惡，非其質矣。

《古今圖書集成·神異典》卷二四〇：

按《續文獻通考》，李鐵拐，或云隋時峽人，名洪水，小字拐兒，又名鐵拐。常行丐於市，人皆賤之。後以鐵杖擲空，化為龍，乘龍而去。一說李本偉丈夫，常遇老君得道。後出神往朝老君，與其徒約以七日不返，焚其屍。後六日，其徒以母疾，遽焚而去。李還，附一丐者屍起，故足跛而貌更醜惡。

按《幽怪錄》，張居士者，宋朝都吏也。與妻馮氏俱好道，建輔眞道院於湖墅。家住修文坊扇子巷內，設輔眞道院藥局濟人。一日，設齋百分，先期散俵子，至日賫此赴齋。臨期止收九十九俵子。齋訖，此心終不滿。後因往輔眞道院，見所塑鐵拐仙上有一俵子，題云："特來赴齋，見我不采（疑當是"睬"字）。空腹而歸，俵縛我拐。"

按《濟南府志》，明于半仙居淄川城西冶頭店，性質樸無偽。家有鐵拐仙人畫像，于日具香紙齋奉。閱數歲，嘗早起趨縣役，天尙昧。中途見一人。宛然所供畫像。曰："非吾李仙師？"遂隨，挽衣求度。曰："汝隨我行，愼勿開目。"須臾至一處，開目視之，則波濤拍天，茫無畔岸，乃東海也。驚怖不敢進，苦告歸。因探囊中金與之。於旬日方抵家，稍稍言其事，後年至九十，無疾而終，人稱之為"于半仙"。

按《貴州通志》，譚守眞，本衞冠帶總旗，幼慕高風，悟眞修息，習先天道教，逐魅驅邪，屢有靈驗。然性甚孤介，不屑為黃白之術。一日，遇跛乞願從服役。未幾，病且疥，臭穢不可近。守眞瞻養數年，略無憎意。及死，棺斂之，葬於衞之西郊。是日，有遇於偏橋道中者，自言姓李，且曰："為我致聲主人，吾有遺於墓，以酬數年之養。"守眞驚訝，啓棺視之，則符籙一帙，令牌一具。始悟其姓，知爲鐵拐仙也，追悔無及。嗣後亢旱，禱祈無不立應。傳五世皆然。當事以"道彰天澤"旌表其門。符籙旋被有力者攫奪，令牌亦失，術遂不傳。

《陔餘叢考》卷三四：

鐵拐李，史傳并無其人，唯《宋史·陳從信傳》有李八百者，自言八百歲，從信事之甚謹，冀傳其術，竟無所得。又《魏漢津傳》，自言師事唐人李八百，授以丹鼎之術。則宋時本有李八百者，在人耳目間，然不言其跛而鐵拐也。胡應麟乃以《神仙通鑑》所謂劉跛子者當之，然劉、李各姓，又未可強附。《續通考》又謂隋時人，名洪水，小字拐兒，亦不言所出何書，則益無稽之談也。

《集說詮眞》引《通考全書》：

鐵拐李者，姓李名孔目，有足疾。西王母點化升仙，封東華教主，授以鐵拐，前往京師，度漢大將軍鍾離權。加封紫府少明君。

同上引《事物原會》：

李元中者，唐玄宗開元、代宗大曆間人。學道於終南山，四十年，陽神出舍，爲虎所殘。得一跛丐乍亡者而居之，人不得知也。

【案】傳說中的李鐵拐，為八仙中年代最久遠、資歷最深的一位，實際上，他却是八仙中見諸文獻較晚的一位。元人岳百川雜劇《呂洞賓度鐵拐李岳》始載之，且以為呂洞賓弟子。至明代傳說漸多。《歷代神仙通鑒》稱古有徂神氏，更姓名為李疑陽，從老子游云云，年代居然推至上古。至《續通考》所舉或云隋時峽人，名洪水，小字拐兒。事雖無稽，但或有所本，當為民間流傳的某個傳說，因主人公名"拐兒"，遂附會於李鐵拐。

又，宋代實有劉跛子其人。又傳說南岳聖壽觀曾有跛仙，還呂洞賓於君山，南宋有《跛仙圖》，均不詳其姓名。又《齊東野語》卷一云："有道人於山間結庵，煉丹將成。忽一日入定，語童子曰："我去後，或十日、五日卽還。謹勿輕動我屋子。"後數日，忽有扣門者，童子語以師出未還。其人曰："我知汝師死久矣。今已為冥司所錄，不可歸。留之無益，徒臭腐耳。"童子村樸，不悟為魔，遂舉而焚之。道者旋歸，已無及。"民間口耳相傳，數事漸相附會，遂成為李鐵拐矣。

鍾　離　權（漢鍾離）

《宣和書譜》卷十九：

神仙鍾離先生名權，不知何時人，而間出接物。自謂生於漢，呂洞賓於先生執弟子禮。

鍾離權

《古今圖書集成·神異典》卷二一六引《三餘贅筆》：

今之道家有南北二宗。其南宗者，謂自東華少陽君得老聃之道以授漢鍾離權，權授唐進士呂岩、遼進士劉操。

《歷代神仙通鑒》卷九：

丁酉三年，西番入寇。中郎將鍾離簡舉弟權奇才神勇，徵拜爲大將，命征吐蕃。其先雍州渭城人（即咸陽）。父章於元初中爲征北胡有功，封燕台侯，作宦雲中。誕生權時，白晝有一長人，云是上古黃神氏，當托生於此，大踏步入臥房，見異光數丈如烈火。其日乃四月十五，生下不聲不哭不食，至第七日躍然而起，曰：“身游紫府，名書玉清（一作玉京）”。自幼知識輕重，因名權。及壯，臉如丹塗，俊目美髯，身長八尺。仕爲諫議大夫。奉詔北征，梁冀忌之，發羸卒二萬。才至，羌人乘夜劫營，軍士盡散。權獨騎奔山谷，迷道。（遇王玄甫）受以長生眞訣及金丹火候、青龍劍法。避入華山，號和谷子，自稱天下都散漢。東游泰山，遇華陽茅眞人。茅君即以李眞多所授太乙刀圭、火符之訣出傳。號爲正陽。入崆峒，謁見老君，賜號曰雲房。漢將鍾離權道既成，天詔封號太極左宮眞人。或現或隱，歷魏及晉。仕爲大將，鎮守代郡，牢其姓名曰金重見。軍中丫頭坦腹，手搖棕扇自若，赤面偉體，龍睛虬髯。及晉帝驕奢，鍾祖見北運將興，遂解印去。

《列仙全傳》卷三：

鍾離簡，後漢人，仕爲郎中。與弟權入華山三峰，得道，白日升天。

　　鍾離權，燕台人，後改名覺，字寂道，號和谷子，又號王陽
子，又號雲房先生，父爲列侯，宦雲中。誕生眞人之時，異光數
丈，狀若烈火，侍衞皆驚。眞人頂圓額廣，耳厚眉長，目深鼻聳，
口方頰大，脣臉如丹，乳遠臂長，如三歲兒，晝夜不聲不哭不食。
第七日躍然而言曰：“身游紫府，名書玉京。”及壯，仕漢爲大
將，征吐蕃失利。獨騎奔逃山谷，迷路，夜入深林。遇一胡僧，
蓬頭拂額，體掛草結之衣。引行數里，見一村莊，曰：“此東華
先生成道處，將軍可以歇息矣。”揖別而去。眞人未敢驚動莊中，
良久，聞人語云：“此必碧眼胡人饒舌也！”一老人披白鹿裘，
扶靑藜杖，抗聲前曰：“來者非漢大將軍鍾離權耶？汝何不寄宿
山僧之所？”眞人聞而大驚，知其爲異人也。是時方脫虎狼之穴，
遽有戀鶴之思，乃回心向道，哀求度世之方。於是老人授以長眞
訣及金丹火候、靑龍劍法。眞人告辭出門，回顧莊居，不見其處。
後再遇華陽眞人，傳以太乙刀圭、火符內丹，洞曉玄玄之道。又
遇上仙王玄甫，得長生訣。游雲水至魯，居鄒城。入崆峒，於紫
金四皓峰居之。再得玉匣秘訣，遂仙去。

《陔餘叢考》卷三四：

　　鍾離權，見《宋史·陳摶傳》：陳堯咨謁摶，有髽髻道人先
在坐。堯咨私問摶。摶曰：“鍾離子也。”又《王老志傳》：有
丐者自言鍾離先生，以丹授老志。服之而狂，遂棄妻子去。

《集說詮眞》：

　　漢鍾離，姓鍾離名權，字雲房，京兆咸陽人。仕漢爲將軍，

後隱晉州羊角山，爲正陽帝君（見《呂祖全書》）。一云：鍾離權嘗
爲偏將，從周孝侯（按《晉書》：周處字子隱，江蘇宜興縣人，仕晉太康
朝。歿於戰，諡曰孝）。戰敗，入終南山，遇東華五眞人，得道。至
唐始出度純陽（卽呂洞賓）。自稱“天下都散漢”（見《事物原
會》）。按《訂訛雜錄》：漢鍾離權，唐人。今誤爲漢將鍾離昧，
非。蓋漢鍾離乃地名，非人名。

【案】：鍾離權，元時全真道奉爲正陽祖師，列爲北五祖
之一。關於他的傳說，最早當始於五代、宋初。《宣和書
譜》、《夷堅志》、《宋史》等書均載其事迹。元馬致遠雜
劇《呂洞賓三醉岳陽樓》有“漢鍾離現掌着群仙錄”句。民
間多傳說爲漢朝大將，故曰漢鍾離。然考史傳均無絲毫痕迹，
顯係附會。或說因鍾離權嘗自稱“天下都散漢”，後人遂以
“漢”字屬下，訛爲漢鍾離。或說其爲唐人，漢鍾離乃地名，
非人名。二說均嫌穿鑿。其實，鍾離權其人原型當生於五代，
北宋之際，《陔餘叢考》引《宋史》兩條所記鍾離子者，不
過一閒散道人，幷無神奇耳。

張　果　老

《獨異志》卷下：

玄宗朝，有張果老先生者，不知歲數，出於邢州。帝迎於內，
禮敬甚。問，無不知者。一旦，有道士葉靜能，亦多知解。玄宗
問：“果老何人？”靜能答曰：“臣卽知之，然臣言訖卽死，臣

張果老

不敢言。若陛下免冠跣足救臣，臣即能活。"帝許之。靜能曰：
"此混沌初分白蝙蝠精。"言訖，七孔血流，偃仆於地。玄宗遽
往，果老徐曰："此小兒多口過，不譴之，敗天地間事耳。"帝
哀懇久之，果老以水噴其面，復生。其後果老辭歸邢州所隱之處，
俄然不知所往。

《古今圖書集成·神異典》卷二四二：

按《唐書·方伎傳》：張果者，晦鄉里世系以自神，隱中條
山，往來汾晉間，世傳數百歲人。武后時遣使召之，即死。後人
復見居恒州山中。開元二十一年，刺史韋濟以聞。玄宗令通事舍
人裴晤往迎。見晤輒氣絕仆，久乃甦。晤不敢逼，馳白狀。帝更
遣中書舍人徐嶠齎璽書邀禮，乃至東都，舍集賢院。肩輿入宮，
帝親問治道神仙事，語秘不傳。果善息氣，能累日不食，數御美
酒。常云："我生堯丙子歲，位侍中。"其貌實年六、七十。時
有邢和璞者，善知人夭壽；師夜光者，善視鬼。帝令和璞推果生
死，懵然莫知其端。帝召果密坐，使夜光視之，不見果所在。帝
謂高力士曰："吾聞飲堇無苦者，奇士也。"時天寒，因取以飲
果。三進頹然曰："非佳酒也！"乃寢。頃視齒憔縮，顧左右取
鐵如意擊墮之，藏帶中，更出藥傅其斷，良久，齒已生，粲然駢
潔。帝益神之，欲以玉真公主降果，未言也。果忽謂秘書少監王
迥質、太常少卿蕭華曰："諺謂『娶婦得公主，平地生公府』，
可畏也！"二人怪語不倫。俄有使至，傳詔曰："玉真公主欲降
先生。"果笑，固不奉詔。有詔圖形集賢院。懇辭還山，詔可，
擢銀青光祿大夫，號通元先生，賜帛三百匹，給扶侍二人。至恒

山蒲吾縣，未幾卒。或言屍解。帝爲立棲霞觀。

　　按《太平廣記》：張果者，隱於恒州條山，常往來汾晉間。時人傳有長年秘術。着老云爲兒童時見之，自言數百歲矣。唐太宗、高宗累徵之，不起。則天召之出山，佯死於妒女廟前。時方盛熱，須臾臭爛生蟲。聞於則天，信其死矣。後有人於恒州山中復見之。果常乘一白驢，日行數萬里。休則重疊之，其厚如紙，置於巾箱中。乘則以水噀之，還成驢矣。開元二十三年，玄宗遣通事舍人裴晤馳驛於恒州迎之。果對晤氣絕而死。晤乃焚香啓請宣天子求道之意。俄頃漸甦，晤不敢逼，馳還奏之。乃命中書舍人徐嶠賫璽書迎之。果隨嶠到東都，於集賢院安置。肩輿入宮，備加禮敬。玄宗因從容謂曰：“先生得道者也，何髮齒之衰耶？”果曰：“衰朽之歲，無道術可憑，故使之然，良足恥也。今若盡除，不猶癒乎？”因於御前拔去鬢髮，擊落牙齒，流血溢口。玄宗甚驚，謂曰：“先生休舍，少選晤語。”俄頃召之，青鬢皓齒，愈於壯年。是時公卿多往候謁，或問以方外之事，皆詭對之。每云：“余是堯時丙子年人，時莫能測也。又云堯時爲侍中。善於胎息，累日不食，食時但進美酒及三黃丸。玄宗留之內殿，賜之酒，辭以“山臣飲不過二升。有一弟子，飲可一斗。”玄宗聞之喜，令召之。俄一小道士自殿檐飛下，年可十六七，美姿容，旨趣雅淡，謁見上，言辭清爽，禮貌臻備。玄宗命坐。果曰：“弟子當侍立於側，未宜賜坐。”玄宗目之愈喜，遂賜之酒。飲及一斗，不辭。果辭曰：“不可更賜，過度必有所失，致龍顏一笑耳。”玄宗又逼賜之，酒忽從頂湧出，冠子落地，化爲一榼。玄宗及嬪御皆驚笑，視之，已失道士矣，但見一金榼在地覆之。榼盛一斗，驗之，乃集賢院中梡也。累試仙術，不可窮紀。乃下詔曰：“恒州張果先生，游方之外者也。迹先高尚，心入窅冥，久混光塵，應召赴闕。莫知甲子之數，自謂羲皇上人。問以道樞，盡會宗極。今則將行朝禮，爰申寵命，可授銀青光祿大夫，仍賜號通元先生。”未幾，玄宗狩於咸陽，獲一大鹿，稍異常者。庖人方饌，果見之，曰：“此仙鹿也，已滿千歲。昔漢武元狩五年，臣曾侍從，畋於上林時生獲此鹿，既而放之。”玄宗曰：“鹿多矣，時遷代變，豈不爲獵者所獲乎？”果曰：“武帝舍鹿之時，以銅牌志於左角下。”遂命驗之，果獲銅牌二寸許，但文字凋暗耳。玄宗又謂果曰：“元狩是何甲子？至此凡幾年矣？”果曰：“是歲癸亥，武帝始開昆明池。今甲戌歲，八百五十二年矣。”玄宗命太史氏校其長曆，略無差焉。玄宗愈奇之。其後果陳老病，乞歸恒州，詔給驛送到恒州。天寶初，玄宗又遣徵召。果聞之，忽卒。弟子葬之。後發棺，空棺而已。

《歷代神仙通鑒》卷六：

中條有張老者，自言堯時甲子生，學問淵博，好穿素袍。附居山之陰，就學於玄女。

同上卷十五：

王屋山東北仙官洞天（澤州陽城縣）：

善化飛陽玄覺眞君張果

《茶香室三鈔》卷十八：

明李日華《六硯齋筆記》云：餘杭洞霄宮石壁有張果老題字，云：“五百年後，吾當挑書再來。”

《古今圖書集成·神異典》卷二四二：

按《南昌郡乘》：張氳，晉州人，號洪崖子，隱姑射洞中。仙書秘典，無所不通。唐玄宗召問曰：“聞先生善長嘯，可得聞乎？”氳即應聲而發，聲若鸞鳳。尋還山，絕粒服氣。洪州大疫，有狂道士市藥，病者立瘥。玄宗聞之，曰：“必氳也！”後詢之，果然。三召不至。天寶末，忽大霧屍解。或云即張果老。

《通俗編》：

《太平廣記》：張果老嘗乘一白驢。日行數萬里。休則疊之如紙，置巾箱中；乘則以水噀之，還成驢矣。按：俗言張果老倒騎驢，各傳記未云。蓋倒騎驢乃宋潘閬事。

【案】：張果，據《唐書》所載，實有其人，然不過一江湖術士而已。其見玄宗之年，齒髮已衰朽不堪。帝王好神仙，多望紅顏常駐，漢武所以妄信欒大，實與欒大之“為人長美”有關。故張果只可倚老賣老，詐稱有數百歲以掩飾其衰朽之容。至於葉靜能（《太平廣記》作藥法善）稱張果為天地開闢時白蝙蝠，自是道士誑言，借張果以標榜自己。玄宗欲妻張果以公主，未必真有此意。而張果懼日久事敗，遂有歸山之請，此後屢召不至，似亦知趣而退，懼遭欒大之禍者。

呂　洞　賓

《宋人軼事匯編》卷二十引《默記》：

李教者，學左道既成，與惡少薄游不檢。一日書倡館云："呂洞賓、李教同游。" 王則叛於貝州，聞教妖術最高，聲言教爲謀主。朝廷亦知教妖術高，又於倡館得教所題語，詔天下捕教及呂洞賓二人。會貝州平，本無李教，乃獨令捕呂洞賓甚久，知無其人乃已。

《茶香室三鈔》卷十八：

宋邵博《聞見後錄》云。唐呂仙人故家岳陽，今其地名仙人村，呂姓尚多。

《古今圖書集成·神異典》卷四八引《括異志》：

西宮眞武道院西廡一室，有純陽眞人呂翁像，極端嚴。乃曾叔祖大中瑢所創道堂中塑像，道堂廢，遂移奉於此。

《茶香室叢鈔》卷十四：

明都穆《聽雨紀談》云：元遺山編《唐詩鼓吹》有呂洞賓詩一首。郝天挺注曰："洞賓名巖，京兆人。咸通中及第，兩調縣令。值巢賊亂，移家歸終南。得道，莫測所往。" 予觀《洞賓本傳》曰："祖渭，禮部侍郎。父讓，終海州刺史。洞賓始名紹先，年二十不從婚娶。舉進士，滯場屋二十三年，乃罷舉，縱游天

呂洞賓

下。" 未嘗言及第與爲縣令也。天挺此說，豈別有所據邪？

《集仙傳》云：呂嵒字洞賓，一字希雲，九江人也。則又非京兆人。

《歷代神仙通鑒》卷十四：

古聖王皇覃氏臨凡於河中永樂縣世德呂家。向居東平，繼遷京川。曾祖延之終浙東廉使，祖渭終禮部侍郎，父讓爲太子右庶子，遷海州刺史。母王夫人，於貞觀丙午四月十四日巳時，天樂浮空，一白鴻似鶴，自天入懷而生。取名紹先。左眉角有黑子，如筋頭大（後變赤色）。周歲即能誦讀。甫五歲，凡典墳百家無遺。年二十，父命婚劉校尉女，雖結褵而未之近也。既長，身高八尺二寸，淡黃笑臉，微麻，三髭鬚，喜頂華陽巾，服白欄衫，繫大皂縧，貌類張子房，又似太史公狀。三舉進士不第。天授二年，巳四十六歲，父母命赴試。至長安酒肆，見一羽士，曰鍾離其姓，雲房其字。同憩肆中。（中略，大意謂呂做黃粱夢，又經十試，爲鍾離攜至終南鶴嶺）爲改名曰嵒，字洞賓。俄有二仙，捧金簡寶符，云上帝詔鍾離權爲九天金闕選仙使。雲房乘雲而去。洞賓南游澧水之上，登廬山鍾樓。祝融君遇見，知是仙宗，即傳以天遁劍法，曰："余火龍眞君也。昔持此劍斬邪魔，今贈君家斷煩惱。" 初游江淮，試靈劍，斬長蛟。至洞庭湖，登岳陽樓獨酌，雲房忽降，曰："來踐前約。上帝命汝眷屬悉居荆山洞府。子之名字已注玉清籍中。" 三月十八日，引拜苦竹眞君，傳日月交幷之法。年五十三，歸宗廬山。年六十四，上朝元始、玉皇，賜號純陽子。

同上卷十八：

呂祖顯化四夷，每現三頭（上鶴頭，中獅首，下本象）六臂（左提飛龍劍，右執珊瑚尺，中兩手結無遮印，左五雷訣，右劍訣覆），衣黃道袍，盤坐黃鶴上。

《列仙全傳》卷六：

呂岩字洞賓，唐蒲州永樂縣人。祖渭，禮部侍郎。父讓，海州刺史。貞元十四年四月十四日巳時生，因號純陽子。初母就蓐時，異香滿室，天樂浮空，一白鶴自天而下，飛入帳中不見。生而金形木質，道骨仙豐，鶴頂龜背，虎體龍腮，鳳眼朝天，雙眉入鬢，頸修顴露，額濶身圓，鼻梁聳直，面色白黃，左眉角一黑子，足下紋起如龜。少聰明，日記萬言，矢口成文。身長八尺二寸，喜頂華陽巾，衣黃襴衫，繫大皂絛。狀類張子房。二十不娶。始在襁褓，馬祖見之，曰：“此兒骨相不凡，自是風塵外物。他時遇廬則居，見鐘則扣。留心記取。”後游廬山，遇火龍眞人傳天遁劍法。唐會昌中，兩擧進士不第。時年六十四歲。游長安酒肆，見一羽士，青巾白袍，偶書三絕句於壁。其一曰：“坐臥長携酒一壺，不教雙眼識皇都。乾坤許大無名姓，疏散人間一丈夫。”其二曰：“得道眞仙不易逢，幾時歸去願相從，自言住處連滄海，別是蓬萊第一峰。”其三曰：“莫厭追歡笑語頻，尋思離亂可傷神。閑來屈指從頭數，得到清平有幾人。”洞賓訝其狀貌奇古，詩意飄逸，因揖問姓氏，再拜延坐。羽士曰：“可吟一絕，予欲觀子之志。”洞賓援筆書曰：“生在儒家遇太平，懸纓重滯布衣輕。誰能世上爭名利，欲事天皇上玉清。”羽士見詩，曰：“吾雲房先生也，居在終南鶴嶺。子能從游乎？”洞賓未應。
雲房因與同憩肆中。雲房自爲執炊。洞賓忽就枕昏睡。夢以舉子
赴京，狀元及第。始自郎署，擢台諫、翰苑、秘閣及諸清要，無
不備歷。兩娶富貴家女，生子婚嫁早畢，孫甥振振，簪笏滿門。
如此幾四十年。又獨相十年，權勢薰炙。偶被重罪，籍沒家資，
分散妻孥，流於嶺表，一身孑然。窮苦憔悴，立馬風雪中，方興
浩嘆，恍然夢覺，炊尚未熟。雲房笑吟曰：“黃粱猶未熟，一夢
到華胥。”洞賓驚曰：“先生知我夢耶？”雲房曰：“子適來之
夢，升沉萬態，榮悴千端，五十年間一瞬耳。得不足喜，喪何足
悲。世有大覺，而後知人世一大夢也。”洞賓感悟，遂拜雲房求
度世術。雲房試之曰：“子骨節尚未完，欲求度世，須更數世可
也。”翩然別去。洞賓即棄儒歸隱。雲房自是十試洞賓，皆過。
第一試：洞賓自外遠歸，忽見家人皆病死，洞賓心無悔恨，但厚
備葬具而已。須臾，死者皆起，無恙。第二試：洞賓鬻貨於市，
議定其值，市者翻然，止酬其直之半。洞賓無所爭，委貨而去。
第三試：洞賓元日出門，遇丐者倚門求施。洞賓即與錢物。而丐
者索取不厭，且加詬詈。洞賓唯再三笑謝。第四試：洞賓牧羊山
中，遇一餓虎奔逐群羊，洞賓蔽羊下阪，獨以身當之。虎乃釋去。
第五試：洞賓居山中草舍讀書，一女年可十七八，容華絕世，光
艷照人，自言歸寧母家，迷路，日暮足弱，借此少慰。既而調弄
百端，夜逼同寢。洞賓竟不爲動。如是三日始去。第六試：洞賓
一日郊出，及歸，則家爲盜劫盡，殆無以供朝夕。洞賓了無慍色，
躬耕自給，忽鋤下見金數十片。速掩之，一無所取。第七試：洞
賓遇賣銅器者，市之以歸，皆金也，即訪賣主還之。第八試：有

瘋狂道士陌上市藥，自言服者立死，再世得道。旬日不售。洞賓
買之。道士曰：“子速備後事可也。”輒服無恙。第九試：春潦
泛溢，洞賓與眾共涉。至中流，風濤掀湧。眾皆危懼，洞賓端坐
不動。第十試：洞賓獨坐一室，忽見奇形怪狀鬼魅無數，有欲擊
者，有欲殺者，洞賓絕無所懼。復有夜叉數十，械一死囚，血肉
淋漓，號泣言：“汝宿世殺我，今當償我命！”洞賓曰：“殺命
償命，宜也。”起索刀，欲自盡償之。忽聞空中一叱聲，鬼神皆
不復見。一人撫掌大笑而下，即雲房也。曰：“吾十試子，子皆
心無所動，得道必矣。但功行尚未完。吾今授子黃白之術，濟世
利物，使三千功滿，八百行圓，方來度子。”洞賓曰：“所作庚
辛有變異乎？”曰：“三千年後，還本質耳。”洞賓愀然曰：“誤
三千年後人，不願爲也。”雲房笑曰：“子推心如此，三千八百，
悉在是矣。”乃携洞賓至鶴嶺，悉傳以上眞秘訣。俄清溪鄭思遠
太華施眞人，由東南凌虛而來，相揖共坐。施眞人曰：“侍者何
人？”云房曰：“呂海州讓之子。”因命洞賓拜二仙，思遠曰：
“形清神在，目秀精藏，可與學道者也。”去後，雲房謂曰：“吾
朝元有期，當奏汝功行於仙籍。汝亦不久居此。後十年，洞庭湖
相見。”又以靈寶畢法及靈丹數粒示洞賓。授受間，有二仙捧金
簡寶符語雲房曰：“上帝詔汝爲九天金闕選仙，當即行。”雲房
謂洞賓曰：“吾赴帝召，汝好住人間，修功立德，他時亦當如
我。”洞賓再拜曰：“岩之志異於先生，必須度盡天下眾生，方
願上升也。”於是雲房乘雲冉冉而去。洞賓既得雲房之道，兼火
龍眞人天遁劍法。始游江淮，試靈劍，遂除蛟害。隱顯變化四百
餘年，常游湘潭岳鄂及兩浙汴譙間，人莫之識。

《茶香室續鈔》卷十八：

明沈德符《野獲編》云：嘉靖二十五年，以永禧宮成，命成
國公朱希忠祭告朝天等宮。首揆夏貴溪告：純陽孚佑帝君呂洞賓，
屢著靈異。然爵以帝號，則始見於此，即羽流輩亦未之知也。

《古今圖書集成·神異典》卷二百四十六：

按呂眞人《江州望江亭自記》：吾京川人。唐末三舉進士不
第，因游江湖間，遇鍾離子，受延命之術。尋又遇苦竹眞君，傳
日月交拜之法。久之，適終南山，再見鍾離子，得金液大丹之
功。年五十，道始成。變化不可測。或爲進士，或爲兵。世多稱
吾能飛劍戮人者，吾聞之笑曰："慈悲者佛也。仙猶佛爾，安有
取人命乎？吾固有劍，蓋異於彼。一斷貪嗔，二斷愛欲，三斷煩
惱，此其三劍也。吾道成以來，所度者何仙姑、郭上灶。二人性
通羽，吾授之以歸相法。吾嘗謂世人奉吾眞，何若行吾行。旣行
吾行，又行吾法，不必見吾，自成大道。不然，日與吾游，何益
哉！

同上：

按《呂眞人本傳》：〔先敘黃粱夢及十試事，文全同《列仙
全傳》，兹略。〕（雲房）因與洞賓敘其得道來歷："曾遇苦竹
眞君，謂曰："汝此去游人間，若遇人有兩口者，即汝弟子。"
吾後遍游山海，竟未見人有兩口者。今詳君姓，實符苦竹之記
矣。"又曰："君能從我游乎？"洞賓因隨之至鶴嶺，見一小洞，
星月交輝，四顧寂寥。雲房執洞賓手，偕行才數步，恍如騎快馬

歷山川，俄頃已至洞南門下鑰矣。雲房以碧絲繫洞賓帶，俱從門
隙中入，豁然開朗。登一高峰，至一大洞門東，前有二虎睨守。
雲房叱之，虎伏不動。乃引洞賓入，金樓玉台，珍禽琪樹，光景
照耀，氣候如春。相與坐盤陀石，飲元和酒三杯。談道未竟，俄
有一青衣雙髻金鈴，珠裳翠袂，雲履玉佩，異香氤氳，手持璽紙
金書曰："群仙已集蓬萊上宮，要先生赴天池會論五元眞人神游
記事。"雲房將去，洞賓送以詩曰："得道來求相見難，又聞東
去幸仙壇。杖頭春色一壺酒，頂上雲攢五岳冠。飲海龜兒人不
識，燒山符子鬼難看。先生去後身須老，乞與貧儒換骨丹。"蓋
慮雲房之不返也。雲房曰："汝但駐此，吾去不久。"遂望東南
乘紫雲冉冉而去。洞賓遂將雲房所付素書數卷披閱誦玩。獨處洞
中旬日，雲房回，曰："子在是岑寂，得無欲歸否？"洞賓曰：
"既辦心學道，豈有家山思乎？"雲房曰："善哉！善哉！汝等
不知分合陰陽之妙。守陰只是魄，存陽只是魂。若能聚其陽魂以
合陰魄，使陰陽相會，魂魄同眞，是謂眞人。"（以下均為鐘離、
洞賓"論道"之言，略不錄）雲房悉傳以上眞元訣，盡豁塵濁。俄有
扣戶者，乃清溪鄭思遠與太華施眞人，由東南而來，緩步凌虛，
體凝金碧。相揖共坐，曰："契濶來久！適尹思逸煉丹所，遂造
仙扉。"施眞人曰："此一侍者何也？"師曰："本朝呂海州讓
之子。少習儒墨，失意上國，邂逅長安酒肆，從吾奉道。"洞賓
乃拜二仙。鄭、尹曰："形清神在，目秀精藏。子欲脫塵網，可
示一詩。"授洞賓金管霞箋，靈膠犀硯。洞賓立獻詩曰："萬劫
千生到此生，此生身始覺飛輕，拋家別國雲山外，煉魄全魂日月
精。比見至人論九鼎，欲窮大藥訪三清。如今獲遇眞仙面，紫府

仙扉得姓名。"三仙相見,嘆其才清句麗。時春禽呦嚶,師謂洞
賓曰:"可於洞口題曰:春氣塞空花露滴,朝陽拍海岳雲歸。"
又謂洞賓曰:"吾朝元有期,十洲羽客至玉京,奏此功行,以升
仙階。汝恐不久居此洞。後十年洞庭湖相見。"取筆於洞中石壁
草書一十六字,曰:"晝日高明,夜月圓清,陰陽魂神,混合上
升。"擲筆告洞賓曰:"世間游行,當施利濟之道。行滿功成,
復相際會。"雲房又以靈寶要法授洞賓。始雲房於終南石壁間得
《靈寶經》三部,上部曰《元始金誥》,中部曰《元皇玉籙》,
下部曰《太上真元義》,凡數千卷。雲房撮其要法,分十六科及
六義。雲房又以靈丹數粒示洞賓曰:"此非世間五金八石,乃世
間異寶合成,雖有質而無形,如雲如火,如光如影,可見而不可
執。服之,與人魂識合爲一體,輕虛微妙,非如有形之丹也。"
復贈詩一章〔詩略不錄。下言上帝詔鍾離權爲九天金闕選仙使,乘雲而去,
與前引《列仙全傳》略同〕。洞賓初游江准,試靈劍,遂斬長蛟之
害。隱顯變化不一,迨今四百餘年。其對雲房發大誓願,至今浮
沉濁世,行化度人。洞賓曰:"世人竟欲見吾,既見吾而不能行
吾言,雖日夕與吾同處,何益哉?人若能忠於國,孝友於家,信
於交友,仁於待下,不慢自心,不欺暗室,以方便濟物,以陰騭
格天,人愛之,鬼神敬之。即此一念,已與吾同,雖不見吾,猶
見吾也。蓋人之性,念於善則屬陽明,其性入於輕清,此天堂之
路。念於惡則屬陰濁,其性入於粗重,此地獄之階。天堂地獄,
非果有主之者,時由人心自化成耳。"宋藝祖建隆初,洞賓自後
苑出對上,稱朱陵上帝以火德王天下。留語移時,語秘不傳。上
解褚袍玉帶賜之,俄不見。上命繪像於太清樓。道錄陳景元傳其

像於世。政和中，宮禁有祟，白晝現形，盜金寶，奸妃嬪，獨上所居無患。自林靈素、王文卿諸侍宸等治之，息而復出。上精齋虔禱，奏詞凡六。一日晝寢，見東華門外有一道士，碧蓮冠，紫鶴氅，手持水晶如意，前揖上曰："臣奉上帝命來治此祟。"良久，一金甲丈夫捉劈而唶之且盡。上問丈夫何人。道士曰："此乃陛下所封崇寧眞君關羽也。"上勉勞再四，復問張飛何在。羽曰："飛乃臣累劫兄弟，世世爲男子身。今已爲陛下生於相州岳家，他日輔佐中興，飛將有功焉。"上問卿姓名。曰："臣姓陽，四月十四日生。"夢覺錄之，召侍宸言之，意其爲洞賓也。自是宮禁帖然。遂詔天下有洞賓香火處皆正通妙眞人之號，蓋自此始。其詞曰："朕嘉與民，偕之大道。凡厥仙隱，具載册書。而況默應禱祈，宜示恩寵。呂眞人匿景藏文，遠邇游方，逮建福庭，適有寓舍。嘆茲符契，錫以號名。神明儼然，尙垂照鑒。可封妙通眞人，塑像於景靈宮，歲時奉祀焉。"

同上：

按《河南府志》：呂嵒字洞賓，本府河中人。曾侍鍾離講道於雲溪觀之右岩。今二仙洞乃其遺迹。相傳伊國主好道。一道人醉態猖狂向前曰："我呂嵒也，可登名。"主者呵曰："何物野道，敢冒上仙名！"反覆爭辯，喧傳達於睿前。國立呼之驗視，已失所在。又縣西北眞武廟前一柱，乃倒樹枯楊。有道士久坐此，忽振衣而起，取筆於柱上書"活楊宮"三字，旁書一"呂"字而去。社衆往觀之，已發枝葉矣，迄今尙茂。人名其廟曰活楊宮。

按《安慶府志》：呂嵒字純陽，別號洞賓，天寶時人，以進士授江州德化縣令。私行廬山，遇鍾離眞人授天仙劍法。曾至桐城呂亭驛畔，遇一孝婦取水事姑，至此息肩。指示之曰："此間自有甘泉，不須遠去。"遂拔劍划之，泉爲湧出。至今方池數武，泉出沙間，雖大旱不竭，名洞賓泉。又嘗游浮山，留題雪浪岩，詩云："襄裳頻步尋眞宿，好景一時觀不足。月在碧空風在松，何必洞天三十六。"

按《武當山志》：呂純陽父姓李，母姓呂，本唐宗胄。中進士，狀元及第。因武后殲唐子孫，乃從母姓。先隱太華山中，道明三元，苦心救世。玉帝選仙，群仙會眞，爲天仙狀元。上帝敕命爲傳教祖師。嘗游武當，居紫氣峰。

《通俗編》：

李泌《枕中記》：開元十九年，道者呂翁，於邯鄲邸舍中，值少年盧生，自嘆其困。翁操囊中枕授之曰："枕此，當令子榮適如意。"生於夢中娶清河崔氏女，擧進士，登甲科，官河西隴右節度使，破戎虜，開地九百里，勒石紀功。尋拜中書侍郎同中書門下平章事，掌大政十年，封趙國公。有子五，孫十餘人。中凡兩竄嶺表，再登鼎鉉，三十餘年，出入中外，崇盛無比。老乞骸骨，不許，卒於官，欠伸而寤。初主人蒸黃粱爲饌，時尚未熟也。翁笑謂曰："人世之事，亦猶是矣。"生曰："此先生所以窒吾欲也，敢不受教。"再拜從而去。

按：此呂翁，非呂洞賓也。洞賓生貞元十四年，擧咸通進士。翁則開元時已度人矣。元馬致遠《黃粱夢》劇謂洞賓遇鍾離先生終南肆中，鍾離自執炊，呂枕案假寐，夢見一生榮貴如意，最後失勢流落，皓嘆而寤，鍾離炊尚未熟。此即影襲盧生事。雜劇例多張冠李戴，不必疑其事之巧符也。明湯若士，以世多熟夢邯鄲，復演盧生，付伶人歌舞之。

《陔餘叢考》卷三四：

呂洞賓，亦見《陳摶傳》，謂關西逸人，有劍術，年百餘歲，步履輕捷，頃刻數百里。數來摶齋中。呂洞賓故事最多。施肩吾有《鍾呂傳道記》。《雅言雜載》、《青瑣集》、《談苑》、《獨醒志》、《輟耕錄》、《摭遺》、《古今詩話》、《貢父詩話》、《東坡詩話》、《西溪叢語》、《竹坡詩話》、《鶴林玉露》各有一二則。《夷堅》所載更有八則。其散見於說部者尚多。或輯為《呂仙外史》，亦可觀也。

《茶香室續鈔》卷十八：

國朝張爾岐《蒿庵閑話》云：天啟中，濟南盛傳《呂仙自叙傳》，云是殷文莊、葛端肅得之乩筆者。傳云：呂仙本唐宗室，避武后之禍，挾妻而遁，因易呂姓。以山居，名岩，字洞賓。妻又死，號純陽子。考之范致明《岳陽風土記》云：呂先生，河中府唐禮部尚書謂之孫，海州刺史讓之子。會昌中兩舉進士不第，去游廬山，遇異人授劍術，得長生不死之訣。何大相異也？近又有《瑤華帝君傳》，云韓湘乩筆自叙，乃直隸人。所傳以退之為叔父，亦良怪異矣。

《鑄鼎餘聞》卷四：

《光緒無錫金匱縣志》云：純陽帝君廟，嘉慶十一年奉文通祀。

《集說詮眞》：

宋徽宗政和中，封爲妙通眞人。元世祖封號純陽演正警化眞君。元武宗加封孚佑眞君。

【案】八仙中最著名、民間傳說中故事最多的，要數呂洞賓了。他在道敎中地位也極高。全眞道奉他爲純陽祖師，故亦號"呂祖"。元、明時封他爲純陽帝君，頗重其祠。直至近代，在道敎中，他的香火也是很盛的。如果我們把八仙中每個人的身世瀏覽一下，就會發現，與其他七仙關係最多的當數呂洞賓。他實際上是八仙的中心人物，盡管他的"年歲"居中，道行也未居首位。這就使人不得不這樣猜想：八仙這組神仙的形成，可能是以呂洞賓爲核心，而後才把其他七位依附上去的。

他是唐代的一位慕道的士人，從鍾離權修煉得道。但他又不僅繼承了鍾離權的"上眞秘訣"和"靈寶畢法"，還學會了火龍眞人的"天遁劍法"，成了一位"神仙俠客"。而且他誓願度盡天下衆生，方始升天，竟要與佛門的救苦救難觀音菩薩爭一席地位了。所以，呂洞賓就在民間博得了相當多的信徒，人們把自己的幻想寄托給他，他的故事也就越編越多。據《默記》，北宋中葉以前，他雖然已爲道士所奉，但其名尚未廣爲人知，故朝廷竟有緝捕呂洞賓的笑話。但此後則名聲漸大，屢屢見諸記載，僅南宋洪邁《夷堅志》就載有他的故事數十條之多。

他是八仙中人情味最濃的一個（八仙都是很有人情味的）。在民間傳說中，他不僅游行人間，爲百姓治病解難，除害滅妖，而且外貌瀟灑，性格幽默，還沾染着一些"酒色財氣"的小市民習氣。這個形象很受群衆喜愛。南宋時，已有呂洞賓的專祠，幷塑像供奉。到了元、明，統治者提倡道敎，呂洞賓借助於民間的聲望，進而爲統治者所推崇，成爲道敎諸仙中最活躍的人物。但儘管如此，呂洞賓依然沒有擺脫他的"群衆基礎"，在城市的市民階層中保留着強大的影響。

何　仙　姑

《鑄鼎餘聞》卷四：

鄧淳《嶺南叢述》引《太平廣記》云：廣州有何二娘者，以織鞋子爲業。年二十，與母居。素不修仙術，忽謂母曰："住此悶，意欲行游。"後一日，便飛去上罷浮山寺。山僧問其來由，答云："願事和尚。"自是恒留居止。初不飲食，每爲寺衆採仙果充齋，亦不知其所取。羅浮山北是循州，去南海四百里。循州山寺有楊梅樹，大數十圍，何氏每採其實，及齋而返。後循州山寺僧至羅浮山，說云："某月日有仙女來採梅。"驗之，果是何氏所採之日也。由是遠近知得仙。後乃不復居寺，或旬月則一來耳。唐開元中，敕命黃門使往廣州求何氏，得之，與使俱入京。

何仙姑

中途黃使悅其色，竟欲挑之而未言。忽云：“中使有如此心，不可留矣。”言畢湧身而去，不知所之，其後絕迹，不至人間矣。疑即增城何仙姑云。

《夢溪筆談》卷二一胡道靜《校證》：

宋歐陽修《集古錄跋尾》卷十《謝仙火》：“右〝謝仙火〞字，在今岳州華容縣廢玉眞宮柱上，倒書而刻之，不知何人書也。傳云，大中祥符中，玉眞宮爲天火所焚，惟留一柱有此字，好事者遂模於石。慶曆中，衡山女子號何仙姑者，絕粒輕身，人皆以爲仙也，有以此字問之者，輒曰：〝謝仙者，雷部中鬼也，夫婦皆長三尺，其色如玉，掌行火於世間。〞後有聞其說者，於《道藏》中檢之，實有謝仙名字，主行火；而餘說則無之。由是益以仙姑爲眞仙矣。近見衡州奏云：〝仙姑死矣，都無神異。〞客有自衡來者，云仙姑晚年羸瘦，面皮皺黑，第一衰媼也。”宋王得臣《麈史》卷中《碑碣》：“治平中，予令岳州巴陵。州有岳陽樓，樓上有石，倒刻〝謝仙火〞，三字。其序述慶曆時，華容縣一日晦冥震雷，已而殿柱有此，太守滕公宗諒子京問永州何仙姑，答以雷部中神，昆弟二人，并長三尺，鐵筆書之。然予在江湖間，人多以〝仙〞爲名，又其字類世所開者。孫載積中宰吳興，德清新市鎮海寺殿宇宏壯，其碑云皆唐時所建。巨材髹漆，積久剝落，見倒書迹曰：〝謝均李約收利火〞十餘字，去地三二尺。以紙墨拓之，與岳陽字大小一同。積中因曰：〝夫伐木於山者，其火隊既衆，則各刻其名，以爲別耳。凡記木必刻於木本，營建法本在下，故倒書〞。由是知仙姑之妄也。（按：說“謝仙火”

字之來歷者，以孫載之言為最有義理。）

《鑄鼎餘聞》卷四：

宋魏泰《東軒筆錄》云：永州有何氏女，幼遇異人，與桃食之，遂不饑無漏。自是能逆知禍福，鄉人神之，為構樓以居，世謂之何仙姑。士大夫之好奇者多謁之以問休咎。王達為湖北轉運使，巡至永州，召於舟中，留數日。是時魏縮知潭州，與達不叶，因奏達在永州取無夫婦人阿何於舟中止宿。又云潭州人士夏鈞罷官過永州，謁何仙姑而問曰："世人多言呂先生，今安在？"何笑曰："今日在潭州興化寺設齋。"鈞專記之，到潭日，首於興化寺取齋，歷視之，其日果有華州回客設供。

宋李昌齡《樂善錄》云：何仙姑在世間時，一主簿忽得天書，字不可識。以問仙姑，姑曰："天書言主簿受金十兩，折祿五年。"

《茶香室叢鈔》卷十四：

宋曾敏行《獨醒雜志》云：何仙姑，永州民女子也，因放牧野中，遇人咯以棗，因遂絕粒。能前知人事，獨居一閣。往來士大夫率致敬焉。狄武襄征南儂出永州，以兵事問之。對曰："公必不見賊，賊敗且走。"初未之信。武襄至邕境之歸仁舖，先鋒與賊戰，賊大敗，智高遁走入大理國。其言有證類如此。閣中有遺像，嘗往觀之。

《歷代神仙通鑒》卷十四：

（武周長壽二年）時廣東增城縣何泰之女靈通神異，太后厚幣聘請。何女生而紫雲繞室，頂有六毫。年十三，隨女伴入山採茶，失侶迷徑，見東山峰下一道士，修髯紺目，冠高冠，衣輕綃，何女亟拜之。道士出一桃，曰："食此，他日當飛升。"仙姑食之。道士指歸路，曰："後可常會於此。"歸已逾月，自是不饑不渴，洞知人事休咎。復夢神人教餌雲母粉。遂誓不嫁，往來山谷，輕身飛行。每朝出，暮持山果歸遺其母。至是應召赴闕，中路復失之。

同上：

（呂洞賓）始遇零陵何氏女，傳以修養，復與金丹服之。引見鍾祖，攜入蓬萊拜木公、金母。金母帶回閬苑，令掃蟠桃落葉。

《列仙全傳》卷六：

何仙姑，廣東增城縣何泰女也。景龍中白日升仙。天寶九載見於麻姑壇，立五色雲中。大曆中，又現身於廣州小石樓，刺史高鞏上其事於朝。

《茶香室續鈔》卷十八：

明陳槤《羅浮志》云：何仙姑，廣州增城縣何泰之女也。唐天后時住雲母溪，中宗景龍中白日升仙。按今俗傳八仙中有何仙姑，餘於《叢鈔》卷十四已詳載其事實矣。此何仙姑疑又別是一人也。

《古今圖書集成·神異典》卷二四二：

按《安慶府志》：何仙姑，初，桐城投子山大同禪師，每溲溺有鹿來飲。久之，鹿產肉毬，裂開一女。師見而收育之，至十二歲，牧童以山花插其髻，戲之。師乃令下山，囑曰："遇柴則止，遇何則歸。"至柴巷口何道人家，遂棲之，以何為姓。懼守師戒，修持覺悟。師使趙州召之，女方浙，即持笊籬往。先至，見師坐左，州後至，坐右，三人一時化解。今投子山柴巷口有仙姑井，山間有趙州橋。

按《祁陽縣志》：何仙姑年十三，隨女伴入山採茶，失伴獨行，迷路。遇異人出一桃與之，曰："食此盡當飛升，不然止居地中。"仙姑僅能食其半，自是不饑，洞知人事休咎。今祁陽白水之紫羅峽山頂一泉，傳仙姑於此沐浴。其泉穴土皆白泥，一名白泥嶺。又茶嶺春有茶野生，亦云仙姑所植。

按《福建通志》：仙姑父大郎，居武平南岩，貨餅自給。呂純陽見其有仙質，日過索餅啖，輒與。呂感，贈以一桃，云："食盡則成仙。"仙姑遂辟穀南岩。按《閩書》載：仙姑為廣州增城人，生而頂有六毫，唐武后時住雲母溪，辟穀，語言異常，景龍中白日升天。二說未知孰是。

按《浙江通志》：宋何仙姑南覽村人，三十不字，採樵自給。見山間桃實如栲，啖之，自是不饑。元祐中，昌化令鄭滂賑荒。姑混入稱眾就視，人爭異焉。姑即遁涉雙溪，忽雲霧復之，不見。令上其事，敕祀之。

按《歙縣志》：何仙姑，歙人。昌化舊隸歙，故亦云昌化人。駐蹕山有何家塢，傳言上世出一仙姑，或此地為其俗家云。

《陔餘叢考》卷三四：

何仙姑者，劉貢父《詩話》謂永州人，《續通考》則謂廣東增城人。曾達臣《獨醒雜志》謂宋仁宗時人，《續通考》則又謂唐武后時人。傳聞之訛，已多岐互。

《鑄鼎餘聞》卷四：

國朝鄧淳《嶺南叢述》引《黃氏志》云：何仙姑，廣州增城人何泰女也。生而紫雲繞室，頂有六毫。四歲能舉一鈞。事親有孝行，性靜柔簡淡。所居春岡，地產雲母，嘗夢老人授以服餌法，漸覺身輕健。有詩曰："鳳台雲母似瓊花，煉作芙蓉白雪芽。笑殺狂游句漏令，更從何處覓丹砂。"後果有鳳來集上，遂改名鳳台云。岡東北與羅浮相望，嘗曰："將游羅浮"。父母怪之，私爲擇配。結褵之夕，忽不知所之。留詩屏硯間，曰："麻姑怪我戀塵囂，一隔仙凡道路遙。去去滄州弄明月，倒騎黃鶴聽鸞簫。"明早起視，家側井徑有遺履而已。頃之，有道士來自羅浮，見仙姑在麻姑石上，顧謂道士曰："而之增城，屬吾親收拾井上履。"口占三絕寄其家，曰："鐵橋風景勝天台，千樹萬樹桃花開。玉簫吹過黃龍洞，勾引長庚跨鶴來。"寄語童童與阿瓊，休將塵事惱閑情。蓬瀛弱水今清淺，滿地花陰護月明。" "已趁群眞入紫微，故鄉回首尙遲遲。千年留取井邊履，說與草堂仙子知。" 其後天台李令與謝草堂春者表其事焉。仙姑又嘗於羅浮黍珠庵東壁題一絕，字比晉人差清婉少骨。壁後半毀，唯餘 "百尺水帘飛白虹，笙簫松柏語天" 十三字。其下必 "風" 也，後二句人無能續之者。

【案】所謂仙姑，多為民間女巫。何仙姑者，即何姓女巫也。歷代所信仰之仙姑甚多，而何仙姑獨著名者，以其為八仙之一也。然歷史上何姓女巫本亦不少，八仙中之何仙姑究係何人？據傳說，該何仙姑乃呂洞賓之弟子，則宋代永州之何仙姑較為近似。永州（即零陵，又有謂衡州者。）何仙姑，亦一女巫，北宋神宗時人；上至士大夫，下至庶民，皆虔信之，謂其幼遇異人（或說即呂洞賓），賜以仙桃（或說仙棗），服後身輕絕粒，能預知禍福。宋代文人筆記，多有記其事者。歐陽修《集古錄跋尾》曰：“近見衡州奏云：‖仙姑死矣，都無神異。‖客有自衡來者，云仙姑晚年羸瘦，面皮皺黑，第一衰媼也。”可知世傳其仙迹皆妄也。後因何仙姑名頭太大，附會之說遂多。唐武則天及玄宗時，廣州曾有何二娘，亦一女巫，《太平廣記》載其“仙迹”。至明代則衍生其事，稱為廣東增城何泰之女，唐武后時人，食雲母粉成仙，即八仙中之何仙姑。此外，安徽，福建、浙江各地，皆有本地之“何仙姑”，見《古今圖書集成》所引諸志，此不贅述。

藍 采 和

《古今圖書集成·神異典》卷二五〇：

按《續仙傳》：藍采和，不知何許人也。常衣破藍衫，六銙黑木腰帶闊三寸餘，一脚著靴，一脚跣行，夏則衫內加絮，冬則臥於雪中，氣出如蒸。每行歌於城市乞索，持大拍板長三尺餘，常醉踏歌，老少皆隨看之。機捷諧謔，人問應聲答之，笑皆絕倒。

藍采和

似狂非狂，行則振靴踏歌云："踏歌藍釆和，世界能幾何？紅顏一春樹，流年一擲梭。古人混混去不返，今人紛紛來更多。朝騎鸞鳳到碧落，暮見桑田生白波。長景明暉在空際，金銀宮闕高嵯峨。"歌詞多率爾而作，皆神仙意，人莫之測。但以錢與之，以長繩穿，拖地行，或散失亦不回顧，或見貧人即與之，或與酒家周游天下。人有爲兒童時見者，及斑白見之，顏狀如故。後踏歌濠梁間，於酒樓上乘醉，有雲鶴笙簫聲，忽然輕舉於雲中，擲下靴衫腰帶拍板，冉冉而去，其靴衫等旋亦失亡。

《陔餘叢考》卷三四：

至藍釆和者，《太平廣記》謂常衣破藍衫，一足靴，一足跣，夏則絮，多則臥於雪。嘗入市，持大拍板唱言："踏歌踏歌藍釆和，世界能幾何？古人混混去不返，今人紛紛來更多。"元遺山因以入詩，有"自驚白髮先潘岳，人笑藍衫似釆和"之句。又題藍釆和像云："長板高歌本不狂，兒曹自爲百錢忙。幾時逢着藍衫老，同向春風舞一場。"是藍釆和乃男子也。今戲本又硬差作女妝，尤可笑。

龍袞《江南野錄》載陳綯學仙，嘗醉歌，有藍釆和"塵世紛紛事更多"之句，則又以爲陳綯歌也。

【案】藍釆和事迹，載於南唐沈汾《續仙傳》、宋初《太平廣記》等書，當是五代時人。後世或有以其爲女仙者，大謬矣！

韓 湘 子

《太平廣記》卷五十四：

　　唐吏部侍郎韓愈外甥，忘其名姓，幼而落拓，不讀書，好飲酒。弱冠往洛下省骨肉，乃慕雲水不歸，僅二十年，杳絕音信。元和中，忽歸長安，知識闐茸，衣服滓弊，行止乖角。吏部以久不相見，容而恕之。一見之後，令於學院中與諸表語論，不近詩書，殊若土偶。唯與小臧賭博，或廄中醉卧三日五日，或出宿於外。吏部懼其犯禁陷法，時或勗之。暇日偶見，問其所長；云善卓鐵鍋子。試令為之，植一鐵條尺餘，百步內，卓三百六十錢，一一穿之，無差失者。又於五十步內，雙鈎草天下太平字，點畫極工，又能於爐中累三十斤炭，支三日火，火勢常熾，日滿乃消。吏部甚奇之，問其修道，則玄機清語。因說小伎，云能染花，紅者可使碧，或一朵具五色，皆可致之。是年秋於後堂前染白牡丹一叢。無何潛去。（愈）出為潮州刺史，至藺山，泥滑雪深，忽見甥迎馬首而立，拜起勞問，扶蹬接轡，意甚殷勤。至翌日雪霽，送至鄧州，乃曰：“某師在此，不得遠去。”問其師，即洪崖先生。明年春，牡丹花開，數朵花色，一如其說。但每一葉花中，有楷書十四字曰：“雲橫秦嶺家何處，又擁藍關馬不前。”
（出《仙傳拾遺》）

《鑄鼎餘聞》卷四：

　　《唐書·宰相世系表》云：韓湘字北渚，大理丞。

韓湘子

劉斧《青瑣高議》云：湘字清夫，文公姪孫也。落魄不羈。公勉之學，乃笑作詩，有能“頃刻花”之句。公曰：“汝能奪造化乎？”湘遂聚土覆盆，良久曰：“花已發矣。”舉盆見碧花兩朵，葉間有小金字，乃詩一聯云：“雲橫秦嶺家何在，雪擁藍關馬不前。”公未曉其意。後貶潮州，有一人冒雪而來，乃湘也，謂公曰：“憶花上句乎？今日事也。”公詢地名，即藍關，再三嗟嘆，遂足成其詩“一封朝奏九重天”云云。

《列仙全傳》卷六：

韓湘子，字清夫，韓文公之猶子也。落魄不羈，遇純陽先生，因從游，登桃樹墮死而屍解。來見文公，文公勉之學。湘曰：“湘之所學，與公異。”公不悅，令作詩以觀其志。詩曰：“青山雲水窟，此地是吾家。子夜餐瓊液，寅晨咀絳霞。琴彈碧玉調，爐煉白珠砂。寶鼎存金虎，芝田養白鴉。一瓢藏造化，三尺斬妖邪。解造逡巡酒，能開頃刻花。有人能學我，同共看仙葩。”公覽曰：“子豈能奪造化耶？”公即為開樽，果成佳醞。復聚土，無何開碧花二朵，似牡丹差大，顏色更麗，花間擁出金字一聯云：“雲橫秦嶺家何在，雪擁藍關馬不前。”公讀之不解其意。湘曰：“他日自驗。”未幾公以極諫佛骨事謫官潮州，途中遇雪。俄有一人冒雪而來，乃湘也，曰：“公能憶花間之句乎？”公詢其地，即藍關，嗟嘆久之曰：“吾為汝足此詩。”即韓集中“一封朝奏九重天”云云。遂與湘宿藍關傳舍，公方信湘之不誣也。湘辭去，出藥一瓢與公，曰：“服一粒可以禦瘴毒。”公憮然。湘曰：“公不久即西，不惟無恙，且當復用於朝。”公曰：“此後復有相見之期乎？"湘曰："前期未可知也。"

《古今圖書集成·神異典》卷二四七：

按《韓仙傳》：予大周之韓原人，始氏以國，秦楚迸滅後，有叔通子者奔武城，遂姓韓氏。因契夙器，游於東海，卒成仙聖，枝蔓蘿蒂，牽連不已。漢之東西，晉之前後，史譜已載。（唐）高宗永徽四年癸丑，先祖曰仲卿者，刺史江南，人受德濟，遂家於鄧州之南陽松水焉。玄宗天寶壬午九日，先父生有異質，既長以孝著名，諱曰愻，尋改曰會，應代宗廣德元年癸卯鄉舉。大曆二年丁未秋，仲卿祖薨，先父盡大禮，櫬掩於匡廬之五老峰下。卜者曰："得此者位極人臣，二十年後有仙者出。"先父與姑子蕭存築舍於西林寺守墓焉。蕭存歷官至郎中，惡裴延齡，不仕，歸養於茲。明年戊申上元，繼祖母賀氏生叔愈。五年庚戌，叔三歲而賀母死，先父撫之。先父歷官起居舍人。十二年丁巳五月，先父坐元載貶嶺表。既歸南陽。叔日記數百言，通六經百學。建中四年癸亥，朱泚亂，先父携叔奔遷韶嶺。先父為人善清言，有文章高世。江南宣城有別業，先父亦就居。八月有詔徵先父，以衰顏不可就，因二辭，遂為訕謗不用。及韶嶺兵克，復歸，苦勵叔以讀。興元元年甲子登荐時，叔年十八也。貞元元年乙丑，謂叔曰："吾早失怙恃。吾母清河崔氏亦卒，汝母生汝即捐，而幸成大人矣。我年過半，所不盡恨者，汝嫂呂氏之不嗣也。天欲何為！"言已淚下。先父禱於岳神之西，夢曰："虎榜中鄉閭，庭分桂一枝。最憐雙逐後，賓雁各於飛。"明年丙寅三月七日甲寅之辰，而吾嬸寶氏忽見丹鶴飛入中庭。先父亦見，隨入方舍，絕無影迹。六月乙未七日庚申之酉，而予生時也。天垂五異，地應百祥，鄉里有見老鶴翔空者。先父以鶴爲名，謂叔曰：“昔卜吾父五老葬地者，開府子儀郭公也，謂我有仙者出。丁未迄今二十載，合其讖矣！”叔曰：“異教也！神仙杳茫，兄何獨取乎？”先父嘿然。初蒼梧之野賓龍峰西北有洞曰皇老，東華李公、西城王公相傳道焰，合煉神丹。予托形於胎仙氏〔按：即鶴〕，時東漢之明帝永平庚申中秋也。西晉惠帝元康九年己未，予生二百有四。予於皇老洞遇李、王二翁在焉。二翁對酌，童子捧符，一童進朱橘嚼酒，談及妙旨。予聞之心竅洞明，長唳數聲。翁不覺失聲曰：“是兒悟矣！悟矣！”予得領微旨，即以神神之道，治於洞口。予饑茹渴吸，自擅清賞。時有蒼猿公元元丈人寓焉，遂爲誓好。唐貞元元年乙丑，又四百八十六年矣。上帝若曰：“敕汝無量大通神霄仙卿呂嵒，遍訪塵寰，超凌上品，以佐太上無爲元元至化。唯卿勿怠，如敕恪行！”純陽翁遂飛歷八都，無地不涉，忽一日憩於蒼梧之陽。予已洞識矣。予更名冰鑒老人，與元元丈人共調焉。翁固知之，僞問曰：“子何人耶？”予口致詞曰：“是爲野人之至望。”翁笑曰：“子野則野矣，人或未然。姑試子。”遂示詩曰：“兩口談元並是虛，山高下品亦非居。洞前縱有千年計，濱海蓬萊總不如。”其意謚以蒼梧雖美塊中耳，不若蓬萊之能久居，而其中微示以“呂嵒洞賓”字意。猿初不悟也，遂輕之。予跪進曰：“公非純陽呂翁耶？”翁曰：“子言是也，可教。”遂以鐵丸三枚，命曰：“二子服之，可立死而化於人道，予將度汝爲仙。”猿畏拒之，予欣受而次第吞之，但覺神凌至虛，翁乘之而起。飄飄而上，越東海，入方丈之顚，見東華翁曰：“美則

美矣，恨毛團耳。可更其身，當躋上域。”遂命翁送之。翁領予
神，徑抵唐國之松水，投予於呂母之懷，囑予曰：“汝勿言，吾
來視汝。”遂降生焉。蓋吾母乃翁之從孫也。次年丁卯苦疫，先
父卒於八月十二。死經時，復起索書囑叔曰：“賀母生伊亦此時，
我於此上獨堅持。今朝長嘆歸乎數，唯汝憐孤立我兒。”叔曰：
“分內事也，兄何憂耶？視弟爲不義耶？”遂嚙指爲誓，先父揮
淚而逝。八年，予七歲矣，然猶記翁“不言”之囑，終不呼一字。
叔不悅曰：“是兒痴物也？寧馨耶？匊靈耶？何日得清爽耶？”
十年甲戌，叔舉進士歸。予喜失聲曰：“叔歸矣！”予叔母趨視，
果然，與叔大以爲樂。次晨遂暗不能出一聲，但哭咷而已。叔百
計求之，莫可瘳。午陰，正庭忽有道人黃裳紫冠來謁，謂能發我
聲，蓋呂翁也。叔喜，襁予與視。翁笑曰：“而忘予勿言之訓
耶？”予不覺律管發輝，答曰：“有罪有罪！”遂爲予名曰：“可
名湘，可字清夫。他日當爲我方外弟子。”叔大誕之，叱之出，
予遂能言。十四年戊寅，大夫孟東野、張籍，叔友也，媒於東閣
學士林圭甫之女於予而娶之。女善談咏，小字蘆芳。予年少，不
喜女容，近之則自報，終不一與。予十三歲矣，叔日以經史爲訓，
予頗敏，擇穎上先生師焉。先生死，予舍於家，叔親教之。四月
十四壬申，呂翁變名宮無上謁叔，談及群書百家，無不熟獵。叔
延三宿，大以爲奇，遂命館側，予師之。既居，晝則訓予修身治
國之道，夜則授予內煉童貞之道，予深信之。翁曰：“修身可人
爵而老死迷眞，修眞可登仙而長生不朽。二者不可幷學，子欲何
擇？”予曰：“貴不可久，仙願學焉。”翁喜而教之。然蒼梧之
事，予皆忘矣。未幾，爲叔宴集時，階下有匠者用銅錢汁補鐵甑

者。時翰林虞公命予對曰："銅鏈補鐵甌。"予對曰："鉛汞合金丹。"座上皆詫。叔曰："汝何以知之？"予曰："師教之也。"言未已，侍兒進曰："宮先生夜夜教公子以神仙之事。"叔愈怒，撻予，索翁責之曰："吾兒儒外之習吾不之講。始吾以汝爲高士也，禮之。汝敢以惑世誣民之事以搖其心耶？速去！勿致辱耳！"翁笑而去，囑予曰："子能憶昔蒼梧之苦，當來終南之碧雲峰求我，去此三百里，子不屑，則一大失矣。"予日夜慕之，甚於父母，中宵予亦遁。叔號泣大索三月，不能得。予道經鄂南峰老嫗一宿，嫗惑予以美女，予力却之。彼策杖而逼，予終不伏。天曉，則茅屋嫗女皆不見，予始去。蓋翁一試也。又過太白嶺下，是時聞有虛言叔覓官迫者，不敢晝行。是夜月明當空，忽見前林密處，燈火交遞。予趨進，則白骨叢雜，有一厲鬼執予曰："子非韓爽乎？"予跪曰："是也。"鬼曰："子父母得汝而亡，子叔撫汝而生，恨不汝撐天破浪以光世代，子欲逃何地耶？汝不肖子也，予得而食之。汝歸去，吾或可恕。"予曰："有死不歸。"言已，鬼曰："吾去喚同輩來，當分食汝！"言已不見，予奔。蓋翁二試也。入長樂坡道，見一布裹，予開視之，烹羊蹄一具，酒一壺，時予甚飢，思必有主，坐守之。少焉一婢遠哭而來，予還之，拜謝而去，即不見。蓋翁三試也。轉沙溝界，予餒甚，坐石下。有二夫逐豕，見予曰："子爲我守此豕片時，我有遺豕往尋之。"復遺予以熟食，予飼而飽。二夫去，中餉不至。有一虎自叢莽中出，欲搏豕。予曰："受人之托，而爲汝搏，是不忠也，願自代。"因納豕於蓁刺中，而自當之。虎回首大吼，遂入岩穴，莫知所之。少焉二夫長笑而來，牽豕而去。蓋翁四試也。予前不十里，路岐

舍甚,有農夫罔以逆路,不覺逃至扶風柳林。有丐者酗酒極醉,
當於要路,詈罵千百以至萬計,予不敢答。索予錢,予罄囊與之。
又索米,予止二升一合,并與之,方稍解而去。蓋翁五試也。既
達終南界,問碧雲峰於樵人。時一羸樵甚醜,答予曰:"子欲訪
誰耶?"予曰:"宮先生耳。"曰:"宮先生,吾故識也。始以
美名重世,人皆畏之。既而久居,犬豕不爲也。因淫盜無常,人
不與食,今將死矣,子訪何益?彼不死,吾輩欲執於官以誅耳。
子勿貽池魚之禍,速去之。"予曰:"予此來欲相見,後雖有禍,
願爲之死。"蓋翁六試也。已而挽烟蘿,步劍石,回紆苔草,涉
歷蒲蘆,雕狼窮虎止之地,無不經涉。果見盤陰之下,有紅樹焉,
蓋老楓也。下得一破茅舍,遠睨烟火微出。予手分刺棘而入,則
破壁敗爐,藤榻石枕,先生弱瘦,不可目視,雙眸不開,釜有殘
豆羹,案有書半卷,視之,命書也。先生狂呼大哭,不省人事。
予再三喚之,先生曰:"汝鬼耶?取我耶?"予拜泣曰:"弟子
湘也。自先生教我而來。"先生曰:"我記之矣。我先以文學有
罪於世而逃,既而衣食不給,復肆張於汝叔,而復以妄言誘汝,
以至今日。老天使我受此苦者,正此報也。子可回。勿誤青芳光
景也。我頭下有金二餅,可供歸費。子速歸,可葬我於九泉下。
況此地虎狼交雜,蛇虺出入,雖一薪一汲,必逢百度,子不可久。"
予曰:"弟子此遇,心方得已,雖虎蛇餐啖,甘苦不辭。先生昔
爲我師,今日既見先生困憊而離,禽獸不爲也。願以死同先生。"
三日後,先生謂予曰:"我思泉水,子往求之。"予遂去,山壑
之下,群草交翠,密封湍流。予方就汲,忽一蛇長計丈許,盤旋
張口如箕,欲相啖狀。予跪祝曰:"人世萬物,必有靈識,我師

得罪天地，以致疾疢，思飲甘泉，命之於我。我已委身師事，敢
不忠罄？子既我傷，將賜我水以周師急，我必返身，任汝啖也。”
言已，蛇蜿蜒數折，草蔓皆伏，威聲如風灑耳而去。蓋翁七試也。
得水而歸，先生飲之，遽起而大笑曰：“子非下品人也！吾非宮
無上也，宮字無上，呂也。吾初唐之洞賓也。七度試子，皆合天
格，子可教矣。”遂引予出舍，不二里，山景異常，指一峰巒
曰：“此碧雲峰也。”一喝而白壁開，曳予視，即如王宮帝闕，
金紫交映，彤碧混合，如白晝焉。少焉，二童曰：“翁待師久
矣。”携入大殿下，一翁居上，環目方面，高冠坐首。先生曰：
“此東華李公也。吾昔年事，汝知否？”予都不悟。先生命再拜，
東華翁曰：“可取飲飲之。”少頃，童進醴。予飲之，肌骨皆寒，
先二世事無不記憶，方再拜曰：“一迷不覺十二載矣。”翁笑而
納之，時貞元十五年八月中秋也，予年十有四。翁復引予謁雲房
鍾離翁、西城王翁、火龍鄭翁，而授予以道。越一百二十有四日
而成道，予謁上帝。帝曰：“子來！授汝開元演法大闡教化普濟
仙卿。”予謝而退。游蓬島，但見琳宮貝闕，天影彩霞，自然吟
咏，仙侶徘徊，誠所謂“試向昆侖嶺上望，十二樓台無處尋”也。
三十日，復召謂曰：“卿叔韓愈，乃吾仙甫冲和後身也，微過謫
世，子何不往度乎？”予遂領旨而下，則山川變態，人物流移，
恍然腥塵中耳。永貞元年乙酉，因叔先十四年言旱獲罪於德宗，
黜為山陽令。次年取歸，經湖南，游衡山，宿二日。雲房、純陽
翁更為二道士勸叔曰：“人世轉丸，命數飛燕，光陰不可得，美
官不可久，公胡不相將猿鶴，久世以長生耶？”叔叱之曰：“何
物妖士，敢與蟲語！”二翁遁去。元和五年，進官河南方西令轉

國子博士。十年乙未，权爲考功郎中知制誥。十二年丁酉，憲宗正旦朝賀，留宰相裴度妻父林圭及权宴之，問曰："今歲豐儉若何？"权失對曰："儉。"上曰："何以知之？"权曰："去多無雪，故知儉。"上曰："可禱乎？"权曰："人主致誠，熒惑失度尙從之，況雪乎？"時諷諫耳，不意憲宗出旨，遂的限权於三日精禱致雪。权大惶懼，予喜曰："权可度矣！"時高弟百餘，日肆雌黃，老氏之教，言必深惡。予遂出榜擔頭，曰："賣風雲雨雪。"市夫訝予妄，報於权。权收予。予已異形，权不能識，詰之曰："上以年歉，預禱雪以示豐。汝何人耶，敢謾言乎？"予鼓掌胡盧而笑曰："人以爲難，吾身中先天坎離，太極混合，乾坤尙可顛倒，況後天之雨雪乎？"权曰："汝可祈，則爲我試。"予曰："諾。"索酒大醉，遂登壇。半日，靉雲漫野，寒氣侵骨，天光一合，大雪立降，深可尺許。裴、張諸公大以爲異。权謬曰："人君至誠、人臣至專所爲耳，豈一道士之力耶？"衆皆不服其論，予大笑而退。是日拜刑部侍郎，宴賀。予謁之，始也善待，既而接待中微語勸以急流之說，权果大怒而斥之。予曰："神仙有變化之妙，公不可爲泛。"权曰："汝能盡一杯之酒，能致諸公醉耶？"予曰："甚易耳，公當隨我。"权曰："汝爲之。"予遂取所佩葫蘆，徑可一寸，高可寸許，盛酒半杯即滿，因而遍席勸之，凡三十人，各計三十巡，中宵不竭。衆皆駭，权曰："此民間漏酒法也。"权復曰："汝可召二妓飲舞乎？"予曰："亦易。"予面空召之，仙妓立降，衆又異。权曰："幻術也。"又曰："可召鶴乎？"予即召鶴下舞，尋化爲羊，口出歌賦，其中無過勸权之修省也。权皆以爲幻。予大言曰："公欲爲

天子耶？貴極人臣，尚不知避禍而早退，一旦誅貶，風塵千里，
凍餒而死，妻子榮祿可復得耶？"叔大怒，叱予出。次日復謁，
則已重門鎖鑰，不可入矣。予飛空而入，至中溜而下，衆皆驚。
叔曰："何來？"予曰："上壽耳。"叔曰："何貺？"予曰：
"金蓮耳。"遂索火一罏，予投以丹砂，頃蓮花大發，高可三尺，
碧盤寶華，靡一不具，中一葉自然成聯云"雲橫秦嶺家何在，雪
擁藍關馬不前。"叔視之曰："此何語也？"予曰："公遭誅竄，
可當驗之。"叔大忌之。予遂示以原形，叔大哭曰："子何瘋顛
如是耶？吾慕汝念汝，如刃碎中心，子何忍心耶？"予曰："侄
上朝天帝，今爲仙宰，思叔之德，慮叔之難，特相援耳。"叔曰：
"汝勿妄言。"十三年戊戌，叔進吏部侍郎。時鳳翔寺塔有佛指
骨放光，上遣中使迎之。叔面諍之，上不聽，罷朝。次年骨至，
上留禁中二月，送諸寺，人皆大惑。叔表諫數百言，陳梁武故事。
上怒，收欲誅之。宰相裴度、崔群、林圭爲言，乃貶潮之刺史。
叔別家往官，經藍關秦嶺，正值大雪，馬憊於道，從者二人皆遁
去。叔獨無倚，待死而已。予冒雪見之，叔號呼百狀，悲喜交集，
始曰："子先言有驗矣，予迷耳。"遂成完詩曰："一封朝奏九
重天，夕貶潮陽路八千。本爲聖朝除弊政，豈知衰朽爽殘年。雲
橫秦嶺家何在，雪擁藍關馬不前。知汝遠來應有意，好收吾骨瘴
江邊。"予勸曰："叔今上不得於君王，中致離於祖禰，下不及
於妻子。近有頹於千金軀，正此可隨侄以效長生耳。"叔曰:" 君
命謫潮，予當匍匐事命，力不足，死亦理順。而欲我隨遁，是逆
君怒，逆君怒，是不忠。縱仙可學，安可成乎？予有死而已，汝
勿言。況違君限有罪於家，汝嬸母置何地耶？予曩有餧，可旬日，

待雪霽，乞諸郵驛耳。"予感其忠，請命於帝。帝曰："卿當隨事，可緩化之。"予得旨，遂謂叔曰："可携侄往乎？"叔曰："此過望也。"越七日過嶺，予爲之買甕仆而行，逾月入潮。訟政之間，予有神識，叔得振威二廣。溪有鰐魚食人及畜，叔作文以祭。予敕神殺之，縣首以示，民大奇，叔方知敬於予也。穆宗立，長慶元年辛丑，徙叔於袁州，予隨去。時袁有盜群百，哨於山林，害占二縣，民奔之。予議叔收，叔失策，予曰："易也。"予雪夜獨騎仗劍入巢際，賊遙見大懼。予命神吏縛其首者三人，余皆縱其散遁，救民萬計。叔得功，觀察王公表之。二年召歸。叔入朝見主，拜國子祭酒，時叔已皓首矣，始見家族。予妻已卒於元和十五庚子矣。叔二子源、滾死。明年勸之，叔曰："神仙可唾手於功名乎？"予曰："何難？"叔曰："子欲我從道，但能取進士，予傾服之。"予曰："諾。"叔遂荐予於太學，明年甲辰，予以《天馬》、《長門》、《泰階》三賦登柏耆榜，列名十二。予不仕，詭以風症，上疏辭。叔始誠信。五月，拜吏部侍郎，得復舊爵。時蒼梧之元元丈人已生於霸陵西村朱氏，年三十。吕翁游五台來，爲貧道者乞食於家。朱氏名拾得，敬之飲。遂相持而來京師，之長安門，見予曰："子何久於風塵耶？是兒汝友也，當於藍關可並度之。"予諾，翁去，留拾得於藍關之九曲溪洞，曰："子待七日，子師至矣。"予歸。是夜下元，寒魄穿牖，燈清籟靜，紙帳梅花，槐風竹夏，清入兩耳，時有孤鶴倚苔，斷琴在壁，與叔寢於書屋，再諭之曰："上帝以叔仙根道骨，昔者命侄往度，叔堅不從，故有大患。今叔大事已矣，潮陽叔之親誓又完矣，何不去之？"叔曰："仙人不常見，吾老死於鄉黨足矣，

吾恐朽骨不可長修，衰氣不可壽世，棄於山野，死無名也。侄有
至諒，幸爲我思：”予曰：“侄隨叔有年，叔猶不知耶？侄之大
道可以窮桑田，朽山岳，竭海源，雖日月更變，不致敗此身也。
叔如不學，恐貽譴於天，天必加誅，又豈憲宗之法耶？”叔曰：
“易則易矣，何物色可隱去耶？”予遂以竹杖化叔之形，了無一
缺，死臥於席。叔遂隨遁。予餌以飛舉之藥，風騰於藍關之巔，
安之仙景，相與拾得爲友。而復命於帝，帝曰：“卿可度之。”
予歸，遂授叔以至道，百日而神識洞達，始有冲和之悟焉。時長
慶四年甲辰多十一月也，叔年五十有七，而予年三十有九。其家
見其死，源弟尚幼，門人李漢，隴西人也，葬叔假屍於鄉。上愍
其忠，祿其子源，追贈禮部尚書、昌黎伯，諡曰文。予方蛻其舍
於終南，飛其神於衡岳之頂。上帝詔之，始入太清。而拾得得道，
亦就隨去。帝曰：“子功成矣，向何迷耶？”不賚叔於上仙列，
遣予送於昆侖爲使焉。叔方大悔。予復奏舉祖考，皆允。取予之
父母前七代，予後一代，皆附以太陰煉形之妙，皆入昆侖。予相
繼送之而去。拾得命爲神霄仙伯焉。

《古今圖書集成·神異典》卷二六三引明陳繼儒《韓湘子神仙辨》
：

　　世傳韓文公孫湘，神仙人也，嘗諷公冲舉，公不從。一日因宴
集，忽席上開牡丹二朵，詩其上云：“雲橫秦嶺家何在，雪擁藍
關馬不前。”公未知其解。後公以言佛骨事貶潮州，途中遇湘冒
雪來，曰：“憶花上之句乎？”公詢其地名，即藍關也，遂足成
其詩云云。予按《唐世系表》，湘字北渚，公侄老成子公兄介孫，

長慶三年進士。又按公集有題詩云《左遷至藍關示侄孫湘》一首，
他日有《宿曾江口示侄孫湘》二首，而《賈島集》寄韓湘詩又有
"過嶺竹多少，潮州瘴滿川"之句，則公之赴潮，湘實從行，非
邂逅不期之遇也。而湘第進士，去是年才四歲耳。後官至大理丞。
湘固公輩人，何得有神仙事也？《酉陽雜俎》載韓侍郎有疏從子
侄自江淮來，年甚少，韓令學院中伴子弟，子弟悉爲凌辱。韓知
之，遂爲街西假僧院，令讀書，經旬，寺三綱復訴其狂率。韓遽
令歸，且責曰："市肆賤類營衣食，尚有一事長處。汝所爲如此，
竟作何物！"侄拜謝，徐曰："某有一藝，恨叔不知。"因指階
前牡丹曰："叔要此花青、紫、黃、赤，惟命。"韓大奇之，遂
給所須試之。乃豎箔曲尺，遮牡丹叢，不令人窺，掘窟四面，深
及其根，寬容一坐，惟齎紫礦、輕粉、朱紅，且暮治其根。凡七
日，乃塡其坑，白其叔曰："恨校遲一月。"時多初也，牡丹本
紫，及花發，色白紅歷落，每朵有一聯詩，字色分明，乃是韓謫
官時詩一韵，曰："雲橫秦嶺家何在，雪擁藍關馬不前"十四字。
韓大驚異。侄且辭歸江淮，竟不願仕。據此則公自有疏從侄，挾
術自售，乃遠從江淮來，又竟歸江淮不復仕，非湘明甚。而花上
之句，即侄於公還潮之後，述其初赴潮之詩，亦非公侄之逆自爲
也。今公遺集有贈族侄詩："擊門者誰子，問言乃吾宗。自云有
奇術，深妙如天工。"疑謂此人事記。段成式與公同時不誣，而
近日唐荊川《史纂左編》全不考證，妄列湘道門，且謂湘送公藍
關一宿即辭去，公留之不可得，作別湘詩，云："舉世皆爲名利
醉，伊子獨向道中醒。他時定是飛升去，冲破秋空一點青。"既
雅非公本趣，兼詞句凡猥，退之家奴不爲。至謂湘出藥一瓢，戒

公日服一粒，以禦瘴烟。公謝湘，有"慮不脫死，魂游海外，一思至此，不覺垂淚"之語。何公一旦衰颯狂惑，遂至此乎？宜不然矣。編又謂湘公猶子，并其家世皆失之。

《通俗編》：

《酉陽雜俎》謂，種花者為公疏從子侄，而不著名。《仙傳拾遺》云，公外甥，忘其名姓，又皆謂花開於公謫之後。據公詩集，此篇為《左遷至藍關示侄孫湘作》，則言疏侄與外甥者非也。花開事，大抵誣妄，不必深論。

《陔餘叢考》卷三四：

韓湘子者，相傳韓昌黎之從孫，即韓詩《左遷藍關示侄孫湘》者也。然公詩中絕不言其有道術，而《酉陽雜俎》、《青瑣高議》等書轉以此詩附會，謂湘能為頃刻花，公未謫前湘先有"秦嶺藍關"一聯現於花上，公至藍關而湘適至，故公足成之云。按《唐宰相世系表》，湘乃老成之子，（昌黎有贈侄老成詩）登長慶三年進士，官大理丞，初不言其有異術。惟昌黎有《徐州贈族侄》一首，云"擊門者誰子，問言乃吾宗，自云有奇術，探妙知天工。"曰族侄，則非侄孫也。"探妙知天工"，蓋不過如星士之類，能推人貴賤，故下又云"期我語非佞，當為佐時雍"也。而湘則隨昌黎至嶺南，（昌黎有《宿曾江口示湘》詩，曾江即廣州增城縣江也。）并非如徐州族侄之能知天工也。而轉以藍田詩附會之，其為荒幻，更不待辨矣。

《茶香室叢鈔》卷十四：

《全唐詩》第十二函第七冊云：韓湘字清夫，愈之猶子也。落魄不羈，愈強之婚宦，不聽，學道仙去。姚合有《答韓湘詩》云："子在名場中，屢戰還屢北。"又云："昨聞過春闈，名繫吏部籍。三十登高科，前途浩難測。"然則湘固功名之士，世傳為仙，非其實也。

《集說詮眞》：

一云：韓湘，昌黎（韓愈）從子。少學道，落魄他鄉（按《明一統志》：陝西西安府藍田縣南四十五里，有湘子洞，相傳韓湘嘗隱於此）。久而始歸，值昌黎生辰宴。怒之。湘曰："無怒也。請效薄技以獻。"因為頃刻花（見《續仙傳》）。一云：湘子從純陽游，登桃樹墮死而屍解。來見愈，自謂能造逡巡酒，開頃刻花，愈為開樽，果能佳醞。復聚土，無何，開碧蓮一朵（見《芥子園畫傳》）。

【案】唐朝著名文學家韓愈，有侄孫名韓湘，曾官大理丞。愈被貶潮州，至藍關時，曾贈湘詩云："雲橫秦嶺家何在，雪擁藍關馬不前"。《酉陽雜俎》謂韓愈有疏從子侄學道成，能令花變色，花上顯一聯詩句，即韓愈貶官時贈湘之句也。然段成式與韓愈年代接近，亦并未言韓愈從侄即韓湘。五代杜光庭撰《仙傳拾遺》亦記其事，而稱乃韓愈外甥（載《太平廣記》），則又非韓姓子弟矣。至宋劉斧《青瑣高議》，始將韓湘與此故事正式聯繫起來，於是韓湘頓時成為道教仙人。元明以來，關於韓湘（多稱其為韓湘子）的故事極多，小說、

戲曲中多有描繪。因傳說其曾從呂洞賓學道，所以亦被列名
八仙之中。

曹 國 舅

《列仙全傳》卷七：

曹國舅，宋曹太后之弟也。因其弟每不法殺人，後罔逃國憲。
舅深以爲耻，遂隱迹山岩，精思慕道。得遇鍾離、純陽，純陽問
曰："聞子修養，所養何物？"對曰："養道。"曰："道安在？"
舅指天。曰："天安在？"舅指心。鍾離笑曰："心即天，天即
道，却識本來面目矣！"遂引入仙班。

《陔餘叢考》卷三四：

曹國舅，相傳爲曹太后之弟。按《宋史》慈聖光獻太后弟曹
佾，年七十二而卒，未嘗有成仙之事。此外又別無國戚而學仙者，
則亦傳聞之妄也。《道山清話》記：晏殊乃仙人曹八百托生。所
謂曹八百者，豈即其人耶？然又非國戚也。

《集説詮眞》：

曹國舅，係宋仁宗曹皇后之弟也。曹后有弟，長名景休，不
親世務。次名景植，恃勢妄爲，帝每戒飭，不悛。嘗不法殺人，
至是，包拯案之，伏罪。景休深以爲耻，遂隱迹山岩，葛巾野服，
矢志修眞。一日，鍾離、呂二師來問曰："聞子修養，所養何物？"
對曰："養道。"曰："道安在？"休指天。曰："天安在？"

曹國舅

休指心。二師笑曰："心即天，天即道，子親見本來矣！"遂授以還眞秘旨，令其精煉。未幾成道（見《神仙通鑒》）。一云：曹國舅，係宋仁宗朝之大國舅也。時有廣東潮州府潮陽縣秀才袁文正，携妻張氏，往京赴試。二國舅貪張氏姿色，邀袁生夫婦入府，絞死袁生，要迫張氏。不從，監幽深房。袁生魂訴包公，包公准究。時大國舅慮二國舅殺袁生之事被包公聞之究辦，乃令告知二國舅。務將張氏置死，以絕後患。二國舅令投張氏於井。張氏逃逸，太白金星化作老人，引之出。途遇大國舅，誤以爲包公，投呈訴冤。大國舅接呈大驚，罪以冲道，令鐵鞭擊之。疑以已死，棄屍僻巷。張氏醒後，往訴包公。包公廉得其情，詐病，賺大國舅來府問疾。包公令張氏出訴，遂將大國舅長枷監禁。又作假書騙二國舅來府，令張氏面訴冤情。遂將二國舅枷入牢中。曹皇后暨仁宗親來勸釋。包公不從，即令二國舅押赴法場處決。仁宗頒詔全赦天下罪犯。包公領詔，令開大國舅長枷。大國舅釋回，自稱死中復生，遂入山修行，得遇眞人點化，引入仙班（見《龍圖神斷公案》。按《江南通志·徐州·仙釋》：曹國舅，宋哲宗紹聖四年蟬蜕於玉虛觀。觀在蕭縣東南五十里，更名騰雲寺。《宋史》：曹彬仕宋太祖、太宗朝。有七子。第五子名玘，玘之女爲仁宗獻皇后。后之兄名傅，弟名佾。傅爲榮州刺史，謚恭侯。佾仕神宗朝，年七十二卒，追封沂王）。

《破除迷信全書》卷六：

　　曹國舅，這位神仙找不出他的家世來，按《潛確類書》上，不過只說："他是宋朝曹承相彬的兒子。曹皇后的兄弟。年少時長的面貌很美，性情也甚是安恬，當時皇帝與皇后，都甚看重他。

以後他要求到雲水上出家，所以皇帝賜給他金牌。到他過黃河時，船戶向他討渡資，但他手中沒錢，遂用金牌作抵。當時呂純陽看見他的窘狀，遂即警告了他一回，他這才撤棄紅塵，求著得道。"但是按《宋史》上却未記著國戚中有求神仙的，且沒有學仙的，所以《陔餘叢考》上說："這必是傳聞錯了。"況且呂純陽是在唐朝，曹國舅是在宋朝，隔着數百年又焉能用話去警告他呢？自然真是傳聞錯了。

【案】八仙之中，此仙最為無稽。俗稱其為宋曹太后之弟，諸書已辨其妄。《鑄鼎餘聞》或以魏曹休、南唐曹拮休當之，皆非也。元人雜劇中已將其與八仙聯繫在一起，至明代記載漸多，然其事迹皆無根之談耳。

劉　海　蟾

《春渚紀聞》卷三：

真廟朝有天神下降，憑鳳翔民張守真為傳靈語，因以翊聖封之。度守真為道士，使掌香火，大建祠宇奉之。自廟百里間，有食牛肉及著牛皮履靸過者，必加殃咎，至有立死者。一日有人苧袍青巾，曳牛革大履直至廟庭，進升堂宇，慢言周視而出。守真即焚香啓神曰："此人悖傲如此，而神不即殛之，有疑觀聽。"神乃降靈曰："汝識此人否，實新得道劉海蟾也。諸天以今漸入末運，向道者少，上帝急欲度人，每一人得道，九天皆賀。此人既已受度，未肯便就仙職，折旋塵中，尋人而度，是其所得，非列仙之癯者，我尚不敢正視之，況敢罪之也？"

《茶香室三鈔》卷十八：

按世傳劉海蟾爲遼進士劉操，純陽弟子也，道家南宗奉以爲祖。觀此知在宋眞宗時，已著仙迹矣。

《列仙全傳》卷二：

劉海蟾。汲郡白鶴觀知事崔重微，忽見道人謁於堂下，揖之坐，不語，但微哂。重微起取金相贈，未入房已聞弄筆聲，急回視，已失道人。壁間有題字，以仙書證之，乃秦人劉海蟾之筆。

《通俗編》：

《湖廣總志》：劉元英，號海蟾子，廣陵人，仕燕主劉守光爲相。一旦有道人來謁，索雞卵十枚，金錢十枚，置几上，累卵於錢，若浮圖狀。海蟾驚嘆曰："危哉！"道人曰："人居榮樂之場，其危有甚於此者。"復盡以錢擘爲二，擲之而去。海蟾由是大悟，易服從道，歷游名山，所至多有遺迹。宋初於潭州壽寧觀題詩，仍自寫眞其旁。〔按〕海蟾二字號，今俗呼劉海，更言劉海戲蟾，舛謬之甚。

《集説詮眞》：

劉海名操，字宗成（按《廣輿記》宇昭遠），燕山人（燕山即直隸順天府）。以明經擢甲第。仕燕王劉守光爲相。平昔好談性命，欽崇黃老。有道者正陽子（即鍾離權）來謁，操邀坐堂上。正陽子索

雞卵十枚，金錢十文，以一錢間一卵高疊之（即世稱劉海戲金錢所
由起也）。操嘆異曰：“危哉！”正陽曰：“相公更危於此。”
別去。操頓悟。見燕王曆妄稱燕帝（按《通鑒綱目》：後梁太祖開平
三年，以劉守光為燕王。乾化元年，守光自稱燕帝），諫之不聽，遂
托疾解印去。改名玄英，道號海蟾子。遍游訪道。後遇呂純陽授
金液還丹之要，乃修真得成仙道（見《神仙通鑒》）。元順帝至正
六年，封明悟弘道真君（見《續文獻通考》）。一云：劉操仕遼為
宰相，遁迹於終南、太華之間（見《呂祖全書》）。

孟籲甫《豐暇筆談》載：蘇州貝宏文家，世居閶門外之南濠，
貿易為生，累代行善。康熙初年，有一不識姓名男子，自稱阿保，
踵門請服廝役。貝允而收錄之，令其力作，意甚勤謹。月餘給以
工值，辭不肯受。時或數日不食不飢。家人輩咸異之。一日令滌
溺器，輒翻其里滌之。滌畢，旋又翻轉，軟如羊豕之脾。群輩更
加驚詫。元夕抱主人之子觀燈於市，人叢中忽失所在。舉家惶
急。三鼓始歸。主人大誚讓之。答曰：“今年天下燈俱不盛，唯
福建省城燈頗可觀，故抱往一賞耳。何遽怒也？”人猶未信之。
兒徐探其懷，出鮮荔枝十餘枚，置父母前，曰：“請啖之。”因
始知其為仙也。又數月，沒井得三足大蟾蜍，以彩繩數尺繫之，
負諸肩背，喜躍告人曰：“此物逃去，期年不能得，今尋得 之
矣。”於是鄉里傳述，以為劉海蟾在貝家，爭往看之，至擁擠不
得行。負蟾者舉手謝主人，從庭中冉冉乘空而去。至今過其門者，
猶指為仙迹所在也。

《破除迷信全書》卷六：

　　劉海蟾，據說他本是遼代的進士，姓劉名操，後來作了呂純陽的弟子，亦列爲八仙之一。此外又有將漢鍾離列在八仙之中，代替劉海蟾的，均無可考的價值。

　　【案】民間傳說之八仙，或有劉海蟾居其間。據說劉海蟾本名操（一說名哲），五代時人，仕燕王劉守光爲相，後從鍾離權、呂洞賓學道成仙，號海蟾子。或謂其爲遼進士，嘗仕遼爲相。全真道奉爲北五祖之一。民間以其號有蟾字，遂或以爲其形爲蟾，又有“劉海戲金蟾”之故事。

天門三將軍（唐葛周）

《宋人軼事匯編》卷一引《邵氏聞見錄》：

仁宗至和間，不豫，昏不知人者三日。既瘳，自言夢行荊棘間，周章失路，有神人被金甲，自天下，謂帝曰："天以陛下有仁心，錫一紀之壽。"帝曰："吾當何歸？"神人曰："請以臣之車輅相送。"帝登車，問神人何人，曰："臣所謂葛將軍者。"帝寤，令檢案道藏，果有葛將軍，主天門事，因增其位號，立廟京師。

《茶香室續鈔》卷十九：

宋宋敏求《春明退朝錄》云：張尚書安道言，嘗收得舊本道家奏章圖，其天門有三人守衛之，皆金甲。葛將軍掌旌，周將軍掌節，其一忘記。嘉祐初，仁宗夢至大野中，左右侍衛皆不復見，遙望天際有幡幢車騎，乘雲而至，輟乘以奉帝。帝問何人，答曰葛將軍也。送帝至宮闕。乃寤。詔令宮觀設像供事之。按世俗相傳天門有四元帥，不知有此三將軍。

國朝陸鳳藻《小知錄》云：三天門下，泰元都省張天師居之，天樞省許眞君居之，天機省葛仙翁居之。未言出何書。天門三將軍豈分隸三省邪？

《三教源流搜神大全》卷二：

　　昔周厲王有三諫官，唐、葛、周也。王好畋獵，失政，三官諫曰："先王以仁義守國，以道德化民，而天下咸服，未聞禽荒也。"屢諫弗聽，三官棄職，南游於吳，吳王大悅。會楚兵侵吳，王甚憂之。三官進曰："臣等致身以死事大王，自有安邦之謀，但大王無慮耳。"三官迎敵，各用神策，楚國皆降。吳王遷賞三官，拜辭奏曰："臣等客臣也，不敢受賜。"後知厲王薨，宣王立，復歸周國。宣王賜受甚厚，仍其爵位。後救太子靖王，降五方使者及非災橫禍，宣王遷三官於東兗，撫治安慰，民受其賜，商請其資，所至無乏，其國大治，三官升，加封侯號：唐宏，字文明，孚靈侯，七月二十一日誕；葛雍，字文度，威靈侯，二月十三日誕；周斌，字文剛，浃靈侯，十月初二日誕。宋祥符元年，真宗東封岱岳，至天門，忽見三仙自天而下。帝敬問之。三仙曰："臣奉天命護衛玉駕。"帝封三仙。

《古今圖書集成·神異典》卷四九引《山東通志》"威佑廟"條：

　　廟在高苑縣治東，祀前代唐、葛、周三真君。按碑曰威佑三將軍者，實西周厲王時人，周為諫官。王失政，累諫弗從，棄官游於吳。及厲王崩，宣王立，三官復歸於周。無何，王以三官輔導太子有功，遷秩東兗而國大治。迨三官沒，王始以孚靈、威靈、浃靈侯爵等號封之。至宋真宗祥符元年，東封泰山，至天門，忽見三神人，於是又加封號焉。徽宗宣和五年，敕賜威佑三將軍廟額。

同上引《山西通志》"三靈侯廟"條：

廟在太原府城南關西，祀孚靈侯唐宏字文明，威靈侯葛雍字文樂，浹靈侯周武字文剛。皆周厲王臣，諫王不聽，去吳。王厚禮之，會楚侵吳，三人各以神策迎，楚懼而降。吳王欲大加封賞，不受。宣王即位，復歸周。後救太子靖王之難，宣王遷三臣於兗，治民有惠政，沒并加侯封。秦、漢、隋、唐，宋眞宗因其顯應，賜號三原眞君。凡民有禱輒應，太谷、清源等各州縣多有。

同上卷五一引《雲南通志》：

五靈廟，在雲南府城南門內，祀唐、葛、周三眞君及崇寧至道眞君、清源妙道眞君，合稱五靈。按：崇寧眞君即關壯繆，清源眞君即隋嘉州太守趙昱。其唐、葛、周三眞君，相傳爲周厲王時三諫官，棄官游吳仙去者。

《鑄鼎餘聞》卷一：

道書云：三官俱周幽王諫臣。一曰唐宏，一曰葛雍，一曰周實。

《鑄鼎餘聞》卷一：

潘紹詒《光緒處州府志》云：唐、葛、周廟，在宣平縣西榴樣山。昔宣和二鄉苦旱求雨，有見神者曰："吾願即榴樣山爲家，濟爾雨澤。"後建祠祀之，祈禱即應。今山東青、登二府并有祠。《登州志》載唐諱宏，葛諱雍，周諱武，皆靈驗。（均案：

道書作周諱實，又讕王作幽王。）

　　【案】天門三將軍，乃道教書籍所稱守衛天門之三神將也，非生人修煉成仙者。宋時已佚其名，并佚其一之姓，唯知葛將軍掌旌，周將軍掌節。宋仁宗自稱夢見其神，遂立廟京師，後漸為民間奉祀。至元、明間，輾轉附會，謂本為周厲王（一說周幽王）之諫臣，名唐宏、葛雍、周武（武或作斌，又作實），死後為神，各地多有其廟。

廬山九天採訪使

《古今圖書集成·神異典》卷四九引《錄異記》：

廬山九天使者。開元中，皇帝夢神仙羽衞千乘百騎集於空中，有一人朱衣金冠，乘車而下，謂帝曰："我九天採訪，巡紏人間，欲於廬山西北置一下宮。自有木石基址，但須工力而已。"帝即遣中使詣山西北，果有基址宛然，信宿有巨木數千段，自然而至，非人力所運，堂殿廊宇，隨類致木，皆得足用。旬月告成。既而建昌渡有靈官五百餘人，若衣道士服者，皆言詣使者廟。初，玄宗夢神人日，因召天台煉師司馬承禎以訪其事，承禎奏曰："今名山岳瀆血食之神以主祭祀，太上慮其妄有威福，分命上眞監蒞川岳，有五岳眞君焉。又有青城丈人爲五岳之長，灊山九天司命，主九天生籍，廬山九天使者，執三天之錄，彈紏萬神，皆爲五岳上司。"是歲五岳三山各置廟焉。

《稽神錄》卷五：

南平王鍾傳鎭江西，遣道士沈太虛禱廬山九天使者。太虛醮罷，夜坐廊廡間，忽然若夢，見壁畫一人前揖曰："身張懷武也。嘗爲軍將，上帝以微有陰功及物，今配此廟爲靈官。"既寤，起視壁畫，署曰"五百靈官"。

《夢溪筆談》卷二十：

廬山太平觀及九天採訪使者祠，自唐開元中創建。元豐二年，道士陶智仙營一舍，令門人陳若拙董作，發地忽得一瓶，封鐍甚固，破之，其中皆五色土，唯有一銅錢，文有“應元保運”四字。至元豐四年，忽有詔進號九天採訪使者爲應元保運眞君，遣內侍廖維持御書殿額賜之，乃與錢文符同。

《文獻通考・郊社考》二三：

神宗元豐三年，詔加號江州廬山太平興國觀九天採訪使者爲應元保運眞君，蜀州青城山丈人觀九天丈人爲儲福定命眞君。

【案】九天採訪使，道教傳說之神，稱其常駐廬山，彈糾萬神，爲五岳之上司。唐玄宗信道士司馬承禎之言，於廬山立廟奉祀，以後歷代沿襲。宋神宗封爲應元保運眞君。民間後認爲該神不僅彈糾萬神，亦巡察人閒。故《夷堅志》載有民閒請九天使者治妖之故事。（見支志丁卷二“張承事女”條）

張　仙

《歷代神仙通鑒》卷十九：

（宋嘉祐中）　帝晝寢，見一美男子粉面五髯，挾彈而前，曰："君有天狗守垣，故不得嗣。賴多仁政，予爲彈而逐之。"帝請詳其說，曰："予桂宮張仙也。天狗在天掩日月，下世嗜小兒，見予則當避去。"帝頓足而覺，即命圖像懸之。（自後民間無子者，皆寫張仙供焉。）

《通俗編》：

陸深《金台紀聞》：世所傳張仙像，乃蜀王孟昶挾彈圖也。蜀亡，花蕊夫人入宋宮。念其故主，偶携此圖，懸於壁，且祀之謹。太祖幸而見之，致詰焉，詭曰："此我蜀中張仙神，祀之令人有子。"非實有所謂張仙也。蜀人劉希向余如此說。郎瑛《七修類稿》：張仙名遠霄，五代時游青城山得道者。蘇老泉曾夢之，挾二彈，以爲誕子之兆，老泉奉之，果得軾、轍，有贊見集中。人但謂花蕊假托，不知眞有張仙也。按：二說互異，陸氏但得傳言，郎氏略有征據。高青丘有《謝海雪道人贈張仙畫像詩》，亦云蘇老泉嘗禱而得二子。孟昶曾屢入朝。太祖寧不辨其貌而爲花蕊所紿耶？二說中，郎說爲長。

《陔餘叢考》卷三五"張仙"條：

世所稱張仙像，張弓挾彈，似貴游公子，或曰即張星之神也。陸文裕《金台紀聞》云：：後蜀主孟昶挾彈圖，花蕊夫人携入宋宮，念其故主，嘗懸於壁。一日太祖詰之，跪曰："此蜀中張仙神也，祀之能令人有子。"於是傳之人間，遂爲祈子之祀云。郎瑛《七修類稿》亦載此說。又王弇州《勘書圖跋》：宋初降王唯孟昶具天人相，見於花蕊夫人所供，其童子爲元喆，武士爲趙廷隱。當時進御者以勝國故，不敢具其實，乃目爲文皇耳。據此則此像又有托之爲唐太宗者。余謂此二說皆未必然。昶之入汴也，宋祖親見之，花蕊果携其像，宋祖豈不能識別而敢以跪辭對？至托爲唐文皇，則更無謂。按高靑邱有《謝海雪道人贈張仙像》詩，云"余未有子，海雪以此像見贈。蓋蘇老泉嘗禱之而得二子者，因賦詩以謝云。道人念我書無傳，畫圖卷贈成都仙。云昔蘇夫子，建之玉局禱甚虔，乃生五色兩鳳鶵，和鳴上下相聯翩。"然則此像本起於蜀中閨閣，祈子久已成俗，是以花蕊携以入宮。後人以其來自蜀道，轉疑爲孟昶像耳。按蘇老泉集有《張仙贊》，謂張名遠霄，眉山人，五代時游靑城山成道。陸放翁《答宇文使君問張仙事》詩，自注云："張四郎常挾彈，視人家有災者，輒以鐵丸擊散之。"又《贈宋道人》詩云："我來欲訪挾彈仙，嗟哉一失五百年。"《續通考》云：張遠霄一日見老人持竹弓一，鐵彈三，來質錢三百千，張無靳色。老人曰：吾彈能辟疫，當寶用之，後老人再來，遂授以度世法。熟視其目，有兩瞳子。越數十年，遠霄往白鶴山，遇石像名四目老翁，乃大悟，即前老人也。眉山有遠霄宅故址。李石詩云："野草閑花不計年，亭亭雙檜欲參天。讀書却得騎驢老，買藥來尋跨鶴仙。"是蜀中本有是仙，今所畫張弓挾彈，乃正其生平事實，特未如何以爲祈子之祀。胡應麟又謂：古來本有此張弓挾彈圖，後人因附會以張弓爲張，挾彈爲誕，遂流傳爲祈子之祀。此亦不加深考而爲是臆說也。（按：古者男子生懸弧矢。又祀高禖之禮，於所御者帶以弓韣，授以弓矢，此本是祈子之事。後人或緣此寫爲圖，以爲祈子之神像，遂輾轉附會，而實以姓名耳。）

《集說詮眞》：

　　仁宗夢見挾彈者，自稱爲張仙，阻止天狗喀吞小兒。此說最屬無稽，無庸縷辨。

　　按：張弓挾彈之張仙，供以祈子者，其說不一。一云亡蜀主孟昶，一云即張遠霄得四目老翁之弓彈，擊散人家災祲。《蜀故》載：眉山（四川眉州）張遠霄寓居印（州屬四川）之崇眞觀，常持竹弓鐵彈向空中打。人問之，曰："打天上孤辰寡宿耳。"至今城內鋤犁掘土者，常得其彈子，上有紅點，堅實異常。相傳女子佩之生子。據此種無稽荒誕，孟昶、遠霄俱不得爲祈子之神，乃假托強附，正諺所謂"硬裝柄"是也。按蜀中本有是仙，張弓挾彈乃其生平事實。則張仙乃沙漠汗、（《北魏書》：魏始祖子，追諡文帝，善彈，彈飛鳥，應弦而落）垣榮祖（《南齊書》：榮祖字華先，江蘇邳州人。仕齊，善彈。海鶴飛翔，榮祖彈之，無不折翅而下）善彈之流耳。坤道之權，與彼無預焉。又所稱老泉禱之而得子，乃海雪道人之囈語，何足信哉！

《破除迷信全書》卷六：

　　張仙本是世俗家庭間所供奉的一位貴神，每逢新年就在畫像前貼上一副對聯，聯語有："打出天狗去，保護膝下兒。"橫額上也寫有"子孫繩繩"等等的吉祥話。社會間所買的畫像不過三二文一張，像狀則穿著黃馬掛，綠大袍，攜持弓彈，作向空中彈天狗的姿勢。

　　【案】近世民間有"張仙送子"之信仰，趙翼於《陔餘叢考》中辨之甚確。蜀中本有張仙之信仰，據說起於五代。蘇老泉謂其名張遠霄，眉山人，游青城山成道。其像皆繪持弓彈狀。因古時生男子有懸弧矢之俗，而祀高禖祈子之禮，於所御者帶以弓韣，授以弓矢，後人或寫其意於圖，以為祈子之神像。以後輾轉附會，遂以張仙為祈子之神矣。據說後蜀亡後，其花蕊夫人入宋宮，帶去張仙像，其像遂遍及中原。時或有以其神為灌口二郎者，足證張仙確本係蜀地之神。又有謂花蕊夫人所攜，實蜀主孟昶之像，此事前人駁之已詳。近世所奉張仙，仍為祈子也。

癸 編

觀音菩薩

彌勒佛

阿彌陀佛

四大天王(四大金剛)

金　剛

附：哼哈二將

羅　漢

十六羅漢
十八羅漢
五百羅漢

韋　馱

伽　藍

附：關　羽
蘇　軾
緊那羅王
慧感夫人

小 敍

　　佛教是當今世界三大宗教之一，起源於尼泊爾、印度一帶，兩漢間傳入中國，在此後的近兩千年中，它與中國的傳統文化相結合，幷隨社會歷史條件的變化而發展，成爲中國社會意識形態的一個組成部分。佛教思想對中國的文化、政治、風俗雖然產生了重要的影響，但由於中國特殊的歷史條件、社會背景，由於根深蒂固的傳統文化，眞正信仰佛教、成爲敎徒的人幷不算很多。佛敎所信仰的諸神不但沒有在民間信仰中占據統治地位，而且被納入、吸收到民間的諸神體系中，構成了中國民間獨特的融佛、道、傳統信仰於一爐的大雜燴式諸神體系。如佛敎的創始者、佛敎徒虔信的如來佛，被視爲與三淸、玉皇幷列的最高神；地藏王菩薩、閻羅王被視爲東岳大帝屬下的陰間的管理者，祂們所管理的是城隍、土地之類的傳統神道。關於這些情形，以上已經述及（見甲編、庚編）。本編則把其他在民間影響較大的佛教諸神介紹給大家。從民間對這些神的信仰狀況可以看出，祂們都已被"中國化"了。

觀音菩薩

《癸巳類稿》卷十五：

嘗覽佛書，秦譯《維摩詰所說經·不二法門品》，有不眴菩薩，菩薩即觀音也。梁曇無讖譯《悲華經》云：過去散提嵐界，善持劫中，時有佛出，今曰寶藏。有轉輪王，名無量淨，第一太子名曰不眴，發菩提心："衆生念我，天耳天眼聞見，不免苦者，我終不成無上菩提。"寶藏佛言："汝觀一切衆生，欲斷衆苦，故今字汝爲觀世音。"

《古今圖書集成·神異典》卷七九：

按觀音慈林集《悲華經》：往昔過恒河沙等阿僧祇劫，此世界名刪提嵐，劫名善持，有轉輪聖王名無諍念主四天下時，寶藏如來出現於世。王有千子，長名不眴，次名尼摩。有大臣名曰寶海，即寶藏如來之父。寶海大臣勸王及千子幷諸眷屬無量人天發菩提心。今各於十方界成等正覺。其寶海大臣者，即今釋迦如來也。時王與千子供養如來，從佛出家修道。佛與王改字爲無量清淨，復與授記於西方安樂世界作佛，號曰無量壽。時太子不眴白佛言：世尊，我之所有一切善根盡回向無上菩提，願我行菩提道時，若有衆生受諸苦惱恐怖等事，退失正法，墮大暗處，憂愁

觀音菩薩

孤窮，無有救護，若能念我、稱我名字，我天耳所聞，天眼所見，
是衆生等若不得免斯苦惱者，我終不成正覺。世尊，我今復爲
衆生故，發上勝願，願今轉輪經王於安樂世界成佛，號無量壽，
於無量劫作佛事已入般涅槃，乃至法住持，我於其中修菩薩道，
能作佛事，其正法於初夜滅，我即於後夜成等正覺。時寶藏佛尋
爲授記：善男子，汝觀天人及三惡道一切衆生，生大悲心，欲斷
衆生諸苦及煩惱故，欲令衆生住安樂故，今當字汝爲觀世音。汝
行菩薩道時，已有百千無量億那由他衆生得離苦惱，已能作大佛
事。次無量壽佛成等正覺，號一切光明功德山王如來。第二太子
亦於寶藏佛前發大誓願，次觀音成佛，國土莊嚴，一如觀音無異。
時佛即授記作佛，號善住珍寶山王如來。復告曰：善男子，由汝
願取大世界故，因是字汝爲得大勢至。時王千子皆於佛前發願行
菩薩道，佛悉爲之授記作佛。

《鑄鼎餘聞》卷四：

劉宋曇謨竭譯《觀世音得大勢受（記）經》云：昔金光獅子
游戲如來國，彼國中無有女人。王名威德，於園中入三昧，左右
二蓮花化生二子，左名寶意即是觀世音，右名寶尚即是得大勢。
觀世音爲普光功德山王如來，得大勢爲普住功德寶王如來。

《癸巳類稿》卷十五：

觀世音所以止稱菩薩者，《觀音義疏》云：菩薩，外國言爲
摩訶菩提質多薩埵。《維摩詰所說經·佛國品》僧肇注云：菩提
者，佛道；薩埵者，大心。有大心入佛道之謂。實則《大般若波

羅密多經・菩薩品》云：菩提不生，薩埵非有。薩埵者，好施之意，言以善施爲事。《妙法蓮華經文句》云：菩薩形不檢節，迹無定處，既不同俗，復異於僧，處季孟之間，故居中。又天人着生死，菩薩不訴不着，居中求宗，故在兩間。又涅槃天人，皆大薩埵，豈復耽染。又菩薩自言：衆生不免苦者，終不自取無上菩提。《普超三昧經》云：文殊深入菩提，故不取道於佛。則菩薩在佛家，以救度爲心，不專尙清淨者。梁僧佑《出三藏記集》云：舊經衆佑，新經世尊，舊經扶薛，新經菩薩。其實扶薛菩薩皆對音，不比衆佑世尊，義有新舊之別。菩薩品位，《弘明集・笑道論》云：觀音極位大士。劉宋譯《佛說觀無量壽佛經》云；第十觀，觀世音菩薩。《觀音元義記》云：如來藏經，觀音文殊，皆未成佛。案菩薩與佛，品位本通。吳支謙譯《佛說釋摩男本經》云：佛言，我爲菩薩時，常念樂少苦多。晉法護譯《等集衆聽三昧經》云：佛告賢者，我憶往昔爲菩薩時。唐譯《清淨觀世音菩薩說普賢陀羅尼經》云：觀世音菩薩白佛言：我從過去月光佛所，受此普賢陀羅尼。北齊譯《大悲經》云：觀世音過去劫中，已作佛竟，名正法明如來，大悲願力，安樂衆生，故現作菩薩。《觀音三昧經》云：觀音先已成佛，號正法明如來，釋迦爲彼佛作苦行弟子。《觀世音授記經》云：觀世音次阿彌陀後，當成正覺，名普光功德山王如來。趙宋重譯《大阿彌陀經・光明大小分》云：阿彌陀佛有二菩薩，皆爲第一。一名觀世音，一名大勢至，常在佛側，使往他方。如佛分身。《遞次作佛分》云，彼佛槃泥洹，觀世音菩薩乃當作佛。其次大勢至菩薩作佛。施護譯《佛說聖觀自在菩薩不空王秘密心陀羅尼經》云：此言菩提者，即是正慧，薩埵者，即是方便，作大饒益，畢竟當成佛也。或言未成佛，或言已成佛，或言當成佛，而阿彌陀願宏，文殊志深，觀世音心堅，皆慈氏教，非覺氏教也。所以名觀世音者，《傳略》云；遍觀古今之世音，普察人間之善惡，故有觀世音之號。案《妙法蓮華經·普門品》云：佛言：觀世音菩薩，稱名，即時觀其聲音，皆得解脫。《楞嚴經》第六云：觀世音菩薩白佛言：憶昔無數恒河沙劫，有佛出世，名觀世音。教我從聞思修入三摩地，我供養觀世音，如來授我如幻，聞熏聞修。又云：不自觀音以觀觀音，令十方衆生，觀其音聲。是古所譯觀世音之義，而又有觀自在義。隋天台智者《觀音元義》云：今言觀世音者，西土正言，名曰阿耶（一作那）婆婁吉低輸。《妙法蓮華經文句》云：觀世音者，天竺言婆婁吉低稅思盆。明宋濂《觀音畫像贊》云：梵言阿縛盧枳伐多，唐言觀世音。今檢《大唐西域記》云：阿縛盧枳底濕伐羅，唐言觀自在也。阿縛盧枳多者，觀也；伊室伐羅者，自在也。舊譯光世音，或觀世音，或觀世自在，皆訛其說。蓋以觀自在爲義。唐義淨《求法高僧傳》：親在西域，亦云觀自在。不空亦譯《觀自在說普賢陀羅尼經》。又師會《般染心經略疏》：連珠記言：觀自在者，鎭國謂三業歸依，十通隨應，鑒無遺照，義無不周，其或曰觀世音者，梵言婆羅枳底者，觀世；梵言濕伐羅者，自在；攝伐多者，音。梵有二本，故譯有二名。《觀世音菩薩授記經》釋道應音義云：梵言阿婆羅吉底舍婆羅，此爲觀自在，天竺多羅葉本，皆是舍婆羅。雪山以來經本，則作娑婆羅。其譯爲音，或譯爲觀世音，當以舍娑兩音相近，遂致訛失。蓋明翻譯者，皆主觀自在義。《妙法蓮華經·普門品》云：佛言：觀世音菩薩能以無畏施於衆生。又云：娑婆世界，皆號之爲施無畏者。《楞嚴經》第六云：觀世音尊者白佛言：我從耳聞，圓照三昧，緣心自在，因入流象，得三摩地，成就菩提，斯爲第一。鳩摩羅什般刺密諦本是梵人，譯此二經，名是世音，義兼自在，則觀世音名，必非訛誤。又《千手千眼大悲經》則稱觀世音自在菩薩，兼兩名之。又唐不空譯《葉衣觀自在菩薩經》，則云金剛手菩薩請觀世音菩薩說觀葉衣觀自在陀羅尼，分作兩人。而晉法護譯《文殊師利佛土嚴淨經》中云光世音，得大勢，不知光字從何取譯。梁僧佑《出三藏記集》云：舊經光世音，新經觀世音。按《觀世音所說行法經》一卷，檢開元《釋敎錄》，已是漢錄舊經，不作光字。蓋俗僧所傳，有作光者（乃從中土音轉）。《西域記》《衆經音義》皆以爲訛，是也。此觀世音菩薩之名義也。

　　【案】佛敎諸神在中國民間影響最大、信仰最衆的，要數觀音菩薩了。觀音乃佛敎大乘菩薩，本譯作觀世音，《法華經》謂苦惱衆生，一心稱名，菩薩即時觀其音聲，皆得解脫，以是名觀世音；或謂其觀機往救，自在無閡，故又譯作觀自在。唐人避太宗李世民諱，略稱觀音，遂沿至今。所謂菩薩，即梵語菩提薩埵的簡稱，或譯爲大士，大乘佛敎用以指於未來成就佛果的修行者，佛乃是佛敎修行的最高品位，具有自覺、覺他、覺行圓滿三個條件，菩薩缺最後一項，品位僅次於佛。相傳觀音立誓普救世上一切受苦衆生，方願成佛。然人世間苦難無盡無休，觀音也只好永遠屈居菩薩之位了。但在佛敎徒看來，以其道行、功德，實已達到佛之境界了，所以亦或稱之為佛。

觀音之來歷，早期（魏晉南北朝時期）所譯佛經，多據印度之神話傳說，以為有兄弟二人，（一說為轉輪王太子不眴、尼摩，見《悲華經》；一誤為金光獅子遊戲如來國王威德之二子，名寶意、寶尚，見《觀世音得大勢受記經》）發願修行，普渡衆生。兄即觀世音菩薩，弟即大勢至菩薩，兄弟同侍阿彌陀佛，合號"西方三聖"。所以日本又有這樣的傳說：

早離和卽離，是一對小兄弟，父母死後，被惡人扔到一個荒島上，行將餓死。弟弟卽離口發怨言，早離說：我們被人欺騙，是可悲的，對飢餓、疲累的痛苦，也深深領受了。有過這樣痛苦的體驗，我們就會懂得這樣的道理：如果能再次生活在世上，一定要援救遭受同樣不幸的人們。兄弟二人心懷此念，平靜死去。終於成為觀世音、大勢至二位菩薩。

佛教認為佛、菩薩皆無生無死，亦無性別，他們在世人面前可根據不同需要，示現各種化身。所以南北朝時期的觀音菩薩造像有男相，也有女相。然自唐至近世，觀音造像多為女相，民間一般皆以為觀音乃一妙年女子。這種觀念是怎樣形成的呢？

《古今圖書集成·神異典》卷七九：

按《法華持驗》：唐馬郎婦者，出陝右。先是此地俗習騎射，不知有三寶名。元和十二年，忽有美艷女子挈籃鬻魚，人竟欲娶之。女曰：有一夕能誦《普門品》者，則吾歸之。黎明誦徹者二十餘輩。復授以《金剛般若》，且通猶十人。乃更授《法華經》

全帙，期以三日通徹，獨馬氏子能，乃具禮迎焉。入門，女稱疾，求止別房，須臾便死，體即爛壞，遂瘞之。數日，有紫衣老僧至葬所，命啓視，惟黄金鎖子骨存焉，謂衆曰：此觀音大士，憫汝輩障重，故垂方便，示現以化汝耳。言訖飛空而去。

《管錐編》第二冊《太平廣記》卷一〇一：

　　《延州婦人》（出《續玄怪錄》）：一"淫縱女子"早死，瘞於道左，忽有胡僧敬禮墓前曰："斯乃大聖，慈悲喜舍，世俗之欲，無不徇焉。此即鎖骨菩薩。"按黄庭堅《豫章黄先生集》卷十四《觀世音贊》第一首："設欲眞見觀世音，金沙灘頭馬郎婦"；《山谷內集》卷九《戲答陳季常寄黄州山中連理松枝》第二首："金沙灘頭鎖子骨，不妨隨俗暫參禪。"任淵注：《傳燈錄》："僧問風穴：'如何是佛？'穴曰：'金沙灘頭馬郎婦。'"世言觀音化身，未見所出。"《外集》卷六《次韵知命永知道中》："靈骨閟金鎖"，史容注即引《續玄怪錄》此則，又曰："世傳觀音化身，所謂金沙灘頭馬郎婦，類此。"宋葉廷珪《海錄碎事》卷十三："釋氏書。昔有賢女馬郎婦於金沙灘上施一切人淫，凡與交者，永絕其淫。死葬後，一梵僧來云：'求我侶。'掘開乃鎖子骨，梵僧以杖挑起，升雲而去。"後來釋書益復增華潤色，觀宋濂《宋文憲公全集》卷二六《魚籃觀音像贊》引《觀音感應傳》可知。蓋以好合誘少年誦佛經，故泉州粲和尚贊之曰："風姿窈窕鬢欹斜，賺殺郎君念《法華》。"《維摩詰所說經·佛道品》第八："或現作淫女，引諸好色者，先以欲鈎牽，後令入佛智。"《宗鏡錄》卷二一述"圓人又有染愛濁門"云："先以欲鈎牽，後令入佛智，斯乃非欲之欲，以欲止欲，如以楔出楔，將聲止聲"；其是之謂歟？偏其反爾，亦有現男子相以"鈎牽"淫女"令入佛智"者，如《觀佛三昧海經·觀馬王藏相品》第七所載化人度妙意事，《法苑珠林》卷四三即采之，尤佛典中"以欲止欲"最可笑之例也。

【案】近世所傳馬郎婦觀音，即一女相觀音。馬郎婦者，據佛書有二說，一曰觀音化為美艷女子，擇善誦經者嫁之，遂得馬氏子，過門即死，故稱馬郎婦；一曰馬郎婦於金沙灘上施一切人淫。據此，則觀音現女相，目的是誘諸男子入佛教。然此說過於荒唐，所以民間最流行之說，乃謂其為妙莊王幼女，舍身救父，即千手千眼大悲觀音也。

《文選·嘯賦》李善注引《靈寶經》：

禪黎世界墬王有女，字姓音，生仍不言。年至四歲，王怪之，乃棄女於南浮桑之阿空山之中。女無糧，常日咽氣，引月服精，自然充飽。忽與神人會於丹陵之舍，柏林之下。姓音右手題赤石之上。語姓音：汝雖不能言，可憶此文也。遣朱宮靈童，下教姓音治弟之術，授其采書入字之音。於是能言。於山出，還在國中。國中大枯旱，地下生火，人民焦燎，死者過半。穿地取水，百丈無泉。王悁懼。女顯其眞，為王仰嘯，天降洪水，至十丈。於是化形隱景而去。

《茶香室叢鈔》卷十三：

宋朱弁《曲洧舊聞》云：蔣穎叔守汝日，用香山僧懷晝之請取唐律師弟子義常所書天神言大悲之事，潤色爲傳，載過去國莊王，不知是何國，王有三女，最幼者名妙善，施手眼救父序。其論甚偉，然與《楞嚴》及《大悲觀音》等經頗相失。按：今世俗說以觀世音爲妙莊王第三女，本此。然曰莊王，不言妙莊王，妙善乃其女之名，不知何以有妙莊之說也？

《茶香室續鈔》卷十七：

元時管夫人所撰《觀音大士傳》云：觀音生西土，諱妙音，妙莊王之季女也。將笄，王以三女覓贅婿。長妙因、次妙緣順旨。觀音以忤王被貶。後王病瘡瀕死，乃自幻形爲老僧上奏：非至親手眼不可療。王以二女爲至親，宣取之，俱不用命。僧云："香山仙長濟度生靈，一啓口必可得。"王使臣從仙長求，即自斷剜其兩手眼，付使臣持去。王服之而癒，往見仙長，果無手眼。籲叩天地，求爲完之。少頃，仙長手眼已千數矣。於是敍父子之情，極歡。勸王修善，王從之。按此本唐僧義常所說，余已載於叢鈔第十三卷矣。今見管夫人所撰傳，又記之。要是俗說非其實也。

《文選·嘯賦》注引《靈寶經》，疑即妙莊王女之說所自來，姓音或即觀世音也。

《三教源流搜神大全》卷四：

觀音乃鷲嶺孤竹國祇樹園施勤長者第三子施善化身，來生於北闕國中，父妙莊王，姓婆名伽，母伯牙氏。曩者父母以無嗣故，祝於西岳香山寺。天帝以其父好殺，故奪其嗣而與之女，長曰妙

清，次曰妙音，三曰妙善。唯妙善生時異香滿座，霞光遍室，幼
而聰達，便欲了人間事。至九歲，力阻父命，誓不成姻。後因長
次二女招及二郎，俱不當肯，父乃強妙善畢偶，無奈善何，始禁
於後園中，善守淨彌篤，再捨入汝州龍樹縣白雀寺爲尼，暗命僧
頭夷優寺化喻，弗從，乃阨以苦行。妙善朝吸水，暮聽釋，晨焚
掃，晝柴炊，毫無難色。誠感天使三千八部天龍持護伽藍掃地，
東海天王掃厨，六丁上香，游奕點燭，伽雀進茶，飛猿進荣，白
虎銜柴，飛瓊、毛嬙滋花，八洞神仙獻果，夜夜中風雷喧赫，鬼
神走動。衆尼懼而覆命於父，父遣五城兵馬忽必力驅兵圍寺焚之。
而妙善口叩靈山世尊，齒嚙玉指，噴血成紅雨，滅火救寺，五百
僧咸無恙焉。必力再火再息，三火三息，無奈奏聞。父怒，命必
力捆妙善入法場，陰以母（肎）救之，蓋深愛三女之慈順，欲其
完聚成婚以攝國政也。殊意妙善色不變而志愈堅，乃囚以冷宮，
日夜宮娥父母苦勸，妙善不聽，反失語激父。父大怒，立賜必力
斬訖。土神忙奏玉帝，賜以紅光罩體，刀砍刀斷，槍刺槍截。乃
賜紅羅絞死，彼時一虎跳入，負屍而去。父曰：“不孝兒當得惡
報！”蓋不知天使猛虎負善入於黑松林中，正所以完善之果念也。
第善一時昏夢，眞靈杳杳，不知去處。忽一童子手執幢幡請曰：
“閻君有命迓公主耳。”善曰：“何？”曰：“聞公主大慈惠，
十王躬候於步天橋。”善如命，只見鬼門關上牛首跪門，夜叉秉
燭，鐵頭掃途。入見一剮割獄刑，問之，曰：“以罰不忠不孝者
流。”見一春刑，曰：“以罰賤五穀、草菅生物者流。”見一柱
銅鍋刑，曰：“以此待豪強也。”善曰：“法網何密！”曰：“奚
啻於是，目今獄有刀林以報過口業者，冰床以報恣耳目者，有抉

目括舌刑以報唆咒者，又有抽腸刑以報腹劍舌劍者以至推人於穽者，以奈何報，以笞士女者，以鞭鎚報以大壓小者，以石壓繪繳禽獸者以虎蛇報，以生前過富貴者以餓鬼報，以籠絡人者以檜林報。諸獄果報，不可勝數，殊謂天眼之不昭昭而冥冥可漏網耶？”已而諸地閻王長接於金橋之上，錦蓋網朦，紫雲布地，玉輦相迎，歌女侍側。善謝之曰：“妾（否）〔何〕德敢辱寵招？”諸王曰：“聞大慈悲，願侍經筵，少啓萬一。”善曰：“阿彌善哉善哉！”殊意合手一誦，而天花亂墜，地（擁）〔湧〕金蓮，鐵獄銅枷，盡爲齏粉，而八千餘部之地獄悉空矣。凡諸造業者，皆脫離地獄步天堂焉。時諸判官奏曰：“有陽即（有）陰，有善即有惡，非地獄也何以待凶人？則陽間造惡者將何以警耶？此補陽化之所不及，未可少也。爾來大慈悲說法而地獄類矣。似此久留，則鐵無堅獄，天帝聞之有責至矣！”請邀反陽也，諸閣與送於孟婆亭而別，命獄卒引至黑松林還魂。善醒曰：“吾已升天界矣，奈何復至此乎？”沉吟芳草，不知去向。已而釋迦如來駕雲和南而揖，因戲之曰：“草廬中堪容并你吾與聊生也。”善曰：“奈何以披毛之語瀆我耶？”釋曰：“戲汝，心且堅矣，願帶往香山，可乎？”善不答。曰：“非別，吾釋迦是也，特示汝去處。”善稽首致謝，曰：“何處？”曰：“越國南海中間普陀岩，是汝去處。吾代呼地龍化一座蓮台，度洋而過。”於是白虎爲之咬木，伽藍推開福地，八部龍王日夜湧潮，四部天王爲之柱石。善坐普陀岩，九載功成，割手目以救父病，持壺甘露以生萬民。左善才爲之普照，右龍女爲之廣德。感一家骨肉而爲之修行晉升天界。玉帝見其福力遍大千，神應通三界，遂從老君妙樂之奏，封爲大

慈大悲救苦救難南無靈（此處“南無”疑是“廣大”之誤）感觀
世音菩薩，賜寶蓮花座，爲南海普陀岩之主，賜父妙莊王爲善勝
仙官，母伯牙氏爲勸善菩薩，大姐妙淸爲大善文殊菩薩，靑獅騎
座，次姐妙音爲大善普賢菩薩，白象騎座。

《古今圖書集成・神異典》卷七九：

按《汝州志》：大悲菩薩相傳爲楚莊王第三女也，諱曰妙善，
天性貞潔，孝事父母，常指香山曰：彼可居也。後莊王病篤，百
治不效。公主侍藥甚謹。有神醫曰：“必得親人手眼，方可以療。”
公主遂割手眼，送父爲食，病即獲痊。公主亦就此坐化。醫曰：
“此大悲菩薩也。”言訖不見。蓋仙人來驗公主之孝耳。莊王即
封爲大悲菩薩，且命建寺香山，塑像千手千眼。或曰莊王命塑全
手全眼，闍宦誤聽傳爲千手千眼，俗傳如此，不知何據。漢唐宋
元皆奉敕修，至明被紅巾賊焚毀無遺。宣德敕修重興。

《癸巳類稿》卷十五“觀世音菩薩傳略跋”：

元大德丙午歲，趙魏公管夫人書刊《觀世音菩薩傳略》，謂
菩薩爲妙莊王第三女，名妙善，蓋元僧所述。既裝成册，閱明胡
應麟《莊岳委談》，譏其譾陋無識。案宋朱弁《曲洧舊聞》云：
蔣之奇因僧懷晝說，取唐僧義常所書大悲之事，則此說唐已盛行。
今世所演《孳海記》，其事亦然，乃謂其以猛勇丈夫易爲女子，
此所謂知其一不知其二，眞蔽固之談也。嘗覽佛書，秦譯《維摩
詰所說經・不二法門品》有不眴菩薩，菩薩即觀音也。梁曇無懺
譯《悲華經》、劉宋曇譀竭譯《觀世音得大勢受記經》，據此二

經，觀世音菩薩出世，不作女身。而其示見中國，實事可徵。及秘記所傳，則與傳略說合。《蓮社高賢傳》：曇翼見法華普賢大士，正是女身。《北齊書·徐之才傳》云：武成初，見空中有五色物，稍近，變成一美婦人，身長數丈，亭亭而立。食頃，變爲觀世音。是女身也。《隋書》《北史·王劭傳》幷云：隋文皇獨孤皇后，秘記言是妙善菩薩，即妙莊第三女妙善，故秘記以之比況皇后。是隋時已有此言，亦女身也。《法苑珠林》云：齊建元元年，彭子喬繫獄，湧觀世音經，有鶴下至子喬邊，時復覺爲美麗人，子喬雙械自脫。是亦女身。（陳後主沈皇后，爲尼於毗陵天靜寺，名觀音）唐太宗長孫皇后，小字觀音婢，是觀音亦女身也。秦隋唐所譯各經，《淸淨觀世音說普賢陀羅尼經》云：及見天人，請受佛法。《楞嚴經》第六云：觀世音尊者白佛言：若有女人好學出家，我於彼前見比丘尼身、女王身，國王夫人身、命婦身、大家童女身，而爲說法。《妙法蓮華經·觀世音普門品》云：佛言：觀世音見比丘尼身，優婆夷身、長者、居士、宰官、婆羅門、婦女身，童男童女身，而爲說法。觀世音本兼觀自在義，梵本有異同，譯者分爲二人。唐有不空譯《葉衣觀自在菩薩經》，《金剛手菩薩請觀世音菩薩說葉衣觀自在菩薩陀羅尼》一卷，則唐人以觀世音、觀自在爲二人明甚。《妙法蓮華經》又分出"妙音菩薩品"云：菩薩見比丘尼身、優婆夷身、長者、居士、宰官、婆羅門、婦女身，童男童女身，乃至於王后宮變女，其事與《普門品》同。嘗反覆思之，法華二品，本是一章，"普門品"乃觀自在，"妙音品"乃觀世音，譯者兩存之，故疑誤其名，示不敢專定。又管夫人所采傳略，其本傳言：王三女，長妙音，次妙緣，三妙善。今妙音見《妙法蓮華經》，妙善見《隋書》。法華言於王后宮變女，屬之妙音。檢隋時天台智者《觀音義疏》云：觀世音於王后宮見女身者，王者禁固，不得游散，化物爲難，益知“妙音品”即觀世音。今常德武陵梁山觀音寺有碑，言宋孝建中，妙音住錫於此，唐天寶中改寺額爲壽光，有梵僧至，開妙音塔，見金鎖連環骨滿鉢，以錫橫擔之，冉冉而去。乃奏復爲觀音寺，是唐時亦以妙音爲觀世音，《妙法蓮華經》多此一章也。《北夢瑣言》：唐懿宗爽同昌公主，見左軍觀音像陷地四尺。左右言：“陛下，中國之天子；菩薩，即邊土之道人。”意指公主爲觀音示身，亦是女身。《夷堅志》丙集董性之母，癸集許洄妻，見觀世音皆婦人。而《大唐西域記》摩揭陀國，有漕矩吒國商人建窣堵波，言南海遭風，同聲歸命觀自在菩薩，俄見沙門凌虛而來拯溺，不逾時而達本國。《述異記》：僧法義歸誠觀世音，夢一道人爲治病。《冥祥記》：畢覽逃竄，誦觀音經，見一道人示途。張興妻繫獄，念觀世音，夢一沙門使逃。《法苑珠林》：王球繫獄，念觀世音，夢見沙門，遂蒙原宥，其所見爲沙門，蓋不必是觀世音親見也。唐《僧伽大師傳》云：中宗問萬回，萬回言僧伽，化身觀音也，引“普門品”見比丘身而爲說法。眞吊詭之辭，不足爲據。趙宋僧知禮《觀音元義記》云：觀世音，即眞身義，普門示見，即應身義。眞是內證之智，應爲化外之身。若以爲憑虛烏有，實無其人，則又非也。涼譯《大方等大集經·寶女品》云：寶女爲舍利弗說一切法。佛說寶女前爲轉輪王，今以方便示女身。晉譯《寶女所問經》亦同。前王后女，各歸一是。觀世音極幻人之術，一以慈悲爲主。婦女既是示見之身，則從無量淨王、威德王出世之身。佛坐聽法，見尊者相，即猛勇丈夫，亦示見之一，不能謂爲觀世音時是男身也。觀世音爲女身，其事見於南北朝。名妙音、妙善，則隋秘記引之，唐菩提留志譯有《千手千眼觀世音菩薩姥陀羅尼身經》。宋法賢譯有《觀自在菩薩母陀羅尼經》，是觀音必女身。而說歧於法華，至唐僧義常，宋僧懷晝，復理女身義，遂成此略傳（當陽縣玉泉寺殿左，有觀音畫像碑，作男像，云是唐吳道子畫）明人胡應麟、王世貞覽《太平廣記》中報應二卷，摘其數事，謂古時觀世音，無婦人相。李贄作觀音問，言大道不分男女，致士人妻女若狂（見明萬曆三十年閏三月禮科張問達疏）豈非道聽途說，爲管夫人所笑哉。王世貞作《觀音本紀》，不能多覽佛書，爲之參考，故所說多誤。傳略言：妙善欲學道，王爲招婿，不從，使爲僧奴，又燒之，又棄市，皆得脫。王病，斷手眼和藥進王。王瘥，見妙善血淋被體，籲天完之。少頃，手眼已千數矣。後父子同沖舉。案《大悲心陀羅尼經》則云：菩薩言：昔千光王靜住如來，爲我說咒。我於是時，始住初地，超第八地，乃至身生千手千眼。其言神幻，無由指實。周有耶舍崛多譯《十一面觀世音神咒經》，唐有玄奘譯《十一面觀世音神咒心經》，不空譯《十一面觀自在菩薩心密言念誦儀軌經》，菩提流志譯《千手千眼觀世音菩薩姥陀羅尼身經》，智通譯《千眼千臂觀世音菩薩陀羅尼神咒經》，伽梵達摩譯《千手千眼觀世音菩薩廣大圓滿大悲心陀羅尼經》，不空譯《金剛頂瑜珈千手千眼觀自在菩薩修行傳軌經》。《楞嚴經》卷六：至云現八萬四千爍迦羅首，母陀羅臂、清淨寶目（正定府龍興寺有宋鑄銅大悲像，則四十二臂、止一首）。按《梁書·扶南傳》云：俗事天神，以銅爲像。二面者四手，四面者八手，手各有所持，或小兒，或鳥獸，或日月。梁時扶南多進佛，說此天神即觀世音。觀世音本慈氏教也。《聖觀自在菩薩不空王秘密心陀尼羅經》言補陀落伽山，而傳略言老人啖以仙桃，尋至香山，修煉得道。香山在葱嶺西，非額納特珂克之補陀。不空譯《八大菩薩曼荼羅經》亦言聖觀自在菩薩補陀落伽山宮殿。《大唐西域記》言南海僧伽羅王，依孤山式，供養觀世音菩薩。蓋補陀一在額納特珂克海中，一在西藏今布達拉山，一在廣東南海。宋丁謂朱崖詩云：“且作觀音菩薩看，海邊孤絕寶陀山。”由隋唐西僧，多從此道歸中國也。今則為浙江之定海（定海之梅岑山）。《寧波府志》云：“東海梅岑山，即普陀落伽山”，上有寶陀寺。唐時，日本僧慧諤留五台觀音瑞像於此。宋郭象《睽車志》云：紹興時，四明巨商，泛海十餘日，抵一山，飯僧，得丹竹一莖。前至一國，有老叟見其竹，曰：“補陀落伽山觀音坐后旃檀林紫竹也。”後遂於此立刹，亦謂之南海。（張邦基《墨莊漫錄》云：寺僧見觀音，白衣纓絡，面作紅赤色。今山上傳像正此色。）世人奉觀音者，《真傳拾遺》（《太平廣記》）云：晉竇傳為呂護所俘，傳先亦頗聞觀世音，專心屬念，鎖械緩解逃免。沙門支遁，為謝敷具說其事。《觀音義疏》云：晉謝敷作《觀世音應驗記》，齊陸杲之又續之，神異久著。《觀音元義》云：曇摩羅懺法師，亦號伊波勒菩薩。沮渠蒙遜有疾患，法師曰：“觀世音與此土有緣。”乃令誦念，患苦即除。陳徐陵東陽雙林寺傳大士碑，引《停水經》云：觀世音菩薩有五百身，在此閣浮提地，示同凡品，教化衆生。彌勒菩薩亦有五百身，在閣浮提，種種示現，利益衆生。此黃教指釋迦文，紅教為凡品，而黃教自為教化之證。今滎陽有唐武德五年陸德明石碣，言秦王平王世充、寶建德，還軍廣武，夜雨，東南雲際光焰射天，見觀音菩薩全身像，王頓首拜瞻，敕於其地建觀音寺。《杜陽雜編》：唐文宗食蛤蜊，中有二人形，眉目端秀，體質悉備，螺髻瓔珞，足履菡萏上，置於檀香合，賜興善寺。《宣室志》云：唐敬宗以鼎烹雞卵。方然火，鼎中有聲，微如人言，群呼觀世音菩薩，聲甚淒咽。因頒詔郡國，各儀精舍儀觀世音菩薩像。《遼史・禮志》云：太祖幸幽州大悲閣，遷白衣觀世音像，建廟木葉山，尊為家神。中外香火因緣，當由此盛。民間及軍士私奉者，不備記也。魚籃觀音則由俗人訛傳佛說，七月十五日，救面然餓鬼，面然者，觀音變相，以附目連。《盂蘭盆經》：盂蘭盆者，正言於蘭婆那，言救餓如解倒懸，而俗訛魚籃觀音。《感應傳》言：唐元和十二年，出陝右金沙灘，美女子持籃賣魚，即鎖骨菩薩。唐阿謨瞿多譯《佛說陀羅尼集經》，有觀世音部，有馬頭觀世音菩薩法印咒品。宋僧壽涯題魚籃觀音，至云“馬郎納敗，還盡幾多菩薩債”，此大妄也。（ 出山觀音男像者，今西湖天竺夢泉有之，白首老人也。案西安有唐龍朔時李儼慧日寺造益州道因碑云：隋時僧徒無侶，弗許游涉。道因自太岳詣洛杖錫出山，懼罹刑憲，靜念觀音。少選之間，有僧欻至，請與俱行。迨至銅街，暨於金地，俯仰之間，莫知所在。是以男僧伴行，固不可以女身為道，因生謗也。）白衣者，《清靜觀世音菩薩說普賢陀羅尼經》云：若造像觀音，坐華屋，著五色衣，胡跪合掌，面向佛看，聽佛說法，下作毗陀天女互跪坐，捧奉花冠，著白衣，上向菩薩。《佛說大廣曼殊室利經・觀自在菩薩受記品》云：觀自在菩薩，從右目瞳放光，流出妙女禮觀自在，持青蓮花瞻仰而住。此即白衣及童子拜觀音之所由起。《咸淳臨安志》云：晉天福四年，得奇木，刻觀音大士像。錢忠

懿王夢白衣人求治其居，王感悟，即其地建天竺看經院，白衣本
毗陀天女，而俗人名爲白衣觀音。洪皓《松漠紀聞》云：長白山，
蓋爲白衣觀音所居。則其說始五季，佛正法衣赤，而此陀羅尼言，
觀世音著五色衣，是不專事寂滅。又天帝釋、婆羅門皆衣黃。
《侯鯖錄》言：唐末，豫章有觀音黃衲，則觀音自有師法，兼通
佛法，又護佛法，不得謂即釋迦一派也。《弘明集》釋智靜作
《檄魔文》云：使持節、匡教大將軍、錄魔諸軍事、群邪校尉、
中千王觀世音。及釋道安作，又加十九天都督，此與寶林破魔露
布，言使持節，都督恒沙世界諸軍事、征魔大將軍、淨州刺史、
十地王、臣金剛藏，同一寄寓之言。然古時僧徒，尚知觀音爲護
法之神，故佛經佛於觀世音俱表異之，不全待以弟子之禮。宋胡
寅龍王山《慈雲寺佛殿記》云：湘潭隱山大禪寺嘗有住僧，創意
徙佛右廡，改殿爲閣，刻木像，高三丈，爲千手觀世音。紹興時，
僧法贊改如常制，寅以爲得人生在三，尊師之義，是不知派別之
言。今西藏黃教，乃觀音派，亦沿紅教法，以觀世音爲伽藍孜格，
此爲失之。余讀漢譯《佛說安宅神咒經》，中有觀世音菩薩。唐
譯《隨求即得大自在陀羅尼神咒經》：佛說書寫此咒者，於咒心
中作觀世音及帝釋形，心異其事，因廣徵之。今日見此冊，條比
事附，就其異同，皆有陳義，好古論世之君子所當知者。嘉慶八
年太歲癸亥八月二日甲子，跋於縣東門賃舍。

《陔餘叢考》卷三四"觀音像"條：

　　胡應麟《筆叢》、王弇洲《觀音本記》皆謂古時觀音無婦人
像。而歷引《法苑珠林》、《太平廣記》諸書之證之。晉義熙十

一年，梁州刺史楊收敬以罪下吏，其友郭宣及父處茂同被桎梏，念《觀世音經》十日，夜夢一菩薩慰以大命無憂，俄而伽鎖自脫。張興妻繫獄，晝夜念《觀音經》，一沙門蹴之曰："起起。"俄而枷脫，然戶閉無由出，又夢向沙門曰："門已開矣。"果得出。王球在獄念《觀音經》，夢一沙門以一卷經與之，又見一車輪沙門曰："此五道門也。"既覺，鎖皆斷脫。華覽隨慕容垂北征，陷敵入深山失路，念《觀音經》，見一道人法服持錫，示以途徑，遂至家。沙門法義得病念《觀音經》，夢一道人爲刳出腸胃，洗畢還納之，遂瘥。又一仕宦妻爲神攝去，因作觀音像虔奉之，夢一僧救之得蘇。據此數事，當時夢見者或沙門或道人，明乎其非婦人像也。王胡二說固辨矣，然亦有不盡然者。南宋甄龍友題觀世音像云："巧笑倩兮，美目盼兮，彼美人兮，西方之人兮。"洪景盧《夷堅志》：董性之母，素持《觀音普門品》經，忽病死。其魂呼救苦觀世音，恍若有婦人瓔珞被體，相好端嚴，以右手把其臂，挈之偕行，遂瘳。許洄妻孫氏臨產，危苦萬狀，默禱觀世音，恍惚見白氅婦人，抱一金色木龍與之，遂生男。又壽涯禪師咏魚籃觀音詞，有"窈窕豐姿都沒賽，提魚賣，堪笑馬郎來納敗"。《夷堅志》：徐熙載母程氏，虔奉觀音，熙載舟行將覆，呼菩薩名得免。即歸，母笑曰："夜夢一婦人抱汝歸，果不妄。"則觀音之爲女像，宋、元間已然。不特此也，《北史》齊武成帝酒色過度，病發，自云初見空中有五色物，稍近成一美婦人，食頃變爲觀世音，徐之才療之而癒。由美婦人而漸變爲觀世音，則觀世音之爲女像可知。又《南史》陳後主皇后沈氏，陳亡后入隋，隋亡后過江至毗陵天靜寺爲尼，名觀音皇后。爲尼不以他名，而以觀音爲名，則觀音之爲女像益可知。此皆見於正史者。則六朝時觀音已作女像，王胡二公尙未深考也。又今世所持誦《高王觀世音經》，亦見《北史·盧景裕傳》。景裕之敗也，系晉陽獄，至心誦經，枷鎖自脫。又有人負罪當死，誦經千遍，臨刑刀折。主者以聞，赦之。此經遂甚行，號曰《高王觀世音經》，此經本景裕爲高歡開府屬時所譯者也。

《集說詮眞》：

《香山寶卷》載：迦葉時，須彌山西有一世界，國名興林，廣十萬八千里，年號妙莊。王姓婆名伽，年始二十，衆稱人尊，祝立爲帝。皇后名寶德，與帝同壽，常行慈善，萬事寬宏。生無子嗣，僅有三女，長曰妙書，次曰妙音，三曰妙善。王爲三女招婿，妙書招文士，妙音納武士，唯妙善時年十九，不願成婚，逕往汝州龍樹縣白雀禪寺內爲尼。寺中有尼僧五百，僧頭派妙善在厨中當苦役，灶君具奏上帝，敕傳三官、五岳，撥差八部龍神，着令六丁六甲，速去白雀寺代勞，又令東海老龍在厨中開井，各山走獸送柴，遍處飛禽送菜。妙善在寺，坦然自在。王怒妙善霸寺不回，乃遣朱、葉二侯率兵焚寺。妙善禱告畢，抽下竹釵，口中刺血，向空一噴，霎時間天降紅雨，火息烟滅。王聞更怒，差兵拿縛妙善，押解法場，凌遲示衆。當時佛施毫光，刀斷劍折。劊子手即以弓弦絞其咽喉致死。忽來一猛虎將屍銜去，拖入松林。妙善一到陰間，超生千萬鬼囚。閻王令妙善回到屍所，入魄還魂，得啖仙桃，到惠州澄心縣香山隱身修煉。九年後，妙莊王患惡癀，訪求醫治。妙善化作老僧仙人，將左右手眼割剜合藥，療癒王癀。

王痊後，推位讓國，率領合宮眷屬、滿朝文武，同往香山修行。佛隨以千手千眼、大慈大悲、救苦救難、無上士觀世音菩薩之號授報妙善云云。

《琅邪代醉編》：

胡應麟說，觀音大士絕不聞有婦人稱。王長公取《楞嚴》、《普門》三章合刻爲《大士本紀》而著論，以辟元僧之妄（按：指《重增搜神記》所云，為元代僧徒所編造）。嘗考《法苑珠林》、《宣驗》、《冥祥》等記，觀世音顯迹六朝至衆，其相或菩薩，或沙門，或道流，絕無一作婦人者。又觀宋壽涯禪師泳魚籃觀音"窈窕風姿都無賽，清冷露濕金蘭杯"之句，及甄龍友題像有"彼美人兮，西方之人兮"之句，乃知其訛皆起於宋人，而元僧讕陋無識，遂以爲妙莊王女，可笑也。胡君此說蓋本王長公之意，而考證於《楞嚴》、《珠林》等書詳矣。妙莊公主之說誠誕，然謂女相起於宋、元，則似未然。如什元楚《廬山東林記》有"危冠百寶，風容動搖"之語，僧皎然《觀音贊》有"慈爲雨兮惠爲風，灑芳襟兮襲輕珮"之句，此豈非婦人服相？今吳道子畫像猶尚刻石滁州，垂瓔帶釧，全無沙門、菩薩之狀。夫釋家之事，吾儒所不道，至其爲男爲女，雖不可知，然謂女形始於宋、元，則未深考耳。

又曰：嘗考佛書《感應傳》，稱元和十二年，菩薩大慈悲，欲化陝右，示現爲美女子。人求爲配，曰："一夕能誦《普門品》者事之。"黎明徹誦者二十輩。女曰："一身豈能配衆？可誦《金剛經》。"至旦通者猶十數人。女復不然其請，更授之《法華經》七卷，約三日。至期，獨馬氏子能通。女令具禮成姻，客未散而女死。葬之數日，有老僧杖錫謁馬氏，問女所由。馬氏引之葬所，以錫撥之，屍已化，唯黃金瑣子之骨存焉，僧以錫挑骨飛空而去。故有馬郎婦之稱。泉州璨和尚贊曰：“風姿窈窕鬢欹斜，賺煞郎君念《法華》。一把骨頭挑去後，不知明月落誰家♪此事在唐憲宗時。或者唐時相傳有變女相事，故吳道子輩因畫為婦人耶？然亦非始於元和也。

【案】：千手千眼大悲觀音之傳略，乃元趙孟頫之妻管道升所作，元明以來風行於民間，寺廟多有塑其像者。世人遂以為觀音之前身即妙莊王幼女妙善也。至於佛教所稱觀音前身乃男子，與大勢至為兄弟之說，則湮沒無聞矣。這大約是因為觀音號“大慈大悲救苦救難”菩薩，世人心目中，以為慈眉善目、心腸軟熱之美艷女子的形象，更符合其身份。

妙善之傳略雖元人所作，其說亦自有所本。《文選》李善注引《靈寶經》，載有姓音的故事，這個故事雖為道教所撰，後卻成為佛教觀音身世的藍本。《隋書》、《北史》中已有稱隋獨孤皇后為妙善菩薩之說，這是否即妙莊王之女，尚難確論。(《陔餘叢考》持肯定之說)然唐僧義常已書大悲之事，宋人又潤色為傳，謂有過去國（不知何國）莊王，王有三女，幼者名妙善，施手眼救父。此即管夫人之所本也。元明僧人更鋪染潤色，採佛經前身為男子之說，謂觀音本孤竹國施勤長者之子施善，來生於北闕國，為妙莊王之幼女云云，其故事委婉曲折，且謂其二姐即文殊、普賢。（見《三教源流搜神

大全》）近世民間多信仰此說矣。《汝州志》妙莊王作楚莊
王，又謂大悲菩薩乃其父王所封。對觀音身世、形象的這一
系列改造，都使觀音菩薩具備了濃烈的中國色彩。

《歷代神仙通鑒》卷五：

普陀落伽岩潮音洞中有一女眞，相傳商王時修道於此，已得
神通三昧，發願欲普渡世間男女。嘗以丹藥及甘露水濟人，南海
人稱之曰慈航大士。（按：後隨釋迦西行）

【案】此所云乃道教之說，欲化觀音為本教之神也。《封
神演義》亦類此。佛、道互相滲透，互相吸收，以迎合民眾
的需要，吸引民眾的信仰，這是中國民間宗教的一個重要特
色。

《茶香室三鈔》卷十七：

宋洪皓《松漠紀聞續》云：長白山在冷山東南千餘里，蓋白
衣觀音所居。其山禽獸皆白。

國朝襲象坤《觀世音菩薩考略》云：據《普陀山志》所載，
康熙二十八年南巡，菩薩見漁婦身，操舟過御前，并有問答之辭，
因此發帑修建普濟、法雨二寺。又載，二十九年六月二十九日，
定海鎮藍總戎偕僚屬謁梵音洞，見菩薩見身，大眉赤面，富有鬚
鬢，其衣則濶領方袍，迥非畫史所繪。

《鑄鼎餘聞》卷四：

國朝王士禎《居易錄》云：滄州人張漢儒，至普陀謁大士。一老人曰：“欲見大士乎？”張曰：“大士安得見？”曰：“但祈禱，當有所睹。”張與同輩十餘人跪禱久之，忽見洞口有金光，果睹大士自石壁中出，惟見側面。又禱曰：“願睹正面大士。”又即背洞面海，去人咫尺，紺髮卷鬖，高顴隆準，衣綠色，半身在雲氣中，不可見，衆歡喜稽首，倏入石壁去。老人云：“始亦以得遇大士現身，故舍身於此，供灑掃之役。”又云：“長安薦福寺僧行美謁普陀山，與雲水僧七人雨中炷香潮音洞，虔禱願睹大士慈容。倏見洞中現五色光，光中有大士立像，旁有鸚鵡，像貌莊嚴妙好，是女人身。他僧見者種種不一，久之乃沒。

《集說詮眞》引《琅邪代醉編》：

宋李方叔《畫品》載觀音像，錄於左：

入悲觀音像。唐大中年范瓊作，軀不盈尺，而三十六臂，皆端重安穩，與汝州香山大悲化身自作塑像、東津大悲化身自作畫像意韻相若。蓋臂手雖多，左右相應，混然天成，所執諸物各盡其妙，其盧楞伽、曹仲宣之徒歟？

披髮觀音變相在水中石上，襲衣寶絡，披髮按劍而坐，非近時所能爲，必五代或晚唐名筆，細而有力似吳道玄，獨設色太重，衣上花文，不類吳筆。

長帶觀音，龍眠居士李伯時作。今觀此像，固非世俗可仿佛，而紳帶特長一身有半，蓋出奇炫異，使俗驚感，而不失其勝絕處也。比見伯時爲延安呂觀文吉甫作石上臥觀音像，前此未聞有此像，亦出奇也。

【案】考《一切經音義》載：觀世音，梵言阿婆盧吉低舍婆羅。則觀音當是天竺釋迦佛之桑門（男弟子僧也），或比丘尼（女弟子尼姑也）。迨釋教流行至華，天竺僧來附會傳說，各隨己意，以致言人人殊。即如《高僧傳》載：天竺跋陁來華，人請之講《華嚴經》，而跋陁自忖未善宋言，有懷愧嘆，即且夕禮懺於觀世音。遂夢有人白衣持劍，擎一人首，以劍易首，更安新頭，道義皆通，備領宋言。真是胡言囈語！天竺僧揑造顯靈，以誑庸愚，賺人施捨，以充己腹，世之人竟有墮其術而不悟，惜哉！

觀音以美女形顯現，許配習佛經者，誘人貪其色，且又頻約頻負；武成（北齊主）即因色欲致病，而觀音復現美婦形，以蠱惑其心，然則謂觀音為淫魔，其將何以自解耶？

世之觀音像，種類極多，有三十六臂觀音，有披髮觀音，有長帶觀音，有捧持小兒為送子觀音，有白衣觀音，原其始，蓋畫史刻工，逞其技癢，隨意為之，以售其巧。而好事者見各種圖像，遂有以附會之，更神其說以誇張之，沿習相仍，以誤傳誤。

附：泗州大聖

《夷堅三志》己卷九：

政和中，詔每州置神霄宮，就以道觀為之。或改所在名剎，揭立扁牓。泗州用普照寺，正僧伽大聖道場也。黃冠環睨大象，雄麗嚴聳，雖已入據室宇，而未敢毀撤。

《夷堅三志》壬卷三：

泗州大聖

　　建昌大寺曰景德，在塵市中，有塔極壯聳，中置泗州僧伽像，甚著靈響。張彥文尙書與其子元晉初預鄉薦，皆禱之，同得籤曰“吉”，遂登第。去郭八十里，一村叟忽持萬錢詣寺門，欲修塔屋及僧伽身上衣，僧問何爲起此意，曰：“近承貴寺命道者張公相訪，具言屋摧敝，仍雨漏，損大聖臂膊，故願結緣。”僧相顧驚愕云：“元不曾遣人去。”徐思之，相傳塔基乃張公所施，豈非猶主土地之職乎！方相率觀聖像，其臂果因雨漬傷，蓋幡幢蔽翳，而外間但朝夕瞻仰焚香，不及見也。

《三教源流搜神大全》卷二：

　　泗州僧伽大師者，世謂觀音大士應化也，推本則過去阿僧祇彌伽沙劫，值觀世音如來從三惠門而入道，以音聲爲佛事作，以此有緣之衆，乃謂太師自西國來。唐高宗時至長安、洛陽行化，歷吳、楚間，手執楊枝，混於緇流。或問師：“何姓？”即答曰：“我姓何。”又問：“師是何國人？”師曰：“我何國人。”尋於泗上欲構伽藍，因宿州民賀跋氏舍所居。師曰：“此本爲佛宇。”令掘地，果得古碑“香積寺”。又獲金像，衆謂然燈如來，師曰：普光王佛也。”因以爲寺額。景龍二年，中宗遣使迎大師至輦轂，深加禮畢異，命位定薦福寺。帝及百官咸稱弟子，與度惠儼、惠岸、木叉三人，御書寺額“普光王寺”。三月三日大師示滅，敕令就薦福寺漆身起塔，忽臭氣滿城，帝祝“送師歸臨淮”言訖，異香騰馥。帝問萬回曰：“僧伽大師是何人邪？”曰：“觀音化身耳。”乾符中諡證聖大師。

《西遊記》六六回：

在南瞻部洲盱眙山蠙城，即今泗州是也。那裏有個大聖國師王菩薩。

《鑄鼎餘聞》卷四：

國朝施鴻保《閩雜記》卷五云：福省城中街巷間多供泗洲文佛，或作小龕，或鑿壁爲龕，有供像者，有供牌位者，亦有但鑿四字壁上以奉者，獲吾鄉之奉觀音大士也。按泗洲文佛，疑即泗州僧伽，東坡有泗州僧伽塔詩，查初白注引《高僧傳》：僧伽者，葱嶺北何國人也。何國在碎葉國北，伽在本土少而出家，始至西京，次歷江淮，龍朔初至臨淮，就信義坊居民乞地下標識之穴土得古碑，乃齊香積寺，得金像，衣葉上刻“晉照王佛”字。嘗臥賀拔氏家，現十一面觀音形，其家遂舍宅，其香積寺基即今寺也。中宗景龍二年，詔赴內道場，四年示寂，歸葬淮上，多於塔頂上現小僧狀。於是求風者分風，求子者得子。宋太平興國七年，敕重蓋塔。雍熙元年，加諡“大聖”二字。據此則泗洲當作泗州，改州爲洲，不知何義。又仍宋封當稱大聖文佛之號，亦他佛所無。僧伽未嘗至閩，何以福之人奉之獨虔，豈別是一佛號耶？

【案】民間常以著名僧人爲觀音化身，如達摩、寶志皆是。諸化身中，最出名的是所謂泗州大聖。大聖本西域僧人，唐初至中原行化，後定居泗州。唐、宋奉之甚虔。近世或稱泗州文佛。

彌　勒　佛

《魏書·釋老志》：

文言將來有彌勒佛，方繼釋迦而降世。

《古今圖書集成·神異典》卷七八：

按《佛說觀彌勒菩薩下生經》：聞如是，一時佛在舍衛國祇樹給孤獨園，與大比丘衆千五百人俱。爾時，阿難偏袒右臂，右膝著地，白世尊言：如來元鑒，無事不察，當來過去現在三世，皆悉明了。過去諸佛姓字名號弟子菩薩翼從多少，皆悉知之，一劫百劫若無數劫，皆悉觀察。亦復知國王大臣人民姓字，悉能分別。如今現在國界若干，亦復明了。將來久遠，彌勒出現，至眞等正覺，欲聞其變；弟子翼從，佛境豐樂，爲經幾時？佛告阿難：汝還就坐，聽我所說。彌勒出現，國土豐樂，弟子多少，善思念之，執在心懷。是時阿難從佛受教，即還就坐。爾時世尊告阿難曰：將來久遠於此國界，當有城郭名曰鷄頭，東西十二由旬，南北七由旬，土地豐熟，人民熾盛，街巷成行。爾時，城中有龍王，名曰水光，夜雨香澤，晝則清和。是時，鷄頭城中有羅刹鬼，名曰葉華，所行順法，不違正教。每伺人民寢寐之後，除去穢惡諸不淨者，又以香汁而灑其地，極爲香淨。阿難，當爾之時，閻浮提地東西南北十萬由旬，諸山河石壁皆自消滅，四大海水各據一方。時閻浮地極爲平整，如鏡清明。舉閻浮地內穀食豐賤，人民熾盛，多諸珍寶，諸村聚落雞鳴相接。是時弊華果樹枯竭，穢惡亦自消滅，其餘甘美果樹香氣殊好者皆生於地。爾時時氣和適，四時順節，人身之中，無有百八之患。貪欲瞋恚愚痴不大殷勤，人心均平，皆同一意，相見歡悅，善言相向，言辭一類，無有差別，如役郁單越人，而無有異。是時，閻浮地內人民大小皆同一響，無有若干差別異也。彼時男女之類，意欲大小便時，地自然開，事訖之後，地復還合。爾時，閻浮地內自然生粳米，亦無皮裹，極爲香美，食無患苦。所謂金銀珍寶，硨磲瑪瑙，珍珠琥珀，各散在地，無人省錄。是時，人民手執此寶，自相謂言：昔者之人，由此寶故，更相傷害，繫閉在獄，受無數苦惱。如今此寶，與瓦石同流，無人守護。爾時，法王出現，名曰儴法，正法治化，七寶成就。所謂七寶者，金輪寶、象寶、馬寶、珠寶、玉女寶、典兵寶、守藏寶，是謂七寶，鎮此閻浮地內，不以刀仗，自然靡伏。如今阿難，四珍之藏，乾陀越國伊羅鉢寶藏，多諸珍寶異物，不可稱計；第二彌提羅國般綢大藏亦多珍寶；第三須賴吒大國有大寶藏，亦多珍寶；第四波羅捺國儴佉大寶藏，亦多諸珍寶，不可稱計。此四大藏，自然應現，諸守藏人，各來白王：唯願大王以此寶藏之物，惠施貧窮。爾時，儴佉大王得此寶已，亦復不省錄之，竟無財物之想。時閻浮地內自然樹上生衣，極細柔軟，人取著之，如今郁單越人自然樹上生衣，而無有異。爾時，彼王有大臣名曰修梵摩，是王少小同好，王甚愛敬，又且顏貌端正，不長不短，不肥不瘦，不白不黑，不老不少。是時，修梵摩有妻，名梵摩越玉，女中最極殊妙，如天帝妃，口作優鉢羅華香，身作旃檀香，諸婦人八十四態，永無復有，亦無疾病亂想之念。爾時，彌勒菩薩於兜率天觀察父母不老不少，便降神下應，從右脅生，如我今日右脅生無異。彌勒菩薩亦復如是，兜率諸天各各唱令彌勒菩薩已降神生。是時，修梵摩即與子立字，名曰彌勒。彌勒菩薩有三十二相，八十種好，莊嚴其身，身黃金色。爾時人壽極長，無有諸患，皆壽八萬四千歲，女人五百歲然後出適。爾時彌勒在家未經幾時，便當出家學道。爾時去雞頭城不遠，有道樹名曰龍華，高一由旬，廣五百步。時彌勒菩薩坐彼樹下，成無上道果，當其夜半，彌勒出家，即其夜分，成無上道應。時三千大千刹土六反震動，地神各各而相告曰：“今彌勒已成佛道。”其聲轉至聞四天王宮：“彌勒已成佛道。”轉聞徹於三十三天，焰摩天，兜率陀天，化樂天，他化自在天，乃至梵天：“彌勒已成佛道。”爾時魔王名曰大將，以法治化，聞如來名，音樂之聲，歡喜踴躍，不能自勝，七日七夜不眠不寐。是時魔王將欲界無數人天，至彌勒佛所，恭敬禮拜彌勒聖尊，與諸人天漸漸說法微妙之論。所謂論者，施論、戒論、生天之論，欲不淨想，出要爲妙。爾時，彌勒見諸人民已，發心歡喜，諸佛世尊常所說法，苦集盡道，與諸天人廣，分別其義。爾時，座上八萬四千天子諸塵垢，盡得法眼淨。爾時，大將魔王告彼界人民之類曰：“汝等速出家，所以然者，彌勒今日已度彼岸，亦當度汝等使至彼岸。”爾時，雞頭城中有一長者，名曰善財，聞魔王教令，又聞佛音響，將八萬四千眾至彌勒佛所，頭面禮足，在一面坐。爾時，彌勒漸爲說法微妙之論，所謂論者，施論、戒論、生天之論，欲不淨想，出要爲妙。爾時，彌勒見諸人民，心開意解，如佛世尊常所說法，苦集盡道，爲諸天人廣，分別其義。爾時，座上八萬四千人諸塵垢，盡得法眼淨。是時，善財與八萬四千人等，即前白佛，求索出家，善修梵行，盡成羅漢道果。爾時，彌勒初會八萬四千人得阿羅漢。是時，儴佉王聞彌勒已成佛道，便往至佛所，欲得聞法。時彌勒佛與王說法初善中善後善，義理深邃。爾時，大王復於異時立太子爲王，賜剃頭師珍寶，復以雜寶與諸梵志，將八萬四千衆，往至佛所，求作沙門，盡成道果，得阿羅漢。是時，修梵摩大長者聞彌勒已成佛道，將八萬四千梵志之衆往至佛所，求作沙門，得羅漢道果。唯修梵摩一人斷三結使必盡苦際。是時，佛母梵摩越復將八萬四千采女之衆往至佛所，求作沙門，爾時諸女盡得羅漢，唯有梵摩越一人斷三結使成須陀恒。爾時，諸刹利婦聞彌勒如來出現世間，成等正覺，數千萬衆往至佛所，頭面禮足，在一面坐，各各生心，求作沙門，出家學道，或有越次取證，或有不取證者。爾時，阿難，其不越次取證者，盡是奉法之人，厭患一切世間不可樂想。爾時，彌勒當說三乘教如我今也，弟子之中大迦葉者行十二頭陀過去諸佛所善修梵行，此人當佐彌勒佛勸化人民。爾時，迦葉去如來不遠，結跏趺坐，正身正意，繫念在前。爾時世尊告迦葉曰："吾今年已衰耗，向八十餘。然今如來有四大聲聞，堪任游化，智慧無盡，衆德具足。云何爲四？所謂大迦葉比丘，君屠鉢嘆比丘，賓頭盧比丘，羅雲比丘。汝等四大聲聞，要不般涅槃，須吾法沒盡，然後乃當般涅槃。大迦葉亦不應般涅槃，須待彌勒出現世間。所以然者，彌勒所化弟子，盡是釋迦文佛弟子，由我遺化得盡有漏，摩謁國界毗提村中，大迦葉於彼山中住，又彌勒如來將無數千人，前後圍繞，往至此山中，遂蒙佛恩，諸鬼神當與開門，使得見迦葉禪窟。是時彌勒伸右手指示迦葉告諸人民，過去久遠釋迦文佛弟子，名曰迦葉。今日現在，頭陀苦行最爲第一。是時諸人見是事已，嘆未曾有，無數百千衆生諸塵垢盡得法眼淨。或有衆生見迦葉身已，此名爲最初之會，九十六億人，皆得阿羅漢。斯等之人皆是我弟子，所以然者，悉由受我教訓之所致也，亦由四事因緣惠施仁愛利人等利。阿難，爾時彌勒如來當取迦葉僧伽黎著之。是時，迦葉身體奄然星散。是時，彌勒復取種種華香，供養迦葉。所以然者，諸佛世尊有敬心於正法，故彌勒亦由我所受正法化得成無上眞正之道。阿難，當知彌勒佛第二會時，有九十四億人皆得阿羅漢。亦復是我遣教弟子行四事供養之所致也。又彌勒第三之會九十二億人得阿羅漢，亦復是我遣教弟子。爾時，比丘姓號皆曰慈氏弟子，如我今日諸聲聞皆稱釋迦弟子。爾時，彌勒爲諸弟子說法，汝等比丘當思維無常之想，樂有苦想，計我無我想，實有空想，色變之想，青瘀之想，膨脹之想，食不消想，膿血想，一切世間不可樂想。所以然者，比丘當知此十想者，皆是過去釋迦文佛爲汝等說令得盡有漏心得解脫。若此衆中，釋迦文佛弟子過去之時修於梵行，來至我所；或於釋迦文佛所奉持其法，來至我所；或復於釋迦文佛所供養三寶，來至我所；或於釋迦文佛所彈指之頃修於善本，來至此間；或於釋迦文佛所行四等心，來至此者；或於釋迦文佛所受持五戒三自歸法，來至我所；或於釋迦文佛所起立寺廟，來至我所；或於釋迦文佛所補治故寺，來至我所；或於釋迦文佛所受八關齋法，來至我所；或於釋迦文佛所香華供養，來至此者；或復於彼聞法悲泣墮淚，來至我所；或復於釋迦文佛所專心聽法，來至我所；或復盡形壽善持禁戒，來至我所；或復盡形壽善持梵行，來至我所；或復有書讀諷誦，來至我所；或復承事供養，來至我所者。爾時，彌勒便說偈言；增益戒聞德，禪及思惟業，善修於梵行，而來至我所；勤施發歡心，修行心原本，意無若干想，皆來至我所；欲發平等心，承事於諸佛，飯食於聖衆，皆來至我所；所誦戒契經，善習與人說，然熾於法本，今來至我所；釋種善能化，供養諸舍利，承事法供養，今來至我所；若有書寫經，頒宣於素上，其有供養者，皆來至我所；繪彩及諸物，供養於塔寺，自稱南無佛，皆來至我所。供養於現在，諸佛過去者，禪定正平等，亦無有增減，是故於佛法，承事於聖衆，專心事三寶，必至無爲處。阿難，當知彌勒如來在彼衆中，當說此偈。爾時彼衆中，諸天人民思惟此十想，十一垓人諸塵垢，盡得法眼淨。彌勒如來千歲之中，衆僧無有瑕穢。爾時，恒以一偈，已爲禁戒口意，不行惡身，亦無所犯，當除此三行，速脫生死關，過千歲後，當有犯戒之人，遂復立戒。彌勒如來當壽八萬四千歲，般涅槃後遺法當存八萬四千歲。所以然者，爾時衆生皆是利根，其有善男子，善女人，欲得見彌勒佛及三會聲聞衆，及鷄頭城，及見儴法王幷四大藏珍寶者，欲食自然粳米者，幷著自然衣裳，身壞命終生天上者，彼善男子、善女人，當勤加精進，無得懈怠，亦當供養承事諸法師名華搗香，種種供養，無令有失。如是，阿難當作是學。爾時，阿難及諸大會，聞佛所說，歡喜奉行。

　　按《酉陽雜俎》：五月五日彌勒下生。按《諸經要集》：彌勒菩薩爲白衣時，師名婆跋梨，有三種相，一眉間白毫相，二舌復面相，三陰藏相。

按《三藏法教》：彌勒菩薩往昔劫中，於日月燈明佛所而得出家，修習唯心識定，至然燈佛出世，方乃得成無上妙圓識心三昧，了一切如來國土，淨穢有無，皆是我心，變化所現，而悟入圓通。故云：我以諦觀十方唯識，識心圓明，得無生忍，斯爲第一。

按《指月錄》：天親菩薩從彌勒內宮而下，無著菩薩問曰："人間四百年，彼天爲一晝夜，彌勒於一時中，成就五百億天子證無生法忍，未審說什麼法？"天親曰："只說這個法，只是梵音清雅，令人樂聞。"

《破除迷信全書》卷十：

佛教徒說是釋迦滅後五十六億七千萬歲，彌勒當下降人間而成佛；釋迦在世時，他是在旁邊聽講。

【案】彌勒佛也是中國民間所熟悉的佛教神。根據佛教傳說，他出生於婆羅門家族，後成爲釋迦牟尼（如來佛）的弟子，先佛入滅，未來將繼釋迦而降世成佛，廣傳佛法。所以近世民間的一些秘密宗教，如白蓮教等，常打出彌勒佛的旗號，以他爲改天換地的象徵。中國民間所奉的彌勒佛，乃一笑口常開、袒胸迷腹之胖和尚。此并非彌勒本來形象，而是五代時一個名叫契此的僧人，即"布袋和尚"。詳見下。

附：布袋和尚

《宋人軼事彙編》卷十三引《雞肋編》：

　　昔四明有僧，身矮而腹皤，嘗負一布袋，人目爲布袋和尚。臨終作偈曰："彌勒眞彌勒，分身百千億。時時識世人，時人總不識。"今世遂塑其像爲彌勒菩薩。

《鑄鼎餘聞》卷四：

　　元袁桷《延祐四明志》十六《釋道考上》云：布袋如尚者，唐末有僧，形裁猥瑣，感頤皤腹，杖荷布囊，隨處偃卧，張長汀子，雪中體不濡，示人禍福輒應。將雨則著草履，亢陽則曳木履。梁貞明二年，於奉化岳林寺東廊坐逝。偈曰："彌勒眞彌勒，化身千百億，時時示時人，時人自不識。"葬寺西二里，曰彌勒庵。宋元符元年，賜號定應大師；三年祥光現於葬所，得錫杖淨瓶，邑人建閣藏之。崇寧三年，賜閣名崇寧。

《歷代神仙通鑒》卷十八：

　　（後梁貞明中）明州岳林寺有布袋和尚坐脫，（鏐）繆命齎香帛祭之。和尚不言姓氏，形裁猥瑣，蹙額皤腹，寢卧隨處。常以杖荷一布袋，凡供身之具，悉貯袋中。卧雪不沾，示人吉凶，應期無忒。天將雨，即着濕布鞋。亢旱，即曳木屐。居民以此爲驗。於岳林寺東廊下，端坐磐石而說偈曰："彌勒眞彌勒，分身千百億。時時示世人，世人自不識。"偈畢，安然而逝。時人始悟爲彌勒佛化身也。寺僧造塔頂禮。（後桑維翰奉使契丹，見一僧提布袋，曰：“此為氣母，常從旺處遊行。”）

【案】布袋和尚，相傳乃五代後梁之僧人，名契此，號長汀子，浙江奉化人。常以杖背一布袋，隨處偃臥，形如瘋顛，而示人禍福輒應。因其死時說偈“彌勒真彌勒，分身百千億，時時識世人，時人總不識”，世人因以為彌勒化身，故造彌勒像則像之。《西游記》載，彌勒佛手下黃眉童子盜去人種袋，竟令孫悟空及普天神將束手無策，此袋當即胖和尚之布袋矣。

阿彌陀佛

《古今圖書集成・神異典》卷七八：

按《佛說阿彌陀經》：如是我聞，一時佛在舍衛國祇樹給孤
獨園，與大比丘尼僧千二百五十人俱，皆是大阿羅漢，衆所知識，
長老舍利弗，摩訶目犍連，摩訶迦葉，摩訶迦旃延，摩訶俱絺羅，
離婆多，周利槃陀，伽難陀，阿難陀、羅睺羅，憍梵波提，賓頭
盧頗羅墮，迦留陀夷，摩訶劫賓那，薄拘羅，阿㝹樓馱，如是等
諸大弟子，幷諸菩薩摩訶薩，文殊師利法王子，阿逸多菩薩，乾
陀訶提菩薩，常精進菩薩，與如是等諸大菩薩，及釋提桓因等無
量諸天大衆俱。爾時，佛告長老舍利弗：從是西方過十萬億佛土，
有世界名曰極樂。其土有佛，號阿彌陀，今現在說法。舍利弗，
彼土何故名爲極樂？其國衆生無有衆苦，但受諸樂，故曰極樂。
又舍利弗，極樂國土，七重欄楯，七重羅網，七重行樹，皆是四
寶，周匝圍繞，是故彼國名爲極樂。又舍利弗，極樂國土有七寶
池、八功德水充滿其中，池底純以金沙布地，四邊階道金銀琉璃
玻璃合成，上有樓閣亦以金銀琉璃玻璃硨磲赤珠瑪瑙而嚴飾之，
池中蓮華大如車輪，青色青光，黃色黃光，赤色赤光，白色白光，
微妙香潔。舍利弗，極樂國土，成就如是功德莊嚴。又舍利弗，
彼佛國土，常作天樂，黃金爲地，晝夜六時，雨天曼陀羅華。其
土衆生，常以清旦，各以衣祴盛衆妙華，供養他方十萬億佛，即

以食時，還到本國飯食經行。舍利弗，極樂國土，成就如是功德莊嚴。復次舍利弗，彼國常有種種奇妙雜色之鳥，白鶴、孔雀、鸚鵡、舍利、迦陵、頻伽、共命之鳥。是諸衆鳥，晝夜六時出和雅音，其音演暢，五根五力，七菩提分，八聖道分，如是等法，其土衆生聞是聞已，皆悉念佛、念法、念僧。舍利弗，汝勿謂此鳥實是罪報所生，所以者何？彼佛國土，無三惡道。舍利弗，其佛國土，尚無惡道之名，何況有實？是諸衆鳥，皆是阿彌陀佛欲令法音宣流變化所作。舍利弗，彼佛國土，微風吹動諸寶行樹及寶羅網，出微妙者，譬如百千種樂同時俱作，聞是音者，自然皆生念佛、念法、念僧之心。舍利弗，其佛國土，成就如是功德莊嚴。舍利弗，於汝意云何彼佛何故號阿彌陀？舍利弗，彼佛光明無量，照十方國，無所障碍，是故號為阿彌陀。又舍利弗，彼佛壽命及其人民，無量無邊阿僧祇劫，故名阿彌陀。舍利弗，阿彌陀佛，成佛已來，於今十劫。

【案】阿彌陀，古梵語之音譯，意譯為無量壽。佛教稱其為西方極樂世界的教主，謂念其名號，即能往生淨土。故中國民間之念佛號者，多念"阿彌陀佛"。

四大天王(四大金剛)

《封神演義》九九回：

四大天王：輔弼西方教典，立地水火風之相，掌風調雨順之
權。

增長天王	魔禮青	職風
廣目天王	魔禮紅	職調
多文天王	魔禮海	職雨
持國天王	魔禮壽	職順

《通俗編》：

《長阿含經》：東方天王，名多羅吒，領乾闥婆及毗舍闍神
將，護弗婆提人。南方天王，名毗琉璃，領鳩槃荼及薜荔神，護
閻浮提人。西方天王，名毗留博叉，領一切諸龍及富單那，護瞿
耶尼人。北方天王，名毗沙門，領夜叉羅刹將，護郁單越人。按
此即四金剛也。謂之金剛，因所執杵以號之也。《婆沙論》：四
天王身長一拘盧舍四分之一。西國以五百弓爲拘盧舍，八尺爲弓，
蓋其長百丈。故今凡塑天王，皆特長大。然彼又云，三十三天身
長半拘盧舍，帝釋身長一拘盧舍。而今作諸天帝釋像，仍只尋常，
何也？

《鑄鼎餘聞》卷四：

佛雅曰東方持國天王，南方增長天王，西方廣目天王，北方多聞天王。《長阿含經》云：東方天王名多羅吒（一作提羅吒，一作提頭賴吒），領乾闥婆及毗舍闍神將，護弗婆提人（即東勝神洲）。南方天王名毗琉璃（一作毗留勒義，又作毗樓勒迦），領鳩槃荼及薜荔神，護閻浮提人（即南贍部洲）。西方天王名毗留博義（一作鼻溜波阿義），領一切諸龍及富單那，護瞿耶尼人（即西牛貨洲）。北方天王名毗沙門（一作鞞舍囉婆拿），領夜叉羅利將，護郁單越人（即北俱羅洲）。王業在《閑知新錄》曰：凡寺門金剛，各執一物，俗謂風調雨順。執劍者風也，執琵琶者調也，執傘者雨也，執蛇者順也。（均案：楊慎《藝林伐山》云：所執非蛇，乃蜃也。蜃形似蛇而大，音如順。所云似蛇而大，未知何本。）

《集說詮眞》：

《讀書紀數略》載：須彌四寶山，高三百三十六萬里。四寶所成，東面黃金，西面白銀，南面琉璃，北面瑪瑙。天王各居一山。

《古今圖書集成·神異典》卷四七引《道教靈驗記》：

成都乾元觀三門之下，舊有東華、南極、西靈、北眞四天神王，依華清宮朝元閣樣塑於外門之下，幷金甲天衣。

【案】印度佛教傳說，須彌山腰有揵陀羅山，山有四峰，各有一天王居之，護一方天下。中國內地寺院多塑其像：東

方持國天王，身白色，持琵琶；南方增長天王，身青色，持
寶劍；西方廣目天王，身紅色，手繞纏一龍（或說蛇、蜃）；
北方多聞天王，身綠色，右手持傘，左手持銀鼠。中國民間
俗稱四大金剛，目為佛門護法，又謂四天王分掌風、調、雨、
順，則與印度之傳說迥異矣。《封神演義》以四天王為魔家
四將；《西游記》以四天王為玉帝屬下守門天將，如來佛手
下另有四大金剛。道教亦仿之，於觀門外塑"四天神王"。

毗沙門天王

《古今圖書集成·神異典》卷九一引唐盧弘正《興唐寺毗沙門天王記》：

毗沙門天王者，佛之臂指也。右扼吳鈎，左持寶塔，其旨將
以摧群魔，護佛事。斯人在開元則玄宗圖像於旗章，在元和則憲
皇交神於夢寐，佑人濟難，皆有陰功，自時厥後，雖百夫之長，
必資以指揮，十室之邑，亦嚴其廟宇。

《酉陽雜俎·前集》卷八：

李夷簡，元和末在蜀。蜀市人趙高好鬥，常入獄。滿背鏤毗
沙門天王，吏欲杖背，見之輒止，恃此轉為坊市患害。左右言於
李，李大怒，擒就廳前，索新造筋棒，頭徑三寸，叱杖子打天
王，盡則已，數三十餘不絕。

成式門下駟路神通，每軍較力，能戴石簦赦六百斤石，
嚙破石粟數十。背刺天王，自信得神力，入場神助之則力生。

《北夢瑣言》卷十七：

（李克用）嘗於新城北以酒酹毗沙門天王塑像，請與僕交談，天王被甲持矛，隱隱出於壁間。

《古今圖書集成·神異典》卷四五引魯應龍《括異志》：

秀州子城有天王樓。建炎間，金人犯順，蘇、秀大擾，將屠之，有天王現於城上，若數間屋大。兵卒望之怖懼，遂引去，一州之境獲免。及亂平，建樓西北隅，見今事之。

《三教源流搜神大全》卷七：

按《釋氏源流》：有毗留勒義天王，有毗留博義天王，有提頭賴吒天王，有毗沙門天王。昔唐太宗從高祖起義兵，有神降於前，自稱毗沙門天王，（頭）〔願〕同乃定亂，其手（將）〔捋〕有猪首象鼻者，故所向成功。及即位，詔天下公府皆祀之●天聖初，詔諸郡置祠，仍建佛寺，俱以天王爲額，此天王之所由普建也。

《古今圖書集成·神異典》卷五十：

《鎮江府志》：（天王）廟宋諸軍寨皆有之，元季存者二，明僅存其一，在丹徒縣學右寨巷頭，舊傳唐太宗起兵，有神自號毗沙門天王，願効力定亂，故所向成功。及即位，詔天下公府皆祭之。

《古今圖書集成·神異典》卷五四：

《寧化縣志》：毗沙門天王廟，廟在縣上東門外，永樂間重
建。按唐天寶元年，西番寇安西，明皇詔不空三藏誦經。不空因
言北方毗沙天王神通可以禦之，會安西亦奏：將戰時，有金甲神
長丈餘來助。因敕諸道州府城西北及營寨并設其像。黃滔爲王審
知作碑云：梵音毗沙門，唐言多聞也。始自於闖利利之英奇，膺
世尊帝釋之錫號，居須彌山北，住水晶宮殿，領藥叉衆，爲帝釋
外臣，以護南贍部州。據此，則唐建縣時便有此廟，歷代遂相沿
無革耳。雖然，毗沙何靈於安西而不靈於馬嵬蜀道乎？世奉祀之
何居？

《陔餘叢考》卷三四：

僧寺多有名天王堂者，按《談藪》記：唐天寶間，番寇西安，
詔不空三藏誦咒禳之。忽見金甲神人，不空云："此毗沙門天王
第二子獨健往救矣。"後西安奏捷，亦云西北有天王現形勝之。
朝廷因敕諸道立像。郎瑛謂：今佛寺有天王堂，始此也。又《括
異志》：宋建炎中，敵將屠秀州，天王現於城上，大若數間屋。
遂懼而引去，因建天王樓於城西北隅。

【案】在四大天王中，毗沙門天王（即北方多聞天王）在中
國風頭最健。據說它本稱俱毗羅，爲婆羅門教、印度教的財
神，世上一切財富的守護者，北方的保護神，又是夜叉和緊
那羅之王，羅波那（《羅摩衍那》中的魔怪名）的同父異母兄弟，
相貌醜陋，三條腿，八顆牙，一只眼。佛教吸收其神，以爲
北方護法天王毗沙門。（見《宗教詞典》）徐梵澄先生則認爲

從其造像來看，不甚像印度本土之神，很可能原是西域某部落的英雄，征服了某些鄰族或強暴者，安靖了地方，死後為人尊為天王。如果本是印度之神，傳到西域後也已被大大土俗化了。（見《關於毗沙門天王等事》，載《世界宗教研究》一九八三年第三期）

　　無論毗沙門天王本是印度之神抑或西域之神，其傳入中國，却是經過了西域的。《大唐西域記》稱于闐國（今新疆和田縣）是該神的故鄉，于闐王自稱是毗沙門天王的後代。天王故鄉有神鼠，"大如蝟，其毛則金銀異色"。所以後世多聞天王塑像，手上常有銀鼠。天王有五子，以二子獨健（見二郎神條）和三子哪吒（詳見下）最為著名。張政烺先生說，毗沙門天王在中國轟動一時，是在唐天寶年間，其故事和畫樣是從安西（今新疆庫車縣）傳入，而大力宣傳者則是不空和尚。不空譯《毗沙門儀軌》尾題後有記事一段，大約卽出不空門徒之手，稱：天寶元年，大石康居等圍安西城，有表請兵援救。安西路遠，救兵難到，唐明皇喚不空請北方毗沙門天王神兵應援。當天安西城東北三十里，雲霧中有人長一丈，約三五百人，盡著金甲，五國大懼，退軍抽兵。帝因敕諸道節度、所在州府於城西北隅各置天王形象部眾供養，佛寺亦敕別院安置。（見《封神演義漫談》）故事顯然荒誕無稽。後世或稱唐太宗起兵，天王助之，故詔天下公府祭之，尤荒唐。然自唐玄宗以來，毗沙門天王信仰大盛，奉為軍中保護神，各處城樓、兵營設有天王廟堂，出征圖其像於旗章，則是事實。所以唐人紋身，常刺天王像，以為可得神力之助。此俗宋、金仍沿之，至元明而漸衰，唯僧寺尚存天王堂。然而民間雖對毗沙門天王印象淡薄，對托塔李天王之信仰又漸漸轉盛矣。

托塔李天王

《茶香室三鈔》卷十九：

《宣和畫譜》：陸探微有"托塔天王圖"。余於《曲圜雜纂》三十六引《元史·輿服志》，見托塔天王之說有所本。今乃知六朝時早見於圖畫矣。

又按展子虔有"授塔天王圖"，吳道元有"請塔天王圖"，范瓊有"降塔天王圖"，朱繇有"捧塔天王圖。"

宋董逌《廣川畫跋》有"北天王像後題辨"云：吳明仲以吳生畫天王示余，因告之曰：昔余得內典，說四天王所執器，皆自報應中出。北天毗沙國王，也嘗兵鬥不利，三逃於塔側，方免其困。時願力所全，得無違碍報，回鄉則變相所成，畫者得以據之。今以云物為報者，非吳生所為也。以云物易塔之重，自王衍始。

按此段語意有不可解，然北天王之所執為塔，固可考矣。

《鑄鼎餘聞》卷四：

《元史·輿服志》云：東西南北天王旗（均案即四金剛）并繪神人武士，冠衣金甲緋襖襠，右手執戟，左手捧塔履石。

《西遊記》第四回：

玉帝封托塔天王李靖為降魔大元帥，哪吒三太子為三壇海會大神。

《西遊記》第八三回：

（哪吒）法降九十六洞妖魔，神通廣大。後來要殺天王，報那剔骨之仇。天王無奈，告求我佛如來。如來以和為尚，賜他一座玲瓏剔透舍利子如意黃金寶塔——那塔上層層有佛，艷艷光明——喚哪吒以佛為父，解釋了冤仇。所以稱為托塔李天王者，此也。

《事物紀原》卷七：

靈顯王廟，在鄭州城東僕射陂側，陂本後魏孝文賜僕射李冲，里俗因呼僕射陂。唐末建廟，因陂為名，俗誤傳為李靖。後唐明宗天成二年，贈靖太保。晉天福二年八月，敕唐衞國公李靖宜封靈顯王。

《文獻通考‧郊社考》二三：

靈顯王廟在鄭州城東僕陂側，是陂本後魏賜僕射李冲，唐末建廟，因陂為名，俗傳李靖神也。後唐天成二年，冊贈靖為太保，晉加號靈顯王。建隆元年正月，太祖臨幸，因遣內侍葺祠宇，每歲春秋二祀。景德元年，遣使增修。二年，又修後殿。四年，車駕朝陵，命入內都知石知顒致祭。祀汾陰回，親幸登東北亭觀陂。

【案】毗沙門天王畫像傳入中國，即有捧塔之像。除《茶香室三鈔》所述諸圖，張政烺先生說，敦煌所出絹畫有幾幅專畫毗沙門天王，托塔而立。(見《封神演義漫談》)前毗沙門天王條，引唐盧弘正《興唐寺毗沙門天王記》，亦謂其"右扼吳鈎，左持寶塔，其旨將以摧群魔，護佛事"。其塔亦或由哪吒捧行。不空譯《北方毗沙門天王隨軍護法真言》："其塔奉釋迦牟尼佛，即擁遣第三子哪吒捧行，莫離其側。"(見《關於毗沙門天王等事》)宋人則稱天王嘗兵鬥不利，三逃於塔側，方免其困，回鄉則變相所成，是已將寶塔作為天王護身的象徵了。至明人小說中，竟演變成哪吒尋父報仇，佛賜天王寶塔以制伏哪吒(《封神演義》稱塔為燃燈道人所贈)。這段故事遂流行於民間，人們已不知哪吒捧塔侍天王側之原意了。

至於謂天王名李靖，則尤匪夷所思，不知當從何說起。李靖本唐初名將，曾配享武成王(姜太公)廟，為十哲之一，唐人小說中有李靖代龍行雨的故事。唐末已被神化，視為神靈，五代時封為靈顯王。托塔毗沙門天王亦武神，二者之結合，或即由此？元末楊景賢所作《楊東來批評西遊記》，已有"天兵百萬總歸降，金塔高擎鎮北方，四海盡知名與姓，毗沙門下李天王"之說，稱其為哪吒之父，是當時民間已將二神合一了。明代之《西遊記》、《封神演義》當皆就此民間信仰而鋪演其故事，托塔天王終於脫離毗沙門天王(《西遊記》中，北方多聞天王與托塔天王判為二神)而徹底中國化了。

哪　吒

《鑄鼎餘聞》卷四：

唐鄭還古《開天傳記》云：毗沙門天王子也。（均案：毗沙門是北方天王，故世以哪吒為托塔天王之子。）

宋洪邁《夷堅志》載《程法師事》云：值黑物如鐘，從林間出。知為石精，遂持哪吒火毬咒，俄而見火毬自身出，與黑塊相擊。

《三教源流搜神大全》卷七：

哪吒本是玉皇駕下大羅仙，身長六丈，首帶金輪，三頭九眼八臂，口吐青雲，足踏盤石，手持法律，大喊一聲，雲降雨從，乾坤爍動。因世界多魔王，玉帝命降凡，以故托胎於托塔天王李靖。母素知夫人生下長子軍吒，次木吒，帥三胎哪吒。生五日化身浴於東海，腳踏水晶殿，翻身直上寶塔宮。龍王以踏殿故，怒而索戰。帥時七日，即能戰，殺九龍。老龍無奈何而哀帝，帥知之，截戰於天門之下而龍死焉。不意時上帝壇，手搭如來弓箭，射死石記娘娘之子，而石記興兵。帥取父壇降魔杵西戰而戮之。父以石記為諸魔之領袖，怒其殺之以惹諸魔之兵也。帥遂割肉刻骨還父，而抱真靈求全於世尊之側。世尊亦以其能降魔故，遂折荷菱為骨、藕為肉、絲為筋、葉為衣而生之。授以法輪密旨，親受木長子三字，遂能大能小，透河入海，移星轉斗；嚇一聲，天顏地塌；呵一氣，金光罩世；鍗一響，龍順虎從；槍一撥，乾旋

哪吒

坤轉；綉毬丟起，山崩海裂。故諸魔若牛魔王、獅子魔王、大象魔王、馬頭魔王、吞世界魔王、鬼子母魔王、九頭魔王、多利魔王、番天魔王、五百夜叉、七十二火鴉，盡為所降，以至於擊赤猴、降孽龍。蓋魔有盡而帥之靈通廣大，變化無窮。故靈山會上以為通天太師、威靈顯赫大將軍。玉帝即封為三十六員第一總領使，天帥元領袖，永鎮天門也。

【案】哪吒故事，《封神演義》、《西遊記》述之甚詳，且在民間婦孺皆知，此不贅述。須指出的是這些故事均元明以來流行於民間，至於其與天王之本來關係，已見前述。

金　　剛

《重修緯書集成》卷六《龍魚河圖》：

　　天之東西南北極，各有金剛敢死力士，長三千萬丈，三千億萬人。天中有太平之都，有都甲食鬼鐵面兵，長三千萬丈，三千億萬人。

《洛陽伽藍記》卷一"修梵寺"條范祥雍註：

　　金剛，梵名跋闍羅波膩，寺門前之神像。《翻譯名義集》二：跋闍羅，梁云金剛。應法師云：跋闍羅，此云金剛；波膩，此云手。謂手執金剛杵以立名。《正法念》云：昔有國王夫人生千子，欲試當來成佛之次第，故拘留孫探得第一籌，釋迦當第四籌，乃至樓至當千籌。第二夫人生二子，一願爲梵王，請千兄轉法輪；次願爲密迹金剛神，護千兄教法。世傳樓至化身，非也，乃法意王子。據經唯一人，今狀於伽藍之門而爲二像。夫應變無方，多亦無咎。出《索隱記》。

《北夢瑣言》卷九：

　　荊州成令公訥，唐天復中，師次公安縣，寺有二金剛神，土人號曰二聖，亦甚有靈。

《古今圖書集成·神異典》卷四八引《異聞總錄》：

宋二帝北狩，到一寺中，有二石鐫金剛幷拱手而立。

《茶香室四鈔》卷十九：

宋陸游《入蜀記》云：二聖謂青葉髻如來、婁至德如來也，皆示鬼神力士之形，高二丈餘，陰威凜然可畏。正殿中爲釋迦，左爲青葉髻，號大聖，右爲婁至德，號二聖，三像皆南面。予按《藏經》駒字函，娑羅浮殊童子成道，爲青葉髻如來，再出世爲婁至德如來，則二如來本一身耳。

又按范成大《吳船錄》云：二聖之名，江湖間竟尚之，即在處佛寺門兩金剛也。此則遷之殿上。云是千佛數中最後者，一名婁至德，一名青葉髻。江岸善隤，或時巨足迹印其處，則隤止。按此則兩如來他處亦有之。天下佛寺，往往坐四金剛於三門內，建殿奉之，謂之天王殿。亦有三門之兩旁，塑兩金剛，皆立像者，向不知何名。俗曰哼哈二將，此兒童語耳。今乃知即青葉髻、婁至德也。

【案】金剛，金中最剛之意。緯書中稱天之四極各有金剛敢死力士，長三千萬丈，三千億萬人。佛教常用爲金剛力士之略稱，指執金剛杵（杵爲古印度兵器） 的護法天神。故四大天王也常稱四大金剛。又西藏密宗佛教又以金剛爲菩薩之稱。近世民間多稱佛寺山門前之二力士像爲金剛，此亦有說。佛教《正法念經》，謂昔有國王夫人生千子，俱爲佛，拘留孫、釋迦、樓至等皆其子；第二夫人生二子，長子願爲

王，請千兄轉法輪，次子願為密迹金剛神，護千兄教法。故
寺門塑其像。唐以來則寺門塑二金剛像，或亦於殿中塑之，
以侍釋迦。宋人記載，謂即千佛之末次者：青葉髻、樓至德
二聖者。裏至德，即《正法念經》所謂千佛之末位樓至。

附：哼哈二將

《集説詮真》：

《封神演義》載：哼哈二將，係鄭倫與陳奇也。鄭倫者，初
為商紂之督糧上將，曾拜西昆侖度厄眞人為師。眞人傳以竅中二
氣，將鼻一哼，響如鐘聲，噴出二道白光，能吸人魂魄。當周伐
商，倫與周兵戰，恒以哼鼻勝敵。後被周將鄭九公擒縛，送至周
營，免死，降周為督糧官，總督五軍上將軍，仍以哼鼻取勝。嗣
與商將金大升戰，大升乃是牛怪，腹中煉成一塊牛黃，大如碗口，
噴出如雷，正中鄭倫面上，打傷鼻孔，倫跌下，被大升揮刀斬為
二段。陳奇者，仕於商紂朝，為督糧官，曾受異人秘傳，養成腹
內一道黃氣，張口一哈，黃氣噴出，見之者魂魄自散，每與周兵
戰以噴氣取勝。嗣與鄭倫戰，此由口中噴出黃氣，彼由鼻中噴出
白光，一哼一哈，彼此相拒，不分勝負。忽被周將哪吒打傷臂
膊，又被黃飛虎一槍刺中脅下而死。迨周滅商，姜子牙敕封鄭
倫、陳奇二人，鎮守西釋山門，宣布教化，保護法寶，為哼哈二
將之神。

按：據此，哼哈二將來歷，如是誕妄。彼鼓鼻張口，烏能吸
散人之魂魄哉。如倫奇等果擅如是奇能，倫當不致被斬，奇亦曷

為刺死？而好事者，遂創其說以神之，後世踵事增華之輩，又塑其像於山門，一鼓鼻，一張口，露牙睜目，驚怖小兒。愚者不究來歷，遂信為真能吸散魂魄，而畏之敬之，噫，亦愚甚矣！

【案】近世民間俗稱寺門二金剛為哼哈二將。據《封神演義》，二將乃鄭倫、陳奇，分別為周、殷之督糧官，學有異術，能哼鼻或哈氣以取勝。後被封為哼哈二將之神，鎮守西釋山門，保護佛法。此說甚無稽，然亦為民間所信仰，此小說之力也。

羅　漢

《集說詮真》：

《一切經音義》曰：真人即阿羅漢也。或言阿羅訶，或言應真，皆是一也。

《楞嚴經》曰：富樓那云，世尊（佛也）知我有大辨才，以音聲輪，教我發揚。我於佛前，助佛轉輪，因獅子吼，成阿羅漢。

《蘇軾十八阿羅漢頌序》：蜀金水（四川成都府金堂縣境）張氏，以畫羅漢有名。唐宋世擅其藝，今成都（府屬四川）僧敏行其玄孫也。梵相奇古，學術淵博，蜀人皆曰，此羅漢化身其家也。

《明一統志》載：潼川（府屬四川）舊無鹽井，唐一新羅漢，游蜀至此，指其地鑿之，咸泉湧出，因置寺奉其遺軀。

又載牟羅漢眉（州屬四川）人，名安，如岷山（在四川茂州）陟上清坂，忽遇髯者，顧笑曰："汝飢，何不食柏子邪？"摘子投其口，顧髯者，不復見矣。遂不火食。一日江水暴漲，舟不可行，或戲指其笠曰：“乘此渡可乎？”牟遂置笠水，而趺坐其上，截江以濟，觀者異之，人呼爲牟羅漢。

《通俗編》：

阿羅漢者，阿爲不羅漢，爲生後世中更不生，故名。按：依其說，則阿字定不當省去。

《鑄鼎餘聞》卷四：

齊召南《溫州府志》：雁蕩山闡化祖師，姓羅氏名堯運，蜀之眉州青神縣人。居中岩山，有三峰鼎立如笋，旁一峰好寶瓶，岩岫奇峭，林木森蔚，尊者道場也。尊者爲靈山十六應眞內第五位大阿羅漢。自唐著靈後，飛錫來震旦東南大海際雁蕩龍湫息焉。於是，蜀之中岩、溫之雁蕩，名重天下，自尊者始也。

又云：紹興間婺人向氏游山，夢一僧，祇金襴而不見首。晨起，一父老引之游大龍湫，既至，失父老所在，視諸詎那尊者像，傾圮一如所夢。遂爲築室塑像，群匠會食，或嘆山肴無肉。俄有來饟豨肉者，其去履岩石如平地，咸謂尊者變現云。

《破除迷信全書》卷十：

按佛教修行的階級，第一步爲出家，必要剃去鬍鬚頭髮，辭別父母兄弟妻子朋友，歸到和尙廟中，完了這一步，就成了沙門。沙門原是梵語，意思就是勤息，也就是勤修善法，止息惡行。再進一步，若是修行到好處，就成了羅漢。羅漢也是印度話，含有兩種意思，一是斷盡了煩惱，成了堪受世界供養的聖人；二是無所再學，因爲已經脫離生死的束縛，無從再學了。現各地大佛寺中，塑的羅漢像不少，即如廣州有一廟中，塑有五百羅漢，蘇州的西園中，也有木雕的五百羅漢，但都是印度羅漢，連一個中國羅漢也沒有。不知爲什麼佛教在印度偏有許多羅漢，來到我國偏不生羅漢了，這也算是一個極有趣味的啞謎。現在佛教中并未出一個羅漢，不料北京城中倒出了些羅漢議員，平時不出席，一聽說有二十元的出席費，竟是忽然有七百二十個出席的，因此人才稱他們是羅漢議員，想必也是斷盡了煩惱，成了堪受世界供養的聖人罷！一笑。第三步是羅漢若是修行到了精進的地步，就成爲菩薩，菩薩的地位較佛還低一級。至於菩薩二字，也是印度話，意思就是自覺本性，又能善渡衆生。

《中國的羅漢》：

羅漢，是阿羅漢（梵文 Arhat 的音譯）的簡稱，原來指原始的小乘佛教所達到的最高成就。據說，一位佛教徒修行，可能達到高低不同的四種成就。每一種成就叫一個“果位”，有點類似於現代的學位。這四種果位是：

初果：名爲預流果（ Srotāpanna，音譯須陀洹），獲得了初果，在輪迴轉生時就不會墮入“惡趣”（指變成畜生、惡鬼等）。

二果：名爲一來果（ Sakrdāgāmin，音譯：斯陀洹） ，得到此果，輪迴時就只轉生一次。

三果，名爲不還果（ Anāgāmin，音譯：阿那含），得到此果，就不再回到“欲界”受生而能超生天界。

　　四果：是阿羅漢果，受了此果，他是諸漏已盡，萬行圓成，所作已作，應辦已辦，永遠不會再投胎轉世而遭受"生死輪迴"之苦。得此果位的人，就稱爲阿羅漢，簡稱羅漢。

　　是不是所有的人都能證得羅漢果呢？傳說古代印度次大陸的彌蘭（Milinda）王曾經特別問過那位在佛經中著名的那先比丘（Nagasena），是不是在家居士也有可能成爲阿羅漢，答案是肯定的。但是告訴他，須具備一個條件：居士成爲阿羅漢那一天，如果不當天出家，就有死去的危險。因此，成阿羅漢果的全是和尚。

　　如上所聞，證阿羅漢果位好像現在攻讀最高學位。證果，只是自身求解脫。根據小乘佛教的說法，得了阿羅漢果位，就是最終歸宿（涅槃），頗有點爲學位而學位的味道。說穿了，修羅漢果的不過是些"自了漢"。全都如此，誰去傳揚佛法？後來大乘佛教就往前發展了一步，以自身解脫爲小，衆生解脫爲大。主張一切有情成佛，以佛法成就衆生。因此，開始提倡作佛滅度後不入涅槃護法弘法的阿羅漢，這是修阿羅漢果位的人未曾預期的任務，因此，釋尊要在他們之中遴選。

　　據西晉時竺法護所譯的《彌勒下生經》中說，東晉時譯者失名的《舍利弗問經》也說，佛去世時指派大迦葉（Mahā kāsyapa，也譯作"摩訶迦葉"）比丘、君屠鉢嘆（Kundopadhāniya）比丘、賓頭盧（pindola）比丘、羅雲（Rāhula，卽羅怙羅、羅睺羅）比丘"住世不涅槃，流通我法"。他們都是釋尊的親傳嫡系，羅怙羅還是釋尊的親生兒子。他們都是"聲聞"。所謂"聲聞"，乃是梵文 S'rāvaka 的意譯，最早的意思指親自聽到過佛的言教聲音覺悟而得果位者。從釋迦修行而得證阿羅漢果位的人雖多，但看來均已涅槃，無踪無影。最早住世的阿羅漢就是這四大比丘——四大羅漢——四大聲聞。

【案】羅漢，即阿羅漢的簡稱。白化文《中國的羅漢》一文（載《文史知識》一九八四年第七期）對中國所流行的羅漢已作了較詳細的介紹。羅漢與佛、菩薩一樣，也是佛教修行的品位。在小乘佛教中，羅漢已是最高品位，在大乘佛教中，它是僅次於菩薩的品位。在一般中國人的心目中，并不注意這一套繁瑣的等級差別，將之一概視爲神仙中人。如《一切經音義》釋羅漢爲"真人"即是。人們傳說羅漢們常降生人間，護法弘法，故常有某僧人爲羅漢化身之傳說。

十六羅漢

《集說詮眞》：

《思綺堂文集》載十六羅漢像：

一長眉大耳，盤膝側坐石上，兩手輪數珠，面設香爐經卷，侍者合掌立，下有小虎仰視。

二鬚眉蒼鬱，掛數珠，攤轉坐石，煊染作夜景，有光上射閃閃，下龍女捧盤，跪獻者蓋夜珠也。

三赤腳盤膝坐，左手捻眉，右執塔，異光四射，一蠻奴跪而碾藥。

四側坐看經，右拄龍頭杖，左手按膝，有鹿銜花以獻，蠻奴捧盂而立，盂貯寶無數。

五拄竹杖側坐，攤經石上，旁設獅蓋小爐，香烟拂拂，下童子散髮，枕肱釋卷而睡。

六攤經在膝而坐，左手執經尾，右一指着經上，作句解狀，龍王席地聽講，而供葛蒲一盆。

七著蒲圖石上，盤右膝欹左足而坐，左手按膝，右執拂，下視白象獻蓮一枝，有蠻奴持錫逐象後。

八側坐，十指交錯，侍者執經而立，經作篆書，一獅踞地上視。

九側坐，脫雙屜在地，左手執方柄長爐，右手撥香，蠻奴持盒，猿捧香以獻。

十盤一足，坐松下，一手支頤，黿龍立持狀請，松掛小瓶數珠。

十一側坐，一手植龍頭杖，努目視虎，虎馴服，侍者旁立，摩乳虎頂。

十二抱膝而坐，面設天然小几，供琉璃瓶，貯舍利十數，侍者合掌赤足立於後。

十三疊手正坐，面置琉璃瓶，插蓮花葉數枝，一童子注水噴湧之勢，水花隱隱瓶外。

十四莊容正坐，左手執如意，龍王搢笏以朝。

十五臨水側坐濯足，有雲氣護龍，盤舞於上，蠻奴拄杖合掌而立。

十六坦腹坐視，蝙蝠背飛下，有蠻奴治爐火，疑煮茶者，筒炊箸撥，右置碗一，盒一。

按：羅漢或言阿羅漢，或言阿羅訶，俱係梵語，譯言真人。則羅漢者，乃釋迦之徒，尊爲得道之人。但釋迦得道之說，已屬誕妄，況其徒乎？佛家猶有五百羅漢名目，同屬荒唐無稽，正無庸紛紛贅列矣。

《鑄鼎餘聞》卷四：

第一爲阿（迎阿合音）達機尊者（貫休畫爲第十三因提阤尊者）；

第二爲阿資答尊者（畫爲第十五阿氏多尊者）；

第三爲拔納西尊者（畫爲第十四伐那婆斯尊者）；

第四爲嘎禮嘎尊者（畫爲第七迦理迦尊者）；

第五爲拔（雜哩合音）逋答喇尊者（畫爲第五闍那弗多尊者）；

第六爲（拔哈合音）達喇尊者（畫爲第六耽没囉跋陀尊者）；

第七爲嘎納嘎巴薩尊者（畫爲第三賓頭盧頗羅墮誓尊者）；

第八爲嘎納嘎（拔哈合音）喇錣雜尊者（畫爲第二迦諾迦伐蹉尊者）；

第九爲拔（嘎沽合音）拉尊者（畫爲第十二拔諾迦尊者）；

第十爲喇呼拉尊者（畫爲第十羅怙羅尊者）；

第十一爲租查巴納塔嘎尊者（畫爲第十六注茶半托迦尊者）；

第十二爲畢那楂拉（拔哈合音）喇錣雜尊者（畫爲第一賓度羅跋囉墮闍尊者）；

第十三爲巴納塔嘎尊者（畫爲第八半托迦尊者）；

第十四爲納阿噶塞納尊者（畫爲第十一那伽犀那尊者）；

第十五爲鍋巴嘎尊者（畫爲第九戒博迦尊者）；

第十六爲阿必達尊者（畫爲第四難提密多羅慶友尊者）。

《中國的羅漢》：

釋尊留下四大羅漢住世弘法，看來可能是按東西南北各占一方考慮的。他們的任務相當繁重，有加人的必要。有的佛經中就開平方增加爲十六人。北涼道泰譯的《入大乘論》說："尊者賓頭盧、尊者羅怙羅如是等十六人諸大聲聞守護佛法。"但未列出其餘十四人的名字。唐代湛然《法華文句記》引《寶雲經》，也出現了"十六羅漢"，但只摘引出"賓頭盧、羅雲"兩位，所引經義內容不見於今存兩種梁代譯本《寶雲經》。

現存漢譯經中有關十六羅漢最早的典據見於唐代玄奘大師所譯《大阿羅漢難提密多羅所說法住記》（簡稱《法住記》），難提密多羅（Nandimitra）意譯爲"慶友"，據說他是佛滅後八百年時師子國（即今斯里蘭卡）的名僧。他年輩較晚，雖成羅漢，却夠不上"聲聞"。《法住記》中所記的是"如是傳聞"，而非"如是我聞"。書中說，慶友在涅槃時將十六大阿羅漢的法名和住址告知大衆，今將《法記住》十六羅漢名號照錄如下：

第一位：賓度羅跋囉惰闍（pindola Bhāradvāja），他的典型形象是頭髮皓白，有白色長眉。俗稱"長眉羅漢"。中國禪林食堂常常供他的像；

第二位：迦諾迦伐蹉（Kana kavātsa），據《佛說阿羅漢具德經》說，他是"知一切善惡法之聲聞"；

第三位：迦諾迦跋匣惰闍（Kanakā Bhārādvāja）

第四位：蘇頻陀（Supinda）；

第五位：諾矩羅（Nakula）；

第六位：跋陀羅（Bhadra），意譯爲"賢者"，是佛的一名侍者。據《楞嚴經》，他主管洗浴之事，所以近世禪林浴室中常供他的像；

第七位：迦理迦（Karika），是佛的一名侍者；

第八位：伐闍羅弗多羅（Vajraputra），意爲“金剛子”；

第九位：戍博迦（Sapaka），有“賤民”、“男根斷者”之義，可見其出身不高，或爲宦者；

第十位：半托迦（panthaka），與第十六位注荼半托迦乃是兄弟二人，據說他們的母親是大富長者之女，與家奴私通，逃奔他國，久而有孕，臨產歸來，在途中生二子，大的叫半托迦，意爲“大路邊生”，小的叫注荼半托迦，意爲“小路邊生”，兄聰明弟愚鈍，但均出家成羅漢；

第十一位：羅怙羅（Kahula），意譯“覆障”、“執目”，他是釋迦在俗時所生唯一的兒子，據說佛出家之夜，釋迦在俗時的第二夫人耶輸懷胎，六年後佛成道之夜月蝕時降生，故名，十五歲出家，爲佛的十大弟子之一，“不毀禁戒，誦讀不懈”，稱爲“密行第一”；

第十二位：那伽犀那（Nagasena），音譯“龍軍”，習稱“那先比丘”，生於佛滅後，七歲出家，曾在舍竭國答國王彌蘭陀之問，大闡佛法；

第十三位：因揭陀（lngada）；

第十四位：伐那娑斯（Vanavasin）；

第十五位：阿氏多（Ajita），是佛的一名侍者；

第十六位：注荼半托迦（Cūdapanthaka）。

中國佛教中佛和菩薩的形象到唐代都已基本定型，逐漸類型化。他們的衣飾也很特殊，與平常的世俗人等區別很大。羅漢的傳說是大致從《法住記》流行後才開始普及的，羅漢穿的又是漢化了的僧衣，和一般的和尚沒有什麼區別，有關他們的生平資料也不多。這些，都給藝術家以馳騁想象的極大創造餘地，使他們可以在現實的老幼胖瘦高矮俊醜等大量活生生的和尚的基礎上發揮想像，創造出生動的多種羅漢形象來。可以說，羅漢一到中國，就異常生動活潑地顯現在佛教徒、藝術家的心目中，豐富了中國繪畫、雕塑的題材和內容。

《宣和畫譜》卷二載：梁代著名畫家張僧繇畫過十六羅漢像。他的根據我們已無從考訂。《法住記》譯出并流行後，畫十六羅漢的名家甚多，唐代盧楞伽特別愛畫這種題材。"詩佛"王維，也畫有此種圖四十八幅。有關五代時畫十六羅漢圖的記載則更多。現知最早的十六羅漢雕塑在杭州烟霞洞，也是吳越王錢元瓘的妻弟吳延爽發願所造。

【案】佛經中初稱釋迦遣四大羅漢在人間傳法，以後增至十六位。自唐以來，十六羅漢的名號、特點開始流傳，見《中國的羅漢》所述。《鑄鼎餘聞》所記次序不同，亦錄以備考。

十八羅漢

《古今圖書集成・神異典》卷九二引宋謝逸《應夢羅漢記》：

余常與惠洪周覽寺中，得古畫一束，乃十八大羅漢也。然亡其一焉，是為第五諾矩羅尊者。

《鑄鼎餘聞》卷四：

即十六羅漢加兩尊者，一為戛沙鴉巴尊（者），一為納達密答喇尊者。

《集説詮眞》：

《讀書紀數略》載：十八尊羅漢，一賓波羅頗羅墮闍，二迦諾迦跋蹉，三迦諾迦跋釐墮闍，四蘇頻陁，五諾矩羅,六跋陀羅，七迦哩迦，八代闍羅弗多羅，九戍博迦，十半托迦，十一怙羅，十二那伽犀那，十三因揭陀，十四戍那波斯，十五阿只多，十六注荼半托迦，十七都難提密多羅，十八賓頭盧。

《中國的羅漢》：

五代時對羅漢的尊崇開始風行。值得注意的是，它還有所發展：首先在繪畫中由十六羅漢發展為十八羅漢。原來，畫十六羅漢像的畫家，也有加繪兩人的。有人推論說，原來畫的大約是《法住記》的述說者慶友尊者和譯者玄奘法師。這種設想極可能符合最早的事實，但歲久年深，已難於找到確切證明。

今所知對五代時畫十八羅漢像的最早的形象化記錄見於蘇軾所作《十八大阿羅漢頌》一文（載於《東坡後集》卷二十），蘇軾記錄說，他在謫居海南島時，從民間得到前蜀簡州金水“世擅其藝”的張氏所畫“十八羅漢圖”——說明這種圖當時已很普及，張氏累世所畫也不在少數——據蘇氏所記，這幅圖頗具生活情趣，每個羅漢均有童子、侍女、胡人等一二人作陪襯，有點像世俗畫的“燕居圖”。蘇氏未寫出十八羅漢名號——但他在後來所寫的

《自海南歸過清遠峽寶林寺敬贊禪月所畫十八大羅漢》一文中給明確補出了。蘇氏文中前十六羅漢名號均取自《法住記》。第十七位，蘇氏稱爲"慶友尊者"；第十八位，稱爲"賓頭盧尊者"，顯然是第一位羅漢的重出。蘇東坡是深明佛學的人，怎麼會犯這樣的錯誤呢？可能是照抄當時流行的說法。這恐怕也由於中國古代"夷夏"觀念較強，不願意把本國的玄奘法師和那十七位出身、年代、國籍都不同的外來戶摻合在一起。宋咸淳五年（1296年），志磐在其所著《佛祖統記》卷三十三中提出：慶友是《法住記》的作者，不應在住世之列；賓頭盧爲重複。第十七和第十八位應當是迦葉尊者和軍徒鉢嘆尊者。也就是《彌勒下生經》所說的四大聲聞中不在十六羅漢之內的兩位尊者。這種說法，把四大羅漢和十八羅漢以住世爲環節聯繫起來，有言之有故的優點。我們認爲，若承認有十八羅漢，寧可取志磐的解釋，還算自圓其說。可是到了清朝乾隆年間，皇帝和章嘉呼圖克圖認爲第十七位應是降龍羅漢，即嘎沙鴉巴尊者（即迦葉尊者）；第十八位應是伏虎羅漢，即納答密喇尊者（彌勒尊者）。降龍伏虎的傳說是中國的，起源甚晚，大約在北宋以後。不過這兩尊像畫起來或塑起來有龍和虎作爲道具和陪襯，容易生動，再加皇帝御定，以後的十八羅漢就以皇帝考證出來的爲准了。

十八羅漢，近代常塑在大雄寶殿之中，作爲釋迦或過去現在未來三世佛的環衛。在《西遊記》等小說及戲劇中，他們經常成組出勳，在鬥爭中作釋迦的先行。如"十八羅漢鬥悟空""十八羅漢鬥大鵬"等便是。可是成群結夥，缺乏個性，而且戰績不佳，常常失敗，最後還得如來佛親自出馬。他們去的往往是這種墊底兒抬高祖師爺的角色，在文學作品中沒有什麼光輝。倒是在藝人的腕下，名圖名塑常見，精彩迭出。所以，培育出中國化羅漢的，乃是中國的藝術家。

　　【案】佛書上雖然只說十六羅漢，但近世民間傳說最甚的却是十八羅漢，不僅小說戲曲，卽佛寺中也常塑十八羅漢像。關於怎麼會多出兩尊羅漢的情形，《中國的羅漢》已作了考證。又有說唐末僧人張玄、貫休始畫十八羅漢像者。（見《宗教詞典》）那兩尊羅漢的身分，除該文所說的幾種，還有說是達摩多羅和布袋和尚的，西藏地區認為是摩耶夫人和彌勒

五百羅漢

《宋人軼事匯編》卷二引《石林詩話》：

　　元豐間，久不雨，裕陵禁內齋禱甚初。一日夢有僧乘馬馳空。口吐雲霧，既覺而雨大作。翌日遣使述夢所見，物色於相國寺山門五百羅漢內第十三尊略仿佛。相國寺羅漢本江南李氏物，在廬山東林寺，曹翰下江南，盡取其金帛寶貨，連百餘舟，無以為名，乃取羅漢每舟載十許尊獻之，詔因賜相國寺。

《鑄鼎餘聞》卷四：

　　《法苑珠林》：宿障部奢彌跋謗佛緣條云：過去九十一劫，有一婆羅門，名延如達，好學廣博，常教五百豪族童子，今五百羅漢。又佛被木槍刺脚條云：爾時，第二買客五百眾者，則今五

百羅漢是。

陸刻宋板《夷堅丁志》卷三云：西京嵩山法王寺，相近皆大竹林，彌望不極。每當僧齋時，鐘聲隱隱出林表，因目爲竹林寺，或云五百大羅漢靈境也。有僧從陝右來禮達摩，道逢一僧言："吾竹林之徒也。一書欲達於典座，但叩寺傍大木當有出應者。"僧受書而行到其處，深林茂竹，無人可問，試叩木焉，一小行者出，引以入，行數百步，得石橋，度橋百步，大剎金碧奪目，知客來迎。示以所持書，知客曰："渠適往梵天赴齋，少頃歸矣。"坐良久，望空中僧百餘，駕飛鶴，乘獅子，或龍或虎，冉冉而下。僧擎書授之，且乞掛搭，堅不許，復命前人引出，尋舊路以還。至石橋，指支徑令獨去，才數步，反顧則峻壁千尋，喬木參天，了不知寺所在。

《茶香室續抄》卷十七：

國朝朱彝尊《曝書亭集》書五百羅漢名記後云：杭州淨慈寺五百羅漢塑像，自宋有之，曹太尉勛記之詳矣。特其名梵冊不具。同里高念祖，以其大父工部郎道素所藏宋江陰軍乾明院五百羅漢名號鏤版附釋藏之後。按佛書，諸具那與其徒八百衆居震旦國，五百居天台，三百居雁宕。故梁克家《三山志》，懷安大中寺有八百羅漢像。太尉南渡，僑居赤城，宜止及天台五百人也。

按五百羅漢之說，屢見梵書，余於《小繁露》已略載之矣。八百羅漢則世罕知者，故表出之。

《中國的羅漢》：

　　據《十誦律》卷四所記，釋迦生時，便有隨他聽法傳道的五百弟子，稱爲“五百羅漢”。《法華經·五百弟子授記品》中，也記有佛爲五百羅漢授記的事。《法住記》記十六羅漢各有駐地，各有部下，從五百到一千六百不等；五百羅漢是其中最起碼的一組。《舍利弗問經》中又記載，弗沙密多羅王滅佛法後，有五百羅漢重興聖教。西晉竺法護譯的《佛五百弟子自說本起經》中又記載了佛滅度之次年迦葉尊者與五百羅漢（五百比丘）最初結集的事。結集是梵文 Saṅgiti 的意譯，指的是編纂佛教經典。南傳佛教又有五百羅漢參加在斯里蘭卡舉行的第四次結集的傳說。總之，有關五百羅漢的傳說，在佛經中多有記載。可是，都沒有一一記下名號。

　　五百羅漢是何時出現於中國的呢？據《高僧傳》卷十二，他們最初顯現於天台山，那是東晉時代的事。到了五代，對羅漢的崇拜興盛。吳越王錢氏造五百銅羅漢於天台山方廣寺，顯德元年（954）道潛禪師得吳越錢忠懿王的允許，遷雷峰塔下的十六大士像於淨慈寺，創建五百羅漢堂。宋太宗雍熙二年（985）造羅漢像五百十六尊（十六羅漢與五百羅漢），奉安於天台山壽昌寺。在此期間，各地寺院也多興建羅漢堂或羅漢閣。名畫家李公麟等畫有五百羅漢圖像。至於羅漢名號，現存最早石刻記錄是宋紹興四年（1134）十二月所立的《江陰軍乾明院羅漢尊號石刻》（題目據《金石續編》卷十七著錄），乃南宋人高道素所錄，列舉第一羅漢阿若憍陳如到第五百羅漢願事衆，一應俱全。這是中國人的創造。原碑不存，碑文收在《嘉興續藏》第四十三函中。近代佛寺所塑五百羅漢像，多依之列名。

　　五百羅漢塑像衆多，非一般佛殿所能容納，多另關羅漢堂以處之。立此一堂羅漢，用工甚巨，所以，帶羅漢堂的廟多爲大寺名刹。近代寺院中有代表性的羅漢堂，如北京碧雲寺、上海龍華寺、漢陽歸元寺、昆明筇竹寺等處的均是。

　　近代羅漢堂中，除五百羅漢外，常有濟公出現。按，濟公實有其人，乃是南宋僧人（1148－1209），原名李心遠，台州（今浙江省臨海）人，出家後法各道濟。他在杭州靈隱寺出家，後移淨慈寺。據說他不守戒律，嗜好酒肉特別是狗肉蘸大蒜，舉止如痴如狂，被稱爲"濟癲僧"。他後來被神化，認爲是降龍羅漢轉世，被尊稱爲"濟公"。這是個土生土長的，塑造得極有個性的中國羅漢。他具有勞動人民所喜愛的詼諧幽默的性格，能作些出人意表的快心之事，所以，他是中國封建社會頗得人心的羅漢。可惜，據民間傳說，他去羅漢堂報到晚了，只能站在過道裡（如江南某些大寺），或蹲在房梁上（如北京碧雲寺）。游羅漢堂的人，對這唯一的例外安排印象十分深刻，忘了那五百客籍也忘不了他。他是中國人，是伏地產的中國的羅漢。

韋　馱

《歷代神仙通鑒》卷十一：

一人面胄貫甲，降魔杵橫架臂上。燃燈曰：此子自幼全眞，名曰韋馱，從吾學道，證位天王。能日遍三洲，尋聲感應，法力無窮，以此稱三洲感應護法天曾。

《通俗編》：

《翻譯名義》：韋馱是符檄，用徵召也，與今所稱護法韋馱無涉。其護法者，蓋跋闍羅波膩。跋闍羅，此云金剛，波膩，此云手，其手執金剛杵，因以立名。《正法念經》：昔有國夫人生千子，試當來成佛之次，至樓至當第千籌。其第二夫人生二子，一願爲梵王，請千兄轉法輪。次願爲密迹金剛神，護千兄教法，今因狀其像於伽藍之門。

《鑄鼎餘聞》卷四：

國朝梁章鉅《浪迹續談》卷七云：今大小叢林頭門內，皆立執杵韋馱，有以手按杵據地者，有雙手合掌捧杵者。老僧云：合掌捧杵者，爲接待寺，凡游方釋子到寺，皆蒙供養。其按杵據地者則否，可一望而知也。

《禪門日誦》載三洲感應護法韋馱尊天菩薩贊云：韋馱天將，

韋　馱

菩薩化身，擁護佛法誓宏深，寶杵鎮魔軍，功德難倫，祈禱副群心。誦普賢菩薩摩訶薩，摩訶般若波羅密三遍。

《破除迷信全書》卷十：

佛教中有一種善走的神，名叫韋馱，說是祂在增長天王的屬下為八大將軍之一，又屬四天王管，為三十二將的頭目。祂是最能保護佛法的，也是能驅除邪魔的。廟中所塑韋馱的像，多作童子狀，穿著全身甲冑，手中捧著金剛杵，表明祂是勇猛善哉，而且具有赤子之心。因為按佛教的說法，當初有邪魔，將釋迦牟尼的骨頭奪了去，幸虧被韋馱從後追趕，又重新奪回來了。

試想這些神話，還要矯揉造作出一種神像來，為祂立廟，按時燒香設祭，真算是飽暖生閒事的。

【案】佛教護法天神，相傳姓韋名馱，為南方增長天王的八大神將之一，居四天王所屬三十二神將之首。其造像多作童子狀，著甲冑，執金剛杵，置於天王殿彌勒佛之後。至於《歷代神仙通鑒》所載，不過是道教生拉硬扯之言，《封神演義》有韋護，亦此類也。

伽　藍

《洛陽伽藍記·序》：

　　京城表裡凡有一千餘寺，不可遍寫，今之所錄，上大伽藍。
范祥雍注：僧衆所住園爲伽藍，故以稱僧寺。

《古今圖書集成·神異典》卷四八引《龍興寺記》：

　　聖祖幼時掃梵宇，以帚擊伽藍象令縮足起：“待我掃，即縮
起！”佛前燭鼠傷，責伽藍不管，書其背曰：“發去三千里。”
其晚僧夢伽藍辭行，曰：“何也？”曰：“當世祖遣發三千里矣。”
明早僧視伽藍背有字，追問之，聖祖曰：“戲耳！”令釋之。晚
又夢伽藍來謝。

《新搜神記·神考》：

　　伽藍不知何神，於正書始見後魏楊衒之所撰《洛陽伽藍記》。
按《佛國記》云：“法顯至烏萇國，佛法甚盛，名衆僧止處爲僧
伽藍，凡有五百僧伽藍，皆小乘學。”據此，則所謂伽藍者，乃
衆僧止處，非神名也。而今俗皆稱爲伽藍護法，又曰護法韋馱。
韋馱有象而伽藍無象。按天神正書見於梁武帝文。《翻譯名義》：
此云符檄，用徵召也。亦不言護法。護法者，蓋跋闍羅波膩也，跋闍羅
此言金剛，波膩此言手，謂手執金剛，因以立名也。今亦狀其象
於伽藍之門。明錢希言作《獪園》，謂僧如瑞，號心光，常熟人，

於雪夜投正覺庵宿，見其破廢，誓願重修。先編棚立其中，晝夜
誦經。其夕吳縣令宏道夢與長洲令江盈科幷駕出楓橋迎接御史，
忽見岸上有一白鬚老父，身著綠衣揖袁令而告之曰："我吳中枝
指道人祝允明是也。帝命爲正覺廟伽藍神，助心光和尚重興道場。
公有文名，煩作一記。"既覺，異其事，明日語於江。三日後報
新御史按臨，二公果出楓橋迎接，袁召里正而問之曰："此地有
正覺庵乎？"對曰："有之，但廢久矣。今有一外方僧來結棚募
化，尚無人作緣也。"袁復問曰："其僧得非名'心光'者乎？"
又對曰："然。"二公相與驚嘆果契夢中之言，因推江撰文，共
捐羨鏹舍施，遠近爭輸，助造殿堂，兼築精舍，不逾三載，遂成
大叢林矣。袁後擢爲天官員外郎。吳奏其事於闕下，詔取庵額曰：
"敕賜慈泰護國禪寺"，施經一藏，遣中貴護送至寺中，別創藏
經閣貯之。後袁移病還公安時，擇日飯僧，其夕復夢祝京兆來，
謂曰："願遲一日設齋，明晚尚有一僧來也。"屆期果心光長老
自吳門至，遂改設同飯。京兆之兩感異夢，斯亦甚奇，今爲寺中
伽藍神，奉香火之薦焉。似此則伽藍乃祝枝仙也。

【案】伽藍，本僧院之意，指佛教寺院。後寺院護法神亦
稱伽藍，就像諸方土地之神稱土地一樣。佛寺護法神本已很
多，如四大天王、二金剛、韋馱等。伽藍之地位稍低，據說
有十八位之多。《釋氏要覽》稱其名爲美音、梵音、天鼓、
嘆妙、嘆美、摩妙、雷音、師子、妙嘆、梵響、人音、佛奴、
頌德、廣目、妙眼、徹聽、徹視、遍視。除此十八位伽藍神
外，中國民間又常說有人鬼充當伽藍，如城隍、土地之神者。

這些伽藍是中國化的佛教護法神。除了《新搜神記》所說的祝允明之外，還有好幾位，其中影響最大的要數關羽了。

附：關　羽

《古今圖書集成·神異典》卷三七：

宋張商英《重建關聖帝廟記》：宋元豐四年，道出陳隋間，有大法師名曰智顗，一時圓證諸佛法門，得大總持辨說無碍，敷演三品，摩訶止觀。是三非一，是一非三，即一是三，即三是一，隨衆生根而設教。後至自天台，止於玉泉，宴坐林間，身心湛寂。此山先有大力鬼神與其眷屬，怙恃憑據，以帝神力故法行業，即現種種諸可怖畏，虎豹號躑，蛇蟒盤瞪，鬼魅嘻嘯，陰兵悍怒，血唇劍齒，毛髮髯鬐，妖形醜質，剡然千變。法師愍言：「汝何爲者？生死於幻，貪著餘福，不自悲悔？」作是語已，音跡消絕，頃然丈夫，鼓髯而出曰：「我乃關某，生於漢末，值世紛亂，九州瓜裂，曹操不仁，孫權自保，虎臣蜀主，同復帝室，精誠激發，洞貫金石，死有餘烈，故主此山，諦觀法師，具足殊勝，我從昔來，本未聞見，今我神力，變見已盡，而師安定，曾不省視，汪洋如海，匪我能測，大悲我師，哀愍我愚，方便攝受，願舍此山，作師道場。我有愛子，雄鷙類我，相與發心，永護佛法。」師問所能，授以五戒，帝誠受已，復白師曰：「營造期至，幸少避之。」其夕晦冥，震霆掣電，靈鞭鬼範，萬壑浩瀚，湫潭千丈，化爲平址。黎明往視，精藍煥麗，檜楹闌楯，巧奪人目，海內四絕，遂居其一。以是因緣，神亦廟食千里內外。廟共云委玉泉之田，實帝之助。歲越千稔，魔民出世，寺綱頹紊，槌佛虛設。帝既不祐，廟亦浸弊。元豐庚申，有蜀僧名曰承皓，行年七十，所作已辦，以大衆請，倐然赴感。有陳氏子，忽作帝語：「自今以往，祀我如初。」遠近播傳，瞻禱愈肅。明年辛酉，廟宇鼎新，爾時無盡居士，聞說是事，以偈贊曰：「關帝父子爲蜀將，氣盡中原絕等倫，唶嗚叱咤山岳摧，義不稱臣曹孟德，憤烈精忠貫金石，英靈死至玉泉山，陰兵十萬部從嚴，鐵騎咆哮汗金甲，架鶻韝鷹走猰犬，鞭笞虎豹役龍蛇，膾肝脯肉飲頭顱，無上菩提豈知有，智者南來爲利益，默然宴坐喬木蔭，法力廣大不思議，溪山動蕩失安據，妖怪百千諸怖畏，神道究竭誓歸依，大威大猛大英豪，棄置愛戀如泥滓，將此山巒奉佛土，受持五戒攝身心，仰山南岳及高山，佛佛道同無異化，見在住持承皓老，宗風孤峭帝所欽，未來補處出家人，萬木岩前希審細，宏我如來像季法，長松十里碧雲寒。（篇末偈語原本疑有錯誤）

《歷代神仙通鑒》卷十四：

（唐儀鳳末年）神秀至當陽玉泉山，創建道場。鄉人敬祀關公，秀乃毀其祠。忽陰雲四合，見公提刀躍馬。秀仰問，公具言前事，即破土建寺，令爲本寺伽藍。（自此各寺流傳）

《古今圖書集成·神異典》卷三七《伽藍辨》：

禪林道院中有護法神，曰伽藍。或當戶而立，或拱侍於傍，神不拘一，而以關帝作伽藍者，大概十八九。夫釋道各崇其教，今護法則爭尙聖帝何也？或曰：世傳聖帝受天台智者智顗五戒，得爲伽藍神，故釋氏尙之。或曰：聖帝精靈亘古，今可資以怵伏群邪，故道家又尙之。稽之梵書，譯衆園爲伽藍，浮屠所居，取生植道本聖果之義。是伽藍原未嘗有神，而道士亦以伽藍名，此沿習者之妄也。若以聖帝爲伽藍，則獨以爲不可。聖帝，忠孝節烈，得統春秋，素王素臣，心源獨紹，自孔孟而後，扶名教而植綱常者，賴有聖帝也。數千百載來自天子以迄士庶，莫不奉爲儀型，隆以褒崇之典，加以帝王之號，馨香俎豆遍於宇內，陟降赫濯，功存億禩，未可與伽藍等視之也。即曰聖帝曾爲伽藍矣，其說未見於經傳，而巍峨廟祀，袞冕圭裳，載在典禮。今焉有以帝王之尊，居門廡之下，被介胄之飾，類宿衞之容，其爲褻越不已甚乎？即今四海之內，奉聖帝之像，敬事不衰者，比戶皆然也。此無異故，蓋以聖帝大義匡時，則古之聖人也。其楷模百代，則人之師表也。其能佑庇人而切其感慕，則又不啻其祖先也。是以尊之至、重之至也。假令以聖人師表祖先在其前，而使之負墻而立，倚楯而侍，爲之弟子孫曾者敢乎？不敢乎？夫緇服黃冠，不識有聖人師表祖先，而相藉以爲伽藍，宜無足怪。然獨不見巍峨廟祀，袞冕圭裳者，乃尊幷帝王耶？以庶人而獲罪帝王，引經按律，其咎安辭！或曰：然則聖帝伽藍之位將何以置之？曰：門者徙之於庭，旁者易之以正，幷戒後之設像者，宜坐不宜立。一二名公大人，片言開諭，其有不翕然奉行者？殆非予之所敢信已。

【案】關羽素爲民間所崇信，道教奉爲護法，稱伏魔大帝。

佛教不甘落後，也爭其為己方護法，遂有隋僧智顗於當陽玉泉山建精舍，關羽父子請受戒，寺成後以關羽為該寺伽藍之說。此說流行於宋代，以後各地寺院爭將關羽列為本寺護法，杭州靈隱寺在十八伽藍神旁加塑關羽之像，護法伽藍神幾成十九之數矣。

蘇　　軾

《宋人軼事彙編》卷十二引陸次雲《湖壖雜記》：

杭州梵天寺伽藍乃東坡。

緊那羅王

《古今圖書集成·神異典》卷八九引《河南府誌》：

唐緊那羅，西天菩薩也。至正初，忽有一僧至少林，蓬頭裸背跣足，止著單褌，在厨中作務，數年殷勤，莫曉姓名。至十一年，潁州紅巾賊率衆突至少林，欲行刼掠，僧乃持一火棍出，變形數十丈，獨立高峰。賊見驚怖，遁。僧大叫曰：“吾緊那羅王也！”言迄遂歿。人始知爲菩薩化身，塑像寺中，遂爲少林護法伽藍。

慧感夫人

《鑄鼎餘聞》卷三：

慧感夫人靈姑廟，在蘇州承天寺，即寺之伽藍神也。宋林戊《靈姑廟碑記》云：元符戊寅夏，吳中大旱，至二年春夏之交，城中溝澮堙淤，蒸為疫。朝請郎祝公安上適判軍州事，分禱所宜祀者。一日會承天寺，客言此梁衛尉卿陸僧瓚舍宅為之，昔號廣德重元寺，陸卿有女不嫁，經營其事，既死，祀於寺東廡。開寶中，吳越忠懿王道出吳江，大風幾覆舟，見女子拯之，自言重元寺神也。本國加封號感應聖姑，今里中祀之甚謹。公聞，即言明日致禱，既歸，齋沐蔬食，期得雨，而後復膳。黎明躬至祠下，載拜聽命。未及命駕，注雨滂沱，即日闔境告足。自爾有請必應，具白於外台使者以聞，詔封慧感夫人，秩祀公侯，列於祀典。又范成大《靈姑廟記》曰：祝安上除知台州，至錢塘將濟，夢一夫人，告以風濤之險。明日果覆舟數十，獨安上得免。嘗有祝史竊廟中懸幡縶其身，環走殿內，自言某實盜也，將夜半逾城還家，神靈潛制於此。建炎中，金兵南下，居民有事之者，告以兵難，不數日城陷。乾道三年秋，禱雨有應，父老願安時上其事，加封慧感顯應善利夫人。

【案】除關羽外，祝允明、蘇軾、緊那羅王、慧感夫人皆為某寺專奉為伽藍，如土地神然。

附：徵引及參考書目

《史記》	中華書局點校本
《漢書》	同　上
《後漢書》	同　上
《三國志》	同　上
《晉書》	同　上
《魏書》	同　上
《北齊書》	同　上
《隋書》	同　上
《舊唐書》	同　上
《新唐書》	同　上
《舊五代史》	同　上
《新五代史》	同　上
《宋史》	同　上
《元史》	同　上
《明史》	同　上
《唐會要》	商務印書館國學基本叢書本
《宋會要輯稿》	中華書局1957年版
《通典》	商務印書館縮印本
《文獻通考》	同　上

《續文獻通考》　　　　　　商務印書館縮印本

《清朝文獻通考》　　　　　　　同　上

《清朝續文獻通考》　　　　　　同　上

《周禮》　　　　　　　　　中華書局十三經注疏本

《禮記》　　　　　　　　　　　同　上

《爾雅》　　　　　　　　　　　同　上

《楚辭補注》　　　　　　　中華書局四部備要本

《楚辭集注》　　　　　　　上海古籍出版社1979年版

郭慶藩：《莊子集釋》　　　中華書局1961年版

袁珂：《山海經校注》　　　上海古籍出版社1980年版

章詩同：《荀子簡注》　　　上海人民出版社1974年版

《淮南鴻烈解》　　　　　　商務印書館叢書集成本

陳壽祺：《五經異義疏證》　皇清經解本

王利器：《風俗通義校注》　中華書局1981年版

蔡邕：《獨斷》　　　　　　商務印書館四部叢刊本

安居香山
　　　　：《重修緯書成集》　（日）明德出版社版
中村璋八

范寧：《博物志校證》　　　中華書局1980年版

崔豹：《古今注》　　　　　商務印書館四部叢刊本

王明：《抱朴子內篇校釋》　中華書局1980年版

葛洪：《神仙傳》　　　　　龍威秘書本

葛洪：（舊題）：《枕中書》　　　同　上

葛洪：《西京雜記》　　　　　　　商務印書館四部叢刊本

《漢武帝內傳》　　　　　　　　　龍威秘書本

干寶：《搜神記》　　　　　　　　中華書局1979年版

常璩：《華陽國志》　　　　　　　中華書局四部備要本

劉敬叔：《異苑》　　　　　　　　津逮秘書本

陶宏景（舊題）：《眞靈位業　　　古今圖書集成本
　　圖》

蕭統：《文選》　　　　　　　　　中華書局1979年版

范祥雍：《洛陽伽藍記校注》　　　上海古籍出版社1978年版

《神異經》（舊題東方朔作，　　　龍威秘書本
　　實六朝文士所撰）

《洞冥記》（舊題漢郭憲作，　　　　　同　　上
　　實六朝人依托爲之）

《法苑珠林》　　　　　　　　　　商務印書館四部叢刊本

《初學記》　　　　　　　　　　　中華書局1980年版

《李太白全集》　　　　　　　　　中華書局四部備要本

《述異記》《舊題梁任昉作，　　　龍威秘書本
　　爲後人僞托，出於中唐前後）

《韋江州集》　　　　　　　　　　商務印書館四部叢刊本

《白氏長慶集》　　　　　　　　　中華書局四部備要本

段成式：《酉陽雜俎》　　　　　　中華書局1981年版

李冗：《獨異志》　　　　　　　　中華書局1983年版

張讀：《宣志》　　　　　　　　　　　同　　上

杜光庭：《錄異記》　　　　　　　津逮秘書本

徐鉉：《稽神錄》　　　　　　　　津逮秘書本

孫光憲：《北夢瑣言》　　　　　　中華書局1960年版

《太平廣記》　　　　　　　　　　中華書局1981年版

《雲笈七籤》　　　　　　　　　　商務印書館四部叢刊本

王欽若：《翊聖保德傳》　　　　　正統道藏本

胡道靜：《夢溪筆談校證》　　　　中華書局上海編輯所1962年
　　　　　　　　　　　　　　　　版

洪邁：《容齋隨筆》　　　　　　　上海古籍出版社1978年版

（宋　□□）：《宣和書譜》　　　津逮秘書本

洪適：《夷堅志》　　　　　　　　　　同　上

洪適：《隸釋》　　　　　　　　　同治十年晦木齋翻刻汪氏本

何薳：《春渚紀聞》　　　　　　　中華書局1983年版

周密：《齊東野語》　　　　　　　　　同　上

高承：《事物紀原》　　　　　　　明成化八年李果訂本

趙彥衛：《雲麓漫鈔》　　　　　　古典文學出版社1957年版

蔡絛：《鐵圍山叢談》　　　　　　中華書局1983年版

岳珂：《桯史》　　　　　　　　　商務印書館叢書集成本

陶宗儀：《南村輟耕錄》　　　　　中華書局1980年版

《三教源流搜神大全》　　　　　　宣統六年葉氏覆刻本

《西遊記》　　　　　　　　　　　人民文學出版社1955年版

《封神演義》　　　　　　　　　　人民文學出版社1973年版

徐道：《歷代神仙通鑒》　　　　　乾隆間致和堂刻本

王世貞輯　汪雲鵬校：《列仙　　　明萬曆廿八年刊本（載《中國
　全傳》　　　　　　　　　　　　　古代版畫叢刊》）

楊信民：《姓源珠璣》　　　　　　明萬曆廿八年刊本

馮應京纂輯　戴任釋增《月令　　明萬曆三十年刊本
　廣義》

黃汝成：《日知錄集釋》　　　　　光緒三年仿古香齋袖珍本

《古今圖書集成》　　　　　　　　中華書局1934年影印本

翟灝：《通俗編》　　　　　　　　商務印書館1958年版

魏禧：《魏叔子文集》　　　　　　寧都三魏全集本

錢大昕：《十駕齋養心錄》　　　　商務印書館1957年版

趙翼：《陔餘叢考》　　　　　　　中華書局1963年版

李調元：《新搜神記》　　　　　　鈔本

王昶：《金石萃編》　　　　　　　嘉慶十年刊本

俞正燮：《癸巳類稿》　　　　　　商務印書館1957年版

俞正燮：《癸巳存稿》　　　　　　商務印書館叢書集成本

王應奎：《柳南隨筆》　　　　　　中華書局1983年版

俞樾：《茶香室叢鈔》（續鈔、　　春在堂全書本
　三鈔、四鈔）

姚福均：《鑄鼎餘聞》　　　　　　光緒廿五年刊本

黃斐默：《集說詮眞》　　　　　　光緒卅二年上海慈母堂排印本

劉澄圓：《東嶽廟七十六司考
　證》

李干忱：《破除迷信全書》　　　　美以美會全國書報部1929年
　　　　　　　　　　　　　　　　版

李家瑞：《北平風俗類徵》　　　　（國立中央研究院歷史語言研
　　　　　　　　　　　　　　　　究所專刊十之四）商務印書
　　　　　　　　　　　　　　　　館1937年版

《民間新年神像圖畫展覽會》　　北京中法漢學研究所1942年
　　　　　　　　　　　　　　　版
《馬克思恩格斯列寧斯大林論　　中國社會科學出版社1979年
　宗教》　　　　　　　　　　　版
林惠祥：《民俗學》　　　　　　商務印書館1947年版
許道齡：《玄武之起源及其蛻　　國立北平研究院史學研究所
　變考》　　　　　　　　　　　　　1947年
丁山：《中國古代宗教與神話　　龍門聯合書局1961年版
　考》
何定杰：《鬼信信念的三個來　　湖北人民出版社1964年版
　源》
朱天順：《原始宗教》　　　　　上海人民出版社1978年版
錢鍾書：《管錐編》　　　　　　中華書局1979年版
鄭文光：《中國天文學源流》　　科學出版社1979年版
茅盾：《神話研究》　　　　　　百花文藝出版社1981年版
任繼愈主編：《中國佛教史》　　中國社會科學出版社1981年
　（第一卷）　　　　　　　　　版
《宗教詞典》　　　　　　　　　上海辭書出版社1981年版
丁傳靖：《宋人軼事滙編》　　　中華書局1981年版
袁珂：《神話論文集》　　　　　上海古籍出版社1982年版
朱天順：《中國古代宗教初探》　上海人民出版社1982年版
馬非百：《秦集史》　　　　　　中華書局1982年版
朱芳圃：《中國古代神話與史　　中州書畫社1982年版
　實》

張政烺：《＜封神演義＞漫談》　　世界宗教研究1982年第4期

金愼夫：《揚州司徒廟》　　　　　揚州師院學報1982年3、4
　　　　　　　　　　　　　　　　期

徐梵澄：《關於毗沙門天王等　　　世界宗教研究1983年第3期
　　　　事》

白化文：《中國的羅漢》　　　　　文史知識1984第7期

國家圖書館出版品預行編目資料

中國民間諸神（全二冊）

呂宗力、欒保群編. － 初版. － 臺北市：臺灣學生，1991
冊；公分

ISBN 978-957-15-0274-8(平裝)

1. 民間信仰 － 中國

272   80003262

中國民間諸神（全二冊）

編　　　者　呂宗力、欒保群
出　版　者　臺灣學生書局有限公司
發　行　人　楊雲龍
發　行　所　臺灣學生書局有限公司
地　　　址　臺北市和平東路一段 75 巷 11 號
劃 撥 帳 號　00024668
電　　　話　(02)23928185
傳　　　真　(02)23928105
E - m a i l　student.book@msa.hinet.net
網　　　址　www.studentbook.com.tw
登記證字號　行政院新聞局局版北市業字第玖捌壹號
定　　　價　新臺幣一〇〇〇元

一 九 九 一 年 十 月 初 版
二 〇 一 八 年 一 月 初版二刷